Corse

ÎLE DE BEAUTÉ

Une fragrance immortelle de myrte et d'arbousier se mêle aux sons des clochers d'antan, infusant le seuil d'une aurore oisive, où fondent les brumes d'un îlot de beauté. À la faveur des premières heures de lumière, la polyphonie des paysages distille ses couleurs dionysiaques et ses musiques traditionnelles dans l'azur marin, où plongent nos regards et nos cœurs enhardis : si nous pouvons tenter de décrire les pourtours de la mythique « Kallisté », elle ne saurait circonvenir l'au-delà de son écrin, dont l'ineffable s'éprouve corps et âme. Ceinte par ses chaînes de montagnes, des aiguilles de Bavella au « Di quà dai monti », on parcourt ses circonvolutions en empruntant des routes sinueuses et escarpées, où s'imposent le fier maquis et les cépages. Sa rose des vents balaie ses couleurs d'attraits sauvages et d'embruns ondoyants, depuis le lit de ses plages jusqu'à ses lacs suspendus ceints d'« abyssales » cimes, tout en dégradé de rose, d'incarnat, ou en blancheur, répondant à l'écho des profondeurs marines.
Tandis que tours et citadelles génoises sourdent du littoral, les vestiges antiques scandent chaque parcelle d'une poésie immémoriale. Dorés par l'hélichryse, églises et cathédrales, hameaux fantômes et stèles majestueuses exhalent une aura mystique qui embaume les villages sculptés dans la pierre, en révélant l'invisible insulaire et ses mystères séculaires.
Donnant de la voix à sa félicité, la gastronomie corse culmine au faîte de ses traditions.
À la lueur du *fuegone* chatoyant du *Petit Futé Corse*, découvrez l'écorce aux mille et un reflets d'une œuvre insulaire à l'éternelle beauté.

Retrouvez cette offre en page 75

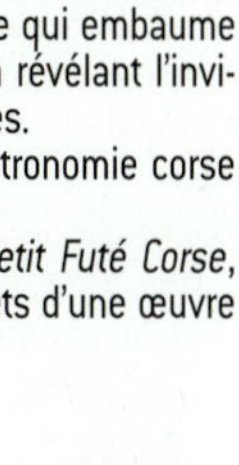

SOMMAIRE

La plage de Palombaggia. © PKAZMIERCZAK

Réserve naturelle des Iles Lavezzi. © PUNTO STUDIO FOTO AG

Corte. © FANNYES

La ville Haute, Bonifacio. © PAWEL KAZMIERCZAK - SHUTTERSTOCK.COM

Evisa, village dans les montagnes corses. © LEOKS - SHUTTERSTOCK.COM

FRANCE
ITALIE
CORSE
SARDAIGNE
ERSA
ROGLIANO
CENTURI
MORSIGLIA
PINO
CANARI
PIETRACORBARA
NONZA
BRANDO
SAN-MARTINO-DI-LOTA
PATRIMONIO
SANTO-PIETRO-DI-TENDA
POGGIO D'OLETTA
L'ILE-ROUSSE
OLETTA
SANTA-REPARATA-DI-BALAGNA
CORBARA
LAMA
ALGAJOLA
MURATO
PIGNA
PALASCA
SANT-ANTONINO
CALVI
SPELONCATO
LORETO-DI-CASINCA
PENTA-DI-CASINCA
CALENZANA
MONTEGROSSO
LA PORTA
ASCO ET SA VALLÉE
MOROSAGLIA
PIEDICROCE
GALÉRIA
SAN-NICOLAO
PIAZZALI
CERVIONE
SERRIERA
CORTE
PORTO
ZUANI

VIVARIO
ALERIA
GHISONACCIA
ORTO
VICO
CARGÈSE
BOCOGNANO
BASTELICA
TOLLA
AJACCIO
FORCIOLO
ZIGLIARA
PILA-CANALE
PIETROSELLA
QUENZA
AULLÈNE
SOLLACARO
COTI-CHIAVARI
ZONZA
SAINTE-LUCIE-DE-TALLANO
FILITOSA
FOZZANO
PROPRIANO
SAINTE-LUCIE-DE-PORTO-VECCHIO
LECCI
CARBINI
PORTO-VECCHIO
SOTTA
SARTÈNE
GROSSA
BELVÉDÈRE-CAMPOMORO
FIGARI
PIANOTTOLI-CALDARELLO
BONIFACIO
10 KM

QUAND Y ALLER

JANVIER	FÉVRIER	MARS
AJACCIO 4° / 13°	AJACCIO 4° / 14°	AJACCIO 6° / 16°
BASTIA 8° / 12°	BASTIA 8° / 13°	BASTIA 9° / 15°
RESTONICA TRAIL BLANC *(ALBERTACCE)* Une magnifique course de montagne ouverte à tous dans le Niolu, véritable paradis enneigé.	**A TUMBERA** *(RENNO)* Une foire animée sur le thème du porc et ses différentes préparations dans la cuisine corse aux côtés des producteurs et artisans.	**A FESTA DI L'OLIU NOVU** *(SAINTE-LUCIE-DE-TALLANO)*  © XAVIER BONNIN Organisée par les producteurs locaux, la Festa di l'Oliu Novu de Sainte-Lucie-de-Tallano vient célébrer les premières huiles d'olive de l'année.

La latitude de la Corse, plus méridionale que celle de la Côte d'Azur, lui offre un climat plus proche du type méditerranéen. Toutefois, des nuances sont apportées par la présence des montagnes. La Corse jouit donc d'une situation clémente. L'été est chaud et sec, l'hiver est doux. Avec près de 3 000 heures de soleil par an, la Corse est l'une des régions les plus ensoleillées de France ! Cette météo de rêve permet de profiter des festivités tout au long de l'année !

AVRIL

AJACCIO 8° / 18°

BASTIA 12° / 17°

SCEN'È SONNIU - LE FESTIVAL DU RÊVE
(PORTO-VECCHIO)
Le spectacle vivant mis à l'honneur avec des spectacles inédits de théâtre de rue, du cirque, des marionnettes, des concerts, etc.

MAI

AJACCIO 11° / 21°

BASTIA 15° / 21°

PESCADORI IN FESTA
(AJACCIO)
Le jour de la Saint-Erasme, le patron des marins, a lieu une grande messe suivie de festivités organisées par les pêcheurs.

LE CARNAVAL DE SARTÈNE
(SARTÈNE)
Une manifestation très attendue avec au programme défilés, concours de chars, animations, buffets, jeux, spectacles et bals.

LES APÉROS DU MARCHÉ
(BASTIA)
Chaque mercredi soir, la place de l'Hôtel de Ville se métamorphose pour vous faire profiter du terroir local : apéros, concerts...

JUIN

AJACCIO 15° / 24°

BASTIA 19° / 25°

TRIATHLON DE ZONZA
(ZONZA)
Le Triathlon (L) de Zonza commence par la nage à Pinarello à la Ruscana et se termine par l'épreuve de course jusqu'à Visé. Des concerts sont prévus pour l'occasion.

LES MUSICALES DE BASTIA
(BASTIA)
Le plus ancien festival musical de l'île, avec une programmation éclectique, du blues à la polyphonie en passant par le classique.

A FESTA DI U LUDAREDDU
(PORTO-VECCHIO)
La population se réunit en cortège et traverse la ville autour d'un bonhomme de paille, ensuite brûlé sur la place publique.

QUAND

Y ALLER

JUILLET

AJACCIO

17° / 28°

BASTIA

22° / 28°

CALVI ON THE ROCKS
(CALVI)
Un festival mêlant musique et art de vivre qui attire les mélomanes de Corse comme du continent et promet des soirées électriques.

LES NUITS DE LA GUITARE
(PATRIMONIO)
Événement musical majeur, à la première place des manifestations européennes dédiées à la guitare, le tout dans un cadre magique.

FESTIVAL DE LAMA
(LAMA)

AOÛT

AJACCIO

17° / 29°

BASTIA

22° / 28°

LES RENCONTRES INTERNATIONALES DE THÉÂTRE EN CORSE
(PIOGGIOLA)
Quatre semaines dédiées au théâtre, pour une dizaine de pièces et de spectacles aussi bien classiques que contemporains.

LES RENCONTRES DE CALENZANA
(CALENZANA)
Des rencontres musicales mêlant des répertoires très divers, du baroque aux musiques du monde en passant par la world music.

U FESTIVAL DI U FILMU LAMA
(LAMA)
Ce festival s'est forgé une solide réputation auprès des professionnels, et des amateurs du cinéma qui y partagent leur amour du 7e art.

SEPTEMBRE

AJACCIO

15° / 25°

BASTIA

19° / 25°

LES MÉDIÉVALES DE LEVIE
(LEVIE)
La ville met ses pendules à l'heure médiévale avec des spectacles, reconstitutions, ateliers, conférences et expositions.

LES RENCONTRES DE CHANTS POLYPHONIQUES DE CALVI
(CALVI)
Un des évènements les plus emblématiques de l'île autour du chant polyphonique, accompagné d'apéros, d'ateliers et d'expositions.

FESTIVAL INTERNATIONAL DE CHANT LYRIQUE DE CANARI
(CANARI)
Pour ce festival opéra, opéra-comique et opérette à voix sont mis à l'honneur dans le cadre enchanteur du couvent Saint-François.

OCTOBRE

AJACCIO

12° / 22°

BASTIA

16° / 21°

ARTE MARE
(BASTIA)
Un panorama du cinéma actuel autour du Mare Nostrum ponctué par des avant-premières, des débats, des soirées musicales, etc.

LE TOUR DE CORSE HISTORIQUE
(PORTO-VECCHIO)
Le rendez-vous des passionnés d'automobile, un esprit vintage combiné à des routes en lacets pour un moment haut en couleur.

SALON DU CHOCOLAT ET DES DELICES DE CORSE
(BASTIA)
Plus de 140 artisans chocolatiers venus de Corse et du monde font déguster leurs toutes dernières créations.

LE MARATHON DE PORTO-VECCHIO
(PORTO-VECCHIO)
Accessible à tous, voilà un parcours technique mais déjà mythique grâce à ses points de vue inoubliables sur le littoral.

NOVEMBRE

AJACCIO

8° / 18°

BASTIA

12° / 18°

FÊTE DU MARRON ET DU CHAMPIGNON
(EVISA)
Des stands installés au cœur du village proposent les meilleurs produits de la région, des animations, des expositions, etc.

DÉCEMBRE

AJACCIO

5° / 15°

BASTIA

9° / 14°

LE RALLYE DE BALAGNE
(L'ILE-ROUSSE)

© XAVIER BONNIN

Trois jours et 125 km d'épreuves chronométrées en préparation de la Coupe de France des Rallyes, dans un cadre époustouflant.

A FIERA DI A CASTAGNA
(BOCOGNANO)
La Fiera di a Castagna qui célèbre la châtaigne et ses produits dérivés est une des foires agricoles les plus anciennes de l'île.

LES BONNES RAISONS D'Y ALLER

© JUERGEN - STOCK.ADOBE.COM

UN LITTORAL PRÉSERVÉ ET DIVERSIFIÉ

Avec 1 000 km de côtes, il y a plus d'une option pour la baignade et les sports nautiques.

UN PATRIMOINE PASSIONNANT

De la Préhistoire à la Renaissance, il y a plus d'un monument à découvrir.

© ESSEVU - SHUTTERSTOCK.COM

© PAWEL KAZMIERCZAK - SHUTTERSTOCK.COM

UNE TRADITION D'ACCUEIL AUTHENTIQUE

L'hospitalité corse, sincère, sans chichi, est la garantie d'une expérience authentique.

© SEB HOVAGUIMIAN - STOCK.ADOBE.COM

UNE GASTRONOMIE RICHE

De la charcuterie au fromage, le terroir corse s'apprécie tout au long de l'année.

© JON INGALL - STOCK.ADOBE.COM

UNE ENVOLÉE DE TOUS LES SENS

Parfums du maquis, chants corses et vues imprenables raviront tous vos sens.

© EVA BOCEK - SHUTTERSTOCK.COM

DES ACTIVITÉS MARINES VARIÉES

Plongée, apnée, snorkeling, autant d'activités pour apprécier la mer dans tous ses états !

© NAEBLYS - ISTOCKPHOTO.COM

DES VINS VARIÉS ET SAVOUREUX

Une trentaine de cépages et huit vignobles AOP, pour le plus grand plaisir des amateurs.

LES BONNES RAISONS D'Y ALLER

UN TERRAIN DE JEU DE PLEINE NATURE

De rivières en calanques, la nature corse généreuse invite à toutes sortes de loisirs.

© LETTAS - STOCK.ADOBE.COM

© CHRISTOPHER HEIL - ISTOCKPHOTO.COM

UN ARTISANAT RICHE ET FIER

De la coutellerie à la céramique, le symbole d'une société attachée à ses savoir-faire.

© CHALFFY - ISTOCKPHOTO.COM

UNE CULTURE MUSICALE ANCRÉE

Entre tradition et métissage, elle est rythmée par des évènements tout au long de l'année.

LES 12 MOTS-CLÉS

BROCCIU

S'il y a un fromage incontournable à essayer en Corse, c'est bien le brocciu, qui se mange tel avec du pain, de la *pulenda,* ou préparé dans des recettes traditionnelles comme le *fiadone*. Rares sont les repas où le brocciu est absent, sous une forme ou une autre. Comme le disait le poète Emile Bergerat : «Qui n'en a pas goûté ne connaît pas l'île !»

COUTELLERIE

La fabrication du couteau de Corse est un savoir-faire ancien qui demande de la rigueur. Doté d'une grande force symbolique, un couteau pouvait se transmettre comme un élément du patrimoine familial. Les trois types les plus répandus sont le couteau de berger, le stylet, sorte de dague qui apparaît au 16e siècle et le mythique « vendetta » pliant.

CROIX

Les Corses rendent hommage à leurs morts sur les lieux mêmes de l'événement. Au bord des routes, des croix, toujours entretenues et fleuries, sont dressées pour les victimes des accidents de la route ou pour les résistants de la dernière guerre. On trouve dans les maisons ou les voitures, en guise de porte-bonheur, des petites *crucette* en palme.

FIGATELLU

Cette saucisse sèche composée de viande et de foie de porc *nustrale*, parfumée aux épices et à l'ail, est la plus célèbre des charcuteries corses. On la déguste telle quelle, accompagnée de *pulenda* et de *brocciu*, ou bien cuite avec des féculents. Elle se marie à merveille aux haricots rouges, au vin rouge et à la pancetta dans le traditionnel *Tianu*.

© KELLY ERMIS - STOCK.ADOBE.COM

MAQUIS

Le maquis est caractéristique de la végétation riche et variée que l'on trouve en Corse. On y compte 78 espèces endémiques, c'est-à-dire propres à l'île. Les plantes les plus présentes sont l'arbousier, le myrte, l'immortelle, le cyste, le thym, le pistachier lentisque ou encore le genêt. On en retrouve bon nombre dans la gastronomie locale.

POLYPHONIE

Partie intégrante de l'identité corse, un des traits singuliers de la musique locale est la polyphonie, ou chant a capella exécuté à plusieurs voix. Sacrée ou profane, on rencontre un nombre important de variantes qui diffèrent dans leurs formes et dans les thèmes abordés, bien que ces derniers soient le plus souvent inspirés de l'histoire locale.

SANGLIER

On l'appelle *u cignale*, il est avec le mouflon une figure légendaire de l'île. Avec son pelage sombre, ses pattes courtes et son allure trapue, on le reconnaît en un clin d'œil quand on le croise sur les routes. Prisé par les chasseurs pour sa viande au goût unique, on le mange en civet, ou *stufatu di cignale*, spécialité culinaire locale.

STATUES-MENHIRS

Ces mégalithes emblématiques de la richesse archéologique de l'île se démarquent des différents groupes de statues-menhirs d'Europe et de Méditerranée avec leur iconographie originale (morphologie, armes sculptées). On trouve 38 monuments du type, les plus anciens datés de la fin du IIIe millénaire et les plus récents d'entre 1500 et 1000 av. J.-C.

© EISENLOHR – ISTOCKPHOTO.COM

TAFFONI

Ce terme géologique vient du corse *tafone,* qui signifie «trou», et désigne une cavité arrondie dont les dimensions peuvent aller d'une dizaine de centimètres à plusieurs mètres. Résultat de l'érosion de roches magmatiques sous l'action de l'humidité, elles forment souvent de magnifiques sculptures naturelles, à l'instar du lion du Cap de Roccapina.

VENDETTA

Les mentalités ont évolué en Corse et il n'y a plus, comme jusqu'au siècle passé, de familles qui s'entretuent pendant plusieurs générations. Néanmoins, le sens de l'honneur, du respect et du devoir reste tout à fait d'actualité, et les Corses ont un code de conventions morales et sociales très strict. Il faut y être attentif.

TÊTE DE MAURE

Vraisemblablement adoptée par la Sardaigne et la Corse à l'époque où le royaume d'Aragon dominait les îles méditerranéennes, elle symbolisait alors la victoire des croisés sur les maures. Mais son adoption définitive et officielle par le cœur des Corses est due à Pasquale Paoli, lequel choisit ce drapeau pour la nation corse fondée en 1762.

© MARK YUILL – SHUTTERSTOCK.COM

VILLAGES

Pour les Corses, ils représentent un retour aux sources, une identité et un mode de vie ancestral. Pour les touristes, ils sont objets de fascination. Perchés sur des montagnes abruptes ou bien lovés au creux de baies turquoise, leur architecture se mêle harmonieusement aux paysages alentour, comme s'ils étaient taillés directement dans la pierre.

© ROLF E. STAERK - SHUTTERSTOCK.COM

VOUS ÊTES D'ICI, SI…

▸ **Vous cultivez l'art de la Macagna.** Macagner quelqu'un, c'est faire une farce dont le jeu consiste à faire croire à une aventure ou un événement faux. Plus vous faites durer le plaisir, plus c'est un succès. Les touristes crédules sont vos cibles préférées.

▸ **Vous dites bonjour cent fois par jour.** Parce que c'est la base de la convivialité, parce que vous connaissez tout le monde - ou presque - dans le village ou dans le quartier, et parce qu'il ne faudrait surtout pas faire de jaloux.

▸ **Vous savez où vous procurer des bons produits du terroir.** Ce n'est pas à vous qu'on vendra de la saucisse d'âne ou du figatellu hollandais. Famille, amis et voisins sont là pour vous souffler les meilleures adresses. Directement chez le producteur, c'est souvent le secret.

▸ **Au volant, vous vous arrêtez au milieu de la rue pour discuter.** En Corse, on prend le temps de vivre et on apprécie le plaisir de la rencontre : ici, la slow life n'est pas l'apanage des millennials, c'est une tradition bien ancrée.

Le village d'Evisa.

TOP 10

SE RESTAURER

Gourmands de tous horizons, vous ne serez pas dépaysés par l'amour de la bonne chère régnante en Corse, mais par contre risquez-vous de l'être par la multitude d'endroits plus gourmands les uns que les autres, chacun à sa façon. Les producteurs amoureux de la terre, de la mer et des saisons affinent en accord avec la demande une qualité toujours plus exigeante que s'empressent de concocter les artistes de la Gastronomie, les fines bouches de la Bistronomie et les gourmands de la tradition. Cette petite sélection vous présente ici des lieux où s'expriment de concert la passion de vos hôtes et une furieuse envie de vous enchanter.

© GRIGORYLUGOVOY - ISTOCKPHOTO.COM

92 **L'A CHEDA**

Bonifacio

Fête des sens à l'A Cheda, alchimie créative, douceur enchanteresse et saveurs concoctées par Lionel Lebrun hautement addictives.

125 **AUBERGE DU COL DE BAVELLA**

Zonza

Table généreuse perchée dans la montagne, l'Auberge du Col, c'est tout l'esprit de la cuisine corse aux saveurs authentiques.

91 **ARIA NOVA**

Bonifacio

De l'exigence, des saveurs et du charme dans la Citadelle bonifacienne, l'Aria Nova est à découvrir absolument !

210 **AUBERGE NAPOLÉON**

Cauro

Du pur bonheur au rendez-vous de ce duo gagnant, extrêmement talentueux autant que chaleureux, une pure merveille !

154 **LA TABLE DE L'AUBERGE**
Porto-Pollo
Issus de leurs productions potagères et d'éleveurs, des mets et plats tout en finesse et saveurs, un bijou à découvrir absolument !

168 **MAISON D'HÔTES ZELLA*****
Guitera-les-Bains
Incontournable table référence du Haut-Taravo où s'expriment savoir-faire, élégance et amour d'une terre discrète et rayonnante.

193 **LA TABLE D'ANTOINE**
Ajaccio
Petite terrasse discrète rue Fesch, belle et vraie cuisine sur place ou à emporter, une histoire de famille pro en gourmandise.

325 **LA GAFFE**
Saint-Florent
Cuisine extrêmement raffinée et service chaleureux, vue sur le port Saint-Florent, excellent moment en perspective !

222 **LE SAINT-JEAN**
Cargèse
Immanquable Saint-Jean avec son *rooftop* au magnifique panorama, sa cuisine gourmande et son accueil pro et chaleureux !

233 **LA DOLCE VITA**
Porto
Les talents du chef Hervé Honoré pour une cuisine d'inspiration corse et méditerranéenne tout en élégance !

TOP 10

SE LOGER

Que vous rêviez d'une somptueuse piscine au bord d'une plage de sable clair au coucher du soleil sur votre transat ou davantage d'une petite bergerie perdue au fond du maquis, vous trouverez ici de quoi satisfaire votre envie. Des petits havres joyeux aux vues montagnardes, des chambres chez l'agriculteur pour découvrir traditions et art de vivre, des hôtels de charme au confort et aux services qui mettront dans vos yeux des étoiles, des majestueux campings, des cabanes dans les arbres, des terrasses pour embrasser le ciel et la mer, cherchez et vous trouverez. Voici notre sélection coup de cœur.

© AUBERGE KALLISTE ECO LABEL

AUBERGE KALLISTE ECO LABEL***

Porto-Pollo

Au bord du Valinco, un petit hôtel Eco Label et le restaurant réputé de Justine et Cédric : direct du producteur à l'assiette !

© HÔTEL SAINT ERASME CALVI

LE SAINT ÉRASME***

Calvi

Chic, confortable et sympathique hôtel face à la mer sur les hauteurs de Calvi, précurseur dans l'engagement pour l'environnement.

LE CHALET

Asco

Étape incontournable des hautes montagnes corses pour un séjour ressourçant garantie et une bonne cuisine en prime !

© MLE CANCEL

© XAVIER BONNIN

LE PINARELLO****

Sainte-Lucie-de-Porto-Vecchio

Du haut standing dans la jolie marine de Pinarello, piscine sur le toit pour la vue panoramique, espace bien-être, plage aménagée.

© LA SANTA

EN PHOTO

276 LA SANTA***

Santa-Réparata-di-Balagna
Un bel hôtel au panorama circulaire mer et montagne où l'on se régale des spécialités mer et terre de saison, à 5 km d'Ile Rousse.

253 LE MAGNOLIA***

Calvi
Petit bijou de charme caché en plein cœur de Calvi dans son jardin florentin romantique et son restaurant délicat tout en délices.

212 LE MAQUIS*****

Porticcio
Luxe, tradition et romantisme se distillent ici, face à la baie d'Ajaccio entre mer, piscine et restaurant gastronomique !

253 LA SIGNORIA HÔTEL & SPA CASANERA*****

Calvi
Un grand classique du luxe aux portes de Calvi, au cœur d'un parc arboré, une demeure sublime et indémodable !

188 DOLCE VITA****

Ajaccio
Chic hôtel au cadre paradisiaque proche des îles Sanguinaires et son restaurant réputé pour sa pêche locale et son savoir-faire.

342 DOMINIQUE COLONNA****

Corte
Hôtel de charme 4 étoiles dans la vallée de la Restonica pour un séjour hors du temps comme dans un conte de fées.

TOP 10

ACTIVITES

La Corse est toute l'année un terrain de jeu à ciel ouvert pour qui a gardé son âme d'enfant et l'occasion pour les autres de se redécouvrir sur un territoire préservé et sauvage. Les amateurs d'espaces trouveront ici de nombreuses randonnées ou balades, à pied, à vélo, en quad, à moto, en rivière, en bateau, en kayak, à la voile ou sous la mer en plongée... Ceux qui aiment prendre de la hauteur s'envoleront en paramoteur ou sauteront en parachute... Les curieux chercheront dans les traces de l'Histoire, de la faune ou de la flore... D'innombrables opportunités, rien que du plaisir !

© LES AILES DE L'ALTA ROCCA

152

LES AILES DE L'ALTA ROCCA

Olmeto
Sébastien vous emmène voler avec lui au-dessus du golfe de Valinco. Spectacle et souvenirs garantis. Sa devise : pourquoi pas toi ?

© CARDAF - STOCK.ADOBE.COM

184

A CUPULATTA

Ajaccio
Le plus grand parc de tortues d'Europe avec 3 000 spécimens et 150 espèces, de la tortue alligator à la géante des Galapagos !

BIKE PARK DE BAVELLA

Zonza
Sensations garanties avec ses pistes enduro DH, ses circuits cross country et son parc de VTT de descente pour enfants et adultes.

© @COZICARTHUR

123

© ECO PARC DE LA VALLÉE D\\\ASCO

353

ECO PARC DE LA VALLÉE D'ASCO

Moltifao
Unique ! Observez et découvrez les animaux sauvages dans leur milieu grâce aux statues plus vraies que nature de Gérard.

ÉCOLE DE PARACHUTISME DU VALINCO

Propriano
Envie de dépasser vos limites pour une expérience mémorable ? une chute libre en tandem à 4 000 m et 200 km/h ça vous dit ?

© M.C.DEMOUSTIER

272

© WWW.CORSEPARACHUTISME.COM

146

LE PARC DE SALECCIA

Monticello
L'art des jardins au cœur du maquis, parcours de découverte, balade des sens et pauses à volonté. Respirez, vous êtes là pour ça !

© DARIOS - STOCK.ADOBE.COM

211

LE JARDIN DES ABEILLES

Ocana
Tout comprendre sur les abeilles à travers un parcours pédagogique, une ruche vitrée, une dégustation, et des passionnés : la famille Casalta.

PARC GALÉA

Taglio-Isolaccio
Un parc incroyable d'enchantement et de découvertes. Les petits s'y sentent grands et les grands se redécouvrent petits !

© XAVIER BONNIN

293

MUSÉE DE BASTIA

Bastia
Au cœur de la Citadelle et ancien palais des Gouverneurs, le Musée de Bastia c'est pour grands et petits une visite hors du temps.

© PARCGALEA

387

© CÉLINE HAMELIN

365

RIVA BELLA NATURE & THALASSO SPA RESORT

Aléria
Le temple de la Thalasso les pieds dans l'eau. Soins du corps et de l'esprit, haute technicité, vertus réputées et relaxation.

IDÉES DE SÉJOUR

La Corse offre tant de possibilités qu'il est parfois difficile de savoir par quel bout la prendre. Quoi qu'il en soit, la petite taille de l'île combinée à sa grande variété de paysages offre la possibilité de séjours très complets en peu de temps. Territoire à taille humaine, on pourra si on le souhaite, histoire de prendre son temps, le parcourir avec des modes de transport doux, comme la marche, le vélo, la voile, ou pourquoi pas à dos d'âne ou de cheval ! Le train offre aussi, comme on le verra, des perspectives inattendues. Si le plus important reste d'identifier ses propres goûts et objectifs en amont pour profiter au mieux du séjour, une chose est sûre : que l'on soit plutôt farniente en bord de mer ou que l'on préfère les défis sportifs, la Corse offrira, c'est certain, de quoi s'amuser à tout un chacun. De la randonnée au thermalisme, voici donc quelques idées de séjours thématiques pour découvrir l'île.

DIX JOURS DE ROAD-TRIP ÉPICURIEN AU DÉPART DE BASTIA, DE PLAGES EN VIGNOBLES

Si l'on s'organise bien, un road trip d'une dizaine de jours est suffisant pour avoir un aperçu complet et varié de l'île. Faire le tour des neuf AOP, de coteaux ensoleillés en terrasses centenaires, vous permettra de découvrir une multitude de paysages, mais aussi un patrimoine culturel, architectural et culinaire unique. Voici quelques idées pour parcourir la route des vins corse ★★★★ !

› Jour 1 - Vignobles des Coteaux-du-Cap-Corse

Au départ de **Bastia** ★★★ (p.290), on rejoint les terrasses vertigineuses des villages côtiers du Cap Corse ★★★★ : **San-Martino-di-Lota** ★★ (p.308), **Erbalunga** ★★ (p.308), son port et sa tour génoise. À quelques kilomètres au nord, on s'arrête à **Cagnano** ★★ (p.311), où le domaine Terra di Catoni, vieux de plus de 200 ans propose visites et dégustations.

› Jour 2 - Patrimonio

On rejoint ensuite la région du golfe de **Saint-Florent** ★★ (p.322) et les collines de **Patrimonio** ★★★ (p.326), où la plus ancienne AOP prend racine. Entre deux visites de domaines (Devichi, Orenga de Gaffory, Clos Teddi...), on dîne sur le port de Saint-Florent et on se baigne sur les plages enchanteresses de Loto ou Saleccia. Ne pas manquer la cathédrale Santa-Maria-Assunta et la citadelle de Saint-Florent.

› Jour 3 - Corse-Calvi

Départ pour la Balagne direction **Calvi** ★★★ (p.249) avec un arrêt éventuel à l'île Rousse. À Calvi, on ne manque pas la plage bien sûr, mais aussi la citadelle et le panorama depuis la chapelle de Notre-Dame de la Serra.

Vignobles de Patrimonio.

Pour les plus fêtards, l'incontournable Calvi on the rocks a lieu chaque mois de juillet. Pour les sportifs, c'est un superbe spot de plongée sous-marine. Rendez-vous au domaine de l'enclos des anges pour déguster un AOP Calvi original, ou au domaine Alzipratu au pied du Monte Grossu.

› Jour 4 - Corte

Direction **Ajaccio** ★★★ (p.175) en passant par l'intérieur des terres pour découvrir la Corse ★★★★ montagnarde. On s'arrête à **Corte** ★★★ (p.338) pour admirer le belvédère et la citadelle, sans manquer la Casa Guelfucci qui pratique la viticulture raisonnée et L'Osteria Di l'Orta pour un repas bien mérité.

› Jour 5 - Ajaccio

Puis on fait un stop à la capitale pour visiter le musée Fesch et la Maison Bonaparte avant de repartir visiter deux domaines réputés : le Clos Capitoro et le Domaine Comte Peraldi.

› Jour 6 - Sartène

Ensuite, direction Sartène ★★★, avec pour première étape le Domaine Pratavone et le site archéologique de Filitosa, tout proche. On rejoint ensuite **Propriano** ★★★ (p.143) pour profiter de ses plages idylliques et faire un saut au fameux Domaine Sant-Armettu. En se dirigeant vers **Figari** ★★ (p.95), on peut faire halte au Domaine Pero Longo qui propose de jolis hébergements.

› Jour 7 - Figari

Le vignoble le plus méridional de France ne manque pas de domaines à visiter : La Murta, Petra Bianca, Canarelli... Entre deux dégustations, on se laisse tenter par les criques de cette côte sauvage ou par des activités nautiques : plongée, surf, ski nautique, etc. On peut aussi s'arrêter à la très chic ferme, auberge et spa Pozzo Di Mastri.

› Jour 8 - Porto-Vecchio

On file ensuite pour **Porto-Vecchio** ★★ (p.99), ville phare avec sa citadelle et son célèbre port de plaisance. Là, on pourra rejoindre les quelques beaux vignobles perchés sur des coteaux impressionnants comme celui de Torraccia, à **Lecci** ★★ (p.113).

› Jour 9 - Retour à Bastia

Il est temps de remonter vers le nord pour rejoindre **Bastia** ★★★ (p.290) ! Diverses options s'offrent à vous sur la côte orientale pour cette dernière halte. On recommande fortement Aleria et ses vestiges, pour ne pas passer à côté du patrimoine antique de l'île. À quelques minutes de là, le Clos Canereccia vaut le détour pour une ultime dégustation. On peut aussi s'arrêter à la cave de la Réserve du Président pour quelques emplettes avant le départ.

UNE SEMAINE RANDO SUR LE MARE A MARE SUD

On compte 3 itinéraires Mare a mare : nord, centre et sud. Le Mare a Mare Sud s'étend de **Porto-Vecchio** ★★ (p.99) à **Propriano** ★★★ (p.143). Il est certainement le plus adapté aux débutants et donc le plus couru. Il faut compter cinq à six jours pour le parcourir et il reste praticable toute l'année sans difficulté particulière. Pensez à vous munir de l'indispensable topoguide « Corse ★★★★, entre mer et montagne » de la FFRP.

› Jour 1 - Départ de Port-Vecchio

En débarquant à **Porto-Vecchio** ★★ (p.99), on prend le temps d'arriver, de se reposer et de rassembler les vivres et le matériel nécessaires pour la randonnée. Si on a le temps, on s'octroie un bain sur la plage de Cala-Rossa, Santa-Giulia ou Golfo di Sogno. Pour la première nuit, la ville compte de nombreux camping, auberges et hôtels : vous n'aurez que l'embarras du choix.

© APROTT - ISTOCKPHOTO.COM

Sainte-Lucie-de-Tallano.

› Jour 2 - Porto-Vecchio - Cartalavonu

La première étape de 15 km, avec 1 130 m de dénivelé positif et 100 m de dénivelé négatif, consiste à aller de Porto-Vecchio ★★ (p.99) à Cartalavonu. Il faut compter 5h de marche – récompensées par une vue panoramique sur Porto ★★ (p.99)-Vecchio ★★ (p.99) à l'Ospedale – pour arriver au charmant refuge situé en plein cœur de la forêt. Ambiance chaleureuse et plats typiques viendront féliciter cette première marche.

› Jour 3 - Cartalavonu - Levie

Il s'agira ensuite d'atteindre Levie ★★ (p.134), situé à 12 km. Là encore, 5 heures de marches pour 670 m de dénivelé positif et 1 120 m de dénivelé négatif : attention aux genoux ! On peut s'arrêter en route au joli village de Carbini ★★ (p.127) et faire un détour par la Punta di a Vacca Morta pour profiter d'un superbe panorama sur le golfe, les villages de l'Alta Rocca et les aiguilles de Bavella.

› Jour 4 - Levie - Serra-di-Scopamena

Il faut ensuite compter 6h30 de marche pour rejoindre Serra-di-Scopamena ★ (p.132), c'est la portion la plus difficile. 18 km au programme, avec 900 m de dénivelé positif et 630 m de dénivelé négatif, sur un sentier bordé de sites historiques (Cucuruzzu, chapelle Saint-Laurent), d'une végétation dense et de blocs granitiques impressionnants.

› Jour 5 - Levie - Sainte-Lucie-de-Tavano

La prochaine étape est Sainte-Lucie-de-Tallano ★★ (p.135), à 10 km de là. Les 570 m de dénivelé positif et 800 m de dénivelé négatif se parcourent en 4h de marche. Diverses possibilités de baignades s'offrent à vous dans cette vallée profonde. À l'arrivée, ne pas manquer le couvent Saint-François, l'église paroissiale et le moulin à huile. Camping, gîte d'étape et bar-épicerie à disposition.

› Jour 6 - Sainte-Lucie-de-Tallano - Propriano

De Sainte-Lucie-de-Tallano ★★ (p.135) à Propriano ★★★ (p.143), il faut compter 12 km, 710 m de dénivelé positif et 720 m de dénivelé négatif pour 6h de marche. Au programme : une magnifique église Romane et la traversée du Rizzanese, pour finir sur une vue imprenable sur le golfe du Valinco. Une fois à Fozzano ★★ (p.147) ou à Burgo, on peut opter pour un transfert en taxi Propriano afin d'éviter une marche sur le bord de la route.

› Jour 7 - Arrivée à Propriano

Propriano ★★★ (p.143), petit village de pêcheurs très charmant, vous donne l'occasion de profiter du littoral magnifique que vous avez pu admirer d'en haut la veille ! Au choix : promenade en mer ou journée oisive sur l'une des nombreuses plages de Propriano (p.143) pour se remettre de nos émotions.

UN LONG WEEK-END DE THERMALISME EN CORSE POUR SE DÉCONNECTER

Le thermalisme est une activité idéale pour découvrir la Corse à l'occasion d'un long week-end. Entre promenades, activités de plein air et découverte du patrimoine historique, rien de plus réconfortant qu'une plongée dans les bains chauds des sources corses. Les bains de Baracci et de Caldane sont une destination parfaite pour découvrir plusieurs des aspects emblématiques de l'île de Beauté.

© XAVIER BONNIN

Propriano.

DES ESCAPADES
pour toutes les envies
NOUVEAU
LES SEYCHELLES
Les plus belles plages
LE MANS
Un patrimoine riche et multi-facettes
RETRAITE HEALTHY
Préparer les beaux jours
ESCAPADE
Magazine
CITY BREAK / DESTINATIONS MYTHIQUES / NATURE / HEALTHY / TOURISME DURABLE / STAYCATION
MIAMI
DÉCOUVREZ LA VILLE MYTHIQUE DE FLORIDE
MIAMI BEACH
> LES QUARTIERS INCONTOURNABLES
> LES PLUS BEAUX HÔTELS
> NOS ADRESSES COUP DE CŒUR
> INTERVIEWS DE PERSONNALITÉS LOCALES
L 12659 - 4 - F: 6,90 € - RD
N°4 - Mars - Avril - Mai 2022
SAINT-JACQUES-DE-COMPOSTELLE
Une cité millénaire gourmande et authentique
DUBAI
Top 5 des expériences les plus vertigineuses
Simple et sécurisé
ACTUELLEMENT CHEZ VOTRE MARCHAND DE JOURNAUX
WWW.BOUTIQUECPPRESSE.FR

Calvi, vue du port.

› Jour 1 - Propriano et les bains de Baracci

Au départ de **Propriano** ★★★ (p.143), on découvre la ville et son bord de mer. Puis on s'enfonce ensuite dans les terres pour rejoindre les bains de Baracci (à 10 minutes en voiture), en poussant éventuellement jusqu'au domaine Sant-Armettu (à 5 minutes de plus), pour déguster leurs vins délicieux en admirant la vue sur le golfe. À 20 minutes de là en voiture, on découvre le site préhistorique de Filitosa, un incontournable.

› Jour 2 - Sartène et Sainte-Lucie-de-Tallano

Le matin, promenade dans Sartène ★★★ puis découverte du village de **Sainte-Lucie-de-Tallano** ★★ (p.135), son architecture typique et sa tour pisane. On en profite pour faire quelques emplettes : c'est la capitale corse ★★★★ de l'huile d'olive. Le soir, dîner dans un restaurant local comme A Machja, pour un repas authentique au coin du feu. On peut aussi y passer la nuit et apprécier un réveil avec vue dégagée sur la vallée.

› Jour 3 - Visite et détente à Sainte-Lucie

On rejoint le Casteddu de Cucuruzzu, monument clé du patrimoine historique corse ★★★★, à 15 minutes de **Sainte-Lucie-de-Tallano** ★★ (p.135) en voiture. Puis retour vers Sainte-Lucie, pause aux bains de Caldane et déjeuner ou dîner au domaine Rosa de Caldane, avec ses jolies tables champêtres. Le domaine est aussi pourvu d'une charmante résidence hôtelière.

DE CALVI À AJACCIO : LA CORSE EN TRAIN POUR UN PANORAMA COMPLET

On le surnomme ici le trinighellu. Le petit train corse ★★★★, qui a fêté ses 100 ans en 1988, est l'une des lignes les plus charmantes de France. Il traverse des paysages enchanteurs, des montagnes, des rivières, il longe des falaises escarpées... Nombreuses sont les possibilités de séjours, d'autant qu'avec le Pass Liberta, on peut circuler librement pendant une semaine pour une cinquantaine d'euros.

› Jour 1 - Les plages de Balagne

La ligne longe tout le littoral de Balagne, on pourra donc profiter de **Calvi** ★★★ (p.249), de l'Île-Rousse et de leurs plages, puisque le train s'arrête à chacune d'entre elles : Sainte-Restitude, Ondari-Arinella, Giorgio, Sant'Ambroggio, **Algajola** ★★ (p.264) et **Aregno** ★★ (p.265) plage, Davia, Ghjunchitu, Bodri.

› Jour 2 - Les montagnes du centre corse

Sur cette portion de la ligne, entre **Ponte-Leccia** (p.349) et **Corte** ★★★ (p.338), on pourra admirer les aiguilles de Popolasca et s'arrêter dans la ville emblématique de Corte.

› Jour 3 - Le Parc National

À Vizzavona, on découvrira la forêt impressionnante du Parc naturel Régional. Au programme : baignades en rivière, cascade des Anglais et randonnées inoubliables.

› Jour 4 - L'arrière-pays d'Ajaccio

Sur cette portion de la ligne, avant de retrouver Ajaccio, on se laisse surprendre par l'immense viaduc de Vecchio au cœur des montagnes et par la cascade du « voile de la mariée » à Bocognano.

› Jour 5 - La Cité Impériale

Enfin, le périple se termine sur l'incontournable Ajaccio, qui vous invite à découvrir son patrimoine historique et culturel (le Palais Fesch, la Maison Bonaparte, la citadelle, etc.).

APOLLINE MATIN
APOLLINE DE MALHERBE
Apolline matin
RMC
Le journal de 8h
10:50
PODCASTS
LES CHRONIQUES D'ARNAUD DEMANCHE
FACE À FACE
GRANDES GUEULES
Estelle MIDI
ON NE VA PAS SE MENTIR !
SUPER MOSCATO SHOW
ROTHEN S'ENFLAMME
AFTER FOOT
la Matinale Week-end

PASSPORT

DÉCOUVRIR

La Corse, c'est avant tout une histoire riche et ancienne, une culture singulière faite à la fois de métissages et d'un fort sentiment d'appartenance – avec ses mythes, ses héros, et le maquis pour décor. Ce dernier est emblématique de la nature insulaire, de sa beauté et de sa force, mais est aussi une allégorie de l'identité locale : « au parfum de son maquis, de loin, les yeux fermés je reconnaîtrais la Corse » disait Napoléon Bonaparte. Chargé de sens et de souvenirs pour le peuple corse, il peut rester impénétrable aux non-initiés ; passion et patience sont de mise pour l'apprivoiser. Mais s'y attacher et prendre le temps, c'est la promesse de promenades extraordinaires, la découverte d'arômes uniques et d'un terroir diversifié, et, enfin, la perspective d'une aventure humaine authentique.

LES RICHESSES ARCHÉOLOGIQUES DE CORSE

La Corse est un territoire précieux pour les archéologues, avec au total plus de 6 000 entités inventoriées, ce qui représente une densité de 0,71 site au km^2 ! Bien sûr, la réalité est plus contrastée car, loin d'être réparties équitablement sur le territoire, la plupart d'entre elles sont concentrées dans certaines régions, avec des communes comme Sartène et Porto-Vecchio qui en comptent plus de 200. La Corse étant essentiellement rurale, avec une forte densité sur les côtes, la plupart des travaux d'aménagements nécessitant des opérations archéologiques préventives sont réalisés dans les agglomérations du littoral. Dans certains secteurs, les vestiges du passé s'enfouissent peu à peu sous le maquis et risquent de sombrer à jamais dans l'oubli. Mais de plus en plus nombreux sont les chercheurs et archéologues à se passionner pour la Corse qui a beaucoup à nous apprendre sur le Néolithique, l'âge de bronze ainsi que l'Antiquité romaine.

Dolmens, menhirs et stèles : le mégalithisme corse

Les mégalithes sont des monuments préhistoriques composés de pierres massives isolées, comme les menhirs, ou agencées pour former des ensembles, comme les dolmens. Ce phénomène apparaît en Corse dès les premières occupations humaines, et se développe particulièrement au cours du IIe millénaire avant notre ère, notamment en Sartène, sur le plateau de Cauria. La star de ce site est le dolmen de Fontanaccia : avec ses 2,60 m de long et 1,80 m de haut, pesant plus de 15 tonnes, c'est le mégalithe plus connu et le mieux conservé de l'île.

Les dolmens (aussi appelés tole, stazzone ou casarone) sont surnommés en Corse-du-Sud « table du péché » ou encore « forge du Diable ». On en trouve un bel exemple sur la commune de Santo-Pietro-di-Tenda : le dolmen du Monte-Revincu. Les alignements de menhirs (stantare, petre arriti, pile, petre longhe, colonne) sont quant à eux appelés populairement cimiteri d'i Turchi ou d'i Mori (cimetières des Turcs ou des Maures). Après une courte marche dans la nature, on peut admirer un ensemble représentatif au col de Pinzu, à Vergine.

L'île présente par ailleurs des statues-menhirs, c'est-à-dire des pierres portant sur leur face des représentations – ce que certains chercheurs affirment être une spécificité insulaire. À l'inverse des autres mégalithes, elles sont perçues de manière positive, parfois même considérées comme protectrices. On en trouve de beaux exemples à Filitosa, l'un des sites les plus célèbres de l'île en la matière. Occupé depuis plus de cinq millénaires, ce site témoigne des différentes occupations humaines du Néolithique jusqu'au Moyen Âge.

Le dolmen de Fontanaccia.

Cucuruzzu, témoin de l'âge de bronze et du Moyen Age

Cucuruzzu est un site monumental de l'âge du bronze (IIe-Ier millénaires avant notre ère) situé à 700 mètres d'altitude sur le plateau de Levie, dans la région de l'Alta Rocca. Restauré en 1991 par l'État, il est depuis lors accessible au public et témoigne d'une période dont il ne reste que peu de traces. Il montre aussi comment des éléments appartenant à diverses époques peuvent être amenés à cohabiter voire à se mélanger, formant des ensembles curieux.

Après une courte marche à travers une forêt méditerranéenne préservée, on y trouve le casteddu de Cucuruzzu, qui fait partie d'un ensemble d'une vingtaine de monuments similaires découverts en Corse (Araghju, Cuntorba, Foce et Balestra, Torre, Tapp, etc.). Ces bâtiments, à la fois refuges et greniers communautaires, servaient comme points de contrôle des territoires. À quelques mètres du casteddu de Cucuruzzu, on accède à la fortification de Capula, un bâtiment datant du Moyen Âge au pied duquel une statue-menhir a été réutilisée dans la maçonnerie médiévale.

À 7 km environ du site archéologique, le musée de l'Alta Rocca rassemble des collections issues des fouilles menées sur le site mais aussi dans le reste de la région. On peut y découvrir des objets issus des cultures qui s'y sont succédé depuis le VIIIe millénaire av. J.-C. jusqu'au Moyen Âge, ainsi que l'un des vestiges humains les plus anciens de Corse : la Dame de Bonifacio ou « doyenne des Corses ».

Aleria et Mariana, anciennes cités antiques

Alelia est fondée par les Phocéens en 565 av. J.-C. puis reprise par les Romains à partir de 259 av. J.-C. pour devenir Aleria, bien que les vestiges attestent d'une occupation humaine depuis le VIe millénaire avant notre ère. Elle constitue avec Mariana l'une des plus grandes agglomérations romaines de l'île. Ces ruines romaines sont décrites pour la première fois par Prosper Mérimée en 1840, après son voyage d'inspection en Corse. Mais ce n'est que dans les années 1950 que sont entreprises les premières fouilles d'ampleur, au cours desquelles sont mis au jour le forum et une partie de l'agglomération. Aujourd'hui, on peut également admirer deux temples, deux thermes et plus de dix citernes. Par ailleurs, on peut découvrir de nombreux objets issus des fouilles au musée départemental d'archéologie situé à proximité du site.

La cité de Mariana, en Haute-Corse, est légèrement plus récente : elle est fondée au Ier siècle av. J.-C. par le général Caïus Marius. Située sur le littoral est de l'île, elle constitue alors un point stratégique pour le contrôle des routes commerciales maritimes et sert d'interface avec l'intérieur des terres. La ville s'étendait sur environ une vingtaine d'hectares et rayonnait sur tout un territoire composé de zones funéraires, de deux nécropoles (Murotondo-Palazzetto et I Ponti), d'établissements agricoles sur la commune de Lucciana et d'une zone portuaire à l'embouchure du Golo. Les ruines que l'on peut observer aujourd'hui, datant des Ier, IIe et IIIe siècles après J.-C., se situent au sud de la cathédrale Canonica. Elles représentent environ un dixième de l'ancienne cité et sont réparties de part et d'autre d'une voie qui participait au plan orthonormé caractéristique des villes romaines. Le sol de certaines habitations notables est orné de belles mosaïques. À côté du parc archéologique ouvrira bientôt un musée abritant les collections d'objets découvertes au cours des fouilles.

© MARIEPAULE - SHUTTERSTOCK.COM

Le site archéologique de Cucuruzzu datant de l'âge de bronze.

L'archéologie corse, un domaine d'avenir

La richesse actuelle de la Corse en termes d'archéologie laisse à penser que beaucoup d'autres surprises nous attendent. À chaque nouveau programme d'aménagement, des trouvailles sortent de terre. Par exemple, fin 2019, dans le cadre de travaux d'archéologie préventive, a été mis au jour un site antique dans les hauteurs de Bastia. C'est une première dans l'agglomération, d'autant plus excitante qu'il s'agit de vestiges d'une période charnière ayant eu un rôle majeur dans l'histoire de l'île, mais sur laquelle nous n'avons que peu d'informations : la fin de l'époque romaine, entre le IVe et le VIe siècle après Jésus-Christ. Il s'agit de deux unités d'habitation, dont l'une bourgeoise, unique en son genre et très bien conservée. On espère que le site deviendra un jour accessible au public !

DÉCOUVRIR

À LA DÉCOUVERTE DES VINS CORSES

S'il y a encore une quarantaine d'années le vin corse était loin d'être synonyme de qualité, il jouit aujourd'hui d'un renouveau qui fait parler de lui. Grâce à des petits producteurs passionnés, ont été remis au goût du jour un patrimoine ancien et des cépages historiques. Unique vignoble insulaire de France, la Corse possède plus d'une trentaine de cépages traditionnels : le sciaccarellu, le nielluciu et le vermentino, mais aussi le carcajolo, le brustiano, l'aleatico ou le barbarossa… Une variété qui fait le bonheur des restaurateurs et des chefs, ouvrant nombre de possibilités en termes d'accords mets et vins. En outre, les vignobles corses ne sont pas seulement gâtés par un climat exceptionnel, mais ils jouissent aussi de paysages magnifiques qui en font des lieux de villégiature privilégiés. Les vignerons corses se font donc un plaisir d'accueillir des amateurs de plus en plus nombreux, et l'œnotourisme ne cesse de se développer.

Le vin corse, une histoire ancienne et pleine de rebondissements

C'est au VIe siècle av. J.-C., quand les Phocéens débarquent sur l'île, que la culture de la vigne commence. Le climat doux et l'ensoleillement généreux de ce territoire permettent aux vignes de s'épanouir sans peine et c'est ainsi que naissent les premiers vins corses, dont la production est encouragée ensuite par les Romains. Virgile lui-même aurait vanté « la couleur rubis et le goût si agréable du vin de Balagne ». À la chute de l'Empire romain, la viticulture s'interrompt, mais les vignes survivent jusqu'au retour des vignerons au XIe siècle sous domination pisane, une culture qui continue de s'épanouir par la suite sous domination génoise puis française. Au XIXe siècle, le vin corse s'exporte à l'international et commence à jouir d'une certaine réputation dans les capitales, avant que les cultures ne soient ravagées par deux épidémies tragiques. Les crises économiques et les guerres du XXe siècle déstabilisent encore davantage la production, qui est presque nulle au sortir de la Seconde Guerre mondiale.

Suite à l'indépendance de l'Algérie et à l'arrivée de nombreux rapatriés en quête de travail, la production de vin reprend, mais cette fois-ci de manière industrialisée. Apparaissent alors d'immenses domaines dont les méthodes contrastent avec la tradition du vignoble corse, autant en termes de quantité que de qualité. Les prix sont imbattables et la concurrence est rude pour les petits producteurs, qui font faillite. Cerise sur le gâteau, une affaire éclate en 1974 : des hectolitres de « faux vin » corse, fabriqué sans raisin, sont découverts par le service de répression des fraudes. Le scandale débouche sur un boycott des vins corses, qui loge à la même enseigne petits agriculteurs

Vignoble du Cap Corse.

et producteurs intensifs. Coup de grâce final ? Non, après quelques décennies de dur labeur, et l'arrivée de nouvelles générations de vignerons et vigneronnes attentifs à la qualité autant qu'au respect de leur terre, la production douce est relancée et les vins corses ont à nouveau la notoriété qu'ils méritent. Aujourd'hui, plus besoin de chercher longtemps pour trouver des pépites aux robes sauvages et surprenantes. Soutenir les petits producteurs en appréciant leur vin, c'est donc ajouter sa pierre à l'édifice du combat pour reconstruire et faire vivre ce vignoble millénaire !

Huit vignobles d'appellation d'origine contrôlée pour une variété de saveurs

Les vins corses sont aujourd'hui classifiés en huit AOC, un bon chiffre compte tenu de la taille de l'île. Nous vous en donnerons ici une brève présentation qui, si vous n'y avez pas encore goûté, vous permettra de vous faire une idée de leur caractère respectif.

L'AOC Ajaccio rassemble une douzaine d'exploitations très morcelées s'étendant sur 239 hectares, dont quelques domaines parmi les plus vieux et les plus renommés de l'île. C'est ici que naquit le sciaccarellu, cépage de haute qualité et d'un caractère affirmé ! C'est un vignoble typique de la tradition corse. Le sciaccarellu confère aux vins ces arômes singuliers d'amande, de cassis et d'épices. Les rouges harmonieux et pleins sont d'une grande finesse et d'une exceptionnelle capacité de vieillissement. Les rosés ont de l'étoffe et une distinction remarquable, quant aux blancs, ils expriment à merveille l'arôme floral et le caractère du vermentinu.

Les vins de Balagne sont rassemblés sous l'appellation AOC Corse Calvi (266 hectares). La Balagne est une région parmi les plus douces de l'île avec des terroirs bien ordonnés et de superbes villages perchés entre la mer et les sommets. Ils offrent aujourd'hui de belles réussites avec des rouges charnus et bouquetés, des rosés frais et ensoleillés et des blancs d'une grande finesse.

Les vignobles de l'AOC muscat du Cap Corse (103 hectares) et coteaux du Cap Corse (36,5 ha) sont suspendus en minces terrasses vertigineuses, paraissant inaccessibles au commun des mortels... mais pas au vigneron corse. Sur ce doigt fièrement planté dans la Méditerranée, le muscat est un vin rare et délicat. Tout au nord de l'île, les coteaux du Cap Corse donnent des rouges de longue garde et des blancs élégants.

Le vignoble de l'AOC Corse Figari (128,5 hectares) est le plus méridional de France et aussi le plus ancien, puisque les premières vignes y sont apparues dès le VIe siècle avant notre ère. Sur un plateau granitique très ancien, venté et particulièrement sec, s'expriment des cépages corses traditionnels, dont le carcajolu neru. Ils

© GWENVIDIG - ISTOCKPHOTO.COM

donnent des vins rouges, rosés et blancs d'une grande finesse, bien charpentés.

C'est dans la petite région vivante et riche du Golfe de Saint-Florent (Haute-Corse), bien abritée des vents et remarquablement exposée à l'ouest, que sont produits les vins de Corse les plus connus, sous l'AOC Patrimonio (409 hectares). C'est la plus ancienne appellation de l'île. Le vignoble est morcelé en petites propriétés où le savoir-faire des hommes a permis l'expression de vins nobles. Ici règne le niellucciu donnant des rouges puissants et chaleureux, des rosés de soleil et de fruits. S'exprime aussi le vermentinu avec des blancs secs bouquetés, d'une richesse aromatique remarquable.

Des murailles médiévales de porphyre rose, une rade magnifique : Portus Syracusanus, fondé en 383 av. J.-C., aujourd'hui Porto-Vecchio, est au cœur d'une région vivante et active, où l'on retrouve le vignoble d'appellation AOC corse Porto-Vecchio (89 hectares). Petites criques sur la côte, pins parasols, chênes-lièges et surtout quelques beaux vignobles perchés sur des coteaux impressionnants. Ici règne l'alliance du niellucciu et du sciaccarellu qui donnent, avec le grenache, des rouges élégants et ronds, des rosés fins et aromatiques. Quant aux blancs de vermentinu, ils sont secs et très fruités et accompagnent à merveille les poissons et fruits de mer.

La capitale du Sud-Ouest est une cité fière et magnifique qui veille, de son haut rocher, sur les plus vieux cépages locaux rassemblés sous l'AOC Corse Sartène (143 hectares). Ils donnent des vins étoffés, à la personnalité et au velouté remarquables. Les rouges sont bien charpentés, les rosés ont du corps et les blancs sont amples et bouquetés.

Enfin, sur les coteaux de la côte orientale et dans la vallée intérieure du Golo, se trouve le berceau du vignoble traditionnel corse, de l'AOC corse (143,9 hectares), tout simplement.

À LA DÉCOUVERTE DES VINS CORSES

© LA SU - SHUTTERSTOCK.COM

Vignobles de Patrimonio.

Adossé à des arêtes rocheuses qui culminent à 1 200 m, il occupe les premières pentes. On y trouve une gamme peu commune de riches terroirs offrant des vins de très haute qualité. Le niellucciu y donne des rouges souples et équilibrés, les rosés à la robe souvent claire sont racés et nerveux, quant aux blancs de vermentinu, ils sont fruités et d'une grande finesse de goût. On compte dans l'appellation un grand nombre de caves coopératives.

Sur la route des vins corses : un périple aussi instructif que grisant

C'est d'abord pour leurs vins qu'on visite les vignobles corses. Néanmoins, l'intérêt d'un tel périple n'est pas seulement gustatif : il repose aussi sur les paysages traversés, leur histoire, la passion et l'hospitalité de ceux qui les font vivre. On trouve des vignes sur l'ensemble du pourtour corse, elles occupent ainsi une grande variété de paysages. Chacun de ses environnements est façonné par le raisin qu'il abrite, et à qui il donne sa saveur unique. Ainsi, quand à Porto-Vecchio les vignes se blottissent entre la plage et la pinède, ce sont sur des terrasses escarpées dominant les villages côtiers que poussent celles du Cap Corse. Entre odeurs du maquis, embruns marins et vues imprenables, visiter les vignobles c'est aussi découvrir un territoire autrement, au contact de son terroir et d'artisans passionnés.

Si parcourir la route des vins corses est une aventure un peu rude pour être entreprise à pied, le périple se prête tout à fait à un road-trip chic. Nombreux sont les domaines qui accueillent les visiteurs, non seulement pour des visites et des dégustations, mais aussi pour des séjours en gîte ou chambre d'hôtes. Le cadre est souvent idyllique et l'accueil, parfois haut de gamme, est toujours discret et sans chichis. Pour les voyageurs qui souhaitent une expérience authentique à l'abri des hordes de touristes, et sans renoncer à un certain confort, voilà une équation idéale ! Pour ne citer que quelques exemples, on retiendra le domaine de Pero Longo entre Propriano et Bonifacio, avec sa maison des vignes aux airs d'hacienda, ou le domaine Saint-Armettu en Sartène, avec sa vue sur la mer et ses oliviers.

Réinventer le terroir corse avec la biodynamie

La biodynamie, c'est bien plus que respecter le cahier des charges bio et bannir les produits chimiques : c'est travailler avec le calendrier lunaire et les rythmes solaires, se réapproprier les savoir-faire des anciens en chouchoutant la vigne à partir de concoctions réparatrices naturelles, de matières organiques ou minérales, ou encore utiliser le cheval pour travailler la terre. C'est une philosophie qui révolutionne la culture viticole en plaçant l'équilibre des plantes et de leur environnement au cœur du processus de fabrication du vin. Et cela se ressent gustativement, les vins biodynamiques ayant le vent en poupe grâce à leurs saveurs authentiques. Mais l'utilisation de cépages autochtones est également intéressant d'un point de vue pratique, car elle permet d'améliorer la résilience de sa production, ces variétés anciennes étant plus adaptées au climat local et à ses aléas, qui, comme on le sait, peuvent être assez rudes – et d'autant plus avec le changement climatique. C'est ainsi que des vignerons de plus en plus nombreux ont adopté ces méthodes en Corse. À Ajaccio, on trouvera le domaine Comte Abatucci et le domaine U stiliccionu, en Sartène le domaine Pero longo, du côté de Patrimonio le domaine Giudicelli et enfin le Clos Canarelli à Figari. Nombre d'entre eux proposent des visites, d'autant plus passionnantes que ces vignerons sont à la fois les gardiens et les modernisateurs d'un héritage vieux de plus de 2 000 ans.

GÉOGRAPHIE

Pour une surface de 8 680 km^2, la Corse est dotée d'une variété de reliefs et de paysages unique qui lui vaut son surnom d' «Elysée de la géologie» chez les scientifiques. Avec son altitude moyenne de 568m^2, elle est l'île la plus élevée de la mer Méditerranée. À chaque nouveau virage, elle fait donc le bonheur des voyageurs qui pourront découvrir une multitude de panoramas en un clin d'œil. Et pour les habitués, elle est un territoire à redécouvrir sans cesse et approfondir à chaque nouveau voyage. Que l'on ait envie de farniente sur les douces plages sableuses de Balagne ou que l'on préfère partir à l'aventure sur les roches déchiquetées de la réserve de Scandola, que l'on aime les torrents d'eau douce ou que l'on préfère le grand bleu, chacun y trouvera son compte. Des canyons sous-marins au Monte d'Oro, voici donc un aperçu des éléments géographiques et géologiques qui façonnent le paysage Corse pour lui donner son aspect unique.

Des fonds méditerranéens contrastés

Aucun point de l'île de Beauté n'est distant de plus de quarante kilomètres de la Méditerranée. La Corse est entourée d'un plateau côtier d'inégale largeur : une vingtaine de kilomètres du côté d'Aléria, tandis qu'autour de l'arête montagneuse du Cap, il est d'une étroitesse extrême. Les reliefs sous-marins reproduisent les éminences terrestres d'une manière inversée, comme dans un miroir. Cette plaine continentale sous-marine descend plus ou moins progressivement donc, à une profondeur de 150 m à 200 m, puis chute brusquement à 1 000 m quand le socle sous-marin sur lequel repose l'île entière disparaît.

La plaine sous-marine se divise en quatre groupes : la partie la plus proche de la côte, profonde de 10 m à 20 m, faite de sable, de galets et de rochers ; une partie dont la profondeur atteint progressivement les 40 m : c'est la zone des zostères sur laquelle s'étend non uniformément une prairie d'algues vertes ; une autre encore plus profonde (jusqu'à 80 m) dans laquelle pousse le corail ; une dernière, faite de vase, qui descend jusqu'aux limites du socle cristallin.

Un littoral hétérogène

Pour ceux qui ne pratiquent pas la plongée sous-marine, le littoral corse offre une véritable diversité de situations qui sont un des attraits majeurs du tourisme dans l'île. La vaste bande sableuse de la côte orientale, parfois coupée d'étangs et de lagunes, offre de belles plages avec les courbes gracieuses de ses dunes, lesquelles rappellent le littoral languedocien. La côte méridionale et occidentale est très découpée, au point que jadis, on ne pouvait en relier les différents points que par bateau !

La plage d'Ostriconi.

© WILLEMA - SHUTTERSTOCK.COM

Randonnée sur le Mont Cinto.

On y trouve de grands promontoires qui rappellent un peu le Finistère, et de profondes entailles à l'abri desquelles se sont développées des villes : les golfes de Propriano, d'Ajaccio et de Porto. Plus haut, la côte s'assagit. Le littoral reste toutefois très morcelé, car il a été attaqué par la mer au cours des différentes transgressions quaternaires. Le paysage offre parfois un aspect semblable aux côtes bretonnes ou à celles des Maures. Dans les estuaires de Figari ou dans la baie de Porto-Vecchio, on peut même admirer de véritables rias ! Le nord de la Corse est connu pour les doux paysages de la Balagne et ceux, désolés, des Agriates voisins. Leurs côtes sont ponctuées de petites anses surmontées de promontoires délicatement sculptés par l'érosion. La presqu'île du Cap Corse offre un relief beaucoup plus tourmenté et sauvage.

Les plages corses sont donc considérées à juste titre comme faisant partie des plus belles plages du monde. On trouve des plages de sable fin comme la plage de Saleccia, de l'Ostriconi et de Calvi, aussi bien que des plages en galets et incrustées dans la roche vers Porto. Pour de longues plages s'étendant à perte de vue, on se rendra plutôt sur la côte est.

Les lacs et marais, réservoirs de biodiversité

D'une valeur patrimoniale remarquable, tant du point de vue paysager qu'écologique, plus d'une trentaine de lacs d'origine glacière sont présents en Corse, datés jusqu'à moins -14 000 ans. Ils sont dans l'ensemble situés en haute montagne, le plus haut se trouvant à 2 442 m d'altitude. On les trouve principalement sur les massifs du Cinto, Rotondo, Monte d'Oro et Renoso.

D'origine naturelle ou résultats de transformations des milieux par les humains, beaucoup des marais corses sont classés et protégés, car ils sont des réservoirs de biodiversité abritant des espèces végétales remarquables et menacées, ainsi que des espèces d'oiseaux et de poissons qui s'y reproduisent et s'y développent. En Corse, quatre d'entre eux sont reconnus comme d'importance internationale : les étangs de Biguglia, d'Urbino et de Palo, et les mares temporaires des Tre Padule de Suartone.

Une histoire géologique particulière

Pour comprendre la formation géologique de cette masse minérale, il faut remonter aux origines de la Terre : au précambrien, la partie occidentale et la partie méridionale de l'île devaient être réunies au massif provençal des Maures, ainsi qu'aux Pyrénées occidentales. On retrouve, en effet, les mêmes roches cristallines dans ces trois endroits : essentiellement, du granite. C'est dans cet ensemble, celui du massif hercynien d'Ajaccio, lequel forme un vaste bloc s'étendant de Solenzara, au sud, à l'Ile-Rousse, au nord, que se trouvent les plus hauts reliefs, mais aussi les plus escarpés, avec des roches résistantes et des sommets aigus. Les glaciers du quaternaire ne se sont pas répandus vers la plaine mais ont toutefois contribué à sculpter les sommets. Parmi eux, on dénombre, outre le Cinto et ses satellites, les groupes du Rotondo (2 695 m) et du Monte d'Oro (2 391 m) au centre de l'île, et de l'Incudine (2 136 m) au sud. Au nord-ouest de cet ensemble, on peut découvrir une vaste bande de terrains houillers : ce sont essentiellement des gisements du carbonifère supérieur.

Dans un vaste arc de cercle autour de Bastia, on trouve des schistes lustrés semblables à ceux que l'on peut observer dans le Piémont. Leur altitude ne dépasse guère les 1 500 m. Ce sont essentiellement des terrains tertiaires, d'origine sédimentaire, donc issus des dépôts provoqués par les différentes mers qui ont recouvert ces régions au cours des temps géologiques. Ces terrains ont été surélevés par les vastes mouvements tectoniques qui ont provoqué l'apparition des Alpes voisines. Les mouvements des failles à l'origine des reliefs de la corse sont concentriques : ils suivent une direction sud-nord, au Cap Corse. Puis, ils se couchent progressivement selon un axe ouest nord-ouest, à la limite sud de cette partie schisteuse de la Corse, aux confins de la plaine d'Aléria.

Entre ces deux blocs d'inégale importance, lesquels délimitent deux régions principales, court une bande transitoire. La ville de Corte est implantée sur cet axe qui serpente depuis les rivages s'étendant entre le Reginu et l'Ostriconi, au nord, jusqu'à Solenzara, au sud. Ainsi, autour des sommets du Rotundu, de Monte d'Oro, de Renoso au centre, et de l'Incudine plus au sud, on peut observer une vaste dépression. Les sols sont tertiaires et on les reconnaît du premier coup d'œil tant ils tranchent sur les montagnes granitiques!

NATURE

Il ne faut pas y aller par quatre chemins : il y a bien de superbes monuments légitimement classés aux monuments historiques en Corse, mais la première curiosité touristique de l'île, c'est sa nature, ses paysages, ses points de vue, sa lumière et ses parfums qui sont à chaque virage autant de splendeurs éclipsant les humbles créations humaines. Pendant les régressions marines du Quaternaire, l'île était reliée à la Sardaigne et probablement à la Toscane, puisque les naturalistes observent des points communs entre les espèces des deux régions. Après la fonte des derniers glaciers qui couvraient le nord de l'Europe et les vallées alpines, la mer remonta et la Corse se retrouva définitivement isolée à la fin de l'ère tertiaire. Cet isolement a permis le développement d'une flore et d'une faune particulières, qui donnent à la Corse son ambiance unique et en font un trésor de biodiversité.

Le maquis, élément clé du paysage corse

«Macchia e Mare» (maquis et mer) : cette association est si présente qu'elle sert d'enseigne à de nombreux établissements et commerces corses. Le maquis et la mer, la grande bleue et la Corse mystérieuse, celle où l'enfant du pays se sent chez lui, protégé de tout. Le maquis corse ressemble au maquis provençal, celui que l'on peut par exemple rencontrer dans les Maures ou sur Port-Cros, avec quelques caractéristiques qui lui donnent un aspect plus sauvage et plus impénétrable. Deux arbustes y sont particulièrement répandus : l'arbousier et le ciste « de Montpellier ». On trouve par ailleurs des calycotomes épineux, des chênes verts, des myrtes et des pistachiers lentisques. Le maquis corse est si dense et pousse si vite que seuls les bergers et les habitués du sentier en connaissent les secrets autour du village. Dans chaque village, quelques spécialistes peuvent vous emmener, de jour comme de nuit, à travers les cistes et les arbousiers. Pour le promeneur, hors les chemins balisés, nulle chance de salut. Et pourtant, quelle beauté, quels parfums, quelle nature !

Une forêt diversifiée

Comme le relief et les paysages marins, la forêt corse est très diversifiée, elle peut se muer en hêtraie normande, en forêt vosgienne ou en châtaigneraie auvergnate en un tournemain. À l'ouest de Corte, dans la vallée du Niolu, on trouve la forêt de Valdoniello. Y poussent de très beaux pins laricio, dont certains comptent parmi les plus imposants de l'île. À partir d'Evisa, dès la jonction avec la route descendant du col de Sevi, on peut se promener dans la forêt d'Aïtone, grandiose avec ses 2 400 hectares dominés là encore par les pins laricio et ses vues vertigineuses sur la vallée du même nom. Au sud de Corte, sur la route d'Ajaccio, face au Monte d'Oro, se trouve par ailleurs la forêt de Vizzavona, composée de pins, mais aussi de châtaigniers, d'aulnes et - en *guest stars* - de sapins, une rareté pour la Corse ! Pour la parcourir sans effort, on peut prendre le train à partir de la gare de Vizzavona. Au sud-est de l'île, entre Porto-Vecchio et l'Alta Rocca, on peut aussi s'échapper de la côte pour partir à la découverte de la forêt de l'Ospedale, rafraîchissante avec sa cascade nommée Piscia di Gallu. Enfin, la région de la Castagniccia offre au visiteur l'occasion de découvrir, comme son nom l'indique, une « châtaigneraie » touffue avec ses arbres plusieurs fois centenaires aux troncs immenses et se parant de couleurs merveilleuses à l'automne.

Du maquis à l'océan, des animaux emblématiques mais parfois menacés

Parmi les animaux qui peuplent l'île, le plus légendaire est sans conteste le sanglier, ici nommé *u cignale* que l'on croise souvent au bord des routes. Son cousin le cochon de Corse bénéficie lui aussi d'une certaine notoriété, sa viande étant un élément constitutif de la gastronomie locale. Âne, renard, chien cursinu (le chien des bergers) et hérisson sont d'autres mammifères familiers que vous croiserez sans doute.

© MAURIZIO LOI - SHUTTERSTOCK.COM

Mouflon corse dans la montagne.

© NAEBLYS - ISTOCKPHOTO.COM

Les îles Sanguinaires.

Comme la plupart des îles, la Corse présente un fort taux d'endémisme, avec de nombreuses espèces qui lui sont propres, qu'elles soient marines ou terrestres. Parmi les mammifères, nombre d'entre elles ont malheureusement disparu ou sont menacées. Par exemple, le cerf de Corse, que l'on retrouve également en Sardaigne, a disparu dans les années 1960, avant d'être réintroduit sur l'île dans les années 1980. Le mouflon de Corse, appartenant plus généralement à la famille du mouflon méditerranéen, est un autre animal emblématique du paysage montagnard corse et symbole de liberté pour les locaux. Sautant de rocher en rocher sur les pentes du Rizzanese ou du Monte Cinto avec une agilité qui défie les lois de l'équilibre, on le retrouvait principalement autour de la vallée de l'Asco et du col de Bavella. Mais la population ne compte plus que 500 individus environ, et le mouflon de Corse est désormais une espèce protégée.

Côté mer, on retrouve en Corse le grand dauphin *Tursiops truncatus*, qui était considéré comme commun au début du siècle, et s'est particulièrement raréfié à partir des années 1950. Un des principaux objectifs de l'organisation Life LINDA est la protection des populations de grands dauphins en Corse, en garantissant une cohabitation harmonieuse entre les activités économiques et l'espèce. Les fonds sous-marins corses recèlent de multiples autres espèces de mollusques, crustacés, coraux et échinodermes dont certaines sont très protégées et dont la pêche est régulée, voire interdite.

Des parcs naturels pour lutter contre la disparition des espèces

Pour lutter contre la disparition de ces espèces menacées, la Corse a mis en place plusieurs espaces naturels protégés. Outre les atouts de tels espaces en termes de biodiversité, ces derniers constituent des havres de paix pour découvrir la nature en s'y promenant respectueusement. Pour ne citer que quelques exemples, la réserve de Scandola, située entre Calvi et Porto, est la première réserve naturelle de France à couvrir les domaines à la fois maritimes et terrestres, et a été classée au patrimoine de l'humanité par l'Unesco. Depuis 1975 sont ainsi protégés plus de mille hectares de superficie terrestre et cent kilomètres de côtes protégées. Elle abrite nombre de goélands, de cormorans et d'aigles de mer. Les eaux transparentes, aux îlots et aux grottes inaccessibles, abritent une riche vie marine. Son territoire englobe les communes d'Osani, Ota, Partinello, Piana et Serriera. Les autres réserves importantes de l'île sont les Bouches de Bonifacio, l'étang de Biguglia, les îles Sanguinaires à Ajaccio et l'île aux Moines entre Sartène et Figari.

Des parcs animaliers, fermes pédagogiques et jardins pour se familiariser avec la faune et la flore locales

On trouve par ailleurs plusieurs parcs animaliers comme le centre de protection de la tortue à Cupulatta, la ferme pédagogique Capra Parc à Santa Lucia di Moriani ou le parc naturel d'Olva et la ferme pédagogique de Padula. Côté jardins, le parc Galéa et le parc de Saleccia sont les deux incontournables. Ce dernier, situé sur l'île Rousse, présente la flore du maquis corse et de la Méditerranée sur 7 hectares paysagers (collections d'oliviers, romarins, lauriers-roses, euphorbes, etc.). Des panneaux accompagnent la découverte progressive du lieu et permettent au visiteur d'en découvrir les aspects à la fois botaniques, historiques, humains et environnementaux. Basée sur le respect et la connaissance du passé, la renaissance patiente de ce site de bord de mer est un hymne à la beauté farouche de cette île et constitue un acte de foi dans l'avenir de la Corse.

TOP 10

FLORE

Il est rare que l'on reparte de Corse sans avoir fait au moins une belle promenade ou randonnée. Dans le maquis ou en forêt, vous aurez donc sans doute l'occasion de rencontrer une multitude d'espèces différentes. Pour vous familiariser avec ces végétaux, voici dix grands incontournables de l'île.

LE PISTACHIER LENTISQUE

Il est identifiable à ses baies rouges et ses feuilles persistantes aromatiques proches de celles du laurier.

© LARYSA LYUNDOVSK - ISTOCKPHOTO.COM

L'OLIVIER

Avec certains individus vieux de plus de 2 000 ans, il fait partie intégrante du patrimoine culturel corse.

© MARJORIE BRU - SHUTTERSTOCK.COM

LE THYM DE CORSE

Grand seigneur des herbes aromatiques locales, on le retrouve dans de nombreux plats traditionnels.

© WEISSCHR - ISTOCKPHOTO.COM

LE GENÉVRIER

Recueillies en octobre-novembre, ses baies pulpeuses servent d'aromate pour les plats et liqueurs.

© INESE.ONLINE - SHUTTERSTOCK.COM

L'ARBOUSIER

Surnommé l'«arbre à fraises», ses baies rouges font le régal des animaux et des gourmands à l'automne.

© ANDREA GEISS - SHUTTERSTOCK.COM

LE CHÊNE VERT

Rois du maquis épais, il était avant sa déforestation sous l'occupation génoise l'arbre le plus répandu de l'île.

© TINAVONWO - SHUTTERSTOCK.COM

LA NEPITA

Aussi appelée nepeta ou calament, cette plante odorante s'accorde à ravir avec les grillades et légumes d'été.

© KERRICK - ISTOCKPHOTO.COM

LA BRUYÈRE

Dotée de nombreuses vertus thérapeutiques, la bruyère avec ses fleurs blanches ponctue le maquis.

© GUILLAUME_CASA - SHUTTERSTOCK.COM

LE MYRTE

Arbuste touffu parfumant le maquis, il est surtout connu sous forme de liqueur ou en eau-de-vie.

© TIM - STOCK.ADOBE.COM

LE GENÊT

Genista corsica ou *Genista scorpius*, cet arbrisseau aux fleurs jaune vif égaye le maquis au printemps.

© JACK JELLY - SHUTTERSTOCK.COM

HISTOIRE

Si Sénèque n'y voyait qu'une terre hostile peuplée de barbares, les Grecs baptisèrent cette île «Kallisté», c'est-à-dire «la plus belle». Sans doute, des quatre grandes îles de la Méditerranée, la Corse est-elle la plus montagneuse et la plus variée dans ses paysages. Ce riche territoire situé à une place de choix dans le bassin méditerranéen en raison des courants marins et des vents n'a qu'un défaut pour les premiers peuples de l'Antiquité : sa petite taille qui ne permet pas un peuplement dense. Ce n'est que sous l'Empire romain que la population se développe de manière significative. Les Corses passent ensuite sous la domination de pouvoirs changeants : l'Eglise, Gênes et Pise, puis finalement la France. Au fil de cette histoire houleuse, l'île s'est forgé une identité toute particulière, à la source des revendications indépendantistes qui continuent, encore aujourd'hui, de marquer sa vie politique.

ENTRE 2000 ET 1800 AV. J.-C

Les premiers alignements de monolithes et de grands dolmens apparaissent, c'est le début de la statuaire monumentale. Tout le territoire est occupé, aussi bien les côtes que les zones montagneuses de l'intérieur, mais les peuplades sont divisées en petits groupes dispersés.

© ANNA DUFOUR - SHUTTERSTOCK.COM

DÉCOUVRIR

HISTOIRE

ENTRE 1500 ET 1300 AV. J.-C

La Corse entre dans la Protohistoire. La culture des *torre* et des *castelli* se développe avec les Torréens. On voit apparaître les premières statues-menhirs armées.

VERS 1000 AV. J.-C

C'est l'âge de fer corse, aussi caractérisé par la sédentarité des populations. L'agriculture se développe. On constate des interpénétrations entre la Corse et l'Italie du Nord. Les Phéniciens commencent à se mélanger avec les populations corses.

VERS 600 AV. J.-C

Arrivée des Grecs de Phocée en Corse et fondation d'Alalia (actuelle Aleria) sur la côte orientale. Elle reste la capitale économique de l'île durant deux siècles avec successivement les Étrusques, les Carthaginois, les Phéniciens puis les Romains.

453-452 AV. J.-C

Les Syracusains prennent pied au Portus Syracusanus dans la baie de Porto-Vecchio.

264 AV. J.-C

La première guerre punique, entre Rome et Carthage, précipite le destin de la Corse alors que Rome décide l'invasion.

146 AV. J.-C À 340

La défaite de Carthage puis la conquête de la Gaule et l'avènement de Cicéron à Rome sonnent l'heure d'une colonisation durable de la Corse. Sous Jules César les colons d'Italie, de Provence et d'Orient s'installent sur le territoire. Les activités industrielles, le commerce, l'art et l'artisanat sont florissants.

340

La guerre civile à Rome en 340 suivie de la chute de l'Empire d'Occident en 364, contribuent à l'effondrement de la conjoncture. L'Empire écroulé, la Corse passe aux mains de l'Église qui s'est immiscée dans la population dès le début de l'ère chrétienne. Seule puissance économique et sociale à même de protéger l'île des invasions barbares, elle s'empare de l'héritage romain.

713

Les premiers Maures débarquent en Corse en 713, sous la poussée des conquêtes islamiques.

768

Après la mort de Pépin le Bref en 768, la Corse est quasiment sans protection. Le pouvoir sur place, partagé entre notables locaux, marquis de Toscane et évêques, est insuffisant pour lutter contre les raids sarrasins ou barbaresques qui sévissent pendant deux siècles (pillages, esclavage, etc.)

1133

Un partage de la Corse a lieu pour mettre fin à ces luttes fatales. Pise conserve les évêchés d'Ajaccio, d'Aléria et de Sagone, Gênes reçoit celles de Mariana et de Nebbio (Saint-Florent).

XIIe SIÈCLE La reprise du conflit entre Rome et l'Empire au XIIe siècle attise la rivalité entre Pise et Gênes. C'est le début de la domination pisane : les moines s'installent, les monastères romans – dont il reste aujourd'hui des vestiges – s'élèvent. Mais la reprise du conflit entre Rome et l'Empire attise la rivalité entre Pise et Gênes. C'est à cette époque que les seigneuries locales, familles puissantes à la clientèle féodale développée, émergent et tentent d'obtenir une conciliation avec Gênes.

1284 La défaite de Pise à Meloria permet à sa rivale d'asseoir sa domination, scellée par la paix de 1299.

1358 ET 1366 Les Génois font face à plusieurs révoltes populaires, qui mettent l'île à feu et à sang.

1420 Le roi Alphonse d'Aragon entreprend le siège de Bonifacio puis de Calvi, en vain.

1453 La commune de Gênes place l'administration de l'île sous la tutelle de la Banque de Saint-Georges. Les banquiers accomplissent en Corse un grand travail de défense (citadelles, tours, forts, bastions). La Banque installée, la Corse tente de se libérer de cette tutelle italienne.

XVIe SIÈCLE Au cours du XVIe siècle, le héros de la Corse libre, Sampiero Corso, décide de bouter les Génois hors du territoire. Avec l'aide du roi de France Charles VIII puis de Louis XII, il y parvient.

1559 Mais à son avènement, le roi Henri II revient sur cette décision : la Corse se voit contrainte de renoncer à ses prétentions indépendantistes. On assiste également à l'agonie de la féodalité, à l'émergence des notables locaux, à l'essor du pouvoir des villes.

1729 L'insurrection des Corses contre Gênes reprend pour quarante ans. Une série d'évènements politiques place l'île au cœur d'enjeux de pouvoir européens, impliquant Génois, Français et Espagnols d'un côté, Anglais, Autrichiens et Sardes de l'autre.

1755 Pascal (ou Pasquale) Paoli, démocrate, se rend à l'Assemblée pour prendre la tête de l'insurrection pour l'indépendance de la Corse. Il est élu général en chef de la Nation corse. Il est le premier à donner le droit de vote aux femmes, à créer une université, à battre monnaie, etc.

1768 Finalement, l'affaire corse se solde par une conquête militaire française. Le 13 juin, Paoli renonce à la lutte et s'embarque à Porto-Vecchio. Dès lors, la Corse perd son indépendance et les citoyens de sa démocratie deviennent sujets de Louis XV.

1769

© DUNCAN1890 - ISTOCKPHOTO.COM

Le 15 août, Napoléon Bonaparte naît à Ajaccio. Âgé de 9 ans, Napoléon quitte l'île et est admis à l'école militaire de Brienne-le-Château. A 23 ans, il se fait élire lieutenant-colonel de la Garde nationale corse. Les désaccords entre Paoli et Bonaparte s'accentuent et en 1793, Napoléon doit quitter l'île, à destination de la France continentale. Trois ans plus tard, il épouse Joséphine de Beauharnais et devient général en chef de l'armée d'Italie. Retour triomphal de la campagne d'Egypte en 1799, Bonaparte devient Premier Consul. Disposant des larges pouvoirs que lui confère la nouvelle Constitution (qu'il s'est façonnée), il entreprend la réorganisation du pays : 1800, création du corps préfectoral et de la Banque de France ; 1801, Concordat ; 1802, Légion d'honneur ; 1803, Franc germinal ; 1804, Code civil. Napoléon est proclamé empereur des Français sous le nom de Napoléon 1er, et est sacré par le pape Pie VII en 1804 en la cathédrale Notre-Dame de Paris. Napoléon dote la France d'Institutions solides : création de l'Université, des conseils de prud'hommes (1806), de la Cour des comptes (1807). Sous son impulsion, routes, ponts et canaux sont créés. L'Europe entière reforme alors une nouvelle coalition qui mettra un terme définitif à sa carrière. Suite à la défaite de son armée à Waterloo le 18 juin 1815, il abdique le 22 juin, est exilé à Sainte-Hélène où il meurt le 5 mai 1821. Sur la demande du roi Louis-Philippe, les cendres de l'Empereur sont restituées à la France en 1840 et déposées aux Invalides.

1790

Après un exil de vingt ans, Paoli se rallie à la Révolution française. Rappelé en 1790 dans sa patrie, devenue un département français, il est accueilli triomphalement par la population et élu président du directoire départemental.

© DUNCAN1890 - ISTOCKPHOTO.COM

1792	Le 11 septembre, il est promu au grade de lieutenant-général. Au cours de la Révolution, la Corse ne participe pas activement aux évènements. Elle connaît des désordres comme dans de nombreuses provinces françaises, mais rien de notable.
1798	Révolte de la Crocetta, soulèvement quasi général qui entraîne plusieurs batailles, au terme desquelles les Corses sont défaits.
1852 À 1857	Jacques-Pierre Charles Abbatucci est nommé sénateur et conseiller officiel de Napoléon III, qui le charge des affaires de la Corse. À ce titre, il est à l'origine de plusieurs travaux de modernisation de l'île sous le second Empire (création de plus de 2 000 km de routes, installation du télégraphe et du premier courrier maritime postal, aménagement des ports de Bastia et d'Ajaccio, création de l'école normale d'institutrices, ouverture d'une Caisse d'Epargne à Ajaccio, construction des palais de justice de Bastia et d'Ajaccio, etc.)
1870	Terre des exilés italiens et des bonapartistes, la Corse reste agitée tout au long du XIXe par des mouvements indépendantistes. La chute de Napoléon III conduit à ce que le peuple corse rejette de nouveau son appartenance à la France.
1914 À 1918	Lorsque survient la Première Guerre mondiale, la Corse s'apprête à payer un lourd tribut à son appartenance à la République. Le bilan humain de la guerre est terrible, et la grippe espagnole de 1918 aggrave la situation. Tout manque, des produits alimentaires aux matières premières, en passant par les sources d'énergie.
1920 À 1939	La politique de francisation des années 1920-1939 prétend réduire, voire interdire l'usage de la langue corse. C'est l'époque du banditisme et des indépendantistes insurgés pour l'honneur (Romanetti, François Caviglioli, Joseph Bartoli, André Spada). Une psychose s'installe, la population étant tantôt terrorisée, tantôt complice.
1931	Le gouvernement français expédie une armée de blindés sur la côte, une action violente de « nettoyage du maquis » qui est jugée sévèrement par le peuple corse.
1939	La Seconde Guerre mondiale éclate, elle replace la Corse au centre des enjeux internationaux : l'Italie mussolinienne laisse entendre que l'île fait partie de son espace vital.
1940	La Corse se voit placée dans la zone libre et l'opinion corse suit l'opinion continentale. François Pietri devient membre du gouvernement de Vichy quand d'autres écoutent «Radio Londres». La faiblesse de Pétain et de son gouvernement ne garantissant pas les Corses d'une annexion par l'Italie, on lui fait de moins en moins confiance.
1942	Les Italiens occupent la Corse lorsque les alliés débarquent en Afrique du Nord et que les Allemands envahissent la zone libre.
1943	Le 9 septembre, le peuple corse se soulève et se libère : c'est le premier département français libéré, bien avant la Normandie !

1944 À Ajaccio, le « Front national » prend le pouvoir et nomme un Conseil de préfecture. Mais ceci ne libère pas l'ensemble du territoire. Lors de l'armistice avec l'Italie, le 8 septembre 1944, l'ordre de soulèvement général est lancé par Colonna d'Istria. L'opération « Vésuve » est couronnée de succès le 3 octobre, ouvrant la porte d'une réussite politique.

1945 Gaullistes et communistes du « Front » s'opposent pour la domination politique de l'île. Aux élections de 1945, le « Front » remporte 189 municipalités. Effacés de la scène politique l'an suivant, les gaullistes laissent aux radicaux-socialistes le soin de barrer la route aux communistes.

1957 À partir de 1957 et encore davantage suite à l'indépendance de l'Algérie en 1962, 15 000 à 20 000 rapatriés venus d'Afrique du Nord s'installent en Corse et sont reçus avec plus ou moins d'enthousiasme. Inspiré du mouvement algérien, l'indépendantisme va renaître dès 1958.

1963 À Paris, est créée «l'Union Corse».

1968 Alors qu'en 1968 une effervescence traverse la France et le monde, il en est de même en Corse. Les plastiquages se multiplient tandis que les manifestations deviennent violentes.

1970 Jacques Chaban-Delmas place la Corse sous le statut de région économique. Ce n'est pas suffisant pour calmer les esprits, la lutte a désormais un but : l'autonomie.

1975 Le 21 août, un commando de vingt hommes, conduit par Edmond Simeoni, occupe la cave d'un rapatrié à Aléria. Deux militaires sont tués et Simeoni est fait prisonnier au terme d'un assaut éclair. Des émeutes éclatent à Bastia. Paris tente de calmer le jeu par des mesures économiques, en vain.

1976 Le FLNC (Front de libération nationale de la Corse) reprend le flambeau de l'ARC en critiquant ses méthodes trop conciliantes.

1982 Les indépendantistes entrent à l'Assemblée de Corse. Le malaise s'accroît, à tous les niveaux et pour longtemps.

1998 La crise éclate avec l'assassinat du préfet Erignac par le mouvement clandestin Sampieru. Des manifestations contre la violence s'ensuivent à Ajaccio et Bastia. Le climat politique est marqué par des attentats récurrents jusqu'au début des années 2000.

2000 À AUJOURD'HUI Un effort de renouveau et d'apaisement est notable depuis une vingtaine d'années, les velléités indépendantistes et autonomistes passent davantage par la voie démocratique, ce qui ne doit cependant pas éclipser la complexité du « cas corse » et les frustrations encore présentes. Depuis le 17 décembre 2015, l'autonomiste Gilles Siméoni est président du Conseil exécutif de Corse.

ARCHITECTURE

L'architecture corse est le fruit d'entrelacs d'époques, de styles et de matériaux. Soumise aux invasions successives dès l'âge du Bronze, l'île de beauté a vu se succéder de nombreuses civilisations qui ont laissé leurs marques sur le territoire au fil des millénaires. Des ruines romaines aux vestiges du Néolithique, des *torre* aux tours génoises, cette architecture ancienne est marquée par des dispositifs de défense. Les édifices religieux ont aussi proliféré sur l'île, quand les Romains apportaient le christianisme dans leur sillage. Ces constructions, comme l'habitat traditionnel, ont bénéficié des riches gisements de schiste, de granit et de calcaire de l'île, offrant là une matière première abondante. Aujourd'hui, la communauté corse valorise à raison ce patrimoine : ces constructions sont le reflet d'une véritable identité locale, et les architectes contemporains s'inspirent du savoir-faire traditionnel dans leurs ouvrages.

La Corse à l'âge du Bronze

La plus ancienne présence humaine en Corse remonterait à 9000 avant J.-C. Cependant, c'est du néolithique que l'île de beauté conserve le plus de traces d'occupation, et c'est aussi à cette période qu'elle connut ses premiers gestes architecturaux : dolmens et menhirs ont couvert son territoire. Un des sites préhistoriques les plus célèbres de l'île est celui de Filitosa, qui fut occupé jusqu'à l'Antiquité ! Il se trouve dans la vallée du Taravo, non loin du village de Sollacaro en Corse du Sud, et est classé monument historique depuis 1967. Sa richesse est incroyable : outre des menhirs gravés, il compte aussi des monuments de la civilisation torréenne. L'architecture de cette période est symbolisée par son élément principal : le *torre* (tour), version corse et plus petite du *nuraghe* que l'on retrouve en Sardaigne.

Le site de Cucuruzzu situé à Levie en Corse du Sud, est un des principaux vestiges torréens encore visibles. Il s'agit d'un véritable village-forteresse, séparé en "diverticules" : des loges aménagées qui servaient aux diverses occupations quotidiennes (cuisine, poterie, *etc*). Ces aménagements sont réalisés à partir de plusieurs blocs de roches granitiques sur lesquels les bâtisseurs ont empilé des pierres, utilisant les formations naturelles comme fondations et structures. La forteresse s'organise autour d'un espace central qui dessert les différents diverticules, disposés comme autour d'une petite place à l'air libre.

Surplombant Ceccia, un village du XIXe siècle en amont de Porto Vecchio, se trouve la Torre de Ceccia, dressée sur un piton rocheux dominant la plaine. Le site fut réutilisé au Moyen Âge ainsi que pendant la période génoise, toujours à des fins défensives. Ces aménagements fortifiés visaient à se protéger des invasions, qui furent nombreuses, dont celles des Phocéens, fondateurs d'Alalia actuelle Aléria. Mais c'est de la période étrusque, dans les siècles qui suivirent, que le site conserve encore quelques traces, comme un port de commerce dont les ruines furent exhumées à une centaine de mètres du rivage actuel. Le site conserve de l'époque pré-romaine un rempart de la période grecque ainsi qu'une nécropole.

© XDREW - SHUTTERSTOCK.COM

Le site préhistorique de Filitosa.

Corse romaine et romane

C'est l'arrivée des Romains, au IIIe siècle avant notre ère, qui marque la fin de ces incursions successives. Alalia devient Aleria, capitale de la nouvelle province corse. Les ruines d'un forum, des thermes, et tout un système de voirie témoignent de la présence de l'ancienne cité romaine.

Si Aleria était une colonie militaire, Mariana était quant à elle une colonie civile. Ses vestiges laissent entrevoir un plan urbain classique, le long du *cardo* (nord-sud) et du *decumanus* (est-ouest). Ce dernier prenait la forme d'une voie à portiques, qui abritaient les marchands.

Une voie romaine reliait alors Mariana à Palla (probablement l'actuelle Bonifacio), le long de la côte orientale. Le réseau routier, existant depuis la préhistoire, s'est rationalisé avec les Romains. Malheureusement, il en reste peu de traces ; quelques voies portent encore le nom de *strada romana* à Prunelli-di-Fomorbo mais, selon les historiens, il devait s'agir de voies secondaires.

Avec l'empire romain, c'est aussi le christianisme qui fait son apparition sur l'île. Les premiers édifices religieux sont bâtis sur des sites préhistoriques ou romains (Santa Maria de Rescamone, Pianottolli-Ficaria). La première église érigée en Corse se trouve à Aleria : San Marcellu. Maintes fois détruite, elle fut chaque fois reconstruite avec les pierres de la ville antique. L'édifice actuel date du XVe siècle.

Au crépuscule de l'Empire romain, sous l'influence byzantine, des basiliques paléo-chrétiennes sont encore bâties, souvent dotées de baptistère, comme à Mariana. Seules des ruines subsistent aujourd'hui, mais leurs mosaïques témoignent de la présence byzantine.

Avec la chute de l'Empire romain d'occident, c'est la fin de la *pax romana*. L'île connaît à nouveau des invasions successives jusqu'au XIe siècle. Les édifices chrétiens vont survivre à cette longue période de troubles, au gré des destructions et reconstructions. Les premières chapelles, plutôt petites, ne sont pas décorées et sont érigées de façon sommaire, en pierres éclatées : San Cervone à Lavatoggio, Maria Assunta à Pie-d'Orezza. C'est au IXe siècle que les décorations apparaissent, avec des arcs et arcatures, comme à San Giovanni Battista de Corte, dont les ruines sont visibles aujourd'hui. Seule l'abside se dresse encore, devant les vestiges de piliers permettant d'en deviner le plan à trois nefs.

La tour Diana.

Entre Pise et Gène

Après la victoire décisive sur les Maures par les chrétiens, c'est au tour de Pise et Gêne de se disputer l'île. Pour asseoir sa domination, Pise se lance dans de nombreux travaux d'aménagements, notamment des lieux de cultes. Le style pisan se manifeste entre les XIIe et XIIIe siècles. Dans les églises et chapelles, les décors sont de plus en plus agrémentés, les blocs qui composent les murs sont désormais rigoureusement alignés. Des cathédrales sont inaugurées, comme à Nebbio. Les églises sont alors dotées d'imposants baptistères.

Au XIIIe siècle, c'est au tour des Génois de dominer l'île. Ils bâtirent de nombreuses tours qui servaient à signaler les navires ennemis, érigées au cours du XVIe siècle et que l'on retrouvent tout autour de l'Île. On retiendra de l'époque génoise la Tour de Diana qui surplombe l'étang éponyme, ainsi que le Fort de Matra à Aleria. C'est également durant cette période que fut érigé le "Bastia", le palais fortifié du gouverneur génois, qui donna plus tard son nom à la ville. L'imposant palais actuel fut achevé au XVIe siècle. Il abritait des chapelles, une prison, une caserne ainsi que divers bâtiments administratifs en plus d'être la résidence du gouverneur de l'île. Perché à flanc de montagne, l'édifice ocre domine la ville.

Au XVe siècle, sous l'influence des franciscains, les chapelles se couvrent de fresques. C'est le cas de Santa Catarina à Valle di Campoloro et San Toma à Pasturecccia. La Corse n'a pas connu le gothique, qui se développait alors partout à travers l'Europe. Elle passe du roman tardif, qui s'éteint avec la fin du style pisan, au baroque, venu lui aussi d'Italie. Le roman a donc connu une longévité rare : près de cinq siècles !

Des chapelles sont rénovées pour s'adapter à la nouvelle mode. Les anciennes charpentes sont remplacées par des voûtes, des autels masquent les absides désuètes, des fenêtres sont agrandies ou percées, les murs renforcés. Un des plus beaux exemples du style baroque est l'église Saint-Jean Baptiste, la plus vieille église paroissiale de l'île et un des monuments les plus connus de Bastia.

Escalier du roi Aragon à Bonifacio.

La Corse traditionnelle

À l'image de la richesse architecturale des édifices religieux, l'architecture vernaculaire corse se déploie en différents styles. On peut parler ici d'architecture matérialiste : les pierres présentes sur place servent à la construction, on trouve comme un écho du paysage environnant dans les bâtisses. L'habitat, des falaises ou plaines côtières aux montagnes, s'adapte aux différents territoires, offrant ainsi une variété des formes architecturales : de la ville méditerranéenne au village de montagne rappelant des régions alpines.

Le village d'Appietto situé en pays ajaccien prend ainsi les teintes rose-orangé du granit de la région, tandis que le schiste donne des couleurs plus grises et bleutées au nord. Au sud, on trouve plus facilement du calcaire : la blanche Bonifacio, perchée sur sa falaise, en est un bon exemple. Là, taillé à même la roche calcaire, l'escalier du roi d'Aragon aurait, selon la légende, été ouvragé en une seule nuit. Appietto et dans les environs, on trouve de très beaux exemples du bâti rural corse, et notamment de magnifiques linteaux gravés. À Valle di Mezzana, aussi dans le pays ajaccien, des maisons ont été construites à partir des pierres prélevées dans la rivière voisine, arrondies par l'érosion. Dans le Nord, la Lauze couvre encore les toits. Certains luttent pour perpétuer le savoir-faire des couvreurs, qui consiste en la superposition de pierres sur la charpente sans ajout de matériaux étanches, car la pierre schisteuse suffit. Favoriser ce savoir-faire local permettrait d'éviter l'équivalent importé : plus facile à la pose, mais qui détonne dans les paysages de schistes de la Haute-Corse.

Près des côtes, on retrouve une architecture plus urbaine et parfois bourgeoise, méditerranéenne, à l'image des *Palazzi*. Ils sont aujourd'hui fréquemment transformés en hôtel, à l'image du *Palazzu Pigna* à Pigna. Leurs toits sont couverts de tuiles, leurs murs sont blancs ou ocre.

Une architecture contemporaine en phase avec le territoire

L'architecture contemporaine connaît elle aussi cet engouement pour la valorisation d'une architecture estampillée *Corsica*. Récemment doté d'un prix régional - le Prac (2019) -, les architectes corses sont mis en avant par le territoire. Le prix est attribué par catégories de taille, du XS ou XL, non sans un clin d'œil au « starchitecte » Rem Koolhaas. On retiendra l'Observatoire du cerf corse, du studio Orma Architettura, qui propose trois modules d'observation en bois d'où l'on peut guetter l'animal en voie de disparition, dans son milieu naturel et sans le déranger. Ces structures ouvertes en bois vernis contrastent par leur géométrie et leur simplicité dans le paysage montagneux de la région, mais s'y intègrent avec élégance. À travers les fenêtres découpées parmi les barreaux composant la structure, des cadres s'ouvrent sur le paysage environnant.

Par ailleurs, on remarque que nombreux sont les projets d'architectes contemporains qui visent à la restauration d'anciennes bâtisses en y incorporant des matériaux modernes, verre et acier notamment. D'autres s'inspirent encore, pour la construction de villas, de l'architecture vernaculaire et utilisent les matériaux locaux (schiste et granit). L'université de Corse à Corte est en partie bâtie en granit, plus décoratif que structurel. L'ensemble de bâtiments, parallélépipèdes blancs étagés à flanc de montagne, contraste dans le paysage environnant.

BEAUX-ARTS

Le Palais Fesch d'Ajaccio ainsi que le Musée de Bastia, ancien Palais des gouverneurs génois, sont les deux institutions incontournables des beaux-arts en Corse, emblématiques d'un patrimoine où se mêlent influences à la fois italiennes et françaises. Deux magnifiques écrins bien mérités pour un territoire qui a été et demeure un lieu d'inspiration privilégié pour les artistes. Qu'il s'agisse de leur terre natale ou d'un territoire à découvrir, l'île-muse en a ému plus d'un. C'est avec beaucoup d'amour que peintres, photographes ou sculpteurs se sont donc attachés à dépeindre ses paysages uniques. Aujourd'hui, c'est au tour des jeunes street artistes de transformer le paysage, urbain cette fois, avec des fresques hautes en couleur qui redonnent vie à des quartiers en déclin. Voici donc quelques indications qui vous guideront dans la découverte, à travers l'art, d'une île de beauté qui porte bien son nom.

Peintures, sculptures, objets d'art : le cardinal Fesch, premier grand collectionneur corse

Difficile de parler de peinture en Corse sans mentionner le cardinal Fesch, premier grand collectionneur d'art qui joua un rôle très important dans la circulation des œuvres en Corse. Oncle de Napoléon, ce passionné réunit de son vivant une quantité d'œuvres époustouflante, principalement de la peinture italienne, mais aussi des chefs-d'œuvre de l'école hollandaise et flamande (Potter, Berghem, Winants, Ryusdael, Hobbema) ainsi que de nombreux Poussin, peintre à qui il vouait une admiration sans limites. La collection du cardinal Fesch constitue également une admirable galerie de portraits : c'est le fonds le plus important de représentations de membres de la famille Bonaparte, ce qui lui donne une grande valeur historique. Elle compte aussi quelques sculptures, dont les œuvres de grands artistes comme Lorenzo Bartolini, Antonio Canova, Jean-Baptiste Carpeaux ou Raimondo Trentanove.

Le cardinal laissa ainsi derrière lui une collection de plus de 17 000 objets d'art, un record pour l'époque ! Bonne nouvelle : une grande partie d'entre eux sont aujourd'hui visibles au Palais Fesch – Musée des Beaux-arts à Ajaccio, qui représente l'une des plus importantes collections de peinture italienne des musées de France. La construction de ce palais commença en 1828 selon la volonté du cardinal, qui voulait créer dans sa ville natale un Institut des Arts et des Sciences pour éduquer les jeunes Corses, mais elle ne fut achevée qu'après sa mort sous le Second Empire. Aux œuvres rassemblées par le cardinal Fesch s'ajoutent au fil du temps de nouvelles toiles, dont celles de peintres corses les plus importants. On peut admirer aujourd'hui, dans un département entièrement dédié à la peinture corse, une sélection d'œuvres des chefs de file de l'école insulaire.

Le développement d'une peinture insulaire au XIXe siècle

C'est à partir du milieu du XIXe siècle, que la Corse commence à voir le développement d'une peinture locale, avec un intérêt accru pour le travail des peintres insulaires et la multiplication d'initiatives pour la promouvoir. C'est souvent en Italie ou en France que ces derniers sont formés. En regagnant la Corse, ils s'attachent à dépeindre son magnifique patrimoine naturel et c'est une peinture de paysage qui se développe avant tout. Dans cette veine, plusieurs d'entre eux atteignent une renommée nationale et internationale, comme Jean-Luc Multedo, Lucien Peri, Jean- Baptiste Bassoul ou François Corbellini.

Ce dernier commence à peindre dès son plus jeune âge sa ville natale, Ajaccio, et ses environs, puis il s'attaque au reste de la Corse, ses villages, ses campagnes, ses côtes, notamment Piana et ses calanques. Ses peintures à l'huile expriment à merveille la lumière à la fois douce et colorée de l'île et dépeignent ses habitants avec une sincérité touchante. Dans un style tout à fait différent, moins détaillé, plus rapide d'exécution, Lucien Peri s'est attaché lui aussi à montrer toute la beauté de son île natale. Très diffusé sur le continent, il fait son premier envoi au Salon de la Société Nationale des Beaux-Arts en 1910. On retrouve de lui non pas seulement des toiles, mais aussi de nombreuses lithographies et chronophotographies, les plus connues étant les affiches de promotion touristique réalisées pour la compagnie de transport Paris-Lyon-Méditerranée.

Une autre tendance dans l'art insulaire de l'époque est la peinture ethnographique, dont l'un des représentants les plus notables est Léon Canniccioni. Élève à l'École Nationale des Beaux-Arts de Paris, il se fait remarquer en 1909 au Salon où il reçoit une médaille de troisième classe pour sa toile *La Douleur d'Or-*

© VILLE D'AJACCIO / CLICHÉ SYLVAIN ALESSANDRI

Vue de la galerie des bustes de la famille Bonaparte, au rez-de-cour du musée.

phée, qu'on peut aujourd'hui admirer au Palais Fesch. Cette toile assez classique n'est cependant pas la plus représentative de son travail, qui s'oriente par la suite vers des scènes plus réalistes. Dans une veine impressionniste, ses toiles s'attardent avec affection sur la vie rurale corse et ses coutumes, et constituent ainsi des ressources importantes pour comprendre la Corse d'alors. Pas de message social ou politique dans ce travail, mais une vision tendre et simple du mode de vie corse, une attention presque ethnographique portée à ses habitants. On y remarque notamment un brassage culturel insoupçonné entre la Corse et le monde oriental.

Les paysages corses sublimés par la photographie

Le lieu de référence pour découvrir la photographie est le Centre Méditerranéen de la Photographie, situé à Bastia. Depuis 1990, celui-ci a pour vocation de doter l'île d'un lieu permanent pour la photographie, il regroupe ainsi une collection de plus d'un millier d'œuvres réalisées par de grands photographes, corses ou étrangers, sur la Corse et la Méditerranée principalement. Tous les genres sont représentés, aussi bien le photojournalisme que la photographie documentaire ou plasticienne. C'est aussi un lieu de réflexion et de création, avec des évènements, colloques, ateliers, actions pédagogiques organisés régulièrement. Le Centre Méditerranéen de la Photographie mène, notamment depuis 1994, un programme de commandes photographiques sur la Corse avec des thématiques et des genres différents.

Parmi les artistes représentés, on a pu y admirer les œuvres de Christelle Geronimi, photographe corse dont le travail est lié à la question de la mémoire, mêlant ses souvenirs d'enfant et les paysages naturels qui l'ont vu grandir, avec lesquels elle entretient un rapport très intime. Dans un tout autre genre, le photographe Antoine Giacomoni s'intéresse à ses racines corses à travers le portrait. D'abord reporter international, il photographie de nombreuses personnalités du monde du rock avant de revenir à son île natale. Depuis les années 2000, il travaille à partir d'un dispositif de prise de vues à travers un miroir derrière lequel il photographie des personnalités de la scène artistique corse ou des membres de son entourage, dans une série intitulée *La Corse à travers le miroir*. Du côté des photographes étrangers inspirés par l'île de Beauté, on remarque le travail de Jane Evelyn Atwood, photographe new-yorkaise dont le travail porte sur l'humain et la notion d'exclusion. En 2013, suite à une commande du Centre Méditerranéen de la Photographie, elle livre un reportage photographique intitulé *Le Train du cœur*, 21 images traitant de la ruralité corse à travers les paysages changeant au fil du rail, et les liens que ce moyen de transport crée entre ses usagers.

Paul-Mathieu Novellini, Allégorie de la Corse, Vers 1870. Huile sur toile, 17, 5 x 15, 5 cm - Don Jean-Michel Pianelli en 2016 Ajaccio, Palais Fesch-musée des Beaux-Arts, inv. MFA 2016.2.1.

Un art contemporain en développement

Le Fonds Régional d'Art Contemporain de Corte, qui se mobilise régulièrement pour organiser des expositions et autres événements culturels, est l'institution la plus active de l'île en termes de création contemporaine.

Dans un contexte où les artistes locaux sont souvent contraints de passer par le continent pour obtenir une reconnaissance institutionnelle, ce lieu joue un rôle important et donne accès à des programmes qualitatifs. En parallèle, des artistes jeunes et moins jeunes essayent de lancer des initiatives pour dynamiser ce territoire auquel ils sont attachés. C'est le cas d'Ange Leccia, artiste très inspiré par sa terre natale, dont le travail, transversal et poétique, emprunte à différents médias : cinéma, vidéo, photographie ou encore installation. Professeur aux Beaux-Arts de Cergy puis directeur du Pavillon (le laboratoire de création du Palais de Tokyo), son parcours est imprégné d'une dimension pédagogique. C'est donc pour permettre à des artistes étrangers de découvrir la beauté de ce territoire rural aussi bien que pour offrir aux jeunes Corses l'opportunité de créer et découvrir des œuvres de qualité que l'artiste a décidé de créer la Maison Conti, ancienne demeure familiale située dans le golfe de Saint-Florent.

Le street-art, une pratique de plus en plus reconnue

Loin des clichés, cet art riche attire une attention croissante de la part des visiteurs. Car partir à la découverte des pépites du street-art, c'est découvrir les villes sous un autre angle, en sortant des sentiers battus. Impossible néanmoins de répertorier avec précision des œuvres par nature éphémères. Mais depuis quelques années, cet art au départ perçu comme marginal est reconnu et promu par certaines municipalités qui développent des projets durables de grande envergure, plus facilement repérables.

C'est par exemple le cas de Bastia qui, à l'occasion de la troisième édition de Creazione, festival d'art populaire, de mode et de design, a mis à l'honneur ce nouveau mode d'expression. À mi-chemin entre cultures populaires contemporaines et tradition du muralisme latine, les street-artists locaux ont pris d'assaut les murs de la ville avec beaucoup d'enthousiasme. Cette initiative fait partie d'une politique plus large d'amélioration du cadre de vie urbain, cherchant à favoriser le vivre ensemble : car loin de dégrader le paysage, ces œuvres font vivre leurs quartiers en y ajoutant de la couleur. Elles invitent à découvrir la richesse patrimoniale de l'espace urbain, qui devient un support d'expression pour ses habitants. Parmi les artistes locaux les plus en vogue ayant participé au festival, il faut citer le collectif Graffink, composé de deux figures du street-art bastiais, Karmatheora et Soes.

À Ajaccio également, le street-art est mis à l'honneur avec un musée un peu spécial, sorte de galerie à ciel ouvert qui a pris forme en face du palais Lantivy, sur le cours Napoléon. Ce site anciennement à l'abandon occupe une place de choix, en face des jardins de la préfecture et du palais. La politique de rénovation lancée par les services municipaux a permis de faire place nette en laissant aux artistes un espace de 120 m² pour s'exprimer. L'idée est de créer un parcours en mobilisant d'autres espaces dans la cité impériale, comme, par exemple, la gare ferroviaire qui depuis 2015 a été investie par une quinzaine d'artistes (tout comme la gare de Bastia). Deux artistes clés de la scène ajaccienne sont à l'origine de ce projet : Vannina Van Schirin et Mako Deuza.

Vannina Van Schirin, restauratrice d'art le jour et street artiste la nuit, fille d'un journaliste célèbre et d'une princesse russe, est un personnage haut en couleur. Très impliquée dans la vie de la cité, ses œuvres portent souvent un message politique. Son ami Mako Deuza, graffeur autodidacte, l'accompagne dans ses aventures avec un style bien à lui. Ses fresques, qui représentent souvent des personnages, célèbres ou non, sont reconnaissables en un coup d'œil avec leur aspect réaliste voire hyperréaliste. On peut admirer son travail dans le cinéma de l'Ellipse d'Ajaccio ainsi que sur de nombreuses devantures.

Mais le street-art n'est pas l'apanage des grandes villes, puisqu'on retrouve par exemple les fresques pleines d'espérance d'Adrien Martinetti, non seulement à Ajaccio, mais aussi à Palneca, Calcatoggio, l'Île Rousse, Porto-Vecchio, Olivese, Conca ou encore Vescovato !

MUSIQUES ET SCÈNES

Les scènes corses sont très vivantes, et tout particulièrement la scène musicale. Le chant notamment occupe depuis toujours une place importante dans la vie quotidienne des Corses. Il a joué un rôle majeur dans les revendications culturelles qui ont émergé depuis les années 1970 et est aujourd'hui l'expression d'une identité retrouvée. La polyphonie en particulier a acquis une valeur symbolique : elle exprime la mémoire collective du peuple corse. Mais, loin de s'y limiter, la production musicale est diverse et attire de plus en plus de jeunes. Si la danse et le théâtre sont en comparaison moins développés, ils ont eux aussi beaucoup à nous apprendre sur la culture locale. L'identité corse se renouvelle ainsi à travers son génie artistique qui tient à merveille cet équilibre fragile entre tradition et modernité. Dans ce contexte, la création apparaît comme un acte de résistance précieux qui mérite toute notre attention.

Une scène musicale développée et active tout au long de l'année

Friands de représentations musicales, concerts et spectacles, les Corses ont la chance de pouvoir profiter de nombreuses salles de spectacle mais aussi de monuments enchanteurs investis à l'occasion des festivals : églises, chapelles, couvents, citadelles, etc. Tout au long de l'année, et particulièrement l'été, diverses manifestations viennent égayer la vie culturelle locale : il peut s'agir de représentations classiques, comme le festival de chant de lyrique de Canari, ou bien d'évènements plus branchés qui attirent les nouvelles générations de tout le continent, comme le festival Calvi on the rocks. En tout cas, c'est pour les visiteurs l'occasion de mettre un peu de piment dans leur séjour tout en découvrant un aspect vivant et festif de la culture locale.

La musique polyphonique, au centre de l'identité corse

La musique polyphonique s'inspire directement de la mémoire corse. L'un de ses traits les plus singuliers est la polyphonie ou le chant a capella exécuté à plusieurs voix. On rencontre au sein de la polyphonie corse un nombre important de variantes qui diffèrent quant à la forme (joute chantée, nombre de voix…) et aux thèmes abordés. Il existe des polyphonies sacrées et profanes. Leurs origines remontent à des temps imprécis et lointains : les chants de messe, dans la tradition corse, étaient et sont encore dans certaines églises, interprétés à plusieurs voix par des hommes. Écouter des « paghjelle », avec l'acoustique des chapelles corses, est un des spectacles les plus émouvants auquel on puisse assister pendant son séjour. Il y a trois types de voix qui structurent le chant : « u bassu » la voix grave, « a siconda » la voix principale, et « a terza » la voix d'ornementation. Les voix s'interpénètrent.

I Muvrini sont les chanteurs les plus connus, mais la Corse recèle en son sein de solistes et de nombreux groupes d'une qualité hors norme ; citons A Filetta qui allie des chants sacrés et des créations très abouties, Canta u Populu Corsu et ses chants très engagés, Petru Guelfucci, le Chœur d'hommes de Sartène dirigé par Jean-Paul Poletti, et tant d'autres ! On écoute aussi I Chjami Aghjalesi', très populaires, Surghjenti et Soledonna, un des rares groupes féminins. Dans les « classiques », Antoine Ciosi fait figure de maître ! Parmi les plus jeunes, on peut noter le groupe L'Alba et le groupe Giramondu à la musicalité affirmée.

Timbre représentant le chanteur Tino Rossi.

Ghjuvan Claudiu Acquaviva, leader du groupe mythique A Filetta

L'actuel leader du groupe A Filetta crée à lui seul une grande partie des textes et des arrangements musicaux qui lui valent la reconnaissance unanime de ses pairs. Il collabore avec d'autres artistes reconnus tels les chanteurs d'IAM ou Bruno Coulais. Il est également à l'origine de la fondation du festival international Rencontres de chants polyphoniques de Calvi. Au-delà de son engagement artistique, l'homme est un fervent partisan des droits de l'Homme et d'une société plus juste. À rencontrer!

Alain et Jean-François Bernardini, modernisateurs de la chanson traditionnelle corse

Ce sont les deux créateurs du célèbre groupe I Muvrini, « les petits mouflons » en corse, fondé en 1970. Initiés dès leur plus jeune âge par leur père Ghjuliu, les frères ont tout d'abord réussi à convaincre la Corse puis le continent, dont ils fréquentent aujourd'hui les plus grandes salles de spectacles (Zénith, Olympia). Le groupe est régulièrement primé, avec notamment huit disques d'or et deux victoires de la musique. Reconnus et appréciés, ils travaillent avec les grands acteurs de la chanson française (Jacques Dutronc, Michel Fugain) et internationale (Sting). Le groupe possède son propre studio d'enregistrement dans le village de Taglio-Isolaccio en Castagniccia et sa propre maison de disque AGFB. Ils ont réussi le pari de relancer la musique traditionnelle corse en la modernisant et en la mêlant aux musiques du monde et à la variété. Jean-François est aussi à l'origine d'AFC Umani, une organisation qui prône la non-violence au travers de nombreuses interventions dans les radios, journaux et émissions télévisées.

Petru Guelfucci, chantre de la polyphonie corse outre-Atlantique

Né en 1955 à Sermanu, il est l'une des figures emblématiques du renouveau de la polyphonie et de la musique corse en général. En 1973, en pleine mouvance nationaliste, il rencontre Jean-Paul Poletti avec lequel il fonde le groupe Canta u Populu Corsu qui inspire les formations polyphoniques de l'île. Son parcours le conduit à sillonner la Corse afin de sauver le patrimoine linguistique insulaire et redonner l'envie aux nouvelles générations d'apprendre et de chanter la langue corse alors menacée. Après la rupture avec Canta u Populu Corsu en 1987, Petru Guelfucci se lance dans une carrière solo et prend la tête d'une nouvelle formation, Voce di Corsica, groupe de polyphonies corses. C'est avec elle que Petru Guelfucci va connaître le succès, non pas en France mais au Québec ! L'album *Corsica*, musique originale du ballet du même nom créé par la danseuse étoile Marie-Claude Pietragalla, rencontre un formidable écho : il est nommé disque d'or et vendu à plus de 100 000 exemplaires au Québec. Petru Guelfucci s'est éteint en 2021, il était directeur du Centre de Musiques Traditionnelles de Corse et partageait son temps entre sa carrière de chanteur et son village de Sermanu où il s'occupait de son moulin et de ses ruches.

Tino Rossi (1907-1983), le Napoléon de la romance

Voix de velours et chansons d'amour peuvent paraître aujourd'hui un peu désuètes, mais Tino Rossi, dont le destin fut loin d'être banal, reste une légende, en Corse comme sur le continent. Il est né à Ajaccio, au 43 de la rue Fesch, où son père tenait une boutique de tailleur. De son enfance et de son adolescence, on ne retient que sa voix exceptionnelle. Après une période de vaches maigres, sa carrière débute en 1932 grâce à un 78 tours très recherché des amateurs aujourd'hui : *O Ciuciarella*. De *Petit Papa Noël* aux bras de *Marinella*, ses chansons lui font connaître le succès et la gloire : 1 014 titres enregistrés, plus de 300 millions de disques vendus, 24 films, 4 opérettes... Décrit par ses proches comme un homme cultivé et plein d'humour, il restera jusqu'à sa mort toujours très attaché à sa Corse, île chérie qu'il aura bien contribué à faire connaître. Ses descendants occupent toujours sa magnifique propriété du Scudo, abritée derrière le long mur d'enceinte où se trouvent des pièces de collection sur sa carrière.

Danses de salon et danses traditionnelles

Les danses de couple en Corse ne remontent qu'au XIXe siècle et, bien que moins connues que les polyphonies, elles ont occupé une place importante dans le patrimoine de l'île de Beauté. La plus à l'honneur fut longtemps « a cuntradanza », la contredanse, puis la mazurka ou la polka. Plus tard arrivèrent java, paso-doble, valse et tango. Parmi les danses plus locales et traditionnelles, la «marsilliana », le « tarascone », le « quadrille », la « monferina », la « conca » et le « caracollu » réservé aux femmes pour les funérailles, ou encore la « tarentella » qui se dansait en cercle. Anecdote amusante, le nom de *tarantella* vient de l'araignée nommée tarentule : la danse était une pratique rituelle thérapeutique réalisée par les personnes piquées accompagnées par des membres du village, pour éviter de se laisser aller à un état de léthargie qui aurait mené à la mort. La danse la plus spectaculaire reste la « moresca », grande figuration des combats légendaires contre les Maures, généralement dansée à l'occasion du carnaval ou de la fête patronale.

La « théâtralité » corse

Le milieu du théâtre, si on l'entend au sens classique, reste assez modeste en Corse en termes de troupes professionnelles, d'équipements et d'institutions dramatiques. Il existe néanmoins dans la culture populaire corse de nombreuses formes impliquant une théâtralité : on pense aux activités qui cimentent la vie traditionnelle des communautés locales, comme les veillées, les déclamations poétiques, le carnaval, les fêtes saisonnières et autres rites de la vie religieuse, mais aussi, de manière plus contemporaine, au théâtre burlesque et militant.

La forme théâtrale a en effet joué un certain rôle dans le « Riacquistu », des années 1970 notamment, car elle était un moyen de se réapproprier et de diffuser la langue corse, menacée de disparition. Le théâtre – souvent burlesque - est alors apparu comme un moyen de reprendre, détourner ou valoriser des éléments de l'identité culturelle locale (représentations ou stéréotypes villageois, valeurs, caractères, etc.) Cette production emprunte beaucoup à la comédie et au théâtre bourgeois des XVIIe et XVIIIe siècles d'inspiration française et italienne (Molière, Goldoni). L'un des pères de cette tendance en Corse est sans nul doute le dramaturge, conteur et acteur Ghjannettu Notini de San Petru di Venacu (1890-1986), surnommé le « Molière corse », dont les textes sont toujours beaucoup repris aujourd'hui par les organisations engagées dans la préservation de la langue. Ils font partie intégrante du patrimoine ethnolinguistique local.

On note également un bon nombre de pièces militantes, qui puisent plus directement dans l'histoire corse et le sentiment national. Les troupes précurseures de ce genre sont Teatru Paisanu (« théâtre du pays »), dirigée par Dumenicu Tognotti et Saveriu Valentini, dont la pièce *A rimigna* (1974) fut déterminante, à la fois d'un point de vue esthétique et politique. Ce spectacle (en français « la mauvaise herbe ») relate une période noire et traumatique de l'histoire de la Corse : l'exécution sanguinaire et publique de plusieurs résistants corses, dont un enfant de moins de quinze ans à la suite de la conquête française de 1769. Aujourd'hui, les styles et thèmes se diversifient et le théâtre garde une grande importance dans la culture populaire, avec pour moments forts les rencontres internationales de l'Aria au mois d'août, le festival du rêve de Porto-Vecchio et toute l'année à Bastia et Ajaccio.

LITTÉRATURE

Lorsque l'on parle de littérature corse, on a tendance à ne penser qu'à la littérature en langue corse, à tort puisque aujourd'hui nombreux sont les auteurs à écrire en français ou même en italien. Néanmoins, c'est dans le corse que la littérature insulaire puise ses racines, et par son intermédiaire qu'une identité littéraire locale a pu se dégager. Inversement, la littérature corse a joué un rôle majeur dans l'affirmation d'une langue menacée de disparition. La question de la diglossie (situation dans laquelle un peuple pratique deux langues qui n'ont pas le même statut hiérarchique) et de la lutte pour la reconnaissance est donc centrale dans cette construction. Aujourd'hui, fière d'un prix Goncourt et d'auteurs reconnus sur le continent et au-delà, la littérature corse s'ouvre et nous montre sa capacité à être contemporaine. La découvrir, c'est aller à la rencontre d'une culture ancienne et capable de se réinventer.

La littérature corse, deux siècles d'histoire

La littérature corse est aux origines imprégnée de comique. C'est dans une œuvre en toscan de Salvatore Viale publiée en 1817 (*La Dionomacchia*) qu'on retrouve les premiers vers édités en langue corse, avec un poème intitulé *U serinatu di Scappinu* qui décrit la sérénade burlesque composée par le berger Scappinu pour la femme qu'il aime. Mais ce n'est que plus tard, en 1896, que se développe plus amplement la littérature insulaire, avec la naissance du journal *A tramuntana*. Son fondateur, Santu Casanova, est aussi écrivain, et souvent considéré comme le père de la littérature corse. À partir de la Première Guerre mondiale, de nouvelles revues et journaux comme *A Cispra, A Muvra* ou *l'Annu Corsu* apparaissent, permettant aux écrits d'auteurs et poètes corses de se diffuser. Le premier roman en langue corse est publié en 1930. Il est intitulé *Pesciu Anguilla* et écrit par Sebastianu Dalzeto, poète, romancier et journaliste marxiste, ainsi que fondateur de l'association *Lingua Corsa* (1956). Après la Seconde Guerre mondiale, la littérature corse connaît des temps difficiles, pour ne renaître que dans les années 1970.

« À leva di u settanta », la génération des années 1970 à la redécouverte de la langue corse

Cette période, aussi appelée le « Riacquistu » (la ré-acquisition), est marquée par une nouvelle génération d'auteurs qui font revivre la production littéraire insulaire, avec pour figures de proue Ghjuvan'Teramu Rocchi ou Rinatu Coti. Il s'agit-là d'un mouvement de réappropriation non pas seulement littéraire, mais aussi politique, sociale et culturelle, qui s'inscrit dans un contexte historique particulier : celui d'une société en quête de repères. Pour ces auteurs, l'autonomie et la préservation de l'identité corse ne passent pas seulement par des mesures politiques, mais aussi par la préservation, la valorisation et le renouvellement du patrimoine artistique et culturel insulaire. Ainsi paraît en 1971 *L'Intrecciate e cambierine,* premier manuel

DÉCOUVRIR

Salle patrimoniale de la bibliothèque Fesch.

de grammaire et d'orthographe en langue corse. La revue *Rigiru* (le Renouveau) joue également un rôle important dans cette période d'effusion créative et d'expérimentation. La réouverture de l'Université de Corse en 1981 contribue à parachever ce mouvement, révélant des poètes talentueux comme Ghjacumu Fusina et Ghjacumu Thiers. Enfin, le monde de l'édition connaît lui aussi un essor, avec l'apparition de maisons comme La Marge, Edition Albiana et Alain Piazzola et la création du Prix du Livre corse qui vient récompenser les meilleurs ouvrages.

Une littérature contemporaine diversifiée, de Jérôme Ferrari à Francesca Serra

Grâce à cette période de réaffirmation nécessaire, on voit aujourd'hui en moyenne trois romans en langue corse être publiés chaque année. Cela a également permis à la littérature de Corse de s'ouvrir dans les années 1990 et 2000 et de dépasser le rapport diglossique pour explorer des thématiques et des genres inédits, notamment le polar (qui a aujourd'hui son propre festival à Ajaccio), les fictions historiques ou des livres sur les traditions et savoir-faire comme *Tempi-fa*. Une littérature corse écrite en langue française a ainsi émergé, accessible à un public plus large. De nouvelles figures d'ampleur nationale sont apparues, comme Marcu Biancarelli, aussi poète et dramaturge, Marie Ferranti, publiée chez Gallimard et récompensée par le grand prix du roman de l'Académie française pour son roman *La Princesse de Mantoue* en 2002, ou encore l'incontournable Jérôme Ferrari, qui reçoit le prix Goncourt en 2012 pour son livre *Le Sermon sur la chute de Rome*. Cette ferveur se prolonge aujourd'hui avec une multitude de jeunes auteurs dont les travaux, dans des styles très différents, sont remarqués et récompensés. On pense à Jean-Yves Acquaviva, Julien Battesti, Jean-Marc Graziani, Laure Limongi ou encore Francesca Serra, qui reçoit le prix littéraire « Le Monde » 2020 pour son livre *Elle a menti pour les ailes*. Cette jeune auteure nous offre ici un ouvrage très contemporain traitant de l'impact des réseaux sociaux sur les adolescents à travers une écriture à la fois grave et pleine d'humour. Elle témoigne de la vivacité de la littérature corse d'aujourd'hui et de sa capacité à s'inscrire dans un paysage plus global. À l'exception des maisons d'édition insulaires qui doivent faire face à des difficultés croissantes, la production littéraire corse se porte donc bien, avec une offre stable, créative et critique qui n'annonce que de bonnes choses pour l'avenir.

L'Antulugia, le nouvel ouvrage de référence sur les littératures corses

En 1973 était publié un ouvrage fondamental pour la littérature insulaire : l'*Antulugia* de Mathieu Ceccaldi. Mais depuis, comme nous l'avons expliqué, les années ont passé et un pan majeur

Le personnage Petru Santu, crée par Frédéric Federzoni.

de la création littéraire corse n'est plus représenté par ce livre. C'est sur ces bases que le projet de la nouvelle *Antulugia, a Corsica Literaria,* publiée au printemps 2020 par les éditions Albania, a vu le jour. Cet ouvrage massif de 1 912 pages constitue une ressource précieuse et presque exhaustive de la création littéraire corse depuis les origines. On y trouve des textes en langues corse, française, mais aussi italienne, accompagnés de commentaires et analyses scientifiques riches et solides. Un Graal pour qui souhaite approfondir sa connaissance de la littérature corse !

Littérature jeunesse et BD, une autre manière de découvrir la Corse pour petits et grands

Du côté de la littérature jeunesse et de la bande dessinée également, la Corse fait montre de créativité. Parmi les maisons d'édition les plus actives, impossible de ne pas mentionner Corsica Comix Édition, créée en 2010 par Frédéric Federzoni. Cet Ajaccien est lui-même dessinateur et s'est donné pour défi de permettre à des auteurs et dessinateurs corses d'être édités sur place. Une sorte de label « BD corse » en somme, qui met en valeur les talents de l'île de Beauté. La mascotte de cette maison est Petru Santu, un personnage créé par Frédéric Federzoni et le scénariste Desideriu, caricaturant avec humour et tendresse un « ancien » qui observe avec plus ou moins de méfiance l'île et ses habitants changer avec le monde. Du côté de la littérature jeunesse, voici quelques idées d'œuvres à glisser dans la valise de vos enfants pour leur faire découvrir l'île sous un autre angle : *Comptines et berceuses corses*, un album doux et coloré édité par Didier Jeunesse, l'intemporel *Astérix en Corse*, ou encore *Cui Cui et Bustelle* de Marine Rivoal, une très jolie traduction en français des poésies du fameux Ghjuvan'Teramu Rocchi.

QUE RAPPORTER ?

Rapporter quelques souvenirs, c'est prolonger un peu le voyage, ou bien le partager avec ceux qu'on aime. Plutôt que les traditionnels magnets, cartes postales et bibelots qui encombrent nos étagères et sont rarement fabriqués sur place, voici quelques idées de souvenirs locaux et artisanaux qui portent en eux l'âme corse. Car voyager c'est aussi être curieux et découvrir ceux que l'on visite en s'imprégnant de leurs savoir-faire. Les produits culinaires sont en ce sens une valeur sûre, d'autant qu'ils font plaisir à tous. Quoi que vous rameniez, il faudra prendre garde à la conservation. Pour ce qui est du fromage ou de la charcuterie, on pourra demander une mise sous vide, mais attention tout de même à la température extérieure qui par temps de canicule pourrait être fatale. On favorisera donc les conserves et préparations sèches, ce qui ne manque pas en Corse : biscuits, huiles, tapenades, etc.

Biscuits secs et confiseries

Du côté des biscuits secs - pratiques à transporter si l'on prend garde à ne pas les écraser -, impossible de ne pas mentionner les fameux canistrelli. On trouvera toujours un paquet à notre goût puisqu'ils peuvent être à l'anis, à la châtaigne, au citron, aux amandes ou encore aux noisettes. Les finucchetti, des petits biscuits de pain fins et secs recouverts de grains d'anis, spécialités d'Ajaccio, sont eux aussi très adaptés. Délicieux à déguster avec le café !

Pour ramener le goût du maquis directement sur vos tartines, rien de tel que le miel AOP, un autre produit typique. Ce sera aussi l'occasion de soutenir les apiculteurs locaux (et leurs abeilles !), qui doivent faire face à des difficultés très inquiétantes avec la dégradation de l'environnement. L'avantage, c'est qu'on peut le consommer sous une multitude de formes : bonbons, pollen, nougat et autres confiseries.

Et pour se réconforter lors des après-midi d'hiver, on recommande chaudement les produits à la châtaigne, que l'on retrouve sous des formes variées et faciles à transporter : farine, gâteaux, confiture et autres spécialités difficiles à retrouver sur le continent !

Enfin, un petit pot de confiture figue/noix et tant d'autres parfums originaux aux fruits naturels viendra accompagner à merveille vos fromages ou vos tartines, sans oublier la pâte à tartiner noisettes et chocolat de Cervione !

© OBJECTIF SAVEURS - STOCK.ADOBE.COM

Les incontournables canistrelli.

Charcuterie et fromage : oui, mais avec précaution

Comme dans tous les endroits touristiques du monde, le produit local est parfois local, et parfois un peu moins. La charcuterie n'échappe pas à cette règle ; aussi, en choisissant le conseil avisé d'une boutique spécialisée dans les produits corses ou artisanaux, en se rendant sur les marchés paysans ou en se fournissant directement chez le producteur, on s'assurera la meilleure des qualités. On choisit les produits AOC quand c'est possible - ce qui n'est pas encore le cas pour le figatellu malheureusement, qu'on achètera en priorité pendant la saison de production qui s'étend d'octobre à février. N'hésitez pas à vous référer à notre rubrique sur la gastronomie corse pour plus de détails sur la charcuterie et le fromage!

Directement chez le producteur : le vin et l'huile d'olive

Les bouteilles de vin constituent un excellent souvenir, d'autant qu'elles ne sont pas taxées et reviennent moins chères que sur le continent. Néanmoins, attention aux restrictions si vous prenez l'avion, surtout si vous n'avez pas droit à un bagage en soute ! Le plus économique et le plus agréable reste d'aller acheter le vin directement dans les domaines où ils sont produits. Les bouteilles vous reviendront beaucoup moins cher et vous aurez l'occasion de déguster avant d'acheter, pour ramener ceux que vous préférez. De même pour l'huile d'olive : on trouve de nombreux domaines que l'on peut visiter pour se procurer le précieux liquide.

© JACKIN - STOCK.ADOBE.COM

L'Oeil de Sainte-Lucie est un porte-bonheur.

Savons, huiles essentielles, cosmétiques et parfums

Myrte, immortelle, lentisque, genévrier… la flore du maquis n'a plus de secret pour les Corses, qui, depuis des siècles, ont su mettre à profit leurs vertus respectives pour se concocter savons, huiles essentielles et autres cosmétiques parfumés. Pour garder sur soi l'odeur des vacances, rien de tel que ces produits que l'on trouve un peu partout en parapharmacie ou dans des boutiques locales. On recommande notamment l'huile essentielle de Myrte vert (Myrtus communis cineoliferum), un petit trésor utilisé depuis des générations, devenu symbole de pureté grâce à ses vertus assainissantes pour le corps, l'esprit et la maison !

Des souvenirs à porter : les bijoux porte-bonheur traditionnels

La pêche du corail n'est autorisée qu'à un petit nombre de professionnels en Corse, ce qui garantit un usage responsable. Les bijouteries continuent de mettre en avant l'« or rouge », très utilisé ancestralement. Dans la mythologie, ce matériau est une métaphore du sang de Méduse décapitée par Persée. On le retrouve aujourd'hui le plus souvent en pendentif, les formes les plus courantes étant la corne et le poing. Ces micro sculptures très fines aux courbes douces et brillantes sont souvent offertes aux nouveau-nés, elles sont supposées porter bonheur et éloigner le mauvais œil (Ochju, en Corse). Voilà un souvenir précieux, plein de mystère et d'histoire, et qui plus est léger à rapporter.

Un autre porte-bonheur très répandu en Corse est l'œil de Sainte-Lucie, fabriqué à partir de l'opercule d'un coquillage nommé Turbo Rugueux. On peut l'acheter en magasin, où on le retrouve sous forme de bague, bracelet, pendentif ou boucles d'oreilles. Mais l'idéal reste tout de même d'en trouver sur la plage et de se le faire arranger en bijouterie ; seuls les plus chanceux ou les plus motivés auront néanmoins ce plaisir (il paraît qu'on en trouve plus facilement après une grosse tempête) ! La croyance autour de l'œil de Sainte-Lucie a différentes origines, dont la plus célèbre remonte au Ve siècle : une jeune femme de Syracuse du nom de Lucia, voulant guérir sa mère malade, pria la vierge jusqu'à ce que son vœu soit exaucé. Pour remercier la Sainte, elle s'arracha les yeux et les jeta à la mer afin d'éloigner ses prétendants et de tourner toute son attention vers la religion. En réponse à cette dévotion, la Sainte lui rendit la vue et lui donna des yeux beaux et brillants comme l'opercule du coquillage.

Le couteau corse, un classique

Trésor de l'artisanat local, fort d'une histoire millénaire, le couteau corse est un produit phare, à la fois sophistiqué et pratique. La fabrication du couteau de Corse demande beaucoup de rigueur et seuls certains artisans spécialisés savent les produire dans les règles de l'art. On trouve trois grands types de couteaux traditionnels. Tout d'abord le couteau de berger, repliable, très utile pour la vie quotidienne, qui se transmettait de génération en génération. On retrouve également le stylet, une dague ou poignard pointu qui apparaît au 16e siècle et pour lequel sont parfois utilisés des matériaux nobles (ivoire, argent, nacre…). Il est porté à la ceinture aussi bien par les hommes que par les femmes. Enfin le mythique couteau “vendetta” avec son manche arrondi, qui est un peu la synthèse des deux précédents, à la fois pliant et très coupant.

SPORTS ET LOISIRS

La Corse ne manque pas de sports de pleine nature : les montagnes et les rivières côtoient la mer et le ciel bleu azur pour offrir au visiteur en quête d'aventure une diversité d'activités époustouflantes. Tout le long du littoral, y compris en des lieux inattendus, vous trouverez des clubs de voile, de plongée, de ski nautique, de bouée tractée, de scooter des mers, de surf et de kitesurf, de canoë-kayak, ou encore des structures de location de bateaux à voile ou à moteur. L'intérieur de l'île, quant à lui, vous réserve de sublimes randonnées pédestres, équestres ou en VTT, sans compter les parcours d'accrobranche. Selon vos goûts, vous pourrez également vous adonner à la pratique de l'escalade, du ski, du rafting et du canyoning. Les disciplines liées au parapente, au deltaplane et à l'ULM attirent elles aussi des participants de plus en plus nombreux, tout comme la moto et le 4x4 pour ceux qui préfèrent garder les pieds sur terre.

Un relief idéal pour la randonnée

Les reliefs très contrastés de la Corse se prêtent formidablement bien aux excursions pédestres. Les paysages rencontrés sont variés et le dépaysement est permanent. La plupart des circuits de randonnée existant en Corse (et tout particulièrement le GR20) nécessitent toutefois un bon entraînement et un matériel adapté. Il est recommandé de n'entreprendre ces excursions qu'entre les mois de mai et octobre. Les conditions climatiques en montagne corse sont en effet très rudes : à 2 000 m, elles sont comparables à celles qui règnent dans les Alpes à 3 000 m. En altitude, l'enneigement persiste le plus souvent jusqu'à la fin du mois de juin. De plus, et ce même au cœur de l'été, vents et brouillards violents peuvent survenir à n'importe quel moment. On ne vous conseillera jamais assez de consulter la météo avant votre départ et de signaler votre randonnée, d'autant qu'après le 15 août les orages sont presque systématiques. Dernier risque corse : le feu, qui peut se propager très rapidement dans un environnement sec.

Les randonneurs préfèrent suivre des chemins balisés. En Corse, hormis les grands axes (GR20, Mare a Mare, Mare è Monti), rien n'est jamais vraiment sûr : l'entretien des chemins même balisés étant parfois imparfait, le maquis peut devenir rapidement impénétrable. Il est donc préférable de prendre ses renseignements avant de partir. Adressez-vous à l'office de tourisme ou à la maison d'information du Parc régional local, ou à défaut dans le village le plus proche de votre point de départ. Les habitants connaissent généralement bien les deux ou trois kilomètres autour de leur village, mais ne savent pas toujours comment le chemin se termine : l'idéal est donc de prendre les renseignements au village de départ et au village d'arrivée.

© BLYJAK - ISTOCKPHOTO.COM

© MICHEL GATTI - STOCK.ADOBE.COM

Exploration des fonds-marins corses.

Les parcours les plus prisés sont les « Mare e Monti », d'où l'on peut jouir de vues panoramiques alternatives sur la montagne et la mer, le « sentier de la transhumance », sur la trace des bergers entre Balagne et Niolu, et les « Mare a Mare », trois itinéraires dont le plus couru est celui qui s'étend de Porto-Vecchio à Propriano en passant par Levie et Quenza, adapté aux débutants et praticable toute l'année. Enfin, les « sentiers de pays » se sont nettement développés ces dernières années. Le plus souvent balisés en orange, ne présentant pas de difficulté particulière pour un marcheur occasionnel, ils rejoignent généralement deux villages, et le temps nécessaire pour les parcourir varie de 3 à 5 heures. Nous vous conseillons le sentier du Niolu, entre le lac Nino et le Monte Cinto, le Fium'Orbu, le long duquel vous découvrirez de nombreux villages perchés, et l'Alta Rocca, au sud de la Corse. Dans le nord, les sentiers de Balagne relient quasiment tous les villages balcons.

Parcourir le maquis à dos d'âne, à cheval ou à VTT

Parfums du maquis, faune des montagnes et écume de la mer : la randonnée à cheval vous fera découvrir les merveilles de la Corse. En longeant les rivières, vous avancerez lentement dans les montagnes, croisant brebis et cochons sauvages. De chemins escarpés en haltes rafraîchissantes sous les châtaigniers, vous atteindrez les sommets d'où vous pourrez admirer les côtes et les magnifiques plages qui vous tendent les bras pour de superbes galops et des baignades rafraîchissantes avec les chevaux. À vélo, c'est à chaque col et à chaque virage qu'un nouveau panorama s'offre au cycliste, faisant varier les paysages et la végétation. Attention, la Corse n'étant pas un « plat pays », tous les circuits demandent un minimum de condition physique, petits braquets conseillés !

Entre baignade et plongée, à la découverte de la Corse aquatique

Avec ses 1 000 km de côtes et ses fleuves et rivières, la Corse est bien sûr un paradis pour les baigneurs. La qualité des eaux de mer et rivières est globalement excellente, sauf autour des grandes agglomérations. La température de l'eau de mer permet la baignade de la mi-mai à la mi-octobre. Ces températures atteignent leur maximum au mois d'août avec une moyenne de 29 °C pour l'air et 25 °C pour la mer. La côte ouest est la plus escarpée avec de nombreuses criques et la côte est offre les plus grandes étendues de sable.

Les fonds marins sont de toute beauté : dans une eau claire et transparente, on peut y apercevoir bon nombre de poissons de toutes sortes et une végétation colorée. Les plongeurs sont unanimes : la plupart des plus beaux spots se trouvent au pied des réserves, au nombre de quatre en Corse (les îles Cerbicale, les îles Lavezzi, l'archipel des Finocchiarolo, Scandola) et du Parc Marin récemment créé. Ce dernier couvre 40 000 hectares terrestres et 100 000 hectares maritimes, au sud de l'île. Il est divisé en plusieurs zones accessibles ou non au public. Avec plus de 90 clubs en Corse, vous n'aurez aucun problème pour pratiquer cette activité en toute sécurité.

En eau douce ou à la mer, un grand choix de sports nautiques

Si la voile se pratique un peu partout en Corse, il faut pour les amateurs de surf et de kitesurf bien se renseigner pour trouver les bons spots, n'en déplaise aux surfeurs locaux soucieux de préserver leurs terrains de jeux secrets. Sachez donc, amis de la glisse, entretenir le secret et la propreté de ces lieux magiques et retenez qu'il n'existe pas de grands spots. Voici donc quelques recommandations. En Balagne on conseille la plage d'Algajola, située entre l'Ile Rousse et Calvi. Dans la même zone, on trouve le centre amphibie de Calvi et la plage de Santa-Restituta. Pour les plus téméraires, il y aussi « le danger d'Algajola » une dalle rocheuse située à 500 m au large de la Marine d'Algajola. Au nord, on recommande Pietranera (à la sortie nord de Bastia). Le Cap Corse recèle quant à lui d'une multitude de spots, dont les plus connus sont la Farinole et Ghjottani, à 15 km de là en direction du Cap Corse. Sur la côte orientale, tous les spots se situent entre Porto-Vecchio et Solenzara. On trouve à Pinarello une gauche sublime qui se déroule à droite de la plage.

Le survol de l'île offre des vues époustouflantes, comme celle du hameau de Girolata.
© ANDREW MAYOVSKYY - SHUTTERSTOCK.COM

Au sud, on recommande Porticcio, la plage d'Agosta et la plage du Ruppione. On trouve à Ajaccio également de magnifiques spots, la plupart se situant à gauche de la route qui mène aux îles Sanguinaires (les CRS, le cimetière et le Capo di Feno). Les Ajacciens descendent toute l'année à Bonifacio, notamment pour la fameuse plage de Ventilègne. À Propriano, on retiendra la Capolauroso, le Robinson et le Ras l'bol.

Côté eau douce, les activités kayak, mini-raft et kayaks gonflables sont praticables au printemps sur toutes les rivières de Corse, tant que les niveaux d'eau le permettent. Pour le rafting, il faudra se rendre sur le Tavignano, à mi-chemin entre Corte et Aléria et sur le Golo. Pour le canyoning, plus de 70 sites sont connus en Corse et on trouve de nombreux professionnels pour pratiquer en sécurité ce sport « référence ». Une grande partie des sites est regroupée en Alta-Rocca et dans le centre de la Corse.

La pêche, loisir roi

La Corse offre une multitude de côtes rocheuses sauvages et de plages qui en font une région très poissonneuse, avec environ 400 espèces de poissons (dont 31 sortes de squales) recensées. La pêche est donc le loisir roi local. Si les coins à ne pas manquer sont nombreux, les bonnes « adresses » se transmettent de bouche à oreille entre vrais amateurs. Ceci étant, les ports ont toujours été des lieux de prédilection pour un grand nombre de pêcheurs qui peuvent y trouver le gîte et le couvert. On y trouve le loup, le mulet, et de nombreux petits poissons comme l'éperlan et l'athérine, ainsi que les gobies. Les crabes et les crevettes s'y retrouvent également, surtout quand le port bénéficie d'enrochement de type tétrapode. Si de nombreuses marinas bordent le littoral corse, seuls quinze ports ont une capitainerie. L'accès dans les enceintes portuaires étant souvent réglementé, il est préférable de se renseigner avant d'y pêcher, surtout en période estivale quand le travail est intense.

Au même titre qu'en mer, la pêche en rivière est tout aussi présente et pratiquée en Corse. Les poissons les plus recherchés sont la truite et l'anguille qui font les délices des tables raffinées. Parmi les pêches les plus pratiquées, on trouve celle dite au « toc » : à l'aide d'une canne courte montée d'un hameçon et de petits plombs, la technique consiste à remonter la rivière pour que le poisson ne sente pas votre odeur. La pêche à la mouche remporte elle aussi un franc succès.

Survoler l'île de Beauté pour mieux l'admirer

Rendez-vous sur l'un des nombreux aérodromes de Corse pour admirer depuis le ciel dans un petit avion, un ULM ou un hélicoptère, ses magnifiques paysages. Des avions sont disponibles pour ceux qui auraient déjà leur brevet de pilote en poche, pour les autres de nombreux aérodromes proposent des vols vous permettant de découvrir la Corse d'un point de vue original. D'une durée adaptable, les baptêmes sont réalisés par un instructeur expérimenté sur rendez-vous, dans les meilleures conditions de sécurité et de confort de vol. Découvrir la Corse par les airs, c'est pouvoir admirer en un clin d'œil mer et montagne, plages et sentiers de randonnée. Le matin, la vision des nuances de couleur des fonds marins est superbe grâce à une luminosité optimale. En fin de journée, les couleurs du soleil couchant enflamment l'horizon et contribuent à magnifier le vol. En été, les chaudes heures de l'après-midi sont évitées afin de garantir de bonnes conditions aérologiques.

Après l'effort le réconfort : les sources thermales locales

La Corse fait sans nul doute partie des grandes provinces françaises du thermalisme. Le relief accidenté de l'île présente de nombreuses failles et quantité de roches remarquables, ce qui explique sa richesse thermale. Le nombre de sources sur l'île est exceptionnel : 39, auxquelles s'ajoutent des sources secondaires. Ces eaux, froides ou chaudes, aux caractères physiques et chimiques très variés, possèdent de nombreuses propriétés thérapeutiques reconnues. Nous trouvons en Corse des eaux sulfurées sodiques, des eaux sulfurées calciques (rares en France et en Europe), des eaux ferrugineuses (Orezza, par exemple, est l'eau ferrugineuse la plus puissante de France) et des eaux faiblement minéralisées et radioactives. La seule source thermale agréée par la Sécurité sociale en activité est captée par les thermes de Pietrapola-les-Bains, situés à Isolaccio-di-Fiumorbo dans la Haute-Corse, mais qui sont malheureusement fermés pour rénovation. Les autres incontournables du thermalisme sont Orezza, Baracci et Caldane dans le Valinco sur la commune d'Olmeto. Plus confidentiels sont les bains de Guitera dans la région de Taravo, qui ne sont pas aménagés mais qui offrent un simple bassin en plein air, une expérience magique pour les amoureux de la nature.

GASTRONOMIE

Si le caractère méditerranéen de la cuisine corse est indiscutable, l'île est dotée d'un patrimoine gastronomique qui lui est bien propre, mis à l'honneur à l'occasion du festival Art'e Gustu. La douceur de son climat, son bel ensoleillement, sa géologie atypique ont permis le développement d'un terroir unique. On y reconnaît de grandes similitudes avec la cuisine italienne qui se traduisent par la place centrale occupée par les pâtes et l'huile d'olive. À ces influences s'ajoute un ensemble de traditions nées sur les côtes ou dans les plis d'un relief exceptionnel, composant une fine cuisine de la mer et une robuste cuisine de montagne. Sachez que l' élaboration et la transformation des produits se font aux périodes suivantes : de mai à novembre pour le miel, de mi-novembre à juin pour les fromages, de janvier à avril pour l'huile d'olive, de novembre à mars pour les salaisons et de novembre à janvier pour les agrumes.

La charcuterie, fleuron de la gastronomie corse

Excellente, la charcuterie corse constitue l'un des porte-drapeaux des produits agricoles insulaires avec des noms chantants et des saveurs délicieuses. Attention néanmoins à la charcuterie industrielle : quitte à payer un peu plus cher, on préfèrera se fournir directement chez le producteur ou dans les petits magasins spécialisés pour être sûr que les bêtes soient bien nées, élevées et abattues sur place. Cette charcuterie traditionnelle de fabrication exclusivement hivernale est l'expression d'un lien au terroir exceptionnel mettant en jeu des savoir-faire anciens, une race de porc locale (la « Nustrale »), un élevage sur parcours et une alimentation de finition au gland ou à la châtaigne. Ces spécificités ont permis à la profession, regroupée au sein du syndicat Salameria Corsa, d'obtenir après plus de dix années de dur labeur une AOP pour trois produits de charcuterie traditionnelle : le jambon sec : « Jambon sec de Corse ou Prisuttu » (jambon à l'os), la coppa : « Coppa de Corse ou Coppa di Corsica » (échine de porc), et le lonzo : « Lonzo de Corse ou Lonzu » (filet de porc salé, séché et affiné aux aromates).

L'autre star de l'île de Beauté en termes de charcuterie est bien sûr le figatelli, saucisse de foie de porc qui se fabrique en hiver et se consomme jusqu'au printemps. On l'apprécie surtout grillée et dégustée sur une tranche de polenta à la farine de châtaigne. À cela s'ajoutent d'autres produits clés, comme la panzetta, le sangui, le boudin aux raisins ou à la menthe, la salciccia ou le salamu, saucissons faits de boyaux naturels remplis de viande et gras hachés, ou le casgiu di porcu, un fromage de tête.

Une grande variété de fruits de mer et poissons

Rougets, dentis, mostelles, daurades et loups : les poissons font bien sûr partie intégrante de la tradition culinaire corse, et se dégustent chaque dimanche, entre amis ou en famille, après une partie de pêche. Le poisson est souvent cuisiné dans sa fraîcheur, grillé.

© KELLY ERMIS - SHUTTERSTOCK.COM

La coppa.

© JPC-PROD - SHUTTERSTOCK.COM

Assortiment de fromages corses.

Mais on trouve également de nombreuses préparations qui valent le détour, comme l'aziminu, un plat typique riche en aromates qui s'apparente à la bouillabaisse, l'escabèche, l'agliolu, la brandade et l'anchiuta. En s'éloignant des côtes, on ne renonce pas pour autant au poisson grâce aux truites de torrent ou aux anguilles.

En Corse, les fruits de mer sont aussi rois : on dénombre au total presque 80 espèces comestibles autour du littoral. Les fonds marins corses sont d'une diversité étonnante, avec des profondeurs abyssales à très grande proximité des côtes. Parmi les espèces les plus consommées figurent la langouste, les oursins et les huîtres. Les oursins s'accommodent de différentes façons : soupes, crèmes, omelettes, soufflés, brouillades… Mais les vrais inconditionnels préfèrent une simple oursinade, les pieds dans l'eau. Le rendez-vous pour la pêche se situe de décembre à avril, les pêcheurs proposant en ville leurs oursins dans de grands paniers posés à même le sol. Pour une oursinade géante, rendez-vous le premier avril à l'Ile Rousse sur la Marinella ! Les huîtres corses sont quant à elles cultivées dans les étangs de la côte orientale, l'étang de Diana et l'étang d'Urbinu. En comparaison avec les huîtres de l'Atlantique, elles sont dotées d'une croissance beaucoup plus rapide et sont donc dégustées jeunes. Avec leur goût particulier de noisette, les huîtres de l'étang de Diana sont réputées depuis l'Antiquité romaine et ont reçu plusieurs médailles d'or.

À chaque région son fromage

La Corse produit aujourd'hui 2 500 tonnes de fromages par an, dont 75 % de brebis et le reste de chèvre. Sur l'ensemble du territoire, on retrouve une myriade de fromages, dont le plus célèbre est le brocciu, un fromage frais au cœur de l'identité corse. Il fut longtemps considéré comme le fromage du pauvre, sans doute parce qu'il était issu d'un résidu du lait. Dans une société de subsistance, où étaient privilégiées les nourritures qui calent en apportant force et chaleur, le brocciu trouvait parfaitement sa place. Afin de garantir l'authenticité et la qualité du produit longtemps menacé de disparition, a été mis en place en 1983 un label d'appellation d'origine, renforcé en 1993 par le label d'appellation d'origine contrôlée. On en trouve, frais, de janvier à juillet. On peut aussi le saler pour le conserver, et l'incorporer à des préparations après l'avoir mis à dessaler. Il marie bien ses saveurs aux viandes, aux légumes et aux poissons ; dans la pâtisserie, ses emplois sont nombreux et varient selon la région, tant dans la recette que dans l'appellation. Il entre ainsi dans la composition de nombreux plats traditionnels tels que le fiadone, les migliacci, les beignets, les omelettes, les storzapreti, etc.

On trouve en fonction des régions d'autres variétés de fromages comme le Niulincu (région du Niolu) dont la pâte lisse caprine ou ovine est recouverte d'une croûte grattée, le Venacesu (région de Venaco) de forme ronde, le Calinzanincu (région de la Balagne, village de Calenzana) de pâte caprine molle et piquante, l'onctueux Bastellicacciu (Bastelica et Bocognano) ou le Sartinusu (région de Sartène) et sa pâte pressée semi-dure. Enfin, on retrouve la fameuse tomme corse, fromage pimenté de caractère, à base de lait de brebis ou de chèvre. Tous se savourent avec du pain paysan ou de châtaigne, accompagnés de confiture de figue ou de melon, pour adoucir leur goût très prononcé.

Le paradis des agrumes et des châtaigniers

Avec son relief et son climat exceptionnel, la Corse constitue un paradis pour la culture des châtaigniers et des agrumes. En témoigne d'ailleurs la présence de l'Institut national de la recherche agronomique (Inra) qui, installé en Corse depuis les années 1960, s'est doté d'une remarquable collection d'agrumes, probablement la plus belle et la plus complète au monde. C'est ainsi que citrons, oranges et pamplemousses poussent allègrement sur le sol corse, sans parler de la clémentine et du cédrat, tous deux typiques. À noter que la clémentine de Corse est la seule variété purement française, avec plus de 20 000 tonnes récoltées chaque année. Une indication géographique protégée a été obtenue en 2007 pour ce fruit emblématique.

Avec sa propre appellation AOC, la châtaigne est quant à elle cultivée au sein d'exploitations par environ 200 à 250 agriculteurs. Elle a été longtemps la base de l'alimentation corse pour les habitants, mais aussi pour leurs cochons, donnant ainsi à la charcuterie son goût si particulier. En Castagniccia, on servait 22 mets différents à base de châtaigne à l'occasion des mariages. Elle se prépare de toutes les manières possibles : bouillie, grillée ou moulue en farine pour fabriquer la polenta, des pâtisseries ou du pain.

Biscuits, miel et confiseries

L'île de Beauté se distingue aussi pour ses préparations sucrées. Les canistrellis sont parmi les biscuits secs les plus célèbres et se déclinent en différents parfums, de l'anis au citron. Un autre gâteau emblématique est le fiadone, à base de brocciu agrémenté de citron ou de fleur d'oranger. Nombreuses sont par ailleurs les recettes à base de châtaigne. Parmi les plus courantes, les falculelles, sortes de galettes plates composées de brocciu, de sucre, d'œufs, de farine de blé ou de châtaigne, puis cuites au four sur une feuille de châtaignier ; la torta castagnina, gâteau à la farine de châtaigne et de noix ; les campanili, brioches aux œufs auxquels peut s'ajouter du brocciu ; les migliacci, semblables aux falculelles. À savourer aussi, les excellents gâteaux aux châtaignes que l'on trouve après le ramassage, en hiver et au printemps.

La Corse produit également beaucoup de miel, notamment le miel de châtaigneraie, fort et tannique avec une légère amertume, ou encore les miels « de maquis » d'automne ou de printemps. Réputé comme étant particulièrement goûteux et riche en saveurs par les spécialistes, le miel corse puise son goût dans la diversité des fleurs et des arbres que butinent les abeilles dans le maquis aux mille senteurs.

Plus surprenant, la Corse se démarque également en termes de chocolaterie, avec la maison Colomb-Bereni qui a gagné les International Chocolate Awards en 2018, et un salon du chocolat qui se tient chaque année à Bastia et Ajaccio.

Du vin aux liqueurs, des boissons locales à redécouvrir

Une chaîne de montagnes qui culmine à plus de 2 000 mètres, une île baignée de soleil formant un terroir à nul autre pareil : la Corse donne à la vigne et à ses vins toute la force et la spécificité de son insularité. Chacune de ses vallées profite d'une exposition et d'un microclimat différent, les vins d'altitude côtoyant les vins du littoral pour accompagner la charcuterie comme les fruits de mer. La Corse compte ainsi 9 appellations d'origine protégée, dont une appellation régionale (Vins de Corse), deux appellation crus (Patrimonio et Ajaccio), 5 appellations villages (Corse Porto-Vecchio, Corse Figari, Corse Sartene, Corse Calvi, Corse Coteaux du Cap Corse) et une appellation Vin Doux Naturel (Muscat du Cap Corse). À cette myriade de vins s'ajoutent des apéritifs locaux à ne pas manquer, comme la liqueur de myrte ou le Cap Corse Mattei, boisson à base de mistelles de Corse, de quinquina et de nombreuses plantes exotiques.

L'huile d'olive, composante essentielle de la cuisine corse

La Corse a la particularité de voir ses olives sur les filets qui tapissent chaque année le sol des oliveraies. Le nectar aux reflets d'or qui en jaillit est très fruité. L'huile d'olive (l'*oliu* en langue corse) est différente par le goût de ses homologues provençale, espagnole, nord-africaine et italienne. La taille des oliveraies varie selon les micro-régions dont chacune a sa particularité : on trouve la Cabanacce et l'Oliesece dans le Cap Corse, la Biancaghja et la Raspuluta dans le Nebbiu. Mais c'est la Balagne qui reste la principale productrice de l'île, avec ses olives « Sabina ». Du côté de Vico, on retrouve une des plus anciennes oliveraies : l'Aliva Bianca, l'Aliva Nera et des variantes.

© PHOTOSIMYSIA - STOCK.ADOBE.COM

Canistrelli.

DÉCOUVRIR

TOP 10

GASTRONOMIE LOCALE

Selon que vous vous trouviez sur le littoral ou dans les terres, vous n'aurez sans doute pas accès aux mêmes plats dans les restaurants, et c'est bon signe ! Mais certaines recettes sont de grands classiques que l'on retrouve un peu partout sur le territoire corse. A bon entendeur...

LE MIGLIACCIU

Cette galette salée cuite au feu de bois met les fromages locaux de brebis ou de chèvre à l'honneur.

© CORINNE MATUSIAK - STOCK.ADOBE.COM

LES BEIGNETS AU BROCCIU

Le fromage frais emblématique est mis à l'honneur dans ces beignets traditionnels légers et moelleux.

© XAVIER BONNIN

LES OURSINS

En hiver, les oursinades sont l'occasion de se retrouver en bord de mer pour un régal partagé.

© MICHELE URSI - SHUTTERSTOCK.COM

L'AZIMINU

Une délicieuse soupe aux poissons de roche, cousine corse de la bouillabaisse marseillaise.

© HLPHOTO - SHUTTERSTOCK.COM

LES STORZAPRETTI

Originaires de Bastia, ces boulettes de blettes et de brocciu gratinées au four feront le bonheur des végétariens.

LA PULENTA

Aussi appelée pulenda ou polenta, c'est un pain à base de farine de châtaigne souvent consommé chaud.

LA SOUPE CORSE

Un plat paysan au parfum du maquis composé de haricots rouges, de légumes, de viande ou de pâtes.

LE CIVET DE SANGLIER

Figure emblématique de l'île, sa viande de caractère se déguste volontiers en civet.

LES ROUGETS À LA BONIFACIENNE

Accompagnés d'anchois, de tomates, d'ail et de persil, les rougets version Bonifacio en raviront plus d'un !

LE FIADONE

Avec son goût citronné, ce gâteau est une occasion de découvrir le brocciu sous une nouvelle forme.

© FOOD-MICRO - STOCK.ADOBE.COM

CREAZIONE

BASTIA
✆ 04 95 54 20 42
www.creazione.corsica
3 jours mi-juin. Restauration.

Creazione, premier festival méditerranéen de la Mode et du Design, est le rendez-vous incontournable de la création corse : trois jours pour fêter la mode, le design mais aussi la musique et l'artisanat, une occasion en or pour découvrir la création insulaire et ses jeunes talents. Conférences, rencontres, défilés, spectacles, concerts composent la manifestation, de quoi s'amuser du matin au soir, dans une ambiance à la fois chic et bon enfant. Un festival qui hisse décidément Bastia au rang de capitale de la dolce vita !

CALVI ON THE ROCKS

Théâtre de verdure
CALVI
www.calviontherocks.com
En juillet

Concerts au clair de lune au pied de la citadelle, siestes musicales sur la plage, apéros pétanque sur la place centrale, dégustations de cuisine locale et, bien sûr, les inoubliables aftershows dans les clubs de la ville, contribuent à l'aura unique de ce rendez-vous estival. Calvi On The Rocks, c'est un environnement exceptionnel et une atmosphère incomparable rythmés par la douceur de vivre, la musique, les surprises, les rencontres et les échanges. Un festival mêlant musique et art de vivre auquel les mélomanes de tout le continent se donnent rendez-vous.

LES MUSICALES DE BASTIA

Espace Sant Angelo
BASTIA
✆ 04 95 32 75 91
www.musicales-de-bastia.com
Du 6 au 10 juin 2023.

Habituellement programmées à l'automne, les musicales auront lieu cette année au mois de juin. Créé en 1987 dans le but de rapprocher les hommes autour de la musique et du chant, ce festival est le plus ancien de l'île et l'une de ces manifestations phares. La programmation de qualité réunit artistes connus et moins connus, et joue la carte de l'éclectisme : chanson française, musique classique, musiques actuelles, blues, musiques du monde et musiques traditionnelles de Corse et d'ailleurs. On n'oublie pas les enfants avec des spectacles jeune public également.

LES RENCONTRES DE CALENZANA

Maison Saint-Michel - **CALENZANA**
✆ 04 95 30 59 41
https://rencontresdecalenzana.fr/
Du 17 au 24 août 2023. Concerts 21h30 de 20 € à 25€ ; 11h00 18h00 19h30 : 10 €. Tarif réduit. Abonnement 150 €.

Près de Calvi, la commune de Calenzana égrène ses villages pittoresques entre mer et montagne. Ses Rencontres musicales allient qualité artistique et ambiance chaleureuse, à travers des échanges entre artistes, spectateurs et organisateurs. Se mêlent des répertoires divers, du baroque aux musiques du monde, du classique aux chants traditionnels. Une programmation qui s'adresse au néophyte comme au mélomane et s'inscrit à merveille dans ce cadre enchanteur qu'est la Balagne.

LE RALLYE DE BALAGNE

L'ILE-ROUSSE
✆ 04 95 21 28 39
www.asacorsica.com
Du 8 au 10 décembre 2023.

Les épreuves de cette course organisée par l'ASA CORSICA et enregistrée à la Fédération française du Sport Automobile, se déroulent sur trois jours qui marquent les trois étapes haletantes de ce parcours de plus de 370 km. Il comporte plus d'une centaine de kilomètres d'épreuves chronométrées, autour des deux villes principales de la région de la Balagne : Calvi et Ile-Rousse. Cet événement sportif incontournable compte pour la Coupe de France des Rallyes et est également ouverte aux véhicules de course historiques en VHC et VHRC.

PASSEPORT

SUD CORSE

C'est la région reine de la Corse qui englobe une magnifique diversité de paysages tous plus beaux les uns que les autres. Des kilomètres de plages et criques, des sites naturels protégés, Bonifacio et Porto-Vecchio si différentes et complémentaires, des massifs montagneux qui font le bonheur des randonneurs et des amateurs de sports nature. On y choisira dans la grande diversité d'hébergements afin d'y trouver son bonheur, du camping les pieds dans l'eau à la chambre d'hôtes en Alta-Rocca en passant par l'hôtel de charme identitaire. Les incontournables : Bonifacio et ses falaises de calcaire, les îles Lavezzi et les plongées, la baie de Rondinara et son lagon turquoise, Porto-Vecchio et ses plages mythiques de Palombaggia et Santa-Giulia. À l'intérieur, les montagnes de l'Alta Rocca et ses merveilleuses forêts : Zonza et ses aiguilles de Bavella, Quenza et le plateau du Cuscione, Levie, ses sites préhistoriques et son musée.

Sud Corse
D26
D757
P.N.R. de Corse
D268
SOLENZARA ★★
SARI-SOLENZARA
AULLÈNE ★★
QUENZA ★★
D420
D69
D420
ZÉRUBIA ★
SERRA-DI-SCOPAMÈNE
ZONZA ★★★
CARGIACA ★
ZOZA ★
SAN-GAVINO-DI-CARBINI ★
ALTAGÈNE
LEVIE ★
OLMICCIA ★
SAINTE-LUCIE-DE-TALLANO ★★
CARBINI ★★
CONCA ★
D168
SAINTE-LUCIE DE PORTO-VECCHIO ★★
LECCI
D468
D368
D248
T10
Saint-Cyprien
La Trinité de Porto-Vecchio
D59
Cala Rossa
D159
Muratello
PORTO-VECCHIO ★★
D859
SOTTA ★★
Mer Méditerranée
D859
D22
D459
MONACIA-D'AULLÈNE ★
D59
PIANOTTOLI-CALDARELLO ★★
FIGARI ★★
Réserve Naturelle des Tre Padule de Suartone
T40
T10
BONIFACIO ★★★★
10 KM

PAGES

81

●● L'EXTRÊME SUD

Avec Bonifacio en « guest star », la région possède de magnifiques plages, de Pianotolli jusqu'à Sant'Amanza en passant par Tonnara ou le golfe de Ventilegne. Cependant, il ne faut pas oublier que cette région fut aussi un important lieu d'histoire, ce qui lui confère une identité particulière. L'arrière-pays réserve ainsi des points de vue remarquables auxquels on accède par des sites de toute beauté : l'Uomo di Cagna et la plaine de Figari, riche d'un vignoble de grande renommée.

81

BONIFACIO ★★★★

Joyaux défiant l'apesanteur fièrement dressée sur ses blanches falaises de calcaire, Bonifacio est la Cité de Corse la plus visitée. C'est aussi la Cité la plus au sud de la France métropolitaine. Le port apparaît en premier au visiteur, mais c'est dans la Citadelle que se trouve la vie bonifacienne, les panoramas y sont sublimes sur les falaises, les Bouches de Bonifacio et la Sardaigne à 12 km.

95 **FIGARI ★★**

96 **SOTTA ★★**

97 **PIANOTTOLI-CALDARELLO ★★**

98 **MONACIA-D'AULLÈNE ★**

99

●● LE SUD-EST

Cette région est remarquable par sa diversité : belles plages, rivières et massif montagneux. Bref, un raccourci de beauté : Porto-Vecchio, ville phare, s'illustre par son intense activité culturelle, sa citadelle et son port de plaisance. Autour de son golfe, les longues plages de sable fin, bordées de généreuses pinèdes, s'étendent au nord jusqu'aux charmantes communes de Lecci, Sainte-Lucie de Porto-Vecchio et le village marin de Pinarello. A quelques minutes, la forêt de l'Ospédale puis les aiguilles de Bavella dominent les massifs de l'Alta-Rocca avec ses rivières escarpées et ses villages authentiques.

Le port de Bonifacio.

PAGES

BONIFACIO ★★★★

La ville doit son nom au marquis de Toscane Boniface qui l'a fondée en 828 pour lutter contre les invasions mauresques, décimant le littoral insulaire. Mais ce sont les Génois, devenus maîtres de la Corse qui firent de Bonifacio une place inexpugnable pour contrôler le détroit corso-sarde. La cité résista ainsi à l'assaut des armées du Roi Alfonse V en 1420. La légende signale que les 189 marches de celui qu'on appelle « l'escalier du Roy d'Aragon » (classé monument historique) furent creusées en une nuit, dans la roche friable. Il semble que cet accès devait permettre aux habitants de se ravitailler au puits Saint-Barthélemy, en contrebas. Le mystère entoure les ruelles étroites de la haute-ville qui regorge d'un riche patrimoine architectural avec ses maisons juchées à flanc de falaises. On y accède par la montée Saint-Roch, dont la chapelle, érigée en son nom, commémore le souvenir de la peste qui décima la ville au XVIe siècle. Comportant cinq églises où l'on décèle les influences romane, gothique, baroque ou néo-byzantine, Bonifacio compte autant de confréries qui entament lors des fêtes religieuses des processions dont le point d'orgue est la Semaine sainte. La promenade sur les hauteurs ne doit pas omettre de flâner près du cimetière matin, de l'ermitage Sainte-Trinité ou sur le bastion de l'Etendard. On parle à Bonifacio un dialecte ligure distinct de la langue corse. On dit Bunifaziu en langue corse, Bunifazziu en bonifacien, mais jamais « Bonifatch ».

LE BASTION DE L'ÉTENDARD ★

Avenue Charles-de-Gaulle
✆ 04 95 73 11 88
www.bonifacio.fr

De juin à fin octobre. Du lundi au samedi de 10h à 15h30. Visite : 30 min environ. 3,50 € / pers. Gratuit jusqu'à 5 ans.

Le Bastion de l'Étendard rénové offre plusieurs attraits : un parcours balisé par de nombreux panneaux explicatifs qui relatent l'histoire des fortifications de Bonifacio, un espace botanique de plantes endémiques bonifaciennes, un « jardin de paysages » agrémenté de plusieurs tables d'orientation, auxquels s'ajoute une nouvelle exposition intérieure qui retrace l'historique des lieux. Les salles souterraines creusées en partie dans la roche sont impressionnantes tout comme les points de vue panoramiques tout au long du circuit.

CAPO PERTUSATO ★★★

C'est l'un des joyaux de l'île en termes de paysage. Et si vous partiez explorer une plage de pirates tout droit sortie d'un livre d'aventure, ou encore à la découverte d'un sémaphore et de points de vue somptueux ! A 5 km au sud-est de Bonifacio, le cap de Pertusato (Capu Partusatu en corse) est le deuxième point le plus méridional de l'Île de Beauté, juste derrière le Capu Testagro. Langue de calcaire, ce cap domine, à 100 m de haut, la réserve naturelle de Bonifacio et ses falaises. Depuis le sémaphore vous jouissez d'un panorama exceptionnel sur les Îles Lavezzi et la Méditerranée, et même sur la Sardaigne par temps clair. Une belle balade jusqu'au phare de Pertusato. Le nom de Pertusato, qui signifie «percé», renvoie à une galerie naturelle traversant de part en part le promontoire sur lequel est juché le phare, qui lui ne se visite pas.. Descendez ensuite à la plage des Trois Pointes pour nager et plonger depuis la roche ou/et pratiquer le snorkeling. Vous pouvez rejoindre le cap en voiture (en partie seulement) ou par une magnifique randonnée pédestre directement depuis Bonifacio (chapelle Saint-Roch). Si vous optez pour la randonnée, vous cheminerez sur les falaises et vous devrez donc rester prudent et ne pas oublier de vous protéger du soleil, l'itinéraire étant dépourvu d'ombre. Comptez 3 heures pour effectuer l'aller-retour. A pied ou en voiture, prévoyez une demi-journée pour profiter du cap, de son environnement, de son panorama époustouflant et des eaux turquoise de la Méditerranée.

© XAVIER BONNIN

SUD CORSE

LE CIMETIÈRE MARIN DE SAINT-FRANÇOIS ★★★★

Ouvert du 01/01/2023 au 31/12/2023. Parking à proximité.

Surplombant Bonifacio, le « Campu Santu », cimetière marin à la beauté sans égal, se dresse majestueusement face à la mer. Dans cet écrin de spiritualité aux allures de Grèce antique, vous vous laisserez gagner par le calme olympien qui émane de la splendeur architecturale : sertie de majestueux tombeaux blancs, elle témoigne d'une richesse familiale historique. À la faveur d'une visite guidée, vous partirez à la découverte de la falaise, à la beauté tout aussi vertigineuse !

L'ÉGLISE SAINTE-MARIE-MAJEURE ✞ ★★

Rue du clocher

Accessible toute l'année.

Érigée au XIIIe siècle, Sainte-Marie-Majeure est une église romane trônant au cœur de la ville haute. C'est la plus vaste, la plus richement ornementée et la plus ancienne, ainsi que la principale de Bonifacio. Quelques beaux éléments de mobilier sont à découvrir et une large loggia la précède qui a longtemps rempli une fonction administrative, puisque les élus y délibéraient et que le podestat, magistrat en chef, y rendait justice. Le blason de Gênes orne l'un de ses portails.

L'ÉGLISE SAINT-JEAN-BAPTISTE ✞ ★★

Rue Doria

✆ 04 95 73 11 88

https://www.bonifacio.fr/

Accessible toute l'année.

Siège de la confrérie Saint-Jean Baptiste, l'église San Giuvani Batista fut reconstruite entre 1770 et 1780 à l'emplacement actuel. Elle remplace ainsi celle rasée en 1722 par les militaires. Siège de la Confrérie de la miséricorde (aide aux malades, services funèbres) elle abrite deux groupes processionnels. La châsse représentant la Décollation de saint Jean-Baptiste sillonne les ruelles de la Citadelle le soir du Vendredi saint, portée à bras d'hommes au milieu de la foule.

L'ERMITAGE DE LA TRINITÉ ★

Ouvert toute l'année.

Au nord-ouest de la ville, sur la nationale qui met le cap sur Sartène, l'Ermitage de la Trinité est un ancien monastère conviant le promeneur au recueillement et à la rêverie. La chapelle du XIIIe siècle qui se dresse derrière les oliviers est idéale pour se ressourcer, tout comme la grotte de Notre-Dame de la Trinité. Un très beau sentier littoral à plusieurs boucles est maintenant balisé : le pittoresque sentier du « Fenu ». La vue panoramique est grandiose sur la Citadelle, le maquis, les falaises et les bouches de Bonifacio jusqu'à la Sardaigne !

SUD CORSE

L'Escalier du Roy d'Aragon.

L'ESCALIER DU ROY D'ARAGON ★

✆ 06 42 12 46 88

Ouvert du lundi au vendredi sur rendez-vous. Visite : 5 €. Enfants de 6-11 ans : 2 €. Groupes (10 personnes) : 4 €.

Au bout de la rue Simon-Varsi, 189 marches taillées à pic dans la falaise à 45° d'inclinaison ! Elles auraient été creusées en une nuit par les soldats du roi d'Aragon, Alphonse V, lors du siège de 1420. Pourtant, les véritables bâtisseurs seraient les moines franciscains qui auraient taillé ces marches pour accéder à une source d'eau potable au bas des falaises. Ce qui est sûr, c'est qu'il est conseillé d'être bien chaussé pour entreprendre cette balade inoubliable de beauté.

LA PLACE DU MARCHÉ ★

Place du Marché

✆ 04 95 73 11 88

www.bonifacio.fr

Accessible toute l'année, 24h/24.

La Place du Marché est un lieu où il fait bon s'attarder lors d'un passage à Bonifacio. Située au faîte de la rue Doria et au cœur de la Citadelle, elle offre l'un des plus beaux points de vue sur la mer et sur le «grain de sable» (U Diu Grossu), un immense bloc détaché de la falaise et émergeant à quelques brasses. Sur la placette jouxtant le marché, vous pourrez apercevoir un des puits qui, jadis, récupérait les eaux pluviales pour alimenter la Citadelle. Vous aurez loisir de vous y restaurer, faire vos emplettes ou encore vous entraîner à la pétanque !

LA CAVERNE D'ALI BONBON

71, quai Jérôme Comparetti

✆ 04 95 73 03 69

www.lacavernealibonbon.com

Ouvert tous les jours en continu d'avril à octobre de 10h à 19h, 22h en juin, minuit en saison, 23h en septembre.

C'est un concert d'exclamation qui ponctue la découverte de ce lieu enchanteur ! Vous êtes ici dans une grotte naturelle typique du paysage bonifacien, de celles qui servaient autrefois d'abri aux pêcheurs. Avec le temps, celle-ci est devenue le temple des bonbons, une célébrité locale et un vrai trésor ! Au bout du couloir vous verrez des sucreries de toutes les couleurs. Pas moins de 140 sortes sont alignées, qui vous invitent à faire votre mélange dans une mise en scène magique de tonneaux débordant de gourmandises... Assurément régressif et jouissif !

SUD CORSE

LES PLAGES DE BONIFACIO ★★★

✆ 04 95 73 11 88

www.bonifacio.fr

Une vingtaine de plages à Bonifacio font le bonheur des amateurs de farniente, de sports aquatiques et de bronzette. Allez poser votre serviette sur les plages de Sperone, de Piantarella, de Calalonga, de Santa Manza, de Maora, de la Tonnara, ou encore sur les sables de la jolie baie circulaire de Rondinara. Les enfants se feront une joie de construire le plus beau des châteaux de sable tandis que vous profiterez du paysage et de la douceur de vivre. Attention, sur certaines plages les chiens sont acceptés seulement s'ils sont tenus en laisse.

LE SENTIER DE STRADA VECIA ET MADONETTA

✆ 04 95 73 11 88

Accessible toute l'année. Boucle de 3h. Sentier facile. Peu ombragé, pas de point d'eau.

En amont du camping de l'Ariguana, une pittoresque balade s'amorce au départ du port, qui vous permettra d'admirer Bonifacio sous un angle plus intimiste. Vous découvrirez les richesses que recèlent ses recoins, avec ses chemins escarpés et ses criques cachées au cœur du maquis bonifacien. Sauvages et ardus, ces magnifiques panoramas appellent parfois à la prudence ! Vous y admirerez les plages de la Catena et la plage de Paraguan, en passant par la calanque de Fazzio.

LA RÉSERVE NATURELLE DES BOUCHES DE BONIFACIO ★★★★

Parc marin des Bouches de Bonifacio
www.rnbb.fr
Ouvert toute l'année.

Incontournables, ces magnifiques blocs de granit polis par la mer font partie des plus beaux joyaux de la Corse. Le paysage, presque lunaire, est préservé : véritables réservoirs de la biodiversité, les îles Lavezzi sont considérées par les scientifiques comme un lieu d'observation de nombreuses espèces naturelles. Ballet de poissons et dauphins dans une eau turquoise. Vrai paradis pour les plongeurs (la plongée en bouteille est toutefois interdite), l'archipel appartient au parc marin international. La pêche y est strictement interdite. D'un point de vue historique les Lavezzi furent le théâtre d'un naufrage qui coûta la vie de 773 hommes le 15 février 1855 lors du naufrage de la frégate française *La Sémillante* qui venait de Toulon en direction de la mer noire afin d'apporter du renfort lors de la guerre de Crimée. Essuyant une violente tempête, le navire se brisa sur les hauts fonds et aucun homme n'en réchappa. Une pyramide de granit rend hommage aux victimes. Plusieurs compagnies de Bonifacio ou de Porto Vecchio pour vous rendre sur les Iles ou louer un bateau. Évitez si possible la visite durant les mois de juillet et août, le nombre de touristes venant découvrir les lieux vous empêchera de profiter du paysage. Le chemin du littoral sillonne l'île de part en part. N'oubliez pas les chapeaux, l'indispensable crème solaire car le soleil reflété par le granit et l'eau est surpuissant, bouteille d'eau car il n'y a pas d'eau potable sur l'île et quasiment pas d'ombre !

LE SENTIER DE TESTA

✆ 04 95 73 11 88
Accessible à l'année. Sentiers faciles, niveau bleu. Nombreux stationnements aménagés.

Une balade accessible par l'ouest (conseillé), depuis le petit port de Figari, ou l'une des trois aires de stationnement plus au sud. Par l'est, quitter la RN196 au niveau du Monte Scupetu et emprunter la piste jusqu'à l'une des trois aires de stationnement plus au sud. La balade du sentier de la Testa forme une boucle d'environ 3h30 de bord de mer pour y découvrir une succession de criques, de plages sauvages et de flore colorée ! Vous y entendrez le chant d'oiseaux du pays et serez émerveillés par l'authenticité du paysage préservé.

LES SITES DE PLONGÉE DANS L'EXTRÊME-SUD ★★★

Accessible toute l'année.

Si l'extrême-sud de la Corse bénéficie de rivages escarpés et d'un panorama fascinant empreint d'envoûtants attraits, il n'en regorge pas moins de fabuleux sites propices à l'exploration sous-marine. Parmi eux, le cap de Pertusato, vertigineuse paroi rocheuse plongeant dans l'eau turquoise, la Tête de Cheval foisonnant de gorgones rouges à l'ouest des îles Lavezzi, les Cloches sous lesquelles se cachent les murènes, le Capu Tafunatu et le Capi Neru, où faune, flore et corail abondent.

OFFICE DE TOURISME DE BONIFACIO

2, rue Fred Scaramoni
✆ 04 95 73 11 88
www.bonifacio.fr
Consulter le site pour les horaires. Location audio guide : 5 €.

Tout ce dont vous avez besoin pour explorer la région se trouve à l'office de tourisme de Bonifacio. Pour vos visites guidées à thèmes, vos balades ou encore un parcours spécial enfants (5-12 ans). Vous trouverez à l'office un Pass donnant la possibilité de visiter divers sites du patrimoine à un tarif intéressant. On vous y loue aussi un audioguide permettant d'apprendre plein de choses en déambulant dans la haute ville. Consultez l'agenda sur le site pour les évènements nombreux !

PORT DE COMMERCE DE BONIFACIO

Quai Sotta-Potigliola
✆ 04 95 73 06 75
www.2a.cci.fr/Port_de_Bonifacio.html
Haute saison : ouvert tous les jours et les jours fériés de 7h30 à 12h et de 15h à 20h30.

Une banque d'informations est accessible au public à l'intérieur de la gare maritime. Vous y trouverez des renseignements sur les horaires des bateaux, autocars, navettes maritimes... ainsi que des brochures touristiques. Les compagnies : Mobylines (✆ 04 95 73 00 29), la Blue Navy (✆ 04 95 73 00 96) et la Ponza Jet. Ligne : Bonifacio/Santa-Teresa Di Gallura métro maritime tous les jours. Trois liaisons par jour en basse saison et jusqu'à huit en haute saison.

Bonifacio.

LE PORT DE PLAISANCE DE BONIFACIO

Port de plaisance ✆ 04 95 73 10 07
www.bonifacio-marina.corsica
Ouvert tous les jours en haute-saison. Consulter le site pour les horaires. De 25 à 60 € en fonction des bateaux.

Ce port de plaisance offre 350 places, dont plus de la moitié sont réservées exclusivement aux plaisanciers de passage de moins de 85 mètres. Sur le port, vous trouverez tous les services et commodités ad hoc : WC, douches et local handicapés, wi-fi gratuit, service de surveillance, eau et électricité. Possibilité de mouiller dans la calanque de la Catena, un excellent abri de 60 places. Il conviendra de réserver sur un site commun à tous les ports corses, resaportcorse.com.

HÔTEL DES ÉTRANGERS €

Avenue Sylver-Bohn
✆ 04 95 73 01 09
www.hoteldesetrangers.fr
Ouvert d'avril à fin octobre. Chambre double de 50 € à 95 €. Chambre triple de 60 € à 105 €. Petit déjeuner buffet 8 €.

Le succès est au rendez-vous pour cet hôtel situé à l'entrée de Bonifacio, et qui a l'avantage de proposer un confort de choix (TV, climatisation, parking) à des prix comptant parmi les plus bas de la ville. Il faudra donc s'y prendre à l'avance pour pouvoir y retrouver ses amis dans une ambiance jeune et décontractée. Pour le côté pratique, parking et garage moto, ainsi que des chambres quadruples pour venir en famille. Gentillesse et disponibilité sans faille des Bohn-Lanfranchi, parfaits hôtes des Étrangers, avec en prime une tenue des lieux irréprochable.

A MADONETTA*** €

Rue Paul-Nicolaï
✆ 04 95 10 36 39
www.amadonetta.com
Ouvert à l'année. Chambre double à partir de 75 €. Wi-fi gratuit, TV satellite et Canal+. Accueil 24h/24 (21h en hiver).

A Madonetta est situé à 100 mètres du port de plaisance au début de la route de Santa-Manza. La famille Catoire offre un bel établissement avec toutes les dernières normes garantissant aux voyageurs un confort irréprochable et particulièrement soigné. Les chambres sont grandes et les suites lumineuses, la décoration personnalisée et des tarifs forts compétitifs pour la région et stables. Le lieu idéal pour séjourner à Bonifacio sans se soucier du parking et partir visiter la marine et la haute ville à pied. L'hôtel vous accueille toute l'année.

A MANICHETTA**** €

Manichetta ✆ 06 66 79 31 94
www.amanichetta.fr
Ouvert du 10 avril au 10 octobre. Petit déjeuner inclus. Parking fermé auto et moto. A partir de 95 €.

Initiative originale pour ce jeune couple : perché sur les falaises bonifaciennes, on pénètre dans une villa s'ouvrant sur des chambres d'hôtes confortables. Evelyne et Stéphane vous accueillent dans un cadre pittoresque, mêlant habilement authenticité du terroir et sérénité. Au milieu des oliviers centenaires et de la campagne vous êtes ici reçus comme des amis. Dégustez des petits déjeuners servis face aux côtes sardes toutes proches et profitez de vos guides locaux pour découvrir la région. On y arrive pour une nuit et on y poserait bien ses valises pour plus.

PIAN DEL FOSSE*** €

D58
✆ 04 95 73 16 34
www.camping-piandelfosse.com
Ouvert de mi-avril à fin octobre. Emplacement + véhicule + 2 personnes à partir de 18,00 €.

Un camping familial et éco labelilsé (engagé pour l'environnement). Calme, tout proche de Bonifacio. La famille Viti vous y accueille depuis 1986 sur une aire campagnarde et arborée d'oliviers et de chênes verts, au son des cigales. Proche des plages de Maora à 1,5 km et de Santa Manza à 2 km, lieux dédiés à la tranquillité dans un paysage typiquement bonifacien. Location de bungalows, chalets ou mobil-homes pour 3 nuits hors saison à prix très réduits. Réduction avant et après saison pour les couples, demandez les tarifs ! Réservations possibles pour le camping.

LE ROYAL €

8, rue Fred-Scamaroni
✆ 04 95 73 00 51
www.hotel-leroyal.com
Ouvert toute l'année. Accueil 24h/24. 16 chambres. Chambre double de 85 € à 207 €. Parking gratuit.

Dans la citadelle, au cœur de l'animation et de la vieille ville, sur la ligne des remparts, les 14 chambres de ce petit hôtel familial sont confortables, propres et claires avec une belle vue sur le goulet. Les tarifs sont très honorables compte tenu de la situation et l'adresse reste ouverte à l'année. Pour le côté pratique, on y trouvera un restaurant traditionnel de famille et viandes grillées avec une grande salle panoramique pour manger à l'abri du vent, à petits prix. Une adresse sympa, conviviale et excessivement bien placée.

SUD CORSE

BEST WESTERN HÔTEL DU ROY D'ARAGON*** €€

13, quai Comparetti
© 04 95 73 03 99
www.royaragon.com
Fermé du 15 novembre au 15 mars. Accueil 24h/24. 38 chambres (dont 3 familiales et 1 suite). Chambre double dès 81 €.

Au cœur de la ville, profitez d'une situation privilégiée. Directement sur le port, c'est le point de départ idéal pour explorer les iles Lavezzi. Tout près de l'hôtel, vous trouverez les commerces, les bars et restaurants ainsi que les plages. La terrasse de l'hôtel vous offrira de délicieux moments de détente autour d'un verre ou pour prendre votre petit déjeuner au soleil. Les chambres de type supérieure, privilège ou familiale offrent confort et climatisation.

BRISE MARINE*** €€

Route de Cala-Longa
© 04 95 73 59 72
www.brisemarine.eu
Chambre double de 140 € à 240 € ; studio/appartement de 280 € à 320 € ; suite de 170 € à 260 €.

Vue panoramique sur les bouches de Bonifacio, sur les Îles Lavezzi, Cavallo et la Sardaigne. Brise marine ne vole pas son nom car d'ici on respire le bon air marin tout en écoutant chanter les cigales. De chaque chambre vous aurez la vue, une terrasse privée, la climatisation et une connexion wifi. L'endroit idéal pour goûter au repos tout en vous ressourçant au panorama du maquis et de la mer. Bonifacio et ses falaises sont à dix minutes en voiture, les montagnes de l'Alta Rocca à une heure et Marie Ange se fera un plaisir de vous conseiller pour votre séjour.

CAMPO DI LICCIA*** €€

Route de Porto-Vecchio
© 04 95 73 03 09
www.campingdiliccia.com
Ouvert du 10 avril au 31 octobre. Réservation recommandée. En saison surveillé 24h/24. 161 emplacements.

A 4 km de Bonifacio, en pleine nature, dans un paysage sauvage entouré d'oliviers et de chênes, relaxez-vous au bord de la très belle piscine de 200 m². En saison, de nombreuses animations vous seront proposées. Grand restaurant pizzeria ouvert en saison et le petit plus : possibilité de location de bungalows, chalets ou mobile homes à la nuitée hors saison à prix très réduits. Découvrez aussi les mobil-homes au beau milieu du maquis en mode hôtelier (draps et serviettes fournis pour voyager léger) et laisser la moto devant !

CAMPING DES ÎLES**** €€

Route de Piantarella
© 04 95 73 11 89
www.camping-desiles.com
Ouvert d'avril à octobre. Accueil jusqu'à 20h. Location à la nuit en bungalow à partir de 60 € (4 places hors saison).

C'est le camping le plus au sud de la France continentale et bienheureux qui vient passer ici des vacances de rêve. Une situation idyllique, des tarifs plus qu'abordables pour un quatre étoiles et un accueil familial de Béatrice et Marc-André. Un très beau site à 4 km de Bonifacio et 900 m de la plage de Piantarella, spot de kitesurf renommé où l'on trouve toutes les activités nautiques. Sur place un half court pour s'initier aux joies de la balle jaune, tables de ping-pong, échiquier et jeu de dames géant et un tout nouvel espace sportif avec agrès de plein air.

© LIONELLE GALLAND

© CAMPING DES ÎLES

SUD CORSE

CASA MARTINI €€

Cavallo Morto ✆ 04 95 10 80 45

www.bonifacio-location.fr

Ouvert d'avril à fin octobre. Chambre double de 85 € à 115 € selon saison. Petit déjeuner inclus (en chambre d'hôtes).

Marie-Antoinette et Marius Martini proposent leurs chambres d'hôtes et gîtes de charme dans leur grande propriété, juste à la sortie de Bonifacio. Elles donnent sur un joli jardin arboré et fleuri. On aimera se délecter d'essences méditerranéennes ainsi que d'un bassin de nage chauffé. L'accueil est sympathique et les chambres nous rappellent que nous sommes dans le sud ! En plein maquis, entouré de jolis petits murets de pierres sèches, à n'écouter que le bruit des oiseaux et même descendre à pied sur le port ou à la Citadelle et à seulement 2 km du port.

HÔTEL DU GOLFE €€

Gurgazu

✆ 04 95 73 05 91

www.hoteldugolfe-bonifacio.com

Ouvert d'avril à novembre. Chambre double de 65 € à 185 € ; triple à partir de 105 €. Parking inclus. Restauration.

Jean-Christian et Sylvie ont repris les rênes de l'hôtel du Golfe, affaire familiale depuis 1980. Bien situé sur le petit golfe de Sant'Amanza, à l'écart du tumulte bonifacien. Vous pourrez profiter de quelques balades proposant de superbes vues sur les hauteurs de la baie. Des chambres modernes et rénovées à la décoration soignée et dotées d'un double vitrage pour votre confort. Petite carte de restauration pour profiter de la tranquillité des lieux : salades, charcuteries, omelette au brocciu et suggestions du jour. Simplicité, douceur et ressourcement !

HÔTEL SANTATERESA €€

Quartier Saint François

✆ 04 95 73 11 32

www.hotel-santateresa.com

Ouvert d'avril à octobre. Chambre double de 105 à 165 € ; Junior Suite de 195 à 395 €.

L'hôtel Santateresa offre un point de vue exceptionnel sur les Bouches de Bonifacio du haut des falaises. Ancienne maison de maître de la fin du XIXe siècle, cet hôtel de charme a su préserver son authenticité. La vue imprenable sur la mer, les falaises et la Sardaigne est à couper le souffle ! L'hôtel dispose de 44 chambres confortables (dont 2 pour personnes à mobilité réduite), chaleureuses et de charme. Vous y apprécierez la douceur de vivre méditerranéenne et pourrez vous évader lors d'un séjour hors du temps. Produits corses et bonifaciens au petit déjeuner.

PERLA DI MACCHIA €€

✆ 06 17 77 27 28

www.perladimacchia.com

Ouvert de début avril à fin octobre. Studio : de 420 à 1190 €, Villa : de 495 € à 1980 €. Wifi gratuit.

Situé à 1,5 km du port de Bonifacio et à 5 minutes des plages de la côte Est et Ouest, cet établissement offre de jolis studios et villas dans un cadre idyllique et reposant, à la campagne. Une localisation idéale qui vous permettra notamment de pratiquer diverses activités dans la région : jet ski, plongée sous marine, snorkeling, quad, VTT, planche à voile, golf 18 trous (Sperone), randonnée équestre, pédestre, promenades en mer... Le plus : la résidence dispose d'une belle piscine où vous pourrez vous prélasser après une journée de visite.

CALA DI GRECO**** €€€

Lieu-dit Bancarello

✆ 04 95 73 70 74

www.hotel-caladigreco.com

Ouvert d'avril à octobre. Chambres et suites. Une chambre PMR. Piscines et bain bouillonnant.

Quand luxe, charme et beauté se mêlent à la nature, vous êtes à l'Hôtel Cala di Greco à Bonifacio, un établissement somptueux aux cadres et panorama exceptionnels. Un parc de 3 hectares où se fondent jardins d'essences méditerranéennes et architecture contemporaine aux matières authentiques pour une expérience hors du temps. Le sens de l'accueil trouve ici ses lettres de noblesse et les vues maritimes superbes au-delà des piscines chauffée semblent sorties d'un rêve… éveillé. Une prestation d'exception pour un séjour sous le signe du charme du sud… extrême.

LES TERRASSES DE RONDINARA**** €€€

Route de la plage

✆ 04 95 24 28 45

www.lesterrassesderondinara.com

Ouvert du 10 avril au 31 octobre. Villas de 4 à 6 personnes à partir de 770 € en basse saison.

Un panorama exceptionnel à découvrir depuis Les Terrasses de Rondinara. Site privilégié sur la côte Est dans la merveilleuse Baie de Rondinara, avec des vues mer ou maquis pour des villas haut de gamme climatisées à mi-chemin entre Bonifacio et Porto Vecchio. Situé dans une zone espace remarquable, typique du paysage sauvage littoral de l'extrême Sud aux parfums de maquis et doté d'une grande piscine à débordement qui surplombe la mer, c'est l'endroit pour d'inoubliables vacances !

RONDINARA**** €€

Baie de Rondinara ✆ 04 95 70 43 15
www.camping-rondinara.com

Ouvert de mi-mai au 30 septembre. Accès direct plage. Piscine extérieure. Restauration. Paillote sur plage aménagée.

À mi-chemin, entre Bonifacio et Porto-Vecchio, ce beau camping offre tout le confort souhaité : des emplacements en camping ombragés, les mobil-homes climatisés, une belle piscine à débordement, un restaurant pizzeria sur place dans le site magique de la baie de Rondinara. La plage est à 500 m, avec sa superbe paillote « Chez Ange », ses terrasses en bois et ses soirées à thème les pieds dans l'eau. Base nautique pour louer transats, kayaks, stand-up paddle, bateaux à pédales. Possibilités de location de mobil-homes pour 3 nuits en basse saison à prix réduit.

LA LOGGIA €

2, rue de la Loggia
✆ 04 95 22 47 39
Ouvert de Pâques à la Toussaint tous les jours midi et soir. Fermé dimanche hors saison. Salle climatisée et terrasse.

© LA LOGGIA

Niché au cœur de la citadelle, jouxtant l'église Sainte-Marie Majeure, c'est au détour d'une ruelle que l'on découvre La Loggia. Un restaurant corse authentique depuis l'accueil jusque dans l'assiette, avec un service charmant et impeccable. On y déguste avec plaisir le foie gras maison, la salade de poulpe, les fameuses pâtes fraîches fabriquées sur place dont les pâtes aux palourdes, à l'encre de seiche et les spécialitées locales : sanglier, aubergines à la bonifacienne… Une adresse prisée par les Bonifaciens et les touristes futés. Pour le plaisir de tous !

LE BASTION €

Place d'armes
✆ 06 16 08 54 85
Ouvert de mai à octobre. Tous les jours midi et soir.

Thomas enfant du pays et Bow son épouse d'origine thaïlandaise ont investi la place d'armes dans la Citadelle et leur charmant restaurant trône en face du Bastion de l'Étendard. Une place belle et calme pour manger tranquillement sur la terrasse aux deux niveaux pour un excellent rapport qualité/prix. Cuisine fraîcheur inspirée de sa grand-mère et que Thomas a transmise à son épouse. Les recettes bonifaciennes et aussi quelques recettes thaïlandaises, des planches de charcuteries et fromages à partager et surtout la gentillesse de l'accueil qui fait l'unanimité.

KISSING PIGS €

15, quai Banda-del-Ferro
✆ 04 95 73 56 09
Ouvert toute l'année. Tous les jours et les jours fériés le midi et le soir en saison. Menus de 23 € à 25 €.

L'adresse peut surprendre pour un restaurant corse. Et pourtant, Jean-Marc, le chef, Ivano et Xavier n'ont rien changé de la formule originelle à savoir une table typique, son nouveau bar à vin et le restaurant, spécialisée dans la qualité des produits proposés. De belles sélections de producteurs locaux et de bonnes formules avec une carte qui change au gré des saisons. Une petite salle au ras des quais pour les jours de vent et deux terrasses dont une panoramique à l'étage pour savourer en toute tranquillité ces agapes insulaires.

LES 4 VENTS €€

29, quai Banda-del-Ferro
✆ 04 95 73 07 50
www.la-flemmardiere.com
Ouvert toute l'année. Haute saison : tous les jours midi et soir. Fermé le samedi midi en saison, le lundi hors saison.

Une table tout en élégance au premier regard, qui vous immerge dans son atmosphère marine. Reprise en 2018 par Antoine et Alexandre, le chef Pierre Landry tient bon la barre en cuisine pour vous régaler de belles recettes concoctées aux 4 vents, et de saveurs maritimes fraîches comme les embruns. La recette du pavé de saumon fumé à froid maison et servi mi-cuit vous laissera un souvenir ému ! Petite bouillabaisse de poisson blanc, linguines à la poutargue… une carte qui change au fil du temps, et une addition sans ambages !

CICCIO €€

6, rue Saint-Jean-Baptiste
✆ 04 95 73 18 46
www.ciccio-bonifacio.com
Ouvert de mai à novembre. Ouverts tous les jours sauf samedi midi.

La réputation de Ciccio n'est plus à faire. Gérald Larrieu régale en haute-ville depuis 13 ans gourmands et gourmets avec un concept original : on déguste, on emporte, on achète en toute confiance les suggestions journalières cuisinées sur place et confectionnées dans les règles de l'art. Un espace boutique-dégustation qui se complète de quelques tables et d'une jolie petite terrasse ombragée où il vous faudra surtout réserver pour pouvoir en profiter. En bonus : la pâtisserie-traiteur et le bar à coktails-tapas-charcuteries juste à coté pour varier les plaisirs.

DEL FERRO €€

3, Quai del Ferro
✆ 04 20 57 10 53
Ouvert toute l'année, tous les jours sauf samedi midi. Carte 24 € environ. Chèque vacances et restaurant acceptés.

Le Del Ferro est tout neuf, élégant, accueillant sur la large terrasse en bois avec vue sur les bateaux et ses produits triés sur le volet ! Pedro vous donnera l'envie de tout goûter : fritto misto, acras de morue, charcuterie nustrale, poulpe local cuit à basse température ; le Del Ferro pain artisanal au charbon végétal ravira les amateurs de burgers, le tartare de thon «avocat et mangue» rivalise avec les pâtes aux gambas et fruits de mer. Les desserts maison se distinguent par une délicatesse de goût et de fraîcheur. Une belle découverte et un grand bravo !

EFFET MER €€

Cala Longa
✆ 06 11 29 73 58
Ouvert de mai à fin septembre tous les jours midi et soir sauf le dimanche.

Marina et son équipe ont changé de décor à quelques encablures et on les retrouve dans un lieu encore plus enchanteur (si si c'est possible), les pieds dans l'eau face aux îles mythiques dans le maquis et sur la plage de Cala Longa. Du bois, du style, la mer et les bonnes recettes de l'Effet Mer qui allient finesse du goût et fraîcheur des produits, simplicité, délicatesse, authenticité des assiettes et bonne musique pour accompagner, c'est la déconnexion garantie ! Plusieurs soirées musicales en saison pour des souvenirs magiques d'un lieu hors du temps. Oh yeah.

LAN'K €€

5, Rue de l'archivolto
✆ 04 95 21 59 54
Ouvert du 10 avril 2023 à fin octobre. Tous les jours midi et soir. Carte : 40 € environ.

L'offre gastronomique de Lan'k allie produits frais de saison, du marché de petits producteurs locaux, travaillés à la minute, pour déguster ce qui se fait de mieux dans la cuisine créative et méditerranéenne. Il vous faudra monter à la Citadelle puis trouver la petite ruelle de l'Archivolto pour rencontrer Max, personnage haut en couleur dont le sens de l'accueil fait la réputation tout comme la qualité de ses plats : risotto aux gambas et saint Jacques, émincé de veau aux olives et de goûteux desserts. Les amateurs de vins trouveront ici à qui parler !

ARIA NOVA €€

4, rue Fred-Scamaroni
✆ 04 95 73 19 85
www.restaurant-aria-nova.com
Ouvert de début avril à fin octobre. Haute saison : ouvert tous les jours le midi et le soir. Carte : 39 € environ.

Cette jolie table, référence dans la haute-ville située à côté de l'Office de tourisme nous offre un cadre magnifique et une cuisine d'exception. C'est depuis 2021 le chef Laurent Broussier (Palais Maeterlinck entre autres) qui concocte désormais les délices à partir d'une excellente sélection de produits locaux en circuit court et du jardin bio. Tout est maison et les saveurs sont dignes des plus grandes maisons : selle d'agneau en croûte de pain d'épice, pâtes à la langouste, aubergines à la bonifacienne maison, voici du grand art chaudement recommandé.

© ARIA NOVA

© ARIA NOVA

SUD CORSE

LA PAILLOTE CHEZ ANGE €€

Plage de Rondinara
✆ 04 95 70 07 08
www.rondinara.fr

Ouvert de mai à fin septembre. Haute saison tous les jours le midi et le soir. Carte 25 € environ. Vente à emporter.

Une baie de reve, une plage sublime et une paillote du même acabit. On vient ici par la route ou en bateau pour apprécier l'accueil de toute une équipe souriante et s'attabler en toute convivialité face à cette vue superbe. Au programme : des grandes salades, du poisson et de la viande grillée, le tout élaboré simplement mais avec des produits frais. Plage aménagée de transats et parasols, service pontonnier, bar à cocktails, snack et glacier à toute heure, de midi à 20h. Quelques belles ambiances musicales pour couronner le tout et... un vivier à langoustes.

STELLA D'ORO CHEZ JULES €€

7, rue Doria ✆ 04 95 73 03 63

Ouvert d'avril à octobre. Tous les jours le soir. Viandes de 40 € à 64 € et poissons de 13 € à 120 €.

Un restaurant bien connu des Corses depuis sa création en 1965 par l'arrière grand-mère des actuels propriétaires, et resté dans le giron familial. Une jolie maison sur deux étages, un service soigné et une cuisine raffinée, à base de produits frais. Ici, on se transmet les recettes de mère en fille et tout est fait maison : aubergine à la bonifacienne, pâtes fraiches, spaghetti à la langouste pêche du jour, ravioli au brocciu, moules farcies, une formule du midi pour la découverte et un menu dégustation. Un grand classique de la cuisine raffinée bonifacienne.

LA STORIA €€

Avenue Sylver Bohn
✆ 07 50 54 92 38
www.la-storia-bonifacio.fr

Ouvert à l'année. Du mardi au dimanche, de 12h à 14h30 et de 19h à 22h30. Vente sur place ou à emporter.

Greg a ouvert en 2019 un concept original et particulièrement bien placé à Bonifacio. La Storia propose une jolie terrasse tout en bois, fleurie et arborée, avec une vue imprenable sur la Citadelle, et qui embrasse également le magnifique port de Bonifacio. Cuisine péruvienne, sushi bar façon nikkei (fusion des saveurs japonaises et péruviennes), succulents nems et généreuses pizzas au mètre, woks raffinés et burgers savoureux. Sur place ou à emporter. Mêlant la symphonie de saveurs, une belle carte de vins corses et du continent ; incontournable.

U CASTILLE €€

7, rue Simon-Varsi
✆ 04 95 73 04 99
www.hotel-bonifacio-corse.fr

Ouvert de mi mars à mi novembre. Haute saison, ouvert tous les jours et fériés, midi et soir. Plats à partir de 21 €.

Situé dans le plus ancien quartier de Bonifacio, le Pisan, ce restaurant-pizzeria (appartenant à l'hôtel Colomba) s'ouvre sur quatre salles disséminées dans les ruelles et propose une cuisine traditionnelle : pancetta, pomme vinaigrette au miel ; soupe de poissons ; linguine aux filets de saint-pierre, jus de moules safranées et amandes grillées ; aubergines à la bonifacienne ; moelleux à la farine de châtaigne, le tout servi dans la bonne humeur. Depuis la salle panoramique, on se délecte de la splendide vue sur la mer et la Sardaigne en face.

U SPERUN €€

Golf de Sperone
✆ 04 95 73 58 60
www.golfdesperone.com

Ouvert toute l'année. Restaurant 12h-14h. Fermé jeudi et du 10 janvier au 17 février inclus.

Entre terre et mer, c'est ce qui pourrait le mieux désigner ce somptueux golf, dont la terrasse offre une vue imprenable sur les îles et les eaux turquoise de Bonifacio. Depuis 1998, le chef attitré de Spérone propose une cuisine inventive, évolutive et de saison : la carte change chaque semaine et dévoile 5 entrées, 5 plats et 5 desserts. Le service est élégant, sympathique et le rapport qualité-prix est la très bonne surprise finale pour un lieu d'exception comme celui-ci ! Sans hésiter nous vous recommandons vraiment cette belle adresse !

L'A CHEDA €€€

Cavallo Morto ✆ 04 95 73 03 82
www.acheda-hotel.com

Ouvert de février novembre et en décembre. En été tous les jours midi et soir sauf le lundi. Menu dès 69 €.

Cuisine inventive, assiettes raffinées, décoration de style bois et pierre réussie, ambiance feutrée chic. Au piano, le chef Lionel Lebrun, initiateur du potager en permaculture et du jardin aromatique, fait appel aux meilleurs producteurs corses pour nous régaler. Alors c'est une fête des sens et un enchantement. Cet établissement de charme sur les hauteurs de Bonifacio offre aussi des chambres et des suites de luxe avec spa. Avant-goût du menu prestige ? Langouste des Bouches de Bonifacio, poisson local et caviar d'Aquitaine, granité champagne, bœuf Wagyu...

U CAPU BIANCU €€€

Route de Canetto
✆ 04 95 73 05 58
www.ucapubiancu.com

Ouvert du 18 mai au 31 octobre tous les jours le midi et le soir. Carte : 85 € environ (le soir). Réseau produit local.

Pour le côté gourmand, cet établissement de luxe n'a pas fait les choses à moitié ! Au restaurant, le chef sénégalais Gadio El Hadji propose ses recettes originales où les épices et les saveurs de l'Afrique viennent colorer les plats traditionnels de l'île. À la Paillote, on vient comme chez des amis pour déguster poissons, homards, langoustes, gambas, calamars et autres délices marins. On y vient facilement par la mer grâce à l'annexe maison et son ponton hospitalier. Cadre féerique, ambiance délicieuse mais... réservation impérative surtout en haute saison.

CANTINA DORIA €

27, rue Doria ✆ 04 95 73 50 49

Ouvert d'avril à fin octobre tous les jours le midi et le soir. Formules à partir de 19 €. Chèques vacances acceptés.

C'est l'adresse de nombre d'habitués et de joyeux touristes qui se retrouvent ici sur les bancs et tables en bois au milieu des antiquités dénichées par José. Ce bistrot typique propose une cuisine corse généreusement servie et l'on retrouvera les classiques : soupe corse, aubergines à la bonifacienne, tripes à la corse, porc à la Pietra et crème renversée au cédrat. La gentillesse de Gaëtan et le service dynamique de toute l'équipe, associés à des prix raisonnables, expliquent le succès de cette cantine où il est plus prudent de réserver.

CHEZ JOSÉ BAR À VIN

31, Quai Banda del Ferro
✆ 09 67 53 76 83

Ouvert d'avril à décembre de midi à 2 h en service continu. Assiettes à partir de 5€. CB et chèques acceptés.

La nouvelle création de José se situe tout au bout du quai Banda del Ferro au quai des yachts ! Ambiance musicale de bon goût comme la sélection des vins et les dégustations proposées. Chaises hautes et tonneaux ou petit coin plus intimiste pour un instant gourmandise à toute heure : charcuterie de Zicavo, le fromage de Sotta ou de Bonifacio, la salade de poulpe, le fameux Frito Misto ou les beignets de crevettes ainsi que la belle carte des vins corses. Tout petit prix pour varier les plaisirs selon vos envies... et appétits !

LA BOUTIQUE DU CORAILLEUR

3, place Montepagano
✆ 04 95 73 11 46
www.corail-rouge.com

Haute saison : tous les jours et les jours fériés de 9h à 23h. Livraison possible (et vente en ligne sur le site)

Au cœur de la haute ville, on ne devra surtout pas oublier de passer chez Jean-Philippe Giordano, pêcheur plongeur artisanal du fameux corail bonifacien, le plus recherché ! Cet homme passionné offre aux regards ses créations sublimes et originales. On y trouvera, à tous les prix, des bijoux, du plus simple au plus raffiné, remontés des profondeurs, façonnés chez son artisan sarde et bien mis en valeur dans cette élégante boutique. De belles idées de cadeaux.

KISSING PIGS

15, quai Banda-del-Ferro
✆ 04 95 73 56 09
Pour les ouvertures, voir page Facebook.
C'est la version «Wine and Music» de cette bonne adresse gourmande face aux quais du port de plaisance. Une grande salle à l'étage et sa terrasse panoramique au dessus des quais pour se retrouver entre amis et souvent au milieu des fans de club de foot de Bastia [le SCB pour les habitués] Bonnes cuvées sélectionnées, belles planches de charcuterie et fromage et musique live en version traditionnelle ou Rock. L'établissement dispose de 2 terrasses dont une en étage offrant une vue panoramique sur les quais de Bonifacio et ses superbes yachts.

© KISSINGS PIGS

© KISSINGS PIGS

LA MAISON DU LIÈGE À BONIFACIO

97, quai Comparetti
✆ 04 95 73 14 60
Ouvert de fin mars à début novembre. Du lundi au vendredi de 9h à 19h, 10h-19h le samedi ; de 9h à 23h en haute saison.
Soline a repris en 2005 cette boutique artisanale et très originale de créations d'articles en liège que vous trouverez au pied du Rastello [chemin piéton qui mène du port en haute ville]. Créations pour vous surprendre car contrairement aux idées reçues le liège est une matière écologique, solide comme le cuir, d'ailleurs appelé cuir végétal, imperméable et donc lavable : multitude de sacs, chaussures, chapeaux, ceintures, décoration, cadres photos, vêtements et plus encore.

BONIFACIO WINDSURF

Piantarella ✆ 06 80 31 51 41
www.bonifacio-windsurf.com
Ouvert d'avril à fin octobre tous les jours de 10h à 18h. Location, cours et stages voile, kayak, stand-up paddle.
Laissez-vous emporter par l'air marin et découvrez les nombreuses activités nautiques proposées. Fans de planche à voile, de kayak ou de paddle, il y en a pour tous les goûts et tous les âges ! Le club se situe dans la baie féerique de Piantarella, qui profite des meilleurs vents pour la pratique de ces activités. Cette école de planche à voile et location de windsurf propose également de la location de kayak de mer et de stand up paddle, ainsi que des sorties encadrées vers les îles Lavezzi et les falaises de Bonifacio ; mais il conviendra de réserver en saison !

CLUB DE VOILE DE BONIFACIO

Piantarella
✆ 06 83 17 37 17
www.ecole-windsurf.com
Ouvert tous les jours en haute saison. CB non acceptée.
Le Club de voile de Bonifacio se trouve sur le site de Piantarella et vous propose son école ainsi que la location de catamaran, windsurf, dériveur, paddle-board et kayak ; également, des croisières à la journée et à la demi-journée à bord de catamaran à voile. Escales aux îles Lavezzi, Cavallo et dans l'archipel Nord-Sardaigne. Formule découverte ou formule école. Toutes ces activités sont encadrées par des moniteurs diplômés d'Etat et l'école a le label FFV.

LEZARDOS

Ermitage de la Trinité

✆ 06 86 98 27 85

Accessible toute l'année.

Ici, la montagne plonge dans la mer. La Trinité est un site classé où granit sculpté par le vent marin et criques de calcaire blanc sont en osmose. Durée de la balade : 2 heures, groupe de 8 personnes maximum. Rappel, tyrolienne, pont de singe et via ferrata. Escalade encadrée, découverte des techniques d'assurance sur 2 sites : la Trinité de Bonifacio ou Bavella, qui propose du canyoning sur deux parcours de 5 à 6 heures, avec nage dans des piscines naturelles, toboggans, belles descentes encordées sous cascades à partir de 10 ans, sur la Vacca et Pucaraccia.

LE SENTIER DE CAMPU RUMANILU ET PERTUSATO

✆ 04 95 73 11 88

www.bonifacio.fr

Durée 45 min à 1h30 environ et plusieurs variantes et prolongements possibles.

À l'extrême sud de la Corse, ce sentier mène au phare de Pertusato et aux somptueux paysages lunaires de la plage Saint-Antoine. Il démarre à la chapelle Saint-Roch pour emprunter le chemin dallé qui surplombe les falaises. Vues grandioses sur les Bouches de Bonifacio, la Citadelle et la Marine, la Trinité, la Sardaigne à quelques brasses, et la campagne alentour ! Mais il faudra faire preuve de prudence et réprimer tout excès de zèle au-dessus du vide, vous êtes ici sur du calcaire !

FIGARI ★★

La commune de Figari s'étend de la montagne à la mer, de l'Omu di Cagna à la Testa Vintilegna. La commune comprend quelque quatorze hameaux et lieux-dits dont les plus importants sont Ogliastrello, Tarabuceta, Poggiale et San-Gavino. Sa façade littorale de 800 hectares est protégée et fait partie intégrante du parc international marin. Les brises du sud et d'ouest souvent présentes font la joie des véliplanchistes. On y trouve de bons vins, la jolie chapelle de Montilati et celle de Santa-Reparata datant du IXe siècle. La baie de Figari est un abri naturel magnifique avec des kilomètres de criques désertes et une jolie tour génoise.

LES PLAGES, CRIQUES ET RIVIÈRE DE FIGARI ★★★

Accessible toute l'année, 24h/24.

Rivalisant de superbe et d'atours sauvages, les plages de la Testa offrent un cadre privilégié pour briser la lame et l'azur, en surf ou en kitesurf ! Nichées parmi elles, une dizaine de criques y déploient leur charme indolent. Pour les « marins d'eau douce », la rivière de Figari, s'étirant lascivement à quelques minutes de marche, est un charmant lieu de baignade avec ses piscines naturelles, ses toboggans et ses grandes dalles de granit, pour bronzer en toute tranquillité !

SUD CORSE

Les plages aux environs de Figari.

AÉROPORT INTERNATIONAL FIGARI-SUD-CORSE

✆ 04 95 71 10 10

À 20 km de Porto-Vecchio et 15 km de Bonifacio. Parking gratuit 20 minutes. Taxis, navettes, location de voitures.

Cet aéroport est situé à 3 km au nord-ouest de Figari, à 24 km de Bonifacio et 25 km de Porto-Vecchio. Un service de navette existe en période estivale entre Porto-Vecchio et Bonifacio qui effectue cinq rotations par jour. Vous avez également la solution du taxi pour rejoindre votre destination. Distributeur automatique de billets et un service de dépôt de clés. 1 000 places de parking dont 800 couvertes, parking de 150 places gratuit 20 minutes et loueurs de voitures sur place.

U MORU*** €

D859 ✆ 04 95 71 23 40

www.u-moru.com

Ouvert de juin à septembre. Animaux acceptés. Wi-fi gratuit. 100 emplacements. Chèques vacances acceptés.

Un camping situé à mi-chemin entre Pianotolli et Porto-Vecchio et qui vous offre cent emplacements, neuf mobil-homes, dont un climatisé, le tout accessible aux personnes à mobilité réduite. L'équipe sympathique vous accueillera et vous apprécierez la piscine et le parking privé. De style rustique, ce camping intime et bucolique offre un service de restauration et des animations soirées corses son et guitare une fois par semaine. Une petite étape pratique et plus au calme que sur la côte, pour retrouver le goût du vrai camping en famille dans un bel environnement !

POZZO DI MASTRI €€

D 859

✆ 04 95 71 02 65

www.pozzodimastri.com

Ouvert d'avril à fin octobre. 25 chambres et appartements avec piscine extérieure et SPA en plein air.

Depuis plus de vingt ans, cette ferme-auberge vous accueille dans un cadre reposant face à l'Omo di Cagna, magnifique massif de l'extrême sud. Ici, vous serez reçus comme chez vous. Pour un séjour revigorant profitez du SPA en plein air et de la piscine au milieu de la verdure et des fleurs. L'auberge sert midi et soir un menu unique qui comprend apéritif, entrée, plat, fromage, dessert, café, digestif et vin à volonté. L'attention est mise sur la qualité des produits avec un petit déjeuner bien-être santé et nature pour se faire plaisir en légèreté !

SOTTA ★★

Sotta est un village composé de plusieurs hameaux aux maisons troglodytiques. Le hameau de Chera est un bel exemple d'architecture du sud et on peut y voir un abri-sous-roche, l'Orriu, où s'arrêtaient autrefois les bergers qui faisaient la transhumance. . On trouve ainsi plusieurs vestiges préhistoriques sur la commune, comme la nécropole de Vascolacciu. Vers la pointe de Castello, on accède aux ruines d'un ancien château, ancien fief du seigneur tyrannique Orso Alemanno. A Chera, on peut voir les ruines de l'ancienne chapelle Sant'Agostino et Santa-Ursula. La fête du village est le 11 novembre et nombreuses balades sont possibles aux alentours.

CASTELLU DE TAPPA ★★

Ceccia

Accessible toute l'année par la route D859 qui rejoint Figari. Gratuit.

On accède à ce castellu par la D859 qui rejoint Figari. 4 km après l'embranchement sur la route de Bonifacio, après le pont du Stabiaccio, on trouve un panneau indiquant un chemin à gauche. On passe la barrière, que l'on referme soigneusement, et on accède au site, en haut de la colline. Le mur d'enceinte de la partie sud est très bien conservé, la partie ouest écroulée. Le rez-de-chaussée de la tour est en parfait état, il ne manque que le premier étage découvert détruit. Le site de Tappa est considéré comme l'un des premiers villages de Corse.

LE ROCHER DE L'ORIU ★★

Canni

Il vous faudra sonder les renfoncements sauvages avant d'atteindre la campagne de Sotta. Sur les hauteurs du hameau de Canni, vous trouverez un rocher pointu et creusé par l'érosion. Peu référencé, sa découverte s'annonce ardue et reste un moment assez exceptionnel ! Véritable curiosité, ce tafoni géant a également été aménagé en abri sur l'oriu, le parcours de transhumance des troupeaux. Surnommée l'Oriu de Canni, cette « demeure de lutins » est composée d'un énorme bloc pointu, où quelques pierres viennent clore une vaste salle naturelle. Les enfants adorent !

PIANOTTOLI-CALDARELLO ★★

Les deux hameaux se situent en bord de mer, près du golfe de Figari. Ils ont l'architecture typique des villages de l'extrême sud, avec leurs maisons troglodytiques en granit, construites autour de chaos rocheux qui servaient autrefois d'habitations. L'église paroissiale, de style néoclassique, se situe à mi-chemin entre Pianotolli et Caldarello. Son clocher est original, et elle a été rénovée récemment. Au sud de la belle tour de Caldarello, on peut ainsi voir les ruines d'un baptistère paléochrétien datant du IVe siècle, remanié au début de l'époque pisane. L'église pisane à l'entrée du golfe servait, quant à elle, de point de repère pour les marins.

LE DAMIER*** €€

Hameau de Caldarello
✆ 04 95 71 48 85
www.camping-le-damier.com
Ouvert de mi-avril à mi-octobre.

A l'extrême sud de la Corse et à quinze minutes de Bonifacio, parfums, lumière et beauté insulaires offrent un cadre exceptionnel pour des vacances de rêve. Le Damier vous permet de découvrir et de profiter d'une nature encore sauvage. A 600 mètres d'une splendide plage de sable fin et du port de plaisance, sports nautiques et farniente sont les maîtres-mots. A disposition : épicerie, bar et un bon restaurant et depuis peu une grande piscine extérieure, un bain à bulle et un espace aquatique pour les enfants. De belles vacances en perspective !

CHEZ BRIGITTE ET BERNARD LABBE €

Petite piste en terre sur 800 mètres donnant accès à la T40
✆ 04 95 71 86 18
Bienvenue à la Ferme. Gîtes de France (2 épis). Ouvert toute l'année.

Évadez-vous au bout du monde, entre Sartène et Bonifacio chez des agriculteurs bio, amoureux de l'authenticité. On viendra ici pour savourer un vrai accueil paysan. On s'endormira au chant du petit duc et l'on s'éveillera avec merles et geais. Côté table, la famille Labbé au grand complet cuisine la production locale du potager et des arbres fruitiers de l'exploitation. Belles prestations hôtelières dans les 5 chambres coquettes, toutes remises à neuf.

MACCHIE E FIORI €€

Cheta
✆ 04 95 71 80 69
www.hotelmacchieefiori.com
Ouvert toute l'année. Carte : 35 € environ. Formule : 18 € (plat et dessert). Fermé le dimanche.

C'est l'affaire de la famille Tomasi qui, depuis plus de 40 ans, offre au voyageur en goguette sa petite auberge pour y dormir et y manger dans une ambiance villageoise. On y dort dans des chambres claires et spacieuses bénéficiant de tout le confort pour rendre son séjour agréable, mais on veillera à opter pour celle d'en bas pour la grasse matinée. On y mange au restaurant : escalope de veau au jambon et sauce forestière, brochette de porc à la panzetta, gambas du cap Corse ou encore raviolis à la châtaigne. La demi-pension offre des prix attractifs et doux.

SUD CORSE

© CORS'AVENTURE

Randonnée en kayak dans l'extrême sud.

LA PROMENADE SUR LA POINTE DE BRUZZI

Anse de Chevano

✆ 04 95 73 11 88

Tarif : gratuit. Durée : 2h. Difficulté : facile.

Au départ de l'anse de Chevano, cette balade longe la presqu'île de Bruzzi jusqu'à d'Arbitro. Départ sur le parking du Conservatoire de Pianottoli-Caldarello. Deux options : commencer par descendre jusqu'à la plage de l'anse de Chevano, ou vous élancer sur le sentier littoral. Beaux points de vue sur les îles de Bruzzi, la Sardaigne, il est jalonné de criques aux eaux transparentes. La boucle suit les courbes de la presqu'île jusqu'à la plage d'Arbitro, puis retourne au parking.

ETANG DE CANISGIONU

Accès libre. Gratuit.

Jouxtant l'embouchure du Ventilegne, ce site protégé et fragile est un haut lieu de l'observation ornithologique, également appelée « birdwatchnig ». À proximité du massif de Cagna, vous pourrez suivre attentivement les allées et venues du héron cendré, de l'aigrette garzette et du héron crabier, ou admirer le milan royal sur le massif de Uomu di Cagna. S'y trouvent aussi représentées diverses races de faucons, du pèlerin à la crécerelle et à l'hobereau, entre autres busards des roseaux, perdrix rouge, merle bleu et grive musicienne. Une ode à la nature !

MONACIA-D'AULLÈNE ★

Entre mer et montagne, le village est construit au pied d'une colline, et a gardé toute son authenticité. Ses ruelles étroites donnent à voir de belles maisons de pierre aux hautes montées en escalier, et l'ensemble est gardé par les ruines de la tour génoise de la pointe d'Olmeto. Dans les environs, on peut découvrir le célèbre Uomo di Cagna, l'homme de Cagne, un rocher en équilibre sur la montagne (1 217 m) dont la forme évoque celle d'un visage humain. Au nord du village, on accède à la chapelle Santa-Monaca. Le hameau possède également plusieurs vestiges préhistoriques et romains, comme, par exemple, du mobilier et une Vénus sculptée.

L'UOMO DI CAGNA

Giannuccio

Temps : 2h30 aller. Distance : 8 km aller-retour. Balisage jaune. Niveau : difficile. Dénivelé : 750 m et plus.

Cette randonnée offre de superbes points de vue sur la vallée, la montagne de Cagna, les chaos granitiques et le maquis. Il est impératif d'apporter sa réserve d'eau. Le sentier est jalonné de cairns (petits tas de roches) et marqué par un balisage jaune, mais il vaut mieux se munir d'une carte ! Au bout d'une heure de marche apparaît un impressionnant imbroglio de roches, surmonté de quelques pins tordus et de chênes verts. Un second plateau, couvert de bruyères arborescentes et hérissé de formes granitiques étonnantes est atteint après 1 heure 30 de marche.

Bruzzi.

Site préhistorique à San Gavino di Carbini.

PORTO-VECCHIO ★★

La ville et sa marine sont dominées par les anciennes fortifications génoises, dont certaines parties sont encore bien conservées. On peut y voir cinq bastions, et une porte, qui était l'entrée principale de la vieille ville. Sur sa place se trouve l'église paroissiale Saint-Jean-Baptiste, construite au XIXe siècle, qui renferme de belles fresques. Les plages du grand sud sont les plus prisées. Sur la presqu'île de Piccovaggia, où l'on trouve la réserve naturelle des îles Cerbicale, on peut se baigner à la plage de Palombaggia, entourée de roches rouges. Les plages les plus proches de la ville sont Cala-Rossa, Santa-Giulia et Golfo di Sogno.

LA FORÊT DE L'OSPEDALE ★★

La forêt de l'Ospedale est enchanteresse. Le village tient son nom « u Spidali » d'un ancien hôpital qui accueillait des voyageurs et des bergers en route vers la montagne dès le XVe siècle. Fontaine, horloge solaire, grands escaliers et maisons de pierres nous rappellent la vie d'autrefois. Autour du village, une forêt de pins laricciо et de hêtres abrite une faune et une flore endémiques. Plus haut, son barrage dessine un décor surprenant. Puis, à quelques pas, un sentier balisé mène à la cascade Piscia di Ghjaddu, une chute d'eau spectaculaire de 60 mètres !

LE CASTELLU D'ARAGGIO ★★

Arragio

Après la Trinité direction Village d'Aragggio. Une heure AR environ au fort dénivelé. Accès gratuit.

L'un des six castelli du Sud-Est de la Corse. Il s'agit d'une empreinte architecturale majeure laissée par la civilisation torréenne, guerriers ayant élu domicile en Corse entre 6 000 et 1 600 avant J.-C. Cette construction demanda un travail colossal, eu égard à la dimension des blocs de pierre et l'entrée monumentale. L'agencement de l'habitat est particulièrement élaboré, et on y distingue encore aujourd'hui l'enceinte fortifiée et sa porte principale, mais aussi un chemin de ronde et de nombreuses pièces creusées dans l'épaisseur des murs.

LES ÎLES CERBICALE ★★

Interdites au public. Informations à la Capitainerie de Porto-Vecchio.

La réserve naturelle de Bonifacio et des îles Cerbicale émane d'un protocole d'accord franco-italien signé en 1992. Avec la réserve naturelle des Tre Padule de Suartone, elle représente la plus grande réserve marine de Méditerranée occidentale et abrite une richesse écologique remarquable. Ces territoires sont gérés par l'Office de l'environnement de la Corse et appartiennent conjointement au domaine public maritime, au Conservatoire de l'Espace littoral et des rivages lacustres, aux communes ainsi qu'au Département de la Corse du Sud.

LES PLAGES DE PORTO-VECCHIO ★★★

Accès libre.

Palombaggia se caractérise par son eau claire, ses dunes blanches de sable fin et ses pins parasols. La côte se prolonge ainsi jusqu'au Cap d'Acciaghju avec la plage de Tamaricciu et l'anse de la Folacca. Un site remarquable protégé.

Santa Giulia. Emblème des beautés naturelles de l'extrême Sud et célèbre pour son sable d'une extrême finesse, son eau en pente douce et sa base nautique en prime. Un site qui enregistre le taux de fréquentation estival le plus élevé de Corse.

OFFICE DE TOURISME INTERCOMMUNAL DE PORTO-VECCHIO

Rue Maréchal Leclerc ✆ 04 95 70 09 58
www.ot-portovecchio.com
Ouvert à l'année. Horaires d'ouverture disponibles sur le site internet.

Situé au cœur de Porto Vecchio, l'Office de Tourisme est à votre service pour vous aiguiller dans vos recherches en villégiature. L'établissement organise aussi de nombreuses visites guidées sur différents thèmes, comme le patrimoine et l'histoire de la région, s'engageant à faire de votre séjour un moment de découvertes omnidirectionnelles ! Vous trouverez également ici de nombreuses idées pour vos balades ou randonnées alentour, côté mer ou côté montagne !

CHRISTINE CANALE

19, lot Macchia di Cervi
✆ 06 28 34 25 40
www.version-originale-corse.fr
Ouvert toute l'année. Tarifs à la carte à la demande par téléphone. Sur réservation. CB non acceptée.

Guide conférencière, Christine vous invite à découvrir différentes facettes de la Corse du Sud avec des visites guidées qui vous mènent au cœur de l'Histoire, et au-delà ! Vous pouvez choisir votre sujet de prédilection en optant pour un circuit à thème sur la préhistoire, l'artisanat d'art, la flore ou la gastronomie… ou percer les secrets de Sartène, Porto-Vecchio, Bonifacio ou de l'Alta-Rocca. La Corse mythique se teint ici de légendes et de paysages, de couleurs et de parfums. Programmes adaptés aux familles, team building et séminaires « incentive ».

PORT DE COMMERCE DE PORTO-VECCHIO

Quai Sotta-Portigliola ✆ 04 95 70 49 49
www.2a.cci.fr
En saison : du lundi au samedi 9h-12h30 et 14h-18h30 ; basse saison : 9h-12h30 et 14h-18h, fermé le week-end.

Le port de commerce de Porto-Vecchio qui prolonge le Port de plaisance a été créé en 1974 et agrandi en 1994. La banque d'informations est située dans la gare maritime. Vous trouverez des renseignements sur les horaires des bateaux (arrivées, départs), les horaires des navettes, des trains, des autocars au départ de la gare routière, les différents services. Compagnies maritimes : la Méridionale et la Corsica Ferries Lignes vers Marseille, Nice, Toulon, l'Italie et la Sardaigne.

FERME PEDAGOGIQUE DE PADULA

Route de Porra
✆ 06 11 79 96 76
www.fermepedagogiquecorse.com
Ouvert toute l'année sur réservation. Nourrissage à 10h30 et 16h. Stage d'apiculture.

C'est une exploitation agricole dont la particularité est d'exercer des actions de médiation animale. Avec une partie équestre et une partie ferme pédagogique, on trouve dans cette partie ferme six parcs, où vivent et se reproduisent les animaux toute l'année, plus un parc nurserie. Laëtitia propose des visites interactives où il sera possible de rentrer dans les parcs pour approcher, caresser et nourrir les animaux. Stage de découverte du monde apicole.

© FERME DE PADULA

© FERME DE PADULA

SUD CORSE

CHIOCCA CROISIÈRES RUSCANA

Quai Pascal-Paoli ✆ 04 95 70 33 67
www.croisieres-ruscana.com
Ouvert d'avril à fin octobre tous les jours au Port de Plaisance ainsi qu'à Pinarello en haute saison.

Depuis 4 générations, la famille Chiocca vous fait partager les plaisirs de la mer. Tous les matins, départ à 9h du port de Porto-Vecchio et Pinarello. A la pointe de la Chiappa, vous découvrirez les îles Cerbicales, Palombaggia, Santa-Giulia, la Rondinara, Sperone et Bonifacio. Repas servi à bord aux Iles Lavezzi. Visite de l'île et baignade. Départ des Lavezzi vers 15h30 en passant par Cavallo, puis une autre baignade dans les eaux turquoise. Retour vers 18h. Réservation recommandée.

PORT DE PLAISANCE

Quai Pascal-Paoli
✆ 04 95 70 17 93
port.porto-vecchio.fr
Basse saison : ouvert de 8h30 à 12h et de 14h à 17h30. Haute saison : de 8h à 21h.

La ville de Porto-Vecchio a obtenu le label « Port exemplaire » en 2010. Le projet a déjà été amorcé avec la reconversion de l'ancien quai technique en quai d'honneur dédié au stationnement des unités de prestige. Des équipements de dernière génération alliant la technique et l'esthétique, et offrant un cadre idéal pour le confort des plaisanciers et des promeneurs, ont été installés. Le port peut accueillir des bateaux allant jusqu'à 50 mètres de long et dispose de 350 places. Tout autour, on peut trouver des glaciers, des restaurants et des boutiques.

INSULABIKE

Route de Bonifacio
✆ 07 78 70 09 67
www.insulabike.com
Haute saison : tous les jours de 9h30 à 12h30 et de 15h30 à 19h. Fermé le dimanche. Location à partir de 25 €/jour.

Eve Prat est passionnée de vélo et propose aux amateurs de la petite reine l'un des plus grands choix de Corse dans son grand magasin : Giant, Rocky Mountain, Yéti... En formule mécanique ou électrique pour la route ou le tout terrain adulte et enfant, le choix est grand. En prime, une belle sélection d'accessoires, des conseils techniques par des professionnels reconnus et même la formule location à court, moyen et long terme. Retrouvez également toutes les locations et ventes sur le site internet de la boutique, en attendant votre prochain déplacement.

LE REFUGE DE CARTALAVONU €

Lieu-dit Cartalavonu ✆ 04 95 70 00 39
http://lerefugecartalavonu.com/
Ouvert d'avril à fin octobre. Chambre double à partir de 100 €.

Un ravissant restaurant, gîte d'étape et chambres d'hôtes où l'on pourra se ressourcer l'espace d'une nuit avant de reprendre la route. C'est l'étape incontournable de cet arrière-pays. Le restaurant propose des bons plats typiques. Grande ambiance chaque mardi et vendredi en été avec les chants traditionnels et guitare qui enflamment la forêt. pour nos amis motards : un abri sous la tonnelle, la caisse à outils en cas de soucis et le digestif offert à la fin du repas. C'est aussi le point de départ du sentier qui monte à Vaca Morta et son superbe panorama.

U PARADISU €

Route du Phare
✆ 06 16 21 10 74
www.campinguparadisu.com
Ouvert d'avril à fin octobre. Accès direct à la plage. Tarifs complets sur site.

Un petit camping à la ferme intimiste, créé par Noémie depuis bientôt 10 ans. A 200 mètres de la marina d'Arje Vecchie, dans le domaine de San-Marco, on retrouve calme et authenticité. Au milieu des poules, des oies, des zébus, des ânes, des canards, on trouvera son petit chalet en bois pour une nuit ou plus, pour un séjour bucolique à souhait. On est aux antipodes des structures surchargées, et les amoureux de vacances au vert apprécieront particulièrement l'endroit. En bonus : les petits déjeuners et les grillades-parties en été. Un grand bol d'air !

U STABIACCIU*** €

Route de Palombaggia
✆ 04 95 70 37 17
www.stabiacciu.com
Ouvert d'avril à fin octobre. Emplacements camping, bungalows. Piscine extérieure chauffée. Restaurant à l'année.

A quatre kilomètres des plus belles plages de Porto-Vecchio ainsi que de leurs activités de loisirs nautiques, et à deux kilomètres du centre ville, le camping U Stabiacciu dispose de dix-huit chalets de 2 à 6 places dont six climatisés et tout neuf. Grands emplacements pour le camping, deux blocs sanitaires, un bowling, un restaurant-grill en saison. En prime : l'accès wifi dans tout le camping et la nouvelle piscine de 14x6 chauffée au solaire si vous n'aimez pas les plages. Aussi ouvert à l'année : pizzéria, grillades, salades, pâtes. Sur place ou à emporter.

L'ALIVI DI SANTA GIULIA**** €€

Marina de Santa Giulia ✆ 04 95 52 01 68
www.santa-giulia.fr
Ouvert du 28 avril au 1er octobre. Accueil jusqu'à 20h30. Petit déjeuner buffet inclus. Chambre double de 233 € à 628 €.

Niché dans un écrin de verdure entre la mer et la montagne, cet hôtel offre un domaine arboré de la Marina di Santa Giulia, idéalement placé à flanc de colline, et à environ 800 m de la plage. Un espace de choix pour renouer avec le calme et la sérénité, au bord de la piscine exclusive dotée d'une vue imprenable sur la baie ! L'hôtel se compose de chambres spacieuses de grand confort, chacune avec terrasse ou jardin privatif. Salon et salle de bains de courtoisie, coin détente, bar.

CARANELLA*** €€

Route de Cala-Rossa
✆ 04 95 71 60 94
www.caranella.com
Ouvert d'avril à octobre. Piscine extérieure chauffée. Studio hors saison 47 €/nuit. Bar restaurant Le Rancho Plage.

© CARANELLA

Idéalement situé près de la somptueuse et mythique plage de Cala Rossa, cet hôtel résidence propose des prestations de qualité. De la chambre d'hôtel au confortable appartement familial, le tout implanté dans un domaine de 5 ha arborés. La résidence est composée de petits bâtiments agréablement disposés dans la propriété. Au cœur de Caranella, une grande piscine chauffée, la plage à 350 m et des cours d'aquapilates trois fois par semaine. Offrez-vous la « chambre plage pieds dans l'eau » exclusive à côté de l'élégant restaurant Ranch'o Plage. Au top !

LE BALAMINA €€

Rue des Turricioli
✆ 04 20 13 03 77
www.balamina.com
Ouvert à l'année. Chambre à partir de 80 €. Suite familiale à partir de 120 € pour 4 personnes.

Une fort belle résidence hôtelière ouverte en 2017 où l'on se sent un peu comme à la maison, c'est Le Balamina avec son restaurant en roof-top. A quelques minutes à pied de la Citadelle, dotée d'un grand parking bien pratique, on y trouve de jolies chambres à la décoration épurée, de la double à la familiale et toutes sont véritablement spacieuses. Les nombreux habitués apprécient la convivialité d'un lieu ouvert à l'année avec la piscine intérieure, la salle de sport et l'espace conférence bien équipé pour toutes sortes d'évènements professionnels ou privés.

BEST WESTERN HOTEL ALCYON*** €€

Rue Maréchal-Leclerc
✆ 04 95 70 50 50
www.hotel-alcyon.com
Ouvert toute l'année. Accueil 24h/24. 32 chambres. Chambre double à partir de 72 €.

Vanessa, Chantal et Pierre savent recevoir leurs hôtes pour un séjour ou une escapade grâce à des prestations dignes de son classement (climatisation, insonorisation, le nouvel espace bar panoramique en toit terrasse, et ascenseur). Idéalement placé à 100 m de la vieille ville, face à la citadelle, on y trouvera un garage sécurisé à 50 mètres. Les amoureux de la mer s'adresseront à Pierre, le capitaine, pour découvrir les beautés du littoral tout proche.

HOTEL SAN GIOVANNI €€

Route d'Arca
✆ 04 95 70 22 25
www.hotel-san-giovanni.com
Fermé du 12 novembre au 6 mars. Chambre à partir de 65 €. Bain bouillonnant, sauna. Tarifs complets sur le site.

Le San Giovanni c'est tout le charme d'un hôtel de campagne et la proximité de Porto Vecchio tout à la fois. Dans un cadre verdoyant, un jardin arboré de 3 hectares, de l'espace pour les enfants et les grands, le calme et une vue splendide sur les montagnes. Cet hôtel familial apaisant tenu par Patricia et Blandine depuis 25 ans se situe à seulement 10 minutes des célèbres plages et dispose d'une piscine, d'un bain à bulle, d'une aire de jeu et de terrain de tennis. L'hôtel dispose aussi d'un restaurant de goût. Un endroit où l'on se sent vraiment bien !

COCOON VILLAGE €€

L'ospédale
✆ 06 19 81 06 19
www.glampingcorsica.com
Accueil jusqu'à 20h. A partir de 200 €, petit déjeuner inclus.

Venez tester la bulle de glamping ! Un hébergement original qui séduit les amateurs de grands espaces, de vue aérienne et de nature. Vous logez dans un cocoon suspendu en plein maquis, entre roche et pinède, dans une démarche écotouristique : traitement des déchets, ni eau ni électricité, éclairage solaire, salle d'eau solaire, toilette sèche. Un cadre idyllique pour une expérience de Robinson unique. Vous avez le choix entre 4 cocoons et 4 ambiances. À la clé, pont suspendu, filets de cordes, tente igloo, terrasse privée, escaliers dans la falaise...

LA BAIE DES VOILES €€

route de Pezza Cardo
✆ 04 95 70 01 23
www.camping-labaiedesvoiles.com
Ouvert de mai au 30 octobre. Chalets vue mer 4 pers. de 75 € à 170 € / jour ; de 420 € à 1030 € / semaine.

Une situation parfaite pour le camping La Baie des Voiles à la Trinité que l'on trouve au nord du golfe de Porto Vecchio les pieds dans l'eau, bien pratique pour le mouillage des bateaux directement dans le camping. De grandes aires ombragées, la piscine à débordement avec sa pataugeoire et ses emplacement caravanes ou camping sur le sable, pour se réveiller devant la mer le matin. Porto Vecchio est à dix minutes en voiture, Bonifacio à 30 minutes, et les belles montagnes de l'Alta Rocca à une belle demi-heure pour aller se rafraîchir en hauteur.

GOLFE HOTEL*** €€

Rue du 9-Septembre-1943
✆ 04 95 70 48 20
www.golfehotel-corse.com
Fermé du 12 décembre au 15 janvier. Chambre double à partir de 118 € petit déjeuner inclus. Chambre x 4 jusqu'à 583 €.

Un établissement de charme avec ses grandes chambres décorées avec goût et raffinement, et ouvert presque toute l'année. La situation est pratique, à quelques pas du centre historique et du port de plaisance à l'entrée sud de la ville. Sur place, le restaurant est sans reproche, le petit déjeuner copieux et le personnel disponible. Bons équipements complémentaires : piscine, hammam, salle de fitness et grand parking fermé pour dormir sur ses deux oreilles ! A une demi-heure de Bonifacio et proche de l'Alta Rocca et des belles plages du Sud !

LE SHEGARA*** €€

Avenue Georges-Pompidou
✆ 04 95 70 04 31
www.shegara.fr
Ouvert d'avril à fin octobre. Chambre double à partir de 125€. Piscine extérieure chauffée. Climatisation. Restaurant.

Un hôtel fort joliment situé sur la Marine de Porto Vecchio aux chambres élégantes côté mer ou jardin entièrement climatisées et isolées phoniquement ce qui est appréciable dans un hôtel. La piscine chauffée à débordement offre un panorama sur le Golfe. Vous êtes à quelques minutes des belles plages de sable ou de criques plus intimistes, d'activités sportives de mer ou de montagnes (l'Alta Rocca est à une demi-heure tout comme Bonifacio), de visites historiques ou maritimes ou encore de farniente car enfin c'est les vacances !

GOLFO DI SOGNO•••• €

Route de Cala Rossa
✆ 04 95 70 08 98
www.golfo-di-sogno.fr

Ouvert du 15 mai au 30 septembre. Accès direct à la plage et piscines extérieures, restaurant de juin à septembre.

Camping familial en bord de mer, au cœur d'un vaste domaine boisé, le camping Golfo di Sogno fête cette année ses 61 ans. Un large choix de locatifs tout équipés ainsi que des emplacements de camping pour des vacances privilégiées avec de nombreuses activités sportives et de loisirs aux alentours et Porto Vecchio à 10 minutes. Les plus : deux piscines (une adulte et une enfant), des emplacements libres en camping avec de beaux espaces sans vis-à-vis, animations, bar/restaurant, supérette et un accueil 24/24. Un magnifique camping 4-étoiles !

U BARRACONU €€

Route de l'Ospedale ✆ 06 15 08 53 71
www.barraconu.com
Ouvert de fin avril à fin octobre. 5 chambres. Chambre double de 80 € à 165 €. Petit déjeuner inclus.

Dans un cadre propice à la détente et au repos, au milieu des champs et sous de grands eucalyptus centenaires, une maison de caractère abritant 5 chambres d'hôtes vous ouvre ses portes dans une ambiance chaleureuse et authentique. Nichées dans une vraie bâtisse Corse en granit, toutes les chambres sont neuves, construites en matériaux nobles comme les poutres massives, le sol en terre cuite et disposent du wifi gratuit, de la climatisation et salle de bain privative. Producteur d'huiles essentielles. A découvrir : le bain à bulles et sauna. Que du bonheur !

U PIRELLU**** €€

Route de Palombaggia-par-Picovaggia
✆ 04 95 70 23 44
camping-palombaggia.corsica/
Ouvert de mi avril à mi octobre. Piscine extérieure chauffée. Emplacements et chalets. Restaurant. Alimentation.

En plein milieu de la baie de Palombaggia, un joli camping-bungalows avec vue sur la mer, à 3 kilomètres de la plage et 10 km du centre-ville. Les équipements sont conformes aux quatre nouvelles étoiles et l'on appréciera les petits chalets, les mobil-homes de 2 à 6 personnes, les deux piscines, dont une chauffée hors saison. Possibilité de réservation de chalets (sauf en été) pour trois nuitées. Accueil familial et attentionné. Depuis 2020 : huit chalets lodge grand confort de 4 à 6 personnes ont vu le jour, pour le plus grand bonheur des vacanciers !

USPITAGHJU €€

L'Ospedale
✆ 04 95 26 77 53
Gîtes de France (3 épis). Ouvert à l'année. Sur réservation l'hiver. Chambre double 85 € à 95 €. Petit déjeuner inclus.

Une belle et fière bâtisse de granit, transformée en chambres d'hôtes de charme et de caractère par Nadine et Dominique. Panorama à couper le souffle sur le golfe de Porto-Vecchio, les chambres sont coquettes et décorées avec bon goût, dans l'esprit des années cinquante. Copieux petit déjeuner à prendre de préférence dans le petit jardin en espalier pour profiter des odeurs et du cadre. En prime : TV grand écran dans la salle commune, réfrigérateur, congélateur, jeux de société et Internet (wifi et ordinateur à l'accueil) à disposition. Terrasse panoramique.

CASA SANTINI X ROC SEVEN**** €€€

Avenue Georges-Pompidou ✆ 04 95 70 14 15
www.fahrenheitseven.com/
Ouvert d'avril à fin octobre. Chambre double à partir de 150 €.

Cet hôtel de charme est situé à quelques pas du port de plaisance de Porto-Vecchio, sur une presqu'île qui permet d'amarrer son bateau quasiment aux pieds de sa chambre. L'établissement a été entièrement rénové pour le plus grand plaisir de ses hôtes avec ses chambres et suites à la décoration soignée. L'accueil est chaleureux et l'espace restaurant-bar-terrasse, remarquable. On apprécie le petit déjeuner les pieds dans l'eau et l'apéritif tapas sur la pelouse. Le restaurant de l'hôtel est une incitation à la gourmandise avec sa cuisine élégante et raffinée.

ISULELLA**** €€€

Route de Palombaggia-par-Picovaggia
✆ 04 95 53 78 82
www.isulella-hotel.com
Fermeture de décembre à avril. Accès direct à la plage. Piscine extérieure. Bornes de recharge véhicules électriques.

Tout est là pour vivre un séjour serein et inoubliable à l'hôtel Isulella. Les suites sont spacieuses disposent d'un lit king-size pour un confort optimal, d'une terrasse et de très belles salles de bain équipées de douche à l'italienne et de baignoires balnéo pour une détente optimisée. La plage privée de l'hôtel est à quelques mètres seulement et on peut prendre son petit-déjeuner au bord de la piscine avec vue sur le golfe de Porto-Vecchio. Le rêve ! La Table de l'Isulella offre un choix volontairement restreint, gage de fraîcheur.

A CANTINETTA €

Rue Sampiero-Corso
✆ 06 87 25 69 20
Ouvert tous les jours et les jours fériés le midi et le soir. Service non stop de 12h à 23h.

Une carte à l'ardoise et des recettes traditionnelles corses concoctées par Patricia. Nichée sous les camouflages, elle-même cachée dans une petite ruelle tranquille, la cantine surprend et ravit par son authentique bien préservée du tourisme. On est dans la plus ancienne maison de la ville datant du XVIe siècle. On aime : la vraie soupe corse, la charcuterie et les terrines artisanales, les aubergines farcies, les tagliatelles à la farine de châtaigne et la tarte maison aux fruits de saison. On dîne dans une ambiance intimiste et baignée de bonne humeur !

L'AFFAMEE €

Route d'Arca
✆ 06 11 98 65 75
www.laffamee.fr

Ouvert d'avril à novembre. Du lundi au samedi de 12h à 14h. Terrasse. Vente à emporter. Plateau-repas dès 20,50 €.

Un food truck dans un merveilleux jardin créée par Blandine au beau milieu du jardin de l'hôtel familial le San Giovanni. Ainsi, répartis entre les eucalyptus, les nénuphars et autre flore méditerranéenne, des petits salons accueillent les nombreux gourmands, au soleil ou à l'ombre de la grande pergola : Hot dog, sandwichs bien garnis dans de la baguette ou du pain buns, salades healthy et gourmandes. Poke bowl et des desserts délicieux à tout petits prix. Le repas est ici un instant de douceur, de tranquillité et de franche gourmandise ! Bravo Blandine !

NYMPHÉA €

Montée de la porte génoise.
✆ 06 23 33 50 57

Ouvert toute l'année. Carte : 17 € environ.

Un endroit à découvrir absolument ! Que vous soyez végan, végétarien ou carnassier patenté et fier de l'être, ne résistez pas à la découverte d'un lieu magique ! Créé par Laura rejointe depuis par Daniel, c'est LE restaurant végan où vous découvrirez une cuisine inventive et goûteuse et surtout l'art de se régaler à satiété [tout en gardant une belle énergie]. De la joie dans ce duo, de l'inventivité, des saveurs, des couleurs, un rapport qualité-prix imbattable et pour finir une boutique de gourmandises à emporter. Un grand coup de cœur du *Petit Futé* !

LE SAINT JEAN €

RT 10 lieu dit Vaccajola ✆ 04 95 25 46 23
www.lesaintjean-portovecchio.fr

Ouvert toute l'année. Tous les jours midi et soir sauf le dimanche. Menus de 21 € et 25 €. Carte : 23 € environ.

Le Saint Jean est un lieu qui respire le professionnalisme et la bonne humeur. Récemment restructuré, il propose une cuisine traditionnelle avec beaucoup d'authenticité. Tout y est frais et maison : salades généreuses, grillades au feu de bois, woks de bœufs, poêlée de gambas au pastis et plus de vingt pizzas au feu de bois. Nouveautés : le soir, formule spéciale charbonnade [barbecue sur table], tapas, ainsi qu'un bar à vins avec de nombreux cocktails et références corses ; chaque midi, une formule du moment. Un très bon rapport qualité-prix pour Porto Vecchio !

PITRERA VILLAGE*** €€

Pitrera
✆ 04 95 70 20 10
www.pitrera.com

Ouvert d'avril à mi-octobre. Emplacement entre 14 € et 19 €. Camping Qualité. Restaurant. Animations. Piscine.

Pitrera village, tenu par la famille Branca depuis près de 39 ans offre de nombreuses possibilités d'hébergements : emplacements de camping, bungalows, un mobil-home et une yourte. Des toboggans acquatiques, deux piscines et une pataugeoire, un restaurant pizzeria grill ouvert à tous midi, soir et petit-déjeuner. Deux à trois fois par semaine profitez des soirées musicales en juillet et en août. A quelques minutes en voiture de Porto Vecchio et tout près des plages de Cala Rossa et Saint Cyprien. Belle ambiance familiale pour une vraie détente.

© PITRERA VILLAGE

© PITRERA VILLAGE

SUD CORSE

U SPUNTINU €

1, place Sainte-Croix
✆ 04 95 72 28 33

Ouvert d'avril à fin octobre. Tous les jours le midi et le soir. Service non-stop de midi à minuit. Vente à emporter.

Avant ou après la messe, la table de Sylvie et Philippe Orsucci est immanquable. On y viendra à toute heure pour y déguster les spécialités corses en version casse-croûte élaboré. Une grande terrasse sur le parvis de la place Sainte-Croix, une petite salle dans une ancienne cave et la partie épicerie pour ramener le meilleur de l'île : charcuterie, fromages, épices et condiments, vins, miel... une belle caverne pour dénicher tout ce que compte l'Ile de savoir-faire entre tradition et inventivité. Accueil parfait pour ne pas nous déplaire !

VERSION ORIGINALE €

Port de plaisance
✆ 04 95 70 38 75

Ouvert du lundi au samedi de 7h à 23h.

Véritable affaire de famille tenue par les conjoints Alain et Karine Apostolatos depuis 1989, Version Originale offre des créations innovantes, dont les recettes puisent leurs origines dans différents continents. A la carte : salade type poke bowl venu d'Hawaï, burger, nouilles à la Singapourienne, le tout accompagné d'un bubble tea, la boisson Taïwanaise par excellente. Dans un cadre coloré et une ambiance musicale soul, jazz et RnB, vous serez accueillis comme à la maison par une équipe agréable et aux petits soins pour vous. On aime !

CHEZ ANNA €€

16, rue Camille-De-Rocca-Serra
✆ 04 95 70 19 97

Ouvert toute l'année le midi et le soir. Fermé le mardi en basse saison de novembre à fin mars. Carte : 24 € environ.

Une cuisine d'inspiration italienne pour ce joli restaurant qui nous accueille tout près de la mairie au cœur de la Citadelle de Porto-Vecchio. Une salle cosy et deux terrasses pour déguster les recettes du Chef napolitain Antoine Bonte qui valorise antipasti, pâtes fraîches et sèches, risotti.... La carte se complète de suggestions du marché en variation terre et mer, de pizzas depuis 3 ans déjà et d'une carte des vins parfaite. L'accueil et le service professionnel de toute l'équipe pour passer un moment agréable. Nous recommandons !

L'ANTIGU €€

51, rue Borgo
✆ 04 95 70 39 33

Ouvert d'avril à fin octobre. Haute saison : tous les jours et les jours fériés le midi et le soir. Carte 40 € environ.

Une table sympathique dans la rue Borgo où l'on s'attablera avec plaisir dans la salle typique, ou sous l'une des deux grandes terrasses ombragées et panoramiques. Les deux frères Evesque travaillent ici à longueur d'année, et sans tomber dans la facilité d'une situation d'exception (l'une des plus belles vues sur les marais salants et le golfe), l'établissement propose une cuisine très honorable. La carte est bien sûr basée sur le terroir avec tous les grands classiques demandés par les touristes, complétée par les propositions journalières du marché du jour.

LE BELLAGIO €€

Quai Pascal Paoli
✆ 04 95 70 04 05

Ouvert de mi-mars à mi-novembre, tous les jours midi et soir en saison. Carte : 30 € environ. Menu midi : 18,50 €.

On aime la décoration soignée de ce restaurant qui, grâce à ses grandes baies vitrées face au port, de Porto Vecchio est baigné de lumière. Le Bellagio fait face aux bateaux et c'est Jonathan, petit fils du créateur du Molu s'active avec son équipe pour vous offrir le meilleur : une cuisine allant au fil des saisons et concoctée de produits frais quel que soit votre mode d'alimentation, du végétarien au carnassier patenté chacun y trouve son compte. L'équipe est attentionnée, la présentation soignée, une vraie envie de faire plaisir et de mettre en appétit !

LES CHASSEURS €€

Hameau de Mela
✆ 04 95 70 69 98

Ouvert de mi mai à mi octobre. Ouvert tous les jours le soir. Réservation recommandée. Carte : 35 € environ

Une jolie découverte dans un petit hameau qui mérite le détour. Créée par sa grand-mère dans les années 60, Frédéric lui fait honneur en proposant aux gourmets une joyeuse cuisine ou l'on retrouvera les grands classiques corses. Ici tout est maison à commencer par la charcuterie, les liqueurs de clémentine, de châtaigne ou de myrte. Les plats du terroir façon Frédéric : Tianu de veau, burger Nustrale, sanglier, tripettes à la mode corse, cochon de lait, aubergines au brocciu, pain perdu au coulis d'abricot... de quoi se réjouir d'être allé voir plus loin...

COSTA MARINA €€

Route de Palombaggia
✆ 04 95 70 36 57
www.restaurantpalombaggia.com
Ouvert du 1er avril à fin octobre, tous les jours, le soir (jusqu'à 23h). Carte 35 € environ.

Le Costa Marina bénéficie d'un panorama unique face à l'île du Toro. Implanté en escalier sur la colline, dans un beau jardin soigné, la cuisine est méditerranéenne, avec ses pizze, grillades, poissons au grill et four à bois, et ses terrasses ouvertes sur la grande bleue. Laurent y accueille touristes et habitués pour un joyeux moment de plaisir. On est bercé par le clapot de la cascade maison. Agréable bar face à la baie de Folaca pour déguster cocktails et digestifs en toute sérénité. Super desserts pour faire passer une addition toujours raisonnable.

FURTEZZA €€

Village d'Araggio
✆ 04 95 10 01 15
www.furtezza.com
Tous les jours midi et soir, sauf lundi. Carte : 38 € environ. Soirées corses les vendredis sur réservation.

Arnaud Astuto et sa sœur Aurore vous accueillent à Furtezza au milieu du parc, des jeux pour enfants, de l'ombre, de la bonne musique. Les suggestions du jour à l'ardoise séduisent les amateurs de poisson : Denti ou Pagre en croûte de sel, sur commande la langouste rôtie ou aux linguines. Une carte variée qui va des salades gourmandes à la souris d'agneau confite à l'ail, au home burger, ou l'entrecôte de bœuf, confit d'échalotes au Patrimonio. Coins cosy, hamacs et salons pour siroter vos cocktails. Simple et sacrément efficace !

GUEST €€

Rond Point d'Arca
✆ 04 95 70 37 39
www.byguest.fr
Ouvert à l'année, tous les jours sauf dimanche. Carte 25 € environ.

Sur la rocade de Porto Vecchio se trouve le Guest dont la spécialité première est le burger de qualité. Une jolie déco moderne, une équipe dynamique et attentive, c'est l'endroit idéal pour manger vite et bien ! Salades végétariennes, gambas sauvages, ravioles maison, côte de boeuf Holstein et burgers créations ou à composer vous-même. La bonne idée : service non-stop des burgers et salades tout au long de l'après-midi et surtout, une sélection de pâtisseries fines aussi belles que délicieuses à découvrir dans la vitrine qui vous laissera l'embarras du choix !

RANCHO PLAGE €€

Plage de Cala-Rossa ✆ 04 95 71 62 67
www.ranchoplage.com
Ouvert de fin avril à mi-octobre tous les jours le midi et le soir. Carte : 35 € environ. Plat du marché de 19€ à 22€.

© RANCHO PLAGE

Un superbe restaurant, posé sur la plage de Cala Rossa aménagée de transats et parasols, où Yannick et François Colonna Cesari reçoivent leur fidèle clientèle comme des amis. La carte élégante du chef Roland Cazaux permet de satisfaire tous les appétits avec un service agréable et attentif et une addition sans excès. La cuisine est semi-gastronomique élaborée avec de beaux produits et pour tous les appétits. Le feu de bois pour les pizzas et grillades et une nouvelle terrasse décapotable pour en profiter en toutes saisons. Nouvel espace bar extérieur depuis 2022.

LE HYANNIS PORT €€

6, Quai Syracuse
✆ 04 95 23 12 94
Ouvert de mai à fin octobre. Tous les jours midi et soir en juin, juillet et août. Fermé le lundi hors saison.

Si Le Hyannis Port réussit le beau pari de mêler l'élégance d'un restaurant chic à l'art d'accueillir avec aisance et sourire, le patron capitaine n'y est pas pour rien ! Élégance d'un lieu magnifiquement posé au bord de l'eau, élégance des mets proposés à l'ardoise, frais et délicatement confectionnés, goûteux, de la pêche locale au burger de saint-pierre. Entre le port de plaisance et le port de commerce, c'est un endroit discret qu'affectionnent les nombreux habitués locaux et visiteurs avisés pour des instants paisibles de sincère gourmandise.

SUD CORSE

PITRERA VILLAGE €€

Pitrera

✆ 04 95 70 20 10

www.pitrera.com

Ouverture mi mai à fin septembre. Midi et soir tous les jours. Carte : 20 € environ. Animations.

A quelques kilomètres de Porto-Vecchio en direction de Bastia, le restaurant du camping A Pitrera vous accueille pour un instant détente et gourmandise au bord de la piscine pour une ambiance vacance assurée. Salades, bruschetta pour un midi léger ou cuisine plus élaborée pour une grande faim avant la sieste estivale. Deux à trois soirées par semaine à partir du mois de juin entre karaoké, soirées corses de chants et guitares ou soirées dansantes… un espace tout en fraîcheur, une équipe jeune et dynamique pour vous accueillir.

LE ROOF-TOP DU BALAMINA €€

✆ 04 20 13 03 78

www.balamina.com

Ouvert tous les jours midi et soir. Réservation recommandée. Menu unique à 23 € du lundi au vendredi le midi uniquement.

Le Roof-Top du Balamina est un lieu où l'on se sent comme chez soi. Un large espace à la décoration boisée et chaleureuse, des coins salons cocooning, une équipe accueillante, une ambiance musicale et une cuisine bistronomique ravissent les habitués de plus en plus nombreux. Du petit-déjeuner au service de midi, puis à partir de 18 h pour retrouver les amis à l'apéro autour de la cheminée ou diner, on y découvre une cuisine soignée. Un excellent rapport qualité-prix pour ce restaurant d'hôtel aux chambres particulièrement spacieuses et ouvert à l'année.

SOUS LA TONNELLE €€

5, rue Abbatucci

✆ 04 95 72 09 96

www.souslatonnelle-portovecchio.fr

Ouvert à l'année. Tous les jours le midi et le soir. Fermé le samedi et dimanche midi en saison. Carte : 18 € environ.

Ici, on cuisine depuis trois générations. On est chez les Loubet, avec Monique la cuisinière aussi adroite aux fourneaux que ses pilotes maison ; Yves le père sur les pistes du Maroc et Pierre-Louis le petit dernier sur les rallyes internationaux. Bien cachée, derrière le clocher de l'église Saint-Jean-Baptiste on y vient et revient pour savourer ses spécialités locales. Cadre soigné, salle cosy, petite terrasse, préau sous la tonnelle et l'on y dégustera tous les grands classiques qui reviennent immanquablement chaque saison sur l'ardoise journalière.

LA TABLE DE NATHALIE €€

4, rue Jean-Jaurès

✆ 04 95 71 65 25

Ouvert toute l'année. Tous les jours midi et soir, sauf dimanche. Carte : 45 € environ. Menu enfant : 12 €. Terrasse.

Nathalie Cavel est passionnée de cuisine et autodidacte. Elle a su fidéliser une clientèle locale et exigeante présente toute l'année. Au cœur de la cité du sel, elle propose sur une grande ardoise les suggestions du jour, concoctées maison avec les produits frais du marché, et issus en grande partie de la production locale et de saison. L'originalité, l'élégance des plats, l'amour du goût et des produits nobles séduisent les palais exigeants de l'entrée au dessert, tout comme la chef Nathalie qui se réjouira de surprendre vos papilles. Testé et adopté !

LA TERRASSE DU SHEGARA €€

Avenue Georges-Pompidou ✆ 04 95 28 46 91

Ouvert toute l'année. Tous les jours midi et soir. Carte : 31 € environ. Accès avec rampe pour personnes en fauteuil.

Le deux J, Jean et José, un duo gagnant depuis trente ans et qui vous accueille dans ce restaurant, au nouveau look, situé sur la Marine. On profite été comme hiver de la belle vue sur le golfe de Porto Vecchio, grâce aux larges baies vitrées de l'établissement. Amateurs de cru c'est ici que vous trouverez, accompagnés de différentes préparations, les tartares de saumon, saumon et poisson blanc. Des suggestions du jour sont à la carte et toujours du savoir-faire et du professionnalisme. Style zéro faute que nous vous recommandons sans hésiter !

A TIGLIOLA LE NID D'AIGLE €€

L'Ospedale
✆ 04 95 22 34 23
Ouvert d'avril à fin octobre tous les jours le midi et le soir. Hors saison de 8h30 à 17h30. Carte : 28 € environ.

Immanquable entre Porto-Vecchio et Zonza, une jolie adresse à découvrir ! En effet, ce petit nid d'aigle domine le golfe avec une vue magnifique sur toute la côte. Côté cuisine, on découvre un doux mélange entre « corsitude », pizze et grillades au feu de bois. Chaque jour une petite ardoise pour les proposition du chef. Au sommet, une jolie terrasse, une petite bergerie juste en face pour s'attabler en toute quiétude dans ce petit havre de zénitude.

LE BELVEDÈRE €€€

Route de Palombaggia-par-Piccovagia
✆ 04 95 70 54 13
www.hbcorsica.com
Ouvert d'avril à décembre tous les jours de midi et soir. Terrasse ouverte de mi-juin à mi-septembre le soir dès 19h30.

L'une des adresses de référence en Corse dirigée de longue date par César Filippi. Face à la cité, en bordure du golfe, on se prélasse dans l'un des trois espaces dédiés, l'un à la gastronomie, l'autre à la brocherie Marie i Tarra, ou encore à la Terrasse du Langoustier avec sa terrasse panoramique. Gageons que toutes les papilles seront émerveillées par un menu unique où la langouste trône en vedette. Un cadre d'exception, un service attentif sans être pesant et la cuisine d'un chef talentueux sauront satisfaire les plus exigeants.

LES MARCHÉS DE PORTO-VECCHIO

Place de l'Hôtel-de-Ville
Marché des producteurs : ouvert le dimanche matin. Marché textile : 2e et 4e mercredis de chaque mois, le matin.

Vous y trouverez des produits locaux, fromages, charcuterie, fruits, légumes, miels, plantes, etc. Il se tient sur la place de l'Hôtel de Ville, la place du Monument aux Morts, la partie haute de la rue Fred Scamaroni, et la rue du Clocher.

Le marché textile est destiné à la vente de produits manufacturés neufs, de fripes et de brocante. Les exposants y proposent vêtements, accessoires de mode, bijoux, cosmétiques, outils, décoration, sur le port de plaisance.

U SPUNTINU

1, place Sainte-Croix
✆ 04 95 72 28 33
Ouvert tous les jours de 9h à 0h. Ouvert de Pâques à mi-octobre. Livraison possible (et conditionnement sous vide).

Dans cette boutique on peut déguster avant de faire ses emplettes de fin de séjour pour mieux se souvenir des bonnes choses et surtout en profiter chez soi. Des produits insulaires triés sur le volet et issus des savoir-faire ancestraux autant que de l'innovation des nouvelles générations de producteurs de Corse dans une jolie boutique traversante au beau milieu du centre-ville sur le parvis de l'église de la Citadelle. Sylvie et Philippe auront à cœur de vous conseiller au plus juste pour trouver ce qu'il vous faudra pour repartir heureux.

La Chiappia, Porto Vecchio.

CLUB NAUTIQUE DE SANTA GIULIA

Route du Moby-Dick
✆ 04 95 70 58 62
www.club-nautique.fr
Ouvert d'avril à début octobre tous les jours de 9h à 19h. Location de planches à voile, funboat, catamarans, kayak.

Voilà de quoi ravir tous les fans de sports nautiques ! Ici on peut pratiquer du windsurf, stand-up, funboat, paddle... En location ou en stage/cours vous y trouverez des planches à voile tous niveaux, de l'initiation au funboard, incluant harnais et combinaisons. Vous pourrez également louer des catamarans et canoës-kayaks, autour d'une équipe expérimentée et dynamique de moniteurs diplômés. En bonus : le fameux stand-up paddle accessible à tous.

LE GOLF DE LEZZA

RT10
✆ 04 95 72 06 89
www.golfclubdelezza.com
Ouvert du 1er mai au 31 octobre, tous les jours et jours fériés. Licence de 19 € à 58 €. Parcours dès 40 €.

Sur la nationale entre Porto-Vecchio et Bonifacio se trouve le Golf de Lezza, un petit parcours accessible à 9 trous (Par 32) pour 3 786 mètres, avec un beau practice couvert et éclairé, et son club-house-bar-restaurant. Idéal pour débuter ou pour se perfectionner. Il possède également deux putting greens d'approche. C'est un centre d'entraînement conçu pour se préparer à affronter les grands parcours à 18 trous, sous les conseils du pro Gabriel Anglade. Le restaurant ouvert à l'année offre une vue panoramique sur le Golf, pour un moment de pure détente !

CORSICA MOUNTAIN QUAD

Piscia di Gallu
✆ 04 95 70 68 08
www.randoquadcorse.org
Ouvert toute l'année. Haute saison : tous les jours et les jours fériés. A partir de 85 € / 1h30 de quad.

On n'a pas tous envie de parcourir la forêt de l'Ospedale à pied. Alors rendez-vous chez Kevin pour profiter des paysages magnifiques en chevauchant des quads Yamaha et des buggys. Pour des formules balade découverte et accessibles peu importe le niveau, vous pouvez choisir le baptême ou la randonnée-balade avec guide professionnel, à la découverte des plages paradisiaques et des paysages corses, ainsi que de ses spécialités culinaires. L'équipe travaille en partenariat avec l'ONF pour préserver les pare-feu et sécuriser cette belle forêt et les trésors de l'île.

JET CONCEPT 2A

Quai Pascal-Paoli
✆ 06 69 39 32 18
www.jetconcept2a.com
Ouvert d'avril à novembre. Tous les jours de 9h à 19h. Randonnées en jet-ski de 50 min, 2h, demi-journée ou à la carte.

Découvrez les plus beaux paysages et les eaux transparentes de Corse du Sud en jet-ski. Départ depuis le port de Porto Vecchio avec Jet Concept. Possibilité de faire des randonnées encadrées en Jet-Ski Seadoo 1 500 cc au départ de Porto-Vecchio. Formules de 50 minutes (golfe de Porto-Vecchio), 2 heures (golfe de Santa-Giulia et Porto-Novo), demi-journée (les plus belles plages de la côte). Exclusivités : formule jet et slalom pour les accros de pilotage et le « No stress tour » pour des balades en toute décontraction. Sur réservation !

E-SPERIENZA

Cipponu de Muratello ✆ 06 19 20 81 06
www.e-sperienza.com
Ouvert à l'année. À partir de 35 € pour deux heures de randonnée par personne pour groupe de 5 à 10 personnes.

Une autre manière de découvrir le Sud corse et ses paysages. Une sortie de 2 ou 4 heures, plus pour les téméraires, entre mer et montagne, en compagnie d'un guide diplômé d'État et de grande expérience. Éric ou Jean-Pierre vous accompagneront dans un périple en VTT avec assistance électrique, à la découverte de la Corse authentique, de ses bords de mer sauvages, le long de sentiers côtiers peu fréquentés. Ils partageront l'amour de leur région au travers de sorties programmées en groupe au départ de Muratello, ou personnalisées en accord avec vos envies.

XTREM SUD

Lac de L'Ospedale
✆ 04 95 70 01 20
www.xtremsud.com
Ouvert de Pâques au 30 septembre. Haute saison : ouvert tous les jours et les jours fériés de 9h à 20h.

Emotions, rires et souvenirs sont garantis dans le plus ancien parc aventure de Corse créé par Jean-Michel Bordeaux et Eric Biancarelli il y a plus de vingt ans : 5 ha de pins lariccio et maritimes, quatre circuits de niveaux différents permettent l'accès à tous. Vous pourrez également y découvrir les joies de la via ferrata, vous inscrire pour une descente de canyon à Bavella ou à Piscia di Gallu, faire de l'escalade, en initiation ou en grande voie. Et, bien sûr, des randonnées pédestres à la carte sur toute l'île selon vos envies et possibilités.

L'ALBA LA TAVERNE DU ROI

43, rue Borgo
✆ 06 10 73 16 53
Ouvert toute l'année. Basse saison : le week-end de 22h30 à 5h. Haute saison : tous les jours de 22h30 à 5h.

En plein cœur de la haute-ville, sous la porte génoise, La Taverne accueille toute l'année des artistes de talent pour leurs musiques et chansons traditionnelles ou actuelles. Chants et guitares corses bien sûr, mais également de la variété française et internationale. Une ambiance unique sur l'extrême-sud qui enchantera tous les amateurs et les autres dans une ambiance intimiste. Un bar-cabaret différent qui montre une autre facette de la Corse, grâce au talent musical de ses artistes. Un enchantement qui bercera tous vos sens chaque soir.

LECCI ★★

Lecci, qui doit son nom aux chênes-lièges présents en quantité ici, s'étend sur 10 km de côtes, 5 km de plages dont quatre des plus belles du sud de la Corse avec des zones de baignade surveillée : San Ciprianu, protégée par sa tour génoise, U Benedettu, Cala Rossa et Golfu Di Sognu. Le village de Lecci, composé de plusieurs petits hameaux, situé à 10 minutes de Porto-Vecchio, vous offre des commerces et restaurants de proximité. San Ciprianu est une petite station balnéaire avec sa rue commerçante et son église en plein air où se déroulent, tout au long de l'été, des animations et des festivités pour le plaisir des grands et des petits.

PLAGES DE LECCI

Plages accessibles toute l'année.

Le littoral de Lecci propose un panorama fascinant composé de rivages pittoresques. Dominée par une tour génoise, Saint-Cyprien est une magnifique plage bordée par l'étang d'Arasu et conseillée aux enfants en raison de sa profondeur d'eau progressive. De nombreux vestiges y ont été découverts à proximité de l'embouchure de l'Osu. Cala Rossa propose un dégradé de vert et de bleu avec en toile de fond les aiguilles de Bavella. Quant à la petite plage du Benedettu, elle vous attend blottie au fond de sa presqu'île du même nom protégée par un oppidum romain.

DOMAINE DE TORRACCIA

Torraccia
✆ 04 95 71 43 50
www.domaine-de-torraccia.com
Ouvert à l'année. Consulter le site pour les horaires variables selon saisons. Livraison possible (sur toute la France).

Les vignes sont conduites en culture traditionnelle, sans engrais chimiques, désherbants ou pesticides de synthèse, certifié bio. La vigne garde ainsi son équilibre naturel et produit des raisins parfaitement sains pouvant donner le maximum d'arômes. Les rosés comme les blancs sont nerveux et fruités, les rouges, ronds en bouche, vieillissent et se bonifient bien sur une dizaine d'années. Très belle gamme de vieux millésimes et vins de garde. Huile d'olive bio en AOP. On y profitera également de belles soirées musicales originales sous la nuit étoilée !

© CLAUDE CRUELLS

© CLAUDE CRUELLS

SUD CORSE

L'OFFICE DE TOURISME DE LECCI

RT10 ✆ 04 95 71 05 75
www.lecci-sudcorse.com

Haute saison : ouvert du lundi au samedi de 9h à 19h. Horaires basse saison : du lundi au vendredi 9h-12h et 14h-17h30.

Au cœur du sud de la Corse, Lecci est une destination à proximité de la 3ème ville de Corse. L'office de tourisme est idéalement situé avec un grand parking et vous offre un accueil personnalisé et soigné pour de nombreuses informations utiles pour découvrir la région. Son personnel agréable mettra tout en œuvre pour faciliter vos démarches dans la région et vous orienter sur les meilleurs itinéraires, selon vos envies et de nombreuses informations pour les amoureux de l'environnement.

GRAND HOTEL DE CALA ROSSA & SPA**** €€€

Route de Cala-Rossa
✆ 04 95 71 61 51
www.hotel-calarossa.com

Ouvert du 27 avril au 29 octobre. Membre du cercle des Grandes Maisons Corses. Chambre double de 330 € à 1 110 €.

Posé en bordure d'une plage de sable fin, dans une magnifique presqu'île privée, Cala Rossa est un lieu magique. La gastronomie y joue un rôle prépondérant, alliant une cuisine méditerranéenne, légère et savoureuse, inspirée très largement par les délicieux produits du terroir, et par les légumes de son potager bio. Côté bien-être, le spa élégant et raffiné prodigue de délicieux soins. La décoration, sous influence japonaise, est tendance, subtile et confortable.

LE TIKI CHEZ MARCO €€

Plage de Saint-Cyprien
✆ 04 95 71 65 46

Ouvert de mai à fin septembre. Haute saison : ouvert tous les jours le midi et le soir. Le midi uniquement hors saison.

C'est la paillote historique de la plage de Saint-Cyprien, créée il y a plus de 50 ans par Marcel Ori, précurseur et visionnaire. Aujourd'hui, la structure est immanquable, élégante et raffinée, à base de grandes terrasses panoramiques, de belles salles vitrées et de ponts en teck. Côté cuisine, on est dans la tradition méditerranéenne, avec pizza au feu de bois, grillades, grandes salades-repas et le poisson de la petite pêche. Un endroit cosy et moins people qu'à Porto-Vecchio, avec l'accueil naturel de Sandrina et Marco, les héritiers des lieux.

U TRAGULINU €€

San Cypriano
✆ 09 67 08 09 04

Ouvert d'avril à octobre. Ouvert tous les jours et les jours fériés le midi et le soir. Carte 30 € environ.

Jacques et Morgane tiennent ce petit Tragulinu depuis presque 20 ans (marchand ambulant en langue corse) pour le plus grand bonheur des nombreux habitués du village et des environs. On y vient en toute décontraction pour profiter d'une joyeuse cuisine traditionnelle basée sur la fraîcheur, la qualité et la quantité. Tous les jours des suggestions à l'ardoise selon les arrivages : filet de bœuf Rossini, belles entrecôtes ou côte de veau, daurades, pavé de thon rouge mi cuit sauce vierge, parillada de la mer sauce aïoli pour les gourmands pour ne rien gâcher.

© OT LECCI

Plages et eaux turquoise à Lecci.

LES MARCHÉS DE LECCI

RT10

www.lecci-sudcorse.com

Lecci : ouvert toute l'année le mercredi de 8h à 13h. Saint-Cyprien en haute saison : le vendredi de 19h à 23h.

A Lecci, deux marchés toute l'année : celui du mercredi matin situé à La Croix de Lecci, avec des producteurs fermiers biologiques sous le label «Marché des producteurs de pays». Durant la saison, tous les vendredis soir dans la rue commerçante du village marin de Saint-Cyprien, vous trouverez une ambiance conviviale et l'opportunité de faire des trouvailles de producteurs artisanaux (bijoux, produits de beauté, décoration...) et sa quarantaine d'exposants dans une ambiance musicale. Tous les lundis soir en saison, soirées découverte musicale sur la plage.

LA PLAGE DE LAVU SANTU

lavu Santu

Vaste plage de 3 km de long, en sable fin, accessible toute l'année.

Située au sud de Fautea, la plage de Lavu Santu a l'avantage de ne pas être très connue du grand public et donc de préserver sa tranquillité. L'accès n'est pour autant pas évident. Il vous faudra vous garer le long de la RN 198, au lieu dit «La Parata». Un vaste parking en terre vous signalera le lieu. De là, vous y accéderez par un chemin et il faudra compter environ 10 minutes de marche. Une fois arrivé, vous découvrirez cette grande plage de sable fin qui s'étend jusqu'à l'embouchure du Cavu. Un lieu paradisiaque où il fait bon de s'attarder.

SAINTE-LUCIE-DE-PORTO-VECCHIO ★★

Le village marin de Pinarello est attachant, bien entretenu, avec son golfe et ses nombreuses plages et criques qu'il faut découvrir en parcourant cette partie de la côte magnifique. Le principal de l'animation se concentre au cœur du village, avec ses hôtels, résidences, restaurants, et plages de sable fin. Vers l'intérieur des terres, le massif de San-Martinu est à découvrir, il existe de nombreuses pistes forestières propices aux promenades familiales. Le fleuve Cavu offre des piscines naturelles. Au nord, la côte devient plus rocheuse et sauvage : la plage de Fautea, près de l'embouchure de la Conca, est superbe, dominée aussi par une tour génoise.

LES PLAGES DE PINARELLO, RUSCANA ET VARDIOLA ★★★

Pinarello

A 15 minutes de Porto-Vecchio. Accessibles toute l'année.

Au large de Pinarello, petit port charmant bordé de restaurants et glaciers, l'îlot de la Ruscana dresse sa tour qui, au XVIe siècle, abritait une garnison génoise. L'îlot est interdit d'accès mais la plage de Ruscana d'où vous pourrez l'admirer est accessible au nord de Pinarello. C'est une belle plage de sable fin. Pour accéder à la plage de Vardiola il faut prendre la direction de Pinarello depuis Sainte-Lucie de Porto Vecchio puis à gauche en direction de Testa Vardiola.

LA PLAGE DE FAUTEA ★★

Fautéa

Située à 4km de Sainte-Lucie. Accessible toute l'année.

La plage de Fautea de Sainte-Lucie de Porto-Vecchio s'étend sur environ 200 mètres entre le pont et la tour génoise de Fautea. Plage familiale avec une baignade en pente douce, elle est protégée depuis 1979 par le Conservatoire du Littoral et est facilement accessible depuis la nationale avec un grand parking gratuit. Vous trouverez également un petit restaurant à proximité.Très fréquentée l'été, la plage est nettement plus agréable aux alentours de septembre ou octobre. Pour y accéder, empruntez la N198 en direction de Solenzara.

RÉSIDENCE ALBAMARINA €€

Caramontino

© 04 95 70 21 85

www.alba-marina.com

Location de maison individuelles du studio pour 2 personnes jusqu'au F3 pour 4 à 5 personnes.

La résidence de vacances Alba Marina vous accueille dans un cadre somptueux, la mer est à 5 minutes à pied et le village de Pinarello à 500 m. Ambiance familiale au calme dans un cadre de jardin paysager avec sa piscine chauffée et sa vue sur la mer dans chaque location. La réception ouverte chaque matin vous conseillera sur les nombreuses activités toutes proches : plages magnifiques tout autour, visites et balades en mer ou Porto Vecchio, Bonifacio et l'Alta Rocca, canyoning, parc accrobranche, équitation, etc. Tout ce qui fait revenir les nombreux habitués.

SUD CORSE

LE PINARELLO**** €€€

D168 A

✆ 04 95 71 44 39

www.lepinarello.com

Ouvert du 29 avril à la mi-octobre. 33 chambres (dont 6 suites et 11 junior suites). Chambre double de 316 € à 566 €.

Magnifiquement situé sur la plage, au cœur de la charmante marine de Pinarello, cet hôtel de haut standing est composé de chambres et suites au décor raffiné. L'aménagement, mené de main de maître par Yves Marchi, a transformé cette ex-bâtisse désuète en une adresse élégante, dirigée avec brio par Vincent Barat, professionnel de l'hôtellerie de luxe, et l'ensemble des services sont irréprochables. Un espace bien-être avec les soins « Cinq Mondes », un espace fitness et des appartements spacieux de 2 à 4 personnes, pour la clientèle familiale.

LE MOTEL DES AMANDIERS €

Pinarellu ✆ 04 95 71 43 64

Lesamandiers-pinarello.com

Ouvert de mai à octobre. 13 appartements de 2 à 4 personnes. Semaine de 450 € à 960 €.

Dans une pinède à deux pas de la plage de Pinarello, le motel offre de petits bâtiments de plain-pied s'ouvrant sur treize logements de deux pièces pour deux à quatre personnes, avec chambre, salle d'eau, coin cuisine, coin repas ainsi qu'une terrasse. Accueil typique de Monsieur Jacques, pour des hébergements à prix doux, et proposant des tarifs dégressifs selon la durée du séjour. A 45 minutes de Bonifacio et tout proche des montagnes de l'Alta Rocca, pour un séjour entre farniente, mer et montagne, si le cœur vous en dit !

LA SOURCE €€

Caramontino

✆ 06 27 16 71 33

Ouvert de mi-mai à fin septembre. Haute saison : tous les jours sauf mercredi, midi et soir. Carte : 55 € environ.

Petite adresse de charme créée par Patrice Giudicelli qui dirige la cuisine depuis une dizaine d'années en bordure de plage, sur le terrain familial. Quelques tables sur le sable à l'ombre d'un chêne liège, une petite terrasse craquante et les suggestions à l'ardoise surprenantes grâce à la créativité du maître des lieux qui nous propose ses recettes originales aux saveurs des cinq continents. Cinq entrées, cinq plats et trois desserts à l'ardoise en toute sincérité avec des produits généralement en filière courte et un vrai coup de cœur du *Petit Futé* !

DOMAINE DE GRANAJOLO

La Testa

✆ 04 95 70 37 83

www.granajolo.fr

Basse saison : ouvert du lundi au vendredi de 9h à 13h. Haute saison : du lundi au vendredi de 17h à 19h.

Géré par Monika Boucher et sa fille Gwenaëlle, le domaine est l'un des précurseurs de la viticulture biologique en Corse, certifié en 1987. Des efforts récompensés qui enchantent les palais des plus fins connaisseurs. La gamme comprend le Granjolo dans les 3 couleurs, le Granajolo Cuvée Monika, en rouge et rosé, et le « J », en rouge et blanc, cuvée d'exception élevée en barrique et tirée en quantité limitée. Les cépages utilisés sont le niellucciu et le sciaccarellu pour le rouge et rosé, et le vermentinu, traditionnel des blancs insulaires.

SUD CORSE

La tour de Fautea et sa baie.

ÉCOLE DE VOILE DE PINARELLO

Pinarello © 06 86 85 62 08

www.kite-voile-pinarello.fr

Ouvert de mi-mars a mi-décembre, tous les jours et les jours fériés. Stage voile 1h30 : à partir de 75 €.

L'école de voile de Pinarello, située dans la baie de Pinarello en Corse-du-sud à une quinzaine de kilomètres au nord de Porto-Vecchio, vous propose des stages collectifs à partir de quatre ans, des cours particuliers et aussi de la location de matériel en catamaran sportif, dériveur, kayak de mer, paddle board dans un cadre exceptionnel. Vous serez accueillis par Loïc et son équipe de moniteurs diplômés d'état sera chargé des cours durant la saison. En nouveauté : le wing foil.

RANCH VILLATA

Domaine de Ferrulaghjolu

© 06 84 53 98 14

www.ranchvillata.fr

Ouvert toute l'année. Haute saison : du lundi au samedi et les jours fériés. Balade 1 H : 38 €. Balade 1h30 : 45 €.

Depuis 1958, le Ranch Villata vous offre la possibilité de vous balader à cheval dans un cadre idyllique. On y propose, dans un cadre champêtre et bucolique, toutes ses formules de découverte : de la petite balade en bord de mer ou dans le maquis jusqu'à la grande randonnée en Alta-Rocca en séjour à la carte. L'établissement met aussi à disposition des cours et stages encadrés. En bonus : le camping à la ferme sur 2 hectares ombragés de chênes-lièges. A faire en priorité, la jolie promenade le long de la plage et de la pinède de Pinarello, le matin... Magique !

SPORSICA

Pinarello

© 06 24 26 51 83

www.sporsica.fr

Ouvert du 15 avril au 30 octobre. Haute saison : ouvert tous les jours et les jours fériés de 10h à 19h.

Au cœur de la plage de Pinarello, la petite base nautique d'Émilie, brevetée d'Etat, propose de nombreuses formules de découverte de la baie de Pinarello, principalement en kayak, en demi-journée le matin avec découverte de la faune et de la flore subaquatiques, et même des dégustations de spécialités locales au pied de la tour carrée. En bonus : paddle géant, bateaux à pédales, kayaks et trottinettes électriques ; des rando en paddle et du paddle fitness. Possibilité de stages pour enfants de 6 à 12 ans pour des matinées découverte de toutes les activités.

SANTA LUCIA*** €€

Molendino

© 04 95 71 45 28

www.campingsantalucia.com

Ouvert d'avril à début octobre. Membre du Groupement Corsica Campings. Piscine extérieure.

Camping familial bien ombragé dans une forêt de chênes-lièges et d'eucalyptus, le Santa Lucia est Ecolabel européen depuis 2021. Porto Vecchio, à dix minutes en voiture, les plages de sable d'un côté, et de l'autre les pittoresques montagnes de Bavella. Les plus sportifs pourront profiter du Mare a Mare, parcourir le fameux GR 20, et voir les canyons en montagne... Piscine pour les grands, pataugeoire pour les petits, ainsi que le wifi et l'accès Internet vers l'accueil. Pour les motards qui campent léger, possibilité de louer des lodges de toile tout équipées !

© CAMPING SANTA LUCIA

© CAMPING SANTA LUCIA

SUD CORSE

© XAVIER BONNIN

La plage de Favone.

A TYROLIANA

Taglio Rosso
✆ 04 95 21 78 04
www.atyroliana.com
Ouvert toute l'année. Tarifs complets des activités en ligne.

Venez vivre des sensations fortes au Parc Aventure Tyroliana doté de 8 parcours et de 160 ateliers, dans la forêt de San Martinu et le long de la rivière Cavu. Que vous soyez novice ou aventurier averti, vous pourrez grimper dans les arbres sur des parcours du blanc au rouge (pour les plus téméraires) ou expérimenter le canyoning avec des moniteurs diplômés, faire du VTT, de l'escalade et de fantastiques randonnées ; après l'effort, vous succomberez à l'alléchante offre de restauration, sur place ou à emporter, qui ne manquera pas de vous revigorer !

CONCA ★

Porte d'entrée sud du GR20, Conca est un petit village traditionnel blotti dans un vallon en forme de coquillage. Il se compose du bourg montagnard, avec quelques maisons anciennes, et la commune s'étend jusqu'aux aiguilles de Bavella, et comprend plusieurs forêts domaniales qui offrent nombre de possibilités d'excursions. Dans les forêts d'Albarello ou Vittoli, par exemple, on peut voir de magnifiques pins lariccio, ainsi que des mouflons, dans la réserve naturelle. Au village, outre l'église paroissiale, on peut voir les restes de l'ancienne chapelle romane Santa-Lucia. On y trouve la maison du GR20 pour obtenir des informations sur ce mythique parcours.

LE PACHA €€

Plage de Tarco
✆ 04 95 73 20 29
Ouvert de fin avril à fin septembre. Juillet et août : de midi à 14h30 et de 19h à 22h30.

Une terrasse-balcon qui surplombe la mer et l'horizon qui s'ouvre devant vous laissant apparaître quelques bateaux voguent doucement. Dans l'assiette, originalité, générosité et élégance des saveurs ; tartare de bœuf Angus coupé au couteau pour les amateurs, pluma de cochon sauce BBQ ; la côte de veau aux pleurotes et linguines, les gambas flambées au pastis risotto aux champignons ainsi qu'une carte de pizze d'un excellent rapport qualité-prix. Le service est chaleureux et attentionné, la vue magique et la gourmandise au rendez-vous. Un vrai régal des sens !

LA SIESTA €€

Plage de Favone
✆ 04 95 73 22 32
Ouvert mi avril à mi octobre ; Ouvert tous les jours et les jours fériés le midi et le soir. Réservation recommandée.

Un cadre idyllique au milieu de la côte des nacres et chaque détail est soigné à la perfection. Une belle structure en bois exotique et une grande terrasse face au soleil levant. Une cuisine dirigée par Nicolas Lopez et ouverte aux yeux de tous, pour une garantie fraîcheur et une bonne ambiance tout au long de la journée. La carte s'étoffe de belles suggestions et de la sélection de la petite pêche du jour. Cerise sur le gâteau, la plage est aménagée de transats et de parasols. Service navette pour le plaisancier de passage.

SARI-SOLENZARA ★

La commune regroupe le village de Sari, dans la montagne, et la station balnéaire de Solenzara. Situé sur une colline, Sari possède quelques belles maisons anciennes, et était autrefois gardé par une tour génoise située au lieu-dit Cala-d'Oro, aujourd'hui entièrement détruite. Au village, l'église paroissiale San-Pietro possède une architecture originale, et un beau clocher à campanile. Sur la côte, une petite station balnéaire tranquille, à l'ambiance familiale. Les plages sont appréciables pour les enfants, car il n'y a pas de courant entraînant vers le large. Le port de plaisance et de pêche est lui prisé sur la route de la mer Tyrrhénienne.

AUBERGE DE CANNEDDA €

Marine de Cannedda
✆ 04 95 74 04 96
Ouvert à l'année. Chambres doubles, triples et quadruples et une PMR. Restaurant. Réceptions.

A Cannedda a été reprise depuis 2016 par Gaëlle et Sébastien qui l'ont radicalement transformée en une auberge de belle capacité : une terrasse fermée avec accès sur la piscine et sa jolie cascade pour l'ambiance et de belles couleurs pour la bonne humeur. Un endroit sympathique pour vos séjours à côté de la plage de Cannella et pour l'organisation de vos événements. Tous les vendredis soir entre avril et fin septembre : soirée cochon à la broche. Une carte de pizzas et une table conviviale où les plats et suggestions varient selon la saison. A découvrir !

LES TROIS TERRASSES*** €

rue Principale
✆ 04 95 57 40 44
www.les3terrasses.com
Ouvert à l'année. Chambre à partir de 60 €. Restaurant sur place.

Au beau milieu du village de Solenzara, Les Trois Terrasses, c'est à la fois un hôtel d'un excellent rapport qualité/prix, mais aussi un restaurant à l'ambiance festive et joyeuse ainsi qu'un bar à cocktails. À 200 m des plages et dominant le port de plaisance, ce sont 14 chambres pour vous accueillir dans une ambiance sincère et sympathique et une microrégion idéalement placée pour toutes vos activités estivales, mais aussi à l'année. Le restaurant propose une cuisine entre tradition et renouveau et un accueil qui ravit autant les habitués que les découvreurs.

CAMPING DE LA CÔTE DES NACRES** €€

Scaffa-Rossa
SOLENZARA
✆ 04 95 57 40 65
www.campingdesnacres.fr
Ouvert d'avril à fin septembre. Aire pour camping-cars. Jeux pour enfants. Restauration. Accès direct à la plage.

Sortie nord de Solenzara, un beau camping les pieds dans l'eau douce ou salée. D'un côté la rivière et de l'autre la magnifique plage de Scaffa-Rossa, tout à côté des Aiguilles de Bavella. Camping familial idéalement situé. On y trouve sur place un mini-market, son tout nouveau restaurant-pizzeria de plage « La Paillote », une laverie et un espace jeux pour enfants tout beau tout nouveau. Accès Internet à La Paillote. En prime, pour les frissons, un parc aventure et base de canyoning.

© CAMPING DE LA COTE DES NACRES

© CAMPING DE LA COTE DES NACRES

SUD CORSE

U PONTE GROSSU*** €

Ponte Grossu
✆ 04 95 48 26 61
www.upontegrossu.com
Ouvert d'avril à fin octobre. Aire pour camping-car. Restaurant sur place.

Un joli camping en bordure de la rivière la Solenzara ou l'on profitera de ses emplacements ombragés pour votre tente, caravane ou camping-car. Une bonne situation à mi chemin des plages de Solenzara et du col de Bavella. C'est la base idéale pour partir à la découverte des nombreux sentiers de pays et des sites de canyoning. En prime : l'espace restauration en service non-stop de 7h à 21h avec son toit-terrasse ombragé et ses soirées animées de karaoké et quelques chants corses et guitares en été. Une belle ambiance estivale. Accrobranche à proximité.

LA SOLENZARA*** €€

SOLENZARA
✆ 04 95 57 42 18
www.lasolenzara.com
Ouvert de mi-avril à fin octobre. Chambre double de 85 € à 175 €. Appartements à partir de 310 €. 2 chambres PMR.

La dénomination de petit palace, U Palazzu en langue corse, est désormais largement justifiée pour cette fière bâtisse génoise du XVIIIe siècle. Alexandra Lucchini a su transformer avec bonheur son hôtel de charme pour y apporter des prestations de qualité : climatisation, belle piscine, jardin luxuriant, son espace de bien-être, le tout idéalement placé à 300 mètres de la plage et du port de plaisance. Petits déjeuners copieux sous le platane face à la piscine et la mer. Petite restauration le midi en haute saison. Accueil sympathique de tout le personnel.

E MARINE DI MANICHINU €€

lieu-dit Manichinu
✆ 04 95 57 41 40
www.emarinedimanichinu.com
Ouvert d'avril à fin octobre.

E Marine di Manichinu est une jolie résidence de vacances les pieds dans l'eau, très bien située au sud de Sari-Solenzara au bord de mer, que tient depuis cinq générations la famille de Gertrude qui s'est attelée à entièrement la rénover en 2018. Les 9 logements tout confort de 2 à 5 couchages se tournent vers la mer avec un extérieur privatif et une vue sur le jardin. Tout le confort attendu pour des vacances relax, de la clim au lave-vaisselle. Entre mer et montagnes toutes proches, c'est un lieu parfait pour rayonner entre visites et farniente de rigueur !

LBJ LE BAR JEAN €€

RT 10
✆ 04 95 57 42 57
Ouvert toute l'année. Ouvert tous les soirs. Carte : 24 € environ. Menu enfant : 9,90 €. Vin au verre.

On aime l'esthétique déco vintage du lieu qui plaît beaucoup mais c'est loin d'être sa seule qualité. Julie et Denis, par ailleurs compétiteurs du Pékin Express, ont tout réalisé à leur goût pour un résultat au top ! Les assiettes sont joliment servies et sont le résultat de produits issus de circuits courts et frais : veau, cochon, poisson de pêche locale, cochon noir, aubergine en coque, burger au pain boulanger. Pour compléter, une belle sélection de plus de 100 vins du plus humble aux prestigieux grands crus. Belle découverte !

Le fleuve Solenzara.

PAILLOTE DU CAMPING DE LA COTE DES NACRES €€

Staffa Rosa
✆ 09 67 31 87 95
www.campingdesnacres.fr

Ouvert de juin à août. Tous les jours midi et soir. Réservation recommandée. Carte : 24 € environ.

Étirant ses fondations de bois et ses baies vitrées sur les draps nacrés de la côte, une paillote authentique qui respire le farniente et les essences méditerranéennes, que surplombent les majestueuses aiguilles de Bavella. Les pieds dans l'eau, le regard porté vers l'azur marin et l'esprit résolument ailleurs, vous vous laisserez tenter par de succulentes pizzas au feu de bois, fines et croustillantes, ainsi que par de copieux plats frais, servis par un personnel avenant !

SOLE DI SARI**** €€

Pianuccie - **SOLENZARA**
✆ 04 95 57 07 70 - www.soledisari.com

Ouvert d'avril à mi-octobre. 103 mobil-homes, 44 chalets, 16 écolodges. Bungalow de 217 à 2 000 € la semaine.

Un beau petit village de vacances, sur la route de Bavella, aménagé en bordure de la rivière la Solenzara. On profite de belles structures d'hébergements, avec une préférence pour les tentes lodges, d'un parc bien entretenu, d'un terrain multi-sport et de tous les services nécessaires pour un séjour agréable. Bel espace restauration, piscine et label Haute Qualité Environnementale, en prime. Un camp de base parfait pour pratiquer les nombreuses activités sportives de plein air dans cet environnement de choix, randonnée, équitation, canyoning, escalade...

A PINZUTELLA €€

Route de Bavella
✆ 04 95 57 41 18

Bienvenue à la ferme. Ouvert de mi- avril à mi-octobre, du mardi au dimanche, le midi et le soir.

Le bonheur est dans le pré ou au bout de ce petit chemin. Les produits de la ferme-auberge de la famille Luchini sont de toute beauté et on n'aura plus envie d'y partir. A savourer et déguster sans modération : le croustillant de chèvre chaud maison, le cabri rôti et ses petits légumes, les fromages de chèvre fermiers et le fondant à la farine de châtaigne. Pour les amoureux d'ambiance bucolique et pastorale, les trois gîtes ruraux vous permettent de prolonger ces moments forts au bord des piscines naturelles de la rivière de « la Solenzara ». Bucolique !

ACQUA NATURA PARC AVENTURE SOLENZARA CANYONING

Kamiesch
✆ 06 29 19 19 04
www.corse-canyoning-parc.com

Ouvert toute l'année. Tarifs complets en ligne.

Le Parc de la Solenzara vous propose 8 parcours dans les arbres pour les enfants (à partir de 3 ans), les adultes et les seniors avec une centaine d'ateliers. Acqua & Natura vous propose un nouveau canyon : descente, sauts, rappels, un canyon pour les sportifs aguerris, un canyon à la journée, du paintball, du stand-up paddle. Archery Battle : un jeu à pratiquer avec des arcs et des flèches en mousse, et le Paddle mirage Eclipse pour voir sous l'eau !

ZONZA ★★★

Entouré de forêts de conifères et de châtaigniers, le village, au pied du massif de Bavella, à une heure de Porto-Vecchio, est devenu au fil des années un des rendez-vous touristiques primordiaux de la montagne corse. La commune est l'une des plus vastes de Corse, puisqu'elle s'étend de la montagne à la côte. Il est techniquement possible de skier et de se baigner en restant dans la même commune ! De nombreux hôtels-restaurants, pour un si petit village, grosse animation, boutiques et cuisine typique. La plupart des accès à Zonza sont placés sous le regard terrible et impressionnant de la dentition puissante de Bavella, appelée fourches de Bavedda ou cornes d'Asino. Le village est très animé, en saison, lieu de passage incontournable dans l'extrême sud. Les amateurs de canyoning, de randonnées pédestres ou équestres trouveront leur bonheur. On visite son église paroissiale Santa Maria Assunta qui est l'un des rares édifices de style néogothique de Corse. On peut aussi se rendre à la chapelle Santa-Barbara un peu plus loin à deux kilomètres du village. On part à la découverte des châtaigniers centenaires, à la sortie de Zonza, en direction du col et on parcourt les nombreux sentiers inter-villages. Ainsi, on peut accéder aux ruines de la chapelle San-Cesario, dont le bénitier a été conservé, ou encore aux ruines de l'ancienne église San-Martino sur le versant de la pointe Radichella. On trouve quelques sites préhistoriques dans les environs de Zonza. Deux alignements ont été mis à jour près du hameau de Pacciunituli, et les menhirs exposent une de leur face au levant.

LES AIGUILLES DE BAVELLA ★★★

Accessible toute l'année. Chemins balisés.

Les aiguilles de Bavella dominent le col du même nom reliant l'Alta Rocca à la côte est de la Corse. Partie intégrante du Parc Naturel de Corse, ce site se caractérise par ses pics déchiquetés et la palette de couleurs de son panorama ; un tableau naturel unique, composé de grandes murailles rocheuses dont les teintes vont du rouge clair au gris sombre. Depuis Porto-Vecchio ou Zonza, vous emprunterez l'impressionnante route de Bavella, réputée pour son panorama. Cette route sinueuse est particulièrement fréquentée en été et son panorama est exceptionnel !

LE COL DE BAVELLA ★★

Col de Bavella

Accessible toute l'année.

La forêt de Bavella s'étend avec majesté sur un millier d'hectares, au sein desquels les cimes des arbres se balancent dans le vent ; comme tombés du ciel, des blocs de granit s'impatronisent stoïquement, conférant à ce paysage une dimension extraordinaire. Les aiguilles de porphyre qui composent les aiguilles de Bavella dessinent de singuliers personnages culminant dans le ciel. Au col se dresse la statue de Notre-Dame des Neiges. Le 5 août, arpentant une route touchant au sublime, des milliers de pèlerins s'y rejoignent pour s'y recueillir et prier.

SUD CORSE

Aiguilles de Bavella.

LE MUSÉE DE LA RÉSISTANCE EN ALTA ROCCA

Le village ✆ 04 95 78 66 87
www.musee-resistance-zonza.fr
D'avril à fin octobre sauf samedi et dimanche, ou sur rendez-vous toute l'année. Joindre la mairie de Zonza.

Ce musée offre un tour d'horizon de l'histoire de l'occupation de l'Alta Rocca par les troupes italiennes et allemandes durant la Seconde Guerre mondiale. Les objets et documents présentés évoquent les visées de Mussolini sur la Corse, les bombardements et l'insurrection des partisans qui contribuèrent en septembre et octobre 1943 à la libération de l'île : maquettes, chars, mannequins en uniformes, armes, médailles, photographies... unique mémorial de la résistance sur la Corse.

POINT INFO DE ZONZA

Route de Levie ✆ 04 95 78 56 33
zonza-saintelucie.com
Ouvert toute l'année, du lundi au vendredi. Horaires variables selon saison et disponibles sur le site.

Situé au cœur du village, le Bureau d'Information Touristique de Zonza vous propose de nombreuses idées et informations pour découvrir la commune et ses joyaux, ainsi que les points d'intérêt alentour : les Aiguilles de Bavella, l'hippodrome de Viseo, des balades à travers d'enchanteresses forêts, des randonnées pour les plus endurants, des activités de pleine nature (canyoning...) et de nombreux musées pour des découvertes enrichissantes ; des conseils avisés délivrés par des experts du territoire, pour rendre vos vacances en Alta Rocca inoubliables !

BIKE PARK DE BAVELLA

Route de Levie
✆ 06 11 01 63 16
www.bikepark-bavella.com
Tous les jours à l'année sur réservation. Location VTT à partir de 25 €, remontée mécanique à partir de 28 €.

Un magnifique parc de pistes VTT, peu importe votre niveau (vert, bleu, rouge et noir) et vos ambitions, vous trouverez ici de quoi vivre de belles sensations. Une équipe de pro à votre service, 28 pistes Enduro DH, des circuits cross country, VTT électriques, les remontées mécaniques qui vont bien, et un parc complet de VTT de descente et de cross country pour enfants et adultes. Différents forfaits : remontées en navettes ou Bike Pass. Atelier mécanique professionnel sur place. Écoutez bien Bérénice et David et faites-vous plaisir !

LE CLAIR DE LUNE*** €

Route de Levie
✆ 04 95 78 56 79
www.hotelzonza.com
Ouvert toute l'année. 16 chambres (dont 4 quadruples et une quintuple). Basse saison : chambre simple à partir de 70 €.

Agréable base de séjour que ce petit Clair de Lune. Chambres spacieuses et lumineuses refaites entièrement, nouvelle déco, portes à carte, insonorisation et air conditionné dans toutes les chambres. Situation au calme à deux pas du centre, petit jardin agréable pour profiter d'un petit déjeuner bucolique face à la vallée du Rizzanese. Le petit plus : chambres de 4 et 5 couchages, idéales pour les familles nombreuses ou les petits groupes. Belle ambiance décontractée pour des vacances réussies. Piscine chauffée et transats face au beau panorama. Parking gratuit.

© HÔTEL CLAIR DE LUNE

© HÔTEL CLAIR DE LUNE

SUD CORSE

LES HAUTS DE CAVANELLO €

Hameau de Cavanello
✆ 04 95 78 66 82
www.locationzonza.com
Ouvert du 1er mai au 31 octobre. Chambre double à partir de 95 €. Wi-Fi gratuit. Petit déjeuner inclus.

Amateurs de tranquillité, vous trouverez chez Jean-Baptiste de charmantes chambres d'hôtes de charme, entièrement rénovées et de grand confort, idéalement situées sous le regard des aiguilles de Bavella. Les sportifs pourront courir la montagne toute proche et profiter du village de Zonza. On apprécie le copieux et délicieux petit déjeuner à déguster en pleine nature, la jolie petite piscine et ses plages en teck et les 3 chambres familiales jusqu'à 6 personnes. Pour les amateurs de sports et nature c'est l'endroit idéal pour les activités alentour !

LE PRÉ AUX BICHES VERSION YOURTES €

Route de Levie
✆ 06 19 34 74 10
www.lodges-yourtes-corse.com
Ouvert du 1er mai au 15 septembre. Tipi, tentes Lodge et yourtes de 60 € à 110 € pour 6 personnes.

Repris par Vanessa, cet adorable petit village en pleine nature est un endroit qui exhale l'esprit des steppes mongoles. Plus d'1 km de piste roulante depuis la sortie du village, pour des hébergements dotés d'un confort à toute épreuve et de salles de bain privatives. En prime, 4 hectares de propriété préservée et jonchée de pins laricio, de chênes verts, de châtaigniers, et d'une rivière ; ainsi que les conseils éclairés des hôtes sur les secrets de la région.

LA RIVIÈRE €

Route de Quenza
✆ 04 95 78 68 31
www.camping-riviere-zonza.com
Ouvert du 1er avril au 1er octobre. Emplacement + véhicule + 1 personne + électricité 10 €. Wi-fi gratuit.

Un camping de soixante emplacements jonchant sept hectares, à deux kilomètres de Zonza en venant de Quenza. Sur un site forestier naturel, on trouve sanitaires, électricité, distributeur de boissons, aire de jeux, barbecue, lave-linge, réfrigérateurs et four micro-ondes en accès libre, le tout en bordure de rivière Saint-Antoine. Pensez à prendre vos cannes à pêche et votre permis, pour en profiter lorsqu'il fait chaud. Accueil sympathique et bonne disponibilité de Bernadette et Félicien. Un lieu magique et bucolique, en pleine montagne !

AUX BORDS DU TEMPS €€

Rue Principale
✆ 06 22 23 44 73
www.location-chambredhote-zonza.com
Ouvert à l'année. Chambre double à partir de 95 €. Petit déjeuner inclus. Piscine chauffée accessible à 150 m.

En plein cœur du village, cette jolie petite maison bicentenaire accueille le voyageur à la recherche d'un hébergement original. Une réhabilitation dans le respect des matériaux nobles : châtaigner massif, granit, carrelage en travertin, des chambres claires et spacieuses dotées de tout le confort. Chaque espace est personnalisé, du plus classique au plus original sans aucune faute de goût. Une adorable petite terrasse dès l'entrée, une belle vue sur la vallée, une insonorisation parfaite et, en bonus, de copieux petits déjeuners !

CANTU DI FIUMU €€

Route de Quenza
✆ 04 95 25 17 27
www.cantudifiumu.fr
Ouvert du 30/04 au 15/10. Basse saison : chambre double à partir de 85 €. Haute saison : chambre triple jusqu'à 135 €.

Cantu di Fiumu, c'est le chant de la rivière que vous entendrez en séjournant dans cet élégant hôtel à la sortie de Zonza au milieu des arbres, dans le cadre magnifique aux deux patios, piscine chauffée au centre et spa. Neuf chambres de plein-pied avec terrasse privative et vue sur les aiguilles de Bavella dont une avec balnéo. Le restaurant bar U Fuconu vous tend les bras toute la journée pour des instants détente *no limit* et une cuisine sincère et maison : *pizze* et viandes au feu de bois, viande à cuisson lente, frites et desserts maison, et l'accueil au top !

HÔTEL DU TOURISME*** €€

Route de Quenza
✆ 04 95 78 67 72
www.hoteldutourisme.fr
Ouvert d'avril à fin octobre. Chambre double dès 109 €. Bain bouillonnant. Cabane sur le toit 350 € à 480 €.

Ce relais de diligence créé en 1885 est devenu un établissement au charme chic et présente tous les ingrédients pour un séjour confortable : piscine chauffée (d'avril à octobre) posée en balcon sur la vallée, sauna, ascenseur et chambres parfaitement équipées ! Accueil et disponibilité de toute la famille Bertini qui renouvelle sans cesse ce lieu magique. Espace bar-lounge face au panorama. L'hôtel a été entièrement rénové en 2019 et sa décoration est une grande réussite. Nouveauté : la cabane sur le toit au bain bouillonnant privé !

SUD CORSE

L'ETERNISULA €

Route de Quenza
✆ 04 95 76 11 75
www.leternisula.com
De mi-avril à début novembre et pour les fêtes de fin d'année, tous les jours sauf lundi, midi et soir.

Un bar à vin-bistrot-restaurant sympathique. Bel accueil de Jacques Pierre et Amanda dans ce petit café spuntinu aux murs en pierre rustique, avec ses étagères où s'alignent les trésors des producteurs locaux. Glaces artisanales et produits de marques de qualité et de préférence bio. Sur place, vous dégusterez planches de charcuteries et fromages corses, jambon cru affiné en cave 30 mois, piattini à partager en entrée ou à l'heure de l'apéro. Petite terrasse ombragée en été, feu de cheminée en hiver. Petits prix, ambiance bistro de pays et plats du jour appréciés.

LA FERME A STADDA €

Route de Levie
✆ 04 95 25 45 33
Ouvert du 1er avril au 30 octobre. Haute saison : ouvert tous les jours le midi et le soir. Carte : 35 € environ

Dans un décor simple entre montagnes de l'Alta Rocca et arbres majestueux qui sont ici légion, l'accueil est chaleureux et la générosité des assiettes réputée : soupe corse maison, légumes farcis, sauté de veau, lasagnes à la viande ou au brocciu, tripettes à l'ancienne, côtes d'agneau, côtes de veau et autres viandes cuites au four à bois (cuisson verticale), pizzas, haricots à la corse et des desserts maison tout aussi gourmands. Une adresse authentique et Jacques saura aussi vous rencarder sur les chemins de randonnée tout proches !

AUBERGE DU COL DE BAVELLA €€

D268
✆ 04 95 72 09 87
www.auberge-bavella.com
Ouvert d'avril à novembre, tous les jours midi et soir. Carte 30 € environ. Nuitée en gîte d'étape ou chambre.

Cette auberge a été créée en 1936 par la famille Grimaldi qui vous accueille toujours avec le sourire et vous délecte de sa cuisine corse et traditionnelle. Au programme, la charcuterie maison, la salade de l'auberge, le cabri rôti, les Soissons à la panzetta, et la tarte à la châtaigne, délicieuse ! Soirées chants et guitares en été. Service non-stop en saison, grande disponibilité de toute l'équipe. Gîte d'étape sur place en chambre de 2, 4 à 8 lits confortables.

AUBERGE DU COL DE BAVELLA €€

D268
✆ 04 95 72 09 87
www.auberge-bavella.com
Ouvert d'avril à novembre. Gîte d'étape de 2,4 et 6 lits Nuit : 24 € ; pension : 59 € ; demi-pension : 50 € et chambres.

Cette auberge créée en 1936 par la famille Grimaldi vous accueille toujours avec le sourire et propose son gite en chambres de 4 à 8 lits refait à neuf pour faire la pause sur le sentier du GR20. Excellente cuisine corse traditionnelle, service non-stop en saison : charcuterie maison, salade de l'auberge, cabri rôti, Soissons à la pancetta, et tarte à la châtaigne, délicieuse ! En bonus, quelques soirées chants et guitares en été. Une bonne adresse d'altitude (1 240 m) à retenir.

© AUBERGE DU COL DE BAVELLA

© AUBERGE DU COL DE BAVELLA

SUD CORSE

AUBERGE DU SANGLIER €€

Rue Principale
✆ 04 95 78 67 18
Ouvert de mi mars à mi novembre tous les jours et fériés le midi et le soir. carte 30 € environ. Terrasse.

L'adresse est immanquable au carrefour des quatre routes qui mènent à Zonza. Les assiettes sont généreuses, joliment décorées et servies avec entrain. A savourer par exemple, l'assiette du trekkeur, un repas à elle seule, l'assiette maquisarde au saumon, le filet mignon de porc flambé à l'eau-de-vie de myrte, la souris d'agneau et le filet de bœuf gratiné à la tomme corse avec ses chips de panzetta et quelques desserts maison. Bon rapport qualité-prix, service rapide et pro en prime du magnifique panorama sur la vallée et les aiguilles de Bavella.

L'AIGLON €€

Rue principale
✆ 06 16 67 29 17
www.hotel-zonza.com
Ouvert midi et soir en saison. Carte 28 € environ.

Un grand classique à Zonza que cet Aiglon, dont la terrasse se cache derrière les plantes et les fleurs, au beau milieu du village. Une carte variée où chacun trouvera son bonheur, selon son envie et son budget. Une équipe efficace et des assiettes généreuses. Les recettes du terroir corse sont à l'honneur : cochon à la crème de figue, porcelet laqué, veau corse à l'orange, et beignet à la farine de châtaigne. Une salle chaleureuse vous accueille avec ses deux feux de cheminée ; et si l'envie de rester vous prend, l'Aiglon est aussi un hôtel !

L'ATELIER DE VALÉRIE

✆ 06 03 43 55 12
Ouvert à l'année, tous les jours en saison et sur rendez-vous hors saison.

Valérie expose ses créations originales et uniques sur bois de récupération dans sa petite échoppe au cœur de Zonza pour le plus grand plaisir des visiteurs. Sur différents supports, mais toujours en bois, elle s'inspire de ce qui l'entoure tout en récupérant ce qui d'habitude finit à la poubelle. Bancs, plaque de porte, décos à accrocher ou à poser avec des animaux, des voitures, la constitution de Pasquale Paoli ou tout thème selon son inspiration ou selon vos demandes, car elle travaille aussi sur commande. Beauté et écologie : tout gagnant !

U MUNTAGNOLU

D368
✆ 04 95 78 54 10
Ouvert tous les jours de 9h à 19h30. En été de 9h à 22h. Livraison possible (expédition sur demande).

Jeanine cherche et visite tout l'hiver les petits producteurs cachés qui font la fierté de la Corse pour vous les proposer en été dans sa boutique. Des produits identitaires sélectionnés minutieusement et disponibles en quantité parfois limitée. Charcuterie et fromages artisanaux, confitures et farine de châtaigne, aux saveurs originales (tomates vertes, potiron, endives, olives...), miels AOP, liqueurs maison, savons à base de lait de brebis ou d'immortelle, vins fins, terrines, infusions d'herbes du maquis bio... Expédition possible !

Notre Dame des neiges et les aiguilles de Bavella.

E BIKE ALTA ROCCA

Route de Levie
✆ 06 20 81 45 94
www.ebikealtarocca.com
Ouvert d'avril à novembre, tous les jours et les jours fériés à partir de 9h. Hors saison sur rendez-vous.

Hugo Nicolaï et Christophe Leonetti lancent en 2022 E Bike Alta Rocca pour la location de VTT ou trottinettes électriques et vous permettre de découvrir à votre rythme les somptueux paysages de l'alta Rocca. Le plus : tout le monde est au même niveau du sportif au plus casanier, qu'importe l'âge et les capacités sportives ! Le road book en numérique est fourni pour la location simple et 4 circuits accompagnés par un guide diplômé vous offrent le confort de vous laisser guider : Bavella, forêt de l'Ospédale, plateau du Coscione, tout de beau sans effort !

LE TROU DE LA BOMBE

Col de Bavella
Durée : 2H30 AR. Balisage rouge. Difficulté : facile.

Une jolie petite balade ombragée sous les pins, et qui ne comporte aucune difficulté majeure, dans laquelle on s'aventure au départ de la fontaine du Cannone, à coté de l'auberge du col de Bavella, signalée Tafonu di u Cumpuleddu (l'Enclos aux Brebis en langue corse). Prévoyez une bonne paire de chaussures et suivez le sentier parfaitement balisé en rouge et orange. Ce trou de 8 mètres de diamètre est l'œuvre de la tectonique et de l'altération des tafonis. Un peu d'escalade dans les rochers à l'arrivée pour cette curiosité typique du paysage corse !

CARBINI ★★

Le village se compose de trois hameaux aux maisons de granit, et l'ensemble offre une vue sur les aiguilles de Bavella au loin. Carbini est l'un des rares exemples en Corse où trois édifices ont existé en même temps : un campanile construit par Maestru Maternatu et deux églises Saint Jean-Baptiste et Saint-Cyr. Aux environs de 1365, un courant religieux apparut : les Giovannali. Proche des Cathares, ils prônaient un retour aux sources des Ecritures, ainsi que des valeurs de pureté, d'égalité et de justice. L'Eglise les condamna comme hérétiques ; la plupart furent arrêtés et brûlés vifs, et de nombreuses rumeurs furent répandues sur leur doctrine.

L'ÉGLISE SAN GIOVANNI-BATTISTA ET SON CAMPANILE ★★

Accessible toute l'année.

Cette église pizane comporte une nef unique, flanquée d'un campanile isolé au nord-est de l'abside. Une seconde église de même style mais plus petite, dédiée à San-Quilico, existait à côté de San-Giovanni. On en voit les vestiges au sol. Cet ensemble constituait à l'époque paléochrétienne et au Moyen Age le centre religieux des habitants de la haute vallée du Fiumicicoli. Ce lieu évoque la mémoire des «Cathares corses» que furent les Ghjiuvannali au 14e siècle.

SAN-GAVINO-DI-CARBINI ★

Entourée de sommets, la commune, très étendue, possède des vestiges préhistoriques importants, comme le Castellu d'Araghiu, une grande fortification cyclopéenne. Les spécialistes pensent qu'il ne s'agissait pas d'un village, mais d'un point de repli : le site est suffisamment grand pour accueillir les familles avec leurs troupeaux en cas de conflit ou de siège. Avec son système de tours, enceintes et chemin de ronde, le castellu est l'une des forteresses les plus élaborées de l'âge de bronze en Corse. Le village est un point de départ pour découvrir les trésors naturels de la région, comme la forêt de l'Ospédale ou encore la cascade de la Piscia di Gallu.

LA CASCADE DE PISCIA DI GHJADDU ★★★

Ouvert toute l'année. CB non acceptée. Parking payant en saison.

L'accès à la cascade de Piscia di Ghjaddu se fait par un sentier depuis un parking payant installé à 7 km du barrage de l'Ospélade. Ce sentier franchit un gué, avant de déboucher dans un paysage dégagé pour surplomber le torrent qui alimente la chute, à quelques pas de là. Culminant à plus de 70 mètres de hauteur, cette dernière est assez spectaculaire ! Le site présente des rochers aux formes élaborées et mystérieuses, certains évoquant des représentations humaines ou animales.

U N'ANTRU VERSU €€

D268

✆ 04 95 78 31 47

www.aubergeunantruversu.fr

Restaurant et chambres ouverts de mi-mars à fin novembre.

Depuis plus de dix ans U N'Antru Versu, au cœur de San Gavino di Carbini ravit les nombreux habitués tant l'on s'y sent bien ! Une belle salle en pierre, un accueil au top et côté cuisine, une carte simple gage de fraîcheur, de bonnes pizzas au feu de bois, une charcuterie réellement artisanale, de belles grillades et des plats tout à la fois goûteux et gourmands ! Le tout servi dans cadre chaleureux, de belle facture et très harmonieux. En prime 5 superbes chambres d'hôtes, dans le respect de la vieille pierre et poutres apparentes en châtaigner et pin Laricio.

QUENZA ★★

Entouré de hauts sommets et de forêts, Quenza est construit sur un plateau. Il a gardé son authenticité, avec ses maisons hautes dominées par une tour carrée. La forêt de Bavella, protégée par le Parc naturel régional, est également une réserve pour les mouflons. C'est là aussi que furent réintroduits les cerfs corses dans les années 1980. Vous trouverez ici tous les trésors de l'Alta-Rocca : les pins les plus hauts allant jusqu'à 50 m, les chênes entourés de châtaigniers dans une flore exceptionnelle. Le village est plaisant, fréquenté par de nombreux amateurs de sports verts : randonnées pédestres et équestres, canyoning, ski de fond en hiver.

LE CANYON DE LA VACCA ★★

Bocca di Larone

Approche : 40 minutes. Descente : 2h. Retour : 1h15. Dénivelé : 100 m.

Un des premiers vrais canyons ouverts en Corse, pas très long (1h), pas très difficile (un seul vrai rappel quasiment obligatoire), un enchaînement de passages spectaculaires et de sites grandioses. Ce canyon draine une foule intense de pratiquants tout l'été. Les marches d'approche et de retour sont magnifiques. Les ruisseaux de Polischellu, Purcarccia et San Petru forment celui de la Vacca, d'une longueur d'environ 1 km. Cette descente est courte, très aquatique, dans une eau aux vasques d'émeraude. Elle permet de réaliser plus de 13 sauts avec 2 rappels.

LE CANYON DE POLISCHELLU ★★

Argiavera

Dénivelé : 360 m. Approche : 20 min. Descente : 2h30. Retour : 5 min.

Mêmes superlatifs pour ce canyon que pour son jumeau le Purcaraccia, mais dans un cadre naturel complètement opposé ; boyau sous verdure contre couloir rocheux dégagé ! On peut en éviter la partie fréquentée en remontant jusqu'à la cascade qui culmine à 800 mètres, mais le terrain est un peu moins ludique. Là encore, on y goûte la balade aquatique davantage qu'au Purcaraccia, les obstacles y étant faciles et contournables, et la corde nullement nécessaire. A l'orée du printemps, le mois de mai semble le moment idéal pour profiter d'un bon niveau d'eau.

SUD CORSE

Le Canyon de Purcaraccia.

LE CANYON DE PURCARACCIA ★★

Argiavera

Dénivelé : 360 m. Approche : 1h30. Descente : 2h30. Retour : 45 minutes.

À l'instar de son alter ego le Polischellu, il est l'un des plus beaux canyons corses. Creusant ses sillons à 700 m d'altitude, il propose un incroyable parcours constitué d'un enchaînement continu de vasques, toboggans et sauts, nichés entre deux formidables cascades de 40 mètres de hauteur ! De par son succès et sa renommée touristique, le canyon intrépide prend aujourd'hui des airs de balade aquatique tant ses obstacles sont devenus contournables, mais les rappels des deux cascades lui font amplement mériter l'activité « canyoning ». À privilégier hors saison !

L'ÉGLISE SAINT-GEORGES

Accessible toute l'année.

Située à Quenza, à 45 km de Porto-Vecchio et à 38 km de Propriano, l'église est caractéristique de l'architecture rurale et religieuse du sud de la Corse, toute en pierre de taille de granit gris. On peut visiter cette église paroissiale de style roman incorporant des éléments classiques, qui renferme de belles peintures et dont la sacristie est classée aux Monuments historiques. On y trouve en façade quelques blocs de serpentine verte d'origine romane. Les randonneurs traversant Quenza ne manqueront pas non plus la chapelle Sainte-Marie, dans la même veine.

LA CHAPELLE SANTA MARIA ASSUNTA

Accessible toute l'année.

La petite chapelle Santa Maria Assunta se dresse au cœur du village de Favalello, dans une boucle de la route. Datée de l'an mille, l'ancienne chapelle romane possède deux statues de bois polychrome, l'une représentant la Vierge, l'autre saint Etienne. La petite chapelle Santa Maria Assunta mérite le détour pour un linteau du VIIe siècle décoré d'une curieuse croix, mais également pour ses fresques de la fin du XVe siècle. Elle a d'ailleurs été entièrement restaurée.

LE PLATEAU DU COSCIONE [CUSCIONU] ★★

Accessible toute l'année.

Aride en été, enneigé l'hiver, ce plateau perché à 1 500 m d'altitude est une réserve de biodiversité, à parcourir à pied en suivant les sentiers balisés. Doté d'une luxuriante faune et flore, le site est un fascinant refuge de gypaètes, d'aigles et de milans, de cochons en liberté, mouflons, vaches et chevaux de race Corse. En arrivant à Cavallara, on découvre les pozzines, un tapis vert parsemé de quelques rochers bas, un biotope spécifique de ce territoire naturel.

LE CHÂTEAU DE QUENZA

✆ 04 95 38 84 83

Accès interdit, travaux en cours jusqu'à fin 2023.

Le Château de Quenza se dresse fièrement au seuil village de Quenza. Une superbe maison de maitre à tour carrée et fenêtres à colonnettes, demeure de la famille Colonna Cesari qui fut édifiée avec des pierres de Toscane, sur le modèle du Palazzo del Podesta de Florence, unique en Corse. En été son Jardin devient un lieu d'exposition d'Art Contemporain présidé par le sculpteur Marc Pietri et les œuvres d'artistes locaux ornent tout le village lors de la biennale de sculpture. Le Château ré-ouvrira ses portes en 2024, suite à d'importants travaux de réhabilitation.

CORSE ODYSSÉE €€

Pentaniella

✆ 04 95 78 64 05

www.gite-corse-odyssee.com

Ouvert toute l'année. Sur réservation. Chambres double et triple. Demi-pension : 70-75 € (par personne).

Voici un lieu de séjour de charme à la décoration originale. Vous êtes chez Nathalie et Pierre-Paul qui vous invitent à voyager dans les pays de la diaspora corse. Choix entre la chambre vietnamienne, l'orientale ou la sud-américaine. L'accueil est toujours aussi adorable et la table irréprochable, de l'entrée au dessert, grâce aux talents d'un chef qui conjugue ses talents aux fourneaux et une grande connaissance de la montagne. Une étape à découvrir pour son ambiance inénarrable ! Réservation conseillée. La table est ouverte aux gourmands de passage.

SOLE E MONTI*** €€

Route de Zonza
✆ 04 95 78 62 53
www.solemonti.com

Ouvert de mai à octobre. Chambre simple et double à partir de 110 €. Parking ouvert inclus (parking fermé moto).

Au cœur de l'Alta-Rocca, c'est une belle étape pour qui cherche le gîte et le couvert. Les membres de la famille Balesi, Félicien, cuisinier réputé, et les nièces Elodie et Estelle, se complètent à merveille pour satisfaire les plus exigeants. L'hébergement a gagné ses trois étoiles, et la partie gastronomie est chaudement recommandée. Un environnement agréable, des prestations de belle facture et un accueil naturellement sympathique de toute l'équipe. Un lieu de séjour tout en douceur, au grand air, et bien plus au calme qu'au village de Zonza !

FUNTANA BIANCA €€

Jallicu
✆ 06 81 17 18 17
www.funtana-bianca.com

Ouvert d'avril à septembre tous les jours le midi et le soir. Uniquement le week-end hors-saison.

Tout là-haut dans la montagne, sur la route du Cuscionu, Marie-France et Pierre vous reçoivent. Une grande salle avec une imposante cheminée, un moment authentique et gourmand et avec la possibilité de passer la nuit sur place en profitant du bon air de l'Alta Rocca. Les spécialités recommandées seront le sanglier polenta ou la charcuterie de la maison, les aubergines à l'ancienne puis flan ou panna cotta et île flottante en desserts maison. Ici, temps s'arrête, on profite d'un moment zen entouré d'un panorama à couper le souffle et plein de fleurs partout !

SOLE E MONTI €€

Route de Zonza
✆ 04 95 78 62 53
www.solemonti.com

Ouvert de mai à octobre uniquement le soir. Carte 40 € environ.

L'une des adresses de référence de la région, dirigée de longue date par le fameux Félicien Balesi, désormais accompagné par la deuxième génération féminine en la personne d'Elodie et de sa sœur Estelle. On y profitera de son adorable petit jardin aux beaux jours ou de la grande salle avec ses cheminées pour savourer cette cuisine authentique qui ravit les gastronomes : agneau de lait rôti et cochon de lait pour les spécialités. De nombreuses formules pour toutes les bourses, un bon menu pensionnaire et une carte qui sent bon le terroir. Arrêt impératif !

TREKORS RANDONNÉES

place de l'Église ✆ 06 84 44 71 66
www.trekors.com

Ouvert toute l'année. Sur réservation uniquement. Accessible personnes à mobilité réduite, malvoyants, malentendants.

Julie Michel, accompagnatrice en montagne en Corse, propose des randonnées à la journée et à la demi-journée, des chasses aux trésors, de la joëlette (pour permettre la découverte des sentiers aux personnes à mobilité réduite) de la découverte d'abris sous roche, crêtes et tunnels secrets, de la rando découverte botanique et aussi des séjours de 2-3 jours traversée du Cuscionu ou la découverte du GR20 et des sorties hivernales en raquettes à neige. Julie organise tout votre séjour à la demande (hébergement, restauration, déplacement...) avec un joli sourire.

AULLÈNE ★★

Les maisons anciennes à arcades sont construites en granit, et l'ensemble est dominé par les ruines d'un château. Aullène est entouré de reliefs, comme le col de la Vacca, qui offre un panorama immense sur la région. On peut également se promener dans la forêt de Tacca, ou encore accéder au rocher en équilibre par les sentiers de randonnée. Le bourg montagnard était autrefois un lieu important de transhumance, et organisait une foire aux bestiaux qui était considérée comme l'une des plus importantes de l'île. Au village, l'église Saint-Nicolas est classée monument historique, et possède un clocher à étages sculptés, ainsi qu'une belle chaire en bois.

© XAVIER BONNIN

Eglise Saint-Nicolas.

L'HÔTEL DE LA POSTE €

Rue Principale
✆ 04 95 78 61 21
www.hotel-de-la-poste-aullene.com

Ouvert de mai à fin septembre. Chambre simple à partir de 42 € ; chambre double à partir de 54 €. Petit déjeuner : 8 €.

C'est l'un des plus anciens hôtels de la Corse, dirigé par la famille Benedetti-Lucchini depuis cinq générations. Cet ancien relais de diligence est aujourd'hui une des rares étapes de la région. Le panorama de la terrasse est superbe. Étape simple, pratique et pas chère. Nouvelle décoration de la salle du restaurant qui propose une cuisine sincère et familiale et le bar entièrement refait à neuf ! Au carrefour de l'Alta Rocca et du Haut Taravo au cœur d'Aullène. Depuis 2020 quelques chambres tout confort avec salle de bain et TV.

U SAN LARENZU €€

Casciaco ✆ 07 60 06 24 83
www.sanlarenzu.com

Gîtes de France (2 épis). Ouvert d'avril à octobre. Chambre à partir de 85 €. Bain bouillonnant, sauna.

Antoinette et Laurent Henry proposent aux amateurs de tranquillité des chambres de grand confort, un bain bouillonnant, le sauna et ses bains de soleil. Belle production charcutière maison que l'on pourra même emporter. Literie neuve, nouvelle déco, salle panoramique et toujours l'accueil au top. Au beau milieu des montagnes de l'Alta Rocca et de la vallée du Taravo de belles balades et randonnées tout autour en forêts ou au plateau du Cuscione à la découverte du pastoralisme insulaire authentique traditionnel. Vous aurez le meilleur des conseillers avec Laurent.

U SAN LARENZU €€

Rue de la Poste ✆ 07 60 06 24 83
www.sanlarenzu.com

Ouvert d'avril à octobre midi et soir. Réservation recommandée. Menus de 25 à 32 €. Carte : 24 € environ.

Une table authentique chez des producteurs. Antoinette et Laurent Henry vous accueillent au restaurant U San Larenzu, avec vue panoramique sur les montagnes, où ils valorisent en cuisine le fruit de leur travail d'éleveurs porcins et bovins et de charcutiers. Vous dégustez une cuisine maison à base de produits issus de leur exploitation. Brochettes de veau corse, sauté et côtes de veau, daube de porcs aux châtaignes, carré de porc rôti et porcelet rôti, cannelloni ou omelette au brocciu en saison. S'ajoutent une boutique et des chambres d'hôtes. Escale conseillée.

CHARCUTERIE SAN LARENZU

Casciaco
✆ 07 60 06 24 83
www.sanlarenzu.com

Ouvert tous les jours de 8h à 20h. Livraison possible (et Chéques vacances acceptés). American Express

Henry Laurent élève et « charcute » depuis plus de vingt ans sur les cimes de l'Alta Rocca dans le petit village d'Aullène ses porcs de race corse et ses bovins. La transhumance s'organise sur le plateau du Cuscione à 1 500 m d'altitude. On pourra y découvrir le séchoir et apprécier le fumet délicieux de ces prisutti, coppa, lonzu, salami, figatellu, pancetta... Conditionnement sous vide pour le voyage. En prime : les chambres et le beau restaurant U San Larenzu sur place à un prix très accessible pour les prestations offertes (bain à remous, spa et sauna).

I SABIDINI

Andriaccia

✆ 06 89 06 10 84

Ouvert de mars à novembre. Tous les jours jusqu'à 23 h. Ouvert le dimanche (vente par correspondance).

Isabelle Chiaroni confectionne toute l'année dans sa petite boutique-atelier ses canistrelli, frappi, bastelle, sciaccia, beignets au bruccio, craquants, chaussons et pâtisseries de saison... Pour approvisionner tout l'Alta-Rocca et au-delà. On y savourera en toute confiance cette production artisanale sucrée et salée sur une adorable petite terrasse tout de rouge vêtue. Toute la journée des propositions à l'ardoise pour de bons petits plats maison : courgettes farcies, veau aux olives... Une petite entreprise courageuse et gourmande !

ZÉRUBIA ★

Le village, d'une trentaine d'habitants seulement, se trouve au milieu de sommets, et offre une très belle vue sur les aiguilles de Bavella. Vous le trouverez en descendant d'Aullène vers Cargiacca à travers une route étroite peu fréquentée et bordée de forêts. Ses quelques maisons de granit et ses bergeries anciennes sont abritées par des châtaigniers centenaires, et son église romane Santa Trinité possède un très beau campanile. Les environs offrent quelques possibilités d'excursions en montagne, au milieu des massifs de roches rouges. Le Rizzanese, le Chiuvone et le Baraci sont les principaux cours d'eau qui traversent la commune.

CARGIACA ★

Sur une pente, au milieu de la verdure, le petit village de Cargiaca, offre aux regards ses maisons de granit. L'on y voit encore des maisons basses d'origine pastorale qui alternent le long de la route avec des « Casone », signes de la vitalité du village avant l'exode des années cinquante. Vers le bas du village, subsistent quelques vestiges de maisons semblant dater du XVe siècle. A 600 m, se dresse un rocher où, suivant la légende, s'élevait un château nommé Castellu della Rocca. L'église Saint-Paul possède un beau clocher latéral. Passer par Cargiaca est un raccourci pour relier la plaine jusqu'à Aullène, par une route pittoresque.

SERRA-DI-SCOPAMÈNE ★

Un des très beaux villages de l'Alta-Rocca, avec une vue en balcon sur la vallée du Rizzanese. La commune dispose d'un camping, d'un gîte d'étape et pour les approvisionnements, on y trouve même un snack et un bar-épicerie. A ne pas manquer, le superbe moulin à eau situé à l'entrée du village. On n'oublie pas l'église San-Nicolas, du XVIe siècle, reconnue pour son acoustique particulière, où l'on y organise en été, des concerts de musique et chants polyphoniques. Un sentier permet de découvrir les différents éléments du patrimoine bâti de la commune : séchoir à châtaignes, moulin, fontaine et belles maisons de granit d'architecture altière.

Zérubia.

LE SENTIER DU PATRIMOINE ★

Durée : 1h. Distance : 1 350 m.

© XAVIER BONNIN

A l'initiative de l'Office de l'Environnement de la Corse, ce sentier est destiné à offrir une rencontre brève mais riche d'émotions avec la mémoire des lieux, restituée en grande partie par les nombreux éléments restaurés du patrimoine de la pierre sèche : murs, calades et emmarchements, mais également fontaines, lavoirs, fours et moulins. En cheminant, vous mettrez vos pas dans ceux des générations qui nous ont précédés, et qui nous ont légué une expression de civilisation, ainsi qu'un témoignage de l'histoire d'une communauté.

LE SCOPOS €

D420 ✆ 09 86 24 69 59

www.gite-corse-scopos.com

Ouvert du 15 mars au 1er novembre. Accueil jusqu'à 21h. 47 € la nuitée avec repas et petit déjeuner en chambre de 4 à 6.

Sabrina reprend cette année le gîte de Serra-di-Scopamene et apporte sa touche perso avec une cuisine maison : charcuterie, pâté de tête, soupe aux légumes, porc à la châtaigne, tartes et même confiture maison. Bel emplacement au cœur du village et hébergement dans de bonnes conditions pour cette halte sympathique des randonneurs du Mare e Mare Sud. Transfert de sac de gîte en direction de l'étape suivante. Terrasse panoramique dont quelques chambres ont l'accès direct avec vue sur l'Alta Rocca. Cheminée allumée en saison plus fraîche pour sécher les vêtements.

CASA SARRINCA*** €€

Quartier de l'église ✆ 06 15 44 74 87

www.casa-sarrinca.fr

Gîtes de France. Ouvert toute l'année. Accueil jusqu'à 20h. 5 chambres. Chambre simple 75 €. Wifi gratuit. Restauration.

Une très belle création dans ce beau village de l'Alta-Rocca que cette nouvelle Casa qui ne manque pas d'atouts. Catherine et Francine ont aménagé cette belle bâtisse typique de la région en une maison d'hôtes

de charme et de caractère. La réalisation est exemplaire avec une décoration raffinée, des prestations hôtelières de haut niveau, une situation panoramique face au panorama face à la vallée du Rizzanese et un accueil parfait pour ne rien gâcher. En bonus, la table d'hôtes est proposée pour apprécier la gastronomie locale. Un grand bravo !

CAFFE A SCOPA €

✆ 04 95 78 73 29

Ouvert toute l'année. Tous les jours. Wi-fi gratuit. Terrasse.

La route d'Aullène à Zonza est l'occasion de découvrir des paysages grandioses de l'Alta Rocca et une pause à Serra-di-Scopamène sur la terrasse du Caffe A Scopa est vivement recommandée pour en apprécier les charmes. François ouvre à l'année depuis 18 ans ce petit lieu authentique qui offre un instant de repos et de paix incomparable par le paysage qu'il embrasse. Détente assurée. L'été, le chef Luc propose une petite carte à l'ardoise, entre charcuterie locale, burger corse, salade, et sa spécialité : le poulpe fumé maison. Pizzas présentes à l'année !

ALTA ROCC'ÂNES

U Paradisu

✆ 06 83 40 70 48

www.altaroccanes.com

Location d'âne pour vous promener sur les sentiers du village, sur réservation. Tarifs sur le site internet.

Grâce aux promenades proposées par Alta Rocc'ânes, on découvre les merveilles de l'Alta Rocca sous un autre angle. A dos d'âne on sillonne les anciens chemins muletiers et les ruelles des petits villages authentiques, en passant par les hauts plateaux montagneux. Les jeunes enfants profiteront eux aussi de ce moment inoubliable et joyeux. Plusieurs formules adaptées à vos envies : promenade en autonomie totale de 1/2 heure à 2 heures, balade accompagnée par un guide diplômé pour enrichir vos connaissances et visite de la ferme.

SUD CORSE

ZOZA ★

Le village construit à flanc de coteau présente la particularité d'être à l'umbria, en face nord, accentuant la sensation d'être enfermé dans un impressionnant cirque montagneux. Il est traversé par le fougueux fleuve Rizzanese qui alimente plus bas le barage. Au nord-est du village, vous pourrez descendre à pied au Ponte Vecchju (le vieux pont) qui franchit le fleuve. Vous y découvrirez en amont une belle cascade et en aval deux piscines naturelles très appréciées en été par les nombreux locaux et les visiteurs avisés. Après Zoza, la route monte vers Sorbollano en longeant la rivière : le lieu est idéal pour les amateurs de pêche et de canoë-kayak.

LEVIE ★★

La commune s'étend de la vallée du Rizzanese au Pianu di Livia, jusqu'à la montagne de Cagna, à 1 300 m au-dessus de la vallée de l'Ortolo. Riche de sites historiques et préhistoriques classés au patrimoine mondial par l'Unesco, Levie se définit comme la capitale de l'Alta-Rocca. Des différents hameaux, nombreux départs de chemins de randonnée vers la montagne de Cagna et vers les sites préhistoriques, au milieu des chênes, du maquis et des immenses blocs de granit. C'est aussi un beau village animé aux maisons de granit, avec clocher carré. Son histoire date du Moyen Age avec ses maisons anciennes dont les plus âgées datent du XVIe siècle.

CUCURUZZU, CAPULA ET SAN LARENZU ★★

✆ 04 95 78 48 21

Avril, mai, octobre ouvert de 9 h 30 à 18 h. Juin à septembre de 9 h 30 à 19 h. Haute saison : ouvert tous les jours.

Erigé par les hommes de l'âge du bronze, le Casteddu de Cucuruzzu a été établi au sein d'un chaos granitique dominant le versant nord du plateau de Levie. En contrebas, plusieurs des terrasses aménagées et des abris ont été occupés ; il s'agit d'un village ceinturé par un mur de protection, non accessible. Sur le chemin du retour apparaissent les soubassements de la chapelle médiévale San Larenzu. Pour compléter la visite, la découverte du musée départemental est recommandée.

MUSÉE DÉPARTEMENTAL DE L'ALTA ROCCA ★

Avenue Lieutenant-de-Peretti

✆ 04 95 78 00 78

www.corsedusud.fr

Ouvert à l'année. Haute saison (juin à septembre) : tous les jours de 10h à 18h. Plein tarif : 4 €. Tarif réduit : 3 €.

Archéologie, paléo-ethnographie, et histoire se rejoignent dans ce musée, reflet de 10 000 ans d'occupation humaine. L'Alta Rocca, ce sont plus de 60 sites fouillés, plus de 200 sites prospectés et dont les vestiges constituent une collection de référence. Sur près de 700 m², on suit pas à pas dans leur vie quotidienne, les différents groupes humains depuis leur première implantation dans des abris sous roche (8e millénaire avant notre ère) jusqu'à leur installation dans des casteddi du Moyen Age. Les collections proviennent de la fouille des sites de l'Alta-Rocca, de la montagne à la plaine. Etape par étape, le musée retrace l'invention de la poterie, l'apparition de l'agriculture, les débuts de l'élevage, le perfectionnement des outils avec la maîtrise progressive de la métallurgie, l'ingéniosité des guerriers de l'âge du bronze, la coquetterie des dames de l'âge du fer, l'évolution de l'habitat et des rites funéraires. Il présente de façon détaillée deux sites ouverts à la visite (Cucuruzzu et Capula). C'est ici aussi que l'on peut voir le squelette d'une espèce animale disparue, le Prolagus ou « Lapin-Rat », ainsi que celui de la Dame de Bonifacio, célèbre vestige humain mésolithique de Corse. Enfin, dans la salle d'art sacré, on peut admirer un Christ en ivoire du XVIe siècle, don du pape Sixte Quint à la « ville » de Levie. Le musée propose également des visites commentées du parcours permanent et des expositions temporaires ainsi que des ateliers jeunes publics.

A PIGNATA*** €€€

Route des sites archéologiques de Cucuruzzu

✆ 04 95 78 41 90

www.apignata.com

Ouvert du 31 mars au 29 novembre. Chambres, caseddu, cabanes perchées de 280 € à 720 € / 2 personnes en demi pension.

La famille de Rocca Serra vous accueille au cœur de l'Alta-Rocca, en pleine nature. Voici une adresse d'exception et un lieu de vie de charme qui réjouit les amateurs d'authenticité avec ses bâtisses de pierre ou de bois. A Pignata propose de magnifiques chambres, des suites et 2 cabanes de luxe, le tout de grand confort. Côté cuisine, on reste dans la tradition avec un menu unique qui valorise la charcuterie et la viande de l'exploitation familiale. Grande piscine intérieure chauffée avec solarium et panorama sur la vallée. Salon superbe et terrasse panoramique !

A FUNTANEDDA €€

La Marangone

✆ 04 95 20 47 27

Ouvert à l'année. Hors saison le midi et le week-end. En saison tous les jours midi et soir.

Fraîchement repris par Christophe et Laurence, déjà connus du *Petit Futé* pour l'épicerie fine de Levie, A Funtanedda est un endroit bien accueillant et ouvert à l'année pour le plus grand plaisir des habitués et des autres. Un coin braséro sur la terrasse pour les viandes grillées, de la pêche locale selon arrivage, les fameuses sciacce à la pomme de terre (spécialité de Levie) concoctées par la patronne, charcuterie artisanale, soupe corse maison, beignets de courgettes… Carte à l'ardoise changeante et animations de chants corses en saison.

A PIGNATA €€

Route des sites archéologiques de Cucuruzzu

✆ 04 95 78 41 90

www.apignata.com

Fermé de janvier à mars. Ouvert tous les jours et jours fériés le midi et le soir. Réservation recommandée. Menu 60 €.

L'intégration des bâtiments de cette ferme-auberge est exemplaire avec l'usage de pierres granitiques et de bois de chêne, la décoration intérieure élégante. En cuisine, Jean-Baptiste De Rocca Serra concocte une cuisine de tradition à partir de produits corses, dont le porc noir élevé sur l'exploitation par son frère Antoine. Le menu unique offre un panorama du meilleur de la Corse. L'agneau de 7 heures, les haricots mijotés dans la sauce, les cannelloni au bruccio et à la menthe. tout est parfait, généreux, savoureux ; avec des chambres de charme pour séjourner.

SAINTE-LUCIE-DE-TALLANO ★★

Ce village est considéré à juste titre comme l'un des plus beaux villages de Corse. Il possède un grand caractère et une belle architecture homogène, composée de hautes façades étroites de pierre, d'escaliers extérieurs, de passages voûtés et, derrière l'église, une tour pisane datant du XVIe siècle. Au centre se trouve une belle place avec une fontaine, et le socle du monument aux morts est en diorite orbiculaire datant de 1875, provenant d'un gisement rare, aujourd'hui épuisé, proche du village. C'est un village qui vit toute l'année et organise au printemps une foire de l'huile d'olive qui attire de toute la Corse les amateurs et les curieux.

U FRAGNONU €€

Route de Zoza

✆ 04 95 78 82 56

www.gite-tallano.fr

Ouvert d'avril à fin octobre. 50 € la 1/2 pension. Couchage et petit déjeuner : 35 €.

Au cœur d'une nature généreuse, dans le village de Sainte-Lucie-de-Tallano où l'on produit d'ailleurs une huile d'olive traditionnelle se trouve U Fragnonu au bout du village en direction de Zoza. Dans une vieille maison typique de l'Alta-Rocca reprise par la mairie, on y propose 32 lits en chambres ou dortoirs avec une jolie vue au début de la route de Zoza. La table, tout comme l'accueil est soignée c'est pourquoi on ne regrettera pas la demi-pension obligatoire. Une formule bien pratique pour les couples ou les familles qui sont les bienvenus ici.

SUD CORSE

© APROTT - ISTOCKPHOTO.COM

Sainte-Lucie-de-Tallano.

SUD CORSE

SANTA LUCIA €

Place de la Fontaine

✆ 04 95 78 81 28

Fermé du de mi-décembre à début mars. Haute saison : ouvert tous les jours et les jours fériés le midi et le soir.

La table de la famille Bernardi-Piazza est renommée dans tout l'Alta-Rocca, et on y vient midi et soir se délecter des spécialités de Stéphanie qui nous mitonne ses incontournables plats montagnards. Ainsi, on y retrouve entre autres la charcuterie de Zicavo, les tripes de veau à la tallanaise, les cannelloni au brocciu, le civet de cochon sauvage aux cèpes et la polenta crémeuse et autres douceurs. On y côtoie, dans la bonne humeur, des locaux qui fréquentent assidûment les lieux, et on choisira à loisirs de s'attabler sous la nouvelle terrasse décapotable.

DOMAINE ROSA DE CALDANE €€

Caldane ✆ 04 95 73 50 26

www.hotelresidence-caldane.com

Ouvert toute l'année. Tous les jours et les jours fériés le midi et le soir. Réservation recommandée.

Une jolie table champêtre au sein du domaine de Caldane pour prendre des forces avant ou après les bains. On y profite d'une terrasse ombragée dominant les bassins et d'une cuisine locale de bonne tenue : tripettes, sauté de veau à la mode corse, cabri ou porcelet. Une adresse située dans un site naturel entre deux montagnes que l'on apprécie pour le calme de l'environnement. En prime : la résidence juste à côté et bien sûr, l'espace bien-être des bains d'eau chaude, du parc avec son mini-golf et la salle de sport et remise en forme.

CHEZ DUME €€

Route de Zoza

✆ 06 46 71 39 45

Haute saison : ouvert tous les jours, jours fériés le midi et le soir. Réservation recommandée. Carte : 23 € environ.

Une adresse bien sympathique au cœur du village en prenant la direction de Zoza. Nous sommes ici dans un restaurant familial avec sa jolie terrasse aérée et au calme pour un instant détente gourmand. Cuisine à base de produits frais avec ses pâtes et ses gnocchis maison et même le pain des burgers ! Au menu : pâtes du chef (avec crème de champignons forestier et jambon corse), civet de sanglier, courgettes farcies viande et brocciu, ravioles aux gambas maison (si vous avez de la chance). Et puis juste à côté la boutique de production d'huile d'olive de la famille.

LA CAVE À HUILE D'OLIVE SANTA LUCIA

✆ 06 03 54 40 96

www.huile-santalucia.fr

Ouvert du lundi au samedi de 10h à 20h sans interruption d'avril aux vacances de la Toussaint.

Une bien jolie cave au beau milieu du village de Sainte-Lucie-de-Tallano derrière l'église où Jacques vous fera déguster le fruit de son travail-passion décliné en différents produits : huile d'olive AOP en deux versions, extra fruitée et douce selon la maturité de ramassage ainsi qu'une pâte d'olive maison sans autre ingrédient que les olives. Présentées sous différentes formes et contenants, c'est l'occasion de se faire plaisir avec un aliment santé par excellence !

L'ALIVETI

Village de Santa Lucia di Talla

✆ 06 46 71 39 45

Ouvert d'avril à fin octobre. Tous les jours à partir de 8h.

Paul Dominique, enfant de Sainte-Lucie-de-Tallano, entame avec succès sa quatrième année de production d'huile d'olive du pays. Issue de la variété d'olive germaine de l'Alta Rocca, sa production se fait sur une seule huile, La Tallanaise, très douce car les olives sont ramassées naturellement à maturité et uniquement par des procédés mécaniques. Dans sa boutique on trouve aussi canistrelli, terrine, miel, charcuterie, fromage, confiture, liqueurs, et aussi de savons fabriqués avec son huile. Possibilité d'expédition sur le continent. Bravo !

LES BAINS DE CALDANE

Caldane ✆ 04 95 73 50 26

www.hotelresidence-caldane.com

Basse saison : ouvert tous les jours de 9h à 20h. Haute saison : tous les jours de 9h à 23h30. Séjour 1 nuit dès 120 €.

Les bains de Caldane sont un endroit merveilleux pour se baigner et se ressourcer. Creusés à même la roche, en pleine nature et alimentés par une source d'eau sulfureuse qui jaillit naturellement à 38 °C. Celles-ci possèdent des propriétés curatives (dermatologie, rhumatologie…). Les Bains de Caldane proposent sauna finlandais (80°-90 °) et un sauna infrarouge à tester de toute urgence. Les produits cosmétiques aux eaux de Caldane sont disponibles sur place et sur le site internet. Pour un vrai moment de lâcher prise et de bonheur dans un cadre majestueux.

DOMAINE ROSA DE CALDANE €€

Caldane ✆ 04 95 73 50 26
www.hotelresidence-caldane.com

Ouvert toute l'année. Studio/appartement partir de 120 €. Bains de Caldane sur place.

En pleine campagne, à 14 km de Sartène, au bord de la rivière Fiumicicoli, c'est un lieu idéal pour se reposer et se ressourcer. Le domaine est pourvu d'une coquette résidence hôtelière digne d'un trois étoiles, d'un bon restaurant avec son bar et ses soirées musicales et de bassins thermaux (eau naturellement chaude de 37 °C aux vertus thérapeutiques pour la peau, les os et l'ORL). Beaux espaces verts, deux nouveaux bassins et la partie sports, santé, bien-être et modelage encadrés sur demande par des professionnels pour en ressortir en forme et de bonne humeur !

LES VASQUES ET BASSINS DU RIZZANESE

Accessible à l'année.

Long de 56 kilomètres, le Rizzanese s'échappe du Monte Incudine à 2 100 m. Il déferle dans le massif, puis redescend lentement vers le golfe du Valinco pour y finir sa course à Propriano. C'est une rivière magnifique pour la pratique des sports d'eaux vives et la baignade à la fraîche dans les vasques, notamment à Zoza. La construction du barrage a entraîné la modification de ce site, mais subsistent encore certaines piscines et toboggans que vous indiqueront les locaux.

OLMICCIA ★

Les alentours d'Olmiccia se caractérisent par un relief encadré par les vallées du Rizzanese et du Fiumicicoli. L'environnement est verdoyant, composé de collines boisées et de maquis épais, et le site offre une vue magnifique de la route d'accès sur l'ensemble des villages nichés dans la verdure. Olmiccia est étagé à flanc de colline et offre au voyageur de jolies maisons à larges façades granitiques, des montées empierrées en escaliers. Dans les environs, on peut voir les deux très beaux ponts anciens sur le Rizzanese et Tufone della fata, le Trou de la Fée. Au lieu-dit Supranu on trouvera le seul moulin à huile en activité de la région.

ALTAGÈNE

Au milieu des reliefs et juste au dessus de Sainte-Lucie-de-Tallano se trouve un petit village d'une quarantaine d'habitants ; on y accède par une route escarpée très pittoresque, qui dévoile de magnifiques paysages. Des fouilles très récentes, encore en cours, ont commencé à mettre à jour un village fortifié datant environ de 4800 avant notre ère. Au lieu-dit « Presa Tusia » on découvre le site d'un village fondé au cinquième millénaire avant Jésus-Christ par une communauté agropastorale. A voir : une allée mégalithique non couverte ainsi que celle d'un menhir. Sur place des panneaux explicatifs permettent une meilleure compréhension du site.

A MACHJA €

Route de Levie

✆ 04 95 77 00 88

Ouvert toute l'année. Accueil jusqu'à 19h. Chambres doubles, triples et quadruples de 60 à 130 €. Restauration dès 19 €.

Maria Stella et Laurent vous accueillent tout au long de l'année dans ce lieu idéal pour les marcheurs et randonneurs de toutes sortes. Vue dégagée sur la vallée du Rizzanese et l'exploitation agricole, la situation géographique est idéale pour un rayonnement touristique riche : à proximité de sentiers de randonnée de l'Alta Rocca, du site préhistorique de Cucuruzzu, des Aiguilles de Bavella, de Sartène et Propriano. Bonne literie, restaurant fameux sur place et copieux petit déjeuner (sur demande, salé avec les produits locaux) sur la charmante terrasse arborée.

SUD CORSE

La rivière sauvage.

SUD-OUEST CORSE

Vaste région qui englobe le Valinco, le Sartenais et le Taravo, avec ses kilomètres de côtes quasiment vierges et un arrière-pays serti de villages au riche patrimoine. Propriano, ancien petit village de pêcheurs, aujourd'hui port de commerce, de plaisance et station balnéaire est le point de départ d'un territoire authentique. Les pointes de Campomoro et Porto-Pollo, gardiennes du golfe sont surplombées par le village d'Olmeto, d'une fierté insolente. Il est le théâtre de l'histoire contée par Prosper Mérimé dans son roman sur la vendetta : *Colomba*. Huit mille ans d'histoire sont le point fort de cette région où le granit occupe une place de tout premier ordre avec les célèbres statues menhir du site de Filitosa. Vous le retrouverez dans les hautes maisons des villages perchés, les tours et les ponts génois mais aussi dans les merveilleux cirques montagneux comme le Haut Taravo ou encore le circuit des Martini.

D61
D303
D11 B
AJACCIO
BASTELICACCIA
PORTICCIO
Golfe d'Ajaccio
D255 A
D255
MARAT
D55 A
D355
D155
FILITOSA
SERRA-DI-FERRO
Baie de Cupabia
Mer Méditerranée
PORTO POLLO
D157
Golfe de Valinco
D121
BELVÉDÈRE-CAMPOMORO
Sud-ouest Corse
GROSS
5 KM
TIZZANO

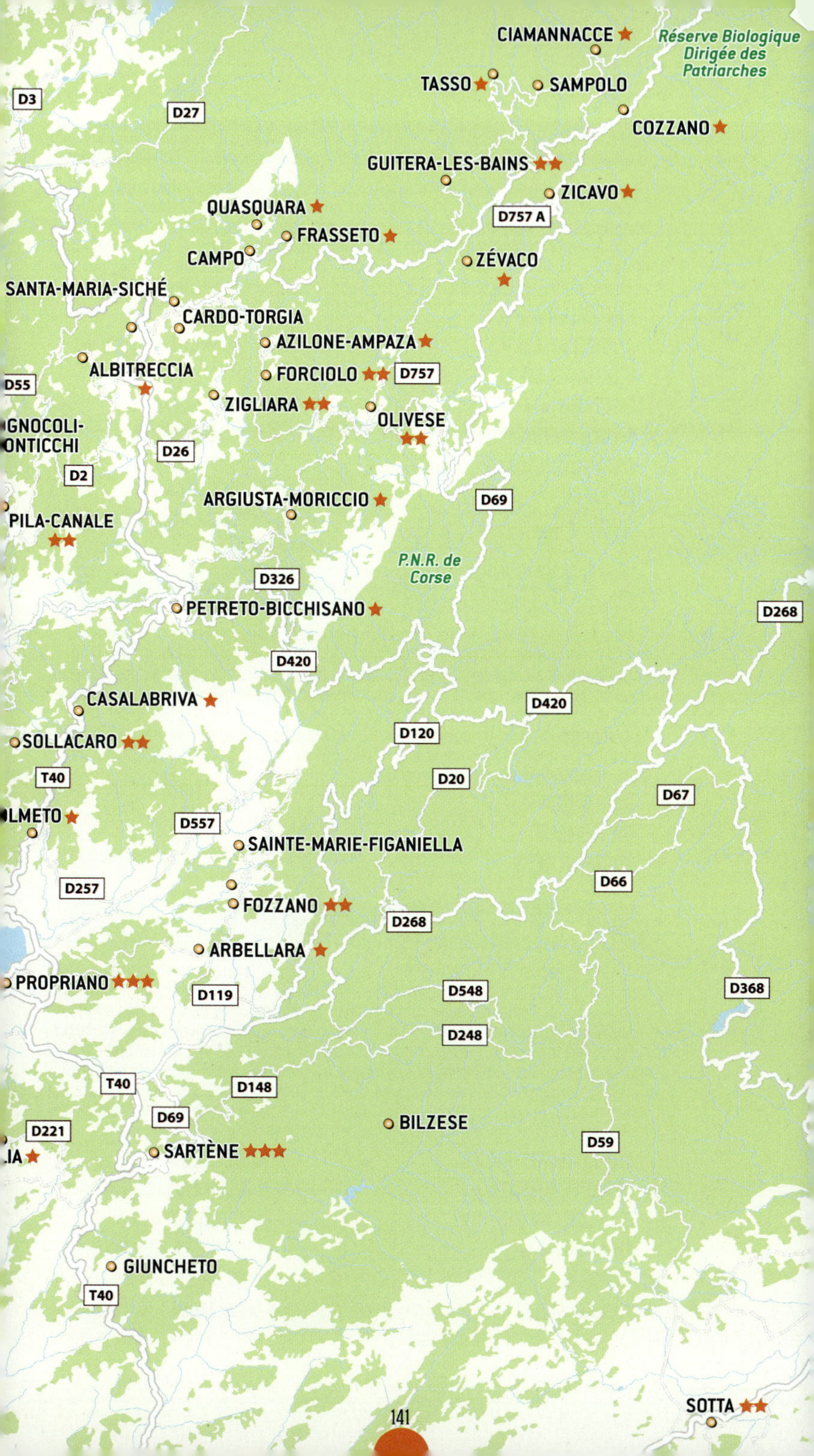
CIAMANNACCE
Réserve Biologique Dirigée des Patriarches
TASSO
SAMPOLO
COZZANO
D3
D27
GUITERA-LES-BAINS
ZICAVO
QUASQUARA
D757 A
FRASSETO
CAMPO
ZÉVACO
SANTA-MARIA-SICHÉ
CARDO-TORGIA
AZILONE-AMPAZA
ALBITRECCIA
FORCIOLO
D757
D55
ZIGLIARA
OLIVESE
GNOCOLI-
ONTICCHI
D26
D2
ARGIUSTA-MORICCIO
D69
PILA-CANALE
P.N.R. de Corse
D326
PETRETO-BICCHISANO
D268
D420
CASALABRIVA
D420
SOLLACARO
D120
T40
D20
D67
LMETO
D557
SAINTE-MARIE-FIGANIELLA
D257
D66
FOZZANO
D268
ARBELLARA
PROPRIANO
D119
D548
D368
D248
T40
D148
D69
BILZESE
D221
D59
IA
SARTÈNE
GIUNCHETO
T40
SOTTA

PAGES

La région est traversée de part et d'autre par des rivières et des vallées. Le Taravo, le Baracci et le Rizzanese dessinent un relief vallonné qui fut occupé dès la préhistoire, comme en attestent les sites de Filitosa et de Cauria. Entre mer et montagne, cette micro-région ne manque pas d'attraits. Le golfe du Valinco abrite le port de Propriano et des plages idylliques de sable fin au nord. Côté sud, l'on trouve de belles criques et le charmant village de pêcheurs de Campomoro avec sa tour génoise fortifiée.

Une histoire bien chargée pour cette région pillée, razziée, dévastée, et en plus lieu de terribles vendettas... La capitale, Sartène, que Prosper Mérimée qualifiait de « la plus corse des villes corses », ne peut laisser indifférent tant son charme opère tandis que l'on y déambule et la découvre. Environnée d'une campagne faite de vignobles et de maquis sauvage, Sartène est le point de départ de routes superbes. C'est aussi la 5e commune la plus étendue de France avec ses 22 000 ha, son littoral de 33 km de côtes, de Campomoro à Rocapina, et un lieu de témoignage pour la Préhistoire corse, avec de belles pièces pour les amateurs.

A 40 km d'Ajaccio, la haute vallée du Taravo débute à l'embranchement de la RT40 vers la D83, pour rencontrer Santa Maria Siché, puis le col de la Granace pour remonter jusqu'au col de Verde, frontière naturelle avec la Haute-Corse, et son accès à Ghisoni et au défilé de l'Inzeca. Une pléiade de petits villages typiques, avec des murs de granit gris, des toits pentus, des châtaigneraies et des points de vue qui embrassent un paysage grandiose. Les villages s'égrènent au gré d'une belle route qui serpente à flan de montagne ou le long du fleuve. Zevaco, Corrano, Guitera et ses bains d'eaux sulfureuses, Zicavo, Cotzano, Palneca puis une grande forêt de pins lariccio centenaires où il fait bon se rafraîchir aux chaudes journées d'été.

SUD-OUEST CORSE

PROPRIANO ★★★

Port principal du golfe du Valinco, Propriano (Prupià en langue corse) est une ville d'aspect relativement moderne. Le hameau de Tivolaggio sur les hauteurs du golfe garde quelques traces d'occupation ancienne, comme quelques vieilles maisons et un moulin, et sa petite église. Plus loin, on peut voir les ruines de l'abbaye Santa-Maria-di-Tavaria, qui fut détruite lors des raids barbaresques du XVIe siècle. On y trouve de très belles plages, comme celles de Portigiolo et Baracci et la ville est un très bon point de départ pour découvrir un arrière-pays riche en histoire à travers une campagne splendide aux lumières magiques qui s'étend tout autour.

PROMENADE EN MER CONVIVIALES

Port de plaisance

✆ 06 12 54 99 28

www.promenade-en-mer-a-propriano.com

Ouvert toute l'année. Sur réservation. Haute saison : tous les jours de 9h à 21h. Sortie à la carte sur demande.

Au départ du port de plaisance, des promenades en mer commentées en vedette à moteur pour partir à la découverte du golfe du Valinco en passant par les *calanche* de Belvédère et le village marin de Campomoro. Au programme : baignade avec écoute de la musique sous l'eau, commentaires éclairés de Claude, le capitaine, sortie au coucher de soleil avec apéro à bord et même des sorties à la demi-journée. En prime : les nouvelles sorties photo avec les conseils d'un pro !

LES PLAGES DE PROPRIANO ★★

Accessible toute l'année.

Juste derrière le port de Propriano, on trouve deux belles plages de sable peu profondes : la plage de scogliu Longu dite du Lido à droite et celle de Puraja à gauche. Plus loin, vers l'estuaire du Rizzanese, se trouve la grande et belle plage sauvage de Capu Laurosu, dite « plage aux vaches » et en reprenant la route en direction de Belvedère Campo-Moro la grande plage de Portigliolo. En plein centre ville, la plage de Mancinu puis la crique du Sampiero et du Roc è Mare et au fond du golfe en direction d'Ajaccio, la plage de Baracci.

LA MÉRIDIONALE

15 quai L'Herminier

✆ 04 95 76 04 36

www.lameridionale.fr

Agence ouverte toute l'année, du lundi au jeudi de 8h à 12h et de 14h à 17h45. Le vendredi jusqu'à 16h30.

La Méridionale est la compagnie maritime qui assure, depuis 1931, vingt liaisons hebdomadaires entre Ajaccio, Bastia, Propriano et Tanger depuis Marseille. À bord d'un de ses trois navires mixtes à taille humaine, on y voyage sous le signe de la convivialité. Des cabines pour personnes à mobilité réduite sont aussi à disposition. Avant de rejoindre votre cabine et de vous glisser sous une couette douillette, vous profiterez d'un dîner savoureux d'inspiration corse concocté par le chef et sa brigade, suivi d'un paisible moment de détente à l'un des bars.

OFFICE DE TOURISME DU SARTENAIS VALINCO TARAVO

21, avenue Napoléon-III

✆ 04 95 76 01 49

www.lacorsedesorigines.com

Ouvert du lundi au vendredi de 9h à 13h et de 15h à 18h. Consulter le site pour les horaires en saison.

Envie d'organiser votre séjour entre plages de sable fin, criques plongeant sur la mer et maquis verdoyant ? Une des régions les plus typiques de Corse propice à la découverte de la gastronomie, de la culture, du patrimoine et du vin vous attend. Les offices de tourisme de Propriano, Sartène, et Olmeto sont là pour faciliter votre séjour. Le personnel, toujours accueillant, n'hésitera pas à vous faire part de conseils avisés et à établir un itinéraire selon vos préférences.

BEACH HÔTEL** €

38, avenue Napoléon-III

✆ 04 95 76 17 74

www.beachhotel-propriano.com

Ouvert de avril à octobre. Basse saison : chambre double à partir de 67 €. Haute saison : chambre triple jusqu'à 127 €.

Voilà un hôtel qui porte bien son nom. En effet, il est posé sur le sable de la plage du Lido, on y est plus au calme que sur les quais et pratiquement les pieds dans l'eau. Avec des équipements conformes à ses étoiles. Dirigé par Jean-Baptiste Giovannangeli assisté de son équipe, l'accueil ne souffre d'aucun défaut et l'établissement, bien tenu, satisfera l'ensemble de la clientèle. Le petit plus : un garage moto sécurisé offert aux résidents, le petit déjeuner en buffet copieux en salle ou sur la jolie terrasse fleurie. Tout bon !

Crique de Propriano.

L'INCANTU €

23, Avenue Napoléon III
✆ 04 95 72 94 24
www.lincantu.com

Ouvert du lundi au samedi de 10h à 14h et de 18h30 à 22h.

Flânant sur le port de Propriano, vous ne pourrez passer à côté des sémillantes couleurs du jardin de l'Incantu. L'esprit guinguette infuse ce patio jonché de foodtrucks et empreint de charmants atours, mais ce qui émane de la visite est l'indéniable inventivité des mets et le mélange des saveurs maîtrisé. Planches du terroir à partager, éventail de pizze, pâtes fraîches, plats originaux et desserts délicats, le tout changeant au fil des jours et saisons. Une belle signature méditerranéenne d'Édouard et Livia, formés par les Instituts Bocuse et Vatel. Bravo !

L'AUBERGE SAN GHJUVANI €€

Route de Baracci
✆ 04 95 76 03 31
www.san-ghjuvani.com

Ouvert d'avril à la Toussaint le midi et le soir du mardi au dimanche. Chèques vacances acceptés. Terrasse. Animations.

À 3 km de Propriano, retrouvez le bonheur d'une bonne table et la tranquillité d'une gastronomie rurale. Une table champêtre tenue avec brio par la famille Mondoloni. Clary, Madame-Mère est aux fourneaux et Jean-Yves au service pour les réjouissances de la maison : la soupe paysanne, la charcuterie artisanale de Cuttoli, le ventru (panse de porc farcie), le sanglier du maquis en daube, les tripettes, l'assiette de fromage identitaire, et le fameux gâteau à la farine de châtaigne. Chaque vendredi soir, en saison, laissez-vous bercer par les chants et les guitares.

LE BISTROT MÉDITERRANÉE €€

3, Rue de la Marine
✆ 04 95 10 72 95

Ouvert à l'année tous les jours sauf le dimanche midi et soir.

Sur le chemin qui mène à l'embarquement du ferry, Le Bistrot Méditerranée repérable à sa terrasse en véranda côté port, a été repris en 2019 par Anthony. La déco rappelle les brasseries parisiennes, tables basses et hautes, l'accueil est franchement sympathique, la carte d'un bon rapport qualité /prix et les pizzas, particulièrement soignées : pâte type napolitaine artisanale, farine et produits italiens sélectionnés, le tout réalisé dans les règles de l'art. La cuisine familiale et les desserts maisons ravissent les nombreux habitués, loin de la foule. Cool !

JET 7

Plage de Mancinu
✆ 06 24 56 77 01
www.jet7propriano.com

Ouvert de mai à septembre. Location Jet-Ski à partir de 60 €. Rando Jet-Ski à partir de 160 €.

© JET 7

Jet 7 d'Alice et Antoine propose, au départ de la plage de Mancinu, des randonnées en jet pour tous niveaux, accompagnées par un moniteur diplômé : en une heure la boucle du golfe du Valinco ; en deux heures vous joindrez Porto Pollo à Cala d'Aguillia et Campo Moro le long des magnifiques côtes du Conservatoire du Littoral ; en trois heures une grande boucle vers la baie de Cupabia avec la baignade « Chez Francis » puis les lumières de Campo Moro. Location de jet-ski pour les autonomes et Fly Board pour les intrépides amateurs de sensations fortes et les curieux !

TERRA COTTA €€

31, avenue Napoléon-III
✆ 04 95 74 23 80

Ouvert de fin avril à mi-octobre. Menu unique à 65 €. Carte 55 € environ. Formule du midi 24 € : plat et dessert.

C'est la table qu'il ne faut pas manquer sur le port de Propriano. Thomas Duval, chef talentueux, se donne de la peine pour offrir aux gastronomes une table pleine de saveurs et d'inventivité. Sa cuisine est bien entendu tournée vers la mer et bénéficie des pêches de Toussaint, le grand frère. Fanny vous propose la formule du midi, le menu découverte ou la carte évoluant au gré de l'inspiration du chef. Belles assiettes élégamment présentées, produits de qualité, service professionnel... Assurément l'une des très bonnes tables de l'île. Un grand bonheur marin.

CINDARELLA

34, avenue du 9-Septembre
✆ 06 85 44 96 77
Ouvert à l'année. Tous les jours en saison. Expéditions toute l'année.

Cette épicerie fine de produits du terroir se situe à l'entrée de Propriano et est tenue depuis 10 ans par la famille Cucchi, qui se fera un plaisir de vous accueillir. Marie-Blanche prépare ses fameux beignets à la farine de châtaigne et Marcel assure la sélection et la présentation de ses meilleurs produits. On y découvre un très beau choix de charcuterie du haut Taravo, des miels et confitures du Sartenais et Valinco, quelques petites terrines artisanales et les bonnes bouteilles de l'AOC Sartène. Tout est conditionné sous vide et peut être expédié.

AU PÉCHÉ MIGNON

9, avenue Napoléon-III
✆ 04 20 01 71 76
Ouvert à l'année tous les jours sauf le mardi.

Il fait bon se poser au Péché Mignon dans un espace chic, élégant et reposant à la fois, que vous y trouverez du monde toute l'année. Le bon goût se trouve d'abord au premier coup d'œil d'une décoration claire et design de cet espace délicat puis dans les délicatesses servies en dégustation ou à emporter : cakes, biscuits, tartes salées ou sucrées maison, chocolat Cluzel, thés bio, douceurs locales et accueil à l'avenant. De plus, nous sommes ici chez Mme Seroin et vous trouverez les produits du Domaine Sant'Armettu au prix de la cave. Un havre pour se ressourcer.

ÉCOLE DE PARACHUTISME DU VALINCO

Aérodrome de Propriano-Tavaria
✆ 06 75 73 98 74
www.corseparachutisme.fr
Ouverture du 06 au 14 mai 2023 tous les jours, et du 26 juin au 15 septembre du lundi au vendredi. Chèques Vacances.

Envie d'une expérience époustouflante dans un décor magique entre mer et montagne ? L'école de parachutisme du Valinco vous accueille quel que soit votre niveau pour un baptême en solo ou pour vous perfectionner si vous êtes déjà accro à l'adrénaline. Une chute libre à 4 000 m en tandem pour 45 secondes de pur plaisir à 200 km/h vous tente ? Les moniteurs sont brevetés et l'école agréée par la FF de parachutisme. Bon accueil et ambiance sympathique.

ARBELLARA ★★

Se situant entre deux vallées et offrant un beau belvédère sur le golfe du Valinco, Arbellara est un village perché, d'un caractère marqué. Des restes de tours sont transformés en demeures, dans lesquelles on trouve des motifs intéressants et de belles portes. Dans le bourg, on peut voir une haute tour carrée à créneaux dominante. Appelée la Turra, c'est une ancienne maison tour de trois étages datant du Moyen Âge. Elle fut pillée par les Turcs en 1583. En bas du village, sur la D268, on peut admirer l'élégant pont pisan sur le Rizzanese de Spina Cavallu du XIIIe siècle. C'est le premier des villages perchés si vous commencez par Propriano.

LE PONT DE SPINA CAVALLU ★★

D268
Accessible toute l'année. Accès facile.

© H. FOUGÈRE - ICONOTEC

A quelques kilomètres de Propriano en direction de Sartène, prendre la direction de Levie sur la gauche et vous ne serez plus très loin ! Le pont Spina Cavallu (dos de cheval en langue corse), situé sur le fleuve Rizzanese, est un pont pisan qui date du XIIIe siècle, ce qui en fait l'un des plus anciens de l'île. S'élevant à 8 mètres de haut au-dessus de l'eau, il mesure 64 mètres de long. La qualité exceptionnelle de sa construction lui a permis de résister à des crues, comme celle de 1993. Accès facile mais assez prisé au cœur de l'été !

VIGGIANELLO

A proximité de Sartene et en retrait de Propriano, Viggianello offre une vue dégagée sur sa baie et sur une partie du golfe de Valinco. Aux environs de Viggianello, plusieurs sites témoignent de son histoire comme les vestiges de l'église romane Saint Jean-Baptiste ou les menhirs U Frate et A Sora dans la plaine du Rizzanese. Les promeneurs apprécieront particulièrement, Viggianello un lieu propice pour les activités pédestres avec entre autre la randonnée Castellu di Baricci au départ de Foce (compter 5 km) menant à un éperon rocheux disposant d'une vue panoramique sur la vallée de l'Ortolu jusqu'à Rocapina. Un petit coin de paradis.

LA BRASSERIE DU BURGER €

Lieu-dit Trevole ✆ 06 03 66 98 26

Ouvert à l'année. Tous les jours sauf dimanche de 10h30 à 14h et de 17h30 à 22h. Livraison aux environs. Animations.

Quand on met du cœur à l'ouvrage, on peut être fier du résultat ! Pierre-Paul a créé en 2021 une jolie petite Brasserie du Burger, qu'il fait avec de la viande fraîche du boucher, le pain du boulanger, les légumes et produits locaux comme la tome corse et la charcuterie. Les desserts sont aussi maison comme le fameux tiramisù. Les habitués ont déjà élu leurs favoris : le burger corse, le burger avocat et le 400 g. On y trouve aussi un burger végétarien, de la tartiflette et de belles salades. L'accueil est vraiment sympa, même les chiens sont les bienvenus !

ROSE CAMPO

✆ 06 11 80 31 41

www.rosecampo.com

Livraison possible (expédition sur toute la France). Virement.Paypal. Chèques non acceptés.

© ROSE CAMPO

Patrick du Fracintu crée en 2017 Rose Campo, qui permet en toute facilité de recevoir directement chez vous les bons produits de l'Île de beauté. Vins des trois couleurs, fromages frais ou affinés, confitures, terrines et charcuteries du jambon cru corse entier au saucisson de porc ou de sanglier en passant par la joue de séchée et fumée, le lonzo et la coppa, le figatellu frais à cuire ou le fitoni, la saucisse sèche ou la panzetta, chaque produit étant disponible dans sa saison bien sûr. L'occasion de se régaler toute l'année sans quitter son canapé !

FOZZANO ★★

Fozzano étend sa belle architecture caractéristique, étagée sur un éperon rocheux. On peut y admirer les maisons fortes du XVIIe siècle des familles Carabelli, dont la célèbre maison de Colomba, et celles de la famille Durazzo. C'est une vendetta sanglante entre les deux familles, en 1833, qui inspira à Prosper Mérimée son célèbre roman *Colomba*. On peut également voir deux tours construites entre le XVIe et le XVIIe siècle dont la tour de Colomba (monument historique). Dans l'église, on peut voir la chapelle de l'Annonciade et sa statue de la Vierge. A ne pas manquer : l'atelier de fabrication d'objets en bois du maquis Legnu Nustrale.

LEGNU NUSTRALE

Route de l'Église

✆ 06 52 24 04 07

www.legnunustrale.com

Ouvert à l'année de 10h30 à 12h30 et de 15h à 18h. Hors saison : sur rendez vous.

Dans son ancien atelier, Jef Nicolier est un créateur d'objets en bois. C'est un artisan pipier, un métier qui se perd - et on peut suivre en vidéo les différentes étapes de la fabrication des pipes et autres objets en bois tournés : des stylos dans lesquels sont incrustés des tranches de couleurs (pièces uniques), des vaporisateurs à parfums dans les nobles matières que sont les essences endémiques tel l'olivier, le genévrier ou encore le buis. Le magnifique travail d'un artisan expérimenté qu'on a la joie de découvrir et d'apprécier.

SANTA-MARIA-FIGANIELLA ★

Cette commune occupe un territoire comprenant notamment la partie élevée de la vallée du Baracci. Cet ensemble, formé d'alvéoles et de magnifiques chaos rocheux hérissés d'aiguilles de granit, est fermé à l'est par une chaîne montagneuse et, à l'ouest, par la forêt de Vadde Mala. Sous la menace des Sarrasins, la population ira se réfugier plus haut et bâtira A Ficaniedda, aux environs de l'an 1160. A voir : l'église romane Santa-Maria-Assunta, du XIIe siècle, qui constitue l'un des meilleurs exemples de l'héritage pisan de la Corse. Elle est dédiée à sainte Marie et à saint Jean-Baptiste, fêtés en juin et août. C'est un chef-d'œuvre de l'art roman.

BELVÉDÈRE-CAMPOMORO ★★

Perché sur un plateau, à proximité d'une côte sauvage et déchiquetée avec quelques plages étroites, Belvédère-Campomoro est un village d'architecture classique dominé par le château Durazzo. Le petit port résidentiel de Campomoro possède quelques vieilles maisons et surtout une tour génoise, située à la pointe éponyme. Son enceinte fortifiée est datée du XVIIe siècle. Classée aux Monuments historiques, c'est l'une des tours génoises les plus importantes de Corse, l'une des mieux conservées aussi. Elle a été entièrement restaurée. Non loin de là, on peut visiter le site du dolmen de Tola, ainsi que le menhir de Capo di Lugo et trois coffres mégalithiques.

LA TOUR GÉNOISE DE CAMPOMORO ★★

Campomoro

✆ 04 95 76 01 49

www.campumoru-senetosa.corsica

Ouverte du 09 avril au 05 novembre 2023, du lundi au dimanche de 10h à 18h. Tarif : 2,5€ / gratuit pour les -12 ans.

Restaurée en 1986 et propriété du conservatoire du littoral, l'imposante tour du XVIème siècle est ouverte au public. Étant difficile, voire interdit, de se garer à proximité, il conviendra de laisser sa voiture à l'entrée du village. Vous entreprendrez alors une marche d'un peu plus d'un kilomètre pour vous rendre à la tour, en suivant la route ou la plage ; il vous faudra par la suite emprunter le chemin qui dessert le lotissement « Cala Nova » jusqu'au col.

LE RESTAURANT DES AMIS €€

Cala Nova

✆ 04 95 74 23 50

www.hotelcampomoro.com

Ouvert d'avril à novembre tous les jours le midi et le soir. Carte 38 € environ. Soirées musicales en été le samedi.

Belle terrasse couverte et élégante au Bar des Amis et juste au-dessus, un toit terrasse panoramique pour savourer bons vins et tapas à l'apéro ou les alcools rares en fin de repas. On y dîne ou déjeune au-dessus des flots : bouillabaisse, langouste au four ou poissons de la barque d'Alain, le pêcheur du village. Mention spéciale pour les pâtes aux gambas et gambas du Chef Antoine à tester d'urgence. Quelques soirées musicales de chants corse ou DJ en saison. Dès les beaux jours, apéros endiablés sur la pont panoramique qui se prolongent jusqu'à tard dans nuit.

LES RANDONNÉES SUR LE SENTIER DES DOUANIERS

Campomoro

Accessible toute l'année.

Débutant au pied de la tour de Campo Moro, le littoral sud-ouest est sans doute le mieux protégé de Corse et compte trois sentiers notables : le chemin de la tour, la boucle tour et i Pozzi, ainsi que la Punta Bianca. En une journée de marche, on peut parcourir à pied toute la côte depuis Belvédère jusqu'à Tizzano. Pour faciliter la découverte de ces territoires, le Conservatoire du Littoral a réaménagé le phare de Sénétosa, pour en faire un gîte confortable pour randonneurs.

BILIA ★

Village à flanc de coteaux, situé à quelques kilomètres à l'ouest de Sartène, au relief couvert de chênes-lièges et d'épais maquis, Bilia possède quelques vieilles maisons de granit au bel appareil. On peut remarquer une tête de femme et quelques bandeaux (des pierres romanes provenant de l'église primitive) intégrés dans une maison. La tête de femme provient à l'origine des ruines de l'église San Lorenzo. On peut encore visiter les ruines de l'église du couvent de Bilia, longtemps réputée miraculeuse. Elle renfermait en effet la tombe du père Martino della Rocca, où l'on conduisait ceux qui étaient possédés par un esprit démoniaque.

LE CASTELLO D'ALO-BISUJÈ

✆ 06 82 66 32 26

https://www.alobisuje.com

Ouvert de mai à octobre. Adulte : 4€

Au sommet d'un éperon de 361 m d'altitude et surveillant la route de Sartene via la Bocca di Biscelli, trône le Castello d'Alo-Bisujè. Il a livré des fragments de menhirs, des meules et de la poterie du IIe millénaire avant J.-C. C'est un imposant monument circulaire avec une entrée, des diverticules, une chambre centrale et un escalier qui conduisait à la plate-forme du deuxième niveau. Autour, des fonds de cabanes préhistoriques jalonnent ce site. Pensez à prévoir des chaussures de marche. La visite dure un peu plus d'une demi-heure. A ne pas manquer !

GROSSA ★★

Dans un décor sauvage de monts dénudés et de maquis, au-dessus de la vallée verdoyante et cultivée de Cristolacce, le village de Grossa, à l'architecture typique, s'étage le long d'une colline. Au lieu-dit Campu Fiurelli, on a retrouvé une extraordinaire statuette de stéatite datant du IIIe millénaire avant J.-C., conservée actuellement au British Museum. Non loin de là, on peut enfin admirer le menhir de Vaccil Vecchio, haut de 3,20 m, mais également des sépultures à grands coffres, ainsi qu'un polissoir et un mégalithe à La Piana. On y voit aussi, trônant au milieu d'un champ, l'église San Giovani Battista datant du milieu du XIIe siècle.

OLMETO ★

Olmeto, c'est une côte avec des plages et criques toutes plus attirantes les unes que les autres. Deux étendues de sable blanc courtisées par la mer et surveillées par les tours génoises de Calanca et Micalona, appartenant à des particuliers. C'est aussi un site occupé à l'époque préhistorique, outre celle, romancée, de la passionnante et passionnée Colomba. Pour les randonneurs, Olmeto est relié à Porto-Pollo par le sentier Mare e Monti (6h de marche). Par exemple, à quelques kilomètres, on peut profiter des eaux des bains de Baracci, connus dès l'Antiquité. Très en vogue au XIXe siècle, l'établissement fut longtemps abandonné avant de rouvrir en 1992.

ARCU DI SOLE** €€

Barracci

✆ 04 95 76 05 10

www.arcudisole.com

Ouvert d'avril à octobre. Chambre à partir de 63 € en basse saison. Chèques vacances acceptés. Wifi gratuit.

Dans la merveilleuse vallée du Baracci, à trois minutes à pied de la plage avec un accueil au top, l'Arcu di Sole est idéalement placé pour l'accès à toutes les richesses de ce terroir authentique bordé de plages aux multiples attraits. Chambres refaites en 2019 avec nouvelles déco. Au cœur du jardin vous pourrez vous détendre en famille lors d'une partie de pétanque ou de ping-pong ou bien vous prélasser au bord de la piscine. Le côté piscine vous accueille au bar à cocktails et le côté minigolf fait la joie des petits et des grands. Détente assurée !

© ARCU DI SOLE

© ARCU DI SOLE

SUD-OUEST CORSE

L'ÉGLISE SANTA-MARIA ★

✆ 04 95 74 60 73

Accessible à l'année.

Une église romane dotée d'une somptueuse décoration baroque, dont la première construction remonte au IXe siècle. Dans sa fastueuse enceinte se dresse un clocher à lanternon ; on y aperçoit en outre un remarquable orgue du XIXe siècle, réalisé par les frères Stoltz et restauré en 1981. L'église Santa-Maria fut au XVIIIe siècle l'une des plus importantes et des plus riches églises paroissiales de Corse. 2019 voit naître la Cunfraterna Santa Maria Assunta, une confrérie constituée uniquement de femmes ; la rareté de cette congrégation en fait un événement notoire.

L'OLMU €

3, Cours Balisoni

✆ 06 13 43 38 26

Ouvert à l'année tous les jours midi et soir sauf le lundi.

Une jolie trouvaille un peu cachée sur le cours Balisoni en plein cœur du village d'Olmeto, ouverte à l'année. Ambiance chaleureuse de pierre, de bois et de photos anciennes pour une vraie cuisine corse authentique servie généreusement par Marina et Manu : soupe corse, charcuterie, tripettes de veau, escargots à la mode corse, sauté de veau corse, joue de bœuf, tartare puis flan à la châtaigne, tiramisu traditionnel au café, pain perdu… Pour les futés du hors-saison, l'hiver c'est autour de la cheminée, saucisse, figatellu et ambiance très sympa du village !

RAS L'BOL*** €€

Route de Porto-Pollo

✆ 04 95 74 04 25

www.raslbol.com

Ouvert du 1er avril au 15 octobre. Réservation recommandée. Accueil jusqu'à 20h (21h en été). 150 emplacements.

5 ha de pins pour ce camping tout près de la belle plage de Tenutella et géré par les jeunes et dynamiques Marie-Pierre et Adrien. La plage est à 100 m, il y a des jeux pour les enfants, un beach-volley et le restaurant Pizzeria Chez Louis. Les deux bassins de nage et les plages pour le bronzing vous assurent de beaux et doux moments. Un bel espace-accueil en prime et des tarifs au plus juste pour un tel degré d'équipements. Idéalement situé géographiquement à une heure d'Ajaccio, de Bonifacio et tout près de Propriano ! A essayer pour ces vacances !

O'NON STOP €

lieu dit Tenutella

✆ 04 95 22 32 13

Ouvert toute l'année. Fermé du 15 décembre au 15 janvier. De 9h à minuit restaurant de midi à 23h en continu.

Facilement repérable avec sa terrasse orange et son look tonique, la brasserie O Non Stop donne envie de s'y arrêter et tient ses promesses avec brio. Tout y est, du service à la fraîcheur des plats en circuit est ultra court. Chaque recette de burger est un plat en soi : l'Epicurien, le Delhi...les belles salades, les moules, le poisson de la semaine, les pièces de viande... et les desserts d'Eddy car c'est sa spécialité ! Régulièrement des soirées : musicale, agneau ou veau à la broche... et la gentillesse toute l'année ! N'hésitez pas, car vous y reviendrez !

CHEZ ANGÈLE €

Campitello ✆ 04 95 21 91 90

www.chezangele.fr

Ouvert de juin à fin septembre. Carte : 22 € environ. Menu enfant : 11 €. Pizza à emporter midi et soir de 19h à 20h.

Un restaurant familial où vous accueillent gentiment Angèle et Georges qui ont réussi à transformer au fil du temps cette humble paillote de plage en un restaurant vraiment sympa d'un rapport qualité prix incomparable ! Après avoir nagé à la longue et belle plage de la tour, vous pourrez vous poser à l'ombre et trouverez ici de quoi apaiser votre faim et votre gourmandise : pizzas au feu de bois, côtes d'agneaux aux herbes, hamburger, pavé de saumon, et des desserts à manger sur place ou à emporter sur le sable. Un endroit où l'on se sent vraiment bien !

U FARNIENTE €€

Route de Porto-Pollo

✆ 04 95 74 07 48

Ouvert à l'année. En saison midi et soir tous les jours.

Ce superbe restaurant à la déco chic, aux larges terrasses panoramiques est repris par Ange-Marie issu d'une famille de restaurateurs d'Olmeto depuis plusieurs générations. Le golf s'étend devant vous et une belle carte vous y attend : soupe de poisson, tartare de veau au couteau, filet de Saint-Pierre façon crumble côté mer, pavé de veau en croûte de noisette côté terre ou linguines au foie gras poêlé et cèpes pour les amateurs de pâtes. Les pizzas au feu de bois sont délicieuses et les desserts gourmands. Pensez à réserver pour les soirées chants corses !

VILLA LES ORANGERS €€

Place Foata ✆ 04 95 77 25 79
www.villa-lesorangers-olmeto.com

Ouvert du 15 avril au 15 octobre, du lundi au samedi le soir uniquement. Menu à 20 €. Carte 29 € environ. Jardin.

© VILLA LES ORANGERS

Une belle table bien cachée tenue par Sandra et Joseph à Olmeto pour commencer par un accueil au top. On appréciera la qualité des plats préparés et le service attentif et sympathique. Une belle terrasse en balcon avec vue sur la vallée, une jolie piscine et les 16 chambres pour pouvoir déguster les bons crus locaux en toute sérénité. Le restaurant de la villa orchestré par le chef vous proposera une cuisine méditerranéenne mer et terre à base de produits du cru (potager maison) où les locaux prennent désormais leurs habitudes. Cosy, délicats et gourmands !

VILLA LES ORANGERS*** €€

Place Foata
✆ 04 95 77 25 79
www.villa-lesorangers-olmeto.com

Ouvert à l'année. 16 chambres à partir de 70 €. Demi-pension : 39 €. Petit déjeuner : de 8 € à 12 €. Wi-fi gratuit.

Sandra et Joseph vous accueillent depuis dix ans dans ces deux villas à l'entrée du charmant village d'Olmeto où vous goûterez à la fois à la convivialité d'un village authentique et à la quiétude d'un hôtel de charme idéalement situé. Une vue panoramique sur les montagnes et la vallée de Baracci et une situation idéale pour rayonner en Corse du Sud. A une heure de Bonifacio, des aiguilles de Bavella et d'Ajaccio. Deux piscines chauffées sur la terrasse, chambres spacieuses et délicatement décorées et le restaurant de la villa cosy, délicat et gourmand !

DOMAINE SANT ARMETTU

Sant Armettu
✆ 04 95 76 24 47
www.santarmettu.com

Domaine en agriculture biologique. Ouvert à l'année. Livraison possible et expéditions sur demande.

La vallée du Baracci enchante, la lumière est ici chez elle et lors d'un instant de grâce vous la trouverez aussi en bouteille, car c'est là que mûrit le raisin du Domaine Sant'Armettu créé en 1996. Un domaine de 40 ha où blancs, rosés et rouges se déclinent en plusieurs gammes Mino, Rosumarinu, Myrtus dont la robe noire augure de la richesse des arômes, patiemment élevé en fût de chêne. Les cépages sont en grande partie endémiques : Minustellu en rouge et Genovese en blanc… Huile d'olive du domaine en deux versions : Olealta et Spuma.

© LIONELLE GALLAND

© LIONELLE GALLAND

ABBARTELLO*** €€

Abbartello
✆ 04 95 74 04 73
www.hotelabbartello.com

Ouvert du 15 avril au 17 octobre. Chambres dont 2 familiales et 2 PMR. Chambre double à partir de 117 €.

Vous cherchez un lieu magique au bord du golfe du Valinco face à Propriano et Campo Moro ? Découvrez la sérénité même au plus fort de la saison. Une situation idyllique dans le Sud entre mer et montagne. Les chambres sont spacieuses et lumineuses, orientées vers la mer ou la colline. De belles terrasses privatives et leurs transats rien que pour vous. Restaurant Abbartello sur place, carte délicate et gourmande pour déjeuner ou dîner. Accès direct à la plage, situation exceptionnelle, accueil chaleureux et tranquillité assurée : le bonheur !

© RÉSIDENCE ABBARTELLO

© RÉSIDENCE ABBARTELLO

ABBARTELLO €€

Abbartello
✆ 04 95 74 04 73
www.hotelabbartello.com

Ouvert de mai à fin septembre. Haute saison 7j/7 midi et soir. Carte : 30 € environ. Accessible PMR.

Terrasse de rêve au-dessus de la plage, le restaurant Abbartello remplace désormais la paillote, déplacé de quelques mètres et toujours le petit vent pour vous rafraîchir ; une carte bien fournie entre soupe de poisson, sardines farcies à la brousse et menthe, moules de Diane safranées, filet de bœuf ou souris d'agneau, des grillades et des desserts joliment gourmands. Nous vous recommandons le croustillant de loup julienne de légumes à l'anis vert, mais il faudra faire un choix car en voyant passer les plats vous aurez envie de tout tester !

LA SOURCE €€

✆ 04 95 74 61 18

Ouvert de mi-mars à fin novembre, tous les jours midi et soir. Accueil des groupes. Vente à emporter et boutique.

Un lieu de vie et de rencontre repris depuis 8 ans par Alex et Philippe. Une cuisine corse authentique à déguster sur la terrasse surplombant la vallée du Baracci. Ici tout est fait maison, de l'entrée au dessert, et préparé minute ! Formules originales et abordables pour les amateurs de terroir, avec des planches à thèmes à partager, ainsi que des formules de plusieurs marmites aux recettes typiques, à découvrir ! Les aubergines à la bonifacienne et les tripettes côtoient de savoureux tartares et d'alléchants desserts ! Authentique et généreux.

LES AILES DE L'ALTA ROCCA

Direction Tour de Calanca
✆ 06 22 11 01 22

De mi-juin à mi-septembre. 3 formules au choix à partir de 50 €.

Vous grimpez jusqu'à 1000 d'altitude au-dessus du Golfe du Valinco, beaucoup plus petit vu d'en haut ! Le paysage entre mer et montagnes est sublime. Redescente en douceur, ou sportive dans la version sensation ! Diplômé de paramoteur, Sébastien vous accompagne et partage sa passion avec le plus grand nombre ; une balade aérienne accessible à tous et dans plusieurs formats avec des vols de 10, 20 ou 30 minutes pour de belles photos et de chouettes souvenirs. On adore !

SUD-OUEST CORSE

LES BAINS DE BARACCI

D257

✆ 04 95 76 30 40

Tous les jours en été, fermé le lundi en saison. Entrée à la piscine 7 €. Parcours bien-être à 30 €.

Situés à Olmeto, au cœur du magnifique Golfe du Valinco, les anciens thermes romains sont sous la gestion de la municipalité depuis 1992. On s'y rend comme à la piscine. Les deux bassins disposent d'une eau chaude source à 39 °C, sulfurée et sodique, préconisée pour les traitements externes des rhumatismes, dermatoses et affections des voies respiratoires. Construit en 1881, l'ancien hôtel des bains est une réplique d'une maison coloniale de Saïgon. Sur place : piscine, bain bouillonnant, baignoire hydro-massante, douche à affusion, sauna et hammam !

SERRA-DI-FERRO ★

Le littoral de la commune est constitué d'une avancée qui se termine par la pointe de Porto-Pollo et sa plage, petite station balnéaire très agréable avec son port de plaisance. C'est une station calme offrant un beau panorama sur le golfe du Valinco. Au-dessus, le village est entouré de collines boisées. Notons la magnifique route littorale dans un paysage sauvage qui rejoint le golfe d'Ajaccio. Belle tour génoise de Capanella entièrement restaurée. La région possède un petit dolmen de granit rose et deux menhirs couchés à la Bocca della Stazzona. A visiter impérativement : l'étang de Tanchicchia, site aménagé pour l'observation faune et flore.

U TURRACCONU

✆ 04 95 76 10 78

www.turracconu.com

Ouvert du 1er avril au 30 septembre. Piscine, aire pour camping-car. Chèques vacances acceptés.

Réouverture du camping Résidence U Turracconu à Serra-di-Ferro après huit ans de pause. Ce camping familial à taille humaine est situé sur la côte du Golfe du Valinco, au cœur d'un paysage de toute beauté qui reste sauvage et un peu éloigné des foules même en pleine saison. Sur place, une piscine ouverte 24h/24 et gratuite pour la clientèle du camping et des résidences. Lieu privilégié d'une nature préservée, le village de Serra di Ferro y est accessible à pied et Porto Pollo tout proche. Antoine vous y accueillera et vous conseillera sur les activités estivales.

U SAN PETRU €

Le village

✆ 04 95 26 45 32

www.usanpetru.com

Ouvert à l'année sauf lundi. Menu à 17,50 € (le midi entrée plat café). Carte : 26 € environ.

Un incontournable dans ce petit village de Serra-di-Ferro. U San Petru sert depuis plusieurs générations une cuisine familiale maison, grillades au feu de bois et frites maison. En saison, les nombreux habitués se retrouvent lors des soirées musicales dans le pur esprit cabaret Corse pour manger, boire, chanter et danser dans la joie et la bonne humeur de toute l'équipe Geronimi. Le Must dans cette micro région ! Réservation fortement conseillée pour savourer le veau à la broche préparé par Dume chaque vendredi et service au top de Christine et toute sa brigade.

© U SAN PETRU

© U SAN PETRU

SUD-OUEST CORSE

ETANG DE TANCHICCIA

RD757

✆ 04 95 29 17 57

Haute saison tous les jours et jours fériés de 6h30 à 13h30 et de 16h à 20h. Basse saison tous les jours de 8h à 16h30.

Suivez le sentier sur pilotis pour rejoindre l'un des quatre observatoires ou la tour panoramique. Ponctué de canaux et de mares, ce site de 28 hectares est protégé, et il convient de ne pas s'en écarter. De nombreux panneaux pédagogiques et des bornes d'empreintes sont présents tout au long du parcours. Les sculptures d'un artiste corse reconnu y sont exposées toute l'année et du matériel optique est à disposition. Les scolaires bénéficient de tablettes numériques et d'un tableau blanc interactif avec programmes éducatifs et films élaborés par le réseau Canopé.

PORTO-POLLO ★

Porto Pollo est à l'origine, un abri naturel pour protéger les embarcations contre les vents d'Ouest et un point de mouillage depuis le XVIe siècle. Aujourd'hui c'est une station balnéaire discrète et très agréable par son côté confidentiel. Porto Pollo compte environ 500 habitants toute l'année et de forts beaux établissements tant côté hébergement qu'activités ou restauration. Les activités pleine nature y sont privilégiées, le Mare è Monti sud y trace sa route et de nombreuses pistes de VTT y sont référencées, sans oublier tous les sports nautiques. Pour le plaisir et la découverte ne ratez pas l'Etang aménagé de Tanchiccia à l'entrée du village.

PLAGE DE CUPABIA

Accessible à l'année.

Classé Natura 2000, la plage de Cupabia étend ses nappes blanches du Golfe du Valinco au Golfe d'Ajaccio, à cheval entre les communes de Coti-Chiavari et de Serra-di-Ferro. Son classement vise à préserver les milieux naturels d'exception. Pour y accéder, l'idéal est de prendre le sentier qui mène à pied de Serra-di-Ferro à Cupabia afin d'apprécier le beauté du site d'exception qui s'offre au regard, en prenant soin d'être dans le plus grand respect de la nature, pour laquelle s'engagent toute l'année les hommes et les femmes du Taravo.

AUBERGE KALLISTE ECO LABEL*** €€

Porto Pollo

✆ 04 95 74 02 38

www.auberge-kalliste.corsica

Ecolabel européen. Ouvert d'avril à fin décembre. Accueil jusqu'à 22h30. 18 chambres. De 60 € à 150 €.

Cédric et Justine vous accueillent dans leur petit hôtel Kalliste, estampillé Eco Label Européen grâce à leur engagement en faveur de l'environnement et hautement réputé pour sa table. Élégance et savoir-faire complet pour ces artistes qui maîtrisent leur sujet depuis la production des produits jusqu'à l'assiette. Un petit endroit loin de la cohue estivale, prisé des connaisseurs et habitués. Un lieu intimiste de qualité, idéal pour une belle virée en couple !

U SCONTRU €

Favalella

✆ 04 95 74 09 71

Ouvert toute l'année sauf les lundis. Fermeture annuelle février. Carte 24 € environ. Menu corse sur réservation.

Jean-Baptiste reprend en 2022 U Scontru créé par son père Robert quelques années en arrière et que l'on trouve un peu caché près du pont de fer qui mène à Porto Pollo en contrebas. Un restaurant familial où la tradition de l'accueil perdure avec la nouvelle génération et d'un excellent rapport qualité-prix. Carte traditionnelle : civet de sanglier, tripes, escalopes panées... et des assiettes généreusement servies sans oublier les *pizze* à pâte fine pour les amateurs. Ouvert à l'année, c'est le rendez-vous de nombreux habitués de la région et des visiteurs futés !

LA TABLE DE L'AUBERGE €€

Auberge Kalliste ✆ 04 95 74 02 38

www.auberge-kalliste.corsica

Ouvert d'avril à fin octobre. Ouvert le soir uniquement. Menu unique à 42 €.

« Sans prétention mais avec de grandes convictions ! », c'est le leitmotiv de Cédric et Justine dans leur petit nid au cœur de Porto Pollo. Leur potager de 5000 m², leur élevage porcin et les producteurs voisins fournissent les produits d'exceptions servis du petit déjeuner au dîner. Du travail d'artistes : poissons du golf du Valinco, tout comme les agneaux, cabris, porcs et porcelets, dans d'élégantes présentations raffinées et la recherche de cette simplicité qui permet d'abord l'expression de la matière première et là, c'est bien le cas de le dire !

INTERVIEW

AUBERGE KALLISTE ECO LABEL

UN BIJOU AU BORD DU GOLFE DU VALINCO

© AUBERGE KALLISTE ECO LABEL

La table de ce duo de charme et de talent ne désemplit pas depuis sa création ! Cédric, enfant de Porto Pollo, fils d'agriculteur et perfectionniste infatigable reprend en 2017 avec Justine, un petit hôtel qui obtient dès 2018 l'Eco Label grâce à leur engagement pour l'environnement. Tout en finesse et saveurs, Justine exerce à La Table de l'Auberge la passion de son art, appris notamment chez Pierre Troccaz en Savoie (Au Clocher des Pères, une étoile Michelin) et sa créativité dans une cuisine contemporaine enchanteresse. La table est ici d'exception depuis le petit-déjeuner jusqu'au diner et célèbre la Corse avec brio dans un espace à leur image, tout en élégance !

Engagement :

« Sans prétention mais avec de grandes convictions » est leur phrase fétiche et l'on comprend bien ce credo en voyant leur évolution permanente depuis 2017. Tout a été entièrement refait, repensé, transformé... Cédric est désormais éleveur porcin et agriculteur (légumes, poulailler, herbes aromatiques...) et les agneaux et fromages viennent de la production familiale. C'est donc une parfaite maîtrise du produit, de la création jusqu'à l'assiette !

© AUBERGE KALLISTE ECO LABEL

Environnement :

L'Eco Label implique aussi une politique environnementale sur les déchets, la consommation de l'eau et de l'énergie sans jamais impacter le confort du client qui retrouve dès le petit déjeuner des produits maison et zéro déchet.

Le restaurant :

Justine décline une cuisine corse d'influence méditerranéenne, avec une belle part faite aux légumes et herbes : carré de cochon au miel et les fameuses pâtes à la langouste dans un beurre d'herbes fraîches... Les végétariens sont aussi les bienvenus. Menu unique du jour à 42 € à choisir parmi 3 entrées, 3 plats et 3 desserts.

© AUBERGE KALLISTE ECO LABEL

AUBERGE KALLISTE ECO LABEL***

Porto Pollo

✆ 04 95 74 02 38

www.auberge-kalliste.corsica

LE 20140 €

Lotissement plein sud
© 04 95 74 02 68
www.le20140.fr
Ouvert à l'année. Carte 17€ environ.
Cette brasserie-bar est ouverte à l'année pour le plus grand plaisir des autochtones et des visiteurs. Carte variée à petits prix avec une cuisine maison généreuse. Assiettes apéritives fromages, calamars, charcuterie, assiette de la mer été et hiver, tartares (bœuf et thon), saucisse de veau Abbatucci, burgers, salades... et l'ardoise vous indique toutes les formules du jour à la semaine. Sans oublier les fameux burgers et les paninis. Mais on peut aussi juste venir boire un cocktail. Une jolie ambiance jeune et décontractée au cœur du village de Porto Pollo !

CASALABRIVA ★

Jusqu'au XVIe siècle, le village de Casalabriva était situé à une dizaine de kilomètres en contrebas du village actuel, au lieu-dit San Ghjuvani. On trouve encore les traces de cet ancien village ainsi que celles d'une église dont il reste quelques murs situés à quinze minutes de marche. L'église actuelle Saint-Michel est remarquable par son clocher pyramidal et un tabernacle du XVIIe siècle classé aux Monuments historiques en 1984. Une très belle demeure, appelée U Palazzu, est à voir et un moulin à huile et à céréales, devenu depuis une auberge, le Moulin de Calzola en activité au milieu du XXe siècle. On peut toujours y voir une superbe roue à aubes.

SOLLACARO ★★

Le village présente une belle unité de façades anciennes, de passages voûtés et de beaux porches. On y trouve le château de la famille d'Istria, construit au XVe siècle, ainsi qu'une fontaine dite de Charles Martel. Mais Sollacaro se distingue par son grand passé. La ville fut capitale de la Corse préhistorique. La ville, proche du hameau de Filitosa, outre sa richesse, représente toute l'évolution de la civilisation torréenne, du VIe au IIe millénaire avant J.-C., c'est-à-dire de l'époque prémégalithique aux statues-menhirs les plus évoluées avec morphologie précise et armes sculptées. C'est un archétype archéologique, artistique et culturel.

PETRETO-BICCHISANO ★

Autrefois édifié autour d'un château disparu, ce village se situe au pied du mont San Petru qui culmine à 1 400 m d'altitude. A ne pas manquer : le couvent Saint-François et son Christ en bois sculpté, l'église Saint-Nicolas, reconstruite en 1870, de nombreuses maisons de maître avec leurs détails architecturaux, le dolmen de Settiva, le pont génois d'Abra, visible de la RT40, quelques kilomètres après le village en direction d'Ajaccio. C'est aussi un haut lieu de productions artisanales de qualité, avec les fromages de la coopérative du Taravo, les confitures Biortu, la biscuiterie artisanale Ettori et le fromage de chèvre artisanal de la bergerie Tafanelli.

LE SITE PRÉHISTORIQUE DE FILITOSA ★★

D57
© 04 95 74 00 91
www.filitosa.fr
Ouvert de Pâques à fin octobre, tous les jours de 9h au coucher du soleil. Musée de 10h à 19h (9h le weekend). 9 €.
Site mégalithique prestigieux où une armée de statues gravées aux têtes humaines, épées et poignards se dressent, gardant un mystère vieux de 8 000 ans. Vous arrivez par une allée pavée avec une première statue de pierre, puis un spectaculaire monument central... Un site magique et terriblement impressionnant. Depuis 2020, le musée dispose d'une brasserie et d'une boutique de produits de l'artisanat. C'est le site le mieux fléché de toute la Corse !

LE SITE MÉGALITHIQUE DE SETTIVA

Accessible à l'année. Durée : 30 minutes. Difficulté : facile.
On trouve le site archéologique de Settiva perché sur une colline, près du village en direction de Casalabriva. Datant de l'âge de bronze, il est constitué d'une chambre funéraire formée par de grandes dalles verticales semi-enterrées, et couverte par une autre dalle de grande dimension. La chambre est précédée d'un vestibule cloisonné par des dalles. Les fouilles de René Grosjean en 1970 ont révélé notamment la présence d'une vingtaine de tasses à une seule anse.

AUBERGE CHEZ MARIE €€

✆ 04 95 24 31 53

Ouvert toute l'année. Sauf le lundi. Carte : 22 € environ. Vente à emporter. Animations.

Un chalet dans un écrin de verdure en plein centre de Petreto-Bicchisano. On apprécie aussi le parking devant le restaurant et bien sûr le four à bois que l'on aperçoit dès l'entrée sur la droite. Armelle, Philippe et Charles vous y accueillent en toute simplicité et gentillesse et ce toute l'année. La carte change au fil des saisons : cannelloni au brocciu l'hiver et toute l'année des viandes grillées, sauté de veau... tous les bons produits du Taravo. Un restaurant chaleureux jusque dans la musique où il fait bon se poser et laisser filer le temps.

PRODUCTEURS DU TARAVO SARTENAIS VALINCO

lieu dit Bottega

✆ 06 62 82 82 88

Ouvert à l'année tous les jours de 9h à 13 h et de 16h à 19h sauf dimanche après-midi. Galerie d'art sur RDV uniquement.

Ce sont ici au centre du village, 47 productrices et producteurs réunis, tous agriculteurs de profession autour d'un marché et maintenant d'une boutique : fruits et légumes de saison en bio, herbes et aromates du maquis, huile d'olive, miel, vin, charcuterie, terrines et conserves de légumes du terroir, fromage, confiture, pâtes de fruit, sirop, safran, vinaigre, huiles essentielles, farine de châtaigne, biscuits, artisanat d'art et désormais salle d'exposition d'art !

PILA-CANALE ★★

Un gros village typique avec des maisons avec niches et pierres saillantes, des montées en escaliers et des ruelles étroites. Perché sur sa colline, il offre une belle vue sur la vallée verdoyante et la mer. L'église Saint Pancrace édifiée en 1888 avec les vestige de l'ancienne église contient de très beaux mobiliers de la Renaissance italienne dont un tabernacle de 1731, en bois tourné et sculpté, d'un beau meuble de sacristie en marqueterie du XVIIe siècle et d'un chemin de croix du 19ème siècle de bel facture. C'est ici une route agréable qui relie les golfes d'Ajaccio et du Valinco si l'on ne craint pas les virages ni sa petite largeur.

DOMAINE DE PRATAVONE

Pratavone

✆ 04 95 24 34 11

www.domainepratavone.com

En saison de 8h à 12h et de 14h à 19h30. Avril, mai, juin, septembre de 8h à midi et 14h à 18h et le samedi matin.

Depuis 1991 Isabelle Courrèges a su faire évoluer son vignoble devenu une des valeurs sûres de la région désormais en HVE (haute valeur environnementale). Issus de la typicité des cépages corses, vermentinu pour les blancs et sciaccarellu, niellucciu pour les rouges et rosés, le Domaine vous reçoit dans ses bâtiments tout neufs. Nous vous conseillons la cuvée Guillaume, élevée en fût de chêne pour le rouge et la même en blanc, vin de gastronomie qui vous étonnera par sa complexité et son originalité. Visite du Domaine sur rendez-vous.

© DOMAINE DE PRATAVONE

© DOMAINE DE PRATAVONE

SUD-OUEST CORSE

BALADE

PLAGES ET TOURS GÉNOISES

La balade qui relie Port-Pollo à Serra-di-Ferro offre un bel aperçu de ce petit coin sauvage. Elle permet d'admirer la tour génoise de Capanella, d'apercevoir celle du Capu Neru et de découvrir la plage de Cupabia, connue pour ses eaux turquoises. La boucle se fait en 3h45 environ, à ponctuer d'une baignade ou d'un pique-nique. Le parcours commence au village de Porto-Pollo (1) : vous trouverez en face du supermarché un départ de balade indiquant la direction de Cupabia. Suivez ce sentier pendant 2 km jusqu'à croiser une route. (2) Descendez sur la gauche, puis prenez à droite au premier croisement, et enfin à gauche au suivant. (3) Vous rencontrez ici un panneau indiquant la plage de Cupabia, sentier à suivre jusqu'à croiser une piste (4) que vous coupez, puis vous débouchez sur la route (5) qui conduit à la plage. A l'extrémité de la plage (6), vous retrouvez un joli sentier traversant le maquis, continuez tout droit au premier croisement (7), puis au suivant également (8), à partir duquel le chemin se fait un peu plus raide. Quand ce sentier s'élargit, vous accèdez à la tour via un embranchement partant sur la gauche (9). En quittant la tour, reprenez le sentier initial et empruntez la piste à gauche pour retrouver Porto-Pollo.

SARTÈNE ★★★

De son passé génois, Sartène n'a gardé que quelques vestiges, comme la tour de l'échauguette et l'hôtel de ville. Au sud du village, on peut encore voir le couvent San-Damianu, où va s'isoler le Catenacciu. Les environs de Sartène, aussi, sont chargés d'histoire. Le sud-est est occupé depuis la Préhistoire, comme en attestent les mégalithes que l'on peut trouver un peu partout dans la région. Sur le plateau de Cauria, à Fontanaccia au sud de la ville, on trouve un dolmen majestueux, que les villageois appelaient autrefois avec crainte la forge du Diable (A Stazzona di u Diavulu). Il est entouré de 25 menhirs, qui seraient les victimes du Malin.

A CASA DI ROCCAPINA ★

Col de Roccapina
✆ 04 95 71 56 30
www.corsedusud.fr

Ouvert tous les jours. Gratuit jusqu'à 18 ans. Tarif plein : 2 €. Tarif réduit : 1 €. Visite guidée sur réservations.

Six salles d'exposition, sur deux étages, permettent aux visiteurs de découvrir les richesses du site. Les thématiques : la présence de l'homme sur le site pour un aspect ethnologique avec collecte de témoignages ; l'ancien poste douanier aujourd'hui transformé en auberge ou l'occupation des lieux durant les deux guerres mondiales occupent une large place dans le musée. Et, évidemment, l'aspect géologique et cette érosion si particulière à la micro-région qui a vu la naissance des taffoni et autres animaux pétrifiés, seront également à l'honneur.

LE LION DE ROCCAPINA ★★

Roccapina

Accessible toute l'année.

Si le sud-ouest de la Corse regorge d'œuvres humaines mégalithiques datant des premiers temps de l'humanité en Corse, il propose également des sculptures naturelles et mystérieuses au premier rang desquelles le gardien du cap de Roccapina : le lion. En effet, non loin des alignements de Stantari et de Renaju ou encore du dolmen de Fontannaccia, et une fois passé le fleuve Ortolo, se dresse sur un éperon rocheux que vous pourrez apercevoir depuis la route nationale 196, qui relie Sartène à Bonifacio, le célèbre et majestueux lion.

ROSSI HÔTEL*** €€

Route de Propriano
✆ 04 95 77 01 80
www.hotelrossi-sartene.com

Ouvert de Pâques à la mi-octobre. Accueil 24h/24. 16 chambres. Basse saison : chambre double à partir de 85 €.

Hôtel familial à la situation idéale au cœur d'une région chargée d'histoire à dix minutes de Propriano et ses plages. Le Rossi Hôtel a été complètement transformé avec ses chambres élégantes, dotées de tout le confort nécessaire, certaines avec balcon et toutes face au village de Sartène avec la vue panoramique sur les montagnes de l'Alta Rocca toutes proches. Bel accueil de Livia et Edouard, décoration originale au top, insonorisation efficace, salle de petit déjeuner, parking privé et situation agréable pour rayonner entre mer, montagne et beaux villages.

© ROSSI HÔTEL

© ROSSI HÔTEL

SUD-OUEST CORSE

I STANTARI ET RINAGHJU, LE DOLMEN DE FONTANACCIA ★★

D48A

Accessible toute l'année.

© CYRIL BANA - AUTHOR'S IMAGE

Une visite sur le plateau de Cauria, situé à 2 km de la mer, permet de découvrir sur 60 hectares trois importants sites archéologiques : les alignements mégalithiques d'I Stantari, ceux de Rinaiu ou Renaghju et le dolmen de la Funtanaccia. La Corse compte actuellement plus d'un millier de mégalithes dont la majeure partie est située en Corse-du-Sud, plus particulièrement dans le Sartenais. Les alignements de Cauria sont constitués de menhirs, de stèles et de statues-menhirs en granit.

PARC NATUREL D'OLVA ★

Route de la Castagna

✆ 06 11 75 29 64

www.parc-animalier-corse.com

Haute saison ouvert tous les jours, de 10h à 18h. Basse saison week-end et jours fériés de 10h à 17h.

Sur plus de 20 ha, venez découvrir les plus belles essences du maquis méditerranéen et les animaux domestiques de l'île. Un parçours botanique répertorie chaque espèce. Ânes, chevaux, volailles et cochons évoluent dans leur cadre naturel. Tout ce qui fait le parfum et la beauté de la Corse émerge ici de chaos granitiques où se perchent chèvres et cabris. Les fréquentes naissances permettent d'assister à leurs premières cabrioles. A la fin de la visite promenades à poney et atelier de traite des chèvres. Des lamas viennent de rejoindre le site.

OFFICE DE TOURISME DU SARTENAIS-VALINCO TARAVO

14, cours Sœur-Amélie

✆ 04 95 77 15 40

www.lacorsedesorigines.com

Qualité Tourisme. Du lundi au vendredi de 9h à 13h et de 15h à 18h.

Le bureau de Sartène est ouvert toute l'année et vous propose de visiter la ville avec un audioguide pour vous faire découvrir de façon originale et didactique la plus corse des villes corses (selon Prosper Mérimée). Informations touristiques, programmes et billetterie, concerts, spectacles, visites découvertes (œnologie, randonnées etc...), disponibilité hébergements, wifi gratuit, réservation en ligne de vos séjours et hébergements. Tout y est pour un séjour des plus agréable.

FANALE DI SENETOSA REFUGE LITTORAL €

Senetosa

✆ 06 27 77 48 89

www.campumoru-senetosa.corsica

Fermé d'octobre à mars. Le reste de l'année sur réservation pour les groupes. 8 couchages en chambres à 20 €.

Un refuge insolite ! Le Phare de Senetosa a été réhabilité par le Conservatoire du Littoral. Situé sur le sentier littoral reliant les villages de Tizzano et Campomoro, il est à mi-parcours. Outre sa mission pour la sécurité maritime, le phare accueille désormais les randonneurs pédestres ou équestres parcourant le sentier littoral entre les deux villages ou cheminant sur les boucles de randonnées ouverts sur le site. Il accueille également les kayakistes en escale.

DOMAINE DE PERO LONGO €€

Pero Longo ✆ 04 95 77 07 11

www.perolongo.com

Bienvenue à la Ferme. Ouvert d'avril à novembre. Restaurant ouvert de juin à septembre. Piscine extérieure.

Une pépite à Sartène ! Entre Bonifacio et Propriano, le grand domaine viticole dirigé par la famille Richarme en biodynamie vous accueille avec votre tente, dans une aire naturelle de 2 ha, au milieu des oliviers et chênes verts, en chambres d'hôtes de charme, en gîtes ruraux pour 4 à 7 personnes et même dans la maison des vignes, élégante bâtisse de granit et de bois pour 15 personnes avec piscine privée. La table d'hôtes propose des spécialités corses, avec légumes du potager et veau de la propriété, et une carte de pizzas. Accueil parfait de toute la famille.

OLVA LES EUCALYPTUS

Route de la Castagna
© 04 95 77 11 58 - www.camping-olva.com
Ouvert du 1er mai au 30 septembre.. Emplacements, mobil-homes, chalets et tentes Corsica Lodges. Piscine extérieure.

Marion, Julien et Thomas au bar vous accueillent depuis juin 2020 et forment la nouvelle équipe jeune et dynamique du camping Olva. Une ambiance chaleureuse et familiale pour un camping situé à 10 minutes des plages de Propriano sur le territoire de Sartène. En contrebas de la plus Corse des villes corses selon Prospère Mérimée et magnifiquement situé pour profiter de la mer comme de la montagne. Jeux pour les enfants, terrain multisports et pétanque, piscine, bar, restaurant et salle de sport pour revenir plus bronzé, plus costaud, et surtout plus en forme !

CHEZ JEAN RESTAURANT DU COURS €€

25, cours Sœur-Amélie
© 04 95 77 19 07
Ouvert toute l'année. Sauf novembre et janvier. Tous les jours midi et soir. Hors saison fermé le dimanche.

Ce charmant restaurant a deux facettes. L'hiver, dans la salle voûtée typique, autour de la cheminée, on y grille figatellu, saucisses et autres spécialités « cochonesques », puis l'été, on y choisira l'une des deux terrasses à l'ombre ou au soleil ou la salle climatisée, autour d'une copieuse cuisine familiale. Une superbe ambiance au milieu des locaux et des soirées qui se terminent souvent avec chants et guitares improvisés. Simplicité, authenticité et bonne humeur garantie !

L'AUBERGE U SIRENU €€

Orasi
© 04 95 77 21 85
www.usirenu.fr
Ouvert toute l'année. Haute saison : tous les jours et les jours fériés le midi et le soir. Réservation recommandée.

Une affaire de famille que cette petite auberge entre Sartène et Roccapina qui propose une étape rafraîchissante sur la route du Sud. Les trois générations de Giuganti s'agitent dans la bonne humeur pour proposer leur table familiale au milieu du hameau. L'hiver, c'est retour de chasse, grillades et autres spécialités cochonesques, puis, l'été, on s'étale sur les terrasses à l'ombre des mûriers-platanes. En prime, quatre superbes bergeries confortables et climatisées ainsi que deux chalets de charme en location à la semaine ou la nuitée.

LES ROCHES €€

Avenue Jean-Jaurès
© 04 95 77 07 61
www.les-roches-sartene.com
Ouvert tous les jours le midi et le soir. Fermé le dimanche soir et le lundi midi de novembre à mars. Fermé en décembre.

C'est le restaurant de l'hôtel où l'on profite d'une grande salle panoramique classique et chic qui plonge de sa terrasse tel un navire vers les montagnes de l'Alta Rocca et sur le golfe du Valinco. La cuisine traditionnelle est de qualité, proposée à la carte ou en menus bien équilibrés sur tables nappées, à base des produits locaux et d'un excellent rapport qualité prix. Carte changeante selon la saison avec des formules attractives dans une ambiance musicale soft et dans le cadre majestueux d'un bel espace pour admirer les montagnes tout autour.

DOMAINE DE PERO LONGO €€

Pero Longo ✆ 04 95 77 07 11
www.perolongo.com
Ouvert de juin à septembre tous les jours midi et soir. Carte : 36 € environ.

Une adresse de choix au milieu de la vallée de l'Ortolo, à 20 minutes de Sartène, tenue de longue date par la famille Richarme. Juste à l'entrée du domaine viticole, on profite d'une grande terrasse ombragée qui se prolonge vers une grande piscine au milieu des vignes. Belles salades, bonnes grillades, plats mijotés à base de produits du domaine, bons desserts et le tout fait maison bien sûr. Cadre charmant, accueil au top et petits prix garantis. Vente des vins du domaine, chambres d'hôtes et même un bel espace pour le camping à la ferme en bonus.

TIZZÀ MARE €€

Plage de Tizzano
✆ 04 95 77 12 20
www.lilium-maris.com
Ouvert d'avril à novembre tous les jours midi et soir. Carte : 36 € environ.

Une terrasse entièrement refaite pour le Tizza Mare, restaurant de l'Hôtel Lilium Maris, posée sur la plage de Tizzano d'où la mer est toujours un spectacle. Le restaurant gagne en charme et confort avec son beau mobilier, ses grandes banquettes confortables et la douce ambiance musicale. On s'y attable avec plaisir pour y choisir poissons et langoustes du pêcheur ou les suggestions terrestres ou maritimes. Accueil soigné de Jean-Christophe, le maître des lieux, pour rendre l'instant délicieux et partir à regret. Transats sur la plage ou la pelouse en prime.

BULLA DI DULCEZZA

10, Cours Sœur Amélie
✆ 06 28 28 29 52
Ouvert à l'année, du mardi au samedi, de 10h à 12h et de 15h à 18h30. En janvier, le matin de 9h15 à 12h15 et sur rdv.

Chez Angelica, on trouve tous les produits de beauté qu'elle fabrique depuis 9 ans sous la marque Bulla di Dulcezza : savon sans savon, savon chantilly, parfum, crème de soin, parfum d'ambiance, bougie, le tout fabriqué à la main, pour un véritable travail artisanal source de bienfaisance. Vertus hydratantes, apaisantes, régénérantes grâce aux ingrédients performants (miel, aloé vera, savon noir, silice des Caldane, huile d'argan) sans paraben et qui conviennent aux personnes qui ne supportent pas le savon. Un véritable trésor pour le plaisir et la santé !

DISTILLERIE VITALBA

Domaine Saparella
✆ 07 85 79 25 72
www.vitalba.fr
Ouvert toute l'année. Haute saison, du lundi au samedi de 10h à 19h. Vente en ligne sur le site.

Entre Roccapina et le hameau d'Orasi, prenez le temps de descendre sur les contreforts de la mystérieuse vallée de l'Ortolo, où s'ouvriront les portes de la distillerie d'huiles essentielles corses Vitalba portée par le label Bio et Demeter. Plus d'une quinzaine de variétés insulaires y sont transformées en huiles essentielles afin de soigner les maux les plus prégnants et apporter du confort, voire de la béatitude ! Dans la quiétude de cet écrin de bien-être, vous pourrez choisir parmi d'excellents produits, à la faveur de précieux conseils.

LE JARDIN DE L'ÉCHAUGUETTE €€

Place de la Vardiola
✆ 04 95 77 12 86
Ouvert de début mai à septembre. Ouvert tous les jours midi et soir. Menu unique à 29 €. Carte : 28 € environ.

Un jardin perché à l'ombre des acacias, accolé à l'Échauguette avec un panorama sur le golfe du Valinco et la savoureuse cuisine du chef aux assiettes généreuses, c'est le rendez-vous de nombreux gourmands habitués : soupe, lasagnes au brocciu, daube de veau à la sartenaise… Belle carte de vins et accueil au top de toute l'équipe pour un repas de rêve dans un jardin où l'on se sent choyé de l'entrée au dessert. Assiette de fromages 100 % sartenais, qualité locale. On adore !

DOMAINE DE PERO LONGO

Pero Longo
✆ 04 95 77 07 11
www.perolongo.com
Haute saison : ouvert tous les jours et les jours fériés de 9h à 21h. Ouvert le dimanche. Livraison possible.

Le domaine vinicole de la famille Richarme s'étend sur 24 ha, plantés de niellucciu, sciaccarellu et vermentinu. Il produit les bonnes années 900 hl de rouge blanc et rosé certifiés AB – agriculture biologique – et pratiquant la biodynamie (certifiée Demeter). D'un caractère plutôt fruité, la cuvée Esprit de la Terre vieillie en fût de chêne, est notoirement appréciée comme la cuvée Lion de Roccapina. En prime, une table gourmande de qualité, une piscine, une aire de camping et même des chambres d'hôtes de charme. Le bonheur à l'état pur !

LE MARCHÉ DE SARTÈNE

Place Porta
✆ 04 95 77 74 00
www.sartene.fr
De janvier à avril et d'octobre à décembre : tous les samedi matin. Mai à septembre : mardi, jeudi et samedi.

Le marché se tient sur la place Porta, en plein cœur du village de Sartène. Toute l'année, on peut voir s'y côtoyer les passe-temps primesautiers des enfants, les traditionnels cents pas des anciens, et les fameuses ripailles en terrasse mêlant locaux et visiteurs ! C'est dans ce cadre authentique et convivial, niché au cœur de la plus corse des villes corses, que s'érige chaque samedi matin ce marché de productions locales et textile. Une occasion de mieux connaître le terroir ! De mi-juin à fin août, ces rencontres attendues se font quotidiennes.

LA POTERIE DU SOURIRE

Rue Nicolas Pietri
✆ 06 14 37 01 18
https://poteriedusourire.fr/
Ouvert tous les jours en saison d'avril à Toussaint.

Pascale est une fée et ses créations donnent envie de sourire… Dans le vieux Sartène en contrebas de la place Porta, sa petite échoppe regorge de trésors façonnés amoureusement : des assiettes, des pots, des tasses et autres saladiers, d'un style particulier plein de tendresse et d'originalité. Vous pouvez même lui commander des poteries sur mesure, elle s'exécutera avec plaisir et talent. Depuis 2021, les sculptures de Carole et les bijoux et création de vêtements de Camille s'exposent aussi dans la boutique. Trois femmes pour une boutique de rêve.

CAVADDA DI SANTU PULTRU

Route de Tizzano
✆ 06 82 33 61 28
www.randochevalcorse.fr
Ouvert à l'année. Promenade à partir de 70 €. Séjour équestres de 2 à 4 jours.

Un centre de promenades et de randonnées équestres pour profiter de la beauté de paysages magnifiques, sous les conseils éclairés et passionnés. Découverte de somptueuses plages, de criques ou baies sauvages, de Roccapina, Conca, Murtoli ou Campomoro, mais aussi du maquis, des villages abandonnés et des sites étranges de Cauria. Raid d'une semaine sur demande et même des hébergements et une table fermière à disposition. Cavadda Di Santu Pultru se trouve sur la route qui va de Sartène à Tizzano au beau milieu d'une sublime nature.

GIUNCHETO

C'est un village perché au sommet d'une colline boisée, aux vieilles maisons de granit bien appareillées, aux beaux escaliers extérieurs, où l'on peut trouver de jolis bas-reliefs sculptés. L'église paroissiale possède un chevet semi-circulaire et un clocher latéral massif. On peut également voir les vestiges de l'ancienne abbaye romane San-Paolo. Jusqu'au XIXe siècle, les morts de Giuncheto étaient enterrés dans des grottes aux environs du village, les sapare. Il existe un sentier de découverte entretenu et balisé en boucle de 3 heures durant lesquelles vous aurez de beaux points de vue panoramiques et déambulerez dans une végétation riche et typique.

FOCE-BILZESE

Cette commune constituait l'un des fiefs des seigneurs Arrainchi, dont la seigneurie la plus importante était l'Attalà. Repeuplé à la fin du XVIIe siècle par des bergers du Haut-Taravo, il comprend, à l'ouest, le récent hameau de Tipponu situé à proximité des ruines de la chapelle Saint-Georges et, à l'est, les villages de Foce et de Bilzese, fondés au XVIIIe siècle, qui sont tous deux dotés d'un sanctuaire dédié à saint Michel. Au sud de Foce, le Castello di Barici constitua durant trois siècles un haut lieu de l'histoire de la Rocca et c'est à Foce que le chroniqueur Ghjuvanni de la Grossa situe l'assassinat de Rinuccio della Rocca, le dernier comte corse.

SANTA-MARIA-SICHÉ

C'est le village natal de l'épouse de Sampiero Corso, Vannina d'Ornano. On peut encore voir la maison natale de ce personnage tragique. Une autre maison forte, datée du XVIe siècle, fut bâtie par Sampiero, après que les Génois eurent incendié celle de Bastelica. Un village simple où l'on trouve tout ce qu'on veut et tout ce qu'on aime : produits frais du terroir, excellente charcuterie, viennoiseries et pâtisseries. On peut également visiter son église Santa-Maria, d'origine romane et remaniée à l'époque baroque, dont le mur nord a conservé les éléments architecturaux médiévaux. Au village, la chapelle Sainte-Lucie est classée monument historique.

© XAVIER BONNIN

Chapelle romane Sainte Lucie du Xème siècle.

LE SITE TORRÉEN DE FOCÈ ★

Foce - **ARGIUSTA-MORICCIO**

Une stèle granitique indique le départ du sentier. Accès libre toute l'année.

On peut trouver près du col de Foce sur la Départementale 757 un remarquable monument torréen. Après 3 minutes de marche le long d'une jolie prairie, on parvient aux vestiges torréens établis sur l'éminence de Castellacia à 477 m. Le diamètre de cet habitat circulaire préhistorique atteint 12 m environ. Les murs composés de blocs de différents granits mesurent bien 3 m d'épaisseur. On distingue une chambre centrale et trois réduits. La vue depuis l'ancien castellu est somptueuse, elle embrasse la moyenne vallée du Taravo recouverte de chênes verts et de maquis.

LE SANTA-MARIA CHEZ FELIX** €

D83 ✆ 04 95 25 72 65

www.santa-maria-hotel.com

Ouvert toute l'année. Basse saison : chambre simple à partir de 61 €. Haute saison : chambre triple jusqu'à 113 €.

Un bon établissement de village au calme et non loin d'Ajaccio. Pimpant et accueillant, il propose des chambres coquettes, bien tenues et très convenablement équipées. La cuisine se tourne délibérément vers l'intérieur, l'élevage et les spécialités classiques : charcuterie artisanale, cannelloni au brocciu, pizza, sanglier en sauce et fiadone maison. L'accueil chaleureux de Félix fait de l'endroit un lieu de séjour agréable. En prime, le Santa-Maria répond présent toute l'année !

U FIUMICELLU €

Route de Grosseto

✆ 04 95 25 78 38

Ouvert à l'année sauf janvier et février, tous les jours sauf le dimanche. Menu à 20 €.

Bien connu des locaux et des habitués de la route, U Fiumicellu se trouve idéalement situé sur la T40, devancé d'un grand parking. Ce restaurant-bar familial est tenu depuis quarante ans par la famille Antona et l'accueil est sympathique quelle que soit l'heure. On y mange dans la grande salle, la véranda ou la terrasse d'une cuisine traditionnelle généreuse et maison d'un excellent rapport qualité/prix : pizza, côtes d'agneau, tripettes, sanglier, sauté de veau, avant les douceurs : flan aux œufs, tartes aux pommes, profiteroles... Bonne table d'étape !

AZILONE-AMPAZA ★

La commune composée de deux hameaux en vis-à-vis, chacun installé sur une éminence était avant sa destruction par les mauresques, un hameau dans la vallée nommé Calcinaghju. Tous deux possèdent de belles maisons aux jolis porches. On peut y trouver la maison de Monseigneur de La Foata, haute maison noble à Azilone possédant inscription et niche. A Azilone, on peut voir une église au clocher de quatre étages, et à Ampaza, une belle église à pierres apparentes. Un sentier au milieu des vergers mène aux ruines de la belle chapelle romane San-Salvadore. Le tour de Corse anime régulièrement ce petit coin de campagne avec une étape de rallye connue.

U MONDU DI U PORCU

Casa di u territoriu ✆ 04 95 52 94 87
www.mondu-porcu.com
Ouvert d'octobre à mai, du lundi au vendredi 9h-12h/ 13h-17h. Juin à septembre : du mardi au samedi 9h-12h30/ 15h-18h30.

Un bel espace dans ce village typique du haut Taravo, pour apprendre tout ce qu'il faut savoir sur le cochon (histoire et origine, races, technique d'élevage et alimentation) dans 3 salles thématiques et sur le village de Cozzano. Vous découvrirez comment les habitants de ce territoire ont apprivoisé leur environnement. Comptoir-boutique avec les produits de la région et un espace vidéo autour de la mythologie du porc, du savoir-faire traditionnel aux techniques actuelles. Une réalisation atypique au cœur d'une région authentique, et qui mérite le déplacement.

GUITERA-LES-BAINS ★★

Les bains sont situés en bordure du Taravo, sur l'ancien chemin de transhumance. Si la source était connue de longue date, c'est à partir du XVIIIe siècle qu'elle commence à être exploitée de façon artisanale jusqu'à ces dernières décennies. Nombreux ont été les Talavais à profiter des bienfaits de ces eaux qui, pendant longtemps, ont également fait office de bains publics à une époque où les salles d'eau étaient un luxe rare. Depuis une vingtaine d'années, l'établissement thermal et les commerces associés sont fermés. Par ailleurs, la commune possède une chapelle romane ruinée, dédiée à saint Pierre, à l'est. Elle a depuis été transformée en tombeau.

BELLA VISTA €

D69
✆ 04 95 24 41 59
www.gitecozzanohebergementcorse.com
Ouvert d'avril à fin octobre. Accueil 24h/24. 3 chambres. Chambre double 62 €. Petit déjeuner : 6 €.

Le premier gîte d'étape du haut Taravo, créé en 1978 par la famille Pantalacci. On est idéalement placé sur le Mare a Mare Centre, à 3 heures du fameux GR20 et sur de nombreux sentiers de pays. Côté hébergement, on aura le choix entre dortoirs, chambres matrimoniales et même une aire naturelle de camping. Pour prendre des forces, une copieuse cuisine familiale avec les légumes du jardin et la charcuterie maison. Accueil et bonne disponibilité de Baptiste, qui vous donnera des trésors d'informations sur les montagnes environnantes.

MAISON D'HÔTES ZELLA*** €€

Zella ✆ 06 80 92 84 46 - www.zella.fr
Fermé de décembre à mars. Chambre simple à partir de 107 € ; chambre double à partir de 117 € petit déjeuner inclus.

Émilie et Jean-Marie Casamarata ont ouvert leurs belles chambres d'hôtes cachées dans la forêt, à l'entrée du village en plein cœur de l'exploitation agricole de la famille et vous attendent l'enchantement, l'authenticité et la quiétude du lieu. On y accède par un petit chemin en terre qui conduit au paradis. Magnifique vue sur la haute vallée, belle bâtisse et ses chambres de très bon standing, accueil parfait pour un dépaysement garanti. En prime : l'excellente table d'hôtes pour apprécier les meilleurs produits locaux et une belle terrasse bien exposée !

BOCCA €€

Noce
✆ 06 81 13 21 97
www.bocca.corsica
Restaurant et micro-brasserie ouverts à l'année, tous les midis en semaine et le samedi soir. Menu unique environ 40 €.

Connus pour leurs excellentes productions de safran et de miel (maraîchage, vigne…), Maria et Sylvain ont créé avec bonheur une table déjà bien connue des locaux et futés de passage. Au programme, un menu unique et gourmand concocté à partir de produits fermiers. Ces amoureux du terroir corse y expriment tout leur talent et leur savoir-faire. Les amateurs d'authentique exigeants trouveront à l'épicerie fine : safran, miel, confitures, bière, canistrelli, vinaigre, sirops, vins, huiles d'olives, café, thé et charcuterie. Une adresse à ne pas manquer !

CHEZ PAUL-ANTOINE €€

Guitera-Village
✆ 04 95 24 44 40
www.chez-paul-antoine.com
Ouvert toute l'année. Sur réservation l'hiver. Basse saison : tous les jours et les jours fériés le midi et le soir.

Situé sur le sentier de randonnée Mare a Mare Centre, c'est une bonne adresse gourmande dans le pur esprit ferme-auberge pour les amateurs de vrais produits du terroir. Ici, les produits corses sont à l'honneur. C'est avant tout une affaire de famille où le savoir-faire de la charcuterie et de la cuisine du terroir local se transmet depuis quatre générations. Paul-Antoine fabrique lui-même une très bonne charcuterie fermière en vente sur place et par correspondance. Gîte d'étape en prime et l'on vous conseillera sans crainte la demi-pension.

INTERVIEW

MAISON D'HÔTES ZELLA

L'ÉTENDARD DU HAUT-TARAVO

Plantons le décor

Sertie au cœur des montagnes du Taravo dans le parc naturel de Corse, la maison d'hôtes et sa table Zella, offre calme et cadre enchanteur au bout d'un chemin que l'on ne prend plus par hasard. De l'eau s'écoule dans un bassin de pierre dès l'entrée, l'air embaume entre bosquets de fleurs, potagers et fruitiers autour de la maison familiale trônant dans un décor de rêve. Enfin la large terrasse apparaît, promontoire où se régalent les yeux juste avant les papilles.

Histoire

Afin d'honorer la passion qu'il tient de sa mère et de ses grand-mères, Jean-Marie rejoint l'École Hôtelière de Toulon avant d'exercer dans les établissements haut de gamme de Corse. Son parcours semble tracé mais la bâtisse qui trône au milieu des terres et de l'exploitation familiale lui donne l'envie d'un lieu où pourraient s'exprimer son savoir-faire et l'authenticité de ce terroir. Un pari un peu fou qu'il décidera de relever avec son épouse Émilie. Ainsi en quelques années et beaucoup de talents, une petite maison perdue au cœur du Taravo devient une superbe maison d'hôtes, avenante et élégante tout comme la cuisine authentique de Jean-Marie dont la réputation ne cesse de croître.

Au programme

Agneaux, cabris et veaux de la ferme familiale, brocciu et fromages de son frère Paul, charcuterie du Taravo dont son père fut l'un des fondateurs de la dénomination AOP, fruits et légumes cultivés sur place et parfums délicats des herbes du maquis pour des assiettes aux belles et vraies saveurs. Quatre chambres élégantes avec vue sur la vallée viennent compléter ce tableau idyllique pour un séjour mémorable de gourmandise et l'on peut repartir avec une sélection de produits sélectionnés (les canistrelli sont inénarrables). Une parenthèse raffinée tout en authenticité, calme et gentillesse au cœur des montagnes de la belle, sauvage et discrète vallée du Taravo.

MAISON D'HÔTES ZELLA

Zella

✆ 06 80 92 84 46 - www.zella.fr

© MAISON D'HÔTES ZELLA

© MAISON D'HÔTES ZELLA

© MAISON D'HÔTES ZELLA

MAISON D'HÔTES ZELLA €€

Zella
✆ 06 80 92 84 46
www.zella.fr

De juin à fin septembre sauf lundi mardi et mercredi midi. Hors saison ouvert du vendredi midi au dimanche midi.

En pleine nature, rayonnante en toutes saisons, cette table d'hôtes de Guitera-les-Bains est une belle surprise. Vous y dégustez une cuisine raffinée et joliment présentée. De plus en plus de convives n'hésitent pas à faire des kilomètres pour venir s'attabler dans cette maison. Un pari réussi que celui de Jean-Marie et d'Émilie qui ont fait le choix d'utiliser exclusivement des produits locaux et de les concocter à leur façon pour vous surprendre et vous régaler. Une belle réussite. Réservation recommandée surtout lorsque l'on se rapproche de l'été.

OLIVÈSE ★★

Olivese est un village dont l'origine se perd dans l'histoire puisque de nombreux débris de mégalithes attestent une présence préhistorique. Ces fragments de dolmens sont réemployés dans des murs ou clôtures. Le village offre l'architecture de caractère des maisons traditionnelles avec encadrement blanc de leurs fenêtres, gros linteaux et belles portes sculptées. Son église paroissiale est de style néoclassique, avec clocher au chevet. En contrebas, on apercevra le vieux pont génois U ponti di A Trinità (le pont de la Trinité). A l'origine composé de trois à quatre arches, il ne restait plus qu'une arche qu'on se contenta, semble-t-il, de conserver.

PALNECA

A quatre kilomètres de Ciamannacce, incluant la forêt domaniale de Saint-Antoine, Palneca, peu fréquenté par les touristes, offre de magnifiques coins de baignade et balades en forêt. Bâti à 900 m d'altitude, il présente encore quelques vieilles maisons de pierre, dont certains linteaux portent des inscriptions très anciennes. La D69, surnommée « route des Trois Cols », relie les deux versants de la Corse en empruntant les cols de Sorba, de Verde et de la Vaccia. C'est le village du fameux bandit Joseph Bartoli décédé mystérieusement en 1931. Jennifer, la chanteuse de la Star'Ac, et Marion, la joueuse de tennis, sont également originaires de ce village.

RELAIS SAN-PETRU DI VERDI €

Col de Verde ✆ 04 95 24 46 82
www.boccadiverdi.com

Ouvert du 1er mai au 30 septembre. 20 places en dortoirs : 15 €, 35 places en chalets privés. Demi-pension : 40 €.

C'est le repaire de Jean-Marc Lubrano-Bartoli, passage obligé sur le mythique GR20, on y retrouve l'ambiance des lieux perdus du bout de monde. On y profitera même de trois chalets familiaux pour plus d'intimité. Côté cuisine, on y trouvera la charcuterie locale, les grillades au feu de bois et le fromage de brebis. Belle ambiance chaque soir autour du feu de cheminée ou en terrasse. Le petit plus : une aire naturelle de camping sous les hêtres, pins et sapins de cette belle forêt.

© XAVIER BONNIN

Bergerie de Scanciatella.

LE GRAND AJACCIO

Le golfe d'Ajaccio serait parmi les plus beaux du monde selon ceux qui le découvrent après avoir écumé de splendides horizons lointains. Il aurait d'ailleurs inspiré le bleu si particulier de Matisse. Il regorge de sites fabuleux et son rivage conduit également vers plus de verdure, comme la forêt de Coti-Chiavari où trônent les restes du pénitencier. De la pointe de la Parata à celle de Capo di Muro, de la plage de Capo di Feno en passant par Portigliolo, le golfe est ainsi étreint de sensualité. L'arrière-pays se structure autour de la vallée de la Gravona, des fantastiques gorges du Prunelli, de la plaine de Peri. Les incontournables : le coucher de soleil face aux îles Sanguinaires, le musée Fesch et la maison Bonaparte à Ajaccio, une promenade dans la foret de Coti-Chiavari, le point de vue sur le golfe depuis la tour de l'Isolella, la baignade à la plage du Ruppione, la randonnée aux Pozzi de Bastelica.

D81
SAGONE
D56
D25
Golfe de Sagone
Tiuccia
D1
D601
D201
D81
VALLE-DI-MEZZANA
APPIETTO
AFA
ALATA
D61
Mezzavia
D11 B
D11
AJACCIO ★★
BASTELICACCIA
PORTICCIO ★
Golfe D'ajaccio
Molini
Mer Méditerranée
Pietrosella Plage
PIETR
10 KM
COTI-CHIAVARI ★★
D55 A
D355

T20
BOCOGNANO ★★
TAVERA ★
D127
D4
VERO ★
D227
UCCIANI ★
T20
CARBUCCIA ★
TAVACO ★
D29
PINO
LA-
Parc naturel régional de Corse
Peraccia
PERI ★
D229
BASTELICA ★★
D27
Réserve Biologique Intégrale de Punteniellu
CUTTOLI-CORTICCHIATO ★
TOLLA ★★
OCANA ★
D3
D128
D103
D28
ECCICA-SUARELLA ★
CAURO
D757 A
T40
D83
Grosseto Prugna
D26
ALBITRECCIA ★
D757
D302
D69
Le grand Ajaccio
D757
D420
T40
D420

PAGES

203 ●● LA VALLÉE DE LA GRAVONA

L'arrière-pays ajaccien se découvre en empruntant la RT20 puis en parcourant les petites départementales, pour monter aux villages accrochés à flanc de montagne de part et d'autre de la rivière A Gravona qui procure, d'ailleurs, de beaux sites de baignades. Aux portes d'Ajaccio, elle touche la partie ouest des massifs du Monte d'Oro et du Renosu. Très beaux spots de canyoning sur la rivière Gravona à proximité de Bocognano. Toute la vallée est parsemée de nombreux sentiers en boucle « intervillage ».

207 ●● LA VALLÉE DU PRUNELLI

Les villages qui constituent cette terre sont autant de petites perles déposées dans un écrin de verdure, de maquis et de montagne. Où que vous alliez, de Bastelicaccia jusqu'à Bastelica, la vallée du Prunelli vous offrira des instants magiques et des paysages à couper le souffle. De cette nature si généreuse, l'homme a su tirer profit au point de nous offrir un panel de spécialités gastronomiques, fleuron de la cuisine traditionnelle corse. On y découvrira de jolis spots de baignade le long du fleuve, de nombreux sentiers de randonnée avec en point d'orgue les pozzines derrière la crête de Scaldasole et de bons producteurs de vin, miel, fromage et charcuterie.

212 ●● LA RIVE SUD

La rive sud du golfe d'Ajaccio qui s'étend sur 18 km du littoral offre de nombreuses plages variées : sable fin, plages étendues, criques, pinède. Les sentiers du littoral de la rive sud du golfe d'Ajaccio sont essentiellement composés de circuits permettant la découverte de quelques tours génoises. Les tours génoises furent édifiées aux XVIe et XVIIe siècles pour prévenir des attaques des pirates barbaresques, elles sont aujourd'hui devenues le symbole de la Corse.

AJACCIO

Présente-t-on encore Ajaccio ? La ville où est né Napoléon Ier, son golfe qui a enthousiasmé les plus grands écrivains et poètes, qui donne accès aux fameuses îles Sanguinaires et le grand site de la Parata, qui possède un des plus beaux musées de France, des monuments napoléoniens, son chemin des crêtes, qui offre un panorama historique, culturel et visuel hors du commun. Elle possède de nombreux quartiers d'architecture récente, le centre se regroupant autour de deux axes parallèles (cours Napoléon, boulevard du Roi Jérôme). Son activité est essentiellement touristique et administrative. Elle compte 73 038 habitants en 2022. Il y manque cependant toute la tranche d'âge des étudiants qui partent soit à Corte, à l'université de Corse Pasquale Paoli, soit sur le continent, mais que l'on retrouve l'été à la terrasse des nombreux bars de la ville. Ses principaux atouts restent son cadre magnifique et son climat exceptionnel.

SE REPÉRER SE DÉPLACER

Pour les touristes futés, une formule de bateaux navettes permet de relier Ajaccio à Porticcio tous les jours de 6h45 à minuit en vingt minutes (renseignements sur Muvitarra).Traverser Ajaccio relève aux heures de pointe du parcours du combattant. Si les places de stationnement sont rares en heures pleines, il faut savoir que la ville d'Ajaccio propose 2 080 places de parking très centraux et assez raisonnables dans leurs tarifs. Les places du centre-ville sont payantes avec horodateurs. Pour se garer en centre-ville, on peut aller au grand parking de l'Amirauté, sur le port Tino Rossi et dans les rues perpendiculaires au cours Napoléon. Parking payant : entre la gare maritime et la gare, orienté port et embarquement sur les quais. Parking souterrain : place du Diamant, ouvert 24h/24, tous les jours ; nombreux accès piétons sur la place avec plus de 630 places. Petit parc de stationnement : gare ferroviaire.

AÉROPORT INTERNATIONAL AJACCIO-NAPOLÉON-BONAPARTE

Route de Campo-dell'Oro
✆ 04 95 23 56 56
www.2a.cci.fr
Ouvert toute l'année.

Conditions d'accueil performantes (pistes gros porteurs, équipements techniques complets, terminal rénové et services (espace commercial, accès internet wifi, borne interactive d'information et de réservation hôtelière). 15 compagnies et charters : Air Corsica - Air France - British Airways - Brussels Airlines - Cahlair Aviation - Easy Jet - Hop ! - Jetairfly - Luxair - Norwegian - Ryanair - Skywork Airlines - Swiss - Transavia - Volotea - Tracel Service Group.

GARE ROUTIÈRE D'AJACCIO

Quai l'Herminier
✆ 04 95 21 57 59
www.2a.cci.fr
Ouvert du lundi au vendredi de 8h à 12h et de 13h30 à 16h30.

Depuis la gare d'Ajaccio, plusieurs compagnies assurent la liaison : Eurocorse Voyages, Les Beaux Voyages, Autocars R Ceccaldi, SA SAIB Autocars de l'Ile de Beauté, Balesi Evasion, Autocars Ricci, Autocars Corse Méditerranée (ACM). D'Ajaccio à Bastia en passant par Calvi ou encore l'Ile Rousse, vous avez le choix parmi de nombreuses destinations et l'autobus est une alternative de choix si vous souhaitez vous laisser guider sans stress ! Les titres de transport sont délivrés en Gare Routière ou directement à bord de l'autocar.

CHEMIN DE FER DE LA CORSE (CFC)

✆ 04 95 23 11 03
www.cf-corse.corsica
Ouvert tous les jours et les jours fériés de 6h15 à 20h30. De 7h20 à 20h30.

La ligne principale traverse toute l'île, d'Ajaccio à Bastia, en passant par Corte. Une variante à Ponte Leccia met le cap vers Calvi, en passant par l'Ile-Rousse. De Bocognano à Corte, le parcours est magnifique, qui traverse des paysages inaccessibles présentant de nombreux ouvrages d'art et tunnels. Cinq allers-retours quotidiens Ajaccio-Bastia, du lundi au samedi, et deux le dimanche. Vous bénéficierez ainsi de points de vue imprenables pour appréhender le panorama insulaire !

PORT DE COMMERCE D'AJACCIO

Quai L'Herminier
✆ 04 95 51 55 45
www.2a.cci.fr
Ouvert tous les jours de 6h30 à 20h hors saison et jusqu'au dernier départ en saison (22h30 environ).

Le port d'Ajaccio est relié au continent français de manière bi-quotidienne vers Marseille, Toulon, et Nice, avec les navires de la Corsica Linéa pour Marseille, et Corsica Ferries pour Toulon. Des liaisons occasionnelles existent également vers la Sardaigne, en gare maritime de Porto-Torres. Pour davantage de renseignements sur les traversées, vous pourrez vous rendre à la Gare Maritime tous les jours dès 6h30, et jusqu'au dernier départ du ferry.

À VOIR / À FAIRE

La ville d'Ajaccio, à la fois tournée sur la mer et centrée sur un patrimoine historique lié à Napoléon Bonaparte, natif d'Ajaccio, regorge de sites historiques et emblématiques, qui en font sa richesse culturelle. Au cœur de la vieille ville, on y retrouve le Musée de la Maison Bonaparte, créé dans la maison où Napoléon Bonaparte est né ou encore Le Casone, un monument à sa gloire. Les férus de culture apprécieront aussi Le musée Fesch, impressionnant par son architecture et ses collections. Les gourmands et épicuriens ne seront pas en reste avec les divers marchés de la ville, où l'on peut aller à la rencontre des producteurs locaux et découvrir des spécialités corses : La Halle Gourmande, le Marché Central d'Ajaccio ou encore le Marché de la place Abbatucci. Pour un grand bol d'air et une vue exceptionnelle, on s'aventure sur Le chemin des Crêtes qui suit le littoral depuis le centre ville jusqu'aux reliefs des Iles Sanguinaires.

OFFICE MUNICIPAL DE TOURISME D'AJACCIO

3, boulevard du Roi-Jérôme
✆ 04 95 51 53 03
www.ajaccio-tourisme.com
Ouvert tous les jours. Juillet et août : du lundi au samedi de 8h à 19h, dimanche de 9h à 13h et de 16h à 19h.

Situé en cœur de ville, l'Office de Tourisme d'Ajaccio se trouve aisément et est à votre disposition pour tous renseignements sur le Grand Ajaccio, ainsi que sur les nombreuses manifestations, visites, évènements, compétitions et fêtes organisées tout au long de l'année dans cette région au dynamisme culturel avéré. Une équipe avenante vous accueillera pour répondre à vos questions et vous orienter au mieux vers les nombreux attraits de la région.

LE CHEMIN DES CRÊTES ★

Bois des Anglais
Durée : 3 à 4 heures.

L'accès se fait par le bois des Anglais, route du Salario, bus n°1. Le sentier grimpe tout d'abord à travers le maquis avant d'arriver à un petit col. Arrêt pique-nique à la fontaine de Cupetta. Puis le chemin longe les crêtes, vers la route des Sanguinaires. La vue est tout simplement splendide et balaye tout le golfe. On redescend vers la mer jusqu'à la centrale solaire de Vignola. Le retour peut se faire en bus. On peut aussi se baigner sur une des belles plages. Promenade déconseillée les jours de fort vent en raison des risques d'incendie.

VISIT CORSICA

17, boulevard du Roi-Jérôme
✆ 04 95 51 00 00
www.visit-corsica.com
Toutes les informations sur le site internet.

Découvrez le portail officiel du tourisme corse ! Un site idéal pour préparer vos vacances en Corse avec le guide sur la Corse à retrouver en ligne : conseils pratiques, hébergement, transport, cartes interactives, loisirs... Partez à la découverte d'un territoire original et authentique : la Corse dans toute sa splendeur. Dans un cadre naturel et magnifiquement préservé, le littoral alterne criques et longues plages de sable doré, alors que les villages, idéalement situés à mi-montagne, offrent un visage intime de la Corse.

NAVE VA ★

Port Tino-Rossi ✆ 04 95 51 31 31
www.naveva.com
Ouvert d'avril à octobre de 8h à 19h et le reste de l'année sur réservation. Renseignements des horaires à l'accueil.

Partez sur ces confortables bateaux à la découverte des plus beaux rivages des côtes occidentales de la Corse. 5 circuits sont proposés : les îles Sanguinaires aux 150 espèces florales, la réserve naturelle de Scandola (classée patrimoine mondial de l'humanité par l'Unesco), Girolata, accessible en bateau ou à pied, Capo Rosso, le golfe de Porto et son imposante tour génoise, les calanques de Piana, dont la beauté est époustouflante ! Les navires peuvent également être privatisés pour vos soirées, ou pour voguer au son de la musique et des senteurs marines.

LA BIBLIOTHÈQUE MUNICIPALE D'AJACCIO ★★

50, rue Fesch
✆ 04 95 51 13 00
www.bibliotheque.ajaccio.fr
Ouvert toute l'année. Du lundi au vendredi de 9h à 12h et de 14h à 17h. Gratuit. CB non acceptée.

La Bibliothèque Municipale d'Ajaccio a été ouverte dans l'aile nord du Palais Fesch, un bâtiment allongé réalisé en 1968. Elle était, à l'origine, prévue pour être une galerie destinée à l'exposition de grands tableaux. La majestueuse salle patrimoniale mesure 30 mètres de long, 9 mètres de large et 10 mètres de haut. 16 fenêtres ouvrent sur la galerie. Son mobilier en noyer (rayonnages et table de 18 mètres de long) a été réalisé par l'architecte Cazeneuve.

LA CATHÉDRALE D'AJACCIO ★★

Rue Forcioli-Conti
Ouvert toute l'année. Tous les jours de 8h à 11h30 et de 14h30 à 17h45. Le dimanche, le site ferme à partir de midi.

Le baptême du petit Napoléon y fut célébré le 21 juillet 1771. La cathédrale abrita la chapelle funéraire de la famille Bonaparte jusqu'à la construction sous le second Empire de la chapelle impériale. La cathédrale frappe au premier abord par ses dimensions modestes. Le plan en croix latine montre un transept à peine marqué et les trois nefs intérieures semblent trop courtes par rapport à leurs proportions en hauteur et en largeur. Mais les sept chapelles latérales, le dôme imposant et surtout la façade baroque d'un bel ocre témoignent d'un indéfinissable charme.

CASA BUONAPARTE

1, Rue Saint Charles
✆ 04 95 24 35 39
www.casabuonaparte.com
Ouvert toute l'année. Entrée gratuite du petit musée privé.

Passionnés d'histoire, cet antre deviendra votre lieu de prédilection. Passé la porte de la Casa Buonaparte, vous arpenterez les allées d'un magnifique café-musée mettant Bonaparte à l'honneur. Vous y trouverez des objets ayant appartenu à l'empereur ainsi qu'un univers entier autour du grand homme, mais également des produits agricoles du terroir et de beaux souvenirs à glaner dans la boutique. Que l'on soit incollable sur Bonaparte ou amateur dilettante, c'est un endroit insolite regorgeant de surprises, à ne pas manquer lors de votre passage dans la région !

LA CITADELLE MIOLLIS ★★

Boulevard Danièle-Casanova
✆ 04 95 51 53 03
Visite libre.

Construite sur un promontoire rocheux en 1492 (date de la fondation d'Ajaccio), la citadelle ne compte alors qu'un simple « castello », un donjon et une enceinte basse. La défense de la ville se révélant insuffisante, des travaux sont entrepris à partir de 1553. Les fossés sont élargis, approfondis et reliés à la mer. Après le traité du Cateau-Cambrésis en 1559, les Génois donnent à la citadelle son aspect actuel. Ouverte au public depuis 2021, on y trouve de belles expositions artisanales et artistiques ainsi qu'une guinguette pour se rafraichir.

© XAVIER BONNIN

La plage Saint-Francois au pied de la Citadelle Miollis.

Monument et fontaine dédiés à Napoléon à Ajaccio.

LA CHAPELLE IMPÉRIALE OU CHAPELLE PALATINE ★★

50-52, rue Cardinal-Fesch
✆ 04 95 26 26 26
www.musee-fesch.com
Ouvert du 1er mai au 30 octobre de 9h15 à 18h et du 1er novembre au 30 avril de 9h à 17h. Entrée : 8 € ; réduit : 5 €.

Jusqu'en 1859, la crypte de la cathédrale d'Ajaccio servait de sépulture aux membres de la famille Bonaparte. Mais pour sa part, le cardinal Fesch, oncle de Napoléon Bonaparte, avait souhaité la construction de cette chapelle impériale - également connue sous le nom de chapelle palatine - afin d'y être inhumé aux côtés de sa sœur Letizia, mère de Napoléon Ier, et de tous les membres de la famille Bonaparte qui le souhaiteraient. Mort en 1839, ses dernières volontés ne furent exécutées qu'une vingtaine d'années plus tard, en 1857, par Napoléon III qui fit construire l'édifice en l'espace de deux années. Il repose donc désormais dans cet édifice de style néoclassique construit en pierre de Saint-Florent et établi dans l'aile droite du palais Fesch, là où se trouve exposée la collection de peintures françaises, espagnoles, flamandes, allemandes, hollandaises et italiennes de toutes les écoles qu'avait réunies le cardinal. La crypte, de forme circulaire, abrite aussi les tombeaux de plusieurs membres de la famille impériale, notamment le père de l'empereur, Charles Bonaparte, ainsi que sa mère. Mais la chapelle impériale, conçue par Alexis Paccard - architecte des châteaux de Rambouillet et de Fontainebleau - retiendra toute l'attention pour la qualité de ses peintures d'ornement - œuvres de Jérôme Maglioli - et de ses vitraux. On y verra également une croix Ankh, située au-dessus de l'autel, ramenée par Napoléon de sa campagne d'Egypte. Un incontournable donc.

L'ÉGLISE SAINT-ÉRASME

Rue Forcioli-Conti
Ouvert toute l'année. Procession début juin.

Une église de marins regorgeant de kitsch dans toute sa splendeur : des angelots très roses, des Jésus tout décorés de fleurs en plastique, des bateaux qui pendent au plafond, un lustre scintillant. Enfin, dans un décor digne de Pierre et Gilles, une église chaleureuse prêtée pour le 2 juin, jour de la Saint-Erasme, patron des marins et des pêcheurs : messe et procession de la chapelle au port avec bénédictions de barques et Jet-Skis. A voir ! Vous la trouverez vers le port Tino Rossi en rentrant dans la rue Forcioli-Conti entourée d'autres bâtisses.

LA GROTTE NAPOLÉON

4, rue Saint Charles
✆ 04 95 28 04 61
www.napoleon1769.corsica
Ouvert d'avril à novembre. Dernière séance à 20h30. Formule simple à partir de 12 €.

Au cœur de la Cité Impériale, la Grotte Napoléon est une expérience visuelle, culturelle et gustative. On s'y cultive, s'y distrait et s'y régale de produits corses sous l'œil de la famille impériale, avant que ne débute une projection exclusive sur la vie de l'Empereur et son enfance, un clip historique et musical avec en prime une vue aérienne d'Ajaccio et le Dio Vi Salvi Regina ! Les passionnés de Napoléon ne résisteront pas à l'acquisition de quelques figurines collector, d'ouvrages savants ou d' objets commémoratifs. A ne pas manquer !

LA PLACE FOCH ★

Accessible toute l'année.

Piazza d'Olmo, où s'élevait autrefois l'unique porte de la cité. On y découvre, nichée dans une façade, la statue de Notre-Dame de la Miséricorde, la Madunuccia, patronne de la ville et fêtée avec ferveur le 18 mars. C'est un lieu de passage incontournable ; l'été, il devient un lieu privilégié de rencontres pour de nombreuses manifestations, au frais de la fontaine aux Quatre Lions : l'œuvre de Jérôme Maglioli, avec, en son centre, un premier consul de marbre, de Laboureur. La relève de la garde y est présentée tous les jeudis en juillet et août à 19h.

LA RUE FESCH

Accessible toute l'année.

Une artère typique, piétonne et commerçante, offrant la possibilité d'un shopping nocturne le vendredi soir, en période estivale. Traversant la ville, c'est une rue vivante et conviviale où il fait bon flâner, s'asseoir en terrasse, faire des rencontres et du lèche-vitrines. En plein cœur se dresse le musée Fesch, que la collection de primitifs italiens érige à la place de « deuxième musée de France ». L'été, la belle cour dallée accueille de nombreux spectacles ; on se souvient que baigné dans cette atmosphère propice, Tino Rossi fit ici ses premiers pas.

U CASONE ET LA GROTTE NAPOLÉON ★

En haut du cours Grandval et du cours Général-Leclerc (U Casone).
Accessible toute l'année.

Pour les amateurs de monumental, voici la copie conforme de la statue qui surmontait la colonne Vendôme à Paris : l'empereur, en bicorne, trône en haut d'un escalier pyramidal, sur lequel sont inscrites ses victoires et ses réalisations. La statue de bronze domine le parc, rendez-vous des âmes bucoliques et matinales, des boulistes vespéraux et des touristes au cœur du jour. Chaque été, le Casone offre également de superbes représentations musicales.

LA MAISON BONAPARTE - MUSÉE NATIONAL ★★★

Rue Saint-Charles ✆ 04 95 21 43 89
www.musees-nationaux-malmaison.fr

Ouvert toute l'année. Ouvert tous les jours sauf le lundi. Gratuit jusqu'à 26 ans (et le 1er dimanche du mois).

La Maison Bonaparte s'appelait au départ Casa Bozzi et n'est devenue la propriété de la famille Bonaparte que progressivement et avec quelques allers-retours. Toutefois, c'est la maison de naissance de Napoléon et on peut encore aujourd'hui admirer sa chambre de naissance. La Maison, occupée en partie par la famille Bonaparte en 1682, y voit naître Napoléon sur le canapé de l'antichambre, le 15 août 1769. Il y passera une partie de son enfance. Ce que le visiteur peut voir lors de sa visite aujourd'hui n'est pas le reflet du mode de vie de l'époque, car, lors de l'éphémère royaume anglo-corse, la famille avait quitté Ajaccio et la maison fut pillée par les partisans de Pasquale Paoli. Ensuite, elle a été réquisitionnée par les Anglais de 1794 à 1796. C'est en 1798 que la mère de Napoléon, devenue veuve, remeuble la demeure de mobilier Directoire acquis chez un marchand marseillais et l'enrichit d'une superbe galerie sur la terrasse, qui à l'époque, était la plus belle salle de bal et de réceptions d'Ajaccio. Vint par la suite s'adjoindre une magnifique rampe d'escaliers envoyée par son demi-frère, Joseph Fesch, de Milan. Napoléon ne verra ces rénovations et embellissements qu'une seule fois, à son retour d'exil d'Egypte en septembre 1799. Il y loge alors avec tout son état major et étant attaché à la maison et s'y sentant bien, comme il l'écrit lui même, il entreprend de la restaurer et de la remeubler encore. Une partie du mobilier Directoire, acquis par Letizia Bonaparte à Marseille, est toujours présent dans certaines pièces, dont le salon Letizia. Aussi, on peut y admirer 4 commodes et un secrétaire Directoire ainsi que trois cheminées en marbre de Busca. Après la restauration de la maison, Napoléon III en fait un musée. Donnée à l'état en 1923 par le Prince Victor Napoléon, seul héritier de l'impératrice Eugénie et de Napoléon III, elle est classée monument historique en 1923. La Maison est aujourd'hui musée national et on peut y visiter les différentes pièces, surtout au premier étage de la maison qui s'ouvre sur les appartements meublés d'époque. Quant au deuxième étage, on peut y découvrir et retracer à l'aide de cartes, d'objets et de portraits toute l'histoire de Corse et de la famille du XVIIIe siècle.

En face de la maison on peut admirer un petit ilot de verdure avec le buste du roi de Rome, qui est une œuvre de Vezin.

La Maison Bonaparte est devenue musée national en 1967, dirigé par la Direction des Musées de France.

LE PALAIS FESCH - MUSÉE DES BEAUX-ARTS ★★★

50-52, rue du Cardinal-Fesch
✆ 04 95 26 26 26
www.musee-fesch.com

Du 1er mai au 31 octobre le musée est ouvert tous les jours de 9h15 à 18h. Gratuit jusqu'à 18 ans, adulte 8€.

C'est un espace culturel majeur de l'île. Ce palais a été édifié dans le quartier Saint Roch, en bord de mer, selon les instructions du cardinal Joseph Fesch (1763-1839), oncle maternel de Napoléon Ier. Il s'agissait pour ce grand collectionneur d'art de créer un «Institut des Arts et des Sciences» pour éduquer les jeunes Corse. Les plans du bâtiment furent confiés à l'architecte Sylvestre Frasseto. Commencée en 1828, la construction du palais se fit par étapes et ne s'acheva que sous le Second Empire. Au centre de la cour trône la statue du cardinal Fesch, œuvre du sculpteur parisien Vital-Gabriel Dubray. Passionné d'art et tout particulièrement par les primitifs italiens, le cardinal avait réuni une collection monumentale riche de 16 000 œuvres. Les collections du musée des Beaux-Arts d'Ajaccio sont constituées en grande partie du legs de ses collections par le cardinal Fesch : le musée en a la plus belle collection, juste après celle du Louvre. Le Titien, Cosmè Tura, Raphaël, Bellini... avec le chef-d'œuvre *La Vierge à l'Enfant* de Botticelli. Différents dons et legs enrichiront ensuite les collections du Palais Fesch, dont ceux de Félix Baciocchi (1866), du duc de Trévise (1892), de Jérôme Napoléon (1897), de la famille Rothschild (1889 et 1909). L'Etat apporta et continue à apporter sa contribution avec l'achat d'œuvres. Si les œuvres les plus représentées sont celle des peintures italiennes du XIVe au XVIIIe siècle, s'ajoutent une collection des peintres corses, le cabinet des arts graphiques et de la photographie. En marge de la présentation de ces collections exceptionnelles, le palais Fesch programme des visites guidées, des conférences, des spectacles de danse et des concerts, des ateliers, des évènements littéraires et des évènements nationaux, Fête de la science, journées du patrimoine, etc. L'aile nord du palais Fesch abrite la salle patrimoniale de la bibliothèque de la ville d'Ajaccio et l'aile sud la chapelle impériale. La présentation des œuvres, sur trois étages, est organisée dans un ordre chronologique, des Primitifs italiens aux peintres corses du XXe siècle, ponctuée des œuvres phares de Botticelli, Titien, Véronèse, du baron Gérard... Plusieurs visites s'imposent !

▶ Sur son site Internet, le palais Fesch présente des vidéos commentées des principales œuvres du musée, par ailleurs diffusées sur la chaine TV Via Stella. La série est réalisée en deux langues : française et corse. Une excellente introduction à la visite.

A CUPULATTA
LA CITÉ DES TORTUES - NUMÉRO 1 EN EUROPE
Centre d'élévage et de protection de la tortue à 20 km d'Ajaccio en direction de Bastia
Ouvert en non-stop tous les jours d'avril à octobre.
04 95 52 82 34

A CUPULATTA ★★★

Route territoriale 20
✆ 04 95 52 82 34 - www.acupulatta.com
Haute saison ouvert tous les jours et jours fériés de 9h à 18h. Adulte : 13 €. Enfants de 5 à 11 ans : 9 €.

Ce parc est unique en son genre. Sur un site naturel de 2,5 ha, vous découvrez la vie cachée des tortues. De l'Amérique du Sud à la Méditerranée, en passant par l'Asie et l'Afrique, tous les continents sont représentés, de la tortue étoilée d'Inde à la tortue à tête rouge d'Amérique du Sud en passant par la tortue géante des Galápagos ou l'impressionnante tortue alligator. Créé par l'Association A Cupulatta (tortue en corse), le centre a pour vocation l'élevage, l'étude et la protection des tortues terrestres et aquatiques du monde entier. Le parc en abrite 150 espèces pour un total qui dépasse 3 000 animaux. Un cadre naturel remarquable, des éléments climatiques particulièrement favorables ainsi que des aménagements très bien adaptés offrent des bonnes conditions de vie et de reproduction. En 2020 cinq petites tortues exotiques de l'espèce charbonnière d'Amérique du Sud sont nées à Ajaccio. En 2021, les équipes du parc ont vu la naissance de trois tortues à tête de crapaud. Un exploit salué dans le monde entier ! Cette espèce d'Amérique du Sud, encore méconnue et difficile à observer dans son habitat, ne s'est quasiment jamais reproduite en captivité. En 2022, le parc a vu naître 11 tortues rares indiennes : les tortues pagode. Dans la nurserie chauffée des dizaines d'œufs attendent d'éclore. Chaque année, le parc A Cupulatta s'attache à ces naissances pour que soient préservées les espèces menacées. Des programmes d'échanges avec d'autres parcs et de réintroduction dans la nature sont en cours.

LES ÎLES SANGUINAIRES ★★★

Accessible toute l'année.

Incontournables lorsque l'on séjourne à Ajaccio ! Isuli Sanguinarii, l'inénarrable site des Iles Sanguinaires, aux roches de porphyre rouge se détachant sur un lit de diorite sombre et de granite gris, est un joyau de nature préservé où s'épanouit une flore d'une grande diversité. On y observe des plantes rares, voire introuvables au sein même de l'île de Beauté, comme l'impressionnant arum mange-mouche. Des colonies d'oiseaux marins y nichent tout aussi paisiblement. Parmi eux, le goéland Leucophée, la mouette rieuse, le goéland d'Audouin et le puffin cendré. Il faut voir le soleil darder ses rayons pourpres et coucher la robe sanguine de leurs reflets sur ces quatre îlots rouges et noirs, qui s'étendent au large de la pointe de la Parrata et de sa tour génoise. Leurs noms respectifs sonnent comme ceux de mythiques héros : Mezu Mare, Isolotto, Cala d'Alga et Porri forment le rutilant quatuor des Sanguinaires ! Appelées frankénies, des plantes à fleurs roses, jonchant leur sol et se parant d'un vif incarnat selon la saison, ont certainement quelque chose à voir avec leur sanglant patronyme. On les découvre en bateau au départ du port Tino Rossi, en prévoyant deux heures ou une demi-journée en pleine saison, avec arrêt baignade, prises de vue à terre et retour au crépuscule par la rive nord, où vous croiserez la Terre Sacrée, résidence de Tino Rossi, le cimetière marin, la chapelle des Grecs et la citadelle. Classé site Natura 2000, ce lieu unique a obtenu il y a six ans le prestigieux label « Grand site de France ».

LE SENTIER DE LA PRESQU'ÎLE DE PARATA ★

3, boulevard du Roi-Jérôme
✆ 04 95 51 53 03
www.ajaccio-tourisme.com
Tarif : gratuit. Durée : 1h. Difficulté : facile.

Un chemin bien aménagé part du parking de la Parata faire le tour de cette presqu'île avant d'arriver jusqu'à la tour génoise qui la domine. Construite en 1608, cette tour semble surveiller les îles de l'archipel des Sanguinaires qui ne sont plus qu'à quelques mètres de vous. Un conseil pour les amoureux ou les photographes : l'intensité du paysage est à son niveau maximum au coucher du soleil. Le ciel prend alors des teintes orangées tandis que les îles se découpent sur l'horizon.

LA TERRE SACRÉE

Sur la route des Sanguinaires, une stèle élevée en septembre 1933 honore la mémoire des milliers de Corses morts pour la France à la guerre de 1914-18. Œuvre du sculpteur Deblaize, elle renferme une des six urnes au monde contenant des échantillons de terre officiellement prélevés sur les champs de bataille de la Première Guerre mondiale. Les six autres sont à l'église Saint-Louis des Invalides, au cimetière national d'Arlington à Washington, sur l'ile de Théviec, au village de Saint-Marc la Pile et au village de Meures en Haute-Loire. Un beau lieu de Mémoire.

SE LOGER

Ajaccio offre un large éventail d'hébergements pour qui veut profiter de sa douceur de vivre en toute saisons et de son animation naturelle au fil des quartiers toute l'année. Bien sûr le hors-saison permet de profiter non seulement de tarifs plus doux mais également de pouvoir davantage profiter de la disponibilité des hôtes, toujours prompts à vous faire découvrir les trésors et ressources de leur ville et des alentours. Des beaux établissements les pieds dans l'eau avec transats et piscines aux lumières inoubliables aux petits hôtels en ville qui permettent un court séjour détente et découverte sans véhicule vous avez le choix. De belles résidences permettent de louer de plus grands appartement pour venir en famille ou avec une bande d'amis, les tarifs étant adaptés en fonction des prestations et de la saisonnalité. Bien déterminer vos attentes à l'avance vous permettra de trouver ce qui vous convient au plus juste.

HOTEL MERCURE AJACCIO**** €€

115, cours Napoléon
✆ 04 95 10 09 09
www.mercure.com

Ouvert à l'année. Chambre à partir de 84 €. Parking payant. Piscine.

A quelques minutes du centre historique d'Ajaccio, l'hôtel Mercure se trouve sur le cours Napoléon et fait face au port de plaisance de l'Amirauté d'où vous pouvez admirer les bateaux aller et venir. Il dispose d'une piscine chauffée, d'un bain à bulle avec le solarium au dernier étage avec vue sur le golfe ajaccien et d'un parking payant fermé et sécurisé. Deux salles de réunion disponibles pour l'organisation de vos séminaires et évènements et bornes de recharge voiture électrique.

CRESTE E MARE €

résid Crêtes ✆ 04 95 50 42 00
www.crestemare.com

Ouvert à l'année. De 70 € à 140 €. Parking ouvert avec caméras. À partir de 650 € le mois en hiver d'octobre à avril.

Situation idéale pour bouder la voiture quelques jours ou plus, ici au début de la fameuse route des Sanguinaires, à quelques minutes à pied du centre-ville tout en surplombant la baie d'Ajaccio et ses eaux transparentes dans un environnement de fleurs multicolores et des senteurs du maquis. L'ensemble est composé de petits appartements de 2,3 ou 4 personnes avec balcon tout simple et sans chichi ce qui permet un prix des plus abordable dans ce quartier chic et fort prisé d'Ajaccio. Attentive et à votre écoute, Émilie saura vous conseiller pour vos activités.

IBIS BUDGET AJACCIO** €

Rue des Magnolias
✆ 04 95 78 70 82
www.accorhotels.com
Ouvert toute l'année. Accueil 24h/24. Chambre double à partir de 49 €. Parking ouvert inclus. Petit déjeuner 6.60€.

Établi à l'entrée de la ville depuis une dizaine d'années, cet Ibis fut une ouverture des plus attendues dans le paysage hôtelier ajaccien. Une belle structure fonctionnelle sur 3 niveaux, pratique d'accès pour le port et l'aéroport avec ses chambres au standard du nouveau classement, et des tarifs toujours justes en toutes saisons. En prime, un grand parking juste à côté du Multiplex Cinéma, et de nombreux restaurants et fast-food mitoyens. Buffet continental à volonté. L'occasion d'éviter le centre-ville et ses embouteillages en période d'affluence !

KALLISTE*** €

51, cours Napoléon
✆ 04 95 51 34 45
www.hotel-kalliste-ajaccio.com
Ouvert du 1er avril au 30 octobre. Accueil 24h/24. Chambre double de 69 € à 116 €. Chambre jusqu'à 5 personnes. Parking.

Un hôtel qui bouge dans un immeuble typique du centre-ville datant de 1864, dont l'architecture a été mise en valeur par une rénovation de qualité. Les chambres sobres sont dotées de tout le confort. La cage d'escalier avec son ascenseur vitré est magnifique et dessert des couloirs aux murs de briques et de pierres de taille. La salle du petit déjeuner est superbe. Au beau milieu du centre ville, parking moto fermé à code, laverie automatique et même un parking souterrain, le tout sur place. C'est assurément le meilleur rapport qualité-prix du centre ville.

CASTEL VECCHIO*** €€

7, rue Colonna-d'Istria
✆ 04 95 22 31 12
www.hotel-castelvecchio.com
Ouvert à l'année. Chambre double de 70 € à 120 €.

Cet hôtel trois étoiles a l'avantage d'être ouvert toute l'année (hors vacances de Noël) et offre une centaine de chambres toutes en vue mer.

Situé en plein centre d'Ajaccio, face au port de plaisance, on peut également joindre le Palais des expositions en 15 minutes de marche à pied. Grâce à ses équipements, cet hôtel est autant un hôtel de vacances que d'affaires. En effet, on y bénéficie d'un jardin et de nombreuses terrasses, de restaurants et de bars, ainsi que d'une piscine couverte et chauffée à l'année. Que demander de plus ?

HOTEL FESCH €€

7, rue Cardinal-Fesch
✆ 04 95 51 62 62
www.hotel-fesch.com
Ouvert à l'année. Accueil 24h/24. 80 chambres sur 6 étages. Chambre à partir de 94 €. Petit déjeuner buffet : 12 €.

En plein cœur d'Ajaccio, à quelques encablures du marché, de la vieille ville et de la citadelle, l'hôtel Fesch se dresse fièrement dans la rue piétonne. Parmi ses atouts, l'hôtel dispose de trois boutiques, une de souvenirs et deux de vêtements, l'une d'elle étant celle d'un créateur corse. L'hôtel propose également des chambres quadruples et quintuples pour les grandes familles. On souligne enfin l'accueil chaleureux et attentionné qui n'est pas sans nous ravir ; et on recommande le bar-terrasse panoramique sur le toit avec la petite piscine chauffée !

IBIS STYLES AJACCIO NAPOLÉON*** €€

91, cours Napoléon ✆ 04 95 10 22 22
http://www.accorhotels.com
Ouvert toute l'année. Accueil 24h/24. 78 chambres. De 79 € à 249 €. Petit déjeuner buffet inclus. Parking fermé.

Proposant une touche trendy «cassant» la décoration classique des Ibis, le «style factory» mêle ici le béton brut aux meubles de qualité et au bois véritable, pour un look original et résolument actuel. Propices aux bains de soleil, une piscine et une pataugeoire en toit terrasse pour admirer l'artère principale ajaccienne, le port de plaisance et les montagnes autour du golfe d'Ajaccio ; le tout, au cœur de la ville ! On apprécie d'autant plus l'indispensable parking en sous-sol.

NAPOLÉON*** €€

4, rue Lorenzo-Vero
✆ 04 95 51 54 00
www.hotel-napoleon-ajaccio.fr
Ouvert à l'année. Chambre simple à partir de 71 €. Petit déjeuner buffet 14 €.

Un hôtel élégant niché dans une paisible ruelle, perpendiculaire au cours Napoléon et à deux pas de la Poste centrale. Régulièrement entretenu, l'établissement dispose de chambres confortables, bien insonorisées et climatisées. L'esprit napoléonien y exhale ses couleurs impériales, dont les emblèmes jonchent les murs de l'établissement. L'accueil est très agréable, et les petits déjeuners copieux et délicieux. Le plus : un garage privé à réserver pour vos voitures et motos. Le tout pour un rapport-qualité prix honorable ; alors que demander de plus ?

CALA DI SOLE*** €€

Route des Sanguinaires
✆ 04 95 52 01 36
www.caladisole.fr

Ouvert d'avril à fin octobre. Chambre simple à partir de 98 €, double à partir de 138 €. Piscine extérieure chauffée.

Situation de choix pour cet hôtel historique, installé en balcon depuis 1960 au-dessus de sa crique éponyme. Décoration raffinée, ambiance zen et vue grandiose. La nouvelle génération Benas apporte un vent de nouveautés. Les pieds dans l'eau, face aux îles Sanguinaires et toutes les prestations sont au rendez-vous : sa plage aménagée exclusive, avec transats, matelas et parasols, service de location de bateaux et Jet-Skis et un restaurant sur le sable, La Paillote, digne de tous les éloges. En bonus : la piscine d'eau de mer découvrable à loisir.

STELLA DI MARE*** €€

31, route des Sanguinaires
✆ 04 95 52 01 07
www.hotel-stelladimare.com

Ouvert du 28 mars au 31 octobre. Chambre double à partir de 78 €. Accès direct à la plage, piscine extérieure.

Agnès, Pierrot et toute l'équipe vous réservent toujours un accueil agréable dans ce bel hôtel pavillonnaire les pieds dans l'eau. Les chambres toutes redécorées sont d'un bon confort, climatisées, donnant directement sur la mer, la plupart avec de grandes terrasses face aux îles Sanguinaires. Au restaurant panoramique, une bonne cuisine méditerranéenne avec de grands espaces pour profiter d'une demi-pension attractive. Piscine, jeux et plage de sable fin et la base nautique avec location de paddle, canoë-kayak et kayaks transparents et une salle de sport au top.

© STELLA DI MARE

© STELLA DI MARE

RESIDENCE KALLISTE €€

1, rue des Charrons
✆ 04 95 51 34 45
www.residence-kalliste-ajaccio.com

Ouvert toute l'année. Accueil 24h/24. 9 chambres. Appartement de 130 € à 274 € (min 2 nuits).

En plein cœur d'Ajaccio, une résidence locative de 9 appartements dans un immeuble ancien totalement rénové pour vous offrir un confort moderne. Les appartements sont spacieux, confortables, climatisés et insonorisés, pour venir en famille et profiter sans prendre la voiture de la douceur de vivre à l'ajaccienne. Belle décoration de bois, de pierre, de béton et d'acier, des cuisines larges, bien équipées, TV 4K, accès internet et ethernet, pour vous sentir comme à la maison ! Dans cet esprit cocooning, les commerces et restaurants se trouvent à deux pas seulement.

DOLCE VITA**** €€€

Route des Sanguinaires
✆ 04 95 52 42 42
www.hotel-dolcevita.com

Ouvert d'avril à novembre et fêtes de fin d'années. Chambres à partir de 164 €. Piscine extérieure chauffée.

Un bel établissement présent de longue date sur les bords du golfe d'Ajaccio. On apprécie le charme de cet hôtel historique, plébiscité par la jet-set dans les années 60. Le cadre est toujours aussi paradisiaque avec la vue sur les Iles sanguinaires, des chambres et suites à la décoration raffinée et de petites criques intimistes. Le restaurant, dirigé par une jeune équipe motivée, privilégie le circuit court, la pêche locale et travaille à l'inspiration corse et méditerranéenne. Luxe, charme, caractère, savoir-faire sont au rendez-vous. Le *must* !

SAN CARLU CITADELLE**** €€€

8, boulevard Danielle-Casanova
✆ 04 95 21 13 84
www.hotelsancarlu.com

Ouvert toute l'année. Basse saison : chambre double à partir de 70 €. Haute saison : chambre triple jusqu'à 169 €.

C'est un tout nouvel hôtel que le San Carlu, émergeant tel un phénix face aux remparts de la citadelle et à la mer. Tout y est chic et raffiné, jusqu'au nouveau restaurant en son dernier étage d'où l'on contemple un exceptionnel panorama sur Ajaccio et son golfe. La situation privilégiée au cœur de la ville permet la découverte des lieux les plus emblématiques de la cité impériale : du musée Napoléon à la vieille ville et du front de mer au port de plaisance. Prestation haut de gamme entre détente, découvertes et art de vivre pour un séjour inoubliable !

LA PINÈDE*** €€

Route des Sanguinaires
✆ 04 95 52 00 44
www.la-pinede.com

Ouvert d'avril à octobre. Chambre double à partir de 74 €. chambre triple à partir de 114 €.

Une vraie petite oasis de verdure, idéalement placée, face à l'une des plus belles plages d'Ajaccio. La Pinède atteint à la fois un niveau d'excellence tout en préservant la convivialité et le sens de l'accueil qui font sa réputation. Belles chambres spacieuses avec terrasses panoramiques côté mer. Un espace piscine jardin arboré et fleuri qui surplombe la mer et depuis 2023 une nouvelle salle de sport. Adhérent au projet Rispettu (respect en corse), La Pinède s'engage dans un tourisme plus durable et écoresponsable pour participer au projet d'un monde plus vert.

SE RÉGALER

La Corse est une île de gourmands et Ajaccio ne fait pas exception à la règle, bien au contraire ! Si la cuisine corse a toujours utilisé naturellement les produits du terroir, elle est à présent tantôt revisitée, tantôt métissée, tantôt sublimée mais toujours chouchoutée. Les chefs rivalisent de créativité chacun dans son style pour enjôler vos regards, vos nez et vos palais. Certains se cachent presque, discrets dans quelques rues étroites du centre ville et réalisent pourtant du grand art tel La Table d'Antoine où l'on œuvre en famille, le Don Quichotte, Le Bistrot Gourmand. D'autres montrent leurs talents dans des espaces enchanteurs tel le Dolce Vita, Chez Pech, la Brasserie I Sanguinari qu'il vous faudra aller chercher tout au bout de la route des Sanguinaires ou encore Le Saint Pierre ou La Paillote du Cala di Sole. Suivez nos conseils et votre instinct mais pas les yeux fermés ce serait trop dommage !

Moules à la bonifacienne.

LE 20/20 €€

1, Avenue Pascal Paoli
✆ 04 95 51 07 46
Ouvert à l'année. En saison midi et soir sauf le dimanche. Hors saison le midi. CB et tickets restaurant acceptés.

On se sent bien chez Joël et Nathalie, dans la rue piétonne qui monte de la place Abbatucci, sur la terrasse éloignée de la route un peu au calme tout en étant en ville. Depuis dix ans les habitués viennent ici trouver une cuisine savoureuse que concocte Joël selon l'inspiration et les trouvailles de ses courses du matin. Nathalie vous proposera les suggestions à l'ardoise et les pizzas sont elles aussi bonnes : salades inventives, viandes ou poissons, tartares, plats mijotés, desserts gourmands. Une charmante petite adresse fort sympathique à découvrir !

L'AILLEURS CAFÉ €

3, rue du Général-Fiorella
✆ 06 09 07 37 79
Ouvert du mardi au samedi midi. Le vendredi et le samedi soir.

Nathalie vous accueille à L'Ailleurs Café, lieu intimiste et international. Ses plats vous feront voyager aux quatre coins du monde et font danser les papilles : salades parfumées, plats mijotés aux épices mystérieuses et desserts délicieux. On aime l'originalité de cette cuisine dépaysante et le très bon rapport qualité / prix. Soirées « tchache d'ailleurs », apéro en langues étrangères les vendredis de 19h à 21h. Le jeudi après-midi en hiver de 16h30 à 19h, les joyeux 4 heures de l'ailleurs : destinés aux seniors. Renseignements sur Facebook lailleurskfe.

L'ATYPIK €

1, boulevard du Roi Jérôme
✆ 04 95 51 05 81
Ouvert toute l'année. À partir de 6h30. Fermé le soir hors saison. Réservation recommandée.

L'Atypik offre sa grande terrasse mi-ombre mi-soleil en plein cœur de ville avec en prime une jolie vue dégagée sur la place du marché. On y découvre une carte simple à base de produits frais : salades et poke-bowl, planche de charcuterie et charcuterie-fromage, moules marinières et moules à la mode corse (sauce tome de brebis et jambon corse) ou burger nustrale, entrecôte grillée ou escalope panée. Sans oublier les desserts qui sont faits maison. Une équipe sympathique et un service impeccable. Un excellent rapport qualité-prix pour repartir ravis !

A CASA LECA €

11, Rue Bonaparte
✆ 06 88 60 60 60
Ouvert toute l'année. Haute saison : du mardi au samedi et les jours fériés le midi et le soir. Réservation recommandée.

Enfin une adresse où les carnassiers voraces et les défenseurs des animaux pourront cohabiter dans le respect des habitudes alimentaires de chacun et la convivialité. Ici il y en a pour tous les goûts, même pour nos amis végétariens. La petite carte change régulièrement. Au menu, un choix de gratins, tartes, wrap, burger et bagel, viandes... Vins, produits biologiques et locaux sont proposés avec une mention spéciale pour l'assiette végane. M. André, restaurateur d'expérience, est aux fourneaux, et Marie-Charlotte s'occupera de vous en salle avec bonne humeur.

CÔTÉ PLAGE €€€

Route des Sanguinaires
✆ 04 95 52 07 78
Fermé en janvier. Ouvert tous les jours le midi et le soir. Fermé le mardi et dimanche soir hors saison. Carte : 55 €.

D'un côté, l'azur des flots cristallins. De l'autre, une paillote juchée sur une route aux rutilants reflets, menant aux flamboyantes îles Sanguinaires. Et au milieu coule un voile de crème sablée dorée par le couchant et sertie de transats, les pieds dans l'eau. Nichée sous les meilleurs auspices, une cuisine relevée par un écrin insulaire idéal, composée de poissons frais, de pizzas napolitaines et autres trésors chocolatés. Mais ce que l'on goûte avec passion Côté Plage, c'est bien son cadre unique et sa vue imprenable aux mille teintes incarnates.

DA MAMA €€

Passage Guinguette
✆ 04 95 21 39 44
Basse saison : du lundi au samedi et les jours fériés le midi et le soir. Haute saison : tous les jours midi et soir.

Bien caché entre le cours Napoléon et la rue Fesch, on y descend avec plaisir sous son grand caoutchouc pour y savourer quelques spécialités bien pensées et copieusement servies. Les locaux s'y attablent toute l'année et le touriste curieux ne sera pas déçu. A la carte : l'assiette de prisuttu, le fameux jambon corse, une salade de Saint-Jacques tiède, une soupe maison de poissons, le magret de canard au miel AOC et, en dessert, une crème brûlée à la châtaigne. Un succès constant qui ne leur monte pas à la tête et un super rapport qualité-prix !

LE DON QUICHOTTE €€

6, rue des Halles
✆ 04 95 21 27 30
www.ledonquichotte.fr
Ouvert toute l'année. Du lundi au samedi le midi et le soir. Réservation recommandée. Carte : 24 € environ. Menu : 30 €.

Francis et Martine Cervasio vous accueillent dans le déjà réputé Don Quichotte pour sa cuisine soignée et son accueil attentionné. En cuisine, le chef vous concocte une cuisine variée et authentique à base de produits frais alliant les saisons : bouillabaisse, fruits de mer ou poissons du jour, ici il y en a pour tous les goûts et envies. Le restaurant met à disposition ses salons pour vos soirées privées et organise des soirées inspirantes Don Quichotte pour le plaisir de tous et pour vous surprendre. En décembre, on aime les soirées autour de la truffe.

NO STRESS THAÏ €€

Avenue Eugène Macchini
✆ 04 95 23 83 95
Ouvert toute l'année. Vente à emporter. Prix moyen 24€.

Un vrai restaurant thaïlandais au cœur d'Ajaccio, en contrebas de la place Diamant, sympathique et savoureux, créé par un Corse un temps expatrié en... Thaïlande. C'est l'histoire d'Olivier qui tenait un restaurant à l'autre bout de la Terre et qui pour retrouver sa famille revint à la Capitale pour notre plus grand plaisir gourmand. Descendez les quelques marches dans la petite salle exotique et chic à l'ambiance douce où il fait bon se poser. Les plats sont parfumés et généreux, les prix riquiqui et le patron authentiquement sympa. Un nid caché à découvrir !

L'ECRIN €€€

16, Cours du Général Leclerc
✆ 06 10 95 94 61
www.lecrinrestaurant.fr
Ouvert toute l'année. Tous les jours midi et soir sauf dimanche et lundi. Réservation recommandée.

C'est à L'Écrin, cours du Général Leclerc, proche Casone, qu'on profite des précieux talents conjugués d'Eléonore et de Jonathan. Ils nous reçoivent dans leur restaurant au cadre intimiste et soigné. L'accueil assuré par Eléonore est charmant et parfait. Quant à Jonathan, il concocte de délicieux plats pour nous présenter une carte qui change chaque jour (3 entrées, 3 plats, 3 desserts). Une cuisine créative d'inspiration méditerranéenne, joliment mise en scène avec des produits frais en circuit court. On essaie, on adopte et on y revient !

LE PETIT RESTAURANT €€€

3, Rue Pozzo di Borgo
✆ 04 20 01 88 81
Ouvert à l'année. Menu «Éveil des sens» le lundi et mardi soir. Menus 6 ou 8 plats le jeudi, vendredi et samedi soir.

A deux pas de la Citadelle et sur le port Tino Rossi se cache au calme d'une ruelle Le Petit Restaurant de Kristel et Vincent (chef au Champs Elysée Plaza). Déco clair et chic au son de soft music pour une invitation au voyage au pays des saveurs. Délicatesse des mets, produits de terroir de vraie proximité : œuf parfait aux morilles, poulpe cuit au kamado, desserts délicats... la carte est changeante et le Chef vous surprendra par ses menus 6 ou 8 plats ou par son menu «Éveil des sens» surprise de sa composition avec accord mets vins. A découvrir au plus vite !

A NEPITA €€

4, rue San-Lazaro
✆ 04 95 26 75 68
www.anepita.fr
Du mardi au vendredi midi, et les mercredis, jeudis, vendredis et samedis soir.

A Nepita (du nom de la marjolaine sauvage des montagnes corses), que l'on ne présente plus, est tenu de main de maître par le chef Simon Andrews, un Anglais installé sur l'île depuis plusieurs années et distingué d'un Macaron dans un restaurant de la route des Sanguinaires. Une formule attractive, basée sur un menu-carte journalier où chacun trouvera son bonheur au gré de son appétit. Tous les matins, le chef fait son marché pour choisir et valoriser les produits locaux, tout en cuisine-minute. Une belle élégance pour ce restaurant authentique.

LE RENDEZ VOUS €€

Port Tino Rossi
✆ 04 95 20 34 90
Du lundi au samedi soir et du mardi au samedi midi ; hors saison du lundi au samedi midi et du jeudi au samedi soir.

Un cadre majestueux en plein cœur de ville puisque le Rendez-vous se situe au bout du Port Tino Rossi, en hauteur, sur le Quai de la Citadelle. On y profite d'un panorama incroyable sur Ajaccio et d'un calme parfait, même en terrasse. Kevin vous présentera à l'ardoise une cuisine maison corse et du monde, classique ou revisitée, et absolument gourmande : échine de cochon purée à la truffe, gambas flambées au pastis, riz thaï et poisson du jour, légumes croquants. L'ambiance est musicale, les soirées magiques en regardant voguer les bateaux depuis la terrasse.

LA TABLE D'ANTOINE €€

34, rue Cardinal-Fesh
✆ 04 95 21 61 03
Ouvert toute l'année. Fermé de mi février à mi mars. Du mardi au samedi le midi et le soir. Réservation recommandée.

Nouvelle évolution pour la Table d'Antoine qui continue de nous enchanter derrière sa discrète terrasse rue Fesch. Toujours Antoine et Michel, le fils et le père en cuisine et Chantal en salle dans la nouvelle déco aux confortables fauteuils velours. Finesse des saveurs, maîtrise des cuissons et des textures pour une carte qui change chaque mois. Les assiettes exhalent joyeusement l'indéniable fraîcheur des produits chouchoutés avec talent : homard et volaille jaune mêlés, agneau confit tempura de salicorne et artichaut, ravioles de homard maison... excellent !

TRA DI NOI €€

Port Charles Ornano
✆ 09 50 85 04 93
Ouvert à l'année. Horaires selon saisons. Terrasse. Chèques restaurant acceptés.

Il faut monter au premier étage, puis se diriger côté mer du bâtiment Port Charles Ornano pour découvrir une adresse désormais incontournable tenue par un couple de passionnés de cuisine du monde. Jacques en cuisine, Agnès pour vous recevoir, une large salle au beau panorama marin et des propositions d'une belle inventivité, à la fois visuelles, généreuses et goûteuses, directement issues de leurs expériences et de leurs lointains voyages. Cuisine créole, asiatique, libanaise, mongole, thaïe et...corse ! Une fusion pour cette belle adresse gourmande. À découvrir !

ESPRIT SUSHI €€

69, Cours Napoléon
✆ 04 95 22 49 25
www.espritsushiajaccio.fr
Ouvert à l'année tous les jours sauf le dimanche midi et soir.

© ESPRITSUSHI

Sur le cours Napoléon, la référence du sushi à Ajaccio. Créé par Laurent en 2016, Esprit sushi est à la fois la convivialité d'un lieu, d'un hôte fort sympathique et l'exigence de bons ingrédients pour une cuisine raffinée, gouteuse et «healthy» concoctée main tous les matins de produits frais. Une déco chic et confortable, belle carte de vins, bières spéciales et un excellent rapport qualité/prix pour couronner le tout ! Formules sur place, à emporter ou en livraison et le fameux poke bowl décliné en 9 recettes ou à composer soi-même pour un bon repas complet.

U CAMPANILE €

12, rue Saint Charles
✆ 04 95 50 18 04
Ouvert midi et soir en saison et uniquement le soir hors saison.

Un joli restaurant typiquement corse dans les ruelles derrière la Cathédrale, U Campanile offre un rapport qualité prix imbattable et une belle ambiance. Ici la cuisine corse est traditionnelle avec ses canelloni au brocciu, les storzapprezzi, le sauté de veau ou le civet de sanglier et autres délices de l'Ile qui honorent le terroir depuis de nombreuses générations. Une chose est certaine : vous ne repartirez pas d'ici avec la faim ! L'ambiance est décontractée et chaleureuse comme dans une taverne où la bonne humeur est de mise pour accompagner la bonne chère !

U PETTIROSSU €€

2, Boulevard Madame Mère
✆ 05 95 21 40 90
Ouvert à l'année midi et soir sauf le dimanche et lundi.

Emmanuelle et Jean-Thomas, restaurateurs bien connus de Sagone ont repris et transformé avec le talent qu'on leur connait le restaurant qui s'appelle désormais U Pettirossu (le rouge gorge) dans les quartiers chics ajacciens. Les habitués sont déjà nombreux sur la terrasse d'où l'on sent l'air marin et les odeurs qui précèdent les saveurs de bons plats généreusement concoctés et proposés à l'ardoise selon les arrivages : tartare de liche, poisson retour de pêche, travers de porc, jarret de veau, aubergines parmiggiani... une adresse valeur sûre !

LE BISTROT ABBATUCCI €

66, cours Napoléon
✆ 04 95 73 04 87
Ouvert à l'année du mardi au samedi de 9h à 23h.

La bistrot Abbatucci trône sur la place du même nom et la formule est gagnante. Un lieu qui nous ramène avec plaisir dans l'ambiance des brasseries aux serveurs en tenue et virevoltant entre les tables, à la décoration typique rouge profond et doré, du style ! Filet de saint-pierre au gingembre et riz saté, tartare de sériole au citron vert et mangue, pizzas napolitaines à la recette ancestrale, rognons de veau au porto, seiches à l'armoricaine, foie de veau et toujours les salades fraîcheur, le Bolito comme un aïoli et les délicieux desserts maison.

A L'HEURE DE LA CHANDELEUR €€

113, Cours Napoléon
✆ 09 50 80 89 47
Ouvert à l'année du mardi au samedi de 8h à 22h. Service non-stop.

Une salle cosy et une terrasse pour les beaux jours : vous êtes à la crêperie À L'heure de la Chandeleur chez Nelly. Cette ancienne cheffe de grands restaurants a transformé en 2017 cet espace en un lieu accueillant et gourmand pour le plus grand plaisir des habitués : galettes classiques, crêpes sucrées, suggestions du jour créatives proposées à l'ardoise et desserts véritablement gourmands et généreux. Un lieu où il est doux de se poser pour manger en non-stop de 8h à 22h. Bravo !

BRASSERIE I SANGUINARI €

La Parata
✆ 04 95 52 01 70
Tous les jours 9h/21h. De mi juin à début septembre 9h/23h. De mi janvier à fin mars les week-ends et vacances 9h/18h.

Lieu très prisé des Ajacciens qui viennent ici en hiver se régaler d'oursins, de figatelli et de brocciu lors de la promenade dominicale. Et bien sûr ouvert en été pour le plus grand plaisir des yeux et des papilles du visiteur estival.

Restaurant familial depuis 1993 où s'exerce le talent d'Andrée en cuisine et de Bartolumeu en salle pour une version brasserie dans un joli décor : salades repas, moules, burger nustrale, entrecôte... avec une vue inoubliable sur les Îles Sanguinaires. Juste quelques pas à faire pour s'y rendre, le site étant remarquable !

LE NOMAH RESTAURANT CLUB €€

Zone de Suartello ✆ 04 95 26 29 81
www.lenomah.com
Ouvert à l'année. Soirées club vendredi et samedi : pop-rock, chant, DJ, guitare, salsa...

Talent et générosité sont à l'honneur dans ce grandiose restaurant-club Le Nomah créé par Romain et Palmyre il y a 5 ans. La salle immense à la déco street-chic et festive précède la terrasse qu'embrasse le ciel. La cuisine y est délicate, généreuse et originale, concoctée par Florian (second à La Tour d'Argent) avec une large sélection de viandes d'exception présentées en vitrine tels des bijoux à choisir soi-même avant dégustation. Les soirées chants et danses sont inoubliables le week-end ou au pied levé car nul besoin de programmer pour faire la fête !

LA CLOSERIE €€

1, des Magnolias
✆ 04 95 20 70 43
www.lacloserieajaccio.com
Ouvert à l'année du lundi au vendredi le midi. Plats à emporter.

Un peu cachée dans un recoin de la Rocade c'est un bel et large espace plein de lumière qui se découvre avec la terrasse et la grande salle élégante où les tables sont espacées pour une ambiance agréable. Franck et Tristan ont conçu La Closerie comme une brasserie parisienne mais les spécialités et produits sont bien d'ici : véritables aubergines à la bonifacienne, wok de gambas sauvages, bavette à l'échalote et glaces d'Alata... Le soir les sushi sont aussi à emporter, la salle est privatisable pour un évènement privé ou d'entreprise. Une belle équipe de pro !

LA PAILLOTE DE CALA DI SOLE €€

Route des Sanguinaires
✆ 04 95 52 01 36
www.caladisole.fr
Ouvert de mi juin à mi septembre, tous les jours et les jours fériés le midi et le soir. Réservation recommandée.

Un superbe restaurant de plage que l'on a presque honte de mettre en avant tant on souhaiterait qu'il reste secret. On y vient dès les beaux jours profiter d'une douce ambiance, d'une cuisine de belle tenue à des tarifs plus qu'honorables. Poissons ou langoustes, servis sous la grande terrasse ou même sur la plage, à la lueur de bougies. Accueil adorable, attentionné et service impeccable pour repartir heureux. Transats et parasols pour digérer à l'ombre.

CHEZ PECH €€

Route des Sanguinaires
✆ 04 95 52 00 90
Ouvert du mardi au dimanche et les jours fériés le midi et le soir. Réservation recommandée. Menu : 31 €.

Une situation exclusive pour la table d'Eva et Paulo Amaro, professionnels de la restauration bien connus des locaux. On y apprécie le service de haute volée qui met en valeur la cuisine marine du chef Ludovic Debailleul, le Varois corsisé de longue date, à base de poissons de la pêche locale. A savourer dans la grande salle panoramique, doublée d'une terrasse ombragée juste au-dessus de la plage, la formule du midi, le menu de la mer ou la petite pêche ajaccienne et les langoustes du vivier. Le personnel est accueillant et aux petits soins. Une valeur sûre !

LE SAINT-PIERRE €€

Route des Sanguinaires
✆ 04 95 52 01 07
www.hotel-stelladimare.com
Ouvert tous les jours et les jours fériés le midi et le soir. Réservation recommandée.

Au milieu de la route des Sanguinaires, dans l'enceinte de l'hôtel Stella di Mare, une terrasse ombragée pour le midi avec piscine pour un emplacement de choix, au-dessus des flots. Le soir l'apéritif est musical dans une ambiance vacances d'une grande convivialité, le personnel toujours attentif et une autre grande terrasse vous accueille au bord de mer. À la carte : poissons, poêlée de seiche, soupe de poisson et les desserts maison tels la Pavlova ou Profiterolles. La piscine et la plage en prime pour en repartir et y revenir !

U BISTROTELLU €€

Boulevard Louis-Campi
✆ 04 95 20 20 24
Du lundi au samedi. Fermé le dimanche.

Une ambiance agréable et une décoration soignée dans le style bistrot parisien pour ce restaurant à la cuisine simple mais délicieuse. L'accueil est chaleureux et la qualité de la cuisine aux accords sentant bon la Méditerranée est au rendez-vous, comme en témoignent les clients qui aiment y revenir, même si l'établissement est un peu loin de la mer. On aime la terrasse au soleil, l'esprit gourmand, les plats d'une simplicité élégante et tout en fraicheur servis par une équipe professionnelle et toujours à l'écoute. Une adresse qui mérite le détour.

DOLCE VITA €€

Route des sanguinaires
✆ 04 95 52 42 42
www.hotel-dolcevita.com
Ouvert de mars à début janvier. Ouvert tous les jours et les jours fériés le midi et le soir. Carte : 70 € environ.

De cet endroit de rêve au cadre raffiné le regard embrasse le golfe d'Ajacccio et les Iles Sanguinaires, mais c'est loin d'être le seul atout du Dolce Vita. Nous sommes ici chez Jean Jacques Lovichi, fils de Gisèle du Santa Barbara de Sartène et le professionnalisme est de mise tout autant que le bon goût et le savoir faire. Le poisson trouve ici ses lettres de noblesse avec la Pêche locale et les assiettes sont déjà un régal au regard. On y dégustera des langoustes et une cuisine méditerranéenne issue de circuits courts. Une équipe attentionnée à votre écoute.

© DOLCE VITA

© DOLCE VITA

(SE) FAIRE PLAISIR

Epicuriens, gourmands ou amateurs de produits locaux, Ajaccio regorge de nombreuses enseignes régionales où vous pourrez vous faire plaisir lors de votre séjour. Les incontournables restent les divers marchés d'Ajaccio : La Halle Gourmande, Le Marché Central d'Ajaccio, Marché de la place Abbatucci ou encore le Marché des producteurs - U Spazziu Paesanu, où vous pourrez déguster et découvrir les saveurs locales. Pour les fins connaisseurs de vin, rendez-vous à l'envoûtant Chemin des Vignobles, une cave et épicerie fine qui recèle de trésors du terroir. Les experts en café et thé trouveront leur bonheur chez Carpe Diem, où ils pourront faire la connaissance des meilleurs torréfacteurs de France et rapporter des souvenirs typiquement ajacciens. Et pour d'autres idées de cadeaux originales, on se dirigera vers L'Atelier du couteau, une coutellerie artisanale corse bien connue et appréciée des locaux. Ajaccio est une véritable mine d'or !

ETHICORSE

1 bis, rue des Trois Marie
✆ 06 58 01 72 40
www.ethicorse.fr
Ouvert à l'année du mardi au samedi de 10h à 19h. Été du lundi au samedi.

Ethicorse propose comme son nom l'indique un joli choix de produits corses toutes catégories dans la mignonne boutique de la rue des 3 Marie et vous y trouverez de quoi faire de chouettes cadeaux à tous les prix et pour tous les goûts. Une déco de goût pour vous accueillir et découvrir artisanat, cosmétique, gastronomie… Ophélie la créatrice de la boutique vous accueille et surtout vous raconte chaque objet et production avec sa provenance et son histoire pour vous permettre de choisir en toute connaissance pour vous, ou pour vos cadeaux éthiques et corses.

NATURELLEMENT CORSE

29, bis rue Fesch ✆ 04 95 74 22 98
www.naturellementcorse.com
Ouvert à l'année. Tous les jours en saison de 10 à 19h. Fermé le dimanche hors saison. Boutique en ligne.

Situé rue Fesch, tout tourne dans cette boutique autour des huiles essentielles et des cosmétiques «Made in Corse». Aussi, ce sont les principes actifs de la précieuse faune et flore corse qui ont été sélectionnés pour concevoir des lignes de soins pour le visage et le corps ainsi que de précieuses huiles essentielles, végétales, gelées royales, miel ou encore lait de chèvre pour contribuer au bien-être du corps et de l'esprit. On peut aussi retrouver les senteurs et essences qui caractérisent la Corse dans différents parfums et bougies parfumées. Tout bon !

BIOCOOP ALBAN

6 rue Del-Pellegrino
✆ 04 95 78 48 86
www.biocoopalban.fr
Ouvert du lundi au vendredi de 9h30 à 13h30 et de 15h à 19h. Le samedi de 9h30 à 19h. En été variante 15h30 à 19h30.

Premier magasin du réseau Biocoop en Corse ! 100 % bio, commerce équitable et produits locaux. Fruits et légumes de saison, épicerie, large choix de vrac, grand rayon de produits frais, fromages à la coupe, compléments alimentaires, produits cosmétiques et produits d'entretien : une meilleure écologie et une consommation pensée pour l'environnement. De passage à Ajaccio ou que vous y viviez, c'est l'adresse à noter pour vos emplettes au quotidien.

CARPE DIEM

51, Cours Napoléon
✆ 09 80 54 41 52
www.carpe-diem-cafe.fr
Ouvert toute l'année. Du lundi au samedi de 9h à 12h30 et de 14h30 à 19h. Juin, juillet et août en continu.

À l'entrée du Cours, cette jolie boutique conjugue l'art du café et du thé. Dans un espace moderne, coloré et lumineux, on déguste sur place ou on choisit d'emporter une gamme de cafés sélectionnés, mélangés et torréfiés par ces experts que sont Stéphane et Jérôme Michel, élus Meilleurs torréfacteurs de France depuis plusieurs années déjà et issus d'une famille de connaisseurs. Stéphane et Jérôme Michel perpétuent en effet la tradition de la Brûlerie des Cafés René du quartier Saint-Jean et vous trouverez ici des souvenirs véritablement ajacciens !

CAVIAR ET VODKA

32, cours Napoléon
✆ 04 95 51 15 95
www.maisondufoiegras.com
Ouvert tous les jours sauf dimanche de 8h30 à 14h et de 15h à 19h30. Livraison possible.

Joseph Weathcroft est Corse et pourtant, dans sa boutique, les produits locaux sélectionnés avec grand soin voisinent avec des produits plus lointains comme le caviar et les produits Petrossian, le saumon, le foie gras mais aussi de belles références de whisky : Ardbeg, Bushmills 21 ans d'âge, Oban millésimé sans oublier l'identitaire P&M, 100 % local. Des vins AOC de Corse et d'ailleurs et des champagnes de producteurs. En épicerie fine : sardines La Belle-Iloise, anchois de Collioure, thés du Comptoir Français ainsi que des pâtes et riz de maisons italiennes.

ART'ISULA

57, rue du Cardinal-Fesch
Ouvert en saison (avril à octobre) de 10h à 18h30.

Une jolie boutique nichée dans la rue du Cardinal Fesch qui vous permet d'emporter chez vous des articles véritablement fabriqués en Corse par des artisans amoureux de leur art et surtout de leur île : des couteaux de l'Atelier Lopignais ainsi que des peintures sur différents supports, sculptures, modelage ainsi que des productions d'autres artisans locaux pour les bijoux, poterie, cuir, quelques objets en bois tournés, stylos et vaporisateurs à parfum et sous-verres. Venez découvrir les merveilles de cette boutique et surtout le talent de ses artisans.

LE DOMAINE DU COMTE PERALDI

Chemin du Stiletto
✆ 04 95 22 37 30
www.domaineperaldi.com
Du 1er Novembre au 30 avril du lundi au vendredi 9h-12h et 14h-17h30, samedi 9h-12h. Haute saison, 9h-12h et 14h-18h.

Le Domaine Comte Peraldi situé sur les collines dominant le golfe d'Ajaccio est un des fleurons de la viticulture insulaire. Cette propriété viti-vinicole a été replantée en 1965 par le comte de Poix. A cette même époque, les caves ont été entièrement reconstruites. Le vignoble est constitué de 45 ha de vignes. Ses vins, reconnus pour leur qualité par les plus grands spécialistes, ne se présentent plus, ils se dégustent. Visite dégustation au domaine sur rendez-vous.

L'ATELIER DU COUTEAU

2, rue Bonaparte
✆ 04 95 52 05 92
www.latelierducouteau.com
Ouvert à l'année du mardi au samedi. Ouvert tous les jours de fin juin à fin août de 9h30 à 21h. Livraison possible.

Au tout début de la rue Bonaparte, côté place Foch, se trouve une échoppe bien connue des locaux qui viennent toute l'année. Une vitrine dédiée à la coutellerie artisanale corse et internationale qui présente aux amoureux de la chasse les plus belles créations de la coutellerie française. Spécialiste du couteau corse, vous y trouverez le fruit du travail de plusieurs artisans couteliers : Coutellerie du Lotus, Alexandre Missouri, Bertrand Filhol, Jean François Deak, Kevin Muzikar... ainsi que la coutellerie française et internationale de renommée.

MAISON GOURMET

28, Cours Napoléon
✆ 04 20 57 14 78
www.maison-gourmet.fr
Ouvert à l'année ; 7j/7 de 9h30 à 19h30.

Un dîner ou un repas entre amis en vue ? Vous trouverez ici des idées et tout ce qu'il faut pour vous régaler. En effet, le bon goût est ici à l'honneur comme les produits d'exception. Parmi les produits fins issus en grande partie de productions locales, découvrez l'huile d'olive vierge extra du domaine Petricajola, récompensée par la médaille d'or au concours de New York des huiles d'olive, des assortiments trois fromages pour raclette, des charcuteries exquises ou encore une belle sélection de thés Christine Dattener et la Foccacina. Divin !

VIBRATIONS DISQUAIRE

48, rue du Cardinal-Fesch
✆ 04 95 21 21 97
Ouvert toute l'annee. D'avril à octobre 7 jours sur 7. De 9h à 19h30 en journée continue.

Un passionné de musiques et de films à votre service ! Référence musicale bien connu des locaux qui viennent y dénicher les nouveautés ou retrouver d'anciens titres comme autant de Madeleines de Proust... Les touristes y trouveront un très grand choix de musiques et chants insulaires et surtout un conseil avisé... de Dede !

Un grand choix de CD ou vinyles de tous les styles musicaux, tee-shirts musicaux de vos chanteurs préférés ou Marvel, séries TV, films cultes... Figurines (Dragon Ball Z), produits dérivés, cordes guitares, billetterie concert...

LES MARCHÉS D'AJACCIO

Place Campinchi

Hors saison, tous les jours de 7h à 14h, sauf le lundi. Tous les matins d'avril à octobre.

Sur la belle place Campinchi avec ses nouvelles halles, le marché se tient tous les matins sauf le lundi. Selon les saisons, vous trouverez du fromage de brebis, de chèvre, de la charcuterie, de l'huile d'olive, des fruits et légumes, des confitures, etc. Enfin, vous pourrez acheter du poisson de la petite pêche locale tous les matins dans les halles, sur le quai Napoléon, sauf le lundi d'octobre à avril. N'oublions pas le marché aux puces devant la piscine du boulevard Rossini tous les dimanches matin, l'occasion de chiner des bonnes affaires.

© ELGRECO1973 - SHUTTERSTOCK.COM

BOUGER & BULLER

Ajaccio jouit d'une situation privilégiée, tournée vers la mer et offrant de nombreux parcours de randonnée sur son littoral, d'où l'on admire des points de vue exceptionnels. Le chemin des Crêtes est l'un des incontournables. D'une durée de trois heures le long de la mer, ce sentier, accessible à tous, s'étend jusqu'aux reliefs des Iles Sanguinaires et permet une découverte botanique du milieu naturel en moyenne montagne ainsi qu'une vue plongeante en balcon au-dessus de la Méditerranée. Le sentier de la Parata débute proche de la Tour de la Parata et mène quant à lui aux somptueuses Iles Sanguinaires. Envie d'une pause et de se prélasser ? Les plages de la route des Sanguinaires sont particulièrement diverses et agréables. Plus à l'ouest que les Sanguinaires : Capo di Feno. Une plage plus vaste, plus agitée, coupée du monde et idéale pour les couchers de soleil, attire les surfeurs et ceux qui souhaitent totalement déconnecter.

BALADE SUR LE CHEMIN DES CRÊTES

3, boulevard du Roi-Jérôme
✆ 04 95 51 53 03
www.ajaccio-tourisme.com

Durée : de 1h30 à plusieurs heures selon le parcours. Difficulté : de facile à moyen selon l'itinéraire.

À deux pas du centre d'Ajaccio, cette randonnée peut se faire en famille et vous offre un joli panorama sur la ville et le golfe. Au départ du bois des Anglais, le chemin s'élève progressivement pour rejoindre les crêtes. Le parfum des myrtes, oliviers et figuiers qui bordent le sentier enivreront vos narines et vos yeux brilleront à la vue des îles Sanguinaires se profilant à l'horizon. La descente se fait à proximité de la plage du Trottel, une excuse idéale pour plonger dans la mer.

SOCIÉTÉ NAUTIQUE D'AJACCIO

Citadelle
✆ 04 95 21 40 43
www.snajaccio.fr

Ouvert à l'année. Location, cours et stages de voile légère, planche à voile. Programmes famille sur voiliers collectif.

Labellisée École Française de Voile, cette école promeut la voile à Ajaccio, grâce aux stages et diverses formules « Voile Loisirs ». On y délivre des réponses adaptées aux différents besoins des pratiquants. Pour naviguer, le golfe d'Ajaccio offre un magnifique plan d'eau, avec un vent dominant constant sud-sud-ouest, dû à la brise thermique de 10h à 19h. La formation reçue débouche sur la certification de niveaux, selon le référentiel de la Fédération française de voile.

LE SENTIER DE LA PARATA

Accessible toute l'année.

Pour découvrir les îles Sanguinaires dans toutes leurs splendeurs, rendez-vous au grand site de la Parata, et prenez le chemin qui s'amorce aux abords d'une petite chapelle, sur la route des Sanguinaires. Vous arpenterez alors un petit sentier surplombant la mer. A chaque détour se profilent de superbes vues sur les Sanguinaires et sur l'anse de Minaccia. La balade se termine sur la somptueuse plage de Capo di Feno où il convient de se méfier des vagues. Et si vous ne vous sentez pas l'âme marine, partez à la recherche des yeux de Sainte-Lucie !

SORTIR

C'est véritablement à l'arrivée des beaux jours que les rues d'Ajaccio s'animent. La vieille ville et ses ruelles étroites sont incontestablement le poumon de la vie sociale, toutes les générations affluant sur les terrasses des nombreux bars et restaurants pour se retrouver et profiter de l'ambiance conviviale. Outre la ville, c'est également le long du littoral que l'on prend plaisir à sortir et s'amuser dans les bars et paillotes des plages. Il y en a pour tous les goûts, du restaurant à l'ambiance détendue aux soirées plus festives qui agitent le bord de mer. Qu'importe les lieux et l'ambiance, on apprécie surtout de pouvoir y déguster des produits locaux, issus de la mer mais aussi des spécialités de la terre comme la charcuterie corse ainsi que pour y boire du bon vin de la région. Et pour ceux qui préfèrent les soirées dans les salles obscures, le cinéma Ellipse est l'opportunité de s'évader et découvrir des merveilles.

L'AGHJA

Chemin de Biancarello
✆ 04 95 20 41 15
www.aghja.com
Ouvert de septembre à juin/juillet, du mardi au vendredi de 9h à 12h et de 14h à 18h.

Et si vous preniez le temps de consulter le programme de L'Aghja en dehors du plein été où il ferme ? Car, à n'en pas douter, de bonnes surprises vous y attendent. Ce petit théâtre militant du spectacle vivant présente tout au long de l'année des pièces de théâtre, de la danse ainsi que des concerts de tous styles musicaux, du chant corse à l'électro en passant par le hip-hop ou le jazz. Il organise régulièrement des stages tout autour des arts du spectacle et de la musique. Vous le trouverez chemin de Biancarello dans le quartier Saint Jean.

LE 10 RUE DES HALLES

10, rue des Halles
✆ 04 95 73 22 14
Ouvert à l'année.

Amateurs d'ambiance musicale live le 10 rue des Halles est l'endroit qu'il vous faut ! Cette petite rue bien animée dans le centre-ville regorge de bonnes adresses, le 10 s'y trouve au beau milieu et s'annonce «bar, cantine et scène musicale». Une petite salle en forme de grotte et des tables hautes sur la terrasse pour venir y boire un verre entre amis et écouter de nombreux concerts toute l'année : de l'acoustique corse à la musique gitane et de la pop à la folk, les concerts sont de qualité et les places se font rares quand vient l'été...

ELLIPSE CINÉMA

Rue des Magnolias ✆ 33 4 95 10 63 10
www.ellipse-cinema.fr
Ouvert tous les jours et fériés dès 13h. Programmation, événements, offres et tarifs sur www.ellipse-cinema.fr

Ce prestigieux lieu de culture et d'évasion ravira les cinéphiles les plus pointilleux. Un succès qui ne se dément pas pour des programmations éclectiques, un confort parfait, des soirées à thème, des diffusions en direct de ballets et d'opéras, ainsi que des séances de rattrapage pour voir des films plus anciens ; et un accueil des plus sympathiques. Il y a fort à parier que vous trouviez ici de quoi combler vos envies d'évasion. Frissons, rires ou réflexions, amour et sentiments. On adore voir le monde sous un autre angle, dans ce microcosme riche en émotions.

BOWLING SANTA LINA

Espace Santa Lina
✆ 06 74 56 89 60

Pour des soirées corses placées sous le signe du divertissement ! Ambiance familiale « à l'ancienne » dans ce petit bowling à taille humaine qui propose 6 pistes aménagées pour les bambins et les adultes, 4 tables de billard, ainsi qu'une salle de jeux pour tous (baby-foot, air hockey, bornes d'arcade, etc.). Un espace bar et des fauteuils lounge accueillent les visiteurs pour boire un verre. Bowling à volonté tous les mercredis pour la journée des enfants. Le lieu parfait pour se retrouver en famille, entre amis ou entre collègues.

AFA

A quelques kilomètres d'Ajaccio se trouve Afa, un village constitué de quatre hameaux bâtis autour de l'église paroissiale Saint-Antoine-de-Padoue, classée monument historique. Situé sous le Monte Gozzi - un joli spot d'escalade -, Afa témoigne d'un patrimoine architectural riche et authentique avec ses petites maisons de pierre, ses fours à pain restaurés et rallumés à l'occasion de festivités conviviales. La tradition agro-pastorale qu'Afa a su perpétuer, se manifeste notamment par l'implantation de nombreuses fromageries. Mais ne vous limitez pas uniquement à ces produits, d'autres producteurs présents sur la commune méritent également le détour.

ALATA

Dominant le golfe d'Ajaccio, Alata est la patrie de la famille Pozzo di Borgo, ennemie héréditaire des Bonaparte. Le village datant du XVIe siècle est gardé par la tour Pozzo di Borgo. Deux autres tours, seuls vestiges du village médiéval, furent fondées par les comtes de la Cinarca, issus de la branche Suzzone de Lisa. On peut visiter de l'extérieur leur château de la Punta, de style typiquement classique avec sa décoration Louis XV et dont la façade est en cours de restauration. Une chapelle datant de la même époque abrite les tombes de la famille. Alata est un village typique Corse où il est agréable de s'y attarder.

CYCLING CORSICA

© 06 30 74 30 17

www.cycling-corsica.fr

Une agence du grand Ajaccio spécialisée dans l'organisation de voyages à vélo en Corse, animée par une équipe de professionnels qui ont participé à la naissance de la GT20. La structure propose un large choix de circuits notamment « Le grand tour de Corse » en 8 ou 7 étapes ou encore « Boucle sud de la Corse en vélo électrique » et des séjours sur mesure. Séjours clés en main pour individuels et groupes de 8 à 40 personnes au maximum en formule avec assistance ou en autonomie avec location de vélo, transport aérien ou maritime si nécessaire.

LE CHÂTEAU DE LA PUNTA ★

https://lapunta.pagesperso-orange.fr/

Fermé par une barrière, le chemin est inaccessible aux véhicules non autorisés.

Construit à la fin du XIXe siècle, les pierres utilisées pour son édification proviennent du Château des Tuileries. Niché à 600 m d'altitude il est classé aux monuments historiques depuis 1977, mais un incendie de maquis l'a endommagé un an plus tard. Cela fait 40 ans qu'il est fermé au public pour raison de sécurité. En attendant, on peut laisser sa voiture au petit parking et monter à pied (plus d'une heure) la route en lacets longue de 7 kilomètres et bordée d'eucalyptus, qui a enfin été rénovée. En chemin, vous verrez le tombeau de la famille Pozzo di Borgo.

A VIGNA €€

Piscia Rossa

© 04 95 23 08 62

www.avigna.fr

Juin juillet et août fermé le lundi et le reste de l'année fermé le dimanche et le lundi. Réservation recommandée.

On suit une petite route de campagne pour arriver au pied du restaurant de la famille Luciani. Selon la saison, on dine en salle ou en terrasse et on se délecte de produits issus du terroir et de la mer toute proche. La cuisine concoctée par Antoine est là pour délecter nos palais et la musique est présente pour accompagner les repas certains soirs. Le tout dans une ambiance et un établissement à la décoration soignée, où rien n'est laissé au hasard. Une adresse champêtre pour retrouver le calme et profiter de belles soirées au pied du Mont Gozzi.

L'HÔTEL D'ALATA €

Alata Village

© 04 95 25 35 74

www.hotelalata.com

Ouvert du 15 février au 14 décembre. Chambre double de 62 € à 88 €. Petit déjeuner 10 €. Animaux acceptés. Restauration.

A 20 minutes de la cité impériale, on trouve cet hôtel au calme. Jean Casalonga, le propriétaire est adorable, aux petits soins et n'hésitera pas à vous conter l'histoire des lieux avec un peu de nostalgie. Les chambres sont très correctes avec une vue plongeante sur le golfe d'Ajaccio. Sur demande, on vous servira une cuisine familiale et traditionnelle (soupe paysanne, tarte au brocciu, haricots à la mode corse...). L'hôtel se situe dans un village typique de basse montagne, à l'abri des grosses chaleurs ; un repère de choix en période estivale !

LES BERGERIES D'ALATA*** €€

Col de Pruno
✆ 06 24 24 60 63
www.lesbergeriesdalata.com
Ouvert de mi avril à mi octobre, hôtel et restaurant. Accueil jusqu'à 22h. 6 chambres. De 85 € à 250 €. Petit déj. 21 €.

Sur les hauteurs d'Ajaccio, au cœur d'un terrain de 8 hectares se trouve un lieu authentique, à mi-chemin entre chambres d'hôtes de charme et hôtel 3 étoiles. Sur la terrasse, au bord de la piscine, un lentisque séculaire a vu de nombreuses générations d'hommes et de femmes se succéder. Les parents, grands-parents, arrière-grands-parents de Marianne faisaient ici le fameux *bruccio* et elle vous accueille dès lors avec son équipe. Au menu du restaurant, légumes du jardin, agneau de la ferme, sauté de veau et autres saveurs locales.

AUBERGE U SAN BASTIANU €€

Col San Bastianu
✆ 04 95 28 07 30
Ouvert tous les jours de 7h30 à 22h30. Accueil des groupes. Terrasse. Animations.

Magnifiquement situé au sommet du col du même nom, l'Auberge U San Bastianu bénéficie d'un très beau panorama sur le golfe de Lava, que vous pourrez admirer depuis sa magnifique terrasse derrière les larges baies vitrées, tout en dégustant des mets composés de pêche locale et produits frais. Une cuisine du terroir soignée qui évolue au gré des saisons et s'accompagne d'un service irréprochable. Le personnel est toujours aux petits soins, les plats sont joliment élaborés et le cadre est à couper le souffle. Un régal pour vos papilles et vos yeux, donc.

SECRETS D'ABEILLES

Lieu dit À Balisaccia
✆ 04 95 71 17 61
Ouvert à l'année du lundi au samedi, de 10h à 18h. Expéditions possibles. AOP miel de Corse.

Une jolie boutique au bord de la route qui mène à Appieto afin de vous initier aux différentes saveurs du miel. De la douceur d'un miel de printemps jusqu'au goût du miel d'automne, les saveurs et textures changent au gré de la nature et grâce au travail de ces ouvrières ailées. Miels, canistrelli, nougats et autres produits dérivés vous sont proposés ici. Issus des plaines et montagnes de la micro-région et ruchers déplacés au fil des saisons. Vous pourrez poser toutes les questions qui vous brûlent les lèvres et aussi les soigner de quelques gouttes de miel…

BISCUITERIE D'AFA

Lieu-dit Chioso Vecchio
✆ 04 95 22 94 18
www.biscuiterie-afa.com
Ouvert du lundi au vendredi de 9h à 18h.

La Biscuiterie d'Afa a une solide expérience dans la fabrication des gâteaux corses au goût d'hier et aux parfums d'aujourd'hui. Les canistrelli sont les spécialités de la maison, et ils se déclinent secs ou tendres, natures ou aromatisés. Produit phare : les canistrelli aux amandes, un pur délice ! Autres produits : les canistrelli nature, au citron, au vin blanc, à l'anis, aux figues et noix, ainsi qu'aux clémentines corses ; sans oublier les biscuttini, également aromatisés, les gâteaux à la farine de châtaigne, ou encore les cakes châtaigne et chocolat !

AJACCIO

APPIETTO

Les trois hameaux qui composent Appietto ont gardé leur authenticité, et sont dominés par les ruines du château des comtes de la Cinarca. Au village, une tour élégante est ornée de calligraphies arabes, témoin des invasions maures et sarrasines qui perdurèrent pendant tout le Moyen Age. Enfin, on peut visiter l'église paroissiale, très carrée, ainsi que les ruines de l'église romane Saint-Jean-Baptiste. Une belle promenade permet de découvrir le col San-Bastiano, qui offre une vue sur le golfe de Lava et le golfe de Sagone. Une autre randonnée permet de partir sur les traces du palais vert du bandit Nonce Romanetti, qui se cachait au hameau de Lava.

Le golfe de Lava.

BOCOGNANO ★★

Gros bourg montagnard formé d'une série de hameaux. A l'est de celui-ci, le Mont Renoso qui encadre de ses 2 352 m la vallée de la Gravona. On peut y voir aussi les plus larges neiges éternelles de toute la Corse, au glacier de Busso. Son patrimoine naturel et la qualité de son accueil en font une station climatique et estivale recherchée. Le hameau Poggiola a été le berceau de la grand-mère de Napoléon, et a accueilli, enfant, le futur empereur, qui y fit plus tard édifier un palais, U Palazzu. Ce palais accueille depuis août 2016, un écomusée dédié au mode de vie traditionnel de la région ainsi qu'à son histoire particulière avec l'Empereur.

LE CANYON DE LA RICHIUSA ★★

Valle Papacci ✆ 04 20 19 09 09
www.canyon-corse.com

Approche : 1h. Descente : 2h30. Hauteur maximale de rappel : 10 minutes. Dénivelé : 260 m. Accès libre toute l'année.

Sous l'aire de stationnement du moulin de Busso, une passerelle franchit la Gravona. Sur l'autre rive une sente file à travers le maquis et rejoint le cours de la Cardiccia. Quittez les marques de peinture et remontez alors le cours de cet affluent. Vous atteindrez un portail naturel d'où le torrent s'échappe par une jolie cascade. Site pittoresque, agrémenté d'une vasque et donc fréquenté aux heures de pique-nique. Successions de 5 vasques franchissables en toboggans. A partir de là, la gorge se resserre conférant au lieu une atmosphère « spéléo » !

LA CASCADE DU VOILE DE LA MARIÉE ★★

D27

Accessible à l'année. Baignade interdite car risque d'éboulements.

Cascade à la superbe légende, formée par un bras de la Gravona. Ce n'est pas un petit filet d'eau mais un véritable spectacle naturel : le torrent s'est frayé un chemin à travers les arbres et, rebondissant sur les rochers, il forme une colonne vivante et scintillante que l'on assimilera, selon la fantaisie du moment, à une chevelure d'ange ou, effectivement, au très long voile diaphane d'une jeune mariée. A voir surtout au printemps, à la fonte des neiges.

ECO MUSÉE U PALAZZU

Bâtiment U Palazzu
✆ 04 95 27 40 23

Ouvert à l'année. Horaires : consulter le site Internet.

L'Ecomusée U Palazzu s'est glissé dans une bâtisse de la fin du XVIIIe siècle. Elle avait été construite pour Napoléon Bonaparte qui souhaitait une résidence d'été dans le village de ses ancêtres mais il n'y résida jamais puisqu'elle a été achevée en 1859. Ce musée, plutôt napoléonien, comporte 9 salles traitant différents thèmes : archéologie du village et des environs, le village des aïeux de Napoléon, la vie au village, us et coutumes, vêtements, meubles, etc. Sur des écrans défilent des dizaines de photos anciennes du village.

BEAU SÉJOUR €

A 39 km d'Ajaccio et 42 km de Corte.
✆ 04 95 27 40 26
www.hotelbocognano.com

Ouvert du 15 avril à octobre. Chambre double à partir de 69 €.

Une étape charmante à l'entrée du village de Bocognano et à 650 mètres d'altitude. Ici c'est dans un cadre résolument champêtre que l'on s'installe pour profiter du joli parc, de belles excursions et de la table traditionnelle qui satisfera les gros mangeurs avec ses soupes corses, sa charcuterie, le magret de canard au miel, les pâtes aux gambas, les fromages corses et les pâtisseries maison. L'établissement est bien tenu et les tarifs sont très compétitifs, surtout en demi - ou pension complète. L'accueil est charmant et on sera à l'écoute de tous vos besoins.

AUBERGE À TANEDDA €

Centre village
✆ 04 95 27 42 44

Ouvert d'avril à fin octobre. Tous les jours midi et soir. Fermé lundi soir en octobre.

Au cœur du village de Bocognano l'Auberge A Tanedda offre une cuisine sincère comme on aime en déguster au sortir d'une belle randonnée à pied dans la montagne. Que vous soyez randonneur ou non, vous y apprécierez l'accueil fort sympathique et la cuisine corse chaleureuse et authentique : omelette au brocciu, soupe corse, rôti ou sauté de veau, canelloni au brocciu et les desserts traditionnels et gourmands comme le tiramisu à la châtaigne qui fait l'unanimité. Un espace bien au calme avec vue panoramique sur les montagnes font de cet endroit une merveille !

© XAVIER BONNIN

Village en crête dans la vallée de la Gravona.

CARBUCCIA ★

Carbuccia est un vieux village de montagne aux maisons de pierres, aux montées en escalier et au patrimoine ancien. On peut y visiter son église paroissiale Saint-Jacques, aux éléments architecturaux baroques, plusieurs fois remaniée. On remarquera son clocher de forme pyramidale, de style assez peu commun sur l'île. L'ONF y a aménagé un sentier pédagogique qui permet de mieux connaître en plusieurs stations les peuplements et la vie de la forêt. Dès lors que l'on s'éloigne du village, on trouvera de nombreuses implantations préhistoriques : abris sous roches et replis fortifiés ainsi que des vestiges médiévaux (chapelles et ermitages).

SOLE E MONTE** €€

Casa Vecchiaccia
✆ 04 95 25 61 41
www.hotelsoleemonte.fr

Fermé du 30 octobre à mars. Accueil jusqu'à 22h30. 25 chambres. Basse saison : chambre double à partir de 60 €.

Une grande bâtisse immanquable tout en haut du village, tenu par le jeune Romain, digne héritier de la 3e génération des Aicardi-Cruciani. Cet hôtel des années 60 domine la vallée tel un nid d'aigle et malgré son aspect un peu vieillot, on devra faire l'effort d'y monter pour trouver des hébergements très corrects à des tarifs inversement proportionnels à l'altitude. Accueil au top de ce passionné de vin, accompagné de sa cousine Aurélie, qui dirige les cuisines, pour laisser au voyageur gourmet un très bon souvenir. Une adresse que l'on recommande vivement.

CUTTOLI-CORTICCHIATO ★

Construit sur une crête, le hameau de Cuttoli domine celui de Corticchiato. Ils possèdent tous deux une architecture traditionnelle faite de granit rose et d'escaliers de pierres reliant les maisons. L'église San-Martinu se trouve à mi-chemin entre les deux hameaux, et a été en partie reconstruite au XIXe siècle sur des vestiges romans. Dans les environs, on peut voir les arases de la chapelle romane Saint-Pierre, ainsi que les traces d'un ancien oratoire à San-Martinu : u Vecchju. Au lieu-dit Pedi Morella, départ pour une balade pédestre facile de 3 h, le Monti d'Ignascu (888 m), où l'on peut découvrir en mai un champ de pivoines endémiques fleuries.

A MURESCA

Lieu-dit Tarraghju
✆ 04 95 25 61 49

Ouvert le jeudi et le vendredi de 10h à 12h30 et de 17h à 19h30. Fermé d'octobre à mars.

Samira et Jérôme Pierlovisi réalisent une charcuterie d'exception à base de porcs noirs de race corse et élevés en montagne ; tous deux produisent également une farine de châtaigne AOC et des liqueurs artisanales de myrte, framboise et châtaigne. La production étant limitée, notamment pour la charcuterie sèche, il est préférable de la réserver au printemps pour avoir le droit de la goûter. Visite et dégustation impérative de prizutu, saucisson, coppa, lonzu ! Nouveauté : possibilité de commander et de se faire livrer des planches apéro sur Ajaccio et environs.

PÉRI ★

Le village de Péri bénéficie de la restauration constante de son patrimoine bâti qui en fait l'un des plus intéressants de la région d'un point de vue architectural, tout en gardant son charme et authenticité. Il s'amorce d'abord par quelques haltes non négligeables pour se baigner un peu dans une ambiance folklorique dans le fleuve A Gravona. On y passe la journée pour une virée au galop, ensuite, dans le village même on peut aller visiter l'église Saint-Laurent, le campanile et la chapelle de l'Annunziata (l'Annonciation), le pont du village datant de 1450, le départ de l'aqueduc de la Gravona, le pont génois et la grotte de Sampieru.

CHEZ SÉRAPHIN €€

A 27 km d'Ajaccio. Prendre la D229 vers Peri village depuis la RT 20.
✆ 04 95 25 68 94
Ouvert d'avril à octobre. Réservation recommandée. Menu unique à 50 €.

Ici, c'est la vraie Corse, tant au niveau du cadre que dans l'assiette. Et on prend son temps pour déguster le menu unique qui change au fil des saisons dans un cadre bucolique, tout en haut de la colline. Et les locaux et touristes en s'y trompent pas. La salle est agréablement rustique et les grandes terrasses s'ouvrent sur le jardin fleuri et le panorama. Accueil irréprochable de Monique qui ne manque jamais de sortir de sa cuisine pour surveiller que rien ne manque. Pour les petits appétits, on pourra piocher à la carte les spécialités maison.

SARROLA-CARCOPINO

Composé de deux charmants hameaux étagés à flan de montagne qui offrent une belle vue sur Ajaccio. Ses environs possèdent quelques beaux sites préhistoriques, comme le dolmen qui domine la Valle Bughja. Dans les environs, on peut accéder à la chapelle Santu-Stefanu et à l'ermitage San-Lusorio, le long de la route du col se situant entre le village et Sari-d'Orcino. La promenade perrmet de découvrir les paysages au fil des sentiers muletiers. Sarrola-Carcopino fut la patrie de nombreuses personnalités dont l'historien Jérôme Carcopino, spécialiste de la Rome antique, il joua un grand rôle dans la redécouverte des richesses archéologiques de la Corse.

TAVACO ★

Tavaco est un charmant petit village bien restauré, blotti dans la verdure et dominant la Gravona. On peut jouir d'un magnifique point de vue sur les golfes d'Ajaccio et de Sagone. On peut aussi visiter l'église Saint-Martin. Devant son autel se trouve une ancre, témoignage de la victoire des villageois sur les Maures en 1429. L'ascension du mont San-Eliseo offre un panorama grandiose sur les golfes d'Ajaccio et de Sagone et sur les vallées de la Cinarca, du Prunelli et de la Gravona (4h aller-retour). Pour amateurs éclairés de canyoning, le spot du ruisseau de Val di Famita offre de beaux passages en rappel. Attention : secteur très technique.

Maison corse à Peri.

UCCIANI ★

Trônant sur une arête montagneuse, le village d'Ucciani se démarque par ses belles maisons anciennes carrées et son bel ensemble de voûtes, de ruelles étroites et de montées en escaliers. L'élégant pont courbe datant de la fin du XVIIIe siècle sur la Gravona fut construit en partie grâce à Bernadotte, alors militaire dans l'armée royale en 1786. Ucciani fut aussi le refuge de Napoléon en 1793, alors qu'il fuyait les partisans de Pasquale Paoli. L'église paroissiale Sant'Antonio possède deux points d'intérêt principaux : une statuette en marbre du XVIe siècle représentant Notre-Dame du Mont-Carmel, ainsi qu'une cloche datant de 1715.

VERO ★

Etagé en fer à cheval à flanc de montagne : Vero présente une homogénéité architecturale composée de maisons anciennes de granit gris, de voûtes et de vieux toits. L'église paroissiale à petit clocher carré, totalement restaurée, contient deux très belles statues du XVIIe du Baptême du Christ et de la Vierge à l'Enfant. A côté de Vero se trouvent les ruines de l'église Saint-Jean-Baptiste. On y trouve aussi trois moulins à huile, symboles historiques de l'artisanat encore vivace de nos jours. En continuant la D4 vers le col de Tartavello, on entre dans la vallée du Cruzzinu, avec ses villages préservés de Pastricciola, Rezza, Azzana, Salice et Rosazia.

L'OGLIASTRU €

Pont d'Ucciani ✆ 06 20 97 70 44
www.ogliastru.com
Ouvert d'avril à fin octobre. Accueil jusqu'à 20h. 5 chambres. Chambre simple 68 € ; chambre double 78 €.

Un bel établissement récent, bien aménagé à deux pas du fleuve A Gravona qui dispose de cinq chambres d'hôtes en pleine nature et en toute tranquillité à 30 minutes d'Ajaccio. On pourra de plus profiter de la cuisine recommandable de Christelle et des compétences charcutières de Gérard à consommer sur place ou à ramener en souvenirs gustatifs. Accueil chaleureux et grande disponibilité en prime. Très bel espace extérieur avec un beau jardin paysagé. Elevage de porc sur place. Vous serez séduit par le rythme tranquille de la vie locale et l'accueil chaleureux.

PARCOURS AVENTURE ACCROBRANCHE DE VERO

Lieu-dit Sambucu ✆ 04 95 21 89 01
www.revesdecimes.fr/parcours-aventure
Haute saison : ouvert tous les jours et jours fériés de 10h à 18h. Ouvert d'avril à novembre. A partir de 14 € / jour.

Sur les hauteurs d'Ajaccio, Jean-Roch vous accueille sur le plus grand parcours aventure de Corse. 17 parcours et 198 ateliers pour vous élever au cœur d'une forêt de pins, avec vue panoramique sur le golfe d'Ajaccio. La route est un peu longue pour y arriver, mais sur place, on y passera une journée entière avec aire de pique-nique ombragée et des sous-bois aux alentours pour faire la sieste. Depuis l'année dernière un parcours de 13 tyroliennes pour de belles sensations.

TAVERA ★

Offrant un panorama de superbes reliefs rocheux ou boisés, de part et d'autre de la vallée de la Gravona, le village de Tavera révèle sa longue histoire au voyageur à travers ses maisons anciennes en belles pierres, les ruines de la tour féodale, proche de la Gravona, et son église Santa-Maria, ancienne, agrandie et remaniée. A proximité se trouve également le moulin de Licceto. Une statue-menhir, surnommée « l'homme à la résille » en raison des traces de burin laissées sur son visage, fut trouvée à Tavera en 1961, et témoigne de la présence des Torréens dans la région. On trouve une source dite « miraculeuse » dans les environs, la Funtana Santa.

VALLE-DI-MEZZANA

Valle-di-Mezzana est un ensemble de trois hameaux offrant une vue sur Ajaccio, au milieu d'un paysage verdoyant constitué de cultures en terrasses, de jardins, et de collines boisées. Restauré, le village offre quand même quelques maisons anciennes en granit rose, des escaliers extérieurs, et de belles voûtes. L'église paroissiale Saint-Michel d'origine médiévale, à l'écart du village, est surmontée d'un clocher à arcades. Notons que son mobilier provient du couvent franciscain en ruine, situé à proximité, où l'on peut voir une belle statue de Saint-François. Une route pittoresque mène au village et passe par les calanques de Chuivoni.

BASTELICA ★★

Bastelica fait partie des 79 communes d'Ajaccio. C'est le village le plus haut de la vallée de Prunelli et s'il est réputé pour sa charcuterie et ses randonnées, le village renferme bien d'autres trésors. Situé à 800 mètres d'altitude et entouré d'alpages, le site est idéal pour les randonnées d'été, on aime y retrouver la fraicheur et l'air pur. L'hiver, on s'y adonne aux joies de la glisse sur les pistes enneigées de Bastelica et de la station de ski du val d'Ese. On ne manquera pas de parcourir les hameaux du village, en recherchant sur les façades des maisons, les pierres sculptées. Pour la gastronomie, le marché d'automne est organisé mi-novembre.

CHEZ PAUL €

Lieu-dit Stazzona

© 04 95 28 71 59

Ouvert toute l'année. Réservation recommandée. Menus de 23 € à 36 €. Carte : 32 € environ.

Une superbe terrasse panoramique pour profiter encore mieux de sa situation idéale. Le petit chalet s'est étoffé pour répondre au succès mérité. Pas une ride côté cuisine où l'on retrouve les grands classiques indémodables : le pâté de sanglier au myrte et porto, les cannelloni farcis au bruccio, la daube de veau corse, la mousse à la châtaigne. Pour l'hébergement, on y dort à la nuit ou la semaine dans l'un des cinq appartements, juste à côté. Pour repartir avec quelques souvenirs, on s'équipera de quelques saucissons, jambons et coppa produits sur place.

LE PETIT TRAIN DU MAQUIS

D27 – Col de Cricheto

© 04 95 28 41 36

www.cricheto.com

Ouvert d'avril à octobre. Circuit petit train 13 € adulte, enfant moitié prix, sentier découverte 5,60 €.

Laissez-vous tenter par ce sentier botanique sur une propriété de 25 ha avec circuit pédestre et petit train touristique. Rudy, votre guide, est passionnant et vous dévoile toutes les saveurs du maquis. Les cochons en liberté vous accompagnent tout au long de la balade. À l'accueil, un bâtiment offre une salle pour le spuntinu de charcuterie maison et même un espace-vente de produits des vallées du Prunelli, de la Gravona. Si vous souhaitez prolonger le séjour, Christian Lorenzoni vous proposera ses deux gîtes ruraux de 2 épis, juste à côté.

LES POZZINE DE POZZOLO

Scalella

Accessible été comme hiver avec l'équipement adéquat en fonction de la saison.

Le départ de cette marche se situe au col de Scalella à 1 193 mètres. Du col, suivre une longue piste qui part vers l'est pendant environ 1 heure 30, puis emprunter le sentier bien visible qui monte doucement vers les pozzine (tourbières). Comptez environ 2 heures 30 pour vous y rendre. Pour les plus téméraires, il est possible de poursuivre la marche afin d'atteindre le lac de Bracca, source du fleuve U Prunelli qui culmine à 1 777 mètres d'altitude. Cette variante est toutefois plus ardue et requiert une bonne orientation. Prévoyez un équipement adéquat !

AJACCIO

© XAVIER BONNIN

Panorama au Col de Scalella.

LE PLATEAU D'ESE ET LES POZZINES [I POZZI] ★★★

✆ 04 95 28 70 61

www.celavuprunelli-tourisme.com

Accessible toute l'année. Station ouverte de février à mars mais fermée depuis 2019 pour absence de neige.

Situé à une heure de route d'Ajaccio, le plateau d'Ese est source d'émerveillement à chaque saison, et le dépaysement y est total. Pour accéder à la station, vous emprunterez une route étroite juchée sur d'impressionnants à-pics. Ouvert dès les premières neiges, le lieu s'annonce familial avec ses petites pistes et sa location de matériel sur place.

Dans la bergerie des Pozzines, vous dégusterez le fromage que Jean-François Batistelli fabrique et vend chaque été.

© XAVIER BONNIN

BASTELICACCIA

Située à quelques kilomètres d'Ajaccio et de Porticcio, ouvrant la porte à la vallée du Prunelli, Bastelicaccia jouit d'une position géographique remarquable. Reconnue pour ses activités agro-pastorales très importantes dans le passé, elle apparaît aujourd'hui comme le verger d'Ajaccio pour ses agrumes et son activité maraîchère. Bastelicaccia est aussi une commune dynamique, offrant toute une gamme de commerces de proximité et de structures d'hébergement, ainsi que des installations sportives de qualité. Pour un séjour authentique et en toute tranquillité, optez pour l'un des nombreux gîtes chaleureux et de qualité du village. Vous serez charmés.

PARC ANIMALIER DE BOTTACINA

Route de Bottaccina

✆ 06 22 38 39 18

Ouvert du mardi, vendredi 10h à 16h, mercredi 10h à 14h, jeudi, dimanche 10h à 12h. Sur réservation.

Ce parc de 6 600 m² comprend un chalet et une terrasse couverte. Partez à la rencontre des oies, dindons, canards coureurs, et Yurak le bébé lama, attendant friandises et caresses. Les activités varient en fonction de l'âge de l'enfant. Pour les 5 à 12 ans, ateliers ludiques et pédagogiques, après une visite commentée du parc. À partir de 9 ans, le matin, est proposé un stage de soigneur d'un jour, alliant soins, nourrissage, nettoyage et pansage. Possibilité de pique-niquer sur place.

OFFICE DE TOURISME DU CELAVU PRUNELLI

D3

✆ 04 95 22 55 13

www.celavuprunelli-tourisme.com

Ouvert à l'année. Horaires variant selon saison : consulter le site.

L'Office de tourisme du Celavu Prunelli vous renseignera sur les manifestations annuelles de son étonnante vallée aux ponts génois centenaires. Parmi elles, le fameux trail Sampieru Corsu et la Bourse aux Plantes à Eccica-Suarella, la course pédestre A Tuddincaou, la Nuit des Étoiles à Tolla et le Concours Régional de Pêche aux Carnassiers, mais aussi les Sports en Fête, la Foire des Agrumes à Bastellicaccia fin février, ou la Foire de la Pomme à ne pas manquer à l'automne.

LE BON COIN €€€

Piscatella

✆ 04 95 10 06 13

www.restaurant-bastelicaccia.fr

Ouvert toute l'année. Du mardi au dimanche et les jours fériés de 12h à 14h et de 19h30 à 22h. Menu corse dès 19,50 €.

Un lieu magique au bord du Prunelli, une terrasse sous les arbres pour vous rafraîchir et la cuisine enchanteresse d'un chef renommé : Emmanuel Primot œuvre ici en famille et ce depuis 30 ans, avec Vanina et Corentin au service. La cuisine est fraiche, inventive et suit les saisons. Parmi les spécialités, citons la braserade de la mer ou de la terre très appréciée et les suggestions du jour selon la saison, sans oublier le nougat glacé maison aux fruits rouges ou coupe d'orange glacée à la myrte... On ne vous en dit pas plus, allez-y et régalez-vous !

La vallée du Prunelli.

CAURO

Autrefois gardé par deux châteaux forts dont ne subsistent que des ruines, Cauro a gardé son charme montagnard, et possède un beau beffroi médiéval. Le village est surtout réputé pour abriter le crâne de Sampiero Corso, qui avait été scellé dans l'une des pierres de l'église Santa-Barbara. Après la mort du héros, sa tête fut exposée à Ajaccio, mais les autorités ordonnèrent de la déposer à l'église. On ne sait toujours pas comment les habitants de Cauro réussirent à obtenir le crâne, qui fut retrouvé en apposant une plaque de marbre pour les paroissiens morts pour le pays. Marché de producteurs locaux le samedi sur la place, en saison.

BERGERIE DU PRUNELLI €€€

✆ 04 95 23 01 49

www.bergerieduprunelli.com

Ouvert toute l'année. Cabane de 220 € à 430 € la nuit, petit déjeuner inclus. Wifi. Planche 30€, menu 50 €.

La famille Papini vous accueille dans leur bergerie nichée dans un authentique village de bergers, au cœur du maquis. Vous logez dans l'une des 5 cabanes en granit (caseddi), alliant charme et confort, en honorant le patrimoine architectural corse. S'ajoute une grande cabane chaleureuse qui abrite le salon, la cuisine et une longue table d'hôtes, où l'on vous régale de recettes traditionnelles. Vous profitez de 2 piscines chauffées et d'un bain bouillonnant avec vue sur la montagne. Une adresse atypique pour un séjour d'exception, hors du temps.

AUBERGE NAPOLÉON €€

RT40

✆ 04 95 28 40 78

www.aubergenapoleon-restaurant.com

Ouvert à l'année tous les soirs de la semaine et le week-end midi et soir. Carte 35€ environ.

A vingt minutes d'Ajaccio, dans le petit village de Cauro, une charmante auberge reprise par Antony et Guillaume pour un changement total de style : déco chic et tables soignées dans une ambiance sincère et chaleureuse de l'accueil à l'assiette, tout en délicatesse et sincérité. La cuisine raffinée et audacieuse met à l'honneur les produits frais et locaux tout en charmant autant les amateurs de tradition que les découvreurs de saveurs nouvelles. L'alchimie est parfaite et le succès d'ores et déjà au rendez-vous pour cette nouvelle Auberge Napoléon. Grand bravo !

ECCICA-SUARELLA ★

Situés sur deux collines en vis-à-vis, les deux hameaux dominent le Prunelli. C'est dans ce cadre que Sampiero Corso trouva la mort en 1567, assassiné dans une embuscade tendue par la famille d'Ornano, pour venger la mort de leur fille Vannina. Une stèle a été érigée dans le maquis à l'endroit du combat, en 1891. Suarella est animé, avec une place centrale et sa fontaine où se retrouvent tous les habitants. Au hameau d'Eccica, de vieilles maisons typiques, un élégant tocsin et des sentiers ombragés pour découvrir le maquis. Après Eccica, sur la D103, un agréable point de baignade le long du fleuve Prunelli, en direction d'Ocana, au pont de la Vanne.

LA BALADE ROUTIÈRE D'ECCICA-SUARELLA À BASTELICA

Accessible toute l'année.

On rejoint la vallée du Prunelli par le joli site d'Eccica-Suarella. C'est à partir d'Ocana que débute la véritable montagne corse. Le col de Mercuju est un point de vue extraordinaire qui dévoile, du belvédère au bout du chemin, toute une région de reliefs accidentés. Un peu plus loin, avant d'arriver à Tolla, on trouve sur la droite un sentier qui mène au lac. C'est à partir de ce point qu'on peut atteindre les gorges du Prunelli, sur une portion de route serrée et sinueuse.

TOLLA ★★

Le village est à flanc de colline et ses maisons semblent être accrochées vertigineusement au-dessus du lac. On découvre d'abord le vieux lavoir récemment restauré qui sert depuis de lieu de rendez-vous aux villageois le jour de la Pentecôte en particulier. Le lac artificiel formé par un barrage construit en 1957 sur le Prunelli, permet la pratique de plusieurs sports nautiques. Dans le village, de belles vues s'offrent sur les montagnes environnantes. Le plus beau panorama sur le village et sur son lac vous attend à environ 3 km à partir de Tolla vers Bastelica. On apprécie la petite guinguette Tolla-Plage pour se rafraîchir en regardant le lac.

OCANA ★

Le site d'Ocana est exceptionnel : les maisons de granit rose surmontées de porches et d'escaliers extérieurs offrent un très large panorama sur les gorges du Prunelli. A découvrir : le patrimoine religieux, avec la statue en granit de saint Pierre, les quatre fontaines, la grotte « Notre-Dame de Lourdes », la chapelle de l'Annunziata et l'église Saint-Michel-Archange datant du XVIIe siècle. Au centre du village, une route conduit à la chapelle dédiée à saint Antoine de Padoue pour la protection des enfants du fleuve. Enfin, à 1,5 km au sud-est du village, une belle promenade mène à la Punta degli Mazzoni, au château d'Orese datant du XIVe siècle.

LA MAISON DES SENTEURS

RD3
✆ 04 95 23 81 88
www.corsicapam.com
Ouvert du lundi au samedi de 9h à 12h et de 14h à 18h30 en saison. Fermé en décembre.

© CORSICAPAM

A dix minutes de Bastelicaccia direction Ocana, Jean-Pierre et Paul Caux n'ont pas attendu que les huiles essentielles soient à la mode, car Corsica Pam existe depuis 1996 et est reconnu des spécialistes du monde entier. Fins connaisseurs des espèces aromatiques du maquis, aromatologues de formation, leur passion vous conduiront sur une route des sens à l'intérieur de leur Maison des Senteurs, au cœur de la vallée du Prunelli. Amateurs de médecine douce, l'adresse est incontournable. Il est préférable de réserver afin de visiter la distillerie.

LE JARDIN DES ABEILLES

U salvaduraghju
✆ 04 95 23 83 88
www.lejardindesabeilles.com
Ouvert du 01/04 au 31/10. Hors saison, du lundi au vendredi 10h-18h. Du 15/06 au 31/08, du lundi au dimanche 10h-19h.

Amateurs du divin nectar, la famille Casalta se fera un plaisir de partager leur savoir-faire depuis vingt-cinq ans en matière de miel (*U Mele* en corse). Le fils s'occupe des ruches et le père des dégustations. Un parcours pédagogique vous conduira jusqu'à la rivière à l'ombre des chênes en passant par la ruche vitrée pour contempler le travail des ouvrières sans risque. En prime, vous y trouverez un espace snacking avec des terrasses suspendues sous les arbres à la fraîcheur bienfaisante au milieu d'un magnifique jardin méditerranéen !

© LIONELLE GALLAND

© LIONELLE GALLAND

AJACCIO

PORTICCIO ★

Village de montagne perché à 400 m d'altitude dont le territoire s'étend jusqu'à la mer, Porticcio se situe dans un lieu privilégié et promet une vue imprenable sur la mer. La partie littorale de la commune est la station balnéaire de Porticcio, l'une des plus populaires de la côte occidentale, à la côte sauvage et finement découpée faisant face au golfe d'Ajaccio. Nombreuses activités nautiques : plongée, scooter des mers, voile, etc. La belle tour génoise du Capitello marque le début de la grande plage de Marina Viva. On y trouve de belles petites criques qui sont très recherchées en été. Après la tour, vers l'aéroport, la plage est naturiste.

LA TOUR DE CAPITELLO ★★

Capitello

Tour non ouverte à la visite mais balade accessible toute l'année.

La tour de Capitello se dresse sur la côte, à l'entrée Nord de Porticcio, près de l'estuaire actuel de la Gravona et du Prunelli, sur le seul éperon rocheux du fond du Golfe. D'une hauteur de 11 à 12 mètres, elle est plus imposante que la plupart des autres tours avec ses 42 mètres de circonférence à la base et ses murs de 3 mètres d'épaisseurs. Elle comporte 2 niveaux intérieurs et une terrasse de guet crénelée équipée de 17 mâchicoulis. C'est ici que Napoléon parvint à récupérer sa famille poursuivie par les partisans de Pascal Paoli.

OFFICE DE TOURISME DE L'ORNANO ET DU TARAVO

Plage de la Viva ✆ 04 95 25 10 09

www.taravo-ornano-tourisme.corsica

Basse saison du lundi au vendredi de 9h à 16h30. Haute saison tous les jours de 8h30 à 19h. Accessible aux PMR.

De l'Ornano au Taravo, c'est tout une multitude de villages aux charmes bigarrés que vous découvrirez en vous éloignant du bord de mer. Aventurez-vous donc dans les petits villages de l'arrière-pays pour découvrir une architecture vernaculaire typique, des producteurs et des artisans aux savoir-faire ancestraux. Pour profiter des meilleurs conseils et recommandations, passez par l'office de tourisme où vous serez accueillis par une équipe attentive qui saura vous orienter au mieux.

KALLISTE €€

Agosta Plage

✆ 04 95 25 54 19

www.hotel-Kalliste-porticcio.com

Ouvert d'avril à fin octobre. Chambres et appartements de 2 à 4 personnes. Un appartement PMR.

Une situation imprenable pour cette Résidence Kalliste, perchée sur une colline à quelques minutes de la plage Agosta. Vous profiterez du calme ressourçant des lieux, tout en admirant le panorama enchanteur du golfe d'Ajaccio et des îles Sanguinaires se profilant à l'horizon. La nouvelle génération des Battesti a su faire montre d'exigence et de créativité, et le résultat est au diapason : de beaux appartements spacieux, bien équipés, et à des tarifs honorables compte tenu de la situation de choix. Accueil chaleureux et nombreuses activités alentour !

LE MAQUIS***** €€€

Boulevard Marie-Jeanne Bozzi

✆ 04 95 25 05 55

www.lemaquis.com

Fermé du 4 janvier au 11 février. 25 chambres (dont 5 suites et 2 appartements). Chambre double à partir de 190 €.

Luxe assumé aux multiples détails et chaleur humaine se distillent ici, entre les deux piscines (dont une chauffée pour l'hiver), les vingt-cinq chambres et appartements différemment décorés et le restaurant gastronomique. L'hôtel vous propose une salle de massage, des activités nautiques en plus de la plage aménagée de transats et parasols, ainsi qu'un espace séminaire. Le restaurant L'Arbousier offre une carte gastronomique au dîner et une carte-grill pour le déjeuner en terrasse. Site romantique pour vos célébrations en famille ou à deux, un lieu idéal !

A BONA STELLA €€

Plage Marincaja di Viva

✆ 04 95 10 85 48

En saison tous les jours et midi et le soir sauf mercredi. Hors saison du jeudi au samedi midi et soir et dimanche midi.

Initiée au goût de la cuisine corse par sa grand-mère « Nano », Laurence puise ses recettes dans la tradition insulaire, mais se plaît aussi à la création en inventant ses propres recettes, comme le veau « Bona Stella » : boulettes farcies au brocciu nécessitant trois cuissons différentes et servies avec des pennes, sauce tomate et tome corse ! Jolie décoration soignée de la salle et terrasse conviviale dès que la température le permet. Vous serez agréablement accueilli par Laurence dans un endroit chaleureux, délicat, et à l'ambiance intimiste.

LE CLUB €€

Avenue Marie-Jeanne-Bozzi
✆ 04 95 25 00 42
www.restaurant-leclub-porticcio.fr
Haute saison : tous les jours et les jours fériés le midi et le soir. Fermé le mardi et le soir hors saison.

Depuis 1971, Le Club est l'adresse où l'on vient se régaler de poisson toute l'année. Surplombant la plage de la Viva, il est le lieu de la cuisine de tradition tant dans l'assiette qu'au service et bien que vous soyez à trois enjambées de la mer, le côté restaurant assure le goût et le style. Tables nappées, couverts à poisson, tradition, professionnalisme et fraîcheur des produits, les habitués ne s'y trompent pas qui, de grands parents en petits enfants viennent ici déguster la pêche locale. Le service est à l'écoute et attentionné pour vous sentir choyé.

MERYA PORTICCIO €€

Plage de la Viva
✆ 07 88 43 30 02
De septembre à juin ouvert les jours midi et soir sauf le mercredi et le dimanche soir. Réservation recommandée.

Restaurant tout en élégance en plein cœur de Porticcio, le fameux Patio d'Am fut repris en 2019 par Jean-Marc Gabrielli, qui dirigeait le Lola à Bonifacio. La carte est tournée vers la mer et les formules du midi ne manqueront pas de satisfaire les gourmets. Belle carte de taille raisonnable pour le soir avec une attention particulière portée sur la fraîcheur des produits. Vivier à langoustes, service agréable, cadre raffiné et musique lounge pour une atmosphère feutrée et gourmande. Locaux et touristes s'y pressent et le succès est au rendez-vous dès midi !

LE PIANO CHEZ TOINOU €€

I Candilelli
✆ 04 95 20 87 93
www.restaurant-piano.com
Fermé en novembre et 15 jours en février. Ouvert tous les jours sauf lundi et mardi midi ; ouvert le soir de 19h à 22h.

Entre l'accueil et la qualité des mets proposés, le restaurant regorge d'atouts qui font de lui un lieu d'exception. Situé au seuil de Porticcio, ce Piano à la réputation manifeste est un remède aux petits coups de blues. L'inspiration s'annonce dès la lecture du menu, par des citations nourricières d'art de vivre ; et ce n'est qu'un prémisse au hors-d'œuvre ! De l'accueil au dessert, tout fait montre d'authenticité, les assiettes sont savoureuses et généreuses, et concoctées sur place par Zizou qui œuvre ici depuis bientôt 15 ans.

SUITE HOME PORTICCIO**** €€

Lieu-dit Scaglione
✆ 04 95 26 12 12
www.suitehome-porticcio.com
Ouvert du 17 mars au 30 novembre. Suite à partir de 90 €/nuit, à partir de 525 € la semaine. Plage et centre à 200 m.

Une très belle réalisation aux prestations hôtelières irréprochables avec ses grands appartements et tous les services dignes de ses 4 étoiles : salle de fitness, sauna, piscine chauffée, un accueil parfait et des tarifs justes. Mise à disposition gratuite de vélo pour vous promener dans le Porticcio estival, terrain de pétanque sur place, plages et commerces à 200 m tout comme la navette maritime pour rallier Ajaccio sans la voiture, le grand luxe en été ! Et pour les clients qui s'habituent, la carte de fidélité pour de belles remises, comme on les comprend !

© SUITE HOME PORTICCIO

© SUITE HOME PORTICCIO

AJACCIO

COTI-CHIAVARI ★★

La commune se situe entre mer et montagne, dans un cadre verdoyant et dominant une façade littorale découpée. On trouve des tours génoises à Capo Nero et à Capo di Muro, et la marine d'Erba Rossa, dans un golfe sauvage. Depuis le sommet du village, on bénéficie d'un panorama sur les deux golfes d'Ajaccio et Valinco. La commune possède sur son territoire les magnifiques sites de Verghia, sa pinède et sa plage d'argent, l'anse de Portigliolo et son mouillage privilégié, la plage secrète de Cala d'Orzu, et aussi une grande partie de celle de Cupabia. Le spot de Cacao, accessible par la mer, son sable blanc et ses eaux turquoise reste inoubliable !

© XAVIER BONNIN

La côte sauvage de Coti-Chiavari.

LE PÉNITENCIER ★

D55

Bâtiment visible de l'extérieur mais désormais privé et non visitable.

Depuis Ajaccio, en mettant le cap sur Propriano, vous prendrez la petite route qui monte à travers la grande forêt d'eucalyptus en direction du village de Coti-Chiavari. Un vrai lieu où l'on s'efforce de reconnaître, dans ces étranges vestiges, les caves, les poudrières et les murs qui abritaient les forçats empilés là au second Empire. Idéal pour balades, pique-niques, VTT, à l'ombre des grands arbres. Au-dessus du pénitencier, une balade pittoresque s'annonce au barrage. Le bâtiment du pénitencier est désormais privé et non visitable mais le lieu fort joli.

CAPO DI MURO ★★

Chemin accessible, mais tour inaccessible depuis janvier 2022 suite à un arrêté de péril.

Construite à la fin du XVIe siècle, la tour de Capo di Muro faisait partie de la juridiction d'Ajaccio. Au départ du lieu-dit Casella, un beau sentier de balade permet de l'apercevoir. On y découvre la chapelle A Madonella, où s'organise chaque année pour Pâques le pèlerinage «A Madonucca» ; après la messe, tous les fidèles s'y regroupent pour un grand spunitu convivial et fraternel. On atteint ensuite le sentier des douaniers, puis le hameau de Monte Bianco, dernière étape d'une étonnante boucle de 3h, permettant de revenir au point de départ.

LE BELVÉDÈRE €

Lieu-dit Imbracatojo

✆ 04 95 27 10 32

www.lebelvederedecoti.com

Ouvert du 1er avril au 1er novembre. Accueil jusqu'à 21h. Chambre double 70 €. Restauration le soir, menu dès 32 €.

En plein maquis corse, vous aurez une vue imprenable à 500 m d'altitude sur la baie d'Ajaccio. Dans la grande salle, sous une magnifique charpente de bois ou sur la terrasse panoramique, vous pourrez vous régaler d'une cuisine gourmande et intime qui attire nombre de locaux. La partie hôtelière est en accord avec le cadre et d'agréables prestations. Pas de piscine mais la belle plage de Portigliolo est à 10 km. L'un des meilleurs rapports qualité-prix de la rive sud avec ses chambres familiales pour 4 personnes à 57 euros par personne en demi-pension !

CHEZ FRANCIS €€

Plage de Cala d'Orzu

✆ 04 95 27 10 39

www.chez-francis.com

Ouvert tous les jours et les jours fériés le midi et le soir. Réservation recommandée. Menu unique à 29 €. Carte : 41 €.

On y vient déjeuner ou dîner sous le soleil et les pieds dans l'eau turquoise avec une salade du pêcheur, une langouste, un poisson grillé, le tout tiré des filets des pêcheurs attitrés et les desserts. Une bonne petite cuisine faite maison. On est aux antipodes de la paillote branchée car ici tout est simplement proposé avec le sourire et juste la bonne volonté de faire plaisir. Endroit idyllique pour vos événements et mariages. Et pour profiter de cet endroit hors du temps, on pourra même y réserver sa chambre sous les arbousiers juste à côté.

OUEST CORSE

Des paysages de cartes postales véritablement émouvants. Par la route comme par la mer, l'enchantement a ses degrés d'intensité. Par la mer, ce sera Girolata la farouche, car ce petit village de pêcheurs n'est accessible que par bateau. Mais il n'y a rien de tel pour savourer dans son ampleur le panorama et visiter ensuite les fabuleuses calanches de Piana au lever et au coucher de soleil de préférence. Il y a aussi Cargèse, seul exemple d'une colonie grecque fixée dans le pays depuis trois siècles, qui a su conserver ses rites et sa langue. Par route, l'intérieur des terres conduit vers les hauteurs parfumées à de gros villages à l'habitat typiquement corse comme le canton d'Orcino ou la mystérieuse vallée du Cruzinu. Les incontournables : Les Calanche, le Capo Rosso et la plage d'Arone à Piana, la réserve de Scandola et le port de Girolata, les églises de Cargèse, le lac de Creno, la forêt d'Aitone, Ota et les gorges de la Spelunca.

Ouest Corse
Réserve Naturelle de Scandola
Golfe de Girolata
OSANI
PARTINELLO
SERRIERA
Réserve Biologique Intégrale de Sabinetto
Golfe de Porto
PORTO
OTA
D81
D124
PIANA
Mar Tirreno
Mer Méditerranée
Golfe de Chiuni
D70
D181
CARGÈSE
COGGIA
D56
SAGONE
Golfe de Sagone
5 KM
Tiuccia
D81
CALCATOGGIO

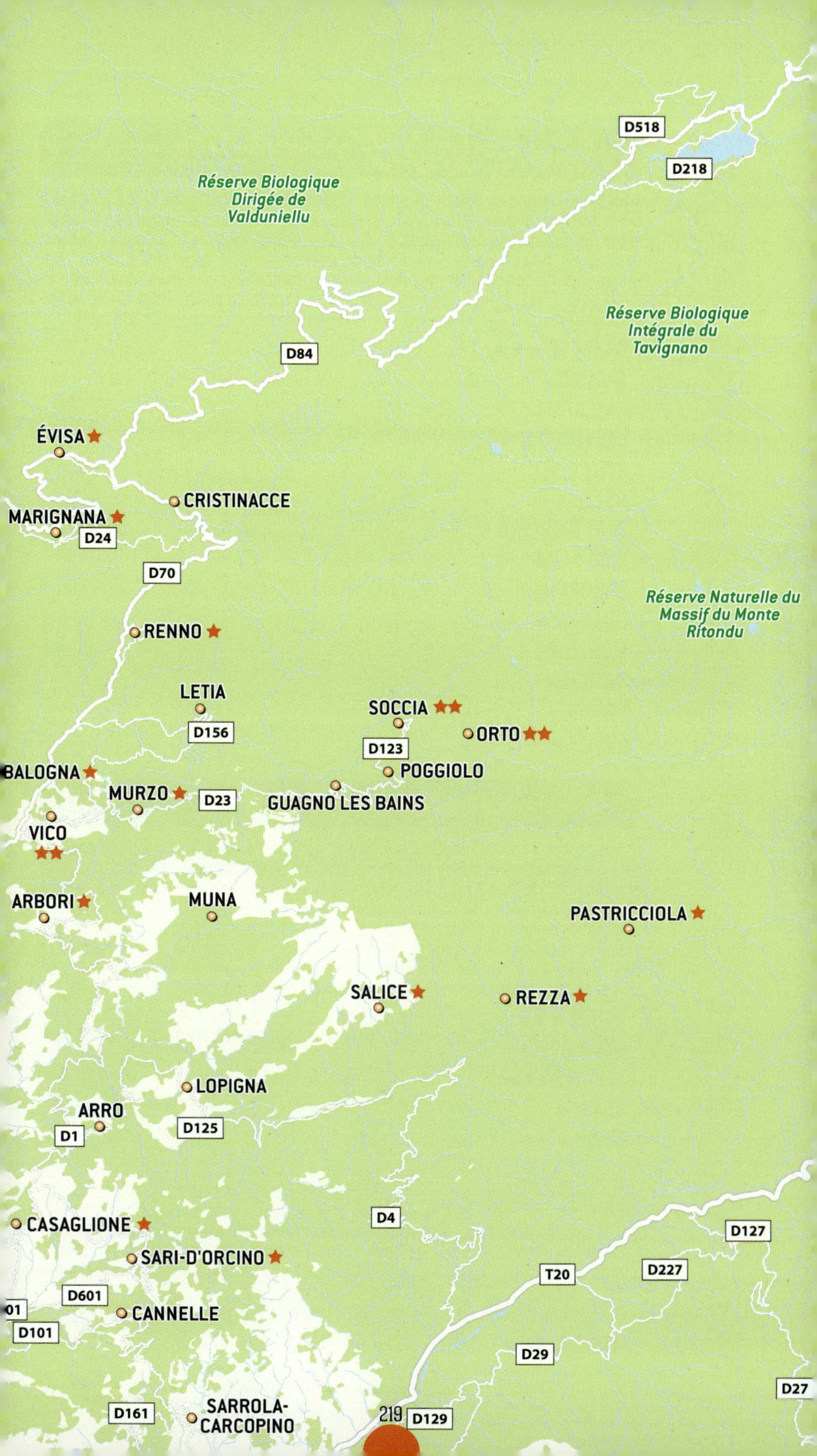
D518
D218
Réserve Biologique Dirigée de Valduniellu
Réserve Biologique Intégrale du Tavignano
D84
ÉVISA
CRISTINACCE
MARIGNANA
D24
D70
Réserve Naturelle du Massif du Monte Ritondu
RENNO
LETIA
D156
SOCCIA
ORTO
D123
POGGIOLO
BALOGNA
MURZO
D23
GUAGNO LES BAINS
VICO
ARBORI
MUNA
PASTRICCIOLA
SALICE
REZZA
LOPIGNA
ARRO
D1
D125
D4
D127
CASAGLIONE
SARI-D'ORCINO
T20
D227
D601
CANNELLE
D101
D29
D27
D161
SARROLA-CARCOPINO
D129

PAGES

A 25 km au nord d'Ajaccio et 14 km de Cargèse, le golfe de Sagone et le Canton des Deux Sorru vous ouvrent leurs portes sur une région bordée de grandes plages de sable fin, de charmantes criques et d'un arrière-pays fascinant : villages typiques, montagnes majestueuses, lacs d'altitude, rivières, sentiers sauvages et forêts odorantes font de cette région une destination envoûtante. Les cantons du Cruzinu et Cinarca, de Calcatoggio à Pastricciola offrent une magnifique balade dans une vallée verdoyante et ses jolis villages pittoresques en bord de rivière puis dans la forêt.

Impossible de venir en Corse sans visiter ce golfe de Porto. Réputé pour son coucher de soleil sur son golfe classé au patrimoine mondial de l'humanité par l'Unesco, pour ses calanche de Piana, pour ses gorges de la Spelunca, en remontant sur Evisa par Ota et pour sa réserve de Scandola qui attire des milliers de visiteurs chaque année. Une micro-région qui alterne les plaisirs maritimes ou terrestres avec son littoral découpé de nombreuses criques et ses plages. L'arrière-pays est tout aussi attachant et l'on n'hésitera surtout pas à partir à la rencontre d'un producteur de charcuterie, d'un berger et de ses habitants qui ont su garder un sens de l'hospitalité incomparable.

Évisa se situe à 900 mètres d'altitude et offre des paysages uniques et préservés. C'est un point stratégique pour faire de superbes balades en forêt ou pour se baigner et se prélasser sur les bords de plage. Panoramas magiques au rendez-vous.

CARGÈSE ★★★

Village très attachant avec ses jolis façades blanches et ses deux églises face à face dans un environnement grandiose surplombant la mer. Dans les environs, on accède aux ruines de l'église San Giovanni. Mérimée, chargé de répertorier les monuments de Corse, avait remarqué la sculpture d'un bras, avec les doigts ouverts, sur le mur nord de la nef de l'église. Cet élément serait les vestiges de la cour de justice qui siégeait autrefois dans l'église. Son histoire fut marquée par l'installation d'une colonie grecque au XVIIe. De ces influences, le village garde deux témoignages religieux : une église au rite latin, l'autre au rite byzantin.

LES DEUX ÉGLISES ✞ ★★

Accessible toute l'année.

Deux édifices face à face construits au XIXe siècle. L'église Sainte-Marie, de style néoclassique possède un impressionnant décor en trompe-l'œil. L'église Saint-Spiridion de rite byzantin est décorée d'icônes dont celle de Saint Jean-Baptiste réalisée par un moine du mont Athos et portée en procession dans la ville pour les fêtes de Pâques. Les icônes datent des premiers colons, qui les avaient emportées dans leur exil. Le tableau représentant une mise au tombeau, l'*Epitaphios*, est une belle peinture sur bois datée du XIIIe siècle, parfois portée en procession.

LES MANDILES €€

Mandiles ✆ 04 95 28 02 86

www.lesmandiles.com

Ouvert toute l'année. Petit déjeuner : 10 €. Chambre et appartement de 2 personnes à la nuit à partir de 60 €.

© LES MANDILLES

Une adresse pour le moins originale que ses petites mandilles tout proche de Cargese, un emplacement de rêve, un grand parc ombragé et fleuri et des formules d'hébergements atypiques et délicieusement champêtres. Reprise en main par la nouvelle génération en la personne de Marta et Olivier qui ne manquent pas d'idées et de motivation pour valoriser cette propriété en améliorant régulièrement tout le domaine. On choisira, selon son humeur, la chambre d'hôtel, la tour génoise entièrement refaite à neuf, les appartements ou un petit cabanon au fond du jardin.

TORRACCIA*** €

Route de Piana-Porto

✆ 04 95 26 42 39

www.camping-torraccia.com

Ecolabel européen. Ouvert du 18 avril au 30 septembre. Piscine extérieure. Locatif à la nuit à partir de 34 € pour 2.

Qu'il fait bon s'arrêter dans ce camping et profiter du maquis, de la nature et de la mer. Situé juste à la sortie de Cargèse, à 1 km de la plage de Chiuni il est implanté dans une belle propriété de pins et de chênes verts. On y trouve une piscine pour ceux qui se lasseraient de la plage toute proche et toutes les commodités : bar, pizzeria en été, jeux d'enfants, espace multisports... La famille Leca, toujours disponible, se tient à la disposition de tous pour vous faire passer le plus agréable des séjours. Un camping qui vous fera profiter de la Corse.

PUNTA E MARE** €€

Route de Paomia ✆ 04 95 26 44 33

www.hotel-puntaemare.com

Fermé de janvier à février. Accueil jusqu'à 21h. 9 chambres (3 appartements). Chambre double de 60 € à 110 €

Un petit hôtel résidence sympathique juste à la sortie du village. On y trouvera des chambres plaisantes à petits prix et au calme, des appartements de 2 à 4 personnes L'endroit est prisé, avec un accueil toujours chaleureux et une grande disponibilité des hôtes des lieux. En prime : un parking fermé pour dormir sur ses deux oreilles et une propreté irréprochable ! Adorable petit jardin juste derrière l'établissement pour savourer l'instant présent et nouveauté depuis 2019 la climatisation dans toutes les locations pour remplacer efficacement les ventilateurs.

LE THALASSA** €€

Plage de Peru
✆ 04 95 26 40 08
www.hotel-le-thalassa.com
Ouvert du 8 mai au 10 octobre. Accueil jusqu'à 22h. Chambre à partir de 110 €. Petit déjeuner buffet inclus.

Situation de choix pour ce petit hôtel familial créé en 1958 par la famille Garidacci, l'un des premiers de Cargese d'où l'on profitera de couchers de soleil magnifiques sur la baie et la tour d'Omigna. Les prestations hôtelières sont de bonne qualité grâce à la nouvelle décoration des chambres et l'on pourra s'attabler pour prendre un apéritif dînatoire d'assiette de charcuterie ou de fromage mais toujours des produits locaux et sa grande et belle terrasse ombragée par de vieux tamaris. Situation au calme, idéale pour un séjour reposant.

LA PAILLOTE A PIAGHJA €€

Plage du Pero
✆ 06 81 04 13 42
www.a-piaghja.wix.com/cargese
Ouvert du 1er juin au 30 septembre. Ouvert tous les jours midi et soir. Réservation recommandée. Carte : 35 € environ

Installée au milieu de la plage du Pero, la paillote d'Amélie et Stéphane Colonna ne manque pas d'allure avec son beau mobilier et ses bois flottés. On y mange ici en toute décontraction, tartare de poisson, pain du bandit, seiche a la plancha, petite pêche locale au four ou juste grillé, tatami de thon et autres desserts maison proposés à la carte ou en suggestions journalières. Transats et parasols pour faire la sieste en tout confort et service non-stop de glaces pour les petits creux en journée. Petit coin « Lounge » pour les cocktails de Dume !

LE SAINT-JEAN €€

Place Saint-Jean
✆ 04 95 26 46 68
www.lesaintjean.com
Ouvert à l'année. Fermé du 15 décembre au 30 janvier.

Immanquable restaurant dont la terrasse domine le Golfe de Cargese à l'ombre des muriers platanes, le Saint-Jean est un lieu professionnel tout autant que fort sympathique. De belles et délicieuses spécialités corses, du poisson du golfe, une cuisine généreuse et de saison à base de produits frais et locaux. Recommandé par les locaux gourmands qui le fréquentent toute l'année, c'est une étape sûre entre Piana et Ajaccio. Le rooftop offre un panorama grandiose et vous pourrez y déguster assiettes de tapas, charcuterie, fromage à l'apéro devant le coucher de soleil.

LE YUKA €€

✆ 06 23 97 15 91
Ouvert tous les jours de 10h à 23h. Plats de 12 € à 16,50 € / dessert 6,50 €. CB et chèques non acceptés.

Perçant l'horizon insondable mêlé d'azur marin, une esplanade bigarrée, jonchée de tables en bois et de causeuses récup' qu'ornent des housses colorées, semble nimbée de féerie. Jaillissant d'une végétation foisonnante, les longues mèches d'un yucca «pied d'éléphant» flottent mollement dans les airs : nous sommes bien au Yuka pour un moment de sérénité, spirituelle et gastronomique ! Parmi les mets à la goûteuse fraîcheur, les salades sont enchanteresses, les cocktails chatoyants et les coupes glacées rayonnent d'accords subtils. Poétique, « vert » et atypique !

À L'EAU RANDO

Port de plaisance
✆ 06 59 22 70 44
www.aleaurando.com
Ouvert d'avril à novembre tous les jours. Sortie 1h30 35 €, demi-journée 55 €. CB non acceptée.

Une activité saine et enchanteresse avec les randonnée aquatiques concoctées par Romain dont la réputation n'est plus à faire. À l'Eau Rando, c'est sur le port de plaisance trois sorties par jour pour aller découvrir en nageant des petits paradis. Tout le matériel est fourni et c'est ensuite le départ pour des balades mémorables (1h30 ou 3h) : le Capo Rosso et sa piscine naturelle, la baie de Cargèse et son rocher de Rocca Marina, la sortie coucher du soleil avec l'apéritif, chaque sortie est commentée et accompagnée par un professionnel passionné. Magique !

LA PROMENADE À LA TOUR D'OMIGNA

Plage du Pero
www.cargese.net
Distance : 4,2 km. Durée : 2h aller-retour. Difficulté : facile.

Classée aux monuments historiques puis rachetée par le Conservatoire du Littoral, la tour d'Omigna constitue une belle randonnée au nord du village de Cargèse. Au départ de la plage du Pero, avancez sur la route jusqu'au portail métallique sur votre gauche. Suivez toujours le sentier en terre jusqu'au fameux édifice. La pointe réserve un point de vue à 360°, du capu Rosso à capu di Fenu. Retournez sur vos pas pour rejoindre Cargèse ; en tout, vous n'aurez marché que 2 heures !

LE SAINT-JEAN** €€

Place Saint-Jean ✆ 04 95 26 46 68
www.lesaintjean.com

Ouvert à l'année. 11 chambres. Chambre double jusqu'à 105 €. Basse saison : chambre simple à partir de 72 €.

Situé au cœur de Cargèse, surplombant le magnifique golfe du Péru, l'hôtel Saint-Jean est l'établissement idéal pour profiter du village à pied et un bon point de départ pour rayonner aux alentours dans une Corse authentique aux paysages grandioses. Les chambres, confortables et spacieuses, disposent de terrasses avec vue sur la mer ou sur le maquis. Le restaurant de l'hôtel sert une délicieuse cuisine corse traditionnelle dans une ambiance véritablement sympathique et professionnelle. La vue depuis le toit-terrasse est sublime du petit déjeuner jusqu'à l'apéro !

SAGONE

Sagone, marine de la commune de Vico, est à 30 minutes d'Ajaccio, dans un paysage préservé, aux criques naturelles et aux montagnes qui viennent s'alanguir dans la mer. C'est une petite station aux plages mêlées de sable et de rochers. Un petit port moyennement abrité, des commerces, des bars, des restaurants, un village étiré tout en longueur, voilà Sagone aujourd'hui, une station balnéaire familiale aux constructions récentes. A Sagone, le voyageur peut visiter les ruines de l'ancienne cathédrale Sant'Appianu, de style roman, ainsi qu'un splendide baptistère cruciforme à cuve octogonale à proximité. Belle tour génoise bien conservée à l'ouest de la baie.

© XAVIER BONNIN

Bateaux au mouillage devant la plage de Sagone.

LES PLAGES AUTOUR DE SAGONE ★★

Accessibles toute l'année.

- **Liamone** : une plage de rêve, mais pas surveillée, au dénivelé dans l'eau rapide et raide, rouleaux, courants et des contre-courants contre lesquels personne ne peut lutter.
- **Menasina** : Vers le sud, en allant vers Sagone, la plage de Menasina et la plage de l'UCPA, idéal pour les enfants.
- **Esigna** : Immédiatement avant Sagone en venant d'Ajaccio, belle plage surveillée du 1er juin au 1er octobre c'est la plage aux restaurants. Belle plage d'Esigna avec son sable fin.

HOTEL RESIDENCE FUNTANELLA** €

Route de Cargèse ✆ 04 95 28 02 49

www.residencefuntanella.fr

Ouvert du 1er avril à fin octobre. 19 logements (studios, appartements et villas). Chambre double à partir de 80 €.

Entre Sagone et Cargèse, une petite résidence bien intégrée dans son parc de 1,5 ha, pratique, divisé en studios, mini-villas, villas et appartements. Formules nuitée ou semaine, même décalé. Parking sécurisé, jeux d'enfant, et activités sports et loisirs tout proches. On apprécie l'espace, la plage à 300 m et Michel Beguex se fera un plaisir de vous guider vers les sites immanquables des environs. Nouveauté depuis 2021 : une belle villa à la literie grand luxe et barbecue en prime !

LE 20118 €€

Route de la plage

✆ 04 95 53 76 17

Ouvert à l'année. Fermé du 18 décembre à février. Fermé dimanche soir et lundi. Carte 40 € environ.

Nadine est au service et Hugues aux fourneaux dans cet établissement du bord de mer où l'on vous reçoit toute l'année fort chaleureusement. Le chef amoureux des sauces fume son foie gras, son saumon et même le magret de canard. La carte présentée à l'ardoise change au fil des saisons, issue en majorité du circuit court ainsi viande, poisson, fromage, œufs, fruits… sont d'ici. La poêlée de seiche fait le bonheur des habitués locaux et touristes. Gardez une place pour le dessert car le café gourmand est un grand moment ! Soirées corses hors saison. Belle adresse !

A STONDA €€

Route d'Ajaccio ✆ 04 95 77 02 87

www.restaurant-astonda.fr

Ouvert tous les jours sauf le lundi de juin à fin septembre. Hors saison vendredi, samedi et dimanche midi et soir.

Andréa, jeune éleveuse de bovins, a repris en 2021 A Stonda, restaurant bien connu de Sagone. La viande est donc tout naturellement privilégiée puisqu'on y trouve du veau et du bœuf de la production familiale ainsi que les produits locaux de la micro-région : porc, fromage, charcuterie fermière et AOP. Le chef Anthony Dorey fait preuve d'une belle inventivité et les assiettes sont à la fois belles, sincères et vraiment délicieuses de l'entrée au dessert. La carte change en permanence en fonction des produits de saison. Le succès est déjà au rendez-vous. Bravo !

U CASTELLU €€

Crique du Castellu
✆ 04 95 51 10 19
Ouvert toute l'année tous les jours midi et soir. Propositions selon arrivage. Carte : 35 € environ. Menu enfant.

Dominant la mer de son nouvel espace et terrasse tout en bois, U Castellu vous accueille toute l'année. Déco de rêve, poêle à bois et mer à l'infini, musique élégante, carte efficace et goûteuse. Stéphane et son équipe proposent des formules sympas, de la grillade aux pizzas en passant par la petite pêche locale. Ardoise de suggestions terre et mer selon les arrivages et une vitrine de desserts concoctés sur place par une vraie pâtissière. Panorama imprenable et service chaleureux dans une ambiance vacances. Petit coin apéro/cocktail pour bien débuter le repas !

CALCATOGGIO ★

Gardé par deux tours génoises en ruine, Orcino et Ancone, Calcatoggio est un petit village paisible construit sur une colline. Le village dominant le golfe de Liscia est entouré d'oliviers. On peut visiter son église paroissiale de l'Annonciation, ainsi que la chapelle romane Saint-Nicolas, restaurée. La plupart des habitants y étaient enterrés jusqu'au Moyen Âge. Cependant, les notables préféraient l'ancien couvent Saint-Maximin-la-Sainte-Baume, que l'on atteignait après plusieurs heures de marche dans la forêt. De vieilles maisons, une ambiance agréable de village corse où se réfugient quelques vacanciers pour trouver le calme à dix minutes de la plage.

L'AUBERGE D'ANCONE €€

Route d'Ancone
✆ 04 95 25 68 87
Ouvert du 1er avril au 30 octobre. Haute saison : tous les jours le soir.

Une petite route peu fréquentée monte de la plage de Tiuccia, et sur la gauche la maison familiale que Pascale Meudec a transformée en une discrète auberge. On la découvrira juste après la tour percée d'Ancone à deux pas de la baie de la Liscia. Un beau jardin arboré et fleuri, une grande terrasse accueillante et de belles recettes : seiches à l'ajaccienne, sauté de veau aux olives et aux cèpes, tripettes maison, souris d'agneau confites aux épices, storzapretti à la bastiase ; fiadone, profiteroles, panna cota et son coulis de fraise. À essayer au plus vite !

NAUTICA PLONGÉE

Baie de la Liscia ✆ 04 95 52 27 11
www.marina-ouest.com
Ouvert du 1er mai à fin octobre. Baptême 70 €, exploration à partir de 35 €. Offres spéciales groupes et CE.

Que vous soyez débutant ou plongeur confirmé, vous pourrez explorer les tours de Capiglioli, la roche à gorgones bleues, les cathédrales, le banc provençal, la grotte à corail et de nombreux autres sites qui enchantent les fonds marins du golfe de Sagone, ceci dans des profondeurs adaptées à votre niveau. Vous trouvez Nautica Plongée tout au début du golfe, si vous venez d'Ajaccio, directement sur la plage. Bonne ambiance grâce à Dumè et son équipe. En prime : location de kayaks, paddle boards, canoës et semi-rigides pour profiter de cette jolie base nautique.

OUEST CORSE

© XAVIER BONNIN

Tour génoise de Calcatoggio.

CASAGLIONE ★

Le territoire de la commune est occupé depuis la Préhistoire puisqu'on y a retrouvé plusieurs objets datant du Néolithique, comme des fragments d'armes et d'outils. Les poteries retrouvées sont relativement élaborées et certaines sont gravées de symboles ou encore décorées de mica. On a retrouvé, à même la roche, un grand nombre de petites cavités, seules traces d'un village néolithique, qui entreposait là une partie de ses récoltes. Les maisons de granit sont dominées par les ruines du château de Capraja, qui aurait été construit au IXe siècle. Une belle façade maritime avec l'immense plage et l'estuaire de la rivière Liamone, dangereuse par mauvaise mer.

A MARINA*** €€

Golfe de la Liscia ✆ 04 95 52 21 84
www.camping-amarina.com
Ouvert d'avril à octobre. Jeux pour enfants. Animaux acceptés. Connexion Internet. Wifi gratuit. Restauration (pizzeria).

Idéalement situé si vous souhaitez poser votre voiture et profiter du bon air de la mer, car vous êtes ici au bord d'une plage magnifique et sans route à traverser. Un joli camping familial dans le majestueux golfe de Sagone que fréquentent nombres d'habitués, bien au calme et proche d'un choix d'activités de loisirs plus ou moins sportives : plongée, tennis, ping-pong, randonnée, canyoning, kayak, vélo, promenade en bateau... Ajaccio et Cargèse sont à moins d'une demi-heure, l'accueil est franchement sympathique et la situation parfaite pour un séjour dépaysant.

LA PLAGE DU LIAMONE ★★

Accessible toute l'année.

Une plage paradisiaque ! Elle est facilement repérable, il suffit de trouver les dizaines de voitures arrêtées sur le bord de la route, et qui ne sont pas là par hasard. Au milieu de l'embouchure du Liamone, arrangez-vous pour passer sur le pont au coucher du soleil, les jeux de lumière sur l'eau douce et sur la mer sont magiques ! Attention les courants sont violents et la baignade n'est pas surveillée, alors il faut se montrer particulièrement prudent, car les accidents sont réguliers. Des paillotes sont situées aux deux extrémités de la plage.

SALICE ★

Le village est traversé par la haute vallée de la rivière Cruzini qui offre de jolis coins de baignade. A l'est du village se trouve la magnifique cascade de l'Ancone. Le village lui-même est très étiré à flanc de montagne sur des petites terrasses. On y trouve quelques maisons de caractère, des moulins à huile, mais surtout un sentier muletier dallé conduisant à San-Giovanni-Battista. Au sud se trouvent les vestiges de l'église romane San-Giovanni-Battista, sur laquelle on peut remarquer un motif du Xe siècle gravé de masques et réemployé dans un mur.

MARE BELLU

Tiuccia
✆ 06 99 32 03 08
www.mare-bellu.com
Ouvert de mars à novembre. A l'année sur demande. Réservation en ligne et par téléphone de 8h à 22h. Tarifs en direct.

Embarquez avec Guillaume Giovannelli, marin natif du village, et visitez les *calanche de Piana,* le golfe de Porto et bien sûr la réserve de Scandola et son port de Girolata. Départ le matin et l'après-midi sur réservation compte tenu de ses 12 places maxi. La vedette est couverte pour votre confort, dotée de toilettes à bord et équipée d'une caméra qui vous permettra d'admirer en direct les fonds transparents pour votre plus grand plaisir. Confort d'être assis sur de vrais fauteuils pour votre excursion avec en prime un bain de soleil à l'arrière du bateau !

REZZA ★

On remonte la rivière U Cruzzinu, affluent du Liamone, jusqu'à Rezza, petit village enfoui au milieu des pins où l'on trouve la maison d'information du Parc naturel régional de Corse dans un bâtiment remarquable contenant un moulin à eau et plus loin le restaurant communal A Sulana. A faire : les circuits d'orientation à l'aide des cartes fournies par la Maison de la Vallée, vous pourrez découvrir dix circuits qui vous amèneront à la découverte du patrimoine environnemental, historique et culturel. Certains circuits sont adaptés à un public familial.

SARI-D'ORCINO ★

Bénéficiant d'un microclimat privilégié au sein de la haute vallée de la Liscia, le village se trouve au centre d'une oasis de vigne et de vergers parcourue de nombreux petits cours d'eau. Il forme un véritable belvédère sur toute la région et la mer. Son origine est ancienne puisque la chapelle Santa-Reparata, au sud du village, fut reconstruite sur un sanctuaire médiéval. A voir : l'église Saint-Martin, la plus grande église de la vallée de la Cinarca et l'une des rares de Corse à avoir deux clochers symétriques. A l'intérieur se trouve une statue de saint Martin offerte par Napoléon III en 1863. Pour les marcheurs : randonnée de Sari d'Orcino à Cannelle.

TERRE DE MAQUIS €€€

Place de l'Eglise Acqua in Ghjù

✆ 06 11 36 54 02

www.terredemaquis.com

Ouvert du 6 avril au 15 octobre. Chambre à partir de 230 € la nuit petit déjeuner inclus.

Un joli havre de paix et d'émerveillement dans le joli village de Sari-d'Orcino que cette Terre de Maquis si bien nommée. Le panorama s'étend jusqu'à la mer dans cette magnifique vallée de la Cinarca. Vos hôtes Claire et Philippe ont à cœur de vous indiquer toutes les belles choses à voir et faire pour rendre votre séjour encore plus délicieux. La décoration chaleureuse et chic jusqu'au détail, la piscine chauffée, le spa et les espaces de nature aménagés sont autant d'invitations à une détente véritable spécialement dédiée aux séjours à deux. Rien que pour vous !

HOTEL U PARADISU €€

Route du Couvent ✆ 04 95 26 61 62

www.hoteluparadisu.com

Fermeture annuelle en février et mars. Accueil jusqu'à 22h. 20 chambres. Chambre double de 80 € à 110 €.

© LIONELLE GALLAND

Un peu en retrait du village authentique de Vico, à un quart d'heure des plages de Sagone, et à 5 minutes de la rivière Liamone et ses belles baignades, un plaisant hôtel familial de montagne avec sa piscine d'où vous profiterez d'un panorama enchanteur et reposant. Le restaurant sert de bons petits plats alliant modernité et tradition régionale. Le Chef Xavier s'est spécialisé à la confection du foie gras et de la charcuterie et les légumes proviennent en partie du potager. En prime, un accueil naturellement sympa de toute la famille !

VICO ★★★

Vico est un gros bourg plein de caractère, s'étendant sur une pente boisée. Son architecture est formée de superbes maisons de pierres, avec inscriptions sur façade, reliées entre elles par des montées en escaliers. Les vallées du Liamone et de la rivière de Sagone sont propices à de nombreuses balades. Vico a un passé de ville d'eaux comme en témoignent les sources thermales de Caldanelle, aujourd'hui abandonnées, et les ruines des thermes. D'autres vestiges antiques remarquables se trouvent dans la région, telles la statue-menhir d'Apricciani (dite Sagone I), ou la statue-menhir (dite Sagone II), en réemploi dans un mur de l'ancienne cathédrale.

LE SAINT PIERRE [U PARADISU] €€

D1 route du Couvent ✆ 04 95 26 61 62

www.hoteluparadisu.com

Ouvert d'avril à novembre. Tous les jours midi et soir en haute saison. Menus à 26 et 30 €.

La table de Saint Pierre est présente à Vico. Pas de vins de messe ici mais une belle cuisine de tradition préparée par Xavier, le fils Fondeville. Le touriste futé devra faire l'effort de la rechercher en suivant la route du couvent tout proche. Carte, menus et suggestions font honneur aux amateurs de bonnes agapes. Service en salle, sous la terrasse couverte et même autour de la piscine. Le plus : les 20 chambres de l'hôtel U Paradisu au cœur des montagnes.

LE COUVENT SAINT-FRANÇOIS. €

Route d'Arbori

✆ 04 95 26 83 83

www.couventdevico.fr

S'inscrire plusieurs mois à l'avance. Cuisine à disposition des individuels.

Un hébergement insolite et spirituel dans un site de toute beauté. Ce couvent a été construit en 1481 par les Franciscains. Depuis 1836, il a été restauré et réinvesti par les missionnaires oblats de Marie Immaculée. Il offre une vue magnifique. Une retraite spirituelle y est traditionnellement organisée tous les ans en juillet. Cependant, le couvent accueille aussi toute l'année des séjours individuels, de familles ou de groupes. Nombreuses randonnées magnifiques dans les environs.

LES JARDINS DE LA CASA MURZA €€

A Pieve ✆ 06 80 96 27 02

www.casa-murza.com

Ouvert du 1er mai au 1er octobre. Label Ecogîte. Accueil jusqu'à 19h. 2 logements casetta et roulotte, de 110 € à 130 €.

Dans le maquis des hauteurs de Vico, cette maison d'hôtes de grand charme, écoresponsable et très originale vous offre le choix d'une chambre, dans la maison principale, d'une roulotte avec patio ou d'une maisonnette ronde avec toit végétalisé, belle charpente et murs incrustés de vitraux colorés, dans le jardin. Ouverte par Bernard Camurat, luthier de renom, la Casa Murza fut le premier écogîte de Corse (panneau solaire, jardin botanique, repas bio et locavore).

ARBORI ★

La commune se compose des hameaux de Mercolaccia et Parapoghju aux maisons de granit rose. Chaque hameau possède une église de style néoclassique et la route qui mène à Arbori mérite le détour, tant les paysages dévoilés sont spectaculaires. En effet, situé dans la vallée du Liamone, Arbori est construit sur une crête entourée de reliefs montagneux et boisés. Pour les sportifs, un sentier de randonnée VTT sur la D1. Descendre jusqu'au pont de Truggia (ou Truja) et suivre le Liamone sur 14,5 km de piste forestière, et arrivée sur la D56, route de Coggia. Les restes du château des Leca sont situés sur la route de Trughja et dominait le fleuve Liamone.

GUAGNO ★

Comme les autres stations thermales de Corse, les eaux de Guagno sont connues depuis l'Antiquité : à 49 °C, carbonatées, chlorurées et sulfatées, elles sont idéales pour des cures anti-rhumatismales, polyarthrite, arthrose, des cures de remise en forme, des cures postnatales, et de la rééducation fonctionnelle. Au calme dans un grand parc, le complexe thermal et hôtelier, situé à 480 m d'altitude, au bord d'une rivière et aux portes du parc régional, est refait à neuf mais est toujours fermé à ce jour (il a été construit en 1808, date de la nomination du premier médecin thermal de l'île) ! L'hôtel est désormais un foyer d'accueil médicalisé.

MURZO ★

Petit village de montagne, aux vieilles maisons de granit et aux escaliers en pierre. Son église San-Lorenzo, de style néoclassique, fut construite avec des pierres provenant de l'ancienne église romane. A côté, le cimetière possède quelques majestueux tombeaux familiaux. A la sortie du village, on peut voir le rocher de la Sposata, l'épousée, qui tire son nom d'une ancienne légende. Le rocher, en équilibre, domine le village. Ne pas manquer fin septembre, Mele in Festa, la grande foire du miel et A Casa di U Mele - La Maison du Miel. Les amateurs de fraîcheurs aquatiques se tremperont au pont de Belfiore et ses piscines naturelles sur le fleuve Liamone.

U FRAGNU €

Rue Principale

✆ 04 95 26 69 26

Ouvert de début avril à novembre. Haute saison : ouvert tous les jours midi et soir.

Une jolie maisonnette, un ancien moulin à huile, décorée par Fifine où l'on vous propose une bonne cuisine traditionnelle corse, bien sûr. Une carte renouvelée au gré des saisons, un joli cadre, et même des pizzas, le tout cuit au feu de bois. Les spécialités : les beignets de courgettes, les côtelettes d'agneau corse, le porcelet corse rôti au feu de bois, la côte de veau corse, le civet de sanglier chassé par Antoine et la crème brûlée à la châtaigne. Sur la route de Creno avec une agréable terrasse ombragée au milieu du village. Accueil au top !

ORTO ★★

Entouré de sommets, le village offre une magnifique vue sur les aiguilles du Monte Sant'Eliseo. De nombreux sentiers de randonnée permettent de découvrir les environs, dont le chemin qui mène au lac de Creno (ou Crena). Les abords du lac sont très paisibles, et on peut y trouver une espèce rare et protégée de drosera, plante réputée pour ses vertus médicinales. La route d'accès d'Orto est également superbe, et dévoile un village ancien, aux maisons de caractère, qui semblent comme sculptées dans le granit. On peut y visiter l'église, mais aussi le mur du cimetière, dont les pierres proviennent de l'ancienne chapelle San-Cervone, dont il ne reste plus rien.

SOCCIA ★★

Certes, on vous le dira, et tous les randonneurs en route pour le lac de Creno (ou Crena) en feront de même : Soccia est le plus beau village du coin, le plus secret, loin de tout, et pourtant le plus animé. Vieilles pierres, panorama en balcon sur la montagne, et qualité de vie inégalable. Si vous avez la chance d'y passer un 15 août, c'est la fête de l'année. Les villages des alentours affluent, on chante et on danse jusqu'au petit matin. C'est à Soccia donc que l'on laisse les chevaux-vapeur pour partir à la conquête de l'admirable lac de Creno, dans une cuvette, à 1 300 m d'altitude, dans un beau cirque montagneux, dont le Sant'Eliseo à plus de 1 500 m.

RENNO ★

Dans les châtaigniers et les fougères, au-dessus de Vico, Renno et ses hameaux ressemblent à la Corse telle qu'on peut l'imaginer. Véritable village d'artisans, c'est l'un des plus élevés de Corse comprenant cinq hameaux, cinq églises et une production de châtaignes savoureuses. Un peu secret, mais tout aussi chaleureux, semblable aux autres villages et pourtant différent, doté d'âme et d'harmonie à laquelle participent ânes et cochons. Il faut venir en février, le jour d'A Tumbera qui fête la tradition séculaire de la mise à mort du cochon, indispensable à toute bonne charcuterie et Dieu sait si, en la matière, Renno n'est pas en reste !

QUAD EVASION

Saint roch
✆ 06 18 66 46 48
www.corserandoquad.com

Ouvert toute l'année de 8h à 20h. Circuits encadrés par moniteur diplômé FFM, demi-journée à partir de 90 € par quad.

Mika Paoli natif du village propose la découverte de la région en quad depuis Renno en passant par le mont San Angelo sur plus 30 km de pistes de montagne pour venir dominer le Golfe de Porto. Une activité tout public. Durée 3h30 environ. Petit circuit d'initiation sur place avant de partir pour l'aventure. Ce parcours unique vous permet une véritable immersion dans l'intérieur qui vous fait découvrir un tiers de la Corse depuis les sommets. Accueil authentique, loin des « places to be » de bord de mer. Une autre façon de découvrir la Corse profonde.

LE LAC DE CRENO (CRENA) ★★

Environ 3h de marche aller et retour. Ascension facile. Sentiers découverts, protection solaire nécessaire en été.

© OT OUEST CORSE

Parangon de biodiversité dénombrant en son sein une horde de nénuphars et de plantes carnivores rares, ce magnifique lac naturel boisé, unique spécimen de l'île, ressemble moins aux bassins glaciers endémiques qu'aux lacs scandinaves ! L'admirer prévoit une ascension à la galerie de décors époustouflants, avec un départ à la pointe du jour sous le soleil naissant pour profiter d'une impressionnante lumière aurorale. Caressant les sentiers à ciel ouvert, l'aube infusera une splendide forêt de pins laricio, dernière étape d'un périple à couper le souffle !

PORTO ★★★

Porto garde une dimension agréablement humaine et familiale. Sa tour carrée, restaurée, se visite et offre un panorama formidable sur le golfe. A l'intérieur se trouve une exposition permanente sur l'histoire des tours de Corse. À la marine, du côté droit, une grande esplanade et la tour génoise, puis du côté gauche, on passe vers le petit port de plaisance. Mais l'atout principal de Porto est sans conteste sa proximité avec la réserve de Scandola, le port de Girolata et ses nombreuses compagnies de promenades en mer et de loueurs de bateaux à moteur permettant la découverte de ces merveilles. C'est également un spot de plongée remarquable.

L'OFFICE MUNICIPAL DE TOURISME DE PORTO-OTA

La Marine
✆ 04 95 26 10 55
www.ouestcorsica.com

Basse saison : ouvert du lundi au vendredi de 9h à 13h et de 14h à 17h. Haute saison : du lundi au samedi de 9h à 19h.

Evisa, Cargese, Porto, Piana, Girolata, la tour génoise... tant de lieux emblématiques à découvrir lors de votre séjour dans la région. Pour tout renseignement, recommandations ou itinéraires confectionnés sur mesure, rendez-vous à l'Office municipal de tourisme Porto-Ota, où une équipe vous accueillera chaleureusement et n'hésitera pas à vous faire part de leurs conseils avisés ainsi que des différentes manifestations organisées tout au long de l'année.

ALPANA EXCURSIONS EN MER

Kiosque Alpana ✆ 06 69 69 04 05
www.alpana.corsica

Ouvert d'avril à novembre tous les jours. Trois circuits et excursions en bateau, de 40 € à 70 €.

François-René, petit-fils de pêcheur cumule les qualités de skipper et de guide pro de pêche sportive. Depuis Porto, vous embarquerez désormais dans un bateau neuf, tout confort grâce aux sièges sur suspensions pour découvrir en visite guidée les merveilles des *calanche*, Scandola, Girolata et autres grottes du Capo Rosso. Très maniable, il peut se faufiler dans les grottes marines de la région et, grâce à ses 700 cv, il rejoint en un minimum de temps les sites les plus prestigieux. Arrêt baignade dans une crique sauvage possible avec masques et tubas fournis.

LE PASS'PARTOUT

Place de la marine ✆ 06 75 99 13 15
www.lepasspartout.com

Ouvert toute l'année, tous les jours de 8h à 20h. A partir de 33 €. Chèques vacances et CB acceptés. Visite commentée.

Si la nature sauvage et les couloirs tortueux des grottes écumantes vous fascinent, alors le Pass'Partout est votre sésame des mers ! Des trésors endémiques de Scandola aux nuances volcaniques des créatures rocheuses des Calanques, vous aurez le choix de votre destrier : petit bateau rouge, mince et agile, ou vedette hybride et écolo, à tarif « familial ». Equipés à l'identique (wc, protection solaire, confort) et armés de caméras sous marines, ils vous proposeront deux expériences uniques de l'aventure corsaire. Ainsi qu'un coucher de soleil à couper le souffle !

Vue générale de Porto.

PORTO LINEA

La ruelle
✆ 06 08 16 89 71
www.portolinea.com

Fermé de novembre à mars. Haute saison : ouvert tous les jours et les jours fériés de 8h à 20h.

Découvrez Scandola de façon unique grâce à une excursion en mer. Créée en 1998, la compagnie de Jean-Baptiste Rostini s'est dotée d'une unité de 42 places limité à 33 passagers le Mare Nostrum II, adapté aux sites (failles et grottes accessibles) et le Mare Nostrum III, un grand semi-rigide de 10 m pour 10 places atteignant la vitesse de 90 km/h (2 moteurs Yamaha de 300 cv), pour ceux qui ne souhaitent pas passer beaucoup de temps en mer, avec des sensations garanties. Les trois circuits : calanche de Piana, Scandola et Girolata ou le grand tour au choix.

PATRICK ET TOUSSAINT

Port de Porto
✆ 06 81 41 70 03
www.patrickettoussaint.com

Haute saison : ouvert tous les jours de 9h à 18h. Bateau sans permis à partir de 80 € la demi journée.

Installé sur Porto depuis 1985, Patrick et Toussaint mettent à votre disposition des kayaks biplaces et bateaux avec et sans permis pour partir à l'aventure. A bord de votre embarcation, vous aurez l'embarras du choix quant à la destination : les falaises ocres de Capo Rosso ou encore les eaux turquoise de la calanque de Piana et tout le golfe de Porto. L'établissement propose également des canoës pour découvrir ces sites remarquables en famille ou entre amis. Plus d'une vingtaine d'embarcations de 2 à 15 places. Réservation recommandée.

VIA MARE

La Marine ✆ 06 07 28 72 72
www.viamare-promenades.com

Fermé de novembre à mars. Ouvert tous les jours et les jours fériés de 8h à 21h. A partir de 15 € enfant et 30 € adulte.

© VIA MARE

Cette compagnie de promenades en mer dispose d'un navire hybride éco-citoyens de moyenne capacité pour les visites du site de Scandola et Girolata, des calanques de Piana, voire le tour complet du golfe. Au programme : exploration des failles et grottes avec commentaires éclairés sur l'environnement et le brin d'humour qu'il faut pour une bonne ambiance à bord. Visite du port de Girolata et possibilité de baignade selon les circuits. Plusieurs départs par jour pour les 3 circuits. Le parcours des sites classés se fait exclusivement à propulsion électrique.

LE VAÏTA** €

Marine de Porto
✆ 04 95 26 10 37
www.le-vaita.fr

Ouvert d'avril à fin octobre. Accueil jusqu'à 22h. 26 chambres. Chambre double de 54 € à 85 €.

Dans la foultitude des 29 hôtels de Porto, le Vaïta, dirigé par Mado et Olivier Lafargue, tire bien son épingle du jeu. Une politique tarifaire bien adaptée, des prestations hôtelières très correctes, une grande disponibilité des hôtes des lieux pour satisfaire au mieux les besoins de chacun. Côté restaurant, une cuisine traditionnelle faite maison par Mado, des pizzas au feu de bois, des linguine alle vongole ou aux fruits de mer et des desserts maison à des prix tout doux. Le côté pratique, une terrasse à l'étage pour les petits-déjeuners au calme.

CAPO D'ORTO*** €€

Route de Calvi
✆ 04 95 26 11 14
www.hotel-capo-dorto.com

Ouvert d'avril à octobre. 39 chambres. Chambre double de 75 € à 180 € ; chambre triple de 100 € à 190 €.

Une belle vue mer dans un écrin de verdure surplombant Porto. Un hôtel irréprochable, bâti sur trois niveaux et doté de chambres spacieuses et confortables, avec balcon ou loggia avec vue sur le golfe. Une terrasse au cœur des montagnes toutes proches, pour de copieux petits déjeuners et la belle piscine chauffée, face au Capo d'Orto, font de cet endroit un lieu de séjour idéal pour profiter des alentours. Un lieu convivial pour un séjour décontracté. Tarif préférentiel sur réservation en direct. Bornes de recharge pour véhicule électrique.

LA TOUR CARRÉE DE PORTO ★★

Place de la Marine
✆ 04 95 26 10 05
Fermé de novembre à mars. Ouvert de 9h à 19h. Entrée 2,5 € par personne. Gratuit pour les moins de 12 ans.

Cette tour génoise de forme carrée fut édifiée au XVIe siècle. Entièrement restaurée, elle offre depuis sa terrasse supérieure un point de vue exceptionnel sur l'ensemble du site. On y accède par un chemin taillé dans la roche. On peut y découvrir une exposition relative à la fortification des rivages de la Corse et sur l'histoire des tours génoises. Magnifique panorama au sommet de la tour. Depuis quelques années, on peut visiter le petit musée de la Bruyère qui retrace tous les usages de cette essence, source de fabrication des fameuses pipes éponymes.

LES OLIVIERS**** €€

Pont de Porto ✆ 04 95 26 14 49
www.camping-oliviers-porto.com
Ouvert de fin mars à fin octobre. Piscine extérieure chauffée. Restaurant. Salle de sport. Ecolabel européen.

Les Oliviers est un magnifique camping spacieux aux emplacements en terrasse bien ombragés doté d'une grande piscine à débordement, avec balnéo, un bon restaurant à prix doux, une salle d'exposition, une belle salle de sport (accès gratuit) avec sauna et hammam et un Club pour vos enfants. Un accès direct à la rivière pour une pause baignade. L'un des plus beaux établissements d'hébergement de plein air de l'île avec désormais de magnifiques roulottes et huttes deux personnes, des animations tous styles et un accueil au top au cœur d'un environnement magique !

LA CIGALE €

D81
✆ 04 95 26 10 13
Ouvert toute l'année. Tous les jours de 7h à 23h. Carte : 25 € environ. Plat du jour : 17 €. Vin au verre.

Au bord de la route avant la marine de Porto, la Cigale est tenue par le patron de la boutique de vélo juste à côté, un passionné de cyclisme qui préside le club vélo local et peut vous parler de la GT20 en connaissance de cause. Cet établissement pluriel fait office tout à la fois de glacier, de bar, de snack et de restaurant, décliné en salle et en terrasse. C'est une adresse où les habitués cohabitent avec les sportifs de passage qui préfèrent s'installer ici qu'en bas, au port, lorsque l'affluence touristique bat son plein. En plus la table est délicieuse.

COLOMBO €€

Route de Calvi ✆ 04 95 26 10 14
www.hotel-colombo-porto.com
Ouvert d'avril à fin octobre. Accueil jusqu'à 20h. 15 chambres. Basse saison : chambre double à partir de 49 €.

L'hôtel Colombo est une bâtisse de granit rose de charme situé à la sortie de Porto. On y apprécie particulièrement les chambres spacieuses dont certaines ont la vue mer sur le Golfe. Une petite cuisine extérieure est accessible aux résidents pour cuisiner selon vos envies et manger dans le jardin comme si vous étiez chez vous mais avec la belle vue sur le Capo d'Orto. Accueil chaleureux pour un séjour de bonne humeur. Chambres familiales jusqu'à six personnes, borne de recharge pour véhicule électrique et désormais la climatisation dans chaque chambre.

LA TOUR GÉNOISE €

Chemin de la Tour
✆ 04 95 26 17 11
Ouvert d'avril à octobre tous les jours midi et soir. Réservation recommandée. Carte : 30 € environ.

Surveillé par la tour de Porto et jouxtant l'embarquement des promenades en mer, le restaurant de la Tour Génoise compte parmi les plus anciens de la ville. Terrasse ensoleillée et salle lumineuse pour savourer de délicieuses recettes traditionnelles, authentiques ou revisitées par un chef cuisinier hors paire. Privilégiant le circuit court, l'enseigne travaille ses propositions culinaires avec des produits frais et locaux. Un bon rapport qualité-prix, un service avenant, et quelques suggestions à l'ardoise, maritimes ou terrestres, pour les plus fins gourmets.

LA DOLCE VITA €€

Porto Marine
✆ 06 74 42 44 00
Ouvert de mai à fin septembre. Fermé le dimanche.

Une fort belle découverte sur le port de Porto que La Dolce Vita, ancien restaurant de l'hôtel Brise de Mer, désormais brillamment tenue par Audrey et Dany, accompagnés des talents du chef Hervé Honoré. Un véritable sens de l'accueil pour commencer, une terrasse fleurie avec vue somptueuse sur la mer et le bonheur de déguster une cuisine d'inspiration corse et méditerranéenne, généreuse, subtile et créative. Le goût authentique des produits du terroir concoctés à la fois avec justesse et simplicité, qui sont l'apanage des grands chefs. Chaleureusement recommandé !

GINA €€

Port de Porto

✆ 04 95 26 17 55

Ouvert de mai à fin septembre. Tous les jours midi et soir. Réservation recommandée. Carte : 30 € environ.

Ambiance décontractée et délicatement musicale, décoration originale, c'est le lieu des saveurs épicées et des recettes du bout du monde autant que des assiettes insulaires : Burger Napoléon au bœuf de Partinello ou Burger « Falafel » à la galette de pois chiche, Moelleux de brebis, Tataki de boeuf à la coriandre ou Tajine de poissons, les assiettes sont généreuses, colorées et les saveurs multiples. Belles propositions pour végans et végétariens et gourmandise assurée. Cocktails magnifiques, service attentionné, un coup de cœur du Petit Futé.

A STRETTA €€

Casa Maio

✆ 04 95 27 12 49

Ouvert de février à fin octobre. Ouvert tous les jours et les jours fériés le midi et le soir. Sans réservation.

Retour de la petite Stretta de Bruno dans les tablettes du *Petit Futé* qui retrouve avec plaisir une formule originale de cuisine à la plancha. On fera l'effort de lever les yeux dans la rue piétonne pour apprécier la carte et les suggestions de cette table. Une cuisine maison, basée sur les produits du cru agréablement préparés et servis au prix juste. Belles pièces de viande locale, poissons de la pêche locale juste grillés, langoustes et bons desserts maison élaborés le jour même. Quelques belles surprises venues d'Asie pour changer de la corsitude.

LE MAQUIS €€

Route de Calvi

✆ 04 95 26 12 19

Ouvert toute l'année. Réservation recommandée. Carte : 45 € environ. Formule à 25 € (2 plats au choix).

Un peu à l'écart du cœur du village, sur la route de Calvi, la table est le repaire des gastronomes, avec ses plats inventifs mêlant la cuisine corse traditionnelle à de nouvelles saveurs. Le résultat est à la hauteur ! Voilà de quoi satisfaire les amateurs de cuisine gastronomique avec en prime une carte de vins locaux. Le propriétaire et chef Franck Pascault concocte quelques belles recettes de la terre et de la mer qui évoluent au gré des saisons. Parking privé et belle terrasse panoramique face au golfe de Porto. Allez-y les yeux fermés !

LE SUD €€

La Marine

✆ 04 95 26 14 11

Fermé d´octobre au 15 avril. Ouvert tous les jours et les jours fériés le midi et le soir. Service non stop.

Incontestablement un magnifique emplacement sur la marine avec un joli balcon au dessus du port de plaisance. L'adresse est à double casquette avec Jean-Pierre le fils au bistrot et Karine, la maman au balcon. La carte à dimension raisonnable est axée sur les produits locaux de terre et mer qui évolue au grès de la saison. Côté bistrot, vous profiterez d'une ambiance décontractée pour manger à toutes heures grandes salades, charcuterie et autres douceurs locales. Le tout agrémenté d'un service rapide et accueil aux petits soins de toute l'équipe.

LE MOULIN €€

Pont de Porto

✆ 06 84 03 15 12

Ouvert du 1er avril à novembre tous les jours et les jours fériés le midi et le soir. Réservation recommandée.

Arrêtez-vous à ce restaurant situé au bord du fleuve Porto qui traverse le village, loin des adresses touristiques de Porto. Affaire familiale créée il y a 40 ans par la famille Maranelli, l'établissement est aujourd'hui dirigé par le petit-fils, Pierre. On y sert une cuisine moderne, gourmande et raffinée. La carte offre un choix limité de plats et desserts, car tout est réalisé avec des produits frais et locaux. Pour couronner le tout, le service est souriant et le cadre très agréable, avec notamment une terrasse ombragée !

U PONTE €€

entrée de Porta

✆ 06 50 06 11 91

Ouvert à l'année. Tous les jours de 9h à 15h et de 19h à minuit.

Charmant restaurant familial, U Ponte, que Mickaël et Joëlle ont repris et complètement transformé en 2019, est ouvert à l'année et se trouve à l'entrée de Porto en venant du sud juste avant le pont. La viande est à l'honneur et cuite à la cheminée au feu de bois : pluma ibérique, entrecôte ou magret de canard s'accompagnent d'un gratin dauphinois à tomber ! Musique d'ambiance et charmant accueil de Romane. Les produits sont du terroir, fruits et légumes du potager et l'on peut y trouver des pâtes à la meule flambée ou du Mont d'or à la braise certains jours !

TRAVAIL DE LA NACRE

Marine de Porto
✆ 06 67 20 26 21
https://atelier-melisse.com/
Ouvert toute l'année, le lundi et le mardi de 10h à 19h30 ; du mercredi au dimanche de 10h à 20h.

La maison existe depuis 1964. Ici on travaille la nacre et le corail de père en fille. On voit les artisans à l'ouvrage dans l'atelier du fond, ouvert sur une longue boutique qui décline un beau choix de bijoux, des plus abordables aux plus luxueux. C'est une famille très sympathique qui vous accueille et peut vous parler de la nacre, du corail et des techniques de fabrication. L'occasion de ramener un souvenir vraiment made in Porto, raffiné, léger (si vous êtes en vélo !) et de grande qualité. Alors nacre ou corail ? Les deux bien entendu, ils se marient bien !

AVVENTU EVENT'S

✆ 06 30 85 13 44
www.avventuevents.com
Ouvert tous les jours d'avril à fin octobre, de 8h à 22h. Hors saison sur réservation. Balade à partir de 35 €.

Au départ du port de Porto, Laurent et Jean-Pierre vous proposent la découverte des merveilles de cette région dont la réputation n'est plus à faire. A bord de leurs semi-rigides de 12 places, ils vous embarqueront pour la visite de votre choix : des Calanches de Piana à Capo Rosso et de Girolata jusqu'à la Réserve naturelle de Scandola, les circuits varient. Des balades de 1h30 jusqu'à plus de trois heures pour la découverte de sites exceptionnels tout en écoutant les explications. Possibilité de revenir au coucher du soleil pour les plus romantiques.

SITE DE SCANDOLA

Accessible toute l'année.

Cette pointe, appelée aussi Punta Rossa, marque la limite sud de la Réserve de Scandola. Le départ de l'exploration se fait à partir d'un écueil qui affleure la surface à une cinquantaine de mètres de la côte, deux directions peuvent être prises. En choisissant de suivre le tombant vers la terre, on découvre vers les 23 m, l'épave d'un ancien charbonnier des années trente, le Saint-Mathieu. La seconde possibilité est de se laisser couler le long du tombant côté large. La paroi est nettement plus abrupte et l'on atteint rapidement 40 m puis 50 m.

CHEZ FÉLIX €

Capo Sottano
✆ 04 95 26 12 92
www.gitechezfelixota.com
Fermé de novembre à mars. Tarifs : nuit en dortoir : 22 € par personne. 5 chambres de 45 € à 65€, pour 2 personnes.

Créée par la famille Ceccaldi il y a 30 ans, cette belle adresse montagnarde est désormais dirigée par Eva, la petite fille. Tout est parfait, les gîtes propres et calmes, l'air pur, la belle vue sur le Capu d'Ota et cette ambiance si particulière que l'on ne retrouve que dans les villages de l'intérieur. Quelques chambres d'hôtes pour plus d'intimité, si besoin. Pas de coin cuisine pour le gîte mais la demi-pension est fournie par le frère Jean-Do à l'auberge juste en dessous, avec en prime un panorama magnifique sur la vallée.

OTA ★★

Ota est la commune, Porto est son hameau maritime. Un amour de petit village, à l'entrée des gorges de la Spelunca, en remontant vers Evisa. La rivière y est fraîche, la vue sur le golfe de Porto épatante, à un peu plus de 300 m d'altitude. On adore ici les spécialités fromagères, le brocciu de Piana, classé en AOC et le fromage de chèvre d'Ota. En empruntant les escaliers escarpés, vous découvrirez le village d'en haut, Capu Subranu et celui d'en bas, Capu Sutanu. Hormis la beauté des gorges, on appréciera, en chemin, deux ponts génois : le pont de Zaglia récemment rénové (près de la jonction Aïtone Tavulella) et le pont de Pinaella, sur Porto.

CHEZ FÉLIX GITES D'ETAPE €

Place de la Fontaine
✆ 06 22 47 98 87
www.gitechezfelixota.com
Ouvert d'avril à octobre. Accueil jusqu'à 19h. Dortoir 22 €, chambre à partir de 50 €.

Jouxtant les gorges de la Spelunca, le village vert et rose d'Ota s'ouvre sur un horizon dans lequel plonge le promontoire vitré de Chez Félix. Attiré par cet écrin de pierres culminant entre mer et montagnes, on fait escale dans ses chambres émaillées de balcons, ou dans de confortables dortoirs, pour profiter dès l'aube des nombreuses balades pittoresques de la région. Capu di Larata et chemin du Mare e monti dévoileront leurs secrets au fil de votre périple, avant que vous ne rejoigniez le restaurant du gîte, pour de nouvelles aventures culinaires à la hauteur.

OUEST CORSE

FUNTANA A L'ORA €

Il campo
✆ 04 95 26 11 65
www.funtanaalora.fr
Fermé d'octobre à mars. Réservation recommandée. Chalet à partir de 52 €. Mobil-home dès 48 €. Véhicule de 3 € à 5 €.

A l'écart de Porto, de sa marine et des cars de touristes qui affluent durant l'été, le camping Funtana a l'Ora («la fontaine à l'ombre») est un petit coin de paradis presque sauvage. Installé au pied du Capo d'Orto, à l'ombre des chênes et des eucalyptus, les emplacements en terrasse, souvent délimités par des majestueux rochers, offrent une intimité souvent rare dans les campings. Une piscine chauffée qui épouse la roche de la montagne, une aire de jeux pour les enfants, un bar, une pizzeria au feu de bois et une aire de fitness en plein air.

LE CAFÉ DE LA PLACE CHEZ MARLA €

Funtanella
✆ 04 95 71 26 72
Ouvert d'avril à octobre. Ouvert tous les jours et les jours fériés le midi et le soir. Réservation recommandée.

Nichée au creux des monts, une terrasse ombragée surplombe le maquis nimbé de lumière, en exhalant une tendre félicité. C'est dans cette savoureuse aura baignée dans l'âme sémillante du village que Marla et son mari Dominique vous proposent leur cuisine familiale, inspirée et maison ! Vous dégusterez les produits du jardin tandis que les effluves d'un filet de sanglier munificent ou de brochettes cuites sur place se mêleront aux parfums de myrte et de nepita... en saison uniquement !

CHEZ MARIE LE BAR DES CHASSEURS €€

Quartier Casanova ✆ 04 95 26 11 37
www.gite-chez-marie.com
Ouvert toute l'année. Haute saison : tous les jours le midi et le soir. Nuitée en gîte 22 €, demi-pension 47 €.

Une histoire de famille, avec Victorine, la fille de Marie la cuisinière, qui a repris les commandes de cette étape montagnarde. Grande terrasse ombragée et surtout la cuisine riche en saveurs corses. A déguster les yeux fermés : la soupe paysanne de légumes du jardin, les cannelloni au brocciu gratinés au four, le veau en sauce d'Ota, le flan à la farine de châtaigne du frère Jean-Dominique. Côté hébergement, le gîte d'étape est récent, propre et bien aménagé, avec un espace cuisine.

U FRAGNU €€

Quartier Casanova
✆ 04 95 26 15 60
Ouvert de mars à fin octobre. Haute saison : ouvert tous les jours et les jours fériés le midi et le soir.

Retour de ce joli moulin dans les adresses futées grâce à l'arrivée de Josette et René, redescendus d'Evisa du restaurant l'Acciola, anciennement cité dans le guide. On découvre une salle magnifique où trône un vieux moulin d'époque et deux belles terrasses au-dessus du village. Côté cuisine, Madame propose à la carte ou au menu à prix doux les spécialités locales : cannelloni, beignets, veau corse et Monsieur s'occupe des pizzas à pâte fine déjà réputées dans le canton. Pour finir en beauté, régalez-vous avec le tiramisu à la châtaigne. A essayer au plus vite !

Ota.

SERRIERA ★★

Situé sur une colline plantée d'oliviers, le village de Serriera est entouré de forêts et domine le golfe de Porto. Implanté dans le Parc naturel régional, entre les gorges de la Lonca et la plage de galets de Bussaglia, Serriera est un véritable joyau et un bon point de départ pour des excursions dans la région. On peut ainsi découvrir la forêt de la Savineta, la source de Racciola et la piscine naturelle de Traghino. En contrebas, la plage de galets de Bussaglia offre un joli coin de baignade. Côté pratique, on s'arrêtera à l'O à la Bouche, le petit camion jaune de Sandrine à mi-chemin de Serriera et Partinello pour un casse-croûte bienvenu.

STELLA MARINA €€

Route de la Plage de Bussaglia
✆ 04 95 26 11 18
www.hotel-stella-marina.com

Ouvert d'avril à fin octobre. Ouvert tous les jours et les jours fériés le midi et le soir. Réservation recommandée.

Une table gourmande et bucolique dans le site protégé de Bussaglia, tenue par la jeune Olivia Ceccaldi qui nous propose ses spécialités de cuisine locale sur des variations terrestres et maritimes. Quelques suggestions originales telles que le cabri aux saveurs du maquis, le magret de canard au Porto, les *carmarones* grillées et coulis de poivre doux ou le coulant de chocolat mi-cuit. Grande salle pour les frileux, une belle terrasse couverte noyée dans la végétation et un accueil toujours aimable dans une belle ambiance familiale.

L'ALIVI €

Le village
✆ 04 95 10 49 33
www.alivi.fr

Ouvert d'avril à fin octobre. Accueil jusqu'à 0h. 24 € la nuitée en dortoir par personne et 49 € la chambre double.

Native du village, Régine Luccioni s'affaire avec entrain dans cet ancien moulin à huile entièrement restauré, pour offrir au randonneur un lieu d'étape de charme et de grand confort. L'ensemble est harmonieux et la personnalité de la maîtresse des lieux y est pour beaucoup. L'adresse accueille les marcheurs intrépides, mais également le voyageur esthète et le gourmet en goguette, qui apprécieront la bonne table exclusivement composée de produits locaux. En prime, le petit jardin avec transats pour les siestes méritées et la terrasse juste en face.

STELLA MARINA*** €€

Route de la Plage de Bussaglia
✆ 04 95 26 11 18
www.hotel-stella-marina.com

Ouvert d'avril à mi octobre. Accueil jusqu'à 22h30. 20 chambres (et 12 studios). Chambre simple à partir de 65 €.

Pour la garantie d'une vraie tranquillité, l'hôtel-restaurant de la jeune Olivia Ceccaldi est l'adresse toute trouvée. A deux pas de la plage, l'hôtel offre des chambres confortables, bien équipées, et régulièrement rénovées. On y découvre une jolie piscine noyée dans la végétation et une table, qui satisfera pensionnaires et gourmets de passage, par une carte alléchante où l'on retrouvera les traces du Sud-Ouest et de la Corse en version terre et mer. Accueil et service agréable et la table nullement réservée aux seuls résidents mérite qu'on la découvre.

OSANI ★

Dominant le golfe de Porto, le petit village d'Osani se compose de quelques hameaux dispersés sur les pentes du Castellacciu. Sa longue façade maritime attire de nombreux visiteurs et s'étend du nord de la Punta Nera à la baie de Caspiu. Une côte sauvage où les rares plages qui se dessinent sont constituées de galets. Curzu, l'un des hameaux principaux, possède une belle église, de vieilles maisons aux façades de granit et même un gîte d'étape. Le littoral est gardé par des tours génoises, sur les îles de Gargalo et à Elbo, que l'on peut apercevoir depuis Curzu. C'est sur cette commune que se situe la fameuse réserve de Scandola et le port de Girolata.

GIROLATA ★★★★

✆ 04 95 50 02 52
https://port-girolata.com/

Accessible toute l'année par bateau.

Il y a peu, à Girolata, il n'y avait ni électricité ni téléphone. Aujourd'hui encore, aucune route n'arrive jusqu'à ce village de pêcheurs. Les randonneurs partent du col de la Croix pour 4 h de marche AR en passant par la jolie plage de Tuara. On peut arriver par la mer et des nombreuses sorties commentées en bateau sont organisées. La visite commentée, passe entre les roches à la découverte d'une grotte, d'un nid de balbuzards ou des orgues volcaniques. On peut même y passer la nuit (la baignade au petit matin est magique) et repartir par le bateau du lendemain.

© XAVIER BONNIN

La réserve de Scandola.

LA RÉSERVE NATURELLE DE SCANDOLA ★★★★

Girolata

Accessible toute l'année.

Visiter la réserve naturelle de Scandola, c'est découvrir l'un des plus beaux sites naturels de Corse, inscrit au patrimoine mondial de l'UNESCO. Trésor écologique d'environ 2 000 ha, répartis entre la presqu'île de Capo Rosso et Galeria, soit 80 km, elle est créée en 1975 sous l'impulsion du Parc naturel régional étant alors la première réserve française à la fois terrestre et marine. Reconnue au niveau européen comme une des zones de Méditerranée à protéger en priorité, on y trouve une faune particulièrement riche et rare : les derniers balbuzards, aussi le faucon pèlerin, le merle bleu, le martinet pâle, et en mer, 450 espèces d'algues, des poissons devenus rares en Méditerranée, et de magnifiques bancs de coraux. L'excursion en bateau offre des paysages uniques, comme ces orgues volcaniques dont certains, par un miracle de renversement naturel, comportent des stries horizontales. La tour génoise, construite dans la partie sommitale du rocher de Gargalo, est la seule de toute la Corse à avoir conservé son canon, pointé vers le large. L'accès maritime est sévèrement réglementé pour préserver cet espace naturel exceptionnel pour les générations futures. Bivouac interdit, plongée en scaphandre autonome interdite, mouillage autorisé de jour uniquement et interdit jour et nuit dans la partie intégrale. Offrant de spectaculaires paysages, la sortie en bateau dans la réserve est considérée comme l'un des incontournables d'un voyage en Corse.

PORT ABRI DE GIROLATA

Girolata

✆ 04 95 50 02 52

www.port-girolata.com

Haute saison : ouvert tous les jours et les jours fériés de 8h30 à 20h. Ouvert du 15 avril au 30 octobre.

Le port propose 70 mouillages sécurisés sur bouées dans un abri naturel. Pour votre confort, l'amarrage se fait sur l'avant et l'arrière des navires de façon à rester face à la houle. La quasi-totalité des postes sont réservés aux visiteurs. Même en haute saison, en réservant quelques jours à l'avance, vous êtes assuré de trouver une place pour votre escale à Girolata. La nuit, deux pontons sont libérés pour l'accueil des plaisanciers. Le village se situe au cœur d'un grand espace préservé, classé au Patrimoine mondial de l'Humanité par l'Unesco.

GRADELLE KAYAK

Plage de Gradelle

✆ 06 23 08 38 07

Ouvert de début mai à fin septembre. Tous les jours 9h à 19h. Tarif de base 8 €.

Vous aimez la liberté, le dépaysement, les grands sites naturels, les eaux translucides ? Vous êtes ici sur le meilleur site de départ pour découvrir la magie de Girolata ! Au départ de la plage de Gradelle, on trouvera une flotte de kayak en location sèche. Location à l'heure pour la découverte des criques, des petites plages intimistes et de la côte escarpée et sauvage du site incontournable de la côte Ouest. Formule d'hébergement sur place, restauration et panier pique-nique si nécessaire. Pensez à vous munir d'une tenue de plage.

PIANA ★★★

A 438 m d'altitude, ce village est classé parmi les « Plus Beaux Villages de France », et ses maisons de granit rose dominent la mer. Au cœur du village se dresse l'église paroissiale dédiée à l'Assomption, de style baroque tardif. Elle abrite la statue de la Vierge de l'Assomption, œuvre génoise du XVIIIe siècle, classée aux Monuments historiques. Mais Piana est surtout célèbre pour ses calanche, véritables sculptures naturelles de roches déchirées aux formes étranges, dont la couleur rougeoyante joue avec les rayons du soleil. Ce majestueux site est classé d'intérêt mondial par l'Unesco. Au loin se découpent les presqu'îles de Senino et de Scandola.

LES PLAGES DE FICAJOLA ET D'ARONE ★★

D824

Accessible toute l'année par la D824.

Prendre la D824 à Piana en direction de Cariu. La plage de Ficajola sur l'anse du même nom, est agréable, moins fréquentée mais non surveillée. La baignade peut être dangereuse par temps capricieux, car les vagues y sont nombreuses. La plage est vaste, si les vagues vous inquiètent, troquez votre serviette de plage contre un cerf volant : sensations garanties ! Arone quant à elle est la plage la plus belle du coin. Très connue mais pas encore surchargée, profitez-en !

L'ANCIEN SENTIER MULETIER PIANA-OTA ★★

Durée 1H30. Balisage Jaune. Denivellé 80 m.

Le départ se fait du village de Piana depuis le parking du stade puis il faut suivre le chemin de gauche en passant par une passerelle. Bien prendre ce chemin appelé «l'ancien sentier de Piana à Ota». Beau sentier dallé sans difficulté. Arrivée sur la Route D81 des Calanches au niveau de la statue de la Vierge, cette petite partie se fait non loin des voitures, mais elle ne dure pas longtemps. Ouvrez les yeux, vous profiterez à tout moment d'une vue à couper le souffle.

LE SENTIER DU CHÂTEAU FORT ★

Niveau : facile avec bonnes chaussures de marche. Départ : virage de la Tête de Chien. Durée : 1 heure aller-retour.

Sur la D81, à droite de la «tête du chien», se détache un sentier qui longe la ligne de crête à travers une magnifique galerie de rochers, vers un belvédère qui mène à un immense promontoire en pierre, le «château fort» au-dessus de la mer. Magnifique vue sur le golfe de Porto et les *calanches.* Peu de dénivelé, randonnée familiale donc. Attention toutefois aux enfants car au bout de la balade, vous découvrirez un grand précipice qui peut être dangereux.

OUEST CORSE

LE CANYON DU DARDU ★

Pont de Cavallaghiu

Durée : 5 minutes d'approche, 7h dans l'eau, 1h de marche retour. Période : de la mi-avril à la fin juin. Dès 12 ans.

Véritable cabinet de curiosités aux formes dardant l'imaginaire, un bestiaire marmoréen et protéiforme aiguillonne une robe de rocaille magmatique, aux vertigineux à-pics plongeant dans la mer. Sous des cascades culminant à 25 mètres, on descendra dans les profondeurs de l'âme corse, en saut, en toboggan ou en rappel ! Le Dardu achève son périple sur une crique, tandis que le crépuscule irriguant le relief sanguin des Calanques se mêle à l'azur aquatique. Une « mise en abyme » sportive à la beauté insondable de cette île qui porte décidément bien son nom !

OFFICE DU TOURISME DE PIANA

Place de la Mairie © 04 95 27 84 42

www.ouestcorsica.com

Basse saison : ouvert du lundi au vendredi de 9h à 12h et de 14h à 17h. Wifi gratuit, expositions temporaire.

Situé sur la place de la mairie, l'office du tourisme de Piana vous accueille et vous renseigne, pour que votre séjour à Piana se déroule dans les meilleures conditions possibles. Vous trouverez des informations sur les principales manifestations de la région telles que la Rencontre inter-confréries de Piana, un lieu de rassemblement d'une vingtaine de confréries de Corse, le tournoi européen de footy volley sur la plage d'Arone en août ou le bal des pompiers le 13 juillet et 14 août.

LES CALANCHE [CALANQUES] DE PIANA ★★★★

D81

Accessible toute l'année.

Les fameuses Calanches de Piana sont un fantastique paysage minéral comme taillé à la masse dans les rochers de granit rouge à la découpe surréaliste. Depuis 1983, les calanches de Piana sont classées sur la liste du patrimoine mondial de l'Unesco. Il y a 3 façons de découvrir les calanques : en voiture, à pied et en bateau. Le grand classique reste d'emprunter l'unique route qui relie les villages de Piana et de Porto : la D81. Mais l'étroitesse de la route et l'affluence en été ne vous permettront pas de profiter pleinement du paysage. C'est évidemment à pied que l'on pourra profiter réellement du caractère exceptionnel du site. En saison, il y a un monde fou sur les quelques sentiers balisés faciles à repérer car c'est là que se déplace la chenille humaine et il vaut mieux se lever tôt le matin pour profiter de la relative fraîcheur et de la tranquillité. Un des plus faciles est celui qui part du rocher dit de la Tête de chien, sur la D81. Un autre, beaucoup plus long, passe par le Capo d'Orto au départ du stade de Piana, 5h environ. Enfin, dernier moyen pour découvrir les calanques : le bateau. De nombreuses compagnies proposent cette découverte mais c'est de loin la solution la moins écologique, car les touristes sont de plus en plus nombreux et la présence des bateaux abîme les fonds marins. Quoi qu'il en soit, les Calanques de Piana restent un passage incontournable pour ceux et celles qui voudront découvrir la beauté majestueuse de la Corse.

© XAVIER BONNIN

HÔTEL SCANDOLA*** €€

D81

✆ 04 95 27 80 07

www.hotelscandola.com

Ouvert du 30 avril au 20 novembre. Accueil jusqu'à 23h. 19 chambres (dont 2 suites). Chambre double de 110 € à 140 €.

Métamorphose réussie pour cet établissement situé à l'entrée du village. Céline et Stéphane Ollivier ont transformé l'hôtel en gagnant en confort, en charme et en capacité. Celui-ci offre de belles chambres et suites face au golfe de Porto. Depuis votre fenêtre, vous pouvez même voir la presqu'île de Scandola, d'où une appellation non usurpée ! S'ajoutent une belle terrasse qui regarde le village, un accueil toujours adorable de ces jeunes qui œuvrent avec la même énergie que leurs parents du Capo Rosso. Excellent rapport qualité/prix/emplacement.

LES ROCHES ROUGES*** €€

Route des Calanche

✆ 04 95 27 81 81

www.lesrochesrouges.com

Ouvert d'avril à fin octobre. Accueil jusqu'à 20h. 30 chambres. Chambre double de 160 € à 360 €. Petit déjeuner inclus.

Cet ancien palace, par sa situation et son standing, son charme suranné et sa tranquillité, a du caractère et un cachet certain. L'allure vieillotte ne doit pas vous tromper car les quatre étages ont gardé l'esprit des années vingt et les chambres sont spacieuses et agréables. La table est en totale osmose avec la noblesse de la vue imprenable depuis la salle du restaurant inscrite aux monuments historiques et sa superbe terrasse en balcon pour profiter des couchers de soleil. L'accueil atypique de Madeleine Dalakupeyan ne laissera personne insensible !

CAPO ROSSO**** €€€

Route des Calanche

✆ 04 95 27 82 40

www.caporosso.com

Ouvert d'avril à mi-octobre. 43 chambres. Basse saison : chambre double à partir de 230 €.

Depuis votre chambre ou attablé sur une des tables du prestigieux restaurant «Neptune», vous bénéficiez d'un panorama divin et d'un coucher de soleil enchanteur, inondant le golfe de Porto ! Situation d'exception pour ce premier 4 étoiles rural de l'Île, fierté de la famille Ollivier-Camilli présente sur les *Calanques* depuis 45 ans. S'ajoutent des prestations de grande qualité et un accueil parfait. Dès le petit déjeuner, la journée commence avec brio ! Une adresse de grand charme pour partir à la découverte d'un site naturel envoûtant.

L'ONDA €€

Plage d'Arone

✆ 09 82 12 51 23

www.londa-arone.com

Ouvert d'avril à fin octobre. Ouvert tous les jours et les jours fériés le midi et le soir. Suggestion du jour dès 25 €.

Une adresse bienvenue en plein milieu de la plage, tenue par Thérèse et Thomas Pagnini, frère et sœur natifs du village, qui proposent des formules agréables. Grande terrasse ombragée, étal de poissons de Martin (pêche locale), et une carte attractive où chacun trouvera son bonheur. Il y en a pour tous les goûts et tous les budgets. Le chef épaulé par une brigade dynamique, remplit très bien son office pour satisfaire les convives. Coin grill au feu de bois et un petit cabanon juste en-dessous pour le snacking à toute heure.

CHEZ JEANNETTE €

Place de l'Église

✆ 04 95 25 51 78

Fermé de novembre à mars. Ouvert tous les jours et les jours fériés le midi et le soir. Réservation recommandée.

Une petite adresse toute simple juste derrière l'église tenue par Sandrine et Eric, natifs du village. On y appréciera la salle minuscule, quelques tables sur la place pour y manger dans la bonne humeur les petits plats de madame élaborés à base de produits locaux et proposés à petits prix. C'est le tout premier restaurant créé il y a plus de 70 ans. Un restaurant sans chichi, simple et convivial. De plus, le service y est rapide et le personnel témoigne d'une gentillesse et d'une sincérité sans pareilles. Vous serez accueillis comme des rois.

LE CAFÉ DE LA PLAGE €€

Plage d'Arone ✆ 04 95 20 17 27

www.lecafedelaplage.com

Ouvert d'avril à fin octobre. Ouvert tous les jours et les jours fériés le midi et le soir. Réservation recommandée.

Cette adresse mérite l'escapade pour profiter à la fois du cadre et de la table de Jean-Daniel accompagné de son chef de qualité Yann Kerhervé. Une grande terrasse couverte de vigne, des petits parasols en roseau de Camargue et puis la grande bleue. C'est l'endroit à la mode avec sa cuisine basée principalement sur les produits de la mer, ses belles assiettes gourmandes finement décorées, sa pêche locale et son grill au feu de bois. Accueil sympathique, service dynamique et pour meubler la féerie des lieux, on écoutera les voix des chanteurs corses ou latino.

OUEST CORSE

A CASA CORSA €€

Rue principale
✆ 04 95 24 57 93
www.acasacorsa-piana.com
Fermé du 4 janvier à février. Haute saison : ouvert tous les jours le midi et le soir. Carte : 35 € environ.

Sur l'axe incontournable cette fameuse D81, voici le must pour tout motard qui se respecte. On s'arrêtera sans hésiter à la Casa Corsa, située en plein cœur du village, juste à côté du parking. Audrey et Alexandre y proposent aux gourmets une belle table pour tous les goûts. Formule plancha au déjeuner pour les pilotes pressés, ou menu terre ou mer et carte bien fournie pour les gastronomes. En prime, la terrasse panoramique face aux calanques de Piana. Super carte des vins pour ceux qui dorment sur place, et même des glaces artisanales pour se rafraîchir.

LES ROCHES ROUGES €€

Route des Calanche
✆ 04 95 27 81 81
www.lesrochesrouges.com
Ouvert d'avril à fin octobre. Ouvert tous les jours et les jours fériés le midi et le soir. Réservation recommandée.

Un bel hôtel de charme datant du début du siècle et dont la salle de restaurant fait partie des monuments historiques. Une nouvelle terrasse et toujours un panorama exceptionnel sur le golfe de Porto et les calanques de Piana dans ce lieu magique avec une équipe chaleureuse et attentionnée pour un repas romantique hors du temps. Une cuisine soignée côté terre ou mer, des assiettes généreuses, gourmandes et joliment présentées qui raviront vos yeux et papilles. La gentillesse et l'accueil de la patronne font l'unanimité. Un beau repas en perspective !

LA VOUTE €€

Place de la Fontaine
✆ 04 95 27 80 46
Ouvert toute l'année. Fermeture novembre. Réservation recommandée. Menus de 25 € à 28 € (menu corse ou pêcheur).

Une équipe efficace en tout point œuvre dans ce restaurant familial ouvert à l'année et bien connu des locaux gourmands. Joseph en cuisine, Antonella au service, et produits corses à l'honneur, poisson du pêcheur, cabri de l'exploitation d'Antoine et assiettes généreuses ! Soupe de poisson du Golfe ou soupe paysanne, langoustes ou homards du Golfe, carré d'agneau ou omelette au Brocciu, tout fleure bon le terroir, la tradition et le cœur à l'ouvrage. En dessert, on vous souhaite qu'il reste le Sabayon de fruits frais. De plus, les animaux sont les bienvenus !

LE CASABIANCA €€€

Plage d'Arone
✆ 04 95 20 70 40
www.lecasabianca.com
Fermé de novembre à mars. Ouvert tous les jours et les jours fériés le midi et le soir. Réservation recommandée.

C'est l'affaire de la famille Battini qui domine la plage depuis 30 ans. Côté cuisine dirigée par le chef Bruno Ecuvillon, on pourra y choisir sans souci, dans une carte terre et mer, une belle sélection de la pêche locale, un vivier à langoustes, un espace grill-pizzeria au feu de bois, le tout piloté par une équipe professionnelle pour répondre au succès des lieux. En prime : organisation de banquets, mariages ou séminaires et l'accès maritime grâce à l'annexe maison et même la piste de dépose hélicoptère. La grande classe !

LE NEPTUNE €€€

Route des Calanches
✆ 04 95 27 82 40
www.caporosso.com
D'avril à fin octobre. Haute saison : ouvert tous les jours le midi et le soir. Carte environ 70 €.

Une table d'exception dans un cadre d'exception. La salle raffinée et sa terrasse ouvrent sur le golfe de Porto. En cuisine, le jeune chef Vincent Olivieri travaille avec expertise les meilleurs produits du terroir et les herbes du maquis, décline les poivres, apprécie le basilic thaï, les agrumes variés et tout ce qui permet de composer des saveurs puissantes. Résultat : l'artichaut dans tous ses états, l'œuf basse cuisson et l'asperge croquante, le thon rouge sublimé... Du grand art accompagné de vins exceptionnels, c'est une véritable découverte gastronomique !

PROMENADE DES ROCHES BLEUES AUX CALANCHE DE PIANA

✆ 09 66 92 84 42
www.otpiana.com
Durée : 2h. Difficulté : assez élevée. Balisage : Orange.

Les vingt premières minutes de cette randonnée seront les plus sportives, mais rassurez-vous : aux abords de la pinède et du ruisseau, le rythme ralentit. Au carrefour, suivez dans un premier temps le balisage rouge-vert jusqu'au rocher-belvédère. Il vous faudra ensuite suivre la direction de Piana. Vous emprunterez alors un large sentier en direction d'un imposant mur de soutènement en pierres sèches, environ 50 mètres au-dessus de la route ; il s'agit du sentier des Muletiers.

LE SENTIER DE LA TOUR DU CAPO ROSSO

Altitude 331 m. 3h AR. Niveau : difficile. Départ sur la route d'Arone. Balisage bleu, points bleus ou cairns.

Ce chemin mène à la presqu'île Capo Rosso. Empruntez le sentier sur la droite, passez devant les bergeries en ruine de « Paghiadie ». Vos pas se dirigent ensuite vers une bergerie en tuiles, située au bout de la presqu'île. Passez alors par un beau couloir entre les rochers et la verdure. Vous atteignez la tour de garde (40 minutes). Il est recommandé de partir tôt le matin, d'emporter de l'eau (inexistante sur cet itinéraire) et un chapeau car il n'y a pas d'ombre.

EVISA ★★

Autrefois village de forestiers et de bergers, le village d'Evisa se situe à 900 mètres d'altitude et offre des paysages uniques et préservés. C'est un point stratégique pour faire de superbes balades en forêt ou pour se baigner et se prélasser sur les bords de plage. Après la traversée de la châtaigneraie et une partie de la forêt d'Aïtone, vous arrivez au site A Madre, où vous pourrez découvrir les anciens moulins à eau utilisés autrefois pour la fabrication de la farine de châtaigne ; ce site offre un spectacle de toute beauté, mais attention cet endroit très réputé pour sa fraîcheur en été devient rapidement saturé par le trop plein de visiteurs.

POINT D'ACCUEIL TOURISTIQUE

D84 ✆ 04 95 50 06 87

www.ouestcorsica.com

Haute saison : ouvert du lundi au samedi de 10h à 12h30 et de 16h à 18h. Hivers 9h à 12h et de 14h à 17h.

Evisa est une destination touristique de choix pour les amoureux de la nature et vous y découvrirez un riche patrimoine à travers des balades accessibles directement depuis le village. Avec les Calanches de Piana, le site de Porto, classé au Patrimoine mondial de l'Unesco, la Réserve naturelle de Scandola, vous en repartirez les étoiles plein les yeux. Rendez-vous au point d'accueil d'Evisa pour bénéficier de nombreux conseils et recommandations de voyage sur mesure.

LE SENTIER DU CHÂTAIGNIER

Accès libre et gratuit toute l'année.

Au départ du village, face au Bar de la Poste, ce sentier thématique croise deux sites remarquables : le somptueux point de vue du belvédère et la piscine naturelle créée par l'Aïtone où l'eau y est claire, fraîche et très appréciée en été. D'une durée de 1h30, cette balade est idéale à faire en famille. Cheminant, on s'informe sur les châtaigniers, rois de la Corse. Attention aux cochons sauvages que vous pourriez croiser friands de votre casse-croûte.

Vue sur la ville d'Evisa.

A RIMPIANATA €

D84

✆ 04 95 50 01 89

Ouvert d'avril à fin octobre. Ouvert tous les jours et les jours fériés le midi et le soir. Carte : 24 € environ.

Une petite table simplissime tenue par Alexandra, située juste à l'entrée du village, en direction de Porto à la sortie du sentier de la Spelunca. On vous servira à toute heure des assiettes généreuses, entièrement fait maison à petits prix dans un cadre bien agréable : belle terrasse panoramique, grande salle lumineuse et tout une panoplie pour le casse-croûte traditionnel. Assiette de charcuterie du pays, fromages corses, salades, vins de Sartène etc. Accueil charmant en prime. Une adresse appréciée après avoir fait l'une des ballades proposées à Evisa.

MARIGNANA ★

Village isolé à 700 m d'altitude. Des fours à pain, des séchoirs à châtaignes, des lavoirs et des moulins restent les témoins d'une vie rurale active. Au village, outre l'église à campanile, on peut visiter les chapelles des hameaux de Chidazzu et de Revinda, ainsi que les ruines de la chapelle romane Santa-Degna, à l'ouest du village. Le village est connu des alentours pour sa charcuterie. A noter le dynamisme de l'association Scopre qui propose dans sa salle de spectacle : cinéma, théâtre, musique classique, chants corses, expositions. Village typique au creux de la montagne, avec ses maisons qui se pressent les unes contre les autres dans la pente.

LES GORGES DE LA SPELUNCA

Durée 2h en descente et 3h en remontée. Balisage orange, départ à droite après le cimetière d'Evisa.

Le sentier muletier, qui part d' Evisa à 850 m d'altitude, descend le long des gorges très arborées. Il est balisé par pas moins de 25 panneaux ou lutrins expliquant la faune, la flore, la construction d'un chantier muletier et la fabrication d'un pont génois. Il s'agit avant tout d'une balade culturelle, didactique et facile. Le sentier se termine aux ponts génois Zaglia et le Ponte Vecchju, classés aux Monuments historiques. Arrêt pique-nique indispensable pour profiter de l'endroit.

USTARIA DI A ROTA €

D24

✆ 04 95 26 21 21

www.ustariadiarota.fr

Ouvert toute l'année. Accueil jusqu'à 21h. Pour 26 personnes. 3 dortoirs de 6 et 16 places. Restauration sur place.

Cet établissement offre un dépaysement total en Corse. C'est une bonne étape sur le sentier du Mare a Mare et Mare e Monti qui traverse la Corse d'est en ouest. On est ici chez les Ceccaldi qui offrent aux voyageurs un bon gîte et une bonne table coutumière. Formules dortoir et bivouac, possibilité de camping également, le tout dans une joyeuse ambiance. Vous aurez la possibilité de profiter d'une cuisine locale, créative et innovante qui tient la route et des tarifs au ras des pâquerettes. Petits prix et accueil au top pour ne rien gâcher.

CRISTINACCE

Situé en plein cœur du Parc Naturel Régional de Corse, le village en terrasses offre une vue imprenable sur le golfe de Porto, et possède de belles maisons anciennes en granit dans un environnement montagneux et boisé. Ce village traditionnel de caractère est renommé pour ses produits artisanaux, charcuterie, confitures, miel et farine de châtaigne. Depuis l'allée des Tilleuls, une table d'orientation, avec son panorama sur le golfe de Porto, renseigne sur les origines du village et la fontaine en pierre et granit rouge offre une fraîche eau de source. Sur la route du bas, un espace découverte et d'initiation à la nature a été aménagé pour les enfants.

LE VILLAGE ABANDONNÉ DU TASSU

1 h aller-retour. Marquage Orange.

Le petit village de Tassu constituait anciennement le point de rencontre entre les chemins de commerce de ces villages. On peut rejoindre l'ancien village en partant d'un sentier qui débute près de l'Ustaria di a Rota. L'itinéraire est un tronçon du sentier Mare e Monti (balisage orange). On appréciera la belle chapelle restaurée et le coin de baignade en contrebas du Tassu, moins fréquenté que la piscine d'Aitone trop surchargée, voire polluée en été.

LA BALAGNE

De l'Ostriconi à Galeria en passant par l'inévitable Calvi et, plus à l'intérieur, par des petits villages tels que Sant'Antonino au point de vue panoramique, la douceur de vivre se ressent. Calvi et sa citadelle génoise, ancienne rivale sous Pasquale Paoli de L'Ile-Rousse, entretient une activité festive très dynamique. Quant à Isula Rossa, ses rochers rouges avançant dans la mer se laissent découvrir par la ligne de chemin de fer. La Balagne c'est le pays de l'olivier, surnommée jardin de la Corse en référence à la culture en terrasse de ses vergers. Une région riche et montagneuse habituée à regarder la mer avec une forte identité agricole et pastorale. De beaux villages typiques, des artisans, des cultivateurs et, sur le bord de mer, deux stations dynamiques et deux fières cités longtemps concurrentes : Calvi et L'Ile-Rousse. Un cirque montagneux exceptionnel entouré de vallons et de grandes plaines définit les paysages de Balagne.

La Balagne

La Balagne
Mer
Méditerranée
ALGAJOLA
PIGN
T30
AREGNO
LAVATOGGI
LUMIO
Golfe de
Calvi
CATER
AVAPESSA
CALVI
D151
MONTEGROSSO
ZIL
MONCALE
CALENZANA
D81 B
GALÉRIA
D81
Réserve Naturelle
de Scandola
MANSO
10 KM

L'ÎLE-ROUSSE
T30
D81
MONTICELLO
SANTA-REPARATA-DI-BALAGNA
D363
PALASCA
URTACA
T'ANTONINO
D63
BELGODÈRE
NOVELLA
T30
D8
LAMA
D113
COSTA
OCCHIATANA
T301
VILLE-DI-PARASO
D663
SPELONCATO
NESSA
FELICETO
PIOGGIOLA
D963
D547
D8
OLMI-CAPPELLA
MAUSOLÉO
VALLICA
D247
Réserve Biologique Dirigée de Valdo
D47
aturel régional de Corse
D118
T20
D84
D18

PAGES

CALVI ★★★

Ville génoise par excellence, Calvi ne vit plus tout à fait à l'heure italienne, mais à l'ombre de Christophe Colomb. Bien que s'étant toujours déclaré génois, dans sa vie comme dans son testament, celui-ci pourrait bien, tout compte fait, être un Génois de Calvi. Aujourd'hui cité balnéaire et culturelle, la ville dispose d'un tissu associatif fortement impliqué et à l'origine de nombreux événements identitaires, culturels, artistiques et sportifs qui lui confèrent l'image d'une ville entreprenante. Aujourd'hui, l'actuelle capitale de la Balagne est la troisième ville touristique de Corse et tout au long de l'année, elle est fortement animée.

LA CATHÉDRALE SAINT-JEAN-BAPTISTE ★★

8, Rue Villa Antoine
✆ 04 95 65 00 72
Ouverte toute l'année tous les jours.

La date exacte de son édification n'est pas connue avec certitude, mais se situe au XIIIe siècle. Elle fut à l'origine propriété du monastère génois puis érigée en cathédrale. Elle fut incendiée en 1481, restaurée et agrandie en 1528, partiellement détruite en 1553, puis à nouveau endommagée en 1567. C'est en 1570 qu'elle prend l'aspect que nous lui connaissons aujourd'hui. Elle comporte de nombreuses œuvres d'art exceptionnelles qui méritent le détour.

L'ÉGLISE SAINTE-MARIE-MAJEURE ✝ ★★

279 E, Place du Dr Crudeli
✆ 04 95 65 00 72
Ouverte toute l'année, tous les jours de 8h à 18h. Horaires des messes disponibles sur appel téléphonique au presbytère.

De style baroque, sa devanture est peinte en rose et beige et se situe dans la basse ville. Selon une légende hagiographique, plusieurs chrétiens y auraient subi le martyre sur ordre de l'empereur Dioclétien. Parmi les victimes, Restituta, une riche patricienne romaine, réfugiée à Calvi. Pyrrhus, le préfet de Corse, l'avait fait arrêter, juger et longuement supplicier avant de la faire décapiter le 21 mai 304. Ses reliques reposent aujourd'hui dans la chapelle romane à Calenzana.

LA MAISON GIUBEGA 📷 ★

Située au coeur de la citadelle, accessible toute l'année.

Située à proximité de l'oratoire, la maison Giubega du XVe siècle fut la résidence à Calvi des évêques de Sagone et celle du parrain de Napoléon qui devait trouver agréable d'être en villégiature sur une autre partie des côtes corses. Appartenant désormais à l'armée, cette propriété ne se visite malheureusement pas mais n'hésitez pas à faire un tour de citadelle pour voir les différents bastions, l'église Saint-Jean Baptiste qui possède un crucifix miraculeux. Ou profitez simplement des panoramas, qui vous offriront une vue plongeante sur la baie.

L'ORATOIRE DE LA CONFRÉRIE SAINT-ANTOINE 📷 ★★

✆ 04 95 65 16 67
Ouvert toute l'année, tous les jours. Animaux non acceptés. Parking à proximité.

Il abrite encore aujourd'hui les réunions et les cérémonies de la confrérie car l'édifice n'a jamais été désacralisé. Les visiteurs pourront apprécier deux fresques datant des années 1510 et 1513, dont un triptyque représentant une Crucifixion et l'Annonciation, un Christ en croix de la fin du XVIIe siècle, une statue de saint Antoine abbé assis (XVe siècle) et une autre du même saint datant de 2006 et réalisée par l'artiste balanin Toni Casalonga.

LA CITADELLE ★★★

✆ 04 95 65 16 67

Accessible toute l'année, tous les jours ; bars, parkings, restaurants.

Quartier historique de la ville, jadis gardé par un fossé à pont-levis avec herse, c'est l'œuvre des Génois au XVe siècle. Attardez-vous sur les fortifications qui entourent la Haute-Ville et admirez le plus ancien palais occupé à l'époque par les Gouverneurs génois nommé aujourd'hui Caserne Sampiero. Visitez ensuite la cathédrale Saint-Jean-Baptiste de style baroque classique datant du XIIIe siècle, détruite et reconstruite en 1570, avec son intérieur en forme de croix grecque et qui dispose de nombreux objets anciens. Plus loin, l'oratoire siège de la confrérie Saint-Antoine datant du XVIe siècle qui avait à l'époque pour vocation l'entraide sociale, charitable et spirituelle entre les membres. Sur le linteau de la porte d'entrée, saint Antoine abbé et son petit cochon, accompagnés de saint François d'Assise et de saint Jean-Baptiste. L'oratoire abrite le trésor d'art religieux de Calvi, ensemble d'objets d'art sacré du XVIe au XIXe siècle. Intérieur à trois nefs, cet oratoire est toujours le lieu de vie de la confrérie Saint-Antoine. Des chants et des cérémonies s'y déroulent, le départ de nombreuses processions débute à cet endroit notamment durant la Semaine sainte. Dans les salles contiguës à l'oratoire, vous pourrez admirer une exposition de fouilles archéologiques. À découvrir depuis l'extérieur, les ruines de la maison natale de Christophe Colomb, la maison Pacciola, maison de Laurent Giubegga. Prenez le temps de vous perdre dans les rues de la citadelle et profitez de la vue sur le golfe, impressionnante.

LES PLAGES DE CALVI ★★

Accessibles toute l'année. Parking payant au pied de la Citadelle. Plage principale : La Pinède. Plages à proximité.

Longue de 5 km, bordée d'une magnifique pinède, d'une passerelle pédestre en bois très agréable, la plage de Calvi, à proximité du port de plaisance, dispose d'un poste de surveillance et de secours en période estivale, aménagée d'un parc aquatique, de plusieurs établissements, d'activités de loisirs nautiques, d'une aire de jeux sur le sable pour les enfants. Au sud de la ville, la plage de l'Alga à Revellata, la plage de l'Argentella ou Ferajola, dans la baie de Crovani. Idéal pour celles et ceux qui aiment le calme, le bord de mer et les paysages romantiques.

TOUR DU SEL ET LA CAPONNIERE ★

✆ 04 95 65 16 67

http://villedecalvi.fr

Ouvert du 1er juin au 30 septembre, du lundi au vendredi. Fermé samedi et dimanche. Gratuit. Animaux non acceptés.

Construite en 1495, cette imposante tour est un ancien poste de guet où était entreposé le sel. Cette tour a été rattachée à la citadelle en 1934. La prolongation forme aujourd'hui un passage voûté entre le quai Landry et le port de commerce. Les remparts de la citadelle et la tour de sel, propriétés de la commune, ont été classés Monuments historiques en 1992. Depuis 2019, ouverts au public avec expositions artistiques et le magnifique panorama !

OFFICE DE TOURISME CALVI - BALAGNE

Port de Plaisance ✆ 04 95 65 16 67

www.balagne-corsica.com

Réservation hébergements, vente de produits touristiques et billetterie de spectacles. Horaires sur le site internet.

La Balagne vous accueille dans son Office de tourisme à Calvi pour vous guider, vous conseiller et contribuer à la réussite de votre séjour dans la région. Vous y serez reçus par des experts qui répondront à vos questions et sauront vous conseiller sur les meilleurs itinéraires. Si vous souhaitez explorer l'arrière-pays, l'office de tourisme dispose de deux autres bureaux d'information touristique saisonniers pour vous orienter lors de vos escapades et balades dans les terres.

AÉROPORT CALVI-SAINTE-CATHERINE

Route de Bonifato

✆ 04 95 65 88 88

www.calvi.aeroport.fr

Service Accueil Information et Point Infos Tourisme. Boutiques. Restauration. Bars.

Des vols en provenance ou en direction de plusieurs aéroports français et européens vous sont proposés par une douzaines de compagnies. Dans l'aéroport, en plus d'une boutique librairie-presse, du bar et de lieux où vous restaurer, vous trouverez un point info tourisme. Taxis et voitures de location sont également à votre disposition. L'application mobile *Aéroport Calvi* vous permet de découvrir le programme des vols, les départs et arrivées en temps réel et autres informations utiles.

CHEMIN DE FER DE LA CORSE [CFC]

Parking République ✆ 04 95 65 00 61

www.cf-corse.corsica

Ouvert toute l'année, du lundi au dimanche de 6h30 à 20h selon départs. Chèque Vacances. Animaux sous conditions.

Le train touristique surnommé « le train des plages » circule entre Calvi et L'Ile-Rousse avec cinq allers-retours par jour du lundi au dimanche. Entre L'Ile-Rousse et Calvi, la ligne serpente le long des criques et des plages et il vous suffit de lever la main pour monter dans cette antique micheline. L'arrivée est toujours spectaculaire car le train vous dépose directement sur la plage. Le train circule également jusqu'à Bastia et Ajaccio avec un changement de train à Ponte-Leccia.

PORT DE PLAISANCE XAVIER COLONNA

✆ 04 95 65 10 60

https://calvi-marina.corsica/

Ouvert du 1er juin au 30 septembre, de 7h à 21h, 7J/7. Hors saison, de 8h à 12h et de 14h à 17h30.

Le port offre 145 places d'escale et 340 places contractualisées, parmi lesquelles 16 sont réservées aux bateaux de plus de 30 mètres, et 280 pour les plaisanciers dont les bateaux mesurent moins de 20 mètres de long. Le quai d'accueil se situe sur la face nord-est du 2ème ponton, face à l'entrée. Vous trouverez tous ces services à la capitainerie : connexion Internet par wifi, douches, toilettes, local handicapés, ainsi qu'un parking à proximité.

LA ROSERAIE 1 €€

Route de Santore
✆ 06 81 10 17 63
www.apartments-calvi.com
Meublés de tourisme 2 étoiles du studio au F3 jusqu'à 5 personnes.

© LA ROSERAIE

Idéalement situées à l'entrée de la belle ville de Calvi, à 100 m des plages et 300 m du port de plaisance et à 80 m des boutiques, c'est l'endroit parfait pour laisser la voiture dans le parking privé et fermé de la résidence et profiter de tous les loisirs qu'offre cette destination. Du studio à l'appartement, la résidence est calme car située en retrait de la route. Aux alentours, un paysage sublime et de nombreuses activités : randonnée à pied ou à la nage, excursions.. Nouveauté 2023 : les moustiquaires et le label Rispettu pour l'attention à l'environnement.

MOTEL SAINT-FRANÇOIS €

6, avenue Saint-François
✆ 04 95 65 03 61
www.residence-st-francois.com
Ouvert de mars à mi-octobre. 32 studios 2/4 pers. Chambre double de 60 € à 125 €. Parking inclus. Animaux acceptés.

Ce petit motel, au début de la route de Porto par la côte, propose des appartements fonctionnels à 300 mètres du centre-ville et à 400 mètres du port et de la citadelle de Calvi. Les appartements, sobres et confortables, disposent de la climatisation, d'une kitchenette et d'un coin salon et certains offrent la vue sur la mer. Un téléviseur est également fourni sur demande. Les chambres sont simples, sans superflu mais d'un bon rapport qualité/prix pour la Balagne. Idéal pour un séjour dans une atmosphère calme et sereine, à quelques pas du centre.

BELLA VISTA*** €€

Route de Pietramaggiore ✆ 04 95 65 11 76
www.camping-bellavista.com
Fermé d'octobre à fin mars. Accueil jusqu'à 21h30. Terrain de 6 ha. 147 emplacements. Aire camping-cars. Wifi payant.

Géré par les même propriétaires depuis plus de 35 ans, ce camping, situé à 700 m des plages de la pinède et 1 km du centre-ville, vous accueille dans une ambiance conviviale et familiale. La propriété est bien entretenue, agréablement fleurie et disposant d'ombrage agréable. Les équipements sont complets avec une bonne pizzeria sur place, le Stella, des jeux d'enfants, des bungalows et des chalets que l'on pourra louer à la nuit en mi-saison. Atmosphère bon enfant dans un environnement bucolique et un accueil sympathique de la famille Bernard Desvignes.

LA CARAVELLE*** €€

Avenue Christophe-Colomb
✆ 04 95 65 95 50
www.hotel-la-caravelle.com
Fermé de novembre à mars. 37 chambres (et 2 suites). Chambre double à partir de 109 € ; suite à partir de 153 €.

La Caravelle, à deux pas du port de plaisance, se dresse à l'entrée de Calvi depuis des lustres. Un bel établissement, discret et élégant, avec ses chambres donnant sur un petit jardin soigné, ou à l'étage pour mieux dominer la vue. Un endroit qui mérite qu'on s'y attarde et où l'on est reçu en ami. On pourra profiter au choix du restaurant de l'hôtel ou du Marco Plage, le petit restaurant du midi et ses transats face à la baie. Une formule très bien rodée et professionnelle qui bénéficie d'un très bon rapport prix-prestations.

LE GRAND HÔTEL*** €€

3, boulevard Wilson
✆ 04 95 65 09 74
www.grand-hotel-calvi.com
59 chambres. Chambre double de 65 € à 160€ ; chambre triple de 130 € à 230 €.

Un établissement de caractère, construit dans les années trente puis réaménagé dans les années 1960. On retrouve ici le charme incomparable des vieilles demeures. Grandes chambres, literie moelleuse, salles de bain entièrement rénovées et décoration moderne dans une belle architecture ancienne et classique. Avec en prime un petit déjeuner copieux ! Salle de réception panoramique Celu Mare, situé au 5e et dernier étage avec terrasse, vue mer. Un lieu d'exception pour vos évènements spéciaux : conférences, séminaires, banquets, anniversaires, expositions...

LE MAGNOLIA*** €€

Rue Alsace-Lorraine ✆ 04 95 65 19 16
www.hotel-le-magnolia.com

Ouvert d'avril à fin octobre. Chambre double à partir de 82 €. Petit déjeuner : 14 €. Wifi gratuit. Accueil jusqu'à 22h.

Une adresse surprenante à découvrir en plein centre de Calvi, entre le marché couvert et le port. Cet hôtel de charme vous enchantera par la décoration de ses chambres et son jardin florentin dans une atmosphère totalement romantique. Les chambres sont confortables, bien équipées et l'on prendra le petit déjeuner à l'ombre du magnolia géant qui couvre tout le patio uniquement perturbé par le chant des oiseaux. Accueil toujours adorable de Jean-Charles et son équipe. C'est le lieu idéal pour un séjour entre amoureux ou amis, une vraie déconnexion au cœur de Calvi.

LA SIGNORIA HÔTEL & SPA CASANERA***** €€€

Signoria ✆ 04 95 65 93 00
www.hotel-la-signoria.com

Relais & Châteaux. Ouvert d'avril à octobre. 30 chambres (dont 17 suites et 5 villas familiales et prestige).

Au cœur d'un parc aux essences méditerranéennes, cette sublime demeure, ancien domaine génois du XVIIIe siècle, est merveilleusement située. Les chambres et suites personnalisées à la décoration soignée et raffinée de même que ses prestations en font l'un des meilleurs établissements de l'île. La journée, on profite de l'espace bien-être (sauna, piscine, spa). Le soir on dîne à la table élégante du chef Romain Masset et on trinque au bar sur fond de douce ambiance musicale.

LA VILLA & SPA***** €€€

Chemin de Notre-Dame-de-la-Serra
✆ 04 95 65 10 10
www.hotel-lavilla.com

Ouvert du 6 avril au 2 janvier. Relais & Châteaux. 50 chambres (dont 12 suites). 3 villas exclusives avec piscine.

Sur les hauteurs de Calvi, au pied de Notre-Dame-de-la-Serra, cet hôtel de luxe s'inscrit parfaitement dans le paysage. L'établissement propose une grande diversité d'hébergements : de la chambre standard à la suite familiale, jusqu'aux nouvelles villas exclusives de très haut standing. Un parc de quatre hectares délicatement fleuri et arboré, un spa de plus de 500 m², avec des soins à la carte ou en forfait journée, cinq piscines dont une intérieure et un bassin de nage, un personnel discret mais attentif pour répondre aux moindres vœux de sa clientèle.

LE SAINT ÉRASME*** €€

Route de Porto par la côte
✆ 04 95 65 04 50
www.hotel-calvi-corse.fr

Pot de bienvenue offert aux lecteurs du Petit Futé.

Face à la mer, le Saint Érasme hôtel de charme est pionnier et expert en hôtellerie respectueuse de l'environnement, fer de lance de la griffe corse Rispettu des hébergeurs engagés écologiquement. Esprit « déco méditerranéenne » aux belles matières pour chaque chambre personnalisée (jusqu'à 4 personnes), espace bar et petit déjeuner rénové en 2022 en bois et en rotin pour un nouveau look et la petite boutique corse. Excellentes planches de fromages/charcuteries corses à partager. Piscine, garage motos et vélos sécurisé, borne de recharge électrique. On adore !

© HÔTEL SAINT ERASME CALVI

© HÔTEL SAINT ERASME CALVI

LA BALAGNE

MAMMA LUCIA €

4, rue des Anges

Ouvert de mai à octobre. Ouvert tous les jours midi et soir. Plat dès 14 € et pizza dès 9 €. Réservation recommandée.

Dans une jolie petite ruelle ombragée, le sympathique restaurant Mamma Lucia vous accueille dans une ambiance conviviale et chaleureuse. À la carte, on retrouve les meilleures pizzas de la ville aux côtés de pâtes tout aussi délicieuses. Des plats servis par un personnel aux petits soins et d'une gentillesse inouïe. Pour finir en beauté, on craquera pour la mousse au chocolat ou le tiramisu. On apprécie particulièrement le cadre typique et le charme du lieu, qui vous assurent de passer un moment suspendu, loin de l'agitation de la ville.

A PUNTA €

Avenue Napoléon

✆ 04 95 36 59 02

Tous les jours de l'année,
de 11h30 à 14h30 et de 17h30 à 23h30.
Réservation recommandée. Terrasse.

La lumière balanine infuse cette belle pizzeria au charme authentique, située sur les hauteurs de Calvi. Joss et Patrick Mattei y proposent leurs spécialités de pizzas gourmandes composées de produits raffinés, un généreux menu corse, ainsi que de viandes grillées locales et d'origine UE. Pour vous régaler également, un choix de risottos et autres produits de la mer cuisinés par le chef romain Cochard, formé chez Paul Bocuse. Une chaleureuse enseigne où les locaux se plaisent à se retrouver, et qui vous accueillera les bras ouverts en toute saison !

A PIAZZETTA €

Place Marchal

✆ 04 95 37 87 74

Ouvert d'avril à octobre. Haute saison le soir.
Basse saison du lundi au samedi midi et soir.

Sur la petite place de la fontaine, on découvre une grande terrasse arborée, et la fameuse Piazzetta de la famille Ricco, restaurateurs bien connus en Balagne. Ce bistrot corse reprend les grands classiques que recherche le touriste continental en mal de corsitude mais également les locaux qui en font leur cantine. Les spécialités : les spaghettis à l'araignée, l'agneau au four, la côte de veau à la panzetta, le sanglier mode corse et le tiramisu au Canistrelli. Immense terrasse derriere la fontaine et grande ambiance garantie. Pas de réservation en été.

AUX BONS AMIS €€

11, rue Clemenceau

✆ 04 95 65 05 01

Ouvert le lundi et le mercredi soir ; le mardi, du jeudi au dimanche et les jours fériés le midi et le soir.

Présent à Calvi depuis plus de 60 ans, le restaurant Aux bons amis est une adresse coutumière du centre-ville tenue par la famille Ausilia. Thérésa et Gilles Bonneau, la troisième génération, pilotent cette table marine qui tient bien la barre dans cette ruelle incontournable de la ville. Un grand vivier à langoustes corses, bien sûr, la petite pêche proposée selon le marché, une carte méditerranéenne élaborée par le chef Thierry Guillabert avec des touches terre et mer pour passer un agréable moment. Des bons menus à prix justes.

LA BALAGNE

© GIUSEPPE ROSSI - ICONOTEC

Le port de Calvi.

LA LICORNE €€

Plage de la Pinède
✆ 04 95 65 08 62
www.calvi-plage.fr
Fermé de novembre à mars. Basse saison : ouvert tous les jours et les jours fériés le midi (et le soir en haute saison).

Dans la liste des 15 paillotes de la plage de la pinède, cette Licorne est l'une des plus anciennes du coin. Jean-Roch et son équipe sortent du lot avec des formules sympathiques où l'on y choisira les variantes d'une carte et d'une ardoise qui naviguent sur tous les registres : une cuisine méditerranéenne, des touches d'exotisme, le tout servi en terrasse et sur le sable, bien sûr. Le tout agrémenté d'un accueil chaleureux et attentionné. Les inévitables transats et parasols et quelques soirées festives en été pour compléter le tableau.

LE MAGNOLIA €€

Rue Alsace-Lorraine ✆ 04 95 65 19 16
www.hotel-le-magnolia.com
Fermé du 15 octobre à mars. Haute saison : ouvert tous les jours et les jours fériés le midi et le soir. Carte : 50 €.

Havre de paix et de délices en plein cœur de Calvi entre le marché couvert et le port, cette maison de maître saura vous charmer par la décoration de son jardin florentin et son arbre centenaire dans une atmosphère totalement calme et romantique. Le chef Arnaud Géraud vous enchantera : gambas sauvages «torse nu», moules farcies, soupe de poisson, agneau de lait, cochon de lait désossé, poissons entiers de la pêche du jour et langoustes sur réservation. Service impeccable et accueil parfait de toute l'équipe. Très bon rapport qualité-prix de la carte et des menus !

LE TIRE BOUCHON €€

15, rue Clemenceau
✆ 04 95 65 25 41
Ouvert tous les jours et les jours fériés de 18h à 22h30. Carte : 26 € environ.

Reprise en 2020 par Maria du Lido, Le Tire-Bouchon dans la vieille ville au-dessus du port propose une cuisine à l'ancienne à base de produits corses et revisitée par le savoir-faire méditerranéen de Maria : la seiche à l'ancre, l'osso bucco de veau corse cuit basse température, le veau corse aux figues, les rips de bœuf en cuisson longue, les beignets au brocciu ou encore la salade de poulpes à la sicilienne et les desserts maison. Les vins corses sont à l'honneur et l'accueil sympathique pour passer ici une agréable soirée !

U CASANU €€

Boulevard Wilson
✆ 04 95 65 00 10
Fermé de novembre à décembre. Ouvert du lundi au samedi le midi et le soir. Carte : 45 € environ.

Une adresse hors du temps que ce petit Casanu (fait maison en langue corse) et ici rien n'est comme ailleurs ! Pas de terrasse, une salle minuscule, une déco rustique et un choix minimaliste à l'ardoise... Un restaurant sans prétention mais où la qualité et l'accueil chaleureux sont au rendez-vous. Le tour de main du chef japonais Hiromassa Omae est remarquable. Il est aussi adroit derrière ses minuscules fourneaux que sur les vagues du temps de sa passion de la planche à voile. Réservation impérative pour profiter de l'une de ces banquettes vert pomme !

U MINELLU €€

Traverse de l'Église
✆ 04 95 65 05 52
Ouvert d'avril à début novembre.. Menu unique à 21,50 €. Carte : 38 € environ.

Cachée dans les ruelles calvaises et située derrière l'église Sainte-Marie-Majeure. A la carte : assiette de charcuterie fermière de Petralba, terrine de sanglier maison, beignets de courgette et menthe, polpetti de veau corse traditionnel, sardine farcies au brocciu et lasagnes de veau, *pastizzu, duo de mousse chocolat et châtaigne*. Rien que le nom des plats est déjà un voyage. Au milieu d'une décoration d'esprit brocante que vous pouvez acquérir, nous vous invitons à découvrir le menu corse avec entrée, plat, dessert. A découvrir absolument !

U PESCADORE €€

Place Belombra
✆ 04 95 65 06 04
www.hotelchristophecolomb.com
Ouvert tous les jours midi et soir en saison. Réservation recommandée. Carte : 28 € environ. Terrasse.

Le restaurant de l'hôtel Christophe Colomb bénéficie d'un emplacement tout ce qu'il y a de charmant sur la place aux arbres majestueux dominant d'un côté la mer et de l'autre la Citadelle de Calvi. En cuisine, le chef Clément vous concocte de délicieux mets méditerranéens, dont vous pourrez vous délecter sous une jolie pergola extérieure. Pêche locale, pizzas, cuisine saine et même vegan, il y en a pour tous les goûts. Terminez votre repas en vous amusant : un jeu de pétanques est installé sur la placette qui surplombe la baie de la citadelle.

UMAMI €€

Quai Landry
✆ 06 64 90 30 07
Ouvert de mars à novembre, tous les jours midi et soir. Menu : 22 €. Poissons à partir de 24 €. Terrasse.

Chez Umami, dont le nom signifie la cinquième saveur en japonais, la cuisine est raffinée et empreinte d'une belle originalité. A la carte : tartare de saumon frais Label Rouge et pommes granny smith, poulpe, pommes vapeur et chorizo en persillade, soupe de poisson ou terrine de foie gras maison mariné à la myrte, pavé de thon frais grillé et nouilles sautées au teriyaki. Pour les desserts, difficile de résister car ils se présentent sous vos yeux, le plus dur est de choisir ! Jolie vue sur le port et élégance de la décoration pour couronner le tout !

LA SIGNORIA €€€

Route de la Forêt-de-Bonifato
✆ 04 95 65 93 00
www.hotel-la-signoria.com
Ouvert d'avril à fin octobre. Ouvert tous les jours le midi et le soir. Réservation recommandée.

Ce restaurant, distingué d'une étoile au *Guide Michelin*, vous invite à un voyage gastronomique de haut vol. En soirée, vous découvrez les compositions géniales du chef Romain Masset réalisées à partir des plus beaux produits corses, sur la terrasse romantique avec une vue magnifique sur la montagne. A midi, vous piochez dans une carte légère et savoureuse, installé sur la terrasse du Bistrot dans l'herbe. Et sont magnifiés le veau corse, la nepita, les poissons et langoustines du Cap, les huîtres de Diana, le cabri... Carte des vins remarquable et service parfait.

VIA MARINE LE BISTROT €€

18, rue Clemenceau
✆ 04 95 65 06 30
Ouvert toute l'année, tous les jours midi et soir. Plats à partir de 17 € et pizzas dès 13 €. Réservation recommandée.

Au cœur de l'incontournable rue piétonne de Calvi, on prendra la peine de s'intéresser à cette petite Via Marine, entièrement réaménagée et qui a agrandi sa terrasse au-dessus des quais. On y va pour les pizzas au feu de bois et toute l'équipe qui s'affaire dans la bonne humeur pour répondre à toutes les demandes. Deux terrasses, l'une à l'ombre et l'autre vue sur mer, où l'on profitera d'un burger corsisé ou d'une escalope roulée à la panzetta et au fromage frais ! Belles suggestions du marché au gré des saisons. Une valeur sûre à Calvi.

LE CAFÉ DES FLEURS

10, rue Alsace-Lorraine
✆ 09 67 02 79 62
Ouvert toute l'année. Basse saison : du mardi au samedi soir. Haute saison : tous les jours et les jours fériés le soir.

Un petit bar sur la place du marché tenu par Tony Guglielmacci, figure calvaise, guitariste et chanteur à ses heures. Les habitués s'y rencontrent du matin jusqu'au soir pour palabrer au comptoir, manger quelques tapas et de la charcuterie de qualité des montagnes d'Ortu. Agréable salle avec son mobilier hétéroclite pour apprécier la musique distillée par les chanteurs et musiciens de Balagne et d'ailleurs qui se regroupent pour de joyeux concerts improvisés. Un bar hors du commun que l'on apprécie pour son accueil chaleureux et son ambiance décontractée.

LE PAIN DE SUCRE €€€

Plage de Sainte-Restitude
✆ 04 95 60 79 45
www.le-pain-de-sucre.com
Ouvert du mois d'avril au mois d'octobre. Carte : 25 € environ.

Situé sur la plage de Sainte Restitude, ellemême nichée au fond d'une crique, Le Pain de Sucre offrira aux adeptes du farniente un service privilégié avec service sur transat et carte de cocktails très garnie ainsi que des coupes de glace à déguster face au coucher du soleil. A la carte, on retrouve également une grande variété de poissons et crustacés, provenant directement du bateau de pêche Le Saint Jean, dont Le Pain de Sucre est le fier propriétaire ! Une cuisine irréprochable et un confort inégalable en plein cœur de cette plage sauvage.

CHEZ TAO

La citadelle
✆ 06 47 98 98 58
Ouvert du 1er juillet au 27 août jusqu'à 5h. Entrée sans réservation. Piano-bar du dimanche au mercredi, entrée libre.

Ce lieu est devenu au fil des années l'établissement calvais de renom qui porte toujours le prénom du papa créateur du lieu en 1935. Chaque soir, dans l'ambiance musicale particulière qui caractérise ce piano-bar, vous pourrez écouter Tao-By au piano, ainsi que des groupes éclectiques avec ses soirées DJ. Situé au cœur de la citadelle, Tao est un endroit où il est agréable de passer la soirée jusqu'au petit matin pour voir le soleil se lever… toujours trop tôt. Passage obligé : l'apéritif musical sur la terrasse dominant le port de plaisance ! Inoubliable…

L'ENCLOS DES ANGES

Chemin de la Signoria
© 06 19 85 16 39
Haute saison : ouvert tous les jours et les jours fériés. Ouvert le dimanche. Livraison possible (et expédition).

Une création de 2007 pour cette cave au vignoble trentenaire, repris en main par Richard Spurr, un Anglo-Irlandais, « *wine maker* » de longue date en Balagne. On viendra au domaine, caché derrière La Signoria, pour déguster cet AOC Calvi original à l'image de ses vignerons Marjorie et Richard. Fort de son succès, on devra donc s'y prendre de bonne heure pour avoir la chance de savourer ce petit nectar. Vendanges manuelles, un travail attentif sur les blancs et rouges et un rosé dangereux qui se boit d'une seule lampée. Rendez-vous conseillé.

L'ATTELLU

Avenue Commandant Marche
© 06 15 90 40 87
Haute saison : Ouvert du lundi au samedi de 10h à 12h et de 15h à 19h. Fermé à la basse saison.

Cette petite boutique cachée dans la Citadelle est en réalité l'atelier de création d'un retraité passionné. Pierre Guerra fabrique artisanalement depuis 2012 selon son humeur des objets dont aucun n'est sa spécialité ! Parmi lesquels : stylos, rasoirs, objets en bois tourné, pendules ésotériques, pièces uniques de décoration et couteaux de sa fabrication, en bois ou en corne comme traditionnellement le couteau corse. Pierre travaille aussi sur commande et vous pourrez ainsi offrir à ceux que vous aimez ou à vous même un présent unique fait avec amour.

ALTORE

Plage de la pinède
© 06 83 39 69 06
www.altore.com
Ouvert des vacances de Pâques à la Toussaint. Haute saison : ouvert tous les jours et les jours fériés.

En plein cœur de la pinède se trouve un parc sportif doté de nombreux ateliers, pour amateurs de sensations fortes, petits ou grands ! Ouvert d'avril à novembre, Altore propose aux plus intrépides de goûter aux joies du canyoning dans le Cap Corse ; les explorateurs en herbe arpenteront l'île de Beauté depuis le ciel, pour découvrir de magnifiques paysages inaccessibles, lors de baptêmes en parapente biplace au départ du col de Salvi ; un vol inoubliable d'une vingtaine de minutes, ainsi que des vols en ULM et ULM hydro à Saint-Florent !

ANNIE TRAITEUR

5, rue Clémenceau
© 04 95 65 49 67
www.annietraiteurcalvi.com
Basse saison : ouvert tous les jours de 8h à 20h. Haute saison : tous les jours de 6h30 à 21h30.

Véritable institution à Calvi, Annie Traiteur est le fruit d'un projet familial né en 1992. Initialement à la tête de la boutique, Annie et son époux ont transmis leur savoir-faire à leur fille pour prendre la relève et la transformer en épicerie fine, soignée et de qualité. Ainsi, touristes et locaux s'y précipitent pour y dénicher toutes les saveurs du terroir corse. Rayon traiteur, on se laisse tenter par les tartes salées antipasti ou le sauté de veau corse. Côté épicerie, le magasin propose une large gamme de produits locaux sélectionnés avec soin.

© LIONELLE GALLAND

© ANNIE TRAITEUR

LA BALAGNE

CAPO DI A VETA

Niveau de difficulté : modéré.

Depuis le chemin Donateo, vous atteindrez une chapelle immémoriale jouxtant le promontoire de rocaille de la statue de Notre-Dame de la Serra : surplombant le littoral capcorsin et la baie de Calvi, elle vous indiquera la suite d'un périple exaltant, de la crête jusqu'au pied du Capu di a Vetu. Cette marche sportive d'une demi-journée, et destinée à un public averti, vous permettra de profiter de magnifiques points de vue sur la pointe de la Revellata et les villages de l'arrière-pays, ou encore sur les sommets du Monte Cinto et l'impressionnant Paglia Orba !

OFFICE DE TOURISME DE L'ÎLE-ROUSSE-BALAGNE

Avenue Calizi

✆ 04 95 60 04 35

www.balagne-corsica.com

Ouvert toute l'année, tous les jours de 9h à 12h et de 14h à 19h et le dimanche matin en saison. Horaires sur site.

Pour toutes les informations, randonnée pédestre et tous circuits vélo, il est préférable de télécharger gratuitement l'application : cyclo rando Balagne. Pour toutes les informations liées à votre séjour, téléchargez gratuitement : so Balagne. Si vous ne savez pas par où commencer, il est tout à fait possible d'organiser votre séjour sur mesure grâce à l'office de tourisme, dont le personnel se rendra toujours disponible pour vous conseiller au mieux.

L'ILE-ROUSSE ★★

Cité prospère et animée, elle a su intégrer les aspects de la modernité sans rien concéder de sa culture latine. La ville de Pasquale Paoli, Isula Rossa est une des plus attachantes marines de l'île. En longeant la Marinella, on admire les eaux limpides d'un lagon qui symbolise la douceur de vie île-roussienne. Vous pouvez flâner dans les ruelles commerçantes, situées à deux pas de la plage, d'où l'on remarque de nombreuses constructions d'inspiration florentine. La pointe de la cité conduit au port de pêche et de commerce, classé 3e port de Corse en terme de passagers. Proche du port, on peut monter jusqu'au phare qui offre un point de vue époustouflant.

CHEMIN DE FER DE LA CORSE (CFC)

Place de la Gare

✆ 04 95 60 00 50

www.cf-corse.corsica

Ouvert tous les jours et les jours fériés de 6h30 à 20h. Accès handicapés uniquement sur les nouveaux trains.

Le train touristique surnommé « le métro des plages » circule entre L'Ile-Rousse et Calvi avec quatre allers-retours par jour du lundi au samedi. Le train circule également jusqu'à Corte, avec un aller-retour le matin et une liaison Calvi-Ponte Leccia assurée chaque après-midi. Entre L'Ile-Rousse et Calvi, la ligne serpente le long des criques et des plages, vous offrant une vue imprenable ! Il vous suffira simplement de lever la main pour monter dans cette antique micheline.

LES PLAGES DE L'ÎLE-ROUSSE ★★★

Accessibles toute l'année.

Parmi les magnifiques plages parant l'Ile-Rousse, toutes réputées pour leur sable fin, leur roche incandescente et la couleur turquoise de leur lagon, conférant à cette « marine » une beauté enchanteresse, la crique de Bodri reste notre rivage de prédilection. Ses flots y sont d'une infinie transparence, caressant un sable d'une blancheur marmoréenne. Pour s'y attarder en toute quiétude, on appréciera le parking assuré, mais payant, juste après le camping éponyme !

PORT DE COMMERCE DE L'ILE-ROUSSE

✆ 04 95 60 26 51

ilerousse.port.fr/

Ouvert toute l'année, tous les jours le matin et l'après-midi. Tarifs et horaires des traversées sur le site internet.

Le port de l'île Rousse est la véritable porte d'entrée de la Balagne ! Plusieurs compagnies desservent le port et organisent des traversées entre la Corse, le continent et Italie. La compagnie *Corsica Linea* (ex-*SNCM*) vous permettra de rejoindre Marseille et Nice, tandis que *Corsica Ferries* vous emmènera à Toulon, Nice et Savone. A noter que la traversée Corse-continent la plus courte s'effectue depuis Nice. Les tarifs et horaires sont consultables sur le site internet du port.

LA BALAGNE

BBIKES

15, avenue Paul-Doumer
✆ 04 95 62 72 90
www.balagnebikes.fr
Ouvert du lundi au samedi de 9h à 19h.
Le dimanche de 9h à 12h en période estivale.

Atelier, conseil, et boutique pour les amoureux du deux-roues : ici, Stephan vous accueille toute l'année et étudie chaque demande avec soin, pour vous donner de quoi prendre le maquis avec entrain ! En prime cette année, un accompagnement découverte du VTT électrique pour les amoureux de lumière matinale uniquement ! Au départ de Bastia, il est également possible, selon la période, d'effectuer quelques étapes de prédilection sur l'itinéraire de grande traversée (GT 20) avec, bien sûr, le suivi idoine avec assistance ! BBIKES, what else ?

FUNTANA MARINA*** €€

Route de Monticello
✆ 04 95 60 16 12
www.hotel-funtana.com
Femeture en décembre janvier février. Accueil jusqu'à 23h. 26 chambres (dont 3 suites). Chambre double à partir de 80 €.

En retrait sur les hauteurs, cet hôtel convivial domine la baie et offre un panorama romanesque. L'endroit est confortable et les chambres, toutes climatisées, disposent de balcons ou de terrasses qui plongeront vos regards sur les rutilantes îles de la Pieta et de Saletta. En saison, le bar panoramique et le service de petite restauration seront des raffinements ô combien agréables. Doté de prestations idéales, ce cocon de sérénité propose des tarifs d'une douceur au diapason. Un îlot de prédilection pour découvrir les couleurs de l'île de Beauté !

LES OLIVIERS** €

Route de Bastia ✆ 04 95 60 19 92
www.camping-oliviers.com
Ouvert de avril à mi octobre. Réservation recommandée. Accueil jusqu'à 20h (22h en été). 223 emplacements.

© CAMPING LES OLIVIERS

Créé dans les années 1960, le camping les Oliviers reste un lieu chaleureux où se retrouvent chaque année des habitués venant des quatre coins d'Europe pour des vacances familiales au milieu des fleurs et des chants d'oiseaux. Un emplacement idéal d'où vous pourrez tout faire à pied : la mer à cinq minutes, le centre-ville et son célèbre marché a vingt minutes et sur place des jeux pour vos enfants. Le restaurant du camping vous accueille le soir pour une cuisine au feu de bois. En prime tous les mercredis : soirées chants corses. Des vacances réussies !

SPLENDID HÔTEL** €€

Avenue Comte-Valery
✆ 04 95 60 00 24
www.le-splendid-hotel.com
Ouvert d'avril à octobre. 48 chambres. Chambre simple à partir de 80 € ; chambre double à partir de 108 € ; triple 145 €

Un beau bâtiment du siècle dernier en plein cœur de la cité paoline dirigée avec passion par Jean-Marc Leca, un enfant du pays. Une terrasse chic et arborée pour dîner ou petit-déjeuner et une piscine avec fontaine où vous pourrez prendre l'apéritif. Les chambres, équipées en climatisation, ont une jolie vue sur la ville et mer où sur la montagne. Le restaurant vous propose le soir uniquement une cuisine essentiellement méditerranéenne. Un très bon rapport qualité-prix, une équipe conviviale et qui sait si vous ne deviendrez pas vous aussi des habitués...

LE BOUDOIR €

8, Route de Calvi
✆ 04 95 48 28 15
www.le-boudoir.fr
Ouvert du lundi au vendredi de 7h30 à 18h30 et le samedi de 8h30 à 16h30. Formule midi à 18 €. Plats à emporter.

Dalilha a ouvert en 2009 ce petit Boudoir cosy et décontracté où l'on se sent comme dans un cocon, choyé ! Pour manger toute la journée jusqu'à 18h30 sur place ou pour prendre les plats à emporter, passez la barrière qui se lève automatiquement. Ici, ce sont des produits locaux (et bio) cuisinés avec amour : veau de Galéria, bœuf de Santa-Reparat, glaces d'Oletta... et tous les jours un plat végétarien. Une petite carte bien étudiée pour les petites ou grosses faims, une formule du jour et le plaisir de vous accueillir du petit déjeuner à l'heure de l'apéro !

FLAGRANT DELICE €

16, rue Napoleon

✆ 04 95 35 88 23

Ouvert à l'année sauf vacances de Noël et février. Service continu. Sur place ou à emporter. Réservation impérative.

Flagrant Délice se trouve au bout de la rue Napoléon, avec sa terrasse ombragée sur le côté. Corinne vous propose sur place ou à emporter toute une gamme de plats végétariens, sans gluten et sans lactose : veggie bowls, muffins de légumes, tortillas de légumes au four (légumes frais, de saison, bio et en circuits courts !), kombucha, smoothies, laits végétaux, tisanes glacées maison, fondant amande et autres douceurs végétales. Toute la carte est en prestation traiteur, petite épicerie maison, pain sans gluten et soupes sur commande. Sain et délicieux !

A SIESTA €€

Boulevard Charles-Marie Savell

✆ 04 95 60 28 74

www.asiesta.corsica

Ouvert d'avril à fin octobre. Ouvert tous les jours et les jours fériés le midi et le soir. Carte : 45 € environ.

Sur la grande plage du centre-ville, A Siesta ne manque pas d'atouts : une belle salle vitrée, une grande terrasse pour manger au soleil, et des tables disposées sur le sable, au crépuscule, face aux îlots de la Pietra ! La carte et les menus sont également tournés vers la mer avec un choix de poissons grillés venus de la petite pêche et un vivier à langoustes corses et homards à déguster les pieds dans l'eau. Chaleureux et alluré, A Siesta s'impose comme un lieu haut en couleur, très prisé des artistes et de la jet-set balanine !

LE GRAND BLEU €€

Place du Canon

✆ 04 95 60 00 37

Ouvert du 15 avril à fin octobre. Tous les jours midi et soir.

Une histoire familiale aux reflets méditerranéens depuis plus de deux décennies ! Nichée sous son caoutchouc trentenaire, une terrasse au bois doré accueille de chaleureuses agapes, orchestrées de main de maître par Bernard et Sébastien, père et fils. L'artisanat est le mot d'ordre pour chaque mets savamment pensé : tartare au couteau, radiatori de la mama au veau corse, pâtes fraîches à la langouste, filet mignon de cochon à la myrrhe et pêche locale sur commande ; une sélection de vins dans toutes leurs nuances fera de ce Grand Bleu un moment haut en couleur !

STELLA MARE €€

Route de Bastia

✆ 04 95 60 05 76

Ouvert tous les jours sauf le dimanche et le lundi. Carte 35 € environ.

Face à la presqu'île d'Ile Rousse, la lumière est ici chez elle tout comme Sabine depuis 1995. Le panorama est magique, l'accueil chaleureux et l'assiette sublime un savoir-faire parfaitement maîtrisé des produits de terroir : côte de veau fermier de Nesa, risotto à l'araignée, moules de Diana en persillade, pagre rôti, anguilles fumées, friture ou foie de veau, la carte change au fil des jours et des arrivages. Des assiettes à partager en entrée pour multiplier les saveurs et l'assurance d'une qualité que ne nieront pas les habitués du cru ou d'ailleurs !

Plage de la Marinella.

CHEZ PACO €€€

20, rue Paoli

✆ 04 95 60 03 76

Basse saison : du jeudi au samedi et les jours fériés le midi et le soir. Haute saison : tous les jours midi et soir.

Une valeur sûre au cœur de la vieille ville. Animé par la famille Plaza depuis 1977, Paco est une adresse sincère et agréable. Alexandre a pris la relève, secondé par ses sœurs, Gabrielle et Palomba. On y savoure des recettes traditionnelles hispanisantes et la petite pêche locale des Ile-roussiens François et Paul-Félix. La paella déplace les habitués, la bouillabaisse aussi. Nouvelle décoration joyeuse en salle, beau comptoir avec ses tapas et ses belles bouteilles. Pas de menu ici, mais les ardoises alléchantes ou la fraîcheur et le fait maison sont de rigueur.

LE BON CAFÉ

Place Delaunay

✆ 04 95 60 02 40

Ouvert du lundi au samedi de 9h à 12h et de 15h à 19h. Livraison possible.

Une affaire de famille depuis 1932, qui embaume les rues de la cité paoline des effluves des cafés du monde entier ! On y entre comme dans un musée pour apprécier le torréfacteur d'époque, la collection de moulins et cafetières et les sacs brandis tels des étendards sur les murs de la boutique. Toute la famille Franceschini est au garde-à-vous pour vous vanter la qualité reconnue de ses mélanges. Vous n'êtes pas amateur de café ? Pas d'inquiétude ! La boutique propose en prime une belle sélection de thés et infusions du monde entier.

KILL BRIE

avenue Paul Doumer

✆ 06 09 16 47 96

Ouvert du mardi au samedi de 9h à 12h et de 15h30 à 19h ; le dimanche de 9h30 à 12h30.

Kill Brie, c'est la belle histoire de Virginie Bruno qui a délaissé son métier de professeur de lettres pour affiner des fromages dont 7 créations fromagères originales qui font sa renommée : le Kill brie, un brie aux truffes totalement addictif, et le Jackie Brocciu, un brie au brocciu, à la nepita et aux noisettes. Une boutique qui regorge de trésors rares. Cerise sur le gâteau, Virginie confectionne des plateaux de fromages incroyables entre fleurs, fruits, fromages et un sens de l'esthétique magique comme ces pièces montées ! A découvrir absolument !

LE MARCHÉ D'ÎLE-ROUSSE

Rue Paoli

www.balagne-corsica.com

Ouvert tous les jours et les jours fériés de 8h à 13h.

Classé Monument historique en 1993 et élu « Plus Beau Marché de Corse » en 2018. Les 21 colonnes et 380 m², harmonieusement mêlés aux palmiers et au rouge brique des toits, surplombent la pittoresque place Paoli depuis le milieu du XIXe siècle ! Les producteurs locaux y proposent des fruits et légumes de saison, d'authentiques fromages, une appétissante pêche locale, ou encore des pâtisseries aux notes insulaires... L'ambiance y est festive et les commerçants n'hésiteront pas à vous faire goûter leurs produits aux incomparables saveurs nustrales !

ALL ROAD ÉMOTIONS

✆ 06 44 21 03 41

Ouvert de mars à novembre. Entrée : 75 € adulte. Enfant : 55 € (jusqu'à 12 ans).

Que diriez vous d'une virée magique en 4x4 pour accéder à des recoins et des points de vue que vous n'êtes pas près d'oublier ! Les chauffeurs vous emmènent en excursion, aux départs de Calvi et de L'Île-Rousse et sur l'axe routier élargi, lors d'une journée entière découvrir à bord de leurs véhicules climatisés et tout confort la Corse sauvage et authentique. Des circuits découvertes dans le désert des Agriates côté est ou ouest, circuit des vieux villages ou encore une journée « complet Corsica ». Qui sait, vous déciderez peut-être de rester dans le maquis !

CALENZANA ★★

Cette commune est la 2e de Corse par sa superficie. Elle possède une façade maritime avec seize kilomètres de côte, dotée de l'unique plage de galets de l'Argentella. L'endroit tire son nom des anciennes mines d'argent et de cuivre se trouvant juste à côté et qui étaient exploitées de 1873 à 1930. Le village est placé sous la protection de Sainte-Restitute qui, selon la légende, aurait elle-même choisi l'emplacement de la chapelle qui porte son nom. Elle fut érigée au XIIe siècle à l'endroit où la sainte et ses compagnons auraient été ensevelis après leur martyre. On célèbre son culte le 21 mai, et ses reliques sont portées en procession dans le village.

ÉGLISE PAROISSIALE SAINT-BLAISE ✝ ★

✆ 04 95 62 70 08

Ouverte toute l'année.

Rénovée en 2007 et classée Monument historique, l'église paroissiale Saint-Blaise est un des principaux édifices baroques de la Balagne. Construite à la fin du XVIIe siècle sur un sanctuaire roman du XIIe siècle, c'est un des deux seuls édifices à trois nefs de Corse avec l'église de La Porta, en Castagniccia. Tout comme cette dernière, son campanile est une tour isolée. Les deux tours clochers sont de même hauteur et les seules construites dans ce style.

À L'OMBRE DU CLOCHER €€

Chiosello ✆ 04 95 31 17 12

www.ombre-du-clocher.com

Ouvert toute l'année. Accueil jusqu'à 21h. 3 chambres (et 1 gîte). Chambre simple dès 80 € ; chambre double dès 85 €.

Gilles et Bérangère Strazzabosco ouvrent leur maison d'hôtes comme une maison de famille. Les chambres sont agréables, l'accueil est simple et généreux. On apprécie le copieux petit déjeuner avec d'excellentes confitures maison. À l'écart de la maison principale, un petit gîte rural de 35 m^2 peut accueillir 2 à 4 personnes, avec un excellent rapport qualité-prix, même en haute saison. Une cuisine commune est à disposition tout comme le barbecue, à proximité de la piscine. Pour une escale ou plus dans un village des «balcons de Balagne» où l'on se sent vite adopté.

LE SANCTUAIRE DE SAINTE-RESTITUDE ★

RD151

Accessible toute l'année.

Le sanctuaire de Sainte-Restitude se trouve à 1 km au nord-est de Calenzana par la D151, sur la route menant à Zilia. L'entrée se fait côté parking sur la gauche de la route. L'église Sainte-Restitude, encore appelée A Santa et construite au XIe siècle, est un sanctuaire où sont conservées les reliques de sainte Restitude, vierge et martyre du début du IVe siècle. L'église et son enclos, murs compris, sont protégés et inscrits aux monuments historiques.

LA BOTTEGA DELLA PASTA €€

Lieu-dit Guadelli ✆ 04 95 60 42 30

www.labottegadellapasta.com

Basse saison : du vendredi au dimanche. Haute saison : tous les jours et les jours fériés.

Une petite « Osteria » entre Calvi et Calenzana imaginée par Estelle et Flavio, un couple de vénitiens affables qui vous proposent les délices simples de leur auberge. Tout y est munificence au naturel, et leur excellente cuisine maison aux fragrances d'origan et de ricotta ne déroge pas à la règle. À la carte : goûteuses pâtes fraîches, pizzas au feu de bois, charcuterie préparée avec finesse et fromage Grana Padano… sans compter l'incontournable tiramisu de Flavio ! Une petite salle hivernale, une terrasse chaleureuse et des tarifs sans ambages !

LA BALAGNE

Vue sur le village de Belgodère.

A STAZZONA €€

17, rue du Fond
✆ 04 95 36 47 12
Ouvert tous les jours le midi, le soir et fériés, sauf en décembre. Carte : 34 €. Menu corse : 26 €. Menu enfant : 10 €.

Michel Pieri vous accueille dans son petit havre de paix et surtout de gourmandise avec son équipier Charles Cadore en cuisine. Une jolie salle voûtée en pierre avec une cheminée, et en saison une terrasse ombragée au chant des cigales le midi ou des grenouilles le soir. Spécialités de poisson frais tout droit sorti du golfe de Galeria : la pêche du jour, Saint-Pierre grillé et risotto au fèves ou daube de poulpe. Côté terre, on dégustera du magret, une belle entrecôte, une terrine de Brocciu... Les suggestions du midi valent également qu'on s'y attarde !

PICCIU

7, place du Prince Pierre
✆ 04 95 62 73 84
Ouvert toute l'année. Tous les jours de 8h30 à 1h. Animations. Concerts.

Où que vous soyez sur l'Île, on ne manquera jamais de vous parler des « jumeaux de Calenzana ». Il s'agit de Pierre et Baby, les propriétaires ! Tandis que certains viennent pour la terrasse, dont la vue sur la baie de Calvi est à couper le souffle, d'autres s'installent ici tous les jours, accoudés au zinc. Car le Picciu est avant tout un véritable bar de village, un agréable « quartier général » des jeunes et des anciens. Quand vient l'été, les concerts organisés ou les tournois de belote improvisés vous feront certainement veiller jusqu'au petit matin !

JEAN CHARLES BIANCONI

Chemin Terraghju
✆ 06 17 47 24 22
Ouvert d'avril à septembre du lundi au samedi et en hiver sur réservation. Expéditions sur demande.

Dans son petit atelier-garage au cœur de Calenzana, Jean Charles réalise des couteaux dans la plus pure tradition du couteau corse : la lame XC75 acier carbone est forgée au charbon de bois et elle conserve l'aspect forgé brut à l'ancienne. Vous pourrez assister en direct à la fabrication sur place. Jean Charles crée aussi au gré de sa fantaisie des lampes originales à partir de récup de métal pour un fini design et actuel de pièces uniques. Cet artisan passionné de couteau, mais aussi d'histoire, sait prendre le temps de la rencontre et de l'échange.

BELGODÈRE ★★

Belgodère possède une façade littorale et une façade en Piémont, lui conférant un charme unique. Ce village, classé station touristique, est riche d'une histoire singulière : en 1268 après une rude journée de combat contre un vassal félon, la nuit arrivant, le marquis de Massa, très puissant seigneur féodal, se retira avec sa troupe sur l'éperon rocheux des « Teghje ». Il prit alors la décision de faire fortifier ce lieu, de l'aménager définitivement et de s'y installer à demeure. Aujourd'hui subsistent quelques vestiges de constructions anciennes : la base de la « tour a la Cima » (la tour du haut) et celle d'une vieille bâtisse fortifiée. L'attrait principal de ce site est le point de vue qu'on y découvre. Idéalement placé au début de la Route des Artisans, cet ancien village, bâti par les moines au XIIe siècle, s'étire en balcon au-dessus de la vallée fertile du Reginu. De ce passé chrétien il nous reste les ruines du couvent, au-dessus du cimetière, l'église classée de Saint-Thomas du XIIe siècle et le château Malaspina du XIXe siècle. La chapelle Saint-Jean, à la sortie sud du village, a été récemment restaurée. Elle possède des peintures remarquables, et une statue unique « Notre Dame des Sept Douleurs ». A la sortie nord se trouvent les ruines de l'ancien couvent des Servites de Marie. Beau panorama dans le village, en passant sous la voûte entre les deux bars, pour atteindre la Vierge-Marie. Coté maritime, Belgodère partage la grande plage de sable de Lozari avec Palasca. Les abords du site se sont malheureusement beaucoup urbanisés avec plus ou moins de réussite !

L'ÉGLISE SAINT-THOMAS ✝ ★

Accessible toute l'année.

En arrivant à Belgodère, on ne peut pas rater l'église Saint-Thomas ! L'église paroissiale Saint-Thomas (San Tumasgiu), des années 1560 et 1792, a été édifiée à l'emplacement d'une première église fondée en 1269 par Andrea Malaspina. Les peintures sont de Giuseppe Marchesi (1823-1893). Elle a été restaurée dans la seconde moitié du XIXe siècle, et son clocher le fut en 1913. Architecture baroque à coupoles. Elle a été inscrite aux Monuments historiques. Cette belle église baroque à coupoles renferme un lot important d'œuvres classées.

MUSÉE DU TRÉSOR DE LA COLLÉGIALE ★★

Ancienne sacristie ✆ 04 95 63 06 50
www.corbara.fr

Fermé d'octobre à mai. Gratuit jusqu'à 14 ans. Adulte : 3 € (tarif réduit : 2 €). Tarif groupe à partir de 5 personnes.

Installé depuis 2003 dans l'ancienne sacristie de l'église collégiale A Nunziata (construite entre 1641 et 1752), le musée du Trésor conserve plusieurs œuvres témoignant de la richesse du patrimoine religieux du village de Corbara. Au cours de la visite, on peut y admirer une très belle collection de vêtements et ornements sacerdotaux de la fin du XVIe siècle, et des pièces d'ébénisterie dont deux chasubliers du XVIIe siècle, l'un d'eux est orné d'un magnifique triptyque Renaissance.

MUSÉE PRIVÉ DE GUY SAVELLI ★

Place de l'église
✆ 04 95 60 06 65

De mi-avril à mi-octobre. Ouvert du lundi au samedi de 16h à 19h. Ou de 15h à 18h au printemps. Gratuit. Visite guidée.

Une perle de la Balagne et un personnage haut en couleur. Guy Savelli est passionné d'histoire et plus particulièrement par l'histoire de la Corse. Son musée, fruit d'une quarantaine d'années de recherche, abrite une impressionnante collection de portraits, cartes, affiches d'époque, lettres manuscrites, instruments de musique anciens, livres anciens sur l'histoire de la Corse, peintures des XVIe, XVIIe et XVIIIe siècles, dessins, manuscrits sur parchemin, stylets... Incroyable !

A STRADA DI L'ARTIGIANI ★★

Carbonagja ✆ 06 86 61 98 40
www.routedesartisans.fr

Informations et adhésion sur le site internet. Liste des artisans en ligne.

Cette association d'artisans d'art et de producteurs a créé il y a plus de 20 ans une route du savoir-faire sur la micro-région de Balagne. Les artisans en faisant partie ouvrent les portes de leurs ateliers aux visiteurs. Plus de 50 membres sur tout le territoire valorisent l'art, l'artisanat et la production agro-alimentaire de qualité. Les itinéraires traversent la Balagne, de la mer à la montagne par les villages aux panoramas magnifiques, en voiture, randonnée, vélo, moto, bus... Accès à la brochure via leur site internet et dans les Offices de tourisme.

BALANEA €

Route d'Algajola ✆ 04 95 60 11 77
www.balanea.net

Fermé d'octobre à mai. Réservation recommandée. Accueil jusqu'à 23h (20h hors saison). Gardé 24h/24. 100 emplacements.

Un petit camping familial, calme et tranquille situé sur un terrain ombragé de chênes, d'eucalyptus, de saules et de mimosas, à un quart d'heure à pied de la magnifique plage de sable fin d'Aregno-Algajola. On pourra y dormir au choix : sous la tente, en bungalow, dans un gîte « en dur » ou en mobil-home. Accueil sympathique et ambiance bucolique. Table d'hôtes en saison trois fois par semaine le soir. Au sommaire des activités à proximité : écoles de plongée et de voile, promenades en mer, sentiers de petite et grande randonnées (G.R. 20). Un séjour inoubliable.

© XAVIER BONNIN

Le Couvent Saint Dominique, Corbara.

LA BALAGNE

COUVENT SAINT DOMINIQUE €

7, route de Pigna ✆ 04 95 60 06 73
www.stjean-corbara.com

Inscription en ligne ou par courrier. Participation aux frais d'hébergement. Visite uniquement à 15h sauf le lundi.

Le couvent Saint-Dominique fait figure de havre de paix niché entre l'azur insulaire, l'architecture mauresque de Corbara et les collines de Balagne. D'abord érigé en orphelinat, c'est en 1456 qu'il devient un couvent franciscain. Il est occupé depuis les années 90 par les Frères de Saint-Jean qui vous accueilleront pour une retraite spirituelle, pour partager leur temps de prière ou pour un repas communautaire, tout en profitant d'un cadre ressourçant. Des visites guidées sont également organisées pour vous faire découvrir les secrets de ces murs séculaires.

COOPÉRATIVE OLÉICOLE DE BALAGNE

Z.A. Corbara
✆ 04 95 60 30 60

Haute saison : ouvert tous les jours de 8h à 12h et de 14h à 17h.

Équipée d'appareils de pointe ultramodernes et forte d'une centaine d'adhérents, cette coopérative mise sur une huile haut de gamme, commercialisée sous le nom d' « Oru di Balagna », l'or de la Balagne. Elle provient de plusieurs variétés d'olives, sabine et germaine essentiellement, issues d'oliviers multicentenaires. Désignée meilleure huile d'olive de France par le magazine *60 millions de consommateurs*, elle est aussi régulièrement primée au Salon International de l'Agriculture.

LE PATIO €€

110, hameau du Borgo
✆ 04 20 57 15 96
www.location-corbara.com

Ouvert toute l'année. Accueil jusqu'à 19h30. 6 chambres. Chambre double de 90 € à 110 €.

Un bien bel endroit tout en pierre et joliment fleuri que Le Patio, repris depuis quatre ans par la famille Grimaldi, les créateurs du lieu. La situation est magnifique en haut de village de Corbara a seulement 10 minutes de la mer où l'on trouve à la fois le charme des bâtisses anciennes et le confort moderne des deux maisons entièrement rénovées. La décoration est différente dans chaque chambre, la terrasse offre calme et vue panoramique. L'accueil est convivial et familial et vous pourrez même vous restaurer sur place d'une bonne cuisine traditionnelle.

GALÉRIA ★

Un petit village de pêcheurs avec en arrière-plan la forêt de Piriu, la plus grande d'Europe de chênes verts et autour la vallée du Fango et la forêt de Filosorma. Galéria est une jolie station (port et plage). Le site en lui-même est d'une beauté exceptionnelle. C'est une côte sauvage, dont les falaises rouges dominent la mer, égrenant ici et là quelques petites criques. Les sites de la baie de Galéria et de l'embouchure du Fango sont des lieux idéals pour s'adonner aux joies de la baignade dans un environnement préservé. Pour admirer le panorama de la région et les roches de Scandola, on peut se rendre à la tour génoise de Galéria.

ATELIER CRÉATION DE BIJOUX B DE H

Route de Calvi
✆ 06 14 59 09 02

Sur rdv d'octobre à avril. Ouvert d'avril à octobre du lundi au dimanche, matin et après-midi. Bijoux de 25 € à 150 €.

Osez descendre la petite piste sur quelques mètres pour découvrir un véritable atelier de création de bijoux comme une caverne aux trésors dont chaque pièce est unique ! Hélène crée depuis 28 ans des bijoux en argent et en bronze et le résultat vaut le coup d'œil : d'inspiration celte, primitive, géométrique, incrustés de pierres semi-précieuses, les bijoux que façonne l'orfèvre magicienne sont autant d'hymnes à la nature créés sur place et restent à des prix très accessibles à tous !

LA VALLÉE DU FANGO ★★

11, L'Espronaccio
✆ 04 95 65 16 67

Accessible toute l'année, 24h/24.

Joyau naturel de la Balagne, la vallée du Fango est désignée réserve de biosphère par l'UNESCO et classée Natura 2000 pour la richesse de son avifaune. On y trouve une quarantaine d'espèces d'oiseaux, et les hauteurs sont le refuge du mouflon corse et de l'aigle royal. Sa végétation est une mosaïque remarquable de biodiversité, et son marais, peuplé de fougères et de nymphéas blancs abrite de nombreuses tortues d'eau. En remontant la vallée du Fango à partir de Galéria, on bénéficiera de splendides points de vue, de cascades, de piscines et de toboggans naturels !

OFFICE DU GALERIA-FALASORMA

Carrefour 5 Arcades
✆ 04 95 62 02 27
https://www.balagne-corsica.com/
Ouvert du 30 mai au 16 septembre, de 9h30 à 13h et de 13h30 à 16h. Fermé le samedi et le dimanche.

Ici, vous serez reçu par des experts qui s'engagent à répondre à toutes vos questions et sauront vous guider dans vos choix d'activités, animations et visites de la région. Vous hésitez sur les hébergements ou les moyens de transport ? Pas d'inquiétude, l'équipe vous aidera dans vos recherches pour assurer le bon déroulement de votre séjour. De plus, elle vous conseillera sur les activités incontournables et les expériences inédites créées sur mesure !

PALAZZU*** €€

A 150 mètres des plages.
✆ 04 95 62 03 61
www.palazzu.com
Fermé du 30 octobre au 30 mars. Accueil jusqu'à 19h (22h en été). 6 chambres (et 8 appartements).

Ce petit hôtel familial au charme authentique est idéalement situé, à l'entrée du village avec la magnifique vue sur le golfe de Galeria. Les chambres sont spacieuses, accueillantes et bien décorées, on profite d'une agréable piscine avec transat vue mer et d'une tranquillité bienvenue. Côté cuisine, un restaurant digne de ce nom ou l'on y découvre une carte raffinée qui sort de l'ordinaire pour y déguster des plats surprenants à base de produits frais. Idéal pour une escapade romantique, au cœur de la nature sauvage et préservée.

L'ALIVU €€

Porto Stagnolo
✆ 04 95 62 01 93
www.hotel-lalivu.com
Fermé de novembre à mars. Accueil jusqu'à 22h. 7 chambres. Petit déjeuner à 7 €.

Un joli petit hôtel à deux pas du port de Galéria, tenu par Dominique et Lucia. Des belles prestations hôtelières avec des chambres spacieuses, lumineuses et bien équipées. Tarifs doux pour les accessoires (climatisation, wifi, coffre, TV plasma, literie en 160 et frigo) et une propreté exemplaire. Grand balcon à l'étage avec vue mer et situation au calme dans le bas du village. Pour l'aspect pratique : un parking et un restaurant sont juste en face. En bonus : la piscine chauffée si vous n'êtes pas un adepte de l'eau salée.

U FILIPAGHJU €€

Route du village
✆ 04 95 62 04 30
Fermé de novembre à février. Accueil jusqu'à 20h. 4 chambres. Chambre double à partir de 55 €.

Très bien situé à seulement 150 mètres de la plage de Galeria, l'U Filipaghju dispose d'un jardin paysager agréablement fleuri, d'une connexion Wi-Fi gratuite dans l'ensemble de ses locaux et de chambres avec terrasse privée. Cette petite maison récente près du centre du village, tenue par Nadège dispose de chambres spacieuses et confortables au rez-de-chaussée ou à l'étage. Le petit déjeuner est proposé devant le jardin et son petit potager. Accueil agréable de Nadège qui mettra tout en œuvre pour que vous passiez un agréable séjour.

Le golfe de Galéria.

L'ALIVU €

Porto Stagnolo
✆ 04 95 62 01 93
www.hotel-lalivu.com
Ouvert d'avril à fin novembre. Carte 32 € environ.

Bien situé au cœur de Galéria, c'est le restaurant de l'hôtel du même nom mais il n'est pas nécessaire d'y loger pour profiter de sa cuisine généreuse. De nombreux habitués y reviennent chaque année déguster une cuisine maison et authentique : cannellonis, filet de Saint-Pierre aux légumes, gambas poêlées et les desserts gourmands dont le nougat maison qui connait un franc succès. La terrasse est fort agréable avec le chant des oiseaux tout autour, le service attentionné, l'accueil chaleureux et le rapport qualité-prix parfait.

L'ARTIGIANA €

✆ 04 95 60 64 11
Ouvert de mai à fin septembre tous les jours sauf le lundi. Carte 25 € environ.

L'Artigiana pourrait aussi se nommer de la « graine à l'assiette » car quand on rencontre Lara et sa fille Julie, on comprend que le fort succès du lieu n'est pas dû qu'à sa situation féerique. C'est un immense jardin ombragé par des arbres majestueux et odorants, face à la mer, où l'on sert une cuisine soignée, goûteuse et gourmande mais surtout issue du jardin du restaurant en permaculture. Les légumes, les herbes, les fleurs, les œufs sont produits et concoctés ici, l'équipe est avenante et la musique au top pour profiter des transats ou du salon VIP. Un must !

LA CABANE DU PÊCHEUR €€

Port
✆ 04 95 61 00 32
Fermé d'octobre à avril. Ouvert tous les jours et les jours fériés. Service non-stop de 10h à 18h.

Cette cabane juchée sur le sable de la plage surprend par son originalité. Un côté « fish and chips » avec sa grande ardoise de vente au comptoir ou ses petites tables en bois pour apprécier la pêche (la vraie !) de Jérôme Poggi, qui cumule les casquettes en alternant les escapades maritimes matinales et la tenue des fourneaux de ce petit resto. Un bonheur que l'on souhaiterait voir sur tous les rivages. Langoustes et poissons du jour à prix doux et, pour les carnassiers, la viande du boucher de Nobili, accompagné du service parfait de Sébastien.

MARCHÉ DE PRODUCTEURS DE PAYS DE GALERIA

Place de l'église
Ouvert le vendredi de 9h à 12h, d'avril à octobre.

D'avril à octobre, tous les vendredis matin, partez à la rencontre des producteurs et artisans locaux dans ce marché où tous les légumes et fruits sont certifiés bio. Les commerçants se feront une joie de vous conseiller et vous faire goûter leurs récoltes. On apprécie particulièrement le contact direct avec les marchands, en plus de la qualité des produits de saison et des spécialités du pays. Côté artisanal, vous n'êtes pas à l'abri de dénicher des perles locales.

DELTA DU FANGU

Route de Galéria
✆ 06 22 01 71 89
www.delta-du-fangu.com
Fermé d'octobre à mai. Haute saison : ouvert tous les jours et les jours fériés de 10h à 18h.

Venez découvrir en canoë-kayak biplace ou monoplace la richesse d'un site exceptionnel classé réserve de biosphère. Au pied de la tour génoise de Galéria, à l'embouchure du Fangu, quatre bras d'eau irriguent la plaine où vous pourrez observer une multitude d'espèces sauvages. Tout au long de la balade, vous pourrez admirer des centaines de nénuphars blancs bordant les rives, des poules d'eau accompagnées de leurs poussins, des tortues cistudes mais aussi des petits canards plongeurs. Également : découverte en bateau 12 places des réserves de Girolata et Scandola.

MANSO ★

Ce village est entouré de forêts et de hauts sommets, ce qui en fait un bon point de départ pour découvrir les trésors naturels de la région. Le petit village est composé de quelques habitations et de bergeries abandonnées. Plus loin, quelques hameaux en ruine témoignent d'un temps passé où la région était plus florissante. Outre son église paroissiale, on peut visiter les ruines de l'église Santu-Petru de Chiumi, ainsi que l'ancien couvent Santa-Maria, qui offre un beau panorama sur les sources du Fango. En s'éloignant du village par le sud, on arrive au hameau de Monte Estremo et sa grotte de l'ours, surnommée la grotte de l'enfer.

LUMIO ★

Lumio s'étale, comme un balcon, à divers niveaux, au-dessus de la plaine de Calvi. Une route en forme de boucle, ombragée et jalonnée de bancs de pierre, datant du début de la Troisième République, traverse le village dans sa largeur. Promenade idéale, d'où l'on a l'un des plus beaux panoramas de Corse. Avec ses dix kilomètres de côtes avec ses criques et ses plages, les amoureux et les passionnés d'activités nautiques apprécieront les plaisirs de la mer depuis le port de Sant'Ambroggio ou les criques de l'Arinella et de Sainte-Restitude. Petite anecdote : le chanteur Thomas Dutronc possède à Lumio une maison qui surplombe une immense vallée.

CHAPELLE ROMANE SAINT-PIERRE-ET-PAUL [SAN PETRU] ✝ ★

Accessible à l'année.

A un kilomètre du village, une superbe construction du XIIe siècle. Cette chapelle romane en granit rose est classée aux Monuments historiques depuis 1992 pour son décor extérieur. La façade est ornée de deux têtes de lion qui encadrent le linteau monolithique de la porte. La particularité de Lumio tient dans le fait que son centre est jonché de sentiers piétonniers et que la route fait le tour du village en passant sur la place, qui est le lieu de rencontre de tous ses habitants.

U CARRUBO ★

Accessible à l'année.

Autre monument pittoresque du village, U Carrubo est un bâtiment massif de pierres couronné d'arcades construit au XVIIIe siècle, à l'initiative de l'abbé Ignace Colonna de Leca. Selon certains, il était destiné à une confrérie de moines, pour d'autres il servait à abriter les indigents et d'école aux enfants. Peut être son nom est-il dû à sa forme cubique ou bien à un caroubier voisin ? On en ignore l'origine. Le bâtiment fut vendu en 1962 par les petits neveux de l'abbé. Le groupe de polyphonies corses A Filetta y répète actuellement.

LA MARINE DE SANT'AMBROGGIO ★

Accessible à l'année.

Harmonieusement disséminés dans la nature verdoyante qui les entoure, les villas et les studios sont à quelques pas des plages de sable fin bordant la Méditerranée, à l'endroit même où fut remarquée l'actrice insulaire Laetitia Casta ! D'innombrables criques vous émerveilleront par leur beauté et la pureté de l'eau. Un petit port, particulièrement bien abrité, permet aux plaisanciers de tous types de s'y amarrer en toute sécurité avec tous les services appropriés.

LA BALAGNE

© XAVIER BONNIN

Église de Lumio.

LA PLAGE DE L'ARINELLA ★

Accessible à l'année.

Situées en contrebas du village et jouissant d'un accès aisé, les plages de l'Arinella et leurs petites criques offrent une vue imprenable sur Calvi. Ces baies de quiétude attirent également les locaux, fins connaisseurs des inégalables virtuosités de leur île ! On peut même y venir par « u Trinichellu », petit train aux allures de gondole montée sur rails, qui parcourt la côte de Calvi à l'Ile-Rousse. Une petite faim ? Prenez place sur la terrasse du paradisiaque restaurant *le Matahari*, pour un déjeuner aux saveurs méditerranéennes, les pieds dans l'eau !

MATAHARI €€

Plage de l'Arinella
✆ 04 95 60 78 47
www.lematahari.com

Ouvert de mi-avril au 15 septembre. Haute saison : ouvert du mardi au dimanche et les jours fériés le midi et le soir.

Érigé dans l'azur paradisiaque de l'Arinella, et baigné des embruns de son eau translucide, ce magnifique *Matahari* aux allures de bout du monde ne démérite pas de son succès. Dans ce petit coin de paradis, tout se fait à l'ardoise, au gré du marché et de la pêche locale. Les aventuriers pourront aussi y avenir par la mer, à condition d'avoir leur annexe ! A la faveur du crépuscule estival, vous contemplerez les lumières enchanteresses de la baie de Calvi, avec peut-être la chance d'y apercevoir la radieuse Lætitia Casta, enfant du pays et habituée des lieux.

LA PLAGE DE SAINTE-RESTITUDE ★★

Accessible à l'année.

Superbe petite plage partagée de sable, galets et jolies petites criques s'ouvrant sur la baie de Calvi. Pour les amateurs, vous pourrez y trouver des yeux de sainte Lucie. Cet opercule est en nacre orangée, magnifique, et sa forme l'a fait appeler « œil de sainte Lucie » par les pêcheurs de la Méditerranée. Ils le conservent comme porte-bonheur, associé à l'argent ou la prospérité et se porte également comme bijou protecteur. Dans tous les cas il éloignera le « mauvais œil » !

LE MARCHÉ DE PRODUCTEURS DE LUMIO

Parking de la Mairie

Ouvert d'avril à octobre, le mercredi matin de 8h à 12h.

Créé en 2011 par l'association Una Lenza da Annacquà, le marché des producteurs locaux est le seul point de vente de la région à proposer uniquement des fruits et légumes certifiés bio. C'est sur la place du village qu'il déploie ses étales pour vous proposer des produits sains et équitables : légumes non traités, huile d'olive AOC, fromage de brebis frais Casgiu Casanu, pain bio pétri à la main et cuit au four à bois. Sans oublier un savoureux poisson issu de la pêche locale !

LE VILLAGE D'OCCI ★★

Accessible à l'année.

Calé sur une éminence rocheuse, le petit village d'Occi est un véritable observatoire surmontant la plaine et la mer, pour offrir une vue panoramique. L'histoire de ce village remonte au XVe siècle, à une époque où les côtes n'étaient pas sûres. En effet, les habitants d'un village situé sur le littoral au lieu-dit Spano, fuyant les Sarrasins, ont déserté le site pour s'installer sur le promontoire d'Occi. Au XVIIe siècle, le village déclina, de telle sorte que le 29 avril 1852, la commune d'Occi ne comptant plus que 62 habitants, sera rattachée à celle de Lumio.

MONTICELLO ★

Agréable petit village accroché en balcon au-dessus de L'Ile-Rousse dont le territoire descend jusqu'à la belle plage de Cala d'Alivu. Le cœur du village, avec sa grande place où se retrouvent les boulistes, est charmant. Prenez bien votre temps pour admirer ce qui est offert à vos yeux, car les maisons de maître succèdent aux voûtes historiques et aux hauts lieux de l'histoire locale. Le chanteur Jacques Dutronc habite dans un endroit isolé de la commune, entouré de sa vingtaine de chats et de Sylvie Duval, la femme qui partage sa vie depuis plus de 20 ans. Michel Rocard, selon sa volonté, repose au cimetière de Monticello à l'ombre d'un olivier.

LE PARC DE SALECCIA

Saleccia
✆ 04 95 36 88 83
www.parc-saleccia.fr
Ouvert du 1er avril au 31 octobre. Adulte : 10 €. Réduit et groupe (+de 10 pers.) : 8 €.

Ce parc œuvre pour la préservation et la mise en valeur des plantes méditerranéennes et du petit patrimoine rural. Ce sont 7 ha de parc paysager où la Corse peut être respirée à travers toutes les plantes de son maquis et les vestiges d'une ancienne exploitation agricole. Tout est impeccablement entretenu, expliqué et la balade ne manque pas de charme. Bruno Demoustier a su au mieux valoriser les lieux, et sa fille Isabelle participe à la découverte de ce patrimoine familial. Tout est beau, propre et accueillant. Le site a obtenu le label « jardin remarquable ».

I TRE CASTELLI €€

Route du Reginu
✆ 06 17 96 16 66
Fermé du 31 octobre au 1er avril. Accueil jusqu'à 23h. 5 chambres dont 2 avec vue mer ; Chambre double à partir de 102 €

Bien caché sur les hauteurs de Monticello, ce petit coin de paradis ne manque pas d'atouts : une grande propriété d'un hectare avec une vue époustouflante sur la baie d'Ile-Rousse, les petits bâtiments tous indépendants dotés d'un confort digne d'un trois épis, le tout dans un calme olympien. Les chambres ont vue sur mer ou sur jardin. On sera idéalement placé pour parcourir le balcon de la Balagne ou les plages de la côte, toutes situées à proximité. Petit déjeuner copieux servi en terrasse ou dans la salle à manger, au choix.

A PASTURELLA €€

Place du village
✆ 04 95 60 05 65
www.a-pasturella.com
Ouvert à l'année. Chambre simple à partir de 70 €. Restaurant sur place.

Situé à Monticello, à quelques minutes d'Île-Rousse, l'hôtel-restaurant A Pasturella se dresse dans l'horizon balanais comme un havre de paix bucolique et familial. Les chambres chaleureusement décorées offrent un large panorama et de nombreuses activités alentour rythmeront vos vacances : grandes randonnées ou simples parcours pédestres, équitation, circuits VTT, golf, mini-golf et tennis, piscine, plongée ou plages ! Circonvenant votre séjour estival, le merveilleux territoire de la Balagne vous ouvrira les portes de ses «balcons» et de son arrière-pays.

A PIATTATELLA**** €€€

Chemin de Saint-François
✆ 04 95 60 07 00
www.hotel-corse-apiattatella.com
Fermé de novembre à mars. Accueil jusqu'à 23h30. 17 chambres. Chambre double à partir de 188 €. Petit déjeuner : 20 €

Un superbe havre de paix que cette petite cachette tout en haut de Monticello ! La réalisation est exemplaire par le choix des lieux, des matériaux, des équipements en totale osmose avec le cadre : salle de fitness, espace massage et beauté, grand volume dans les chambres toutes face à la vallée du Reginu. Une politique tarifaire avec un rapport qualité-prix exceptionnel pour la Balagne et un accueil parfait. On y profitera aussi d'un restaurant réservé aux hôtes avec belle carte à l'ardoise et ses suggestions journalières élaborées par le chef François Toniazzo.

ARBO-VALLEY

Route de Bastia
✆ 06 16 72 53 12
www.arbovalley.fr
Sur réservation. Balades en saison matin et coucher du soleil 60 €/pers. Balades hors saison. Randonnées sur demande.

Profitez de votre séjour en Corse pour découvrir la nature au cours d'une randonnée en Corse à cheval, grâce à cette ferme équestre de renom. Laissez-vous guider au rythme de votre cheval ou poney à travers les paysages, la faune, la flore et l'histoire à l'hospitalité sans pareille. Séjours équestres en randonnées itinérantes : montagne, randonnées dans les sites de l'Agriate, randonnées au travers du Cap Corse et dans toute l'île de Beauté, selon trois formules (balade journée des agriates, balade matinale ou balade coucher du soleil).

CENTRE ÉQUESTRE SAINT-FRANÇOIS

Complexe Sportif
✆ 06 19 69 85 62
Ouvert toute l'année. Haute saison : tous les jours sauf dimanche. Basse saison : sur rdv. Balade d'1h à partir de 60 €.

Cécile Degioanni à ses rênes, le centre équestre Saint-François propose de précieux moments en compagnie de ses chevaux : équicoaching, immersion en liberté, baignades privées sur la plage de l'Ostriconi ou initiation au poney pour les plus jeunes ! Ainsi que des balades, des plus courtes aux journées complètes, encadrées par cette amoureuse de la nature et formatrice de renom, qui vous permettront de découvrir au galop ou d'un pas enlevé, les paysages enchanteurs de l'île de Beauté !

PIGNA ★★★

Entouré d'oliviers, Pigna et son architecture typiquement balanine est l'un des centre de la renaissance de la culture et de l'artisanat en Corse. Corses et touristes montent facilement depuis L'Ile-Rousse pour découvrir ce village de rêve, où règne encore une véritable atmosphère de village d'artisans. De nombreuses communautés artistiques en ont fait aujourd'hui leur quartier général et des festivals sont organisés sur le site. Au fil de la balade dans le village, on apprécie les échoppes d'artisans, un petit musée original de boîtes à musique, et même le cimetière, au-dessus du village, où quelques tombeaux sont de véritables ouvrages d'art.

L'ENCLOS A VACCAGHJA

Ouvert toute l'année selon les représentations. Amphithéâtre de 220 places.

Cet ancien enclos pour bovidés à été transformé en 2000 en un auditorium de plein air de 220 places. Il a été construit en terre crue stabilisée et la scène est couverte par un dôme de 8 mètres, construit sans coffrage selon la technique nubienne et les préceptes de l'architecte égyptien Hassan Fathy. Cet ancien ouvrage est l'un des rares témoignages de l'activité céréalière de la Balagne. Le site accueille désormais toute l'année des concerts dédiés à la voix. De nombreux enregistrements y sont réalisés par le centre culturel Voce.

L'ÉGLISE PAROISSIALE DE L'IMMACULÉE CONCEPTION

Ouverte toute l'année.

Cet édifice religieux de style roman est caractérisé par ses deux clochers à coupole qui surmontent sa façade et son toit de tuile. Transformée au XVIIIe siècle autour du chœur, l'Église de l'Immaculée Conception est divisée en trois nefs et s'inspire du frontispice de la Trinità dei Monti à Rome. Le long d'un chemin de croix original et serti de galets, on y contemplera en toute saison ses orgues remarquables datant de 1881, ainsi que ses deux tableaux classés monuments historiques.

MUSEUMUSICA ★

Place de l'Église
✆ 04 95 58 02 24
www.centreculturelvoce.org

Fermé d´octobre à mai. Ouvert du dimanche au vendredi et les jours fériés de 10h à 13h et de 16h à 20h. Adulte : 3 €.

Le Centre de Création Musicale Voce et le label Casa Éditions se sont associés pour créer MuseuMusica, qui permet au visiteur de découvrir un ensemble d'instruments traditionnels de Corse et d'ailleurs. Cette visite est complétée par la diffusion d'un documentaire filmé dans l'atelier du luthier de Pigna, qui présente toutes les étapes de fabrication de la Cetera, instrument traditionnel corse à seize cordes. La visite perdure avec l'écoute des musiques variées proposées par Casa Editions et enregistrées pour la plupart à l'Auditorium et son studio attenant.

Le village de Pigna.

CASA MUSICALE** €€

Fondu di u Paese ✆ 04 95 61 77 31
www.casa-musicale.corsica
Fermé du 3 janvier au 15 février. Accueil jusqu'à 21h30 (22h30 en été). 14 chambres. Chambre double à partir de 62 €.

Véritable balcon sur la Méditerranée, cette ancienne maison de maître nichée au cœur du village de Pigna exhale un charme inclassable ! Nombre d'artistes corses ont franchi un jour les inspirantes et mémoriales pierres de la Casa Musicale, qui résonne toute l'année d'une joyeuse effervescence musical et intellectuelle. A choisir en priorité, les deux chambres exclusives Paghjella et Madrigale, ou la Sulana et sa grande terrasse avec vue imprenable sur la mer. Tout un poème, en langue corse bien sûr, à la faveur d'une table aux saveurs nustrales et « maison » !

A CASARELLA €

Stretta Di de Franchi ✆ 04 95 61 78 08
https://a-casarella.fr/
Fermé du 15 octobre à début mars. Ouvert 6 jours / 7 le midi et le soir. Carte : 25 € environ. Adresse écoresponsable.

Nichée dans les ruelles de ce village mythique, sous son auvent de paille, une magnifique terrasse en pierres circonvenue par une balustrade en branches de bois naturel, entre lesquelles une abondante végétation s'insinue. Une adresse incontournable pour les couchers de soleil sur la plage d'Algajola, en contrebas ! Au programme, petits *piattini* gourmands, salades de saison, tartes paysannes et douceurs traditionnelles : fiadone, gâteau à la châtaigne et glaces artisanales. En prime, des produits issus de la filière bio et une gestion résolument écoresponsable !

CASA MUSICALE €€

Fondu di u Paese
✆ 04 95 61 77 31
www.casa-musicale.corsica
Ouvert à l'année sauf fermeture annuelle. Haute saison : ouvert tous les jours le midi et le soir.

Une étape gourmande et esthétique ! Aux fourneaux, le chef Thierry Mahé dirige la cuisine, axée sur les produits du terroir. Le potager maison, en culture bio, plante le décor. On s'y attable à toute heure, et on s'attarde en fin de journée pour profiter de l'ambiance et du fameux coucher de soleil, de la vue et de l'assiette au milieu des nombreux musiciens qui viennent fréquemment ici. A déguster en priorité : les raviolis au brocciu, tajine de légumes de nos jardins, tianu d'agnelu à la nepita, pastizzu, flan à la châtaigne.

A MORESCA €€

A Teppa
✆ 06 77 46 23 76
www.amoresca.fr
Fermé de novembre au 15 avril. Ouvert tous les jours et les jours fériés le midi et le soir. Carte : 32 € environ.

Un petit restaurant tenu par la charmante Anna-Livia assistée par Thierry Mahe, bon chef balanin, qui propose une cuisine locale élaborée à partir des produits du terroir. A la carte, des spécialités corses dont le *migliacciole,* un beignet de fromage de chèvre frais, de la charcuterie fermière, des fromages fermiers, des *Boccarini* (tapas à la mode corse) ainsi que les glaces artisanales de Pierre Geronimi. Magnifiques terrasses en restanque au-dessus de la baie d'Algajola-Aregno. Le petit plus : la wifi zone gratuite si vous le demandez avec le sourire.

PALAZZU PIGNA €€

D151
✆ 04 95 35 16 47
http://www.hotel-corse-palazzu.com
Fermé du 15 novembre à mars. Du mardi au dimanche le midi et le soir. Carte : 50 € environ.

Au restaurant du Palazzu Pigna, le chef Petru Celinu Hamon propose une cuisine créative de qualité, servie sur une superbe terrasse en balcon avec une vue imprenable sur la mer et le village d'Algajola ou dans une salle intime décorée avec goût. On y découvre chaque jour les suggestions et spécialités préparées au hasard des découvertes du marché en totale osmose avec le cadre. Tous les produits sont bio, locaux et de saison, de quoi vous régaler. Une table raffinée, une ambiance feutrée pour savourer l'instant présent avec volupté.

SANTA-RÉPARATA-DI-BALAGNA ★★

Entouré d'oliviers, le village doit son développement à la production d'huile. On voit encore sur le Monte Reginu quatre anciens moulins à huile qui témoignent de cette prospérité. Un village où la langue corse est encore prégnante, avec un magnifique hameau commerçant, Occiglioni. Du village et de sa magnifique place, vous pouvez voir en contrebas les îles Rousses. En tournant la tête, c'est la vallée du Reginu qui s'offre à vous. Au sein du village de Santa Reparata et ses hameaux intérieurs comme des quartiers, prenez le temps de flâner dans les ruelles, de découvrir les nombreuses petites places qui vous invitent à la rencontre de ses habitants.

© LA SANTA

© LA SANTA

© LA SANTA

LA SANTA €€

Le village ✆ 04 95 60 04 73
www.hotel-la-santa.com

Ouvert tous les soirs d'avril à octobre, ouvert les week-end de décembre à février. Maître restaurateur.

Une table remarquable, à deux pas d'Ile Rousse, une magnifique terrasse ouverte dominant la baie d'Ile-Rousse. Le chef sarde Fédérico vous proposera, sur sa carte éphémère, les suggestions du moment exclusivement à base de produits frais dont la pêche locale particulièrement, les pâtes fraîches maison aux langoustes ou araignées. Ambiance conviviale garantie pour un moment inoubliable et chambres en haut pour prolonger la soirée et piquer une tête dans la piscine dès le lendemain matin. Celle-ci est chauffée d'avril à octobre, alors pourquoi se priver ?

© LA SANTA

© LA SANTA

L'ÉGLISE PAROISSIALE DE SANTA-REPARATA ★

Ouverte toute l'année.

L'église Sainte-Réparate date des XIe et XVIe siècles. Construite dès l'an 830 sur décision du pape saint Pascal Ier, elle est dédiée à sainte Réparate, martyre chrétienne. En 1095 elle fut offerte par l'évêque d'Aleria au monastère bénédictin de l'île de Gorgone. Elle a été agrandie en 1538. Au XVIIe siècle, elle fut dotée d'un campanile à 5 étages, surmonté d'un petit dôme. De l'ancienne construction romane polychrome ne subsistent plus que l'abside et un pan de mur du chœur.

BALAGN'ANE

D13

✆ 06 30 13 91 25

Ouvert toute l'année. Sur réservation. Balade à partir de 25 € / 1 h, journée : 70 €. Médiation asine. Restauration.

Évoquant une ruralité séculaire, l'âne est l'emblème le plus poétique de la Corse. Il endossa le rôle d'apaisant compagnon de labeur, et celui d'antique « tout-terrain », qui sillonnait les montages à travers les sentiers ardus. Balagn'âne, le plus grand élevage de l'Ile, s'est attelé à faire revivre ces pratiques aux nombreux nostalgiques, et à retendre les liens oubliés avec cette animal étonnant. Il propose ainsi de belles balades pour tout âge, où vous pourrez arpenter les dédales insulaires, et découvrir la randonnée aux parfums d'autrefois, au pas de l'âne.

LA SANTA*** €€

Le village

✆ 04 95 60 04 73

www.hotel-la-santa.com

Ouvert à l'année. Chambre à partir de 55 € basse saison. Bain bouillonnant. Demi-pension 38 € (dîner et petit-déjeuner).

Une vue vertigineuse et circulaire pour un magnifique hôtel panoramique à Santa Reparata di Balagna où Antoine Grossi a changé avec dynamisme cette adresse des années 70. L'équipe sera là pour vous conseiller parmi les nombreux atouts de la région : plages, randos, sorties mer, équestres, visites, sports... côté gastronomie le chef sarde Féderico propose une cuisine raffinée et goûteuse, une carte au fil des saisons car ici tout est fait maison (maître restaurateur) avec des produits du terroir proche et pêche locale. Piscine chauffée d'avril à octobre.

SANT-ANTONINO ★★★

Sans doute le village le plus photographié de Corse et classé comme l'un des Plus Beaux Villages de France Sant'Antonino, véritable nid d'aigle à 500 m d'altitude, fut fondé au début du IXe siècle. Construit en belvédère, le site offre une large vue sur la Balagne, la Méditerranée et les montagnes. Le village a gardé son architecture médiévale et quelques fortifications, et le temps semble s'être arrêté dans ses étroites ruelles bordées d'escaliers raides, de marches hautes et de passages voûtés. En contrebas du village, l'église paroissiale de l'Annonciade du XIIe siècle abrite un très bel orgue signé Battista Pompost di Pistoia.

L'AGHJALLE €

D13

✆ 04 95 60 31 77

www.laghjalle.fr

Fermé du 15 octobre à mars. Ouvert tous les jours et les jours fériés le soir. Carte unique à 35 €.

L'endroit est idéal pour sortir de l'animation trépidante de l'Ile-Rousse à dix minutes et se retrouver en pleine nature, au pied du barrage de Codole. Dans le pur esprit ferme-auberge, on y savourera une cuisine traditionnelle familiale avec le copieux menu unique et ses spécialités corses. On ne manquera pas d'y dormir dans l'une des cinq chambres d'hôtes, créées dans un pagliaghju, ancien abri de berger, avec beaucoup de charme et de cachet pour une réhabilitation sans faute de cet habitat rural. Accueil naturel et toujours sympathique de la famille Savelli.

I SCALINI €€

D413

✆ 04 95 47 12 92

Haute saison : ouvert tous les jours le midi et le soir. Réservation recommandée. Carte : 50 € environ.

Culminant au sommet d'un écrin enchanteur surplombant la Balagne, I Scalini est une perle de raffinement décorée avec goût par la sémillante Patricia, dont la savoureuse cuisine, originale et authentique, magnifiera votre passage. On succombera aux délices d'une grande salade sur la terrasse baignant dans l'azur à midi, puis on savourera, à l'heure du crépuscule, les recettes du chef de renom Jean-Luc Bouhet. La réservation sera de mise pour profiter du meilleur point de vue. Un sommet de gastronomie au faîte de sa renommée, et à l'accueil indétrônable !

LA VOÛTE €

D413 ✆ 04 95 61 74 71

Ouvert d'avril à fin septembre. Menu à 25,90 € : entrée, plat et dessert.

En haut des escaliers qui mènent à ce village incontournable de Sant'Antonino, deux belles terrasses panoramiques et joliment fleuries, une salle climatisée et une cuisine locale copieuse et concoctée maison : noix de veau et gigot d'agneau à la broche, ceviche et tataki de bœuf ou saumon et les traditionnelles spécialités corses. Gardez une place pour les desserts maison dont un original tiramisu à la châtaigne ou la tartelette à la clémentine et chantilly au chocolat. Accueil adorable de Stéphane et Stéphanie pour vous voir repartir heureux et du coup revenir !

SPELONCATO ★★★

Le village est célèbre pour ses grottes qui lui donnent son nom, en particulier la Pietra Tafonata, la pierre percée. Deux fois l'an, les 6 avril et 8 septembre (aux alentours des équinoxes de printemps et d'automne) et par beau temps, le soleil apparaît vers 18h dans le trou de la roche, éclairant de ses rayons la place du village. Au-dessus de Speloncato, on peut encore voir les ruines de la forteresse des seigneurs du village. Ils appartenaient à la famille Savelli de Balagne, mais ils ne cessèrent de se déchirer avec leurs cousins de Sant'Antonino. Plus loin, au lieu-dit I Bagni, les fouilles ont mis à jour des thermes romains.

L'ÉGLISE SAINT-MICHEL ✝ ★

Ouvert toute l'année.

Bâti sur un piton rocheux à 570 mètres d'altitude, Speloncato domine la vallée du Reginu et le littoral balanin. Au centre du village se dresse l'église paroissiale Saint-Michel, un édifice religieux de confession catholique, d'origine romane et remaniée au XVIIIe siècle alors qu'elle est promue collégiale. Ses riches décors baroques et son orgue au buffet peint témoignent de la splendeur passée de la région corse. La crypte datée du Xe siècle se visite également, et son tympan en granit monolithique est sculpté de bas-reliefs.

LA MONTAGNE DES ORGUES ★

Route de Ghjunsani

✆ 04 95 61 34 85

elizabethpardon.hautetfort.com

Ouvert du 1er avril au 31 octobre. Sur réservation. Tarif journée : 30 €. Gratuit - de 12 ans. Mi-tarif de 12 à 18 ans.

La Montagne des Orgues vous invite à découvrir le patrimoine ancien et l'histoire de la Balagne à travers les églises baroques. Plusieurs itinéraires d'une journée, illustrés d'intermèdes musicaux, pour vivre autrement le patrimoine de la Haute-Corse et ses traditions rurales : des clefs pour ouvrir les églises, découvrir leur sens caché, entendre leurs orgues historiques… Parcours en véhicule personnel. Prévoir son repas : restaurant ou pique-nique. Sorties dans le Giunssani, la haute-Balagne, la Castagniccia, la vallée de l'Asco et la Ghjuvellina.

© XAVIER BONNIN

Speloncato.

I SALTI €€€

Salti

✆ 04 95 34 35 59

Fermé du 15 novembre à fin mars. Ouvert le soir du mardi au dimanche et jours fériés ; et le midi le week-end, hors été.

Superbe trouvaille que cette charmante table d'hôtes dans la vallée du Reginu ! Jouxtant le golf avec son petit jardin accueillant, on apprécie sa terrasse couverte et quelques tables intimistes. En cuisine, officie le chef David Doury, réputé en Balagne ; en salle, sa jeune compagne Carina Canoni conseille les gourmets. Du cachet et des saveurs pour passer un moment délectable avec les yeux, le nez et les papilles ! Le chef David a obtenu une étoile en 2016. C'est donc de gastronomie corse dont il est ici question. A 7 km de l'itinéraire cycliste de la GT20.

COUVENT DU SAINT ESPRIT €

Marcassu

✆ 06 31 11 71 32

Ouvert d'avril à fin octobre. Réservation par téléphone du lundi au samedi : 10h30 à 13h – 15h à 18h.

Dans une région surnommée le «Jardin de la Corse», en surplomb d'une des belles vallées de la Balagne, l'ancien monastère fondé par les franciscains en 1923, et animé aujourd'hui par des moines bénédictins, n'a plus de frères résidant au couvent. Toutefois celui-ci poursuit l'accueil des personnes, seules ou en famille. Vous pourrez vous y ressourcer dans un cadre paisible et splendide. Les horaires de repas et le silence sont à respecter pour le bien-être de tous. L'accueil est assuré par Mireille qui propose également petits-déjeuners et demi-pension.

CATERI ★

Le lieu est occupé depuis la Préhistoire. Au site de Carco Mondria, on peut voir des traces d'habitation, une pierre plate et quelques pierres levées. Plus loin, au col de San-Cesario, on a retrouvé quelques vestiges romains près de la chapelle à la décoration polychrome. Le village est construit en pente et surmonte les cultures en terrasse. Son église paroissiale Santa-Lucia, prénommée Notre-Dame des Anges, d'architecture baroque, est la seule de Corse à posséder un clocher absidial à arcades. De plus, le couvent de Marcassu, plus vieux couvent de Corse encore en activité, abrite aussi les cendres de saint Bernardin, originaire de Calenzana.

U SAN DUME - CHEZ LÉON €€

Caldaja ✆ 04 95 61 73 95

www.hotel-corse-usandume.com

Ouvert toute l'année. Hôtel fermé de mi-novembre à mi-mars. Tous les jours et les jours fériés le midi et le soir.

C'est la table corse par excellence ; une adresse incontournable lors d'un séjour en Balagne ! On est ici chez Marie-Jeanne et Léon Andreani, figures emblématiques bien connues des autochtones. On y apprécie les deux terrasses couvertes offrant un époustouflant point de vue sur Algajola et Aregno. La table champêtre satisfera les gourmets en proposant des spécialités transmises par la Mama. Vous poserez vos valises à l'hôtel U San Dumé, dans des chambres dotées d'une vue panoramique sur la plage d'Agajola, qui déploie ses nappes dorées et turquoise en contrebas.

FELICETO ★

Ce village fait partie du circuit des vieux villages de Balagne. A voir : l'église San-Niculaiu, le pont muletier, les ruines de l'ancien couvent et la Falcunaghja, la maison du bandit. Le voyageur aura bien du mal à résister à une petite halte dans ce joli village planté d'oliviers dont la production est importante puisqu'il existe encore un moulin en activité chez Joseph Ambrosini. Pour les amateurs de vin corse, l'arrêt est indispensable : c'est ici que l'on trouve le fameux Clos Reginu qui produit notamment un remarquable rosé. Les buveurs d'eau ne sont pas oubliés grâce à deux sources à chaque entrée du village et dont la qualité est renommée.

L'ÉGLISE SAINT-NICOLAS ✝

Accessible toute l'année.

Une belle égalise de style baroque de la fin du XVIIe siècle siècle, bâti sur l'emplacement de l'église détruite en 1646 et qui était dédiée à saint André à Farinole. On y découvre de remarquables orgues situés au-dessus du chœur derrière le maître-autel crées par Don Anton Pietro Saladini de Speloncato. L'église renferme des toiles, dont la *Présentation de la Vierge au Temple* du XVIIe siècle mais également d'un baptistère en marbre de Carrare du XIXe siècle, un maître-autel de Giuseppe Lucciani et un Chemin de Croix peint par Saverio Farinole.

LA CHAPELLE SAINT-ROCH ✝ ★

Ouvert toute l'année.

La chapelle Saint-Roch est située en dessous de l'église Saint-Nicolas de style baroque dotée d'un superbe orgue et de jolies toiles. Accessible par un petit chemin bucolique qui mène en le poursuivant à un joli pont génois à proximité d'un moulin privé. Cet édifice possède une statue qui est l'objectif de nombreux pèlerins. Au mois de juillet, cette statue est portée en procession à l'église St-Nicolas puis redescendue à la fin du mois d'août. Les souvenirs du Moyen Âge sur le *Capu a i Mori* évoquent la lointaine occupation du site.

LA MAISON DU BANDIT ★

Ouvert toute l'année.

La maison du bandit est située sur la falcunaghja, le refuge du faucon en langue corse à 600 m d'altitude. Elle offre une vue dégagée sur une partie de la Balagne et sur la mer Méditerranée. Accessible facilement par un sentier à partir du haut du village, elle fut construite au XVIIe siècle par un ancien maire, au sommet d'un nid d'aigle pour surveiller son village et servir d'asile aux bandits de passage. Les mauvaises langues ajoutant qu'il observait les gens du village avec une longue-vue. Merci de penser à refermer les portails !

© JON INGALL - SHUTTERSTOCK.COM

La Maison du Bandit.

CASA A VIGNA €€

✆ 04 95 61 80 01
www.chambresapart.fr/casa-a-vigna.html
Fermé du 15 octobre au 1er avril. Accueil jusqu'à 19 h. Chambre double à partir de 70 €. Petit déjeuner : 5 €.

Chambres d'hôtes personnalisées au confort douillet avec salle de douche et wc privatifs pour des prestations de qualité. L'entrée des chambres est indépendante de la maison et toutes deux bénéficient d'un jardin privatif avec vue panoramique sur la plaine. À l'étage supérieur, un jardin verdoyant, idéal pour vous prélasser et prendre vos petits déjeuners faits maison : pain, viennoiseries, confitures... à l'ombre d'une pergola. Convivialité, simplicité et accueil chaleureux. De nombreux restaurants à proximité dans ce village typique corse de Balagne.

OSTERIA U MULINU €€

Route de Reginu
✆ 04 95 61 73 23
www.osteria-u-mulinu.com
Ouvert tous les soirs sauf lundi de juin à octobre, puis le week-end seulement. Fermé de janvier à mars. Menu 34 €.

Venez manger au moulin ! Une perle rare ! Pascale, nièce de l'ancien patron, est aux fourneaux, Camille est au service et on se régale d'une cuisine authentique et de saison 100% maison. Au menu, l'excellent jambon fermier d'Orezza (porcs élevés en plein air par Pascale), beignets de fromage frais ou de courgette, tomates du jardin, poivrons grillés, agneau en sauce et gnocchis de semoule, *linguine* aux 3 fromages corses et champignons, flan à la farine de châtaigne AOP... Que du bon, que du vrai ! Beau choix de vins corses au verre. Privatisation possible.

U VECHJU MULINU €€

Corno Grosso ✆ 06 16 77 90 23
www.u-vechju-mulinu.com
Fermé de novembre à avril. Ouvert tous les jours et les jours fériés le midi et le soir. Réservation impérative.

Une adorable découverte que ce moulin, bien caché entre Feliceto et Santa-Reparata ! On apprécie particulièrement l'accueil de la famille Grazzini qui se donne bien de la peine pour offrir aux gourmets une jolie table champêtre. Une formule table d'hôtes copieuse et de qualité, avec les petits plats et desserts confectionnés grâce aux produits de la propriété, un cadre charmant avec son beau jardin, la grande salle panoramique et ses terrasses ombragées pour y passer un bon moment. En prime : de beaux gîtes ruraux confortables pour en profiter plus longtemps.

COSTA

A côté de la mairie, on peut voir l'immense maison Malaspina, qui appartenait aux seigneurs de la piève. Son église San-Salvadore du XVIIIe siècle renferme des tableaux du XVIe siècle, des statues en bois d'olivier et un bel orgue. Le village est également l'ancien centre de la piève de Tuani. En effet, le couvent de Tuani fut fondé par les franciscains en 1494, puis restauré par les capucins au XIXe siècle. Désaffecté en 1965, c'est aujourd'hui une habitation privée. Ses nouveaux propriétaires tentent de lui redonner vie en y organisant des concerts et en en faisant un lieu de procession comme autrefois, lors de la fête de Notre-Dame de Lourdes.

LAVATOGGIO ★

A Lavatoggio, vous marcherez ainsi sur les traces des frères Savelli qui se sont autoproclamés seigneurs de Barcaghju. Le village est bâti sous le col de Salvi (509 m) qui le sépare de la commune de Montegrosso. Les bases du château du seigneur de Bracaghju, perché à 556 mètres d'altitude, sont toujours visibles. A voir : le lavoir sous l'église, la chapelle San-Cervone, édifice roman situé au cimetière, originellement village médiéval disparu, l'église paroissiale Saint-Laurent, baroque, située au cœur du village ou encore la chapelle Notre-Dame de la Stella, au pied du mont Bracaghju, à la croisée des chemins entre Occi, Lumio et Lavatoggio.

CHEZ EDGARD €€

RD 71
✆ 04 95 61 70 75
www.chez-edgard.fr
Fermé de novembre à mars. Ouvert tous les jours et les jours fériés le soir. Réservation recommandée.

Situé en sortie du village de Lavatoggio, à deux pas de Cateri, cette ferme-auberge est tout bonnement fabuleuse ! Vous n'aurez qu'à choisir le plat, Edgard se charge du reste ! Soupe corse succulente, quiche au brocciu, veau sauce figue et pruneau mais aussi des grillades, le veau à la broche, le fromage accompagné de sa confiture de figues et gâteau de châtaigne pour finir... Le tout arrosé d'un bon AOC Calvi en rouge de préférence. Un sans-faute à tous les niveaux : l'accueil, service, et cuisine dans la plus pure tradition.

MONTEGROSSO ★★

Commune récente car créée en 1972 par la fusion des hameaux de Montemaggiore, Lunghignano et Cassano, le lieu était cependant déjà habité sous l'Antiquité. On a retrouvé une nécropole datant du IVe non loin de Lunghignano. A Montemaggiore, on peut visiter l'église Saint-Rainier, datée du XIIe. D'architecture pisane, elle semble renfermer une énigme dans l'agencement de ses ornements. Certaines sculptures représentent des traces de pas, des visages, sans lien apparent avec l'iconographie religieuse de l'époque. Au lieu-dit San-Martino, on voit les ruines d'une nécropole et d'une chapelle pisane. Ce lieu sacré serait les derniers vestiges d'une ville maure.

LES CHAMBRES D'HÔTES DE MAGALI €€

Ruelle Casalta ✆ 04 95 21 25 33
www.chambresdhotesdemagali.fr
Ouvert du 15 novembre au 31 mars. Dès 100 €/nuit, petit déjeuner bio compris. Cuisine maison et bio. Écoresponsable.

Magali et Etienne Ambrosini ont aménagé avec délice une ancienne ruine au cœur du hameau, pour offrir aux amateurs de pleine nature un lieu de séjour agréable, bio et écoresponsable ! Au premier étage, les chambres s'ouvrent sur le Monte Grosso ou sur l'autre hameau de Lunghinano. On déjeune copieusement au second étage, soit dans la grande pièce, soit sur le grand patio lumineux. Accueil irréprochable, décoration raffinée pour un séjour inoubliable. Rapport-qualité prix incontestable.

U FRAGNU €€

D151
✆ 04 95 62 75 51
www.ufragnu.fr
Ouvert d'avril à fin octobre. 9h à 12h et de 14h à 17h d'avril et d'octobre. Mai, juin et septembre 9h 12h et 14h à 19h.

Vivace et robuste malgré le poids des ans, ce moulin à huile n'a de cesse de presser, à la meule et à l'ancienne, les olives de Balagne. Durant la saison des olives, on pourra y observer ses trois presses s'affairant à l'obtention du précieux liquide. Un lieu immémorial qui parle des racines de la Corse et de ses créations gourmandes : olivettes, tapenades maison, confitures, biscuits aux saveurs d'antan et beignets au brocciu. Galvanisé par l'aura d'U Fragnu, on ne résistera pas à une pause gourmande in situ, pour goûter allègrement ces délices séculaires !

MURO ★

Muro doit son nom à la vieille citadelle « Maure », nommée Muru Vecchiu, conquise en l'an 975 par Avazeru. Adorable village, niché tout en haut de la vallée du Reginu, à 12 km de l'Ile-Rousse, il incarne l'âme corse, avec ses troupeaux, ses oliviers multi-centenaires, ses orangers, ses figuiers de barbarie, ses forêts de chênes, de châtaigniers qui s'étendent jusqu'au pied du Montegrosso et bien sûr son point d'orge, l'église Santissima Annunziata. Ruelles pavées, maisons de maître, passages voûtés... Muro a su conserver son authenticité et son caractère. Au-dessus du village, vous profiterez d'un panorama exceptionnel sur la montagne et sur la mer.

LA BALAGNE

© CYRIL BANA - AUTHOR'S IMAGE

Muro.

ÉGLISE DE L'ANNONCIATION

Cette église baroque fut achevée vers 1760, mais, en 1778, le mercredi des Cendres, une partie des voûtes s'effondre, tuant 59 femmes et un homme. Sa reconstruction durera jusqu'en 1784. L'édifice est vaste et haut, à nef unique couverte d'un berceau à lunettes, avec chapelles au nord et au sud. Mais le plus séduisant dans cet édifice est son opulent décor avec polychromie et dorure. La façade divisée en cinq travées est ornée de cinq niches abritant des statues. Au sommet, un bas-relief représentant la colombe du Saint-Esprit.

ZILIA ★

Situé sur un piton rocheux, le village de Zilia est surtout connu pour son eau minérale. Distribuée dans toute l'île, elle jaillit sur les flancs du Montegrosso à 1 941 m d'altitude et 80 m de profondeur. Née des roches granitiques de Balagne, elle a un débit constant et est très peu minéralisée, ce qui en fait une eau idéale pour tout le monde. Elle est conseillée pour calmer les troubles de la digestion. Les maisons, de la même couleur que les roches environnantes, sont regroupées autour du clocher. Zilia donne à voir un large panorama sur toute la Balagne. A voir : la chapelle San-Lussoriu, la chapelle Saint-François et l'église Saint-Roch.

LE MARCHÉ DE MURO

Place de l'Église

Chaque premier samedi du mois de 8h00 à 12h00, Place de l'Eglise.

Chaque premier samedi du mois, sur la place de l'Église, de 8h à 12h, le Marché de Muro vous accueille et vous propose des vêtements, du matériel, des accessoires, et des produits locaux et du terroir. Les commerçants n'hésiteront pas à vous conseiller et vous inviter à goûter leurs récoltes. Itinérants, vous pouvez les retrouver également à Calvi, chaque premier et troisième jeudi du mois toute la journée, sur le parking de l'Ortacce, ou encore à Ile Rousse, le premier et troisième vendredi du mois sur la Place Paoli, toute la journée.

DOMAINE D'ALZIPRATU

Route de Calenzana © 04 95 62 75 47

www.domaine-alzipratu.com

Du lundi au vendredi 9h-12h et 14h-19h, samedi 10h-12h et 15h-19h. Parcours sensoriel 40 €/pers. sur réservation.

On connaît l'eau minérale de Zilia, ses vins rivalisent ! Venez partager un moment privilégié au cœur du domaine réputé d'Alzipratu, près du monastère du même nom, avec un parcours sensoriel à la découverte de l'histoire des vins de Corse, du terroir balanin, de ses cépages... L'escapade se termine par une dégustation des vins du domaine en lien avec la gastronomie corse (5 mets/5 vins). Vous apprécierez l'accueil et le savoir-faire de la famille Acquavia. A découvrir : le pumonte en rouge, blanc et rosé. Vente de confitures, miels et huiles d'olive de pays.

VILLE-DI-PARASO ★

Le village est très attachant, avec son four, ses lavoirs et ses petites chapelles dispersées dans ses quatre hameaux. Accrochés depuis des siècles à leur piton rocheux, Ville-di-Paraso et ses hameaux (Rustu, Olivacce, Querci, San Roccu), sont plantés d'arbres séculaires et majestueux où il fait bon vivre : pins parasols, palmiers, cèdres du Liban, oliviers ou encore eucalyptus. Le village, son église paroissiale San Simone, de style baroque, et son superbe clocher ont notamment été immortalisés par le peintre Utrillo, dans un tableau que l'on peut voir aujourd'hui au musée du Prado à Madrid. Un véritable havre de paix où le temps semble s'arrêter.

Ville-di-Paraso.

LA BALAGNE

OLMI-CAPPELLA ★

Autrefois, Olmi-Cappella était un point stratégique du col de San-Colombano. Il fut fortifié au Xe siècle. On peut encore voir les ruines d'une tour médiévale au col. La région est habitée depuis la Préhistoire, comme en témoignent les nombreux vestiges retrouvés. La route qui s'enfonce dans le Giussani est dominée par la silhouette majestueuse et massive du Monte Padro qui culmine à 2 393 m. Paradis des randonneurs, le territoire offre dix balades d'1h30 à 4h, balisées en orange pour apprécier forêt, rivières, ponts génois, faune et flore d'une grande richesse. L'office de tourisme vous proposera les fiches et guides concernant ces randonnées.

A MERENDELLA €€

D63
PIOGGIOLA
✆ 06 23 24 93 65

Ouvert tous les midis de début avril au 1er novembre, sauf le lundi. Haute saison : ouvert midi et soir, sauf lundi.

Au seuil de la vallée du Giussani, non loin de Calvi, cette adresse au charme poétique vous offrira l'un des plus beaux couchers de soleil insulaire ! Installé à la terrasse d'un chalet surplombant le col de Battaglia, on dégustera une cuisine simple et goûteuse, relevée par des produits traditionnels de qualité. La charcuterie est locale, les tartes aux herbes «maison», et les grillades au feu de bois « Josper », une exclusivité du pays ! Sans oublier la fameuse assiette Battaglia, et un succulent menu corse qui ravira les amateurs !

BUREAU D'INFORMATIONS TOURISTIQUES DU GIUSSANI

Bâtiment Battaglini
✆ 04 95 60 04 35
http://www.ot-giussani.com

Antenne de l'office de tourisme de l'Île-Rousse, ouverte tous les jours en juillet / août.

La vallée du Giussani et ses quatre villages : Mausoléo, Olmi-Cappella, Pioggiola et Vallica, se situent à 900 mètres d'altitude au cœur du parc naturel régional de Corse. À seulement 1 heure de Calvi et 45 minutes de l'Ile Rousse, ils vous offriront le charme typique du pays balanin. Rendez-vous au Bureau d'Informations Touristiques de Giussani pour s'enquérir de ces merveilles, des superbes points de vues du village d'Olmi-Cappella à la charmante église baroque de Saint-Nicolas.

MAISON CASANOVA

En dessous de l'église
✆ 06 20 70 29 91
www.biscuit-corse.com

Ouvert du lundi au vendredi de 8 h à 12 h. Boutique en ligne et livraisons.

Quatre générations se succèdent aux fourneaux de la biscuiterie familiale Casanova, nichée au cœur de l'immémoriale montagne balanine. Fondée à la fin du XIXe siècle, la maison n'a eu de cesse d'exhaler les parfums de ses douceurs raffinées, dans son île de beauté et au-delà. Guidés par la fragrance séculaire, les gourmets les plus épris pourront explorer l'unité de production située sous la maison familiale, pour s'enquérir des nombreux secrets de fabrication ou déguster les savoureux biscuits du jour. Un moment de félicité au sommet !

MAISON FORESTIÈRE DE TARTAGINE €

D963
✆ 07 86 04 82 58

Ouvert toute l'année. Sur réservation l'hiver (8 personnes minimum). Accueil jusqu'à 22h. 12 chambres.

Une heureuse initiative de la municipalité d'Olmi-Cappella qui a remis en état cette maison forestière au bord de la rivière Tartagine pour offrir aux touristes de passage un gîte d'étape de charme. On y accède en trente minutes depuis Olmi-Cappella par une belle route sauvage et rustique pour atteindre ce petit paradis. L'accueil des visiteurs est irréprochable, dans cette belle bâtisse du XIXe siècle. Service de restauration à prix doux sous la pergola avec vue sur la rivière.

VALLICA ★

Ce beau village médiéval a su garder son caractère et son architecture typique. Dans son église paroissiale de la Nativité, de style baroque, on remarquera un bénitier en porphyre soutenu par une sculpture de femme, œuvre de l'artiste local Damasio Luigi. On peut également y voir le mobilier de l'ancienne église San-Quilicus, la chaire sculptée par un ébéniste de Moltifao, ainsi que l'orgue de l'oratoire San-Roccu d'Ajaccio. L'environnement naturel du village fait le bonheur des amoureux de la nature qui peuvent se baigner en eau douce dans des piscines naturelles. Le village est aussi le départ de sentiers de promenade vers les villages alentour.

La Plage de l'Ostriconi.

PALASCA ★★

Construit au creux de la montagne, Palasca est un paisible village aux maisons de caractère. On peut visiter son église baroque Santa-Maria Assunta, avec son beau clocher de quatre étages, son mobilier et ses orgues. Vous serez charmés par la place de l'église, véritable lieu de convivialité et de rencontre : soirs de bal, parties de belotes sans oublier la veillée, *a veghja*, entre Palascais à la tombée de la nuit. Palasca possède une façade maritime d'environ 10 km de côtes qui débute au nord par l'estuaire de l'Ostriconi, classé grand site pittoresque et court jusqu'à la grande plage de Lozari, partagée avec la commune de Belgodere.

LA PLAGE DE L'OSTRICONI ★★

✆ 04 95 65 16 67

Accessible toute l'année.

Une plage immanquable aux portes de la Balagne ! Elle marque le début du désert des Agriates et reste l'une des plages corses les plus sauvages. Ce site classé par le conservatoire du littoral comprend une vaste étendue de sable fin de plus de 700 mètres de long, ainsi que les étangs de Foce et Cannuta. Cette zone abrite un grand nombre d'oiseaux protégés que vous aurez la chance de voir en été. Et les vaches qui élisent domicile dans le désert des Agriates ne manqueront pas de vous surprendre, car elles sont sur cette plage comme chez elles !

VILLAGE DE L'OSTRICONI*** €

Plage de l'Ostriconi

✆ 04 95 60 10 05

www.village-ostriconi.com

Fermé du 15 octobre au 15 avril. Gardé 24h/24. Terrain de 6 ha. 134 emplacements (et 54 locations).

© LE VILLAGE DE L'OSTRICONI

En pleine nature, dans un site classé, à la limite du désert des Agriates, le village enchante depuis 52 ans ceux qui recherchent à la fois la détente, le contact avec une nature quasiment vierge et un large éventail d'activités. Très belle plage de sable fin et nombreuses criques rocheuses à proximité. Bungalows ou mobil-homes, dans un bel espace pour la partie camping afin de conserver un minimum d'intimité. Le plus : des villas contemporaines confortables pour familles ou amis.

LICCIOLA €

Licciola

✆ 06 81 89 03 07

Fermé de novembre à mars. Ouvert tous les jours et les jours fériés. Ouvert de 8h au coucher du soleil.

A mi-chemin entre la plage de l'Ostriconi et celle de Lozari, on ne peut manquer cette petite maison de Cantonnier tenue par Lucien depuis près de 10 ans. On y trouvera une formule simple et appétissante composée de salades, sandwichs, pizza et spécialités corses qu'il prépare chaque jour. Une adorable terrasse face à la grande Bleue, un service non-stop et de petits prix sans rogner sur la qualité. Pour les plus aventuriers, on ne peut que recommander d'emprunter l'accès sportif qui donne sur une petite crique juste en dessous, où vous serez seul au monde.

PIETRA MONETTA €€

Route de l'Ostriconi

✆ 04 95 60 24 88

De mai à octobre uniquement le soir, réservation souhaitée. Fermé le lundi en dehors de l'été. Menu unique à 28 €.

Ange-Paul Vesperini vous accueille sur son exploitation agricole à la table de son restaurant à la ferme où vous dégustez les spécialités régionales issus des productions de la ferme, soupe, beignets, charcuterie, agneau grillé, veau en sauce, tartes. Sur place, élevage d'ovins, porcins, volailles, maraîchage, fruitiers, oliviers. Cet ancien relais de poste propose également 5 chambres d'hôtes. Vente de produits (charcuterie, fromages, huile d'olive, confitures), plats à emporter. Possibilité randonnées 4x4 dans Les Agriates.

LAMA ★★

La particularité architecturale de Lama est le mariage harmonieux de deux styles différents : le vieux quartier médiéval, composé de petites maisons aux toits terrasses collées les unes aux autres, de ruelles étroites et voûtées, voit s'ajouter « l'architecture d'affirmation » des familles d'oléiculteurs les plus aisés qui se font construire, au XVIIIe siècle, de grandes maisons bourgeoises d'inspiration toscane, particulièrement la maison Bertola avec son belvédère toscan. Il existe encore de nombreux pressoirs à huile, témoins séculaires de l'activité des hommes sur ce territoire. Un fleurissement original lui a valu le label de village fleuri « 4 fleurs ».

FESTIVAL DE LAMA

✆ 04 95 48 21 60

https://festilama.org/

Du 30 juillet au 5 août. Entrée : 8 €. Tarif réduit : 6 €.

Perché à flanc de montagne, le village médiéval de Lama, écrin du célèbre festival de cinéma international et insulaire, accueille chaque été depuis presque 30 ans plusieurs milliers de festivaliers. L'étroite route menant au village étant à sens unique, il conviendra de partir en avance ! Sur place, les ruelles empierrées vous mèneront aux quatre sites de projection, dont la prestigieuse « Piscine » surplombant l'Agriate. Baigné d'étoiles et de parfums de maquis, le lieu confère aux projections techniquement parfaites une sensualité féerique à ce jour inégalée.

NOVELLA ★

Un village de caractère, situé à 400 m d'altitude, qui offre, depuis le col San-Colombano, un large panorama sur les montagnes environnantes, le massif des Agriate et la mer. La route d'accès en corniche, très impressionnante, laisse découvrir un vieux village aux maisons à grandes façades. La maison Orabona, construite au XIXe siècle, offre une belle vue sur toute la plaine. Son église baroque Santa-Croce renferme un tableau de la Vierge qui pleurerait miraculeusement. A quelques kilomètres de Novella se trouvent les ruines du village de Cruschini, qui fut déserté à la suite des luttes contre les seigneurs de San-Colombano.

URTACA ★

Son passé nous fait découvrir un patrimoine riche. La chapelle de Saint-Nicolas à l'entrée du village avec la statue de son saint patron. L'église de l'Annonciation au centre du vieux quartier. On y découvre un tableau avec une représentation de Ste Dévote « Régina di a Corsica », un harmonium de marque Alexandre rare en Corse. Les sentiers de randonnées accessibles depuis le village font parcourir une montagne chargée de vestiges anciens, de moulins à farine à force hydraulique et d'un baptistère au col de San-Pancrazio. Dans la vallée, découvrez les moulins à huile « E fabbrice » les fontaines à plusieurs loges, les vieilles pierres de l'église de Sant'Andria.

LA BALAGNE

© JON INGALL - SHUTTERSTOCK.COM

Novella.

LE NORD

Un grand territoire avec, en point d'orgue, sa capitale bastiaise, porte d'entrée de nombreux voyageurs, depuis son port et son aéroport, qui seraient futés de s'y attarder plus longtemps. Bastia regorge de beaux quartiers anciens et son patrimoine mérite plus d'une journée de visite ; le cap Corse, sauvage et préservé, paradis des sports verts et jamais surpeuplé, même en août ; le Nebbio et la vallée de la Conca d'Oro, habités depuis le Néolithique, avec, en vedette, la cité de Saint-Florent, surnommée le petit Saint-Tropez de la Corse. Les incontournables : le vieux-port et la citadelle de Bastia, le port et la tour génoise d'Erbalunga, la balade sur le sentier des douaniers depuis Macinaggio, le repas à la langouste de Centuri, l'escalade jusqu'à la tour de Nonza, la visite de l'église et des caves vinicoles de Patrimonio, un dîner sur le port de Saint-Florent et la baignade au bord des plages de Loto ou Saleccia.

Le Nord
5 KM
Réserve naturelle des Îles Finocchiarola
ERSA
ROGLIANO
CENTURI
MACINAGGIO
D80
TOMINO
MORSIGLIA
D35
MERIA
PINO
D180
LURI
BARRETTALI
D132
CAGNANO
D33
Mare Ligure
CANARI
PIETRACORBARA
OGLIASTRO
SISCO
NONZA
OLMETA-DI-CAPOCORSO
BRANDO
SANTA-MARIA-DI-LOTA
FARINOLE
SAN-MARTINO-DI-LOTA
Pietranera
Golfe de Saint-Florent
CARDO
VILLE-DI-PIETRABUGNO
PATRIMONIO
BARBAGGIO
BASTIA
D81
SAINT-FLORENT
D238
FURIANI
D81
D82
POGGIO-D'OLETTA
OLETTA
BIGUGLIA
SANTO-PIETRO-DI-TENDA
D62
D62
D82
RAPALE
D107
PIÈVE
Rutali
Réserve Naturelle de l'Étang de Biguglia
D5
MURATO
T11
La Marana
BORGO
LUCCIANA

PAGES

LE GRAND BASTIA

C'est en empruntant la route du col de Teghime que la vue de la région bastiaise est la plus rayonnante. De cette descente, Bastia s'offre soudainement aux yeux, puis c'est au tour d'une partie de la plaine côtière qui se dégage peu à peu occupée par l'étang de Biguglia, le plus vaste de Corse. Les toits pourvus de pierres de Brando aux teintes bleu sombre parent la ville d'un cachet particulier.

LE CAP CORSE

C'est le « doigt de la Corse » pointé vers le nord. Long de 72 km et large de 14 km, le Cap est comme empreint de mystère. La véritable richesse du Cap, il faut la chercher dans ses vallées qui s'ordonnent, du nord au sud, perpendiculairement à l'épine dorsale centrale qui culmine à 1 322 m (Cima di e Follicie). Ces 18 vallées offrent depuis 2008 une variété de promenades thématiques.

LE NEBBIO

La région est située au sud et à l'est de Saint-Florent, qu'elle englobe. Pasquale Paoli la surnommait Conca d'Oru (la conque d'or) : elle comprend les montagnes au sud de Saint-Florent, autour du col de San-Stefano, l'Agriate, la plaine que traverse l'Aliso et les fameux vignobles de Patrimonio.

BASTIA ★★★

Préfecture de la Haute-Corse et ville de culture, c'est la seule agglomération qui ressemble à une grande ville : foisonnante de gens et dont les environs, de Poretta à Toga, constituent la plus importante bande industrielle et économique de l'île. C'est aussi une ville musée : dès le XVIe siècle, de nombreux édifices religieux et conventuels émergent. Bastia peut être considérée comme la capitale française du baroque qui s'exprime dans l'art sacré tout autant que dans son cadre urbain. Édifices publics, religieux ou privés, bâtiments rénovés aux couleurs d'antan riches des ocres méditerranéens, jardins en escarpe accrochés au-dessus des flots...

PORT DE COMMERCE DE BASTIA

Quai Nouveau Port de Commerce
✆ 04 95 55 25 00
www.bastia.port.fr
Horaires des traversées à voir sur le site.

Situé en plein cœur de la ville, le port de Bastia est le premier port de Méditerranée et le deuxième port français avec un trafic de 2 millions de passagers par an. Il assure les liaisons avec le continent (Marseille, Nice, Toulon), avec l'Italie (Gênes, Livourne, Savone et La Spezia) et avec l'Ile d'Elbe, célèbre île de l'archipel Toscan. Les compagnies qui y sont implantées sont les suivantes : La Méridionale, la Corsica Linéa, la Corsica Ferries et la Moby Lines.

CHEMIN DE FER DE LA CORSE (CFC)

Place de la Gare
✆ 04 95 32 80 61
www.cf-corse.corsica
Ouvert tous les jours de 5h50 à 20h30. Dimanche de 7h45 à 19h15.

Le petit train corse (Trinichellu) fait son bonhomme de chemin de Bastia vers Ajaccio et de Bastia vers Calvi à une vitesse qui n'est pas du tout celle que l'on attend d'habitude de ce moyen de transport. Aujourd'hui, le train corse irrigue l'intérieur avec la ligne Bastia-Ajaccio qui emprunte des tunnels inattendus à travers des paysages sublimes, relie la Balagne aux autres micro-régions, et assure aux étudiants de l'université implantée à Corte un moyen de locomotion gratuit.

LE VIEUX PORT

Quai de la Madonetta
✆ 04 95 31 31 10
www.bastia-tourisme.corsica/
Capitainerie ouverte de 8h à 11h30 et de 14h à 16h30. Port ouvert 24h/24.

Niché comme un joyau dans son écrin entre la Place du Marché et la Citadelle, le Vieux Port est un incontournable à Bastia. Installez-vous sur l'une des terrasses de café pour y admirer son authenticité et son patrimoine tout en profitant de l'ambiance conviviale qui y règne. Autrefois fréquenté par la flotte génoise, navires royaux et impériaux ont laissé place à des bateaux de plaisance et embarcations de pêcheurs. Les lève-tôt, et les plus chanceux peuvent même profiter certains jours de poissons fraîchement pêchés vendus directement à quai.

GARE ROUTIÈRE DE BASTIA

1, rue du Nouveau-Port
✆ 04 95 54 54 54
www.corsicabus.org/busBastia
Ouvert toute l'année.

On dit souvent qu'il est impossible de passer des vacances en Corse sans voiture. Mais plusieurs compagnies de bus proposent des navettes régulières entre de nombreuses régions de la Corse. Le site Corsica Bus est une mine d'or faisant état de toutes les lignes proposées par des compagnies privées. Depuis Bastia, vous pourrez explorer les villes de Porto-Vecchio, Solenzara, Macinaggio Rogliano, Barrettali, Saint Florent, Calvi, Marana, Vescovato ou encore Macinaggio, à des prix plus qu'abordables. Les tarifs et horaires sont à consulter sur le site.

OFFICE DE TOURISME DE L'AGGLOMERATION DE BASTIA

Place Saint-Nicolas
✆ 04 95 54 20 40
www.bastia-tourisme.corsica
Ouvert toute l'année. Tous les jours en haute saison, au printemps et à l'automne. Fermé le week-end en hiver.

C'est le grand office de tourisme du nord de la Corse qui englobe le grand Bastia, le Cap Corse et le Nebbiu. Principal port d'arrivée dans l'île de Beauté grâce à sa proximité avec l'Italie, le touriste sera futé en s'attardant dans cette belle ville au patrimoine remarquable. Conseils avisés du personnel de l'office du tourisme sur les lieux à voir et les services proposés dans la région. Vous pouvez ici réserver vos activités (visites guidées, spectacles, etc.).

Le Vieux Port de Bastia.

LÉGENDINES, VISITE INSOLITE DE BASTIA

place Saint Nicolas ✆ 04 95 54 20 49
www.bastia-tourisme.corsica

Visite guidée des Légendines de début avril à mi octobre, le mardi à 16h30. Gratuit jusqu'à 12 ans. Adulte 20 €.

Légendes et histoire véritable au menu de cette visite guidée au départ place Saint-Nicolas ! Vous cheminez durant 2h30 en croisant les fleurons du patrimoine de Bastia avec un guide conférencier alternant les faits étranges ou/et historiques, les anecdotes insolites, les commentaires sur les traditions et coutumes. Dans l'enceinte de la Citadelle vous profitez d'un concert privé de chants polyphoniques corses dans le cadre somptueux de l'oratoire de la Sainte Croix.

CATHÉDRALE SAINTE-MARIE-DE-L'ASSOMPTION ✝ ★★

La citadelle
✆ 04 95 31 01 80

Ouvert toute l'année.

Édifiée entre 1604 et 1619, cette superbe église présente une façade à trois frontons. L'intérieur à nef unique bordée de deux collatéraux est richement décoré de stucs, œuvre de maîtres stucateurs et peintres du XVIIIe et du XIXe siècle, est enrichie par les dons généreux des évêques, curés, gouverneurs, en tableaux, statues, pièces d'orfèvrerie qui font de Sainte-Marie l'une des plus belles églises de Bastia. Le fait qu'elle fut le siège des évêques de Mariana lui conféra le titre de cathédrale. Grâce à des legs importants, en particulier celui de monseigneur Fornari, elle s'enrichit au fil des siècles de nombreuses œuvres d'art d'excellente facture. À droite en entrant, dans une niche vitrée, la superbe Assomption de la Vierge en argent massif ciselée par Gaétano Macchi en 1852. Cette œuvre d'art est portée en procession tous les 15 août dans les rues de la cité. L'orgue construit par les frères Serassi est le seul instrument de facture italienne classé aux Monuments historiques en France. De remarquables toiles ornent ses chapelles latérales et en particulier une superbe « pala » du XVe siècle représentant l'Assomption de la Vierge due à Leonoro Aquilani et une belle Crucifixion de Luca Cambiasp (XVIe). Une curiosité, les chapeaux des évêques qui ont siégé en ce lieu sont suspendus aux voûtes du chœur. Notez que la grande statue de l'Assomption de la Vierge (XIXe) placée au-dessus du maître-autel mesure 2,60 m de haut et qu'elle est en carton mâché !

CHAPELLE DE LA SCALA SANTA ✝

Chemin de la Scala Santa
✆ 04 95 54 20 40

Ouvert toute l'année.

Niché dans la campagne bastiaise et accessible en 20 minutes à pied depuis le centre-ville, l'oratoire de Monserato abrite un rarissime « escalier Saint ». Seuls les plus hauts-lieux de la Chrétienté détiennent cet insigne privilège. En plus de l'escalier Saint recouvert de velours et de bois doré, l'oratoire renferme une belle statue de marbre de la Vierge à l'Enfant datée de 1637. Un lieu exceptionnel à visiter pour tous ceux qui se donneront la peine d'y grimper.

CHAPELLE SAINTE CROIX ✝ ★★

4, rue de l'Evêché
✆ 04 95 32 31 70

Ouvert toute l'année.

Joyau de l'art baroque tardif enchâssé dans la citadelle, cet oratoire possède un décor peint, sculpté et doré. Les rocailles et les angelots, les courbes et les contre-courbes évoquent les chantournements d'un salon Louis XV. Bâti sur un sol appartenant à la basilique Saint-Jean-de-Latran, on se trouve donc ici en terre vaticane. Le beau retable évoquant l'Annonciation est au talent du peintre florentin Giovanni Bilivert (1633). Le Christ Noir, dans la niche au-dessus de l'autel, a été trouvé en mer par deux pêcheurs d'anchois en 1428.

ÉGLISE SAINT-CHARLES ✝ ★

Rue du Général-de-Carbuccia

Ouvert toute l'année.

En haut de la rue de Carbuccia récemment refaite, un escalier monumental ouvrant sur une façade en jaune, sobre avec deux saints dans leurs niches. C'est l'église Saint-Charles Borromée, l'une des plus anciennes de la ville, fondée en 1635 par les jésuites sous le nom de Saint-Ignace en référence à saint Ignace de Loyola. A droite de l'église en sortant, la maison de Caraffa, du nom d'une vieille famille bastiaise. Cette façade classée Monument historique est un vrai souvenir de l'architecture ligure et toscane dont la ville de Bastia est empreinte.

MUSÉE DE BASTIA ★★

Place du Donjon - Citadelle
✆ 04 95 31 09 12 - musee.bastia.corsica
Basse saison : mardi-samedi 9h-12h et 14h-17h. Haute saison : tlj 10h-18h30. Entrée musée 5 € adulte, jardin seul 1 €.

Au cœur de la citadelle de Bastia, sur un éperon rocheux dominant le Vieux-Port et la mer tyrrhénienne, le palais des gouverneurs génois et le jardin du bastion Saint-Charles offrent des points de vue spectaculaires sur l'ensemble de la ville. Classé monument historique, cet édifice emblématique de la Corse génoise abrite le musée de la ville et décline l'histoire de Bastia et de l'Île.

Les traces archéologiques de l'histoire et du rôle de ce monument insigne de la Corse génoise seront commentées au long du parcours public par une signalétique spécifique. Les collections du musée raconteront, l'histoire de la ville de Bastia. Au rez-de-chaussée de l'aile des gouverneurs, c'est la Ville qui sera présentée, son évolution depuis la création, et quelques-unes de ses principales caractéristiques. Au premier étage, à découvrir le rôle de Bastia, capitale de la Corse durant près de cinq siècles, sur le plan politique, social, économique et culturel.

L'histoire du palais et la présentation de la collection Carlini clôtureront le parcours. L'ancienne chapelle est consacrée aux Arts décoratifs sous la Révolution et l'Empire. Deux niveaux d'expositions temporaires permettent de compléter ces propos. Des maquettes et des multimédia compléteront la visite.

▸ **Exposition temporaire** de juillet à décembre 2023, l'exposition évènement CORSICA 39-45 : les Corses et la Deuxième Guerre mondiale (1939-1945), qui retrace l'histoire de l'île pendant le conflit et plonge le visiteur dans le vécu des habitants du premier département libéré.

ÉGLISE SAINT JEAN-BAPTISTE ✝ ★★

4, rue du Cardinal-Viale-Préla
✆ 04 95 55 24 60
www.saintjeanbaptiste-bastia.fr
Ouvert toute l'année.

L'église Saint-Jean-Baptiste, la plus vaste église paroissiale de Corse, surplombe le Vieux-Port de Bastia de sa haute et théâtrale façade à deux étages animée de yolutes et flanquée de deux clochers du XIXe. Erigée au plus fort de l'art baroque en Corse entre 1636 et 1666, elle respecte les modèles classiques de l'époque, à l'exception de ses trois profondes chapelles, et de l'absence de coupole. L'intérieur du sanctuaire est orné de nombreuses œuvres d'art.

LA ROUTE DES SENS AUTHENTIQUES ★★★

Avenue Paul-Giacobbi ✆ 04 95 30 95 23
www.gustidicorsica.com
Ouvert toute l'année.

Et si, après quelques jours de détente sur les plages corses, l'envie vous gagnait de découvrir les racines de la Corse à travers ses produits labellisés ? Matérialisées par des centaines de panneaux signalétiques aux quatre coins de l'Île, les Routes des Sens authentiques vous guident pour des découvertes hautes en saveurs. Chef d'orchestre de cette valorisation agricole récente, l'Office du développement agricole et rural de Corse (ODARC) vous invite à la découverte des productions certifiées AOP, IGP ou AB : miels, Brocciu, charcuteries, vins, huile d'olive, farine de châtaigne, clémentines, pomelos, noisette… mais également à la rencontre d'artisans d'art, de fermiers aubergistes ou de distillateurs d'huiles essentielles. La Route des Sens Authentiques est une invitation au voyage au cœur de la Corse rurale. Profondément attachés à leur terre, des femmes et des hommes passionnés qui ont su conjuguer art de pratiquer un métier ancestral et mode de vie moderne, vous offrent la chaleur d'un accueil traditionnel et la garantie d'un produit d'origine. Dans ces lieux à forte identité, savoir-faire ancestraux et modernité se côtoient pour un accord parfait entre authenticité et qualité. Suivez ces panneaux pour accéder à leurs exploitations, leurs ateliers, leurs auberges. Les adhérents de la Route des Sens respectent un cahier des charges précis qui vous garantit des productions de qualité et d'origine, des saveurs et des savoir-faire uniques ainsi qu'une hospitalité rare !

LA CITADELLE TERRA NOVA ★★

Cours Favale
www.bastia-tourisme.com
Ouvert toute l'année.

La forteresse initiale, la Bastia, fut implantée en 1380 par le gouverneur génois Leonello Lomellini sur un promontoire rocheux qui dominait les anses du Porto-Vecchio, aujourd'hui Anse de Ficajola, et de Porto Cardo, l'actuel Vieux-Port. Les bâtiments actuels, reconstruits à partir de 1448 et achevés dans le premier quart du XVIe siècle servirent de résidence principale aux gouverneurs de la Corse dès la fin du XVe siècle jusqu'à la fin de la domination génoise au XVIIIe siècle. Ils abritaient aussi la Haute Cour de Justice de l'île et les prisons. Après le rattachement de la Corse à la France en 1768, les lieux furent abandonnés au profit du couvent des missionnaires. Ils abritèrent alors le Conseil supérieur de l'île de Corse puis après la Révolution française, le siège du Directoire du département : enfin en 1794, ils furent affectés à l'armée pour le casernement des troupes. Connue sous le nom de caserne Watrin, cette institution fut en activité jusqu'à la dernière guerre au cours de laquelle les ailes nord et sud furent minées et partiellement détruites. Les remparts qui cernent Terra Nova furent terminés en 1480 ainsi que le superbe Palais des Gouverneurs, symbole de la puissance de la république de Gênes en 1530. Promenez vous ainsi dans la citadelle, le long des remparts pour des vues exceptionnelles sur les ports, les îles Toscanes, la plaine orientale avant de descendre les escaliers qui mènent à l'ancienne poudrière, pour ensuite déambuler dans les ruelles. Le site est ouvert à toute heure.

JARDIN ROMIEU

Escalier Romieu
✆ 04 95 54 20 40
www.bastia-tourisme.com
Ouvert toute l'année. Gratuit.

En quittant la citadelle, on rejoint le Vieux-Port par le jardin Romieu, un havre de verdure qui surplombe harmonieusement le pittoresque port de plaisance et qui, la nuit, avec ses lumières, compose un bel écrin au palais des gouverneurs. Dans le jardin, l'escalier Romieu est très clairement visible du Vieux Port. Vases sur pied, fontaine, statues, longues rampes en fer forgé, ce lieu est bucolique et romantique à souhait. Profitez d'une halte sous les arbres pour admirer la vue panoramique sur les deux ports avec, en été, le ballet incessant des navires.

MAISON DES VIALE ★

Accessible toute l'année.

Attenante à l'église Saint-Jean-Baptiste, la maison des Viale domine la place du marché et plonge sur les eaux tranquilles du Vieux-Port. C'est là que naquit en 1787, le poète Salvatore Viale qui exerça les fonctions de conseiller à la cour d'appel de Bastia de 1828 à 1852. Son œuvre dominante fut la Dionomachia, un long poème traitant sur le mode héroï-comique d'une guéguerre absurde entre deux villages de la Marana, Borgo et Lucciana, à propos d'un âne mort… Bien que rédigé en italien, cet ouvrage comporte un texte en langue corse considéré comme fondateur.

LA ROUTE DES SENS
Au fil des saisons, des femmes et des hommes, réunis autour d'une charte de qualité, vous font découvrir leurs productions. Ils vous invitent aussi à être curieux, sentir, regarder, écouter...
... retrouver le goût de l'essentiel.
conception mediani / photo J.-C. Attard
DÉCOUVREZ LA CORSE RURALE !
Organisez votre itinéraire sur
www.gustidicorsica.com
CULLETTIVITÀ DI CORSICA
COLLECTIVITÉ DE CORSE
Uffiziu di u Sviluppu Agriculu è Rurale di Corsica
Office du Développement Agricole et Rural de Corse
ROUTE DES SENS authentiques

ORATOIRE DE LA CONFRERIE DE L'IMMACULÉE-CONCEPTION ★

Rue Napoléon

Accessible à l'année. Ouvert de 8h à 18h (en dehors des offices religieux).

La confrérie de l'Immaculée Conception fut fondée en 1588. L'édifice qui lui sert de chapelle a quant à lui été achevé en 1609. Sa façade est agrémentée d'un portail baroque et d'un revêtement de plaques de marbre de Carrare, posées en 1858 et 1859. Le décor de la voûte du XVIIe siècle a été restauré et complété en 1855 par une équipe de peintres italiens, dirigée par le florentin Bernardo Francesco Sieni. Aventurez-vous à l'intérieur pour en découvrir ses merveilles.

PALAIS GALEAZZINI ET KER MARIA

1, rue Saint Erasme

Entre la place de l'Hôtel-de-Ville et le quai des Martyrs, au lieu-dit autrefois nommé A Punta, on trouve le Palais Antoni Antoniotti, demeure bourgeoise commanditée au XVIIe siècle par Piero Galeazzini, riche négociant dont un descendant, Gio-Battista Galeazzini, fut maire de la ville au XVIIIe siècle et joua un rôle essentiel d'opposant au régime anglo-corse de George III (1794-1796). D'autres palais dits américains peuvent être repérés à Bastia et dans le cap corse, particulièrement côté levant. Notre coup de cœur va toutefois, de l'autre côté de la ville, à la villa Ker Maria, l'ancienne clinique Dufour qui abrita ensuite l'antenne bastiaise de la CTC (aujourd'hui Collectivité de Corse). Avec sa façade couleur saumon, les palmiers qui l'entourent et sa situation, au-dessus de la petite crique des Minelli de Ville-di-Pietrabugnu, elle distille un charme fou. Bien connue des Bastiais et de tous les résidents du nord de la ville, cette villa regarde la mer et se dresse dans le ciel, le long d'une route très passante qui grimpe vers les hauteurs de Bastia (route du cap corse). Cette bâtisse nous réjouit les yeux à chaque passage. Elle est bien entretenue et dans sa modestie relative apparaît fortement sympathique. Sa façade prend bien le soleil et des couleurs qui varient d'une heure à l'autre. Quant à l'appellation Ker maria, Maison Maria en breton, elle pourrait évoquer l'origine bretonne de la belle pour laquelle elle a été construite. Mais ce n'est qu'une hypothèse !

PLACE SAINT-NICOLAS ★

Place Saint-Nicolas

Accessible toute l'année.

C'est le grand forum, l'agora incontournable, le dernier salon où l'on cause, où se nouent les intrigues politiques comme les idylles naissantes. La place Saint-Nicolas, l'une des plus vastes d'Europe, avec environ 280 m de long et 80 m de large et plantée de palmiers centenaires, est le point de convergence de tous les flâneurs qui viennent humer l'air du large sous les palmiers ou bien boire un verre au soleil couchant. Les enfants y jouent sans risques, l'ambiance est conviviale. Ce ne fut longtemps qu'un terrain vague et ce n'est que dans les années 1830 que l'on a commencé à gagner sur la mer avec du remblai provenant de la construction de la ligne de chemin de fer. Les arbres ont suivi, puis les monuments avec notamment la statue de Napoléon Ier en empereur romain (1854), le kiosque à musique édifié en 1907 pour accueillir les orchestres de musique militaire et, enfin, le monument aux morts érigé en 1935 par deux sculpteurs bastiais. Aujourd'hui la place Saint-Nicolas est la plus belle vitrine de la ville. S'y alignent, notamment, plusieurs immeubles luxueux, les fameux palazzi d'americani, construits par des Corses ayant fait fortune en Amérique du Sud. On peut ainsi admirer le palazzu Roncajolo, le palazzu Agostini mais aussi le palais Fantauzzi. Cette place distille sans conteste une atmosphère typiquement méditerranéenne qui ravit les habitants comme les visiteurs du monde entier. Une escale qui s'avère particulièrement agréable après une visite de Bastia, qui est rarement de tout repos !

LE SENTIER DES CRÊTES

✆ 04 95 31 02 32

https://destination-cap-corse.corsica/

Accessible toute l'année.

Ce chemin débute sur les hauteurs du port de Toga, autrefois connu pour son essor industriel au XIe siècle, aujourd'hui devenu un port de plaisance apprécié.

En quittant la route du Cap Corse au niveau de la place Mattei, suivez la route principale et dépassez les panneaux indiquant « chemin de San Rucucciu », et le « Sophros » ; vous arriverez au point de départ du sentier des crêtes indiqué par un panneau. Après quelques efforts, vous aurez la récompense de découvrir le charme de l'habitat traditionnel corse du hameau d'Alzeto.

SERRA DI PIGNU - COL DE PIGNO

Ouvert toute l'année.

Un point de vue à couper le souffle et à ne louper sous aucun prétexte si le temps est dégagé, c'est l'un des incontournables de la région. En revanche, il est inutile d'y aller par mauvais temps car vous aurez certainement la tête dans les nuages. Accessible en voiture, ce point de vue et départ de nombreuses randonnées vous offrira un panorama à 360°. En montant de Bastia vers la route de Saint-Florent, 800 mètres avant le col de Teghime, repérez sur la droite le petit panneau indiquant «Serra di Pigno» et prenez la D338 qui monte. Empruntez ce chemin pendant un peu plus de 4 km. Attention cependant, la route est très étroite et abrupte. Au bout, vous arrivez à l'antenne de relais téléphonique. Arrêtez-vous ici et grimpez découvrir la vue sublime. La côte est d'un côté, avec Bastia à vos pieds, l'étang de Biguglia, le lido de la Marana et une vue imprenable sur les différentes îles de l'archipel toscan et la côte ouest de l'autre, le golf de Saint-Florent et les montagnes de la Balagne. Entre les deux, les hauts sommets du Cap Corse que vous pouvez emprunter pour quelques balades et randonnées indiquées sur place. Le panorama y est remarquablement étendu sur les deux versants du cap Corse. S'il fallait choisir un moment de la journée pour s'y aventurer, nous vous recommandons chaudement d'y aller en début de soirée, à l'heure de l'apéro, avec une bouteille de blanc et un pique-nique, avant que le soleil ne se couche. Le clou du romantisme.

SUD HOTEL** €

Quartier Lupino
✆ 04 95 30 20 61
www.sudhotel-bastia.com
24 chambres. Basse saison : chambre simple à partir de 50 €. Parking gratuit.

© SUDHÔTEL

Angélique, Joseph et toute l'équipe vous accueillent chaleureusement dans leur hôtel familial à l'entrée de Bastia. Joliment redécoré avec le petit patio qui donne le ton et le petit potager en toit-terrasse. Excellent rapport qualité-prix pour une situation proche du centre (2 kilomètres) et le parking juste en face. Le restaurant de l'hôtel La Cuisine du Sud propose une cuisine méditerranéenne concoctée avec goût et générosité avec ses menus et formules que vous pouvez déguster sur le toit-terrasse. Idéal aussi pour l'arrivée et le départ du port de Bastia !

LE NORD

HOTEL CENTRAL BASTIA €€

3, rue Miot
✆ 04 95 31 71 12
hotelcentralbastia.com
Ouvert à l'année. Chambres à partir de 70 €. Petit déjeuner 10 €.

Ce petit bijou et plus ancien hôtel de la ville est tenu depuis plusieurs générations par la même famille, mais c'est l'artiste Frédéric de Lapaillonne qui lui offre son âme actuelle en nous laissant découvrir ses œuvres hétéroclites au sein des six étages. Que du bonheur ! De ces chambres, suites et appartements émanent le charme cosy et authentique tout autant qu'un confort actuel. Au cœur de la ville, proche de la place Saint-Nicolas, des commerces, restaurants et des ports, vous y trouverez une ambiance familiale, chaleureuse et un charme fou !

HÔTEL PORT TOGA*** €€

Rond point de Toga
✆ 04 95 34 91 00
www.hotel-port-toga.com
Ouvert toute l'année. Basse saison, chambre double à partir de 82 € ; haute saison 110 €. Petit déjeuner 14 €. Parking.

Idéalement situé face au port de plaisance et au port des ferries de Bastia, cet hôtel est un véritable cadeau si votre ferry part tôt ou arrive tard car la réception est ouverte en non-stop et l'hôtel se situe à 20 secondes à pied de l'entrée du port. Les chambres sont tout confort et la propreté est irréprochable. L'équipe jeune et dynamique vous réserve un accueil chaleureux. En saison, le petit déjeuner est servi au dernier étage, sur un rooftop dont la vue est incroyable sur les îles italiennes et lever de soleil sur la mer pour les lève-tôt.

SAN DAMIANO**** €€

1075, Lido de la Marana
✆ 04 95 33 68 02
www.campingsandamiano.com
Ouvert du 25 Mars au 5 Novembre. Accueil jusqu'à 20h (21h en été). Chèques vacances acceptés. Réservation recommandée.

Quel beau camping ! A 9 km au sud de Bastia, cette adresse émérite et quatre étoiles est implantée sous une pinède naturelle bordée d'une plage de sable fin. Sur place, un superbe espace piscine avec jeux aquatiques, un supermarché disposant d'une gamme complète de produits du terroir, une laverie, des animations en été ainsi qu'un espace détente avec musique d'ambiance et accès wifi. Confortables et bien agencés, les chalets et mobil-homes sont émaillés d'une réception dotée d'un accueil parfait ! Idéal pour profiter de la région bastiaise en famille.

L'HÔTEL DES GOUVERNEURS**** €€€

3 bis, rue des Turquines ✆ 04 95 47 10 10
www.hoteldesgouverneurs.fr
Ouvert toute l'année. 26 chambres (dont 10 suites). Chambre double classique à partir de 150 €.

Un écrin luxueux surplombant l'azur marin et caressant les lignes protectrices de la citadelle : ce cocon enchanteur exhale une enveloppante chaleur de hamam, où se fondent les feux de ses quatre étoiles. Sur la terrasse au couchant, évadez-vous dans le doux pastel orangé au rythme des lumières du vieux port, et savourez des mets à l'identité forte et aux alliances de douceurs raffinées. Un îlot magnifique et hors du monde, recelant les secrets d'une île de Beauté bien gardée !

LE BISTROT DU MARCHÉ €

5, rue Jacques Faggianelli
✆ 04 20 01 55 94
Ouvert toute l'année. Du mardi au dimanche. Pas de réservation le soir.

Il suffit de voir les Bastiais s'attabler au Bistrot du Marché pour comprendre qu'il s'agit d'une des bonnes adresses de la ville. Bistrot, café, bar, restaurant, lieu de rencontre après un petit tour au marché le week-end... Ce lieu est une étape agréable à tout moment de la journée et de la semaine. Du côté restaurant, la carte est simple et les prix abordables : salades, avocado toasts, burger, et les fameuses pâtes à la truffe que l'on vous conseille fortement. En été, la terrasse s'étend jusqu'à la place du marché pour satisfaire une clientèle nombreuse.

CAFÉ DES GOURMETS €

23, boulevard Paoli
✆ 04 95 48 51 92
Ouvert toute l'année. Du mardi au samedi de 8h à 19h, ouvert lundi en août ; dimanche / fériés de 10h à 16h. Carte 14 €.

Ici on peut petit-déjeuner, déjeuner, bruncher ou goûter à toute heure de la journée. Entrez découvrir ce lieu apaisant à la décoration distinguée. Au fond de la salle, une gigantesque verrière qui fait son effet. Du croissant au beurre au pain au levain des tartines, tous les produits sont élaborés en cuisine. Les matières premières sont de qualité, Label Rouge quand il le faut, bio quand on le peut, corse lorsque la saison s'y prête, avec un choix de pâtisseries sans gluten. Une adresse à tester pour un moment zen et gourmand, en prenant son temps !

A CASARELLA €€

6, rue Saint-Michel
✆ 04 95 32 02 32
Ouvert toute l'année. Du mardi au samedi soir, le midi et le soir. Carte : 30 € environ.

Dans l'enceinte de la Citadelle où il fait bon flâner, le restaurant d'Andy Caravel domine la mer, offrant un large et magnifique panorama. L'équipe souriante et attentive vous proposera une cuisine savoureuse concoctée sur place avec les produits du terroir façon Casarella. Une large place pour le côté mer : ceviche de denti, poulpe et salsa de mangue, calamars chorizo à la plancha, denti rôti jus de coquillages, purée truffée, sans oublier le côté terre : veau confit sur l'os, pluma de cochon caramélisé à la figue... Un repère de gourmands d'ici ou d'ailleurs.

COL TEMPO €€

Quai Premier-Bataillon-de-Choc
✆ 04 95 58 14 22
Ouvert toute l'année. Du mardi au samedi de 11h30 à 14h30 et de 20h à 23h. Ouvert uniquement les soirs et lundi en été.

Un joli bistrot sur le port de pêche, dirigé par le jeune chef Clément Calendini, formé à l'école hôtelière de Bastia, sous la houlette du papa professeur et ex-restaurateur réputé. Récemment refait à neuf, le lieu adopte un style contemporain tout confort, avec ses grandes tables et ses fauteuils rembourrés, qu'on apprécie en toute saison sur la terrasse vitrée et climatisée. Carte à l'ardoise évolutive, produits du marché préparés en slow food et rapport qualité-prix appréciable. Carte des vins sélectionnés chez les petits producteurs. Réservation conseillée !

© HÔTEL LES VOYAGEURS

© HÔTEL LES VOYAGEURS

© HÔTEL LES VOYAGEURS

HÔTEL RESTAURANT DES VOYAGEURS*** €€

9, avenue Mar Sébastiani
✆ 04 95 34 90 80
www.hotel-lesvoyageurs.com

Ouvert à l'année. Parking fermé. Chambres de 70€ à 161 €. 2 chambres PMR.

Situé en cœur de ville proche de la gare, des ports, des boutiques et restaurants, l'Hôtel Les Voyageurs vous accueille à l'année depuis plus d'un siècle. Hôtel de charme rénové, il cultive l'art de recevoir ses clients avec soins. Les chambres sont climatisées et disposent d'un mini-bar, d'un coffre-fort et de wifi à haut débit. C'est ici un lieu de séjour idéal pour découvrir toute la région ou pour profiter de la belle ville de Bastia sans prendre la voiture.

© HÔTEL LES VOYAGEURS

© HÔTEL LES VOYAGEURS

CORTO €€

rue de la Marine
✆ 04 95 48 52 87

Ouvert toute l'année, tous les jours de 12h à minuit. Sauf lundi. Le dimanche de 12h à 15h. Réservation recommandée.

Décoration contemporaine, belle terrasse ombragée, communication léchée : difficile de passer à côté de Corto sans s'y arrêter. A la carte : essentiellement des produits de la mer. Chez Corto, les crustacés sont cuits au four à charbon après avoir été parfaitement assaisonnés. La carte de fruits de mer est vaste et met l'eau à la bouche. Dans l'assiette, tout est parfait et le service est aux petits soins. En journée, vous profitez de la terrasse sur le vieux port pour déguster des immenses coupes du célèbre glacier Raugi. Une belle adresse à tester !

LA CUISINE DU SUD €

490, avenue de la Libération
✆ 04 95 30 20 61
www.sudhotel-bastia.com

Ouvert d'avril à octobre tous les soirs, hors saison du lundi au jeudi ou sur demande en chambre les autres jours.

Il est de bonnes adresses un tantinet cachées, dont la découverte vous donne l'impression de détenir un secret. La Cuisine du Sud, restaurant du Sud-Hôtel, est une de ces adresses un peu confidentielles, parenthèse d'un ailleurs, mais ici ! Jardin bio en toit terrasse et vue mer, ou patio aux couleurs méditerranéennes et sa grande fontaine, on s'y sent bien, choyé par l'équipe souriante et attentionnée. Les plats précédés des effluves sont savoureux et la carte des vins vous fait voyager à travers le monde et découvrir de petites merveilles d'ici et de loin...

A FUNTANA €

15, avenue Emile Sari
✆ 04 95 36 48 41

Ouvert toute l'année. Ouvert matin, midi et soir du mercredi au samedi. Lundi et mardi, ouvert matin et midi uniquement.

Petit nid tout en élégance entre mur de pierres sèches, petites arches de pierres blanches et larges tableaux lumineux, A Funtana est un endroit discret à découvrir absolument. Cuisine fraîche et généreuse proposée à l'ardoise selon les arrivages : salade de rouget à l'huile d'olive, soupe de poisson, moules roquefort, sole meunière riz et légume, loup entier au four, souris d'agneau ou magret de canard au miel et des desserts maison, le tout servi par un chef attentionné et sympathique. L'été, installez-vous dehors pour profiter de la douceur de vivre à Bastia.

LE GEPPETTO €€

1, boulevard Général Giraud
✆ 04 95 30 62 77

Ouvert tous les jours midi et soir. Pizza à partir de 11,5 €. Livraisons à domicile et service à emporter. Terrasse.

Située dans un quartier pittoresque de Bastia, l'accueillante terrasse arborée du Geppetto illumine la montée de Giraud. A l'intérieur, un plafond en ogive de briquettes rouges et surmonté de lampions, réchauffe les couleurs d'une grande salle en pierre où les pizzas sont cuites sur place. Un bar proposant de délicieux cocktails ouvre les prémices de réjouissantes agapes. Au menu, une cuisine savoureuse et authentique, pâtes fraîches, pizzas goûteuses, et gnocchi à la truffe. Le fantastique Tiramisu n'est pas en reste et clôture votre soirée avec brio !

L'IDÉAL €

place de l'Hôtel de Ville

Ouvert toute l'année. Du mardi au dimanche. Formule du midi : 11 €. Carte : 12 € environ. Terrasse.

Située sur celle que l'on appelle la place du marché (place de l'Hôtel de Ville officiellement), cette brasserie, ouverte depuis 1928, est une institution bastiaise. Les midis, y compris le dimanche, jour de marché, lorsque la place s'agite, le service brasserie est assuré. En soirée, les formules ressemblent plus à des apéros tapas, à partager entre amis ou en famille. En été, l'établissement fait également glacier, une partie de la terrasse y est dédié. Une adresse bien connue des Bastiais, une valeur sûre sur l'une des places les plus fréquentées de la ville.

LE LION D'OR €€

1, rue José Luccioni
✆ 04 95 38 36 85

Ouvert du mardi au samedi de 11h30 à 14h30 et de 19h30 à 22h30. Fermé le dimanche et le lundi. Plat à partir de 18,50 €.

Niché à quelques pas du port, ce Lion d'Or brille discrètement dans la nuit. Une carte raffinée, de rugissants desserts maison, et une cuisine qui n'a rien à envier à celle des grands chefs étoilés. « Faux Filet sauce tigre qui pleure », « Mafaldine à la crème de gambas, boutargue, œufs de truite et burratina », tous les plats aux noms enchanteurs sont composés avec une maîtrise des formes, des couleurs et des alliances de saveurs. La carte des vins n'est pas en reste, les prix sont très corrects et le service est accueillant. Les étoiles ne sont pas loin !

LA LITORNE €€

Hameau de Casevecchie
✆ 04 95 31 41 89

Maître Restaurateur. Fermé en octobre. Ouvert du mardi au dimanche et les jours fériés le soir. Ouvert le dimanche midi.

Sur les hauteurs de Bastia, une bonne table traditionnelle qui fait le bonheur des locaux et des touristes futés. On est ici chez Jean-Michel Oberti qui s'occupe du four à pizza (elles sont délicieuses !) et du côté bar pour des apéritifs réputés. Associé depuis peu au chef Quentin Sanchez, on y profite d'une joyeuse cuisine traditionnelle re-visitée avec élégance à base de produits locaux de qualité. L'établissement dispose d'une belle terrasse qui domine Bastia, une petite salle pour l'hiver et détient même le label de Maître Restaurateur.

MET CAFÉ €€

11, rue César Campinchi
✆ 04 95 44 04 72

Ouvert du lundi au samedi de 7h30 à 22h30. Salle et terrasse. Carte : 16 € environ.

Serti de confortables fauteuils et plongé dans une ambiance tamisée, le Met offre une halte revigorante autour d'un thé bio, d'un chocolat maison, ou d'une délicieuse crêpe préparée in situ. Côté restaurant, la carte aux tarifs raisonnables propose des plats simples composés de produits frais, ainsi que d'excellentes pizzas. Le propriétaire n'est jamais loin et la convivialité est au rendez-vous, en prime de la qualité ! Un chaleureux point de chute lors de vos pérégrinations dans le dédale bastiais, ou avant une séance de cinéma au Régent situé à quelques pas.

A LOGHJA €€

4, Cours Pierre Angeli
✆ 04 95 58 02 27

Ouvert tous les jours de 11h à 14h30 et de 18h30 à 22h. Réservation recommandée. Carte : 22 € environ. Vin au verre.

Un joli décor tel un pub de pierre et bois avec étage cossu, une cuisine ouverte où les assiettes sont concoctées devant vous et la belle ambition des hôtes de rassasier votre gourmandise de recettes généreuses. Ravioli, tortellini, capelleti, pâtes à la farine de blé complète, le tout est maison et préparé minute : les pâtes fraîches, les sauces mijotées et même les légumes du jardin en saison. Recommandation toute particulière pour le flambage (sans alcool) de vos pâtes dans la meule de parmesan de 3 ans d'affinage pour une expérience originale et riche en goût.

LE MINOTAURE €€

2, rue Falvalelli
✆ 06 23 16 41 25

Bar à bières nustrales et restaurant locavore ouvert 7/7 de 18h à 2h. Le lundi de 19h30 à 22h30.

Créateur des bières bio locales Ribella, Pierre-François Maestracci signe avec une fantaisie rugissante sa nouvelle création locavore. Au cœur du quartier du théâtre, dans un écrin de briques sanguines et de pierres voûtées, quelques crânes de buffle jonchent les murs, tandis qu'un masque de comedia dell'arte surplombe des rangées de bières du pays. Du burger au tataki de bœuf au sésame, les saveurs sont raffinées. En devanture, des cageots de poivrons joufflus soufflent aux voyageurs qu'ici tout est nustrale et biologique, la fantaisie et le mystère en sus !

MAMMA MIA TRATTORIA €€

7, rue Sébastien de Casalta ✆ 04 95 33 19 39
www.mammamia-trattoria-bastia.com/

Ouvert en semaine et le week-end midi et soir. Fermé le mardi. Pizza à partir de 11 € et plat à partir de 16 €.

Située au pied d'une bâtisse fleurant bon la dolce vita, cette authentique adresse entre en émulation au son de l'Angélus. Assis sur des chaises tressées, on s'attable à l' heure italienne dans une déco simple et vintage : mur d'assiettes encadré par une peinture de Marie-Madeleine, abat-jour rétro et miroir baroque à ornement doré confèrent au lieu une ambiance chaleureuse. Les produits sont frais et la cuisine faite par de véritables Italiens. Les pizzas maison sont savoureuses, fortes de leur pâte de caractère à la fois souple et croustillante. Mamma mia !

LE MOKA €

39, Avenue Emile Sari
✆ 04 95 47 21 60

Ouvert de mi-mars à décembre de 6h à 22h en non-stop. Glaces artisanales fabriquées sur place et snacking.

Une adresse à la fois pratique et appréciée des voyageurs tout autant que des locaux. Le Moka se situe juste devant la sortie du port de commerce avec son enseigne grise et orange : facile à trouver ! Frédéric et son équipe dynamique vous y servent dès 6h du matin le petit-déjeuner puis toute le journée en non-stop du snacking à emporter ou à déguster sur place : salades, panini, sandwiches... et de bonnes glaces artisanales (24 parfums) fabriquées sur place pour le plaisir des gourmands. Les motards se garent devant et les autres laissent la voiture au port !

LE NOVA €€

2-4, rue Font Neuve
✆ 04 95 47 25 22
Ouvert du lundi au samedi, midi et soir. Pâtes et risotti à partir de 15,90 €, poissons à partir de 19 €. Terrasse.

Ancré dans le paysage bastiais, le Nova coule des jours heureux sur une place romantique où ondoie un immense platane jouxtant une fontaine en pierre. Avec une déco branchée, ce lieu est l'écrin d'une cuisine méditerranéenne chic et maison : carte variée, plats classiques et originaux, suggestion du jour. Le risotto est fantastique, les salades sont succulentes et les pâtes du même acabit. Tous les mets sont composés de produits frais et de qualité. Ne déparant pas de ces raffinements, les prix sont raisonnables et la convivialité est au rendez-vous. Un must.

LE NULLE PART AILLEURS €

2, rue Baietta ✆ 04 95 31 21 29
lenullepartailleursbastia.com
Ouvert toute l'année ; toute la semaine sauf mercredi : midi et soir ; le week-end : soir uniquement. Burger dès 8,50 €.

Avec ses strates de poutres, ses pointes de briques et ses touches de pierres donnant sur une petite terrasse de la place du marché, ce fast-food nustrale propose une déco savoureuse, locale et chaleureuse, qui augure des burgers sans nul autre pareil ! Pain boulanger, produits frais et fermiers, steaks bouchers, végétariens ou vegans. Avec le sourire, figatellu et panzetta se mettent à la sauce américaine comme nulle part ailleurs, et composent de copieux burgers absolument délicieux. A déguster sur place ou à emporter. Une adresse qui porte bien son nom !

RESTAURANT SAVEURS LAO €€

2, place du marché ✆ 06 52 33 31 75
Ouvert en semaine et le week-end, midi et soir. Fermé le mardi soir et le mercredi. Sur place et à emporter. Terrasse.

Sur une petite terrasse sans fioritures, l'enseigne du Restaurant Saveurs Lao apparaît sous un néon vert, dans des effluves doux-amers nimbés de coriandre, qui surplombent un promontoire ouvert sur quelques mets typiques à emporter. A l'intérieur, une petite salle tout en rondeurs décline des couleurs parfumées d'ocre et de magenta. Tous les plats sont faits maison : spécialités du Laos, fritures traditionnelles et excellente soupe Phô. Les bouchées de crabe sont délicieuses ! Un îlot d'Indochine en Corse, bercé par le clocher de la Place du Marché.

U FURNELLU €

route royale
✆ 04 95 35 40 48
Ouvert toute l'année. Du mardi au samedi 18h30-22h. Lundi et dimanche 18h-22h. Livraison gratuite de Toga à Furiani.

Ici, pas de restaurant, de jolie décoration ni de terrasse où profiter de son repas, mais des pizzas au feu de bois à emporter ou à se faire livrer. Et quelles pizzas ! Les produits sont exceptionnellement frais, la pâte est fine et leur généreuse taille est à l'aune de leur succulente garniture ; des plus simples aux plus élaborées, leurs prix sont tout simplement imbattables. En automne, quand le *figatellu* est de saison, les pizzas se parent de charcuterie corse, et l'hiver sonnant, le pizzaïolo confectionne les *miggliacci* comme personne ; une pure merveille !

VOLONTIERS €

13, rue Général Carbuccia
✆ 04 95 59 00 28
www.pizzeriavolontiers.com
Ouvert toute l'année du lundi au samedi de 18h à 22h. Reprise service midi dès l'été 2023. Carte 18 € environ. Terrasse.

Volontiers, c'est une histoire de famille entre Michel, jeune trentenaire, et ses cousins. Après avoir réussi le pari d'un premier établissement à Bastia, il s'est lancé dans une pizzeria qui a tout pour plaire, située en plein cœur de la vieille ville. Ici les pizzas sont reines mais on se délecte aussi d'antipasti et de salades. Des produits frais et sourcés, souvent AOP, qui viennent de Corse ou de Sardaigne, patrie du pizzaïolo de la maison. Des desserts maison généreux. Une carte des vins qui met à l'honneur les jeunes vignerons corses.

GHISONI'S

26, rue César Campinchi
✆ 04 95 44 05 63
https://www.ghisonis.com/
Ouvert du lundi au dimanche, midi et soir. Service sur place et à emporter. Burgers à partir de 10 €. Viande UE.

A peine franchi la porte de ce coffee-shop bastiais, une myriade de pâtisseries du jour exhale leur saveur et leur générosité. La forêt noire est un chef-d'œuvre et l'éclair au café invite à la rêverie. Pour un lunch ou un dîner convivial, vous poursuivrez votre périple autour de l'îlot central : burgers à composer avec de délicieux pains faits maison, pancetta, focaccias aux légumes grillés, frites goûteuses et smoothies à tomber. Un petit coin d'Amérique à la confiture de figue, qui ne lésine ni sur la qualité ni sur l'accueil aux petits oignons maison !

CONCEPT STORE MATTEI

15, boulevard du Général de Gaulle
✆ 04 95 32 44 38
www.capcorsemattei.com
Ouvert à l'année. En haute saison, tous les jours de 10h à 20h. Basse saison jusqu'à 19h, fermeture entre 13h et 14h.

L'enseigne Mattei, inventeur du Cap Corse il y a 140 ans, est aujourd'hui un concept store qui propose une vaste gamme des meilleurs produits insulaires et du monde, dans un superbe bâtiment historique classé au patrimoine français depuis 2018. Très belles présentations avec ses espaces épicerie fine, vins de corse et du monde, confiseries, alcools et même mode, culture et art de vivre de créateurs. Au fond de ce lieu chargé d'histoire, un gigantesque bar vous permet de découvrir la large gamme de spiritueux du monde entier et de déguster les produits Mattei.

ISULA CRÉA, LA BOUTIQUE DES CRÉATEURS INSULAIRES

3, rue Saint-Jean
✆ 04 95 44 02 07
Ouvert le lundi de 16h à 19h ; le mardi 10h-12h30 et 16h-19h ; du mercredi au samedi de 10h à 19h ; le dimanche 10h-18h.

Située à deux pas du vieux port de Bastia, Isula Créa est une boutique qui regorge de petits trésors. Corinne, propriétaire des lieux, sélectionne le travail d'une cinquantaine d'artistes et artisans corses à travers l'île et les propose aux Bastiais et autres curieux de passage. Bougies, bijoux, luminaires, produits de beauté, mobilier en bois flotté, coutellerie... de 2 à 2 500 euros, vous trouverez forcément de quoi rapporter chez vous un peu de Corse.

LES MARCHÉS BASTIAIS

www.bastia-tourisme.com
Ouvert le week-end.

Rendez-vous au marché traditionnel de la Place de l'Hôtel-de-Ville, chaque samedi et dimanche à la rencontre des producteurs locaux qui vous feront découvrir et goûter charcuterie, fromages, poissons et autres produits gastronomiques corses. Pour les amateurs, le marché aux puces de la grande place Saint-Nicolas a lieu chaque dimanche matin ainsi que le premier dimanche du mois toute la journée pour chiner bibelots et meubles, parfois régionaux souvent de qualité, toujours proposés à des prix attractifs. Ambiance conviviale et chaleureuse garantie.

LA ROUTE DES SENS AUTHENTIQUES

Avenue Paul-Giacobbi
✆ 04 95 30 95 23
www.gustidicorsica.com
Ouvert toute l'année.

Envie de découvrir les racines de la Corse à travers ses produits régionaux labellisés ? Les Routes des Sens authentiques vous guident pour des découvertes hautes en saveurs. Profondément attachés à leur terre, des femmes et des hommes passionnés vous offrent la chaleur d'un accueil traditionnel et la garantie d'un produit d'origine. Dans ces lieux à forte identité, savoir-faire ancestraux et modernité se côtoient pour un accord parfait entre authenticité et qualité.

Le vieux port de Bastia.

VILLE-DI-PIETRABUGNO

Au début du Cap, Ville-de-Pietrabugno se compose des hameaux de Guaitella, Alzetto et Case Vechje. Ce sont des hameaux anciens, fondés aux alentours du XVe siècle, qui ont gardé une certaine authenticité. Ils offrent une belle vue sur la mer. Au port de Toga, on peut voir les ruines d'une tour génoise. C'est à cet endroit qu'on a retrouvé les premiers squelettes de lagomys, rongeur endémique à la Corse, éteint aujourd'hui. On peut visiter l'église paroissiale Santa-Lucia, d'architecture baroque, ainsi que les chapelles situées dans les hameaux. A Guaitella, vers le mont San-Colombano, on peut encore voir les ruines de l'ancienne église du même nom.

L'ALIVI**** €€€

Palagaccio
✆ 04 95 55 00 00
www.hotel-alivi.com

Ouvert du 8 avril au 22 octobre. Chambre double dès 130 €. Petit déjeuner buffet 19 €. Restauration midi & soir.

Cet hôtel de charme de 36 chambres, toutes pourvues d'une terrasse surplombant la mer, bénéficie d'une petite plage de galets avec accès direct depuis l'hôtel, ainsi que d'une grande piscine chauffée et sécurisée pour vous baigner face aux îles de l'archipel toscan ! La nuit, vous serez bercés par le bruit des vagues sur le rivage. Le petit déjeuner est servi sur la terrasse, elle aussi face à la mer. Pour couronner le tout, L'Archipel, restaurant de l'hôtel, vous propose une cuisine fraîche et raffinée. A un kilomètre seulement de Bastia, une véritable aubaine !

CAFE DEL MARE €€

Port de plaisance Toga
✆ 04 95 58 18 14

Tous les jours et les jours fériés le midi et le soir. Fermé le dimanche midi. Réservation recommandée.

Ce beau restaurant du port Toga ne manque pas d'allure. Une belle déco, banquette cuir, lumière tamisée et musique soft pour accompagner une cuisine méditerranéenne élégante préparée par le chef Roland Olinga. Parallèlement à la restauration traditionnelle, le Café del Mare propose depuis quelques années une carte variée de sushis, cuisinés sous les yeux des clients. Le pâtissier propose également chaque jour un choix original de desserts. On profite d'une terrasse face aux bateaux du port de plaisance avec un service rapide si vous prenez le ferry juste à côté.

CARDO ★

Ancien axe romain pour les uns, pivot génois pour les autres, Cardo n'en reste pas moins un village typiquement corse, érigé en hauteur sur un contrefort rocheux. Le village se développera réellement au XVe siècle et c'est de sa marine Porto Cardo que naîtra Bastia. Cardo devient un quartier de Bastia par ordonnance du roi Louis-Philippe en 1844. Aujourd'hui, Cardo est l'un des plus beaux quartiers résidentiels de la ville. On y verra la belle église San Stefano, édifiée en 1835, avec à l'intérieur : la tribune d'orgues de style gothique de 1887, de Giuseppe Paoli et son fils, deux statues en bois polychrome du XVIIe siècle, des peintures du XVIIIe.

BIGUGLIA ★

La commune, dont le nom évoque l'éperon rocheux qui dominait la route qui reliait la plaine au Nebbio, a joué un rôle éminent dans l'histoire de l'île au Moyen Age. Siège principal de la puissante famille des Bagnala, installée d'abord à proximité de l'antique cité de Mariana et dont le fief s'étendait de la vallée du Golo au Cap Corse, elle constituait avec son castrum un refuge pour les populations, un lieu de culte et un centre économique important. Avec sagesse, les seigneurs de Biguglia s'étaient placés sous l'autorité de Pise. Plus tard, le couvent et l'hôpital de Saint-François attirèrent les dominations des familles les plus riches. Le village actuel porte encore les traces de ce riche passé, il contient les assises du château et est dominé par des ruines qui permettent de se faire une idée de l'importance du site. On a surtout retenu l'épisode le plus fameux, celui du pouvoir exercé par Vincentello d'Istria de 1407 à 1432, vice-roi de Corse pour le compte d'Alphonse d'Aragon, luttant contre Gênes qui réussit à le capturer puis à l'exécuter. Par la suite, Gênes choisit Bastia et le château fut démantelé en 1489. A l'époque moderne, la mise en valeur de la plaine, l'organisation des pêcheries de l'étang réputées dans toute l'Italie ont permis le ravitaillement de la ville voisine et son développement. De ce brillant passé, on peut retrouver les traces, des morceaux de la voie romaine qui reliait Mariana au Nebbio, les ruines de la première église Saint-André, les assises du château, des éléments d'architecture intégrés à des bâtiments plus récents...

PINETO*** €€

Pinetto
✆ 04 95 33 68 28
www.hotelpineto.com
Fermé de début novembre à fin mars. Chambre double, petits déjeuners inclus, à partir de 180 €. Restauration. Parking.

Sur le lido fort prisé des Bastiais dès que la température le permet (c'est-à-dire très fréquemment) un hôtel moderne, ouvert sur le monde et confortable. L'hôtel dispose de chambres parfaitement équipées et climatisées, d'une grande piscine, et d'un accès direct sur la plage pourvue de transats et de parasols. La table propose une cuisine adaptée aux attentes des vacanciers les plus gourmets, avec ses poissons de pêche locale, sa charcuterie, le veau corse bio, ses beignets de fromage et ses glaces maison. L'une des tables préférées des Bastiais !

BORGO ★

Le vieux village est perché sur un promontoire rocheux, dominant la plaine et la mer. Construit sur un replat, son belvédère offre une jolie vue sur l'étang de Biguglia, la plaine littorale et le lido de la Marana. À voir dans le village, ses vieilles maisons de schiste, mais aussi l'église baroque de l'Annonciation (L'Annunziata) du XVIIe siècle et bien sûr ses plages à proximité. Borgo est célèbre pour avoir été le théâtre de deux sévères défaites militaires de la France lors de la guerre d'indépendance menée par la Corse. Les Nationaux, en décembre 1738 et les troupes de Paoli en octobre 1768, feront subir de lourdes pertes aux troupes françaises.

DIAN'ARTE MUSEUM

5992, route des Marines de Borgo
✆ 04 95 36 15 08
www.gabriel-diana.com
Basse saison : ouvert du lundi au samedi de 14h à 18h. Haute saison : tous les jours 9h/12h et 14h/19h.

Un musée consacré au peintre et sculpteur italo-corse Gabriel Diana, connu pour sa prédilection pour le bronze et le marbre de Carrare. Situé sur le Lido de la Marana, le Dian'arte s'érige comme un immense espace d'expositions doté de jardins, et fort d'un atelier de créations baigné des rêveries de l'artiste. On y découvre une œuvre prolifique, des tableaux de paille et d'airain aux « giacomettiennes » sculptures, hâlées et longilignes. Des visites guidées vous emporteront dans l'histoire de l'artiste, mêlée de ses réflexions sur l'érotisme et la transgression.

OFFICE DE TOURISME INTERCOMMUNAL MARANA GOLO

Domaine de Levant ✆ 04 95 38 43 40
www.maranagolo-tourisme.com
Ouvert du lundi au vendredi de 9h à 12h et de 13h30 à 17h30.

Changement d'adresse pour l'office de tourisme intercommunal Marana Golo que l'on retrouve désormais avenue de Borgo. Passez vos vacances en Corse dans une région unique : Marana-Golo, entre mer et montagne, alterne villages de caractère, paysages d'exception, itinéraires variés et sites historiques. Rendez-vous à l'office de tourisme pour y dénicher tous les renseignements sur la région, les évènements, visites et conseils pour un séjour inoubliable...

© BOLGA28 - STOCK.ADOBE.COM

Le village de Borgo.

EUROPE ACTIVE MOTO

673, avenue de Borgo
✆ 04 95 44 49 67
www.europe-active.com
Ouvert du lundi au samedi de 9h à 12h et de 14h à 18h.

Europe Active propose depuis plus de 15 ans des séjours clés en main pour découvrir la Corse du côté « actif ». Que ce soit à pied (le GR20, bien sûr !), en vélo (150 vélos disponibles), voiture ou à moto (parc de 35 motos) et désormais des combis aménagés Volkswagen California ainsi que des véhicules 9 places pour le confort séjour et route. Selon votre demande et budget, il existe des séjours pour tous les niveaux de difficulté, tous les niveaux de confort (du bungalow au palace), que vous partiez seul, à deux ou en groupe.

CORSE ACTIVE

683, avenue de Borgo
✆ 04 95 44 49 67
www.corse-active.com
Haute saison : ouvert tous les jours et jours fériés de 9h à 18h. 50 motos. A partir de 80 € / jour (tarif dégressif).

Corse Active propose des séjours clés en main pour découvrir la Corse de façon plus ou moins sportive, à pied sur le GR20, en vélo ou à moto. En option, tous les niveaux de difficulté et tous les niveaux de confort, du bungalow au palace. Corse Active propose également à la location 50 motos Harley-Davidson, BMW, Suzuki, Honda, Yamaha, Triumph, Indian et scooters (du 125 cc au gros cube). Depuis 2017, location de Volkswagen California et véhicules 9 places pour découvrir la Corse autrement. Une équipe de passionnés au service de votre séjour idéal !

FURIANI ★

C'est un beau village dominé par les ruines d'une citadelle construite par les Génois au XVIe siècle, et gardé par une belle tour, inscrite aux Monuments historiques. Les gens vivaient autrefois groupés dans le petit village bâti sur un éperon rocheux, en place forte autour du château de Furiani. De cette forteresse, il ne reste qu'une tour restaurée par Pasquale Paoli. La commune possède la partie nord de l'étang de Biguglia, ainsi que l'étang du Chiurlinu. Au-delà s'étend le cordon lagunaire de la Marana, lieu de promenade et de baignade privilégié des Bastiais. Sur les hauteurs du village de Furiani partent plusieurs sentiers de randonnées balisés.

BRASSERIE PIETRA

Route de La Marana ✆ 04 95 30 14 70
www.brasseriepietra.corsica
Ouvert en juillet et août du lundi au vendredi de 9h30 à 12h et de 14h30 à 17h30. Le reste de l'année sur rendez-vous.

C'est en Corse, dans un environnement préservé et unique, qu'Armelle et Dominique Sialelli ouvrent en 1996 la Brasserie Pietra, première brasserie de l'histoire de la Corse, et créent une recette unique au monde, une bière à la châtaigne, la Pietra. Cette brasserie artisanale sélectionne rigoureusement ses matières premières, pour garantir la production recettes exclusives de qualité : Pietra, Pietra Bionda, Pietra Rossa, Colomba, la bière blanche aux herbes du maquis, Colomba Rosée, Pietra IPA, Pietra blonde ou blanche bio et sans gluten.

L'ÉCOMUSÉE DU FORTIN ET L'ÉTANG DE BIGUGLIA ★★

Route de la Lagune
✆ 04 95 33 55 73
Ouvert du lundi au samedi de 9h à 17h.

Cette vaste étendue d'eau représente le plus grand plan d'eau de l'île et l'un des derniers refuges de plus de 200 espèces d'oiseaux nicheurs et des oiseaux migrateurs. Classé depuis 1994 en réserve naturelle, il a la particularité d'être à la fois doux et salé. En effet, le Golo, au sud, se jette dans l'étang et, au nord, il est relié à la mer par un étroit goulet. Vous pouvez parcourir le sentier de découverte de 1,5 km, seul, ou accompagné d'un animateur de la réserve.

RANDONNÉE VERS L'ÉGLISE SANTA MARIA ASSUNTA

Ouvert toute l'année.

Le départ de cette marche de 45 minutes environ se trouve au village de Furiani au sud de Bastia. Remontez la voie principale et prenez à droite en direction du cimetière. Le départ de la randonnée est indiqué par un panneau Capella Santa Maria. Selon la tradition, les ruines proches de la chapelle seraient un ermitage. Datée du IXe siècle, la chapelle est classée Monument historique. Pour pénétrer dans l'édifice, il faut demander la clef à la mairie du village de Furiani.

LUCCIANA ★

Mariana, cité romaine, fut fondée en 93 avant notre ère par Caius-Marius, pour assurer l'implantation romaine en Corse. L'essor de la cité fut total du Ier au IVe siècle. Puis, avec la christianisation, vint le partage entre les républiques de Pise et de Gêne. Sous l'occupation pisane, la cathédrale Canonica fut édifiée près de l'emplacement de Mariana. A 300 m de la Canonica, l'église romane San-Parteo fut édifiée aux XIe et XIIe siècles. Mariana, Canonica et San-Parteo sont classées aux Monuments historiques en 1866 par Prosper Mérimée. Au cœur de Lucciana se trouve la belle église Saint-Michel, un des plus beaux édifices baroques.

I FRATELLI ANGELI €€

lieu-dit Crucetta

✆ 04 95 36 20 11

Ouvert tous les jours le midi hors-saison et midi et soir de juin à fin septembre.

I Fratelli Angeli, c'est le mélange savoureux d'une pâtisserie, d'une chocolaterie et d'un restaurant, que l'on trouve facilement sur la route principale de Lucciana. Ici, tout est fait maison, des produits du terroir aux glaces artisanales, et les locaux, gourmands ou gastronomes, ne s'y trompent pas ! Côté restaurant, une grande terrasse et une belle salle magnifient les délices d'une carte copieuse à souhait : salades, pâtes, pizzas et suggestions du jour, sans oublier les succulents desserts traditionnels et une équipe avenante et chaleureuse !

AÉROPORT BASTIA-PORETTA

✆ 04 95 54 54 54

www.bastia.aeroport.fr

Ouvert toute l'année.

Situé à 20 km au sud de Bastia, l'aéroport de Poretta est un lieu de mémoire. En effet, c'est de là que s'est envolé l'écrivain Antoine de Saint-Exupéry pour sa dernière mission aérienne le 31 juillet 1944. C'est le principal aéroport de Haute-Corse qui réalise des liaisons fiables entre la Corse, les principales métropoles régionales et les capitales européennes. Il accueille de nombreuses compagnies low-cost. Une navette régulière fait l'aller-retour entre l'aéroport et le centre ville ville de Bastia. Le trajet dure environ 25 min.

LE CHÂLET - CHARCUTERIE GUIDONI

route de l'aéroport

✆ 04 95 36 04 54

Ouvert du lundi au samedi de 9h à 12h30 et de 15h30 à 19h. Commandes et envois postaux en France métropolitaine.

Nul ne sait si la famille Guidoni a volontairement élu domicile sur la route de l'aéroport ; celle qui sent la nostalgie du retour de vacances ! Quoi qu'il en soit, c'est un passage idéal pour faire les derniers achats qui embaumeront vos valises. Les membres du clan Guidoni sont éleveur, producteur, boucher et charcutier. Une valeur sûre pour qui voudra se procurer salciccia (saucisse), panzetta, ou lonzu entre autres fromages, canistrelli, et fiertés culinaires locales !

LE NORD

Furiani.

SAN-MARTINO-DI-LOTA ★★

Dans un paysage embrassant mer et forêt, le village s'éparpille sur une crête au milieu des terrasses cultivées. La belle église paroissiale San-Martinu date du XVIIe. La pittoresque D80 traverse, du nord au sud, les marines de Licciola, Grisgioni et de Pietranera, le bourg le plus peuplé de la commune. Ces hameaux essentiellement résidentiels présentent chacun quelques maisons anciennes, une ancienne tour génoise en ruines et une plage de galets. Leur habitat moderne en expansion en fait des banlieues éloignées de Bastia. On empruntera la D131 pour rejoindre le hameau de Castagnettu et profiter d'un panorama grandiose sur la mer et l'archipel toscan.

CHÂTEAU CAGNINACCI €€

129, route de San Martino ✆ 06 78 29 03 94

www.chateaucagninacci.com

Ouvert du 1er mai au 15 septembre. Accueil jusqu'à 21h. 4 chambres. Chambre double dès 160 €. Petit déjeuner inclus.

Dans un ancien couvent de capucins du XVIIe siècle transformé en château de style toscan, maintenant inscrit à l'inventaire supplémentaire des monuments historiques, la famille Cagninacci vous propose ses chambres d'hôtes de charme meublées en style ancien, éclairées par de magnifiques fenêtres à colonne. Une douce ambiance surannée, hors du temps et une situation à quelques encablures de Bastia. Accueil affable de M. Bertrand, l'héritier de la quatrième génération des Cagninacci, Corses émigrés au Venezuela au XIXe siècle pour faire fortune dans les mines d'or !

SANTA-MARIA-DI-LOTA ★

La commune de Santa Maria di Lota compte quatre hameaux : Mandriale, Figarella, Partine et Miomo. Depuis la crête, les trois hameaux de village (Mandriale, Figarella, Partine), dominent la marine de Miomo et sa plage de galets, protégée par une belle tour génoise, du XVIe siècle, en bon état. Aujourd'hui, Miomo, est devenue une véritable station balnéaire. En se baladant le long des hameaux, et principalement en arrivant au village de Figarella, on peut découvrir plusieurs maisons d'Américains, et un château construit au XIXe siècle. A voir : l'église Santa-Maria Assunta à Mandriale, et à Partine, la chapelle de l'Annunziata et son triptyque baroque.

MIOMO

Station balnéaire dont le nom évoque aussitôt le nom de sa tour génoise du XVIe siècle, Miomo fait face à l'Ile d'Elbe que l'on aperçoit quand les conditions s'y prêtent. Une plage de galet s'étend sous la Tour à seulement quatre kilomètres de Bastia et une autre petite plus au sud. Propriété de la Collectivité de Corse, la Tour de Miomo, inscrite aux Monuments historiques en 1927 a été restaurée dans le cadre d'un programme européen dans le matériau qui servit à sa construction d'origine, la chaux. Aujourd'hui centre de la vie administrative de la commune, Miomo est devenue une station balnéaire classée et une destination idéale à côté de Bastia.

BRANDO ★★

La commune de Brando regroupe les hameaux d'Erbalunga, Lavasina, Poretto, Pozzo, Silgaggia, Castello et Mausoléo. Erbalunga, le plus connu, marine de la commune, est devenu une halte privilégiée et reconnu pour ses nombreux chanteurs et musiciens lors des festivals dans un bel amphithéâtre en plein air. Ne pas s'en aller sans avoir photographié la tour génoise construite au début du XVIe siècle, époque d'invasions, et devenue aujourd'hui l'emblème de la station balnéaire, première marine à avoir été habitée au XVIe siècle. A voir aussi, le couvent des Bénédictines du XIXe siècle, l'église Saint-Erasme et la chapelle Notre-Dame-des-Neiges au lieu-dit Parocchia.

ERBALUNGA ★★

Occupé depuis la préhistoire, Erbalunga est un village typique très ancien situé de nos jours sur la commune de Brando. Il est reconnaissable à ces maisons au ras de l'eau entre ciel et mer et sa tour génoise du XVIe siècle, partiellement ruinée. Le port d'Erbalunga fut un des plus importants ports de Corse entre le XIIe et le XVIIIe siècle. On y voit d'ailleurs l'église Saint-Erasme (saint patron des marins et des pêcheurs) du XVIIe siècle à la belle façade baroque. Aujourd'hui, le village est très connu comme repaire d'artistes plasticiens et pour son célèbre festival de musique qui voit se produire les plus grands noms de la scène française.

LE CIRCUIT PÉDESTRE U CASTELLU ★

Castellu

Distance 2,8 km, durée 1h40. Balisage jaune.

Ce circuit pédestre permet de découvrir la maison des seigneurs de Gentile, dominée par les ruines d'un château fort datant du XVIIIe siècle. La chapelle romane de Notre-Dame-des-Neiges et les ruines des villages de Grotta et de Serboghju font aussi partie de la balade. Les amateurs apprécieront les toits en lauzes des hameaux, les soutènements en pierres sèches et les vestiges des cultures en terrasse. La descente se fait par un agréable sentier en corniche avec vue sur la mer.

A PIAZZETTA €€

place principale

✆ 04 95 33 28 69

Ouvert midi et soir. Fermeture en janvier / février. Fermé lundi / mardi d'octobre à mars. Plats 25 € environ.

Ambiance douce pour cette adresse sise dans l'un des plus beaux villages de France. Au cœur d'Erbalunga, sous un platane centenaire, quelques guirlandes lumineuses font leur effet quand vient la nuit. La cuisine met à l'honneur les produits de la mer. A la carte fritto misto, spaghettis aux gambas, salade de poulpe, pavé de cabillaud frais et autres mets plus traditionnels. Belle vue sur le pittoresque port d'Erbalunga. Service sympathique, intérieur en pierre pour une belle ambiance et grande carte de vins corses dont certains d'exception. Au top !

RESTAURANT LE PIRATE €€€

Place Marc-Bardon

✆ 04 95 33 24 20

www.restaurantlepirate.com

Ouvert tous les jours midi et soir en juillet / août. Fermeture sur 1 ou 2 jours en basse saison. Menus de 58 € à 198 €.

La plus belle table du cap. Sa notoriété est justifiée. Aucune faute de goût, de l'arrivée sur le site de cet adorable petit port de pêche au service impeccable dans un cadre très soigné. La carte s'étoffe au gré du marché et des saisons pour proposer des saveurs originales terre et mer. Plusieurs formules permettent de se faire plaisir. Formule menu découverte en quatre étapes. Excellente carte des vins en accord avec la gastronomie du chef, 400 références et millésimes en vieillissement et les couverts sont réalisés par Julien Truchon, potier à Patrimonio.

SISCO ★

A Sisco, une marine agréable, mais surtout ses dix-sept hameaux à visiter : Moline, Balba, Teghie, Barrigioni ; tout cela compose la vallée de Sisco, jusqu'en altitude. L'embouchure de la rivière a été sommairement équipée pour abriter quelques bateaux. L'été, la commune s'anime de vacanciers bastiais ou de touristes, qui profitent d'un site privilégié pour la plongée, l'équitation et le canoë-kayak. A la Marine de Sisco, possibilité de piquer une tête dans l'eau ou bien visiter l'église Sainte-Catherine du XIIIe siècle. A voir également, dans l'église paroissiale Saint-Martin, un reliquaire en cuivre du XIIIe siècle et ses coffres en ivoire de la même époque.

LE CIRCUIT DES MAISONS D'AMERICAINS ★★

Hameau de Moline

Distance 5,5 km ; durée 2h30.

Au départ de Moline on peut aussi suivre le circuit intitulé « Les prés, les bois et les pierres » qui vous conduira à la rencontre des maisons d'Américains et la Villa Saint-Pierre. Vous poursuivrez jusqu'au couvent de Sant'Antone et découvrirez l'authentique hameau de Teghje qui tire son nom des lauzes qui recouvrent les toits. En allant plus haut dans la vallée, on grimpera jusqu'à Barriggione puis, vers le nord, pour découvrir la chapelle romane Saint-Michel, datée du XIe siècle.

CAMPING A CASAIOLA €€

La Marine

✆ 04 95 35 21 50

www.camping-acasaiola.com

Fermé d'octobre à avril. Haute saison : ouvert tous les jours et les jours fériés le midi et le soir.

A Casaiola est situé sur la marine de Sisco, côté nord, avec deux belles terrasses : l'une ombragée au cœur d'un jardin sous les mûriers platanes, l'autre surplombant la mer. La cuisine est raffinée et généreuse, les plats sont originaux et goûteux, la carte de Julien varie régulièrement et le service de Vanessa et son équipe y est parfait. On y concocte aussi une cuisine du monde comme le tataki de thon et la souris d'agneau cuisson longue, et les desserts sont maison ! La réservation est chaudement conseillée, le restaurant affiche complet tout l'été !

L'ORTU & A MANERA

Hameau de Barrigioni
✆ 06 41 74 64 44
www.la-safraniere-du-cap.com
Accueil et vente sur RDV

Stéphanie Scavino s'est lancée il y a quelques années dans la production de safran et s'ouvre aujourd'hui à la récolte de fruits et légumes et à la fabrication de produits issus de ses récoltes. Aucun produit phytosanitaire n'est utilisé sur l'exploitation et ici, tout est artisanal. En vente : les pistils de safran, les bulbes de crocus sativus, les douceurs safranées et confitures, les célèbres oignons de Sisco, etc. Parmi les confitures stars, on découvre par exemple clémentine et safran, pomelo et gingembre, pomme et safran et le duo citre et verveine.

LE CHEMIN DE LUMIÈRE ★

Hameau de l'Orneto
✆ 06 14 30 30 66
www.chemindelumiere-capcorse.net
Fermé d'octobre à mai. Parcours accompagné et commenté 25 €, 15 € pour les 6-15 ans, gratuit pour les moins de 6 ans.

Le Chemin de Lumière permet de suivre, dans la même journée, la course du soleil depuis sa naissance sur l'horizon toscan jusqu'à son coucher, dans la mer Ligure. Le sentier, long de 12 km, part de Pietracorbara, sur la côte Est, passe par la montagne (dénivelé de 620 m) et atteint le village de Barrettali sur la côte Ouest. Pour ceux qui le souhaitent le parcours pédestre est précédé, la veille, par la visite commentée de cinq chapelles de Pietracorbara. Consultez aussi leur site internet lors la balade pour découvrir les plantes endémiques qui vous entourent.

PIETRACORBARA ★★

La Marine de Pietracorbara retient les amateurs de baignades avec la plage de sable fin d'Ampuglia. Halte conseillée au Ponticello pour l'ensemble église Saint-Clément (édifice baroque doté de six chapelles latérales), confrérie Sainte-Croix et presbytère avec son clocher-mur très rare. Passer par l'Ornetu pour admirer la tour génoise carrée du XVe siècle, ainsi que l'ancienne caserne des « Voltigeurs » ; la gendarmerie corse qui luttait contre les bandits au XIXe siècle. En grimpant jusqu'à Cortina, on découvrira la chapelle romane du XIe siècle dédiée à saint Césaire. Ne pas manquer la découverte du vieux village de Lapedina, et sa chapelle Saint-Pancrace.

DOMAINE LP•••• €€

Camping La Pietra
✆ 04 95 35 27 49
www.la-pietra.com
Fermé de novembre à mars. Accueil jusqu'à 21h (minuit en été). Gardé 24h/24. Restauration en saison, carte 24 €.

Un grand domaine idéalement placé au cœur du Cap Corse, à deux pas de la plage. Bien ombragé sous une cinquantaine d'arbres, on y trouve le nécessaire pour une halte revigorante. Jouxtant une grande piscine sous des mûriers platanes, un restaurant propose pizzas au feu de bois, pâtes fraîches maison, et poissons du jour. Équitation, plongée, promenades en mer ou en quad comptent parmi les nombreuses activités alentour. Et si vous ne plantez pas votre tente, vous avez la possibilité de loger dans un chalet en pin massif sur une petite colline avec vue sur mer.

Tour génoise de Losse à Pietracorbara.

OSTERIA SANTA CROCE €€

Lieu dit Murticcia
✆ 04 95 55 66 98
www.distillerie-de-pietracorbara.com
Ouvert de juin à septembre tous les soirs. Réservation recommandée. Carte : 28 € environ.

Belle découverte que cette «osteria» située entre Pietracorbara et la marine, et établie dans l'enceinte du domaine de la distillerie de la famille Barone. L'esprit traditionnel «ferme-auberge» embaume les lieux, avec tous les produits en provenance de l'exploitation : charcuterie maison, légumes du jardin et viandes grillées au feu de bois sur la terrasse. Bel espace bar et jeux d'enfants ; le domaine est également ouvert à ceux qui souhaitent le découvrir. Et si vous hésitez à quitter les lieux, l'établissement dispose également de chambres d'hôtes familiales !

DISTILLERIE AGRICOLE DE PIETRACORBARA

Lieu dit Murticcia
✆ 04 95 55 66 98
distillerie-de-pietracorbara.com
Ouvert d'avril à octobre, tous les jours de 8h à 13h et de 16h à 0h. Livraison possible.

Un domaine agricole de 5 ha créé en 2003 par la famille Barone pour produire des fruits variés et distiller les agrumes du Cap (cédrat, mandarine et citron), le myrte et la châtaigne. Visite et dégustation sur place et vente en ligne si besoin. Vous pouvez même manger sur place et loger dans l'une des chambres d'hôtes en profitant de l'ambiance chaleureuse. Les enfants apprécient particulièrement la découverte des animaux de la ferme : chèvres, brebis, âne, poneys, cochons...

DOMAINE TERRA DI CATONI

✆ 04 95 46 00 14
Ouvert de 9h à 19h.

Lieu pluriel où Christian Mons-Catoni a réussi à sublimer les terrains de ses grands-parents. Les pentes abruptes qui plongent dans la mer abritent plus de 5 ha de vignes et les 4 500 oliviers dont l'huile a fait la réputation du domaine. On vous conseille vivement la visite que l'on réalise en 4x4. Au volant, Christian lui-même, ancien champion de France de Formule 3, vous conduit pour arpenter les pistes vertigineuses qui slaloment entre vignes, oliviers et végétation, pour vous faire découvrir pagliaghji et bergeries ancestrales. Sensations garanties !

LA BALADE DES MOULINS DE MITILE

Ouvert 24/24. Distance 2 km. Durée 1h10. Balisage jaune. Altitude minimale 66 m, maximale 215 m.

Succédant aux ruelles empierrées du hameau d'Ortale, d'anciens chemins muletiers traversent la mémoire du berceau cap-corsin. Suivant l'errance du Funtanaccia, un ancien moulin à eau se dresse comme un mur de rocailles nimbé de l'éther doré des sous-bois. On coulera alors son regard sur les vestiges d'un pont génois, puis on franchira les pierres du moulin Savina, dont l'activité ne tarit pas malgré la patine des âges, conférant à ce voyage d'outre temps une félicité immémoriale !

CAGNANO ★★

Village aux multiples facettes, Cagnano, c'est d'abord sa marine, Porticciolo (le petit port) et sa pêche traditionnelle. C'est dans ce petit port, qu'un chantier naval armait des navires pour l'Amérique. La plage de Cagnano, à l'embouchure du Misincu, est un rendez-vous apprécié des baigneurs. Les algues, feuilles de posidonie, autrefois envahissantes, sont désormais régulièrement enlevées. Le village, situé en hauteur, est composé de huit hameaux dont un hameau nommé Adamo, très photographié dans les années soixante. Une route en corniche, à partir du haut de la vallée de Cagnano permet d'atteindre Luri, et offre de beaux points de vue.

LURI ★

Santa-Severa, joli hameau côtier est la plage et le port de Luri, situé plus haut dans la vallée. Toujours animé, il y règne une ambiance de vacances conviviale. On y trouve un petit port de plaisance, une petite plage de sable et galets, un club de plongée, quelques restaurants, une station essence et des balades en Quad. A visiter à Luri : l'église Saint-Pierre de Piazza (XVIIe siècle) avec son retable sur bois (XVe), ses fresques, son autel baroque en marbre polychrome et sa chapelle de Confrérie, constitue un ensemble de grande qualité historique. En haute saison, des visites du patrimoine sont mises en place par l'Office du tourisme intercommunal.

LA TOUR DE SÉNÈQUE ★

Col Santa Lucia

Ouvert toute l'année.

Cette tour du XIIe siècle, qui domine la vallée, est comme un phare posé sur une mer de maquis. Au col de Sainte-Lucie où la route a été taillée dans la roche, on embrasse du regard le nord du Cap, avec la mer des deux côtés. C'est l'un des points de vue les plus appréciés car facile d'accès à pied. A l'est, on découvre les îles de l'archipel Toscane, et par beau temps, on devine les côtes italiennes, à l'ouest. Un petit parking vous attend au col de Sainte-Lucie au niveau de la chapelle, il vous suffit de marcher une trentaine de minutes pour arriver à la tour.

MERIA ★

Le village est en hauteur, comme posé sur un éperon. Au bord de la mer, une petite marine, charmante et préservée, possède une tour génoise, tour de guet contre les envahisseurs venus de la mer. Meria avait un hameau, Pastina, où l'on exploitait l'antimoine au siècle dernier pour le compte des Anglais qui avaient le marché. La fin de l'exploitation a sonné le glas de Pastina. Pour ceux qui veulent rejoindre l'autre côté du Cap Corse par un itinéraire plus sauvage, prendre la petite route pittoresque qui part de Meria (à côté de la fontaine) et atteint, en corniche, la côte découpée de Morsiglia. A voir aussi, l'église Notre-Dame-des-Grâces.

A CANTINA €

Port de Santa-Severa

✆ 04 95 35 05 67

Fermé de décembre à mars. Tous les jours midi et soir. Réservation recommandée. Plats du jour 15 €.

Face au joli petit port de plaisance, avec son agréable terrasse au bord de l'eau, la maison de Dominique Tristani propose une sympathique cuisine traditionnelle à prix doux depuis près de 40 ans. On savoure de grandes salades-repas, les *Storza-Preti*, la souris d'agneau sauce figues et romarin, le délice de châtaigne, en écoutant le cliquetis des haubans. Les inconditionnels trouveront leurs pizzas. Une adresse intemporelle, fréquentée par les locaux, qui bénéficie de l'arrivée de la seconde génération avec Maria-Stella, la fille pâtissière et chocolatière.

LA RANDONNÉE DE MERIA À CARACU

Meria

✆ 04 95 31 02 32

www.destination-cap-corse.com

Distance 2,8 km, durée 1h15. Balisage jaune. Altitude maxi 193m, mini 138 m.

Du village part une promenade vers le hameau abandonné de Caracu. Entre terre et ciel, ce parcours aérien magnifique offre une vue superbe sur la pointe orientale du Cap Corse. Ce joli sentier, pratiquement de niveau, en situation de corniche, permet de jouir d'une vue superbe vers l'est (littoral, archipel toscan). Au départ du sentier, un cimetière, constitué de nombreux tombeaux monumentaux, apporte une touche particulière. Le village abandonné de Caracu parachève cette ambiance.

Vue de Rogliano.

BRASSERIE
Pietra
BIERA CORSA
VISITE GUIDÉE
ET DÉGUSTATION GRATUITES
EN JUILLET ET AOÛT,
DU LUNDI AU VENDREDI
DE 9H30 À 12H00 ET DE 14H00 À 17H30
Pietra
BIERA CORSA
STEINECKER

ROGLIANO ★★

Bordée à l'Est par la mer Tyrrhénienne et au Nord par la mer Ligure, la commune de Rogliano est un endroit superbe, divisé en 8 petits hameaux qui offrent vieilles pierres et panorama avec une certaine majesté historique. Elle compte un peu plus de 500 habitants L'église Sant'Agnellu, dont l'aspect date pour l'essentiel du XVIe siècle, possède une belle façade baroque et une remarquable balustrade de marbre, témoin du passage de l'impératrice Eugénie en 1869. Au chapitre religieux, voir également San-Giorgio et Santa-Maria, belles illustrations de l'art roman du Cap Corse et l'église Saint-Côme et Saint-Damien au Campanile indépendant.

DOMAINE DE GIOIELLI

D353

✆ 04 95 35 42 05

Haute saison : ouvert du lundi au samedi de 8h à 12h et de 14h à 19h. Et sur rendez-vous. CB non acceptée.

Cette propriété qui appartenait aux Doria, vieille famille génoise, se développe à partir de la fin du XVIIIe siècle sous l'influence de Monseigneur Doria. Plusieurs viticulteurs s'y succèdent jusqu'à ce que Ange-Louis Angeli en fasse l'acquisition en 1952. De nos jours, son fils Michel Angeli exploite le domaine, désormais secondé par sa fille. Planté en cépages corses (muscat, vermentinu, niellucciu, codiverta) et d'aleatico (cépage de l'île d'Elbe), celui-ci produit des vins élégants en blancs, rouges, rosés et un muscat délicieux.

PALAZZU NICROSI €€

Vignale

✆ 06 78 00 84 18

www.palazzu-nicrosi.com

De mai à octobre et sur réservation. 5 chambres (dont 3 suites). A partir de 150 € la chambre avec petit déjeuner.

Sur les hauteurs de Rogliano, le Palazzu Nicrosi a fait peau neuve grâce à Paul Saladini, héritier de cette maison d'Américains. Contemplant le port de Macinaggio, les vignes du Clos Nicrosi et, au loin, les îles Finocchiarola, la maison a été agrémentée d'une piscine et d'un jardin paysagé. La réception est installée dans le fumoir, vestige des années 1920. Au premier étage, les chambres gardent l'esprit fin du XIXe siècle, mais bénéficient du confort moderne. Possibilité de petite restauration le soir. Vente du vin du domaine et petite épicerie fine.

CASA ORSI D'HERBES BIOLOGIQUES

Hameau de Vignalello ✆ 06 10 66 91 38

www.casaorsi.fr/a-propos

Ouvert le lundi, le mardi, le jeudi et le vendredi de 8h à 12h. Visites sur rendez-vous. Vente par correspondance.

Isabelle Orsi a créé la première exploitation oléicole du Cap Corse en 1997 avec 4 ha de vieux oliviers endémiques produisant son huile dans le moulin du domaine, l'Alivi di Roglianu estampillée AOP Oliu di Corsica. Ajoutant 7,5 ha de maraîchage et plantes aromatiques, elle vient de changer son fusil d'épaule. En 2019, elle a fait le choix de cesser la production d'huile pour se consacrer entièrement à celle d'infusions, herbes aromatiques et oignons de Sisco, 100 % bio.

MACINAGGIO ★

Le port de Macinaggio marque pratiquement l'extrémité maritime nord de l'île. Port de pêche et surtout de plaisance (600 anneaux), situé sur la commune de Rogliano dont il fait parti, il est devenu au fil des ans un haut lieu touristique, étape des plaisanciers entre la Corse et le continent ou l'Italie. On y construisait jusqu'à la fin du XIXème siècle des barques et voiliers dans ses chantiers prospères. On y trouve le site préhistorique de la Coscia , témoignage des plus anciens peuplements corses du paléolithique connus. Enfin le port fût le théâtre de nombreux débarquements historiques dont Pascal Paoli, Napoléon Bonaparte et l'Impératrice Eugénie.

LA TOUR D'AGNELLU

Ouvert 24h/24.

Le sentier du douanier de Macinaggio à Centuri, balisé, permet de découvrir de très belles tours génoises. Zone des espaces naturels de la pointe du Cap Corse et Réserve naturelle des îles Finocchiarola, on y admire la chapelle de Santa-Maria bâtie au XII[e]siècle puis l'anse de Santa-Maria, prolongée par les ruines d'une tour génoise, éventrée par la flotte de l'amiral Nelson. Après la tour d'Agnellu, le petit port de Barcaggio et l'îlot de la Giraglia dominé par son phare du XIXe. De Barcaggio à Tollare prévoir 45 min et le chemin de Tollare à Centuri 4 heures.

LE NORD

OTI DU CAP CORSE

✆ 04 95 35 40 34

Bureau de Macinaggio ouvert à l'année jusqu'à 17h. Fermé le week-end. Moulin Mattei en saison et autres points d'infos.

Venez chercher les informations utiles au bon déroulement de votre séjour sur le port de plaisance, à l'office de tourisme : activités de loisirs, côté terre ou côté mer, renseignements sur les randonnées du Cap Corse et toutes vos recherches d'hébergement. Nouveauté depuis 2021 : en partenariat avec le Parc naturel marin, découvrez l'exposition permanente et ouverte le week-end, retraçant 2 500 ans d'histoire maritime à la Santa Maria della Chiappella, sur le sentier des douaniers à 45 min. Histoire du lieu, de la faune et de la flore en prime !

LA RANDONNÉE À LA TOUR SANTA-MARIA

Durée : 3 heures aller-retour.

Au départ du port de Macinaggio. Suivre la direction du camping U Stazzu puis passer le camping et rejoindre la plage de Tamarone. Traverser la plage et continuer sur le sentier soit en longeant la côte à droite pour l'aller par exemple, soit par l'intérieur à gauche pour le retour. Impressions : il faut absolument faire cette balade pour la vue sur les îles de Finocchiarola, classées en réserve naturelle, pour la tour Santa-Maria et pour admirer la campagne qui se jette dans la mer.

STELLA MARINA*** €€

Lieu-dit Foce

✆ 04 95 35 07 04

www.stella-marina.com

Ouvert d'avril à octobre. Chambres, mini-villas et F3. Chambres à partir de 79 €. Wifi gratuit.

Un petit hôtel résidence de tourisme juste à la sortie du village, au calme, avec un accès à la plage de Macinaggio à 150 mètres. Lumineuse et pétillante, Monique redouble d'entrain pour accueillir ses hôtes dans les meilleures conditions. On y appréciera particulièrement la tranquillité émanant de cette petite structure et la possibilité de louer les mini-villas en décalé, ou à la nuitée en mi-saison. Oliviers et piscine bleu azur pour se sentir totalement en vacances, à seulement 2 minutes du sentier des douaniers et tout proche du port. Un havre de paix !

SENTIER DES DOUANIERS

✆ 04 95 31 02 32

https://destination-cap-corse.corsica/

Accessible toute l'année. Difficulté : facile. Pas d'eau sur le trajet, peu d'ombre.

Le Sentier des Douaniers longe le Cap Corse sur une trentaine de kilomètres. Il sillonne le littoral aux eaux cristallines jusqu'à Centuri, en passant par Barcaggio et Tollare. Depuis Macinaggio, vous suivrez la plage puis arpenterez un sentier rocheux doté d'un balisage jaune ; en une petite heure de marche, vous rejoindrez la tour génoise San'Agnello ; vous bénéficierez alors d'une vue somptueuse sur l'extrémité Nord-Est du Cap Corse et l'île de Giraglia. Une balade enchanteresse dans un environnement préservé et riche en biodiversité ; à voir au printemps !

LA VELA D'ORO €€€

✆ 04 95 35 42 46

Menu unique à 64 € (menu langouste). Carte : 49 € environ.

Bien cachée dans les ruelles de Macinaggio, La Vela d'Oro se trouve rarement par hasard. Vous découvrirez un bel espace et une large terrasse pour vous attabler dans cet établissement dont la réputation n'est plus à faire depuis plusieurs générations. Amateurs de poissons frais, vous trouverez ici de quoi combler vos envies : soupe de poisson, steak ou tartare d'espadon, pâtes aux gambas… Mais la reine incontestée est la langouste que vous choisirez au vivier et qui fait la notoriété du lieu. Allez-y sans attendre car vous y retournerez !

TOMINO ★

Après une belle route en corniche, on arrive à une succession des six petits hameaux de Tomino qui s'éparpillent dans un paysage d'une beauté sauvage et dominent la marine. Au hameau de Stoppione, le centre de la commune, se dévoile un immense panorama sur le reste du Cap. On peut visiter l'église Saint-Nicolas, d'architecture romane remaniée au XVIIe siècle. Dans les autres hameaux, comme à Poggio et à Mandolacce, on trouve des tours génoises et des chapelles pittoresques. La marine, plus récente, se situe près de deux forts en ruine, sur une colline. La chapelle Saint-Roch, proche de la plage de galets, mérite également le détour.

ERSA ★★

Village du bout du Cap où, les soirs de tempête, on se croirait au bout du monde. A la pointe nord de la Corse, ce petit village de pêcheurs s'est progressivement modernisé, avec la route et des structures d'accueil. Les randonneurs profitent de la très belle nature environnante. La commune d'Ersa a la particularité d'être composée de sept hameaux et deux marines. Au hameau de Botticella (sur la D80), prendre la route qui descend vers les marines de Tollare et Barcaggio, deux charmantes marines dont l'isolement fait tout le charme. Sur votre chemin, vous arrivez à Piazza, le centre de la commune. La mairie et l'école se trouvent dans un ancien couvent daté du XVIIe siècle. Elles jouxtent l'église Santa-Maria Assunta au clocher rutilant, qui renferme un beau tabernacle italien de style baroque. Continuez la route en direction de Tollare. Là-bas, on découvre les anciens magazzini, entrepôts à marchandises, la tour génoise et le sémaphore du Cap. On peut également visiter le hameau abandonné de Suerto, avec sa chapelle Saint-Nicolas située au col du même nom. Barcaggio est un petit port qui fait face à l'île de la Giraglia avec sa tour génoise. Les habitants disent qu'il aurait inspiré Hergé pour Tintin et l'île noire. Aujourd'hui, le paisible petit port abrite quelques barques de pêche, activité artisanale première de la localité. Vers la pointe d'Agnello, en sortant du hameau, on peut emprunter le sentier des douaniers, pour terminer la promenade sur la grande plage de sable blanc. Enfin, en reprenant la route, on se rend au hameau de Bonifacio, sur lequel est perché le moulin Mattei.

MOULIN MATTEI

✆ 04 95 35 40 34

https://www.capcorse-tourisme.corsica/

Point d'accueil touristique. Ouvert d'avril à fin octobre, de 10h à 17h (horaires variables).

Mêlant visite pratique et d'agrément, vous trouverez au point d'accueil du Moulin Mattei les informations utiles au bon déroulement de votre séjour. Cet ancien moulin à vent à la pointe du Cap Corse est accessible par la D80, à deux minutes du hameau de Botticella. Dominant le col, il vous offre, par temps dégagé, une vue à couper le souffle sur les deux versants du Cap. Passage incontournable lors de vos visites dans le relief capcorsin, la spiritualité qui s'exhale des lieux vous confirmera qu'il s'agit ici d'un des joyaux et emblèmes de l'Ile de Beauté !

PETRA CINTA** €€

Hameau de Barcaggio

✆ 04 95 36 87 45

www.hotelpetracinta.free.fr

Fermé d'octobre à avril. Accueil jusqu'à 23h. 9 chambres. Chambre double de 75 € à 135 €.

Situé sur le port de pêche de Barcaggio, les pieds dans l'eau, ce petit hôtel de 9 chambres fait face à l'île de Giraglia et son phare. Les chambres spacieuses et modernes disposent notamment de douches à l'italienne et donnent sur une cours intérieure arborée de petites terrasses attenantes. On apprécie également le calme et la tranquillité du jardin ombragé mais aussi le restaurant de l'hôtel qui fait face au port et où on se délectera de poissons frais. Une bonne adresse pour les gens de passage dans le bout du Cap Corse.

A CALA €

Plage de Barcaggio

✆ 06 22 06 19 51

Fermé d'octobre à mai. Ouvert tous les jours de 10h à 20h. Réservation recommandée.

Isolée dans un décor sauvage, la paillote de plage A Cala nous offre un moment de grand charme. Ambiance pieds dans le sable fin d'une longue plage, au cœur du Conservatoire du littoral, vous profitez d'un environnement protégé. Sur cette réserve naturelle intégrée au réseau européen Natura 2000, l'établissement a réussi à se fondre dans le paysage sans le dénaturer. Une pause incontournable pour un dépaysement absolu au départ ou à l'arrivée du Sentier des douaniers pour se désaltérer ou manger façon snack, bon et abordable.

LE SAINT JEAN €€

Hameau de Botticella

✆ 04 95 47 71 71

www.lesaintjean.net

Ouvert d'avril à fin octobre. Haute saison : ouvert tous les jours et les jours fériés le soir.

Une jolie adresse panoramique et gourmande à découvrir sur l'axe Macihnaggio-Centuri. Le lieu surplombe les derniers kilomètres de la pointe du Cap Corse où se finit l'île de Beauté. Le jeune chef maison propose une carte à l'ardoise qui varie au gré des saisons sur des variations terrestres et maritimes. Une belle terrasse face à l'île de la Giraglia, une salle coquette avec immenses baies vitrées et des plats à prix raisonnables. Si vous ne désirez pas quitter les lieux, passez la nuit dans les chambres élégantes juste au-dessus pour prolonger l'instant présent.

Le port de Centuri.

CENTURI ★★

Une marine typique du Cap avec des fleurs, des recoins, des escaliers de pierre, des maisons aux murs de crépis et aux toitures typiques de serpentine aux jolis reflets verts. La marine idéale pour aquarelliste, où l'on ne sait plus trop si l'on se promène dans le tableau ou dans la réalité. On y trouve des hôtels, et des restaurants en enfilade qui vantent tous la pêche locale. Une dizaine de pêcheurs qui approvisionnent les établissements de Centuri sont encore en activité. Ne pas manquer de se rendre au hameau de Cannelle, juste au-dessus de la Marine. On y apprécie ses petites maisons typiques et sa fameuse fontaine enchâssée sous la roche.

A MACCIOTTA €€

Port de Centuri

✆ 04 95 35 64 12

Fermé d´octobre à mars. Ouvert tous les jours et les jours fériés le midi et le soir. Réservation recommandée.

Au fond du petit port, on sera futé de rechercher la maison Macciotta (du non des cailloux sortis des filets) tenue depuis 1988 par Anna et Henri Sker. On profitera soit de la salle historique, soit des nombreuses terrasses sur trois niveaux avec vue plongeante sur le port pour apprécier la carte et les menus marins servis par une escouade de serveurs pour répondre au succès. En Corse, Centuri est le paradis pour les amateurs de langoustes et ici, elle est reine quand la pêche est bonne ! Belle ambiance et addition raisonnable même en formule langouste.

L'ISULOTTU*** €€

Mute

✆ 04 95 35 62 81

www.isulottu.com

Ouvert de mai à fin septembre. Groupement Corsica Campings. Réservation recommandée. Accueil jusqu'à 22h en été.

À 200 mètres de la plage de Muté, vous serez accueilli ici par Marie-Catherine Stella qui vient apporter son sourire et sa disponibilité aux amateurs de nature. L'emplacement est plaisant, avec ses petits murets de pierres sèches, et l'ombrage naturel grâce aux cistes, chênes liège et eucalyptus, pour profiter sans soucis, de l'endroit. Un accueil camping-caristes et même un restaurant d'été de cuisine locale aux tarifs d'avant l'euro ! Pour les frileux du camping en tente : deux beaux chalets pour 5 à 6 personnes avec cuisine et petite terrasse attenante.

MORSIGLIA ★★

Un fief de la famille da Mare, qui a conservé quasi intactes les nombreuses tours carrées qui en font l'identité originale, et aussi le berceau du docteur Antomarchi qui assista l'empereur à Sainte-Hélène. Garez-vous sur le bord de la route et grimpez dans les ruelles à la découverte des tours fortifiées, de nombreuses maisons patriciennes édifiées entre 1850 et 1900 et autres palais témoignant de l'aisance des Corses de jadis, capables au retour d'Amérique de construire des palais comme celui d'Ange-François Guelfucci (1838). Un autre aspect original de la localité tient au nombre et à la richesse des édifices religieux qui émaillent son territoire.

ANTONMATTEI €

Picorile

✆ 04 95 35 63 46

www.antonmattei-restaurant.com

Restaurant ouvert d'avril à septembre. Haute saison : tous les jours et les jours fériés le midi et le soir.

Installé dans la vie du village depuis plus de vingt-deux ans, le petit bar-café familial s'est développé en petit restaurant-pizzeria avec sa jolie terrasse face aux moulins emblématiques et à l'anse de Scalettu. Un véritable service public avec la pompe à essence bienvenue de ce côté du cap, les sympathiques formules repas composées de grandes salades, de goûteuses pizzas, et de traditionnelles grillades dans une joyeuse ambiance, typique des villages du Cap ! En bonus, un emplacement idéal au coucher du soleil, pour savourer la lumière du crépuscule.

LA TABLE D'ORESTE €

Pecorile

✆ 04 95 31 85 36

Ouvert tous les jours de 12h à 14h30 et de 20h à 23h. Menu unique du jour 18 € environ. Terrasse avec vue.

Perché en amont de Centuri, Oreste la discrète se magnifie au fil des marches de l'escalier qui mène à la terrasse. Sourdant d'un cadre mythologique digne d'Homère, une vue à couper le souffle signe l'incipit des prochaines agapes. Les noms des mets du jour virevoltent en un menu unique, local et maison : les poissons sont excellents, les légumes savoureux et les beignets au fromage une ode à la gastronomie. A savourer dans la lumière dorée du dernier plongeon de soleil ! L'accueil du couple Oreste ajoute une touche conviviale qui exacerbe le sublime. Un poème.

PINO ★★

Petit village côtier, en surplomb au-dessus des eaux bouillonnantes qui viennent percuter les rochers, Pino réunit des maisons de styles et d'époques divers, reconnaissables par les variétés de pierres utilisées. Un peu plus loin démarre la promenade (distance 2,8 km ; durée 1h30, balisage jaune) qui dégringole jusqu'à la Marine de Scalu par des chemins qui longent des jardins abandonnés et pleins de charme. Pino a conservé un système très développé de stockage et distribution d'eau d'irrigation. Il en reste quelques très beaux vestiges à découvrir le long du chemin. D'immenses tombeaux se dressent, entourés de cyprès, dont celui de Madame Eiffel.

LA MARINE DE SCALU À PINO ★

Scalo

Accessible toute l'année.

Cette jolie marine abrite un petit port de pêche et ses trois tours carrées, les tours de Metimu du XVe siècle, de Casucciu et Ciocce du XVIe siècle. Une crique charmante et appréciée des amateurs de kayak, en location sur place. Au cœur du village, vous pourrez notamment découvrir l'oratoire peint en trompe-l'œil, ainsi que le château des Piccioni du XIXe siècle, partiellement édifié par Antoine Piccioni, maire de la commune au milieu du XIXe siècle, mais aussi son bienfaiteur.

BARRETTALI ★

Avec son petit port de pêche de Giottani et ses hameaux haut perchés, Barrettali incarne l'archétype du village Cap Corsin avec ses tombeaux géants comme celui de la famille Calizi-Altieri, visible au-dessus de la route, qui date des années trente et que l'on a surnommé le Panthéon pour sa ressemblance évidente avec le monument parisien. Le sentier de L'annunziata (distance : 1,9 km, durée : 1h10, balisage jaune) permet de découvrir les tombeaux face à la mer ainsi que la richesse floristique du ruisseau du Furcone et le majestueux pont génois menant à Canari. Barrettali a vécu au XIXe siècle de la culture du cédrat, relancé depuis peu par la famille Calizi.

HÔTEL-RESTAURANT MARINELLA €€

Marine de Giottani

✆ 04 95 35 12 15

www.hotelmarinella.fr

Plusieurs menus, carte variée. Demi-pension pour les résidents de l'hôtel. Chambre double de 60 € à 90 € selon saison.

Situé au bord de l'eau, cet hôtel-restaurant anime la marine de Barrettali. Depuis la terrasse qui donne directement sur la mer, vous savourez les assiettes préparées avec soin par le chef et de son équipe qui concoctent une cuisine authentique, gourmande et raffinée. Vous pourrez choisir directement dans le vivier la langouste et les poissons du Cap Corse que vous désirez voir dans votre assiette… Possibilité de louer un bateau ou un kayak et même de dormir sur place.

O LAMPARO €€

hameau de Minerviu
✆ 04 95 36 49 25
www.olamparorestaurant.fr
Ouvert de mai à octobre, midi et soir. Plats de 16 € à 32 €.

Une bonne surprise sur la route du Cap Corse. Au détour d'un virage, on trouve ce restaurant méconnu des touristes, apprécié des locaux, qui jouit d'une belle vue et propose des plats simples, mais pleins de fraîcheur et d'authenticité qui mettent les produits locaux en avant. S'ajoute une carte de pizzas pour les amateurs. Une petite adresse sans prétention, au calme, parfaite pour se régaler et passer un agréable moment. Quelques soirées musicales en live en haute saison apportent leur contribution à la réputation de l'adresse.

CANARI ★★

A la sortie de Canari, à pic sur la mer, une bâtisse fantôme, l'ancienne usine d'amiante, minerai exploité de la Seconde Guerre mondiale à 1965. Vous pourrez ensuite comparer les deux styles religieux dominants de l'île, en visitant les églises de Santa-Maria-Assunta et de Saint-François. Malgré les remaniements qu'elle a subis au XVIIIe, la première reste un bel exemple du roman pisan (première construction du XIIe siècle) tandis que la seconde est de style baroque. Un couvent franciscain du XVIe siècle jusqu'à la Révolution, fut transformé un temps en gendarmerie. Aujourd'hui, il abrite des gîtes, chambres d'hôtes et un petit musée du costume corse.

ECOMUSEE DU CÉDRAT DU CAP CORSE

Poghju ✆ 06 72 15 84 78
www.lescedratsducapcorse.com
Ouvert du lundi au vendredi de mai à octobre de 9h à 12h et sur rendez-vous. Livraison possible. Visite gratuite.

Certainement la plus belle plantation de cédrats de l'île. Le site est accueillant et abrite un écomusée dédié à cette espèce locale, et est animé par Xavier Calizi, passionné et intarissable sur le cédrat. Visitez la plantation de l'agrume emblématique de l'île, goûtez aux produits (cédrats confits, liqueurs, confitures), laissez-vous tenter par la bière au cédrat et osez la boîte de sardine au cédrat. Un circuit pédestre chemine à travers le verger conservatoire d'agrumes des Calizi.

LE CHAT QUI PÊCHE €

Hameau d'Abro
✆ 04 95 37 81 52
www.aubergeduchatquipeche.com
Ouvert toute l'année. Accueil jusqu'à 20 h. Volume de 50m2 (2 chambres, salon, 2 sdb). Petit dej inclus. Restauration.

Surprise, le long de la route du cap ! Cet établissement original avec comptoir et terrasse surplombant des plantations d'agrumes, dispose d'une salle pour les frileux, d'un volume de 50 m² pourvu de deux chambres d'hôtes, d'un salon et de deux salles de bains. Outre son caractère bien trempé, le maître des lieux nous propose ses viandes et poissons de pêche issus de la marine Giottani, le tout grillé au feu de bois. Une cave à vins avec plus de cinquante références agrémente l'établissement. On s'y arrête également pour le plaisir d'un verre ou d'un café.

© GABRIELLE AWAD

la marine de Giottani dans le Cap Corse.

LE NORD

OGLIASTRO ★

Ce valeureux village, envahi par trois fois par les Maures au XVIIe siècle, et dépouillé de ses hommes valides, fut également connu pour sa culture de l'olivier. Les amateurs de fraîche baignade trouveront entre la Marine et le village de nombreuses piscines naturelles sur la rivière Guado Grande. La commune est également connue pour sa marine d'Albu et sa tour génoise Del Greco du XVe siècle, entièrement construite en schiste. L'aménagement de l'arrière-plage et la création d'un parking donne du cachet à cette petite marine, que l'on vous invite à parcourir en toute tranquillité, pour des couchers de soleil romantiques ! A ne pas manquer !

CHEZ MORGANTI €€

Marine d'Albu
✆ 04 95 37 85 10
www.restaurantmorganti.com
Fermé de novembre à février. Ouvert tous les jours et les jours fériés le midi et le soir. Réservation recommandée.

Une incontournable affaire de famille où Michèle, Jean-Toussaint et leur fille Alba œuvrent en chœur pour enchanter les locaux habitués et gourmets ainsi que les touristes qui auront la chance de découvrir « Chez Morganti ». Restaurant de la famille depuis 1898, il vous faudra naviguer sur les petites routes du Cap Corse pour vous y asseoir et profiter d'un espace tout en tranquillité. Selon l'arrivage, vous dégusterez la langouste ou la bouillabaisse et vous trouverez une carte qui change toutes les semaines au gré des saisons et inspirations du chef.

OLCANI ★

Seule commune du Cap à ne pas posséder d'ouverture sur la mer, cette vallée sauvage cache cependant un des plus jolis panoramas du Cap Corse. Un très ancien chemin dallé de pierres (aujourd'hui doublé d'une piste forestière) traverse la montagne pour rejoindre Sisco en passant au pied du Monte Stello (1 307 m) par le col Saint-Jean duquel on peut voir les deux mers. Les anciens moulins à huile du village témoignent du passé agricole florissant de la région. Au hameau Ferragini, se trouver l'église Saint-André ainsi que les ruines de l'ancienne église San-Quilico, d'architecture romane. L'autre hameau, Lainosa, possède un oratoire et des mausolées familiaux.

NONZA ★★★

Village médiéval, littéralement perché en nid d'aigle et dominant sa célèbre plage de galets noirs et la mer Méditerranée. Contrairement aux autres villages du Cap Corse, Nonza n'est pas éclaté en hameaux mais fait corps au piton rocheux. Par temps dégagé, on découvre les neiges du Monte Cintu, voire les sommets enneigés des Alpes. Les ruelles du village permettent de se hisser jusqu'à la tour génoise, construite en 1970 par Pascal Paoli. Ce petit village fête sa patronne, Sainte-Julie, le week-end du 22 mai en organisant une procession durant laquelle on porte la statue de la sainte jusqu'à la fontaine des mamelles, plus bas dans le village.

LA PLAGE DE NONZA ★★

Accessible toute l'année.

© XAVIER BONNIN

Que serait Nonza sans sa magnifique plage de galets noirs ? Cette plage est due aux rejets inoffensifs de l'usine d'extraction d'amiante qui se trouvait à Canari, à quelques kilomètres au nord. De 1920 à 1965 cette carrière fut la principale zone d'extraction d'amiante en France. Les courants transportèrent dans les baies d'Albu et de Nonza les matières rejetées et les bouchèrent, formant ainsi les plages. Pas de crainte, se promener sur cette plage ne serait pas dangereux, les fibres d'amiante ayant passé un long séjour en mer, elles ont été lavées par le sel.

LE NORD

L'ÉGLISE SAINTE-JULIE ET LA FONTAINE DES MAMELLES ★

Accessible toute l'année. Ouvert 24h/24.

L'église

Église piévane, sa façade bicolore tripartite, soulignée de deux pilastres domine la place du village et s'aperçoit de loin. Elle contient un autel en marbre polychrome datant de 1694 qui provient du couvent franciscain, plusieurs statues anciennes et plus surprenant : au fond du cœur, une toile du XVIe siècle représentant sainte Julie crucifiée à la place où se trouve habituellement un Christ en croix. L'église présente six chapelles latérales dans lesquelles on ressent fortement l'empreinte des dangers ou des drames de la mer qui ont marqué le village : bataille de Lépante en 1571, saint Alexandre Sauli repoussant les barbaresques, ex-voto évoquant épidémies et naufrages, etc.

La Fontaine des mamelles

En traversant la rue, au niveau de l'épicerie, dirigez-vous vers la fontaine Sainte-Julie qui se trouve sur le chemin qui mène à la plage. Une cinquantaine de marches plus bas, vous vous retrouverez face à ce petit sanctuaire désuet. Il est dit qu'à cet endroit en l'an 303, la future sainte Julie fut martyrisée et crucifiée pour sa fidélité à la foi chrétienne. Après son martyre, ses seins coupés furent projetés contre le rocher duquel jaillirent deux sources miraculeuses. La Fontaine des mamelles ne se tarie jamais et attira longtemps une foule de pèlerins. On considère ses eaux comme miraculeuses, outre leur pouvoir de guérison, elles protégeraient les mères contre le tarissement de leur lait. La fête honorant Sainte Julie à Nonza se déroule le 22 mai.

TOUR PAOLINE [TOUR DE NONZA] ★★★

Accessible toute l'année. 24h/24.

C'est l'une des tours de guet du Cap Corse. Cette tour est située sur la façade orientale du Cap, au-dessus de Nonza, sur un piton rocheux à 167 m d'altitude. La tour de Nonza était une tour de guet située sur son promontoire surplombant le village afin de surveiller le golfe de Saint-Florent. Cette tour carrée de schiste gris-vert, carrée, se situe à l'emplacement de l'ancien château de Nonza. Le Monte où elle est implantée représente une position stratégique et fut donc choisi par les seigneurs Avogari pour l'édification de leur château au XIIe siècle. Leur forteresse médiévale fut détruite par les Génois en 1489. En 1760, Pascal Paoli commandita la construction d'une tour de guet au sommet du Monte afin de protéger le golfe. La tour paoline de Nonza est inscrite aux Monuments historiques. Elle a fait l'objet d'un vaste programme de rénovation en 1969, au cours duquel furent reconstruites ses 3 échauguettes, petits ouvrages en encorbellement destinés à abriter un guetteur et lui offrir la vue et des angles de tir sur un large horizon. En 1768, durant les guerres paolines, elle fut le siège d'un exploit militaire. Jacques Casella, abandonné par ses hommes, assura à lui seul sa défense contre les troupes du général français Grand-Maison, avant de se rendre à court de munitions. L'officier français lui demanda alors où était le reste de sa troupe, ce à quoi il répondit avec fierté : « La voilà toute en moi ». On accède à la tour par un raidillon assez sportif.

LA SASSA €€

Au pied de la tour Paoline

✆ 04 95 38 55 26

Tous les jours midi et soir d'avril à octobre. Réservation impérative par e-mail pour retenir votre table.

Il faut grimper à travers les ruelles de Nonza pour atteindre la terrasse au panorama à couper le souffle, avec d'un côté la vue plongeante sur l'immense plage de galets noirs, de l'autre côté la vue sur les montagnes du désert des Agriates. Réservation indispensable et largement anticipée pour pouvoir profiter de cet endroit chic où l'on déguste une cuisine d'inspiration méditerranéenne de qualité. Une sélection de 300 références de vin et une équipe de professionnels font de La Sassa un haut lieu réputé pour une soirée d'exception inoubliable.

OLMETA-DI-CAPOCORSO ★

Olmeta, c'est surtout la Marine de Negru qui offre une plage de galets au pied d'une tour génoise du XVIe siècle bien conservée. Désertée au XIIe siècle à cause des invasions barbaresques, la petite marine était peuplée au Moyen Age. Des peintures rupestres, datées du IIe siècle av. J.-C., ont été découvertes dans une grotte nommée Grotta Scritta : les plus anciennes découvertes en Corse ! Au cœur de la marine, le pont de Negru est l'élément central du paysage, et fait partie du patrimoine des ponts génois construits entre le XIIIe et le XVIIIe siècle sous l'occupation pisane et génoise. Il a été détruit en quasi-totalité durant une crue en novembre 2016.

CASA MARIA €€

Chemin de la Tour

✆ 04 95 37 80 95

www.casamaria.fr

Ouvert toute l'année. Accueil jusqu'à 21h. Chambre double 80 € ; suite 145 €. Petit déjeuner inclus. CB non acceptée.

Cette délicieuse Casa Maria est située en plein cœur du village, en montant vers la tour. On apprécie le confort des chambres, la décoration de la maison très raffinée et l'accueil des hôtes des lieux qui sauront vous faire découvrir les recoins de cette région du Cap. Le petit déjeuner avec les confitures maison de madame, sous la tonnelle protégée par la tour, vous laissera un souvenir ému et les prestations d'hébergement sont en totale osmose avec le patrimoine de charme et la convivialité de ce beau village du cap Corse.

LES GITES DU CAP CORSE €€

Marine de Negru

✆ 04 95 37 27 50

Ouvert toute l'année. Accueil jusqu'à 22h. Gîtes et maisons de 2 à 8 places, de 290 € à 1 200 € la semaine.

Un petit village original, que ces gîtes du Cap Corse ! On y découvre à flanc de colline, juste au-dessus de la marine de Negru, cachées au milieu d'une végétation luxuriante, neuf petites maisons pouvant accueillir de 2 à 6 personnes. Les prix sont tout doux, les équipements complets (barbecue, plancha, transats, spa, Jacuzzi en plein air, etc.), en gîte ou en chambre d'hôtes, l'accueil délicieux et, pour ne rien gâcher, on pourra accéder par un sentier secret aux belles piscines naturelles à 300 m dans la rivière tout droit descendu du Monte Grosso !

SAINT-FLORENT ★★

Village très agréable et très prisé des touristes, Saint-Florent se situe dans un cadre exceptionnel, et son golfe en fait un endroit idéal pour les vacances. Le site est préservé et les plages sont encore sauvages. Celles du Lotu, de Malfacco ou de Saleccia, avec leur sable blanc et leur eau turquoise, sauront vous enchanter. Sa situation en fait un bon point de départ pour découvrir toute cette partie de l'île, du Nebbiu à la Balagne. Calme hors saison, la ville est très animée en été. Particulièrement prisée des Italiens, la petite station balnéaire vibre tout au long de l'été d'une clientèle très locale qui se mêle avec plaisir aux vacanciers.

CITADELLE DE SAINT-FLORENT ★

✆ 04 95 37 06 04

www.corsica-saintflorent.com

Accès payant. Visite en période estivale uniquement.

Construite en 1439 sur un rocher calcaire, silhouette insulaire flanquée d'une tour carrée et de deux tourelles, la Citadelle de Saint-Florent est immédiatement identifiable. Elle se trouve au cœur de la cité et fut fondée en 1440 par Janus de Campofregoso. Elle domine la ville et le port. Visitable en période estivale, vous pourrez y admirer les nombreuses expositions qui s'y déroulent. La promenade pour y accéder, à travers les vieilles ruelles, est un vrai plaisir.

CATHÉDRALE SANTA-MARIA-ASSUNTA ✝ ★

6, Piani

✆ 04 95 37 06 04

www.corsica-saintflorent.com

Ouvert tous les jours du lundi au samedi et le dimanche après-midi. Tarif unique de 1,50 €. Gratuit jusqu'à 12 ans.

L'ancienne cathédrale du Nebbio connue aussi sous le vocable d'église Santa-Maria-Assunta, se trouve à la limite de Saint-Florent le long de la petite route qui remonte vers Poggio d'Oletta par la Strette di San Germanu. C'est un magnifique édifice médiéval bien restauré et qui sert encore parfois de lieu de culte. La date de sa construction est incertaine, au XIIe siècle entre 1125 et 1140. Le bâtiment est protégé dès 1840 et classé aux Monuments historiques en 1875.

OFFICE DE TOURISME DE SAINT-FLORENT

Bâtiment administratif

✆ 04 95 37 06 04

www.corsica-saintflorent.com

Ouvert du lundi au vendredi de 9h à 12h et de 14h à 17h.

Au cœur d'un des plus beaux golfes de la Méditerranée ayant inspiré de nombreux poètes et écrivains, cette antique cité romaine est devenue aujourd'hui une station balnéaire prisée. À Saint-Florent, vous découvrirez la cathédrale de XIIe siècle ou la Citadelle du XVe siècle ainsi que le joli port de plaisance, où il fait bon vivre. Pour découvrir la région, rendez-vous à l'Office de tourisme pour bénéficier de conseils avisés et de documentations pour passer un séjour inoubliable.

LE NORD

© CYRIL BANA - AUTHOR'S IMAGE

Saint-Florent.

LA TOUR DE LA MORTELLA ★

Punta Mortella

Accessible toute l'année.

© JOSEPH PANZA

La Punta Mortella marque la pointe occidentale du golfe de Saint-Florent et précède la tour génoise du même nom au sud du désert des Agriate. Datant du XVIe siècle, cette tour, propriété du conservatoire du littoral, commandait avec la tour de Vecchiaia, juste en face, l'accès au golfe de Saint-Florent. L'amiral Nelson, séduit par sa résistance et son architecture, en copia les plans et l'on peut retrouver sur les côtes de Grande-Bretagne et d'Irlande des tours identiques dénommées Martello Towers, à la faveur d'une erreur d'orthographe !

LE PORT DE PLAISANCE DE SAINT-FLORENT

✆ 04 95 37 00 79

www.portsaintflorent.com

Basse saison : ouvert du lundi au vendredi de 9h à 12h et de 14h à 17h. Haute saison : tous les jours de 7h à 21h.

Le port dispose de 770 anneaux dont 250 réservés aux plaisanciers de passage. Vous y trouverez tous les services et facilités sur place : WC, douches, accès Internet par wifi gratuit, levage, carburants. L'attrait majeur du port de Saint-Florent est incontestablement sa situation en plein cœur du village, au pied des remparts de la Citadelle, ce qui vous permet ainsi de flâner le long des quais colorés et pittoresques et le soir, d'y admirer le soleil couchant en terrasse.

DOMINIQUE PLAISANCE

Bord de l'Aliso

✆ 04 95 37 07 08

www.dominiqueplaisance.com

Ouvert tous les jours d'avril à mi-novembre. Location de bateaux avec ou sans permis. Journée ou demi-journée.

Au bord de l'Aliso au port de plaisance, une structure bien pratique pour découvrir le site des Agriate de façon autonome, avec sa flotte d'une trentaine de bateaux, du semi-rigide sans permis à l'Open White Shark de 150 cv. Formule à la demi-journée, à la journée ou à la semaine. Idéal pour se rendre en famille ou entre amis à Saleccia, Loto, Malfalco, Forneli. Conseils de navigation et carte marine pour naviguer en sécurité. Bouée tractable, ski nautique, wake board en location sur demande. Tarifs dégressifs selon la durée.

U LIAMONE €

Route de Treperi

✆ 04 95 37 12 81

www.hotel-uliamone.com

Ouvert de Pâques à fin octobre. Accueil jusqu'à 20h30. De 74 à 214 €. Petit déjeuner : 8,50 €.

Un petit hôtel familial entièrement rénové en 2022 avec une déco plus actuelle, et désormais doté de télévisions dans les chambres. A seulement 15 minutes à pied du port de Saint Florent c'est un lieu de résidence parfaitement situé devant la grande plage pour profiter de votre séjour sans prendre systématiquement la voiture. Le bar-terrasse en bois est une jolie réussite, chaleureux et calme avec de la musique corse discrète ou ces soirées à thème, on y déguste de délicieuses pizzas, des viandes au feu de bois et de bonnes glaces dans une ambiance décontractée.

U SANTU PETRU €

✆ 04 95 37 04 60

www.usantupetru.com

Ouvert du 1er avril au 30 septembre. Chambre à partir de 45€.

Brice et Florient Volelli reprennent cette année U Santu Petru, charmant hôtel et restaurant sur la route qui mène de Saint-Florent à la Balagne. Les chambres sont à la fois simples, confortables et élégantes et le rapport qualité prix inégalable ! L'accueil chaleureux de toute la famille, et la vue sur les Agriates superbe. La cuisine est généreuse, locale et l'on peut y manger à toute heure. De là, vous pourrez profiter des circuits en 4x4 pour vous rendre aux plages de Saleccia et Lotu avec les circuits organisés par vos hôtes avec Saleccia off Road !

KALLISTE**** €€

Ceppitone ✆ 04 95 37 03 08
www.camping-saintflorent.com

Ouvert d'avril à octobre. Emplacements camping ; mobil-homes ou tentes lodges. Aires pour camping-cars. Restaurant.

Sublime baie de Saint-Florent dont le succès attire inlassablement les habitués et les nouveaux venus. Le Kalliste s'y situe à quinze minutes à pied du centre et tout à côté d'une plage pour profiter tantôt du farniente sur le sable ou d'activités plus sportives, tantôt de la sympathique ambiance estivale du village. Des paysages magnifiques alentour, de Patrimonio, du désert des Agriates et tout à côté du Cap Corse, plus sauvage et peu fréquenté. Un lieu pour se régénérer de nature et de découvertes pourquoi pas au bord des piscines et bain bouillonnant...

VILLA BARAKA €€

Route de Patrimonio ✆ 06 20 33 10 72
www.lavillabaraka.com

Ouvert toute l'année. Accueil jusqu'à 22h. Chambres, appartements. Chambre double de 70 € à 90 €. Parking fermé inclus.

Juste à la sortie du village direction Patrimonio, Babet et Stephan proposent dans leur villa d'adorables chambres d'hôtes au calme et dans un bel environnement. Une étape craquante où il faudra vite réserver pour pouvoir en profiter. On peut même y trouver une petite maisonnette en location à la semaine. On y découvrira le petit chemin tout proche qui vous conduira tout droit à la plage tranquille, même au mois d'août ! Le plus : une piscine avec matelas et parasols au cas où la mer vous lasserait et le plateau de courtoisie à disposition pour le petit déjeuner.

TETTOLA*** €€

Route de Bastia
✆ 04 95 37 08 53
www.hoteltettola.com

Ouvert d'avril à fin octobre. Accueil 24h/24. 30 chambres. Chambre double de 75 € à 186 €.

Idéalement situé entre les plages de sable blanc et les falaises du Cap Corse, ses criques turquoise et ses villages de pêcheurs, vous n'avez que quelques marches à descendre depuis l'hôtel Tettola pour accéder à la mer. Entièrement rénové, la décoration est design et les chambres bénéficient de tout le confort nécessaire : climatisation, insonorisation, réfrigérateur, tv satellite. Cet hôtel de charme met également à votre disposition une piscine chauffée avec transats et parasols, un bar, un garage à vélos, et un parking sécurisé !

LE MATHYS €€

Place Furnellu
✆ 06 08 76 40 77
www.mathys-saintflorent.com

Ouvert toute l'année. Haute saison : tous les jours et les jours fériés le midi et le soir. Réservation impérative.

Une superbe création sur la place Furnellu, tenue par les trois copains, Manu Burini de la Sassa à Nonza, Stephan Hlušička de Saint-Florent, associés au fameux chef breton Thierry Burlot. Un bistrot gourmand où la carte évolutive fera le bonheur des vrais amateurs de belle cuisine. On y appréciera la petite terrasse sous le mûrier platane et l'ambiance unique de cette minuscule place du village où seul est installé Le Mathys. Des formules originales sont proposées au gré des envies, des saisons et de la pêche. Le service est soigné et agréable.

LA GAFFE €€€

Port de Saint Florent
✆ 04 95 37 00 12
Ouvert de mars à novembre. Tous les soirs en juin, juillet et août. Fermé mercredi en avril et mai. Réserv. recommandée.

Derrière le succès du restaurant Le Gaffe se cachent Yann Le Scavarec, l'ancien chef de la Roya qui s'éclate au piano pour un résultat d'abord visuel avant de s'exprimer pleinement ou délicatement sur vos papilles. Toutes les saveurs y sont subtiles car cette alchimie là est un art qui ne doit rien au hasard. En proposition, une carte courte, des suggestions du jour à l'ardoise de poissons et de viandes issus du circuit court, qui favorisent les producteurs de la région. Cuisine extrêmement raffinée et service chaleureux, un excellent moment en perspective !

LA ROYA €€€

Plage de la Roya
✆ 04 95 37 00 40
www.hoteldelaroya.com
Ouvert d'avril à mi-octobre. Réservation recommandée. Menu en 5 temps : 85 €. Jardin. Terrasse.

Un lieu enchanteur dont les abords, cerclés de montagnes bleutées épousant l'horizon, sont sertis de parasols de paille irisés et de sable blanc immaculé ; le seuil de la Roya a des accents de bout du monde. C'est à son bord que la cheffe Aurélie Moreschi cuisine de mains de fée de succulents mets traditionnels. Vous y savourerez une goûteuse pêche du jour, mariée à des produits frais et de saison. Au fait des longues soirées d'été aux exhalaisons tamisés, vous vous attarderez sous les pins parasols en sirotant un cocktail ad hoc. Le romantisme a son adresse !

LE MARCHÉ DE SAINT-FLORENT

Berges de l'Aliso
✆ 04 95 37 10 63
Tous les premiers mercredis de chaque mois ; toute la journée. Vente de charcuterie et textile.

Lieux de rencontre, les marchés traditionnels mettent en avant les produits du terroir et dynamisent la vie sociale des petits villages ainsi que des grandes villes. Au Marché de Saint-Florent, vous ne serez pas déçus et y trouverez tous les produits corses. Rendez-vous tous les premiers mercredis du mois sur le long des berges de l'Aliso pour y flâner toute la journée, aller à la rencontre des producteurs et découvrir des pépites et saveur locales.

U PEZZO** €€

Pezzu
✆ 04 95 37 01 65
www.upezzo.com
Ouvert d'avril à novembre.
145 emplacements. Mobile-homes à partir de 40 € la nuit hors saison. Chèques vacances.

En bordure de mer, plage de la Roya, ce charmant camping familial calme, très ombragé par d'immenses eucalyptus offre vue sur la mer, la plage et Saint-Florent. Ambiance chaleureuse et décontractée et joies de la nature dans la petite ferme animalière du camping (animaux prêtés gracieusement par le Zoo de Corsica situé à 15 minutes). Amis randonneurs, c'est le lieu idéal avant d'attaquer le sentier du littoral (ancien sentier des douaniers) pour les plages de Saleccia et le Lotu. Les cyclistes sur la GT20 y trouvent aussi leur bonheur.

© U PEZZO

© U PEZZO

LE NORD

ALTORE

Plage de la Roya
✆ 06 88 21 49 16
www.altore.com
Ouvert toute l'année. Sur réservation. Haute saison : tous les jours (sauf exception météo) de 9h à 20h.

Altore a été créée en 1993 par Olivier et Stéphane Leonetti à Saint-Florent. Par la suite d'autres sites ont été aménagé pour la pratique d'activité de plein air, de l'île Rousse à Calvi, pour les amateurs d'aventures et de sensations. A Saint-Florent : canyonisme, parapente, multi-activités, hydro ULM (bateaux volants). A Calvi : Plage de la pinède : parcours aventure dans les arbres « A Scimia Calvese » : Parapente en Balagne : vol découverte en tandem. Sites de vol : Montemaggiore, Lozari, Algajola, Corbara, Ostriconi selon direction et force du vent.

LA RANDONNÉE À LA TOUR DE LA MORTELLA

Route de la Plage
Départ plage de la Roya. Dénivelé 150 m. Durée 3h.

Au bout de la piste carrossable qui dessert les résidences côtières de Formali et de Fonaverte, suivez le sentier des douaniers jusqu'à la pointe de la Mortella. Construite au XVIe siècle par les Génois, la tour fut bombardée en 1794 par la flotte anglaise de l'amiral Nelson. Consolidée en l'état par le Conservatoire du Littoral, elle offre aux visiteurs un superbe plan en coupe qui permet d'apprécier l'épaisseur de ses murs. Au printemps, vous serez conquis par le maquis.

PATRIMONIO ★★★

Réputée surtout pour ses vignobles, Patrimonio est d'occupation très ancienne. Déjà, sous l'Antiquité, ses vins étaient très appréciés. C'est là qu'est exposée la fameuse statue-menhir U Nativu, retrouvée à Barbaggio. On peut la voir dans l'amphithéâtre, qui accueille tous les étés le festival de guitares de Patrimonio, où se retrouvent les plus grands noms du jazz, du blues et du rock. Le village se compose de 11 hameaux au milieu des vignes, et tous ont gardé leur authenticité. Ils dominent la côte occidentale du Cap, et offrent une belle vue sur la mer. Une randonnée, jusqu'au sommet de Serra di Pigno permet de voir les deux versants du Cap.

L'ÉGLISE SAN MARTINU ★★

2, Hameau Cardeto
✆ 04 95 37 08 49
Accessible toute l'année.

Construite en 1653 sur une éminence au milieu de la plaine de Patrimonio, l'église San-Martinu est le premier édifice qui attire l'œil quand on arrive dans le Nebbiu par la route du col de Teghime. Les murs de l'édifice ont la particularité de n'avoir pas été recouverts d'enduit. L'église apparaît donc toute de pierre ocre avec, bien visibles, les trous qui ont servi à installer les échafaudages lors de sa construction. L'intérieur présente un autel en marbre polychrome, des panneaux sur bois de XVIe, des décors peints italiens du XIXe.

U SOLE MARINU €

Lieu-dit Catarelli
✆ 04 95 37 12 20
www.usolemarinu.com
Camping ouvert de mi-juin à mi-septembre. Réservation recommandée. Accueil jusqu'à 20h (23 h en été).

La famille Straforelli privilégie l'accueil et la convivialité pour une clientèle à la recherche de nature et d'authenticité. Le sentier du littoral s'étend en contrebas, et les criques alentour invitent au farniente. Sur place : une épicerie, une pizzeria, un bloc sanitaire avec tout le nécessaire et eau chaude en non-stop. De plus, Pierre, jeune apiculteur, propose son miel AOC à la dégustation et Laetitia, aromathérapeute, fabrique des produits de beauté naturels et des savons à partir d'huiles essentielles du maquis Corse.

CASA ALBINA €€

✆ 06 98 33 00 57
www.casa-albina-corsica.com
Ouvert toute l'année. T2 à partir de 406 € la semaine, 174 € les deux nuits. Prêt de VTT, location de VAE et de paddle.

Barbara et Christian Andreani proposent dans un parc d'un hectare planté et arboré d'essences méditerranéennes, à la lisière du village de Patrimonio, de superbes gîtes de caractère. La propriété en pierre, bois, lauze et fer forgé, est pleine de cachet et la décoration est soignée. Un lieu de séjour idyllique pour s'enivrer de cette belle région. Le domaine est bordé par le cours d'eau Fiume Albinu, enjambé d'un pont génois d'où part le sentier historique menant au couvent San Fancescu di Marianda, le tout à 4,5 km de la mer et du sentier littoral.

U LUSTINCONE*** €€

Route du Cap

✆ 04 95 37 15 28

www.u-lustincone.com

Fermé du 15 octobre au 15 avril. Accueil jusqu'à 21h. 9 chambres, dont 1 familiale. Chambre double de 109 € à 150 €.

Situé à l'extérieur du village, au départ de la route du Cap, et jouissant d'un nouvel aménagement, l'établissement offre un bon confort et un très bel environnement ! L'ambiance familiale et la situation idéale au milieu des vignes en font une étape agréable. On apprécie particulièrement la grande terrasse et sa jolie piscine qui regarde les falaises calcaires et l'anse bleue de Farinole, toute proche. Belles prestations hôtelières avec la climatisation en prime. Pour le côté pratique, un parking privé et un garage fermé pour les motards.

ATELIER JULIEN TRUCHON

Campo d'Elge

✆ 06 65 98 08 32

www.atelierjtruchon.com

Ouvert toute l'année, du lundi au vendredi de 9h30 à 12h30 et de 14h30 à 18h. Le samedi jusqu'à 19h. Fermé le dimanche.

En 2005, Julien Truchon a repris la suite de son père André. Après une première formation en Bourgogne, il se perfectionne avec Pierre Duterte, Guy Legrand et Claude Champy. En 2004, lauréat du prix SEMA jeune pour la Région Corse, il termine ses découvertes avec les potiers japonais pratiquant la cuisson traditionnelle au bois. La visite est impérative chez ce vrai passionné pour contempler et acheter ses créations des plus simples au plus sophistiquées. On retrouve sa vaisselle sur les tables de nombre de grandes maisons de Corse et du continent.

BASE NAUTIQUE D'OLZO

plage d'Olzo

✆ 06 31 34 69 58

Fermé de mai à octobre. Ouvert tous les jours de 9h30 à 22h. Location paddle à partir de 13 €. Kayak à partir de 12 €.

Située sur la plage à l'entrée de Saint-Florent, Olzo est bien plus qu'une petite paillote ! Outre la location de kayaks, paddle, step et mega-paddle proposés sur réservation, le lieu est aussi un endroit idéal pour goûter les saveurs d'une pause locale et gourmande. Au programme : dégustation aux sodas, glaces artisanales à l'eau, et pour les amateurs de cépages, profitez d'une belle sélection de vins de Patrimonio et de bières Ribella. Des jeux à disposition et des installations attractives vous permettent de venir en famille, l'esprit tranquille !

BRASSERIE RIBELLA

Route Saint-Florent

✆ 04 95 37 18 31

www.biereribella.com

Ouvert du 1er mai au 15 octobre de 10h à 20h tous les jours et hors saison du lundi au vendredi de 9h à 18h.

Une brasserie au cœur bien implanté dans sa terre. Pierre-François Maestracci, fils de viticulteur, met le terroir corse en bouteille en utilisant depuis plus de dix ans les ingrédients de l'agriculture et de l'artisanat endémique pour la fabrication de ses bières aux caractères bien trempés. Brassée avec l'eau de la source « U Canale » qui jaillit au pied de la montagne à Patrimonio, elle est également embouteillée, et affinée élégamment. On apprécie la beauté des bouteilles, l'authenticité et inventivité des saveurs. Des bières pleines de caractère !

Église Saint-Martin de Patrimonio.

CLOS DE BERNARDI

D81
✆ 06 86 10 72 57
www.closdebernardi.com
Ouvert du lundi au samedi et le dimanche en saison de 8h à 12h et de 15h à 19h.

Ces dix hectares de terrain argilo-calcaire bordant la mer sont la fierté de Jean-Laurent de Bernardi, dont l'illustre père fut à l'origine de l'appellation « Patrimonio ». Tapissant les sols de Saint-Florent, ces vignes en culture bio ne souffrent d'aucun traitement au cuivre, et nous proposent des crus dignes des meilleures tables de France : un Patrimonio rosé, fruité et élégant, un blanc typique et distingué, un rouge « crème de tête » dense et suave, et un surprenant muscat aux notes incomparables, exclusivement disponible à la cave !

DOMAINE ARENA

✆ 06 23 89 74 79
https://www.domainearena.com/
Plus d'information sur le savoir-faire et les heures de visite sur le site internet.

Appartenant à la famille Arena depuis le début du XVIIIe siècle, le domaine est repris en 1976 par Antoine Arena, qui a réussi à se hisser au rang des meilleurs vignerons. A juste titre puisque le domaine a toujours été travaillé de manière naturelle, sans usage de pesticides ni de produits chimiques. Venu apporter un souffle nouveau sur le vignoble, le fils Jean-Baptiste est d'ailleurs le principal acteur du passage du bio à la biodynamie. Aujourd'hui, l'appellation est la plus réputée parmi les vins corses et le domaine, l'un des plus grands de la région !

DOMAINE GIUDICELLI

lieu dit poretto
✆ 06 11 56 36 24
Ouvert sur rendez-vous uniquement. Livraison possible. CB non acceptée.

Descendante d'œnophiles, le vin coule naturellement dans les veines de cette talentueuse viticultrice : soutenue par son mari Stéphane, Muriel Liobard gère leur domaine aux Roches mêlées, en respectant ses évolutions au gré des saisons. Les vins qui en découlent sont à l'aune de leur foyer bigarré et empreint d'âme : sémillants rouges, dont le Patrimonio AOC est le fer de lance, muscat suave et délicat, blancs élégants et fruités, et rosé de Niellucciu et grenache aux arômes complexes. Un prestigieux écrin de vignes résolument local, biologique et biodynamique !

DOMAINE MAESTRACCI ET FILLES

Route de Saint-Florent ✆ 04 95 48 33 45
www.biereribella.com
Haute saison : ouvert tous les jours de 9h à 20h. Livraison possible.

S'étendant sur une quinzaine d'hectares orientés sud / sud-est, ce beau vignoble propose un muscat aux incomparables arômes de fruits confits, un rouge drapé d'une chatoyante robe rubis aux parfums d'épices, un blanc fruité aux exhalaisons d'agrumes, et un rosé est puissant mais bien équilibré. Certifié Bio « Ecocert » et « Démeter », ce domaine vaut indéniablement le détour !

Jouxtant le terrain, la brasserie artisanale Ribella du fils attend également ceux qui préfèrent une mousse !

BASE NAUTIQUE D'OLZO

plage d'Olzo
✆ 06 31 34 69 58
Fermé de mai à octobre. Ouvert tous les jours de 9h30 à 22h. Location paddle à partir de 13 €. Kayak à partir de 12 €.

Située sur la plage à l'entrée de Saint-Florent, Olzo est bien plus qu'une petite paillote ! Outre la location de kayaks, paddle, step et mega-paddle proposés sur réservation, le lieu est aussi un endroit idéal pour goûter les saveurs d'une pause locale et gourmande. Au programme : dégustation aux sodas, glaces artisanales à l'eau, et pour les amateurs de cépages, profitez d'une belle sélection de vins de Patrimonio et de bières Ribella. Des jeux à disposition et des installations attractives vous permettent de venir en famille, l'esprit tranquille !

BARBAGGIO ★

Commune de la région du Nebbio, appelée depuis l'antiquité Conca d'Oro, Barbaggio est l'une des 8 communes composant le canton de la Conca-d'Oro. Composée de trois hameaux entourés de montagnes et dominés par le col de Teghime, Barbaggio est surtout célèbre pour la statue-menhir de calcaire surnommée Nativu, retrouvée en 1964. Elle est aujourd'hui exposée à Patrimonio. Au hameau de Piazze, le centre de la commune, on peut visiter l'église Saint-Marcel. Construite au XVIIIe siècle, elle possède un très beau clocher à coupole. Plus loin, on voit encore les ruines de l'ancienne église romane, datée du XIe siècle, dont les arcs sont encore bien conservés.

LE FOURNIL BIO

✆ 06 77 29 48 90
www.lefournilbio-barbaggio.fr
Horaires variables selon saison. Système de commandes / boîtes à pain. Dépôt à Bastia mercredi et samedi de 10h à 12h30.

Vous trouvez dans cette boulangerie de village une large sélection de pains élaborés avec des farines issues de l'agriculture biologique et au levain naturel ; des pains de toutes sortes, à l'épeautre ou au curcuma... Mais également de succulents granolas et de merveilleux cookies. Le principe de « boite à pain » vous permettra de récupérer votre pain devant la boutique en dehors de ses heures d'ouverture, le mercredi et le samedi. L'histoire d'une passion qui se transmet avec le goût des bons produits, et sans doute avec une dose d'amour.

FARINOLE ★

Les cabanons de la Marine de la Tour de Farinole ont été reconstruits en 1962, avec des Corses de Marseille d'où le nom, à la place de « magasins » qui servaient de silos à grains pour les Farinolais qui cultivaient cette céréale sur les plaines de Saleccia de l'autre côté du golfe de Saint-Florent. Réputé pour sa marine de sable blanc et sa tour génoise, construite en 1562, on ne doit pas oublier de visiter la paroisse San-Cosimu è Damianu du XVIIe siècle, et d'admirer le couvent de Marianda fondé en 1606. Vous pourrez aussi profiter des deux plages qu'offre Farinole.

OLETTA ★★

Connu depuis la préhistoire, le site possède une grotte à Missoivet, ainsi que quelques vestiges à Campo-Console. Oletta porte encore les traces de son passé riche, dû à l'exploitation des mines d'argent que l'on voit encore dans les environs, et a gardé son caractère authentique, avec ses maisons à hautes façades dominant le golfe de Saint-Florent. Au village, l'église Saint-André fut construite au XVIIIe siècle, et sa belle architecture baroque lui valut d'être classée aux Monuments historiques. Dans les environs, on peut observer de nombreuses chapelles, dont certaines sont intégrées dans les maisons, comme les rares vestiges de l'ancienne église.

CORSICA ZOO

69, lieu-dit TROSCIA - **OLMETA-DI-TUDA**
✆ 04 95 56 77 50 - www.corsicazoo.com
Horaires changeants selon saison : consulter le site internet. Adulte : 13,50 €. Enfant de 3 à 11 ans : 9,50 €.

Sur un parc de 8 hectares visitez la faune des cinq continents où sont réunis 400 animaux sauvages ou domestiques. Espace australien : kangourous et wallabies. Entrez au milieu des émeus ou des cacatoès. L'espace Amérique du Sud avec lamas, alpagas, nandous furets, perroquets et aras. L'espace asiatique abrite chameaux, grues du Japon et canards asiatiques. La zone africaine, dromadaires, moutons du Cameroun. La zone européenne daims, renards et cochons corses. Aires de jeux, pique-nique et ferme pédagogique. Depuis 2021 : le Safari des lémuriens de Madagascar.

AUBERGE LE MONTANA €

Route de Saint-Florent
✆ 04 95 37 14 85
Fermé en décembre et janvier. Basse saison : chambre simple à partir de 60€. Haute saison : chambre double jusqu'à 88€.

C'est l'adresse de la famille Costa, bien connue dans la région, qui propose sa petite auberge intimiste dans la vallée de la Conca d'or, à 3 kilomètres de Saint-Florent. On y sera au calme dans de petites chambres entièrement refaites à neuf, idéale pour un séjour bucolique. Les tarifs sont tout doux et la demi-pension est chaudement recommandée, car d'une belle qualité. En prime, un petit bassin de nage, un parking fermé pour y séjourner dans les meilleures conditions et climatisation et télévision dans toutes les chambres.

LA CIGALE €€

Lieu-dit Viciolaja
✆ 04 95 37 02 24
Ouvert du 10 avril à mi-octobre. Ouvert tous les jours le midi et le soir, le vendredi 24h / 24. Carte : 20 € environ.

Repris par Jean-Luc en 2017, ce restaurant familial est une adresse bien connue des locaux et des gourmets nomades ! Attablé à une agréable terrasse arborée, vous serez conquis par l'inénarrable beignet de fromage frais, généreusement concocté par Jean Sidoine, sans oublier les Linguines aux palourdes, les moules en persillade, ou la fameuse « Cigale » aux oignons confits et fromage, que les plus empressés pourront prendre à emporter. Et comme rien ne sert de courir, prenez le temps de savourer une magnifique crème brûlée à la myrte, avant de reprendre la route !

DOMAINE SANTAMARIA

✆ 04 95 39 03 51

Ouvert du lundi au vendredi de 9h à 12h et de 14h à 18h. Le week-end sur RDV.

Bénéficiant d'une situation géographique originale, ce domaine avoisinant les trente hectares, dont treize en AOC Patrimonio, fut créé en 1850 par la famille Santamaria, aux confins d'Oletta.

Contrairement aux autres domaines situés habituellement en bordure de route, celui de Santamaria embrasse le pittoresque lac de Padula bordé par les montagnes et niché en périphérie du village : prenant des allures de bout du monde à la faveur du couchant, ces terres éloignées valent sans conteste le détour ! En agriculture biologique depuis 2014 et en culture raisonnée depuis toujours, le domaine a été développé par Jean-Louis, un descendant du clan Santamaria issu de la 5e génération, et épaulé aujourd'hui par son fils Thomas, ainsi que Matisse, figure de proue de la 6e génération.

En 2016, Thomas donne un coup de jeune à la maison familiale et amorce quelques changements novateurs : il propose ainsi une nouvelle identité visuelle, qui se démarque aujourd'hui des traditionnelles étiquettes de l'appellation, développe Tranoï (contraction de Tra di noï, *entre nous*, en corse), une belle gamme de vins de pays, et crée en 2018 « Montre tes yeux », un rouge frais et étonnant à base de cinsault, proposition des plus originale pour la région, mais qui sut se faire apprécier. Incontournables, les AOC rouge, blanc et rosé sont à goûter ; très prisée en Corse et sur le continent de par leurs saveurs plus accessibles, la gamme de vins de pays a été victime de son succès, et certaines créations sont dorénavant introuvables. Courez-y !

POGGIO-D'OLETTA ★★

Poggio d'Oletta est un village charmant, aux façades de pierres apparentes, accroché au versant ouest de la chaîne de Pignu. Le patrimoine de la commune est essentiellement religieux, avec notamment l'église paroissiale Saint-Cerbon. La chapelle de confrérie, juste à côté, renferme un bénitier médiéval relativement bien conservé. Dans les environs, entourés de vignes, se dressent les ruines de la chapelle San-Quilico, construite au XIIIe siècle, dont seul le fronton est encore en bon état. La viticulture demeure la principale activité agricole de la commune, avec un vignoble très étendu (premier espace viticole), intégré dans l'AOC Patrimonio.

MONUMENT À LA MÉMOIRE DES GOUMIERS MAROCAINS

Col de Teghime

Petit emplacement en bord de route pour garer sa voiture.Aattention, lieu peu sécurisé.

Au col de Teghime, désormais appelé col des Goumiers, outre la vue à couper le souffle, un monument attire l'œil : il s'agit d'un hommage aux goumiers marocains morts en 1943 lors de la bataille qui fait rage pour libérer la Corse des Allemands. L'histoire est à lire sur une plaque retraçant la lourde bataille, honorant le courage de ces hommes qui menèrent un combat acharné contre les forces allemandes du 2 au 4 octobre 1943. Un canon de la Reichsfuhrer SS y est encore présenté.

SANTO-PIETRO-DI-TENDA ★★★

Située au pied du mont de Tenda, dans le haut Nebbiu, Santo-Pietro di Tenda est l'une des plus vastes communes de Corse. Elle s'étend sur tout le territoire des Agriate jusqu'à la limite de l'Ostriconi, à l'ouest. Son territoire de plus de 20 000 ha s'étend jusqu'à la mer. Le littoral de Santo-Pietro compte des plages paradisiaques au sable fin et eau turquoise parmi les plus belles de l'île. En effet, sa façade littorale désertique et très découpée laisse par endroits la place aux plages de Lodu, Saleccia ou Malfacu et en fait un site exceptionnel. C'est notamment sur la plage de Saleccia que Darryl Zanuck tourna le film *Le Jour le plus long* en 1962. L'accès à la plage de Saleccia est limité aux trails et enduros par une piste en terre et en sable ! Sinon, c'est VTT ou 4x4. Si de nombreux sentiers de randonnée permettent de sillonner et d'admirer les paysages de cette région du Nebbiu, les vestiges du passé sont tout aussi intéressants à découvrir. Des restes d'habitats préhistoriques, mégalithes de la fin du Ve millénaire avant notre ère, se trouvent au hameau de Casta sur le Monte Revincu. On peut y voir des dolmens et des statues-menhirs. D'autres constructions, plus proches de notre époque, méritent notre attention notamment l'église Saint-Jean-l'Evangéliste inscrite aux Monuments historiques. Elle forme avec son clocher et l'oratoire Sainte-Croix un ensemble, joyau de l'art baroque, datant du XVIe siècle. Le village abrite le couvent Saint-Joseph. De style roman, il date du XIIIe siècle et a longtemps accueilli les moines capucins.

LE SITE DE L'AGRIATE ET SALECCIA, LOTU ET MALFALCO ★★★

✆ 04 95 37 06 04
www.corsica-saintflorent.com
Accessible toute l'année.

Des plages de sable blanc cernées de maquis sauvage, comme Lotu, Malfalcu et Saleccia, attirent de nombreux adeptes de baignade tranquille. Des bateaux navettes via le Lotu font plusieurs rotations par jour à partir de Saint-Florent ou de L'Île-Rousse. L'Agriate, c'est aussi le paradis des randonneurs. Sur une piste côtière suivant l'ancien sentier des Douaniers, on peut cheminer sur 43 km de terres vierges longeant la mer jusqu'à la Punta di l'Acciolu pour ensuite arriver à Ostriconi.

DE LOTO À SALECCIA SUR LE SENTIER DU LITTORAL

Plage du Loto
✆ 04 95 37 06 04
www.corsica-saintflorent.com
Tarif : gratuit. Durée : 1h. Difficulté : facile. 35 kilomètres.

Le Sentier du littoral ou Sentier des Douaniers parcourt les 35 kilomètres de côtes séparant Saint-Florent de la plage de l'Ostriconi. Pour le faire en entier, il faut prévoir deux jours de marche, mais vous pouvez le segmenter en étapes d'1h à 6h30 selon votre point de départ. L'étape la plus courte relie les deux plages de sable blanc du Loto et de Saleccia, qui vous offriront un avant-goût du paradis. Un autre sentier plus court relie les deux plages par l'intérieur des terres.

PIÈVE

Piève est un village ancien, occupé depuis la préhistoire, comme en témoignent les nombreux vestiges retrouvés sur son territoire. A l'ancien village d'Azzigliani, dont on distingue seulement les ruines d'une chapelle, on trouve une grotte préhistorique, contenant quelques éléments de mobilier. Devant l'église paroissiale San-Quilico, remaniée sur des bases médiévales, on peut observer les deux statues-menhirs, rebaptisées Bucentone et Murellu, ainsi que le Capu Castincu, qui est une tête de statue-menhir. Dans les environs, une randonnée mène au col San-Nicolao, où l'on peut voir les ruines de la Chiesa Nera (l'église noire), construite au XIIe siècle.

RAPALE ★

A 400 m d'altitude, la commune de Rapale domine la plaine du Nebbiu et s'étend jusqu'au désert de l'Agriate. Dans un paysage naturel et préservé, un sentier permet d'accéder à l'église San-Cesario construite au XIIe siècle dans la tradition romane, ornée de nombreux ouvrages sculptés. L'originalité principale du monument réside dans son matériau de construction puisque l'église est bâtie en serpentine verte, appareillée avec le plus grand soin. En raison de ces caractéristiques, l'église a été classée aux Monuments historiques. On peut également visiter la chapelle Saint-Martin, l'ancienne église paroissiale, conservée dans un très beau paysage.

Plage d'Agriate.

CASA GHJUNCA €€

Lieu-dit Ghjunca
✆ 06 43 15 76 95
www.casaghjunca.canalblog.com
5 chambres (dont 1 suite). Chambres doubles de 100 € à 160 € selon la saison.

Au fin fond de la région du Nebbio, la charmante maison d'hôte de Jannick se situe dans le cœur du village de Rapale, surplombant toute la vallée de la Conca d'Oro. Cette bâtisse en pierres datant du XVIIe est magnifiquement restaurée. Chaque pièce, décorée avec soin, apporte une ambiance différente, entre confort moderne et authenticité. L'accueil est des plus charmant et les petits déjeuners servis en terrasse sont copieux et gourmands. Un endroit rare et une adresse secrète à préserver. Entre mer et montagne, profitez d'une situation exceptionnelle !

PROMENADE « ENTRE PROFANE ET SACRÉ » À RAPALE

✆ 04 95 37 06 04
www.corsica-saintflorent.com
Tarif : gratuit. Durée : 2h. Difficulté : facile.

Au départ du village de Rapale, cette jolie balade familiale vous fait découvrir le patrimoine religieux de la microrégion de Nebbiu. Le sentier démarre à l'église Santa Maria Asunta avant de s'élancer pour rejoindre l'église San Quilicu de Pieve et la chapelle Santa Margarita. La nature est ici omniprésente et le panorama depuis l'oratoire San'Antone est superbe. La suite de la boucle vous ramènera jusqu'au village pour explorer d'autres sites d'intérêt.

MURATO ★★

Au cours de la lutte pour l'indépendance, Pasquale Paoli établit un temps son quartier général à Murato. Le bourg frappa la monnaie en 1763 (les soldis) de la Corse indépendante de 1762 à 1767 ; il vit naître Guiseppi Fieschi, personnage trouble condamné à mort en 1836 pour attentat manqué contre Louis-Philippe. Fin du XIXe siècle, un certain Clément Léoni, 22 ans, quitta son village pour émigrer comme beaucoup d'autres Corses en Amérique du Sud afin de chercher fortune ; il s'installa à Caracas. Sans doute le sort lui fut-il favorable, mais ce n'est pas lui en fait qui nous intéresse mais plutôt son fils Raul Léoni qui devint président du Venezuela en 1963.

L'ÉGLISE SAN-MICHELE DE MURATO ★★★

1130, A Qua U Péru
✆ 04 95 37 60 10
Ouverte au public l'été. Hors saison, demander la clé à la mairie ✆ 04 95 37 60 10.

Cette église romane du XIXe siècle se dresse sur un promontoire situé à 1 km du village. C'est l'une des plus réputées de Corse de par la beauté et l'originalité de son décor constitué d'une bichromie de dalles de calcaire blanc et de serpentine verte, issue du lit du Bevinco, organisée en damier et en bandes horizontales, ainsi que par son clocher-porche en façade. L'intérieur a été décoré de fresques au XVe siècle. Pour la visite de l'église, demander la clé à la mairie de Murato.

CAMPO DI MONTE €€€

Campo di monte
✆ 04 95 37 64 39
https://www.lafermedecampodimonte.fr/
Ouvert du mercredi soir au samedi soir de mi-juin à mi-septembre. Sur réservation hors saison. Repas complet : 60 €.

Quelques ardues prémices de cache-cache au clair de lune vous ouvriront enfin les portes de la magie ! Arrivé au seuil d'un magnifique écrin de poésie tourné vers la mer, Eric et Pauline vous accueillent avec un entrain naturel et pétillant. Installé à l'une des tables familiales, colorées et fleuries, qu'enveloppent des murs peints à la chaux, on vous servira d'exquises recettes d'antan cuisinées de mains de fée. Vous ne résisterez pas à prolonger votre venue à la faveur de grandes chambres traditionnelles dans le village qui vous enchanteront. Un rêve éveillé !

PASCAL FLORI

Traverser le village, lorsque le bar café est sur votre droite, tourner à gauche et continuer sur une route étroite.
✆ 04 95 37 62 30 - pascalflori.com
Ouvert du lundi au vendredi 7h30-12h30, sur rendez-vous en dehors de ces horaires. Livraison offerte dès 180 € d'achat.

Un vrai éleveur charcutier dans la pure tradition dont la qualité de la production dépasse les limites de l'île, grâce à une sélection rigoureuse des porcs Pin di Nat. On retrouve sa production sur les meilleures tables étoilées de Corse et du continent. L'une des particularités de sa charcuterie : un salage réduit au minimum permettant d'offrir à la fois un potentiel gustatif plus large et une meilleure santé ! L'établissement se situe en dehors du village, et avec un peu de chance, vous pourrez découvrir les caves construites dans lesquels maturent les jambons.

CENTRE CORSE

Au cœur d'une région montagneuse, le centre corse situé au croisement des plus grandes civilisations antiques, lieu riche d'une histoire et d'une force culturelle, devint un véritable pivot de par son emplacement stratégique et son intérêt commercial. La région Centre Corse tire sa force de ses montagnes dont on dit qu'elles ont vu naître chaque homme, caractérisant de sa force tranquille le peuple de cette île. Sur cette terre de bergers, traversée par les routes de transhumance, labyrinthe montagneux baigné de lacs, murmure encore la mémoire de ces hommes. Les incontournables : la citadelle, le musée et la vieille ville, les lacs et la vallée de la Restonica, la randonnée dans les gorges du Tavignano à Corte, le défilé de la Scalla di Santa Regina vers Calacuccia, la découverte de la Vallée d'Asco, le pique-nique à la cascade des Anglais à Vizzavona, l'arrêt photo à Vivario face au fort de Pasciolo et la vallée du Vecchio.

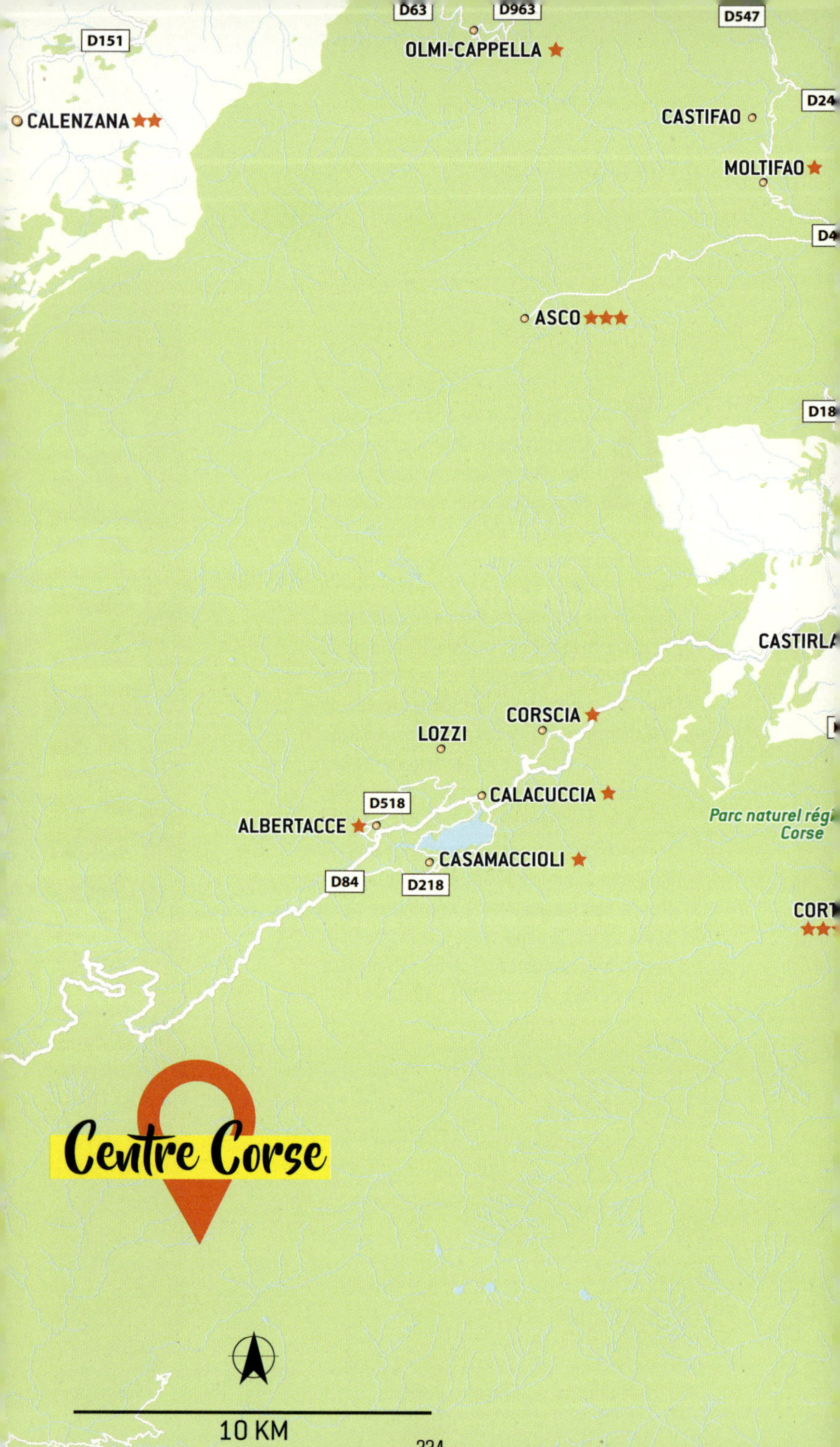
D63
D963
D547
D151
OLMI-CAPPELLA
CALENZANA
CASTIFAO
MOLTIFAO
ASCO
CASTIRLA
CORSCIA
LOZZI
CALACUCCIA
D518
ALBERTACCE
Parc naturel régi
Corse
CASAMACCIOLI
D84
D218
Centre Corse
10 KM

D8
CAMPITELLO
D7
Casamozza
D5
D15
T30
CANAVAGGIA
T20
D10
VESCOVATO
D515
D115
D15
PONTE LECCIA
D15 A
D15 B
PIEDIGRIGGIO
D306
MOROSAGLIA
D205
CASTINETA
D506
D205
D236
D515
118
D139
D639
D239
D46
T20
D71
OMESSA
D506
CARTICASI
D146
D39
D41
BUSTANICO
D217
D341
SERMANO
ALANDO
D17
MAZZOLA
D339
D16
ERBAJOLO
D40
POGGIO-DI-VENACO
FOCICCHIA
D116
ALTIANI
D14
VENACO
D314
T20
D143
T50
NOCETA
D43
ARIO
D343
VEZZANI
MURACCIOLE
D43

PAGES

Corte est l'un des cœurs de la Corse, l'une de ses palpitations les plus manifestes. L'histoire : Pasquale Paoli y bâtit la Nation corse au cours du XVIIIe siècle. La géographie : nous sommes là au centre de la Corse, entouré des gorges de la Restonica et du Tavignano ! L'économie y est pastorale et, au bon sens du terme, touristique et sportive parce que tout y est vrai, impressionnant de véracité, de somptueuse beauté à l'état pur et brut.

Le Bozio a la particularité d'avoir maintenu de manière particulièrement vivace la tradition du chant polyphonique : paghjella, terzettu, et messe chantée. C'est également une terre de tradition de violoneux. On découvrira un patrimoine de qualité comme la cathédrale de Sant'Andria di Bozio, la chapelle romane de Santu Niculaiu à Sermano, avec des fresques du XVe siècle, l'église romane de Santa Maria de Favalello, avec des fresques du XVe siècle, de belles maisons traditionnelles remarquablement conservées à Bustanico et ses gravures préhistoriques E Schippiate.

Niolu, la terre des bergers accessible à l'ouest par le col de Vergio et à l'est par la Scala di Santa-Regina, la plus haute vallée de Corse égrène ses villages autour du lac artificiel de Calacuccia. Située entre le Monte Cintu et Corte, autour de Calacuccia, cette zone comprend le lac de Ninu au sud du Monte Cintu. C'est autour de ce lac que l'on aura l'occasion de voir une des curiosités naturelles du parc, *i pozzi* : une alternance de pelouses de type alpin et de trous d'eau, un milieu particulièrement propice au développement d'une flore très riche.

PAGES

351 ●● LA CACCIA

La micro-région de Caccia englobe la basse vallée de la Tartagine et la vallée d'Asco. Cette dernière compte la majorité des plus hauts sommets de l'île dont le Monte Cinto, point culminant de la Corse. Recommandé pour la randonnée avec ses nombreux sentiers, pour le kayak avec ses rivières impétueuses et même pour le ski pour ses pentes enneigées en hiver.

355 ●● LE VENACAIS

Traversé par l'axe routier et ferroviaire reliant Bastia vers Ajaccio, le Venacais s'étend de la majestueuse forêt de Vizzavona jusqu'aux portes de Corte, capitale historique de l'île. Le Parc régional propose différentes balades à travers le Venacais. Une, au départ de Venaco, décrit une boucle passant par Saint-Pierre de Venaco, Sant'Eliseo, et la bergerie de Codupratu. La seconde : Venaco-Noceta, ce sentier agréable fait partie du Mare a Mare Nord.

Pont génois à Asco.

CORTE ★★★

Corte est sans doute la vraie capitale dans le cœur de nombreux Corses ; par sa situation, au centre de l'île, par son histoire qui a forgé au fil des siècles une âme récalcitrante à l'occupant, par son architecture de simplicité, mais de personnalité, avec sa vieille ville authentique. Dès les années 60, le combat pour la réouverture de l'université de Corse, qui compte actuellement plus de 3 000 étudiants, fera de Corte le haut lieu de la revendication nationaliste. Située au cœur du Parc régional de la Corse, elle affirme depuis sa vocation culturelle (implantation du musée de la Corse) et touristique (développement des sports de montagne).

L'ÉGLISE SAN GIOVANI ✞ ★

Accessible toute l'année.

L'ensemble, église et baptistère, constitue un exemple unique en Corse par l'importance des édifices et par leur style. C'est dans la ville basse que vous pourrez admirer ce qui reste de l'église San Giovanni. Abandonnée au XVIe, cette construction du IXe siècle est en ruine, mais on peut encore voir la structure de l'abside, seule partie représentative, en schiste et briques romaines de réemploi. Il vous charmera par le jeu d'arcades faites de tuffeaux et de briques réutilisées. Le baptistère du même nom est mieux conservé.

LE BELVÉDÈRE ★★

Accessible toute l'année.

Le belvédère, partie la plus ancienne de la forteresse du XVe siècle, se dresse sur un promontoire, à 100 m au-dessus du Tavignano. D'ici vous jouissez, comme il se doit, d'une magnifique vue sur la région et d'un beau panorama sur la citadelle et les vieilles demeures cortenaises. Dans les cachots, que l'on visite aujourd'hui, furent emprisonnés des résistants corses lors de la guerre contre Gênes. Nombreux restaurants dans la montée vers la citadelle. Le belvédère est un incontournable de la région. En été, évitez les heures les plus chaudes !

LE FONDS RÉGIONAL D'ART CONTEMPORAIN (FRAC) ★★

La Citadelle ✆ 04 20 03 95 33

www.frac.corsica

Haute saison : ouvert du mardi au samedi de 11h à 19h. Basse saison de 9h à 12h et de 14h à 17h. Gratuit.

Le FRAC gère une collection internationale d'art contemporain de près de 600 œuvres et en organise la diffusion sur le territoire insulaire et dans l'espace européen. Il participe aux projets internationaux avec Platform qui coordonne le réseau national des FRAC en soutenant la jeune création et en accordant une attention particulière aux jeunes artistes de Corse qui s'inscrivent dans le champ de l'art contemporain. Des expositions temporaires sont organisées. Profitez-en en famille !

LA CITADELLE ★★★

Accessible toute l'année.

C'est l'élément le plus spectaculaire de la ville ancienne. Construite au XVe siècle, la citadelle est perchée au sommet d'un promontoire d'une centaine de mètres de hauteur. Contrairement aux forteresses génoises, elle a été construite à l'intérieur des terres. Prison pour détenus politiques, puis siège d'un régiment de la Légion étrangère jusqu'en 1984, elle abrite désormais le Musée de la Corse. Juste avant l'entrée de la citadelle, le Belvédère, sur son promontoire rocheux, offre un panorama exceptionnel sur la montagne, la vallée et la vieille ville.

LES LACS DE MELU ET CAPITELLU ★★

Haute vallée de la Restonica

Durée : 1h30 de marche pour le lac de Melu et 2h15 pour le lac de Capitellu.

Ce sont des endroits extrêmement célèbres et courus en été. Le départ se fait depuis les bergeries de Grotelle à 1 370 m d'altitude, au terminus routier de la vallée de la Restonica. Le lac de Melu est à 1 700 m et celui de Capitellu à 1 930 m. Prenez la direction du lac de Melu que vous atteindrez en une heure. Ensuite, continuez vers la droite le long de la rive du lac et traversez le ruisseau jusqu'à arriver au lac de Capitello, beaucoup moins fréquenté que le précédent.

LA MAISON DU GÉNÉRAL JEAN-PIERRE DE GAFFORY ★

Accessible toute l'année.

En face de l'église, vous tomberez nez à nez sur la maison du vaillant général qui prit et défendit la ville à de nombreuses reprises. La maison fut assiégée par les Génois en 1750 et l'épouse de ce héros refusa de se rendre. Les traces de balles et de boulets de canon incrustées dans la pierre sont bel et bien authentiques. Devant la maison, vous pourrez apercevoir la statue du général et bas-relief illustrant les actes de bravoure de la famille.

LE PALAIS NATIONAL ★★

Accessible toute l'année.

Massif et unique vestige de l'architecture civile génoise à Corte, le Palais national est l'ancienne résidence des représentants génois où Paoli installa le siège du gouvernement de la Corse indépendante. Le rez-de-chaussée du bâtiment fut longtemps occupé par des prisons et cette fonction perdura en partie jusqu'à la fin du XIXe siècle. Avec le rétablissement et l'inauguration d'une nouvelle université à Corte en 1981, le Palais national devint le siège du Centre de Recherches corses et abrita la bibliothèque de cet institut.

LE MUSÉE DE LA CORSE ★★

La citadelle
✆ 04 95 45 25 45
museudiacorsica.corsica

Ouvert à l'année sauf du 31 décembre au 14 janvier. Horaires sur le site. Adulte 5,50 €. Tarifs pour groupe et famille.

La visite du musée s'intègre dans la découverte de la citadelle : la plus ancienne et la seule construite à l'intérieur des terres, avec en point fort U Castellu, le nid d'aigle qui fut construit en 1419 par Vincentello d'Istria, à la solde du roi d'Aragon. Ouvert en juin 1997, le musée présente un panorama de la culture et des traditions de la Corse rurale dans le haut lieu de l'identité corse. La caserne Serrurier, bâtie au XIXe siècle par l'armée française, fut réhabilitée par l'architecte Andrea Bruno. Une belle visite s'impose !

LA VALLÉE DU TAVIGNANO ★★

Accessible toute l'année.

C'est en suivant les gorges de ce fleuve que vous arriverez, au bout de 4 heures d'effort, au lac de Nino (Ninu) et ses pozzines à 1 743 m d'altitude. Autres découvertes : la Passerelle du Russulinu (4 heures aller-retour), l'Arche de Corte ou Scandulaghja (6 heures aller-retour) et le refuge de la Sega (8 heures aller-retour). Si la randonnée ne vous tente pas, vous pourrez vous baigner dans les nombreuses piscines naturelles, faire de l'équitation ou tout simplement des promenades dans ce site naturel si agréable et paisible.

CENTRE CORSE

Corte.

LA VALLÉE DE LA RESTONICA ★★★

✆ 04 95 46 26 70

www.centru-corsica.com

Randonnée de 3 heures 30 environ.

Site classé au cœur du Parc régional de la Corse, la vallée de la Restonica est un lieu très fréquenté. La visite se fait par une petite route sinueuse au départ de Corte jusqu'aux bergeries de Grotelle. Les lacs de Melo, Capitello et Goria, ainsi que ceux du Renoso, font partie des curiosités du massif de la Restonica. Le départ se fait depuis les bergeries de Grotelle. Comptez 3h30 aller-retour pour l'itinéraire le plus accessible, et prévoyez de bonnes chaussures !

OFFICE DE TOURISME CENTRU DI CORSICA

La Citadelle ✆ 04 95 46 26 70
www.centru-corsica.com
Basse saison, ouvert du lundi au vendredi de 9h à 12h30 et 14h à 17h30. Haute saison, du lundi au vendredi de 9h à 18h.

Situé au cœur de la citadelle de Corte, l'office de tourisme vous accueille du lundi au samedi pour vous orienter sur les activités incontournables de la région, les évènements, les animations à l'année et les autres sites à découvrir lors de votre séjour. Vous bénéficierez de conseils avisés de la part de l'équipe souriante et toujours disponible pour répondre à vos questions et vous aiguiller au mieux dans vos recherches. Le plus : le personnel parle également anglais et italien.

SYNDICAT MIXTE DU PARC NATUREL REGION CORSE

34, Cours Paoli
✆ 04 95 62 87 78
www.pnr.corsica
Ouvert de mai à octobre.

L'étape obligée avant de gravir le GR20 ou les sentiers de pays, pour connaître les conditions météo, se fournir en topo, cartes. Le départ nord du GR20 et d'un sentier Mare e Monti qui rejoint Cargèse, est dominé par la silhouette massive de l'impressionnant Monte Grosso, à près de 2 000 m, d'où coulent de nombreuses rivières. Les randonneurs doivent réserver les nuitées en refuge et bivouac avant d'emprunter le GR20 ainsi que les tickets, en ligne et à Calenzana, à Conca et Ajaccio.

HÔTEL RÉSIDENCE HR** €

12, Avenue du 9 Septembre
✆ 04 95 45 11 11
www.hotel-hr.com
Ouvert du 1er mars au 31 août. Accueil 24h/24. 91 chambres. Basse saison : studio 15 m2 pour 2 pers. à partir de 59 €.

© HÔTEL RÉSIDENCE HR

Le plus économique des hôtels de la région, situé à proximité du départ du GR20, de la Restonica et du Tavignano. Le service est complet avec laverie libre-service, fitness, piscine, parking privé, et ses 91 chambres et appartements avec kitchenette, refaits à neuf pouvant accueillir de 2 à 4 personnes à la nuitée ou à la semaine. Petit déjeuner en buffet au calme, au milieu du patio avant de partir à l'assaut des sommets voisins. Accueil adorable de Monsieur Ferdinand et ses conseils éclairés vous feront profiter au mieux des environs.

ARENA LE REFUGE*** €€

Vallée de la Restonica
✆ 04 95 46 09 13
www.hotel-arena-lerefuge.com
Fermé du 15 octobre au 1er avril. Basse saison : chambre double dès 80 €. Haute saison : à partir de 110 €.

On sera au plus près des lacs des montagnes dans le cadre inimitable de ces gorges réputées. Le charme de ce petit hôtel vous offre une oasis de calme, de confort moderne et d'authenticité. Les chambres de la single à la quadruple donnent sur la rivière, certaines avec balcon pour mieux profiter du cadre idyllique. En prime, vous pourrez profiter du restaurant pour un déjeuner ou dîner en toute confiance à la table de Jean-Christophe, homme multitâches, qui ne ménage jamais sa peine pour offrir le meilleur séjour à ses hôtes.

A CHJUSELLINA €€

Route d'Aleria
✆ 04 95 47 13 83
www.achjusellina.com
Ouvert de mi avril à mi octobre. 5 chambres. Petit déjeuner buffet inclus. Table d'hôtes sur réservation.

Charmante initiative de Nathalie et Jean-Max Leonelli, exploitants agricoles au nord de Corte, qui ont mis tout leur cœur pour offrir une belle étape dans le pur esprit agro-touristique. On y découvre, à l'entrée de l'exploitation, leur auberge et chambres d'hôtes aux prestations de haute qualité. La table et l'hébergement ne souffrent d'aucun défaut et on y profitera d'une situation bien pratique pour visiter mer et montagne depuis l'intérieur de la Corse. Producteur et transformateur de charcuterie AOP et de fromage AOP en dégustation et vente sur place.

DUC DE PADOUE*** €€

2, place Padoue
✆ 04 95 46 01 37
www.ducdepadoue.com
Fermé de novembre à mars. Ouvert pour les fêtes de fin d'année. Basse saison : chambre simple à partir de 69 €.

Le duc de Padoue (Jean Thomas Arrighi de Casanova) fut un fidèle général de l'armée de Napoléon. Natif de Corte, il était logique qu'un établissement ou un hôtel porte son nom. Vous serez accueilli par Karine (ex-Miss Corse) dans une bâtisse datant du milieu du XIXe siècle, situé sur la place la plus tranquille de Corte. L'hôtel est entièrement rénové et restructuré de manière à vous offrir tout le confort moderne pour un séjour mémorable. Un vrai havre de paix en plein cœur de la cité paoline, à deux pas des commerces et de la Citadelle de Corte.

HÔTEL DU NORD*** €€

22, cours Paoli
✆ 04 95 46 00 68
www.hoteldunord.corsica
Ouvert toute l'année. Basse saison : chambre simple à partir de 69 €. Haute saison : chambre double jusqu'à 122 €.

Au cœur de l'animation, un hôtel de seize grandes chambres climatisées et à la décoration raffinée… Un emplacement pratique, où un service navette peut être mis à votre disposition pour visiter la Restonica. Le plus vieil hôtel de la ville, dirigé par Loïc, a été entièrement refait à neuf : TV satellite, insonorisation, climatisation, accès wifi gratuit dans tout l'hôtel. Le confort au cœur de la ville et, pour le côté pratique, vous pourrez profiter du parking municipal souterrain juste derrière l'hôtel et même le petit plateau de courtoisie au salon.

LES JARDINS DE LA GLACIÈRE*** €€

Vallée de la Restonica
✆ 04 95 45 27 00
www.lesjardinsdelaglaciere.com
Ouvert à l'année. Chambre à partir de 95€ hors saison.

Un bel établissement qui dispose de tout ce que l'on peut attendre pour réussir son séjour : piscine et spa en été, TV satellite, service de laverie et petit déjeuner délicieux, ascenseur… On est au cœur de la forêt, au bord de la Restonica et cette ancienne maison de maître est agréablement aménagée pour un séjour au vert, avec son jardin à l'ombre des arbres centenaires. En prime, un espace extérieur avec ses terrasses, jardin, petits salons sous les arbres et ouvert à l'année.

DOMINIQUE COLONNA**** €€€

Vallée de la Restonica
✆ 04 95 45 25 65
www.dominique-colonna.com
Ouvert de début avril à fin octobre. Piscine extérieure chauffée et salon de massage. Petit déjeuner healthy.

Peut-on imaginer endroit plus zen que le lit d'une rivière arborée pour un séjour chic à la fois reposant et revivifiant ? Le Dominique Colonna dans la vallée de la Restonica est un cocon de douceur où le bois domine partout où se porte le regard, des terrasses au bord de la piscine jusqu'au mur des chambres et couloirs, du salon de massage jusqu'aux arbres centenaires. Un enchantement jusque dans les chambres et suites d'où vous pourrez vous endormir en écoutant chanter la rivière et en regardant luire les étoiles dans vos yeux. Bon séjour !

U STAZZU €

Vallée de la Restonica
✆ 04 95 46 10 09
De mi-juin à mi-septembre midi et soir sauf le lundi soir.

Inde « Petru » est au début de la Vallée de la Restonica une institution bien connue des Cortenais depuis 25 ans. Une bâtisse en pierre précède une grande terrasse en bois d'où vous contemplerez la forêt majestueuse au son de la rivière. La cuisine de Petru est authentique, maison, préparée par le patron lui-même et fort savoureuse : boulettes de viande, tripettes à la corse, omelette au brocciu, charcuterie ou cabri sur commande et accueil chaleureux de toute l'équipe. Quand le drapeau est levé on sert, quand le drapeau n'y est pas, dommage pour vous !

LE 24 €€

24, cours Paoli
✆ 04 95 46 02 90
Ouvert toute l'année. Tous les jours de 11h à 23h30. Vin au verre. Tapas et plats entre 13 € et 25 €.

Ce bar à vin typiquement bistronomique sur le cours Paoli régale une clientèle fidèle et diversifiée. On aime tout ici : la gentillesse du service, la musique, l'ambiance chic décontractée, la présentation des tapas et des plats avec une petite fleur, une rondelle d'agrume ou une grappe de groseilles selon la saison, bien entendu la carte des vins avec d'excellents flacons corses dont ceux des domaines bio de Calvi, et enfin le raffinement des mets à base de produits corses rigoureusement sélectionnés. C'est frais, savoureux et joyeux. Que demander de plus ?

OSTERIA DI L'ORTA €€

2, avenue du Pont-de-l'Orta
✆ 04 95 61 06 41
www.osteria-di-l-orta.com
Ouvert du lundi au vendredi et les jours fériés le soir. 3 chambre double et 2 suites.

Tenue par Marina et Antoine, de vrais fermiers-aubergistes, cette adresse vaut le détour. A l'entrée de Corte, on se repérera à la grande maison de maître, dans sa parure bleu ciel, encerclée de vignes, au pied de la cité. Une formule table d'hôtes et son menu unique, copieux, varié et savoureux, pour sortir de table repu et heureux. Pour compléter ce tableau idyllique, on se devra d'y rester dormir, dans l'une des chambres ou suites aménagées avec amour par ces jeunes passionnés. En prime, les 3 salles pour l'organisation de banquets, mariages et événements.

LA RIVIERE DES VINS €€

5, rampe Sainte-Croix
✆ 04 95 46 37 04
Ouvert toute l'année sauf les dimanches. Réservation recommandée.

Une valeur sûre que cette adresse gourmande nichée dans la jolie rampe Sainte Croix et toujours les assiettes pantagruéliques de Stéphane Fabiani. La formule est généreuse et proposée à prix doux, les recettes corses traditionnelles, grillades au feu de bois sous vos yeux par Stéphane, grandes salades-repas, les desserts généreux et le tout servie soit en terrasse ou dans les salles douillettes au feu de cheminée. Bonne ambiance, service rapide et attentionné. Salle climatisée et viandes d'exception selon arrivage (Galice, black-out Angus, Bio normande...).

U CAMPANILE €€

Place Gaffory
✆ 06 85 65 96 26
Ouvert de mai à fin septembre ouvert tous les jours et les jours fériés le midi et le soir. Réservation recommandée.

Emmanuelle est en terrasse, Jean-François aux fourneaux et les gourmands déjà attablés. L'alchimie fonctionne entre élégance des assiettes, subtilité des saveurs et générosité des plats car ici tout est maison, cuisiné, mijoté sur place. Le plus difficile sera de choisir entre les lasagnes de foie gras sauce morille et châtaigne et la saucisse de veau corse maison. Les recettes du patron sont originales et les produits du terroir. Les desserts régalent les yeux et les papilles ! En plein cœur historique de la cité, un grand classique chaleureusement recommandé.

CASA GUELFUCCI

Avenue du Pont-de-L'Orta
✆ 06 81 87 83 20
www.osteria-di-l-orta.com
Ouvert du lundi au samedi de 11h à 17h. De préférence sur réservation.

On fait du vin à Corte ! Du moins Marina et Antoine Guelfucci se sont-ils lancés dans la viticulture sur les terres familiales, en culture raisonnée et vendange manuelle, sans pesticide ni insecticide, juste en dessous de leur ferme-auberge de l'Osteria Di l'Orta. Le couple travaille les cépages endémiques pour produire de bonnes bouteilles dans les trois couleurs. Rosé fruité et puissant, rouge fruité et poivré, atypique grâce à l'assemblage de cépages dont l'Aleatico et le Sciaccarellu, blanc au nez puissant, long en bouche, aux arômes de fruits blancs...

L'ÉPICERIE GHIONGA

9, rue du Vieux-Marché
Ouvert toute l'année du lundi au samedi.

Jean-Marie Ghionga est l'un des épiciers les plus photographiés de Corse. Sa boutique haute en couleur occupe une petite maison de la vieille ville, à proximité de l'église de l'Annonciation, et regorge de produits du terroir. Une vraie caverne de saveurs corses. S'aligne sur des rayonnages d'époque une sélection issue des meilleurs producteurs locaux : charcuteries de Castagniccia, liqueurs, miels, confitures, terrines, fruits et légumes, le tout dans un joyeux capharnaüm. Une boutique hors du temps et un sacré personnage. Vous ne résisterez pas !

A ROBBA PAISANA

6, avenue de la République
✆ 06 79 55 53 06
Ouvert du lundi au vendredi de 9h à 12h et de 15h à 19h. Le samedi en matinée. Ouvert à l'année.

Créé en 2015 par 6 agriculteurs cortenais, A Robba Paisana commercialise uniquement des produits issus de producteurs fermiers et identifiés. Situé tout à l'entrée de la ville, vous y trouverez bien sûr des produits de saison : maraîchage bio ou traditionnel, vins, confitures artisanales, moutardes, charcuteries et fromages fermiers, biscuits, canistrelli, œufs fermiers et poulets bio ainsi que de la viande de veau corse, du pain à l'ancienne, des huiles essentielles, des cosmétiques... Les producteurs se relaient pour vous accueillir dans la boutique.

U MIO MONDU

13, Av. Président Pierucci
✆ 06 47 24 54 30
Basse saison : ouvert en semaine de 9h à 12h et de 14h à 18h, et le samedi matin. Haute saison : 9h à 12h et 15h à 20h.

L'univers de Daniel Gualandi s'étend loin et large, entre la légèreté de l'enfance, la philosophie de l'anticipation à la science-fiction et surtout une forte dose d'humour et d'auto dérision. Ici pas de chichi ni de grands discours mais une passion assumée jusqu'à ce que ce Cortenais d'origine se jette à l'eau en 2018 pour ouvrir sa boutique et vous présenter ses créations : figurines, tableaux, ses bracelets, sculptures et ses fameuses créations en cuir, du sac à l'objet sur mesure en commande. Le tout émane bien de son monde d'où le nom du lieu : U Mio Mondu !

LE MONTE ROTONDO

Altitude : 2 622 m.

Le départ de cette randonnée est situé à l'embranchement de la D623 et du sentier balisé du Timozzu, à une centaine de mètres après le pont du Timozzu. Au bout de 1h30 de marche, on atteint les bergeries de Timozzu. Au bout d'une demi-heure, on atteint la fontaine de Triggione (1 920 m) qui jaillit au milieu d'aulnes nains. On a une vue sur la cascade de Timozzu qui tombe du réservoir du lac de l'Oriente (2 061 m). Prendre sur la gauche pour atteindre ce dernier. Regardez le superbe panorama : au sud, le Rotondo, les îles de l'archipel toscan et la Sardaigne.

ALTIPIANI

2, place Paoli
✆ 09 60 37 08 42
www.altipiani-corse.com
Basse saison : du lundi au samedi de 9h à 12h30 et de 14h30 à 19h. Haute saison : tous les jours de 8h30 à 20h.

Cette petite structure pointue, sérieuse et réputée, animée par deux moniteurs, propose des activités autour du canyoning, de l'escalade et la location de vélos à assistance électrique avec circuits organisés. Ceci de l'initiation au perfectionnement, dans les meilleurs spots de la vallée de la Restonica ou d'ailleurs. Au menu, sauts, toboggans, rappels et tyrolienne, du familial au sportif. Le magasin dédié au matériel d'escalade et de rando est l'un des rares de l'île vraiment spécialisés dans ces sports. Les vélos en location sont de grande qualité.

LA RANDONNÉE AU LAC DE MELU ET CAPITELLU

Bergeries des Grotelle
✆ 04 95 46 26 70
www.corte-tourisme.com
Durée : 2h. Difficulté : facile avec de bonnes chaussures.

Au départ du parking des Grotelle, cette randonnée vous amène jusqu'au lac de Mélu. En chemin, vous pourrez vous restaurer dans la bergerie de Mélu, à partir de laquelle deux chemins montent jusqu'au lac, où vous pourrez en profiter pour vous baigner, ou pousser jusqu'au lac de Capitellu. Il faut alors compter 30 minutes de plus sur un chemin plus pentu. Le lac étant situé à 1 700 d'altitude, il peut être enneigé en hiver, il faut donc prévoir l'équipement adéquat.

L'ARCHE DE CORTE

Départ : sentier du Tavignano (450 m) à Corte. Durée : 5h30 AR. Diffculté : moyenne.

Cette belle arche granitique est aussi connue sous le nom d'Arche de Scandulaghju ou Arche de Padule. Le départ se fait à proximité du parking en bas de la Citadelle, un peu plus haut que le sentier qui remonte le Tavignano et mène au refuge de la Sega (un panneau signale la direction de l'arche). Si l'arche n'est pas très éloignée de Corte, la montée est très rude (1 000 m de dénivelé sur un sol rocailleux) et la première partie du parcours est totalement exposée au soleil sans possibilité d'abri. Prévoir beaucoup d'eau et partir de préférence de bon matin.

V'LOC

Quartier de la gare
✆ 06 84 67 92 63
Assistance. Ouvert toute l'année. Tous les jours de 8h à 19h.

Un bon bol d'air sans efforts et la découverte de paysages fabuleux lors d'une journée exceptionnelle en louant un vélo électrique à Corte. Plusieurs boucles proposées : à vous le grand air, les arrêts baignades à gogo et le pique-nique embarqué. Le parcours de 15 km le long de la Restonicca avec les lacs de Mello et Capitello, la forêt, l'eau claire et le vent dans les cheveux ! Cinq parcours, dont la boucle des villages de 40 ou 65 km. Et, de plus, Augustin vous livre et récupère les vélos dans toute la Corse. Pas d'excuses !

ALANDO ★

Alando est un petit village de montagne corse à 660 m d'altitude A l'entrée du village, on peut admirer une œuvre du sculpteur Noël Bonard, connu pour le Christ Roi du col de Vergio. Il s'agit ici du mythique Sambucuccio d'Alando, originaire du village, qui prit la tête d'une révolte paysanne en 1358, et mena le peuple à se libérer, au moins en grande partie, de l'emprise féodale des seigneurs. A voir, l'ancien couvent d'Alando datant de 1525, dont l'église est devenue paroissiale, qui abrite une toile du XVIIe représentant la sainte famille. Vous pouvez aussi découvrir la chapelle rurale Saint-Sébastien et les ruines de la chapelle romane Sainte-Marie.

U FRAGNU €

Couvent d'Alando
✆ 04 95 48 68 39
Ouvert tous les jours de juin à fin septembre, et en hiver le week-end. Fermé en octobre et avril. 2 menus à 28 et 36 €.

Une adresse adorable que cette ferme-auberge tenue par Xavier Bernardi, éleveur bovin et porcin réputé dans la région, qui bénéficie de plusieurs atouts : un cadre agréable avec une salle typique où trône l'ancienne meule, une terrasse panoramique qui plonge sur la vallée et une cuisine familiale et traditionnelle. Les portions sont sincères et généreuses, servies à petits prix. Mention particulière pour la charcuterie maison qui fond dans la bouche. Il n'y a pas meilleur endroit pour découvrir les spécialités corses dans un cadre de quiétude absolue.

BUSTANICO

Les maisons à toits de lauzes, serrées dans une belle unité, forment une carte postale réellement splendide. En prime, un beau clocher, un intérieur d'église à voir absolument, avec son christ en bois polychrome, et de vieilles maisons. Bustanico fut, autour de 1730, le foyer de la sédition en Corse qui allait aboutir à la longue lutte pour l'indépendance menée par Pasquale Paoli. L'histoire raconte que c'est un demi-sou non acquitté par un contribuable de Bustanico à l'administration fiscale intraitable qui fut à l'origine de la révolte qui enflamma plus tard tout le pays et c'est vrai. A partir de Bustanico, faire un petit tour du Bozio.

ERBAJOLO

Proche de la Castagniccia et de la vallée du Tavignano, Erbajolo est une étape idéale pour découvrir les paysages de ces montagnes. Le belvédère d'Erbajolo offre un panorama imprenable sur l'étroite vallée du Tavignano et, depuis ce village, vous pourrez emprunter la route des cols qui vous mènera vers les cols de Cervone et de Casardo. A visiter : l'église paroissiale Santa-Maria-Assunta, du XVIe siècle, située au cœur du village. Sa façade antérieure donne sur une placette. Son clocher à trois étages, en pierres apparentes, est doté d'horloges. Il est coiffé d'une coupole recouverte de lauzes. L'édifice renferme le tableau L'Assomption de la Vierge.

FOCICCHIA

Le village, lové dans des châtaigneraies séculaires, est construit en nid d'aigle. Il offre une vue remarquable. Un sentier pittoresque permet d'accéder au site de Bocca al Pruno, à 1 078 mètres, belvédère d'où l'on découvre l'ensemble des montagnes environnantes. L'ancienne voie romaine, taillée à flanc de falaise rejoint le Bozio. Un lieu de baignade est accessible sur les rives du Tavignanu, distant de 10 km. L'ancien village au lieu-dit San Salvadore est desservi par un sentier ombragé. Enorgueillies par une ancienne chapelle, ses fortifications témoignent encore des invasions sarrasines.

SERMANO ★

A voir : la chapelle Saint-Nicolas, avec ses fresques du XVe siècle (la clé est à prendre au gîte d'étape). Sermano est connu pour sa tradition de chants à plusieurs voix pendant la messe (la paghiella). C'est la patrie du célèbre chanteur Petru Guelfucci. En continuant vers Bustanico, à partir de l'hélistation, on est environné par les parfums du maquis. La commune est traversée latéralement par le sentier Mare a mare Nord, depuis Santa-Reparata-di-Moriani à l'est, en direction de Corte à l'ouest. Une variante démarre sous la chapelle San-Nicolao et conduit à Corte en traversant le Tavignano et la RT50 au sud de l'aérodrome de Corte.

CALACUCCIA ★

Au milieu de la forêt de Valdoniellu et entouré des plus hautes montagnes de l'île, on rencontre en premier lieu le lac artificiel du barrage et l'environnement est superbe, au milieu des forêts et des montagnes, avec la Scala di Santa-Regina à suivre vers Corte. Il faut se montrer curieux, emprunter les ruelles et les escaliers de pierre, pour découvrir les charmes cachés de Calacuccia. C'est la capitale du Niolu. Son bourg aux maisons anciennes à escaliers extérieurs est de grand caractère, et l'une des demeures date de 1560. On peut y visiter son église paroissiale Saint-Pierre et Saint-Paul, et voir son Christ en bois sculpté au visage très expressif.

CASAMACCIOLI ★

A Casamaccioli, in célèbre Notre Dame du Niolo (a santa di u Niolu) dont la statue est un objet de vénération pour tous les Niolins et l'occasion d'une grande fête religieuse annuelle le 8 septembre prolongée par une longue foire qui dure trois jours. C'est, à proprement parler, inoubliable, le plus spectaculaire reste la procession scandée de cantiques et de prières. Plusieurs confréries y participent. Dans le quartier d'Alate, ne manquez pas la belle église baroque de la Nativité, datant du XVIIIème siècle. Son clocher isolé est construit en pierres locales. Pour les marcheurs : un panneau indiquant différentes randonnées se trouve sur la place du village.

A CASA NIULINCA €€

avenue de la Scala
✆ 06 03 35 60 03
Ouvert tous les jours midi et soir, du 1er mai au 30 septembre. En hiver vendredi et samedi soirs.

Jean-Joseph Acquaviva, producteur de charcuterie corse depuis 1989 dans le Niolu, régale ses clients de ses jambons, saucissons et autres spécialités charcutières. Répondant à la demande, cet artisan décide d'ouvrir un snack corse en 1995, avec des crêpes à la farine de châtaigne. D'année en année, la cuisine est devenue de plus en plus élaborée, jusqu'à ce que, en 2000, A Casa Niulinca est devenue un restaurant à part entière.

Depuis, Jean-Pierre Acquaviva, chef cuisinier, a rejoint son père dans cette maison familiale de tradition et de qualité.

ALBERTACCE ★

Beau village aux maisons d'architecture baroque. Les environs regorgent de vestiges préhistoriques, et on trouve même une statue-menhir au lieu-dit Cornadoja. L'archéologue Acquaviva fonda le musée Lieninoï dans une des maisons du village. Du hameau de Calasima, le plus haut de Corse, à 1 100 m, on peut commencer le tour des Cinque Frati, soit les sommets les plus élevés de la région : la Punta Minuta (2 556 m) au nord, la Punta Artica (2 327 m) au sud, la Paglia Orba (2 525 m) et le Capo Tafonato (2 335 m) à l'ouest. On peut aussi partir à la découverte de la forêt de Valdu Niellu, une des plus vastes de Corse, et se promener au milieu des immenses pins.

LES BALADES AUTOUR DE CALACUCCIA

Accessible toute l'année. Dénivelés importants.

De Calasima, le plus haut village de Corse au pied de la Paglia Orba, la vallée du Vallone est une superbe randonnée dans un cadre sauvage et spectaculaire. A Lozzi, vous êtes au point de départ pour l'ascension du Monte Cinto en passant par le lac du Cinto avec la possibilité de dormir au refuge de l'Ercu. Attention, les sentiers sont étroits, les dénivelés importants et la météo changeante, cette randonnée doit être faite avec une grande prudence et une bonne condition physique.

LES BERGERIES ET CASCADES DE RADULE ★

Accessible toute l'année. Durée : 2 heures.

La balade jusqu'aux cascades et bergeries de Radule commence dans le virage en épingle du fer-à-cheval, à quatre kilomètres en contrebas du col de Vergio, sur la D84. Un sentier qui fait une boucle vous conduit aux bergeries, randonnée en partie ombragée. De là, on descend aux cascades dans lesquelles vous aurez plaisir à vous baigner durant l'été. Comptez environ 2 heures de marche pour faire la boucle. Balade facile à faire en famille. Balisage bleu.

LE LAC DE NINO ★★★

Durée : 4h30 A/R. Difficulté : moyen.

Le lac de Nino est un joyau perché à 1 743 m d'altitude dans le massif du Rotondo. La balade n'est franchement pas évidente et il vaut mieux être bien chaussé. Arrivé en haut, c'est vraiment sublime. À la différence des autres lacs d'altitude, Melo et Capitello, Nino a la particularité d'occuper un site très ouvert. C'est un lac glaciaire qui a la réputation d'être le plus beau de Corse. On y découvre les pozzines, de « pozzi » qui signifie « puits » en Corse. Il s'agit de trous remplis d'eau, au sein de pelouses herbeuses très épaisses aux allures de mousse. Si les pozzines sont typiques des montagnes corses, celles du lac de Nino sont les plus connues de Corse. Vous partagez le site avec les chevaux, les vaches et les cochons sauvages qui y pâturent en liberté à la belle saison. Le point de départ de la balade jusqu'au lac de Nino se trouve à côté de la maison forestière de Poppaghia sur la D84, au nord-est d'Evisa et du col de Vergio, à 1 076 m d'altitude. C'est une randonnée assez sportive (700 m de dénivelé) avec 4h30 de marche soutenue (aller et retour). Il est possible d'accéder au lac de Nino depuis un autre point de départ, directement de la station de ski du col du Vergio, à 10 km d'Evisa, sans aucune difficulté sauf à prendre en compte la distance totale et le temps de marche sur 15 km, pour une durée totale de marche de 8 h aller et retour. Mais, quel que soit l'itinéraire que vous choisirez, vous ne regretterez certainement pas cette randonnée à la découverte du lac et des pozzines.

A SANT'ANNA**

€€

Lieu Dit Vignacce
✆ 06 26 83 22 09
www.hotel-asantanna.com

Ouvert toute l'année. Basse saison : chambre simple à partir de 65 €. Haute saison : chambre double jusqu'à 85 €.

Reconversion bienvenue pour Marie-Madeleine qui a troqué ses vaches pour devenir hôtelière dans ce petit village typique sur la route du Mare a Mare. Une belle transformation de la maison de l'ancien ébéniste pour offrir aux voyageurs de belles prestations sans reproche et de haute qualité. Une belle vue sur la vallée et un accueil parfait pour ne rien gâcher. Établissement ouvert à l'année, chose exceptionnelle pour la région. En prime, le restaurant des parents juste en dessous, chez Jojo et Annie, pour savourer les spécialités du Niolu.

LE MOULIN DE MURICCIOLU

Durée : 20 minutes. Balisage orange. Difficulté : facile.

Le départ se fait au niveau des dernières maisons du village d'Albertacce sur la D 84. Prenez le chemin en terre sur votre droite au niveau du panneau indiquant le gîte d'étape. Suivre le balisage orange. Suivre toujours le balisage pour atteindre un croisement au niveau de l'oratoire de Saint-Antoine. Là, prendre à gauche (panneau Bocca di Vergio) pour arriver rapidement au pont et à l'ancien moulin de Muricciolu. Pour le retour, prendre le même chemin ou utiliser le sentier délaissé à l'aller au niveau de l'oratoire, qui remonte sur Albertacce.

CORSCIA ★

C'est à Corscia, en 1720, que fut chanté pour la première fois le Diu vi Salvi Regina qui devint l'hymne corse en 1735. Il a été composé par Salvatore Costa, un berger du village, alors qu'il était poursuivi par les Génois. Depuis le village, on peut partir à la découverte de la fameuse Scala di Santa-Regina, un vertigineux escalier de pierre, long de dix kilomètres qui était autrefois la seule voie d'accès du Niolu. Belle architecture sacrée avec l'église San-Salvadore au-dessus de la route à 892 m d'altitude, entre Costa et Cavallaracce, et la chapelle San-Bancraziu, sur un piton rocheux à 846 m d'altitude en dehors du village. La chapelle surplombe la vallée du Golo.

LA SCALA DI SANTA-REGINA

Dénivelé : 1 060 m. Temps estimé : 5h30. Marquage : orange et mauve et petits cairns.

Ce défilé granitique, au fond duquel coule le Golo, marque le passage de la région cortenaise aux hauts plateaux du Niolu. La végétation est plutôt rare dans ce chaos granitique. Le parking se trouve à 6 km depuis Ponte Castirla (12 km au nord de Corte) à côté d'un panneau didactique sur le sentier muletier de la Santa-Regina ou 1,5 km plus loin juste avant le Ponte di l'Accia. La balade débute juste avant le Ponte di l'Accia, situé sur la D84 qui va de Corte au col de Vergio (d'abord D18 en sortant de Corte, puis D84 vers l'ouest).

Le Lac de Nino.

LOZZI

A voir : l'église San-Ghiacumu à Lozzi et ses 3 tableaux de toiles peintes, et à Poggio-di-Lozzi, l'église Santa-Maria Assunta. Au lieu-dit Battaiola, proche de l'observatoire, découvrez le moulin à farine de châtaigne. C'est une construction récente qui traite les châtaignes récoltées dans les environs. A faire : une longue piste carrossable pour les seuls 4X4 permet de s'approcher du Monte Cinto en passant par l'observatoire. Elle conduit jusqu'aux bergeries de Petra Pinzuta où est aménagé un parking. A partir de ce lieu, prendre le sentier menant au refuge de l'Ercu (1 667 mètres). Continuer ensuite en direction du lac du Cinto (2 289 m).

CASALUNA CHEZ DUME €€

✆ 06 14 39 44 53

Ouvert toute l'année. Ouvert tous les midis sauf dimanche et en saison vendredi et samedi soir. Carte : 25 € environ.

Une toute nouvelle adresse à Ponte-Leccia sur la route en direction de Bastia avec un grand parking mais ce n'est certes pas le seul atout de Casaluna. Dume prend cette année la barre ce bar restaurant où l'on s'attable avec plaisir pour une cuisine simple, généreuse et bien sympathique : quelques belles salades, du poisson selon arrivage, entrecôtes, bobun, burger nustrale, pennes aux morilles et des desserts maison, l'ensemble tout en fraîcheur et servi avec gentillesse et énergie par le boss. L'après-midi, glaces et boissons pour une pause rafraichissante.

PONTE-LECCIA

C'est le carrefour routier important sur le Golo, au nord de Corte et du Niolu. C'est un lieu de pause avec son joli pont sur le Fleuve et de quoi ravitailler la voiture et les hommes. On prend un verre et on mange un morceau au café des Sports et sa terrasse accueillante près de l'embranchement pour Calvi. Le bourg s'est beaucoup développé ces dernières années et, avec ses terrasses et ses boutiques, est beaucoup plus animé qu'il y a une dizaine d'années. On peut même aujourd'hui, à quarante minutes de Corte et une grosse demi-heure de L'Ile-Rousse, y séjourner.

CAFÉ DES SPORTS €

Lieu dit Ponte Leccia

✆ 06 18 61 47 28

Ouvert midi et soir 7/7 en saison, basse saison du lundi au samedi midi. Carte 20 € environ. Terrasse. Vente à emporter.

Ghislain et Marie-Anne vous accueillent chaleureusement toute l'année au Café des Sports de Ponte Leccia dans une décoration toute neuve et vous ne le regretterez pas ! Grandes salades-repas tout en fraîcheur et même une salade tomate burrata, escalopes de veau, sauté de veau corse, les savoureuses tripettes de veau corse concoctées par Jean et les pizzas ! Côté desserts, c'est Marie-Anne la pâtissière et si vous avez de la chance goûtez la soupe de fraise au top ! Un super rapport qualité-prix, un sens inné de l'accueil que nous recommandons avec grand plaisir !

MOROSAGLIA ★★

Ce charmant petit village, porte d'entrée en Castagniccia, situé à une vingtaine de minutes de Ponte-Leccia, est célèbre dans toute la Corse, car il vit naître le 6 avril 1725 « le père de la nation », le général Pasquale Paoli. Ne manquez pas de visiter la maison où il vécut. Cette maison et son oratoire ont été inscrits le 28 avril 1975 aux Monuments historiques. Au-dessus, une belle balade à faire à pied jusqu'à la vieille église préromane Santa-Reparata. Dans le hameau le plus au sud, vers Ponte-Leccia, recherchez le boucher qui est aussi un excellent producteur de fromages de chèvre. Table sympathique à L'Osteria di U Cunventu.

MUSÉE DÉPARTEMENTAL PASCAL PAOLI ★★

Hameau de Stretta

✆ 04 95 61 04 97

Ouvert du 1er oct. au 15 mai 10h-17h du lundi au samedi ; du 16 mai au 30 sept. 10h-18h du mardi au dimanche.

Cette propriété du conseil général de Haute-Corse retrace la vie et l'œuvre du grand homme qui voulut et espéra tant pour sa terre et son peuple. Né en 1725, Pasquale Paoli s'est formé aux affaires politiques à Naples avant de rentrer en Corse pour se porter candidat au poste de général en chef de la nation corse. Il décréta la Corse indépendante, prôna la démocratie et instaura une constitution reconnaissant la souveraineté du peuple corse et la séparation des pouvoirs.

© XAVIER BONNIN

Village de Morosaglia.

CENTRE CORSE

CASTINETA ★

Le village a été construit sur une arête de montagne, séparée au nord de Morosaglia par le vallon du ruisseau de Conca et au sud le vallon du ruisseau de Panicale qui le sépare de Gavingano. C'est un village typique du centre de la Corse avec ses toits en lauzes. Le vieux hameau de La Mazza est situé en contrebas, en bordure du ruisseau de Prunitaccio, dans les châtaigniers. Ruiné, il a été presque entièrement restauré et est maintenant habité. A voir : l'église San Bastianu, au coeur de ce village qui a obtenu en 2007 la distinction de village fleuri (3 fleurs).

OMESSA ★

Son nom, « l'oubliée », serait dû à sa position stratégique qui le soustrait aux regards. La forteresse abrite l'église paroissiale Saint André, consacrée au XVe siècle dans l'ancien hospice. Cette église de style baroque, dont le clocher est classé Monument Historique, renferme des peintures italiennes ainsi qu'une fresque du XVe siècle dont les spécialistes s'accordent à dire qu'elle est une pièce majeure dans l'histoire de l'art de la Corse. Une ancienne chapelle, récemment restaurée, est dédiée au culte de Sainte Rita. La place, spacieuse et animée, ornée d'une fontaine remarquable et d'une deuxième chapelle, constitue le cœur du village.

CANAVAGGIA

Ce village composé de trois hameaux offre par endroits une vue incomparable sur toute la plaine de Bastia ainsi que sur le Rustinu, juste en face. C'est un des plus anciens villages de Corse. A voir : l'église Sainte-Marie-de-Canavaggia située en contre bas du hameau. Elle possède un très beau clocher bâti par Jean Toti en 1830, bien après la construction l'église. Au hameau de Costa Roda, on visite l'église de Saint-Martin, qui est en réalité la plus ancienne chapelle de Corse. Elle ne possède qu'un seul autel dédié au saint dont le tabernacle n'existe que dans cette église.

PIEDIGRIGGIO ★

Situé à la limite du parc naturel régional de Corse, Piedigriggio est un village typique de la région, avec ses ruelles étroites et ses hautes maisons de caractère. On peut visiter son église paroissiale Saint-Michel, datée du XVIème siècle, qui fut maintes fois remaniée et qui présente plusieurs particularités : la chapelle transversale n'est pas accolée à l'église et son clocher est séparé. A l'intérieur, vous verrez des orgues anciens. Les environs du village sont remarquables avec la présence voisine des aiguilles de Popolasca.

ASCO ★★★

Le village lui-même, avec son petit clocher qui paraît tout fluet avec les montagnes en arrière-plan, a bien de l'attrait. Remarquable pont génois en contre bas du village vers Asco Stagnu et ses plages. De là, on entre dans la partie la plus montagneuse de cet itinéraire, avec la forêt de pins de Carrozzica, le plateau de Caldane, puis le Haut-Asco, à 1 450 m d'altitude, avec les toits pointus de ses petits chalets contemporains. Un coin à rapaces, où l'on rencontrera la plupart des variétés présentes dans l'île, mais également le plus grand territoire du fameux mouflon, emblématique de la Corse. Magnifiques spots de baignades tout le long de la rivière.

L'ÉCO MUSÉE MAISON DE LA MONTAGNE ET DU MOUFLON

Asco Stagnu
✆ 04 95 32 43 40
asco.corsica

Haute saison : ouvert tous les jours et les jours fériés de 13h à 17h30. Gratuit jusqu'à 7 ans. Adulte : 2,50 €.

Au pied de la station d'Asco-Stagnu, cet éco-musée mérite le détour pour découvrir le patrimoine biologique et culturel de la magnifique vallée d'Asco. On y apprendra à mieux connaitre «a Muvra», le mouflon corse, grâce à des films et tablettes interactives. Parallèlement à la visite, un parcours ludique et éducatif de 1500 mètres avec peu de dénivelé, et jalonné de totems questions/réponses, permettra de découvrir le site du Haut Asco en toute sécurité.

LE CHALET €

Haut-Asco ✆ 04 95 47 81 08
www.hotel-lechalet-asco.com

Ouvert du 1er mai au 15 octobre et du 15 janvier au mars. Ouvert tous les jours midi et soir.

Les habitués et randonneurs viennent ici reprendre des forces. On vous concocte ici une cuisine gourmande, authentique et surtout issue du circuit court. Au menu la soupe corse, la truite du vivier maison, les cannelloni au brocciu, le cabri, le sanglier, l'agneau et la crème brûlée à la châtaigne. Une bonne ambiance sportive et une grande terrasse ensoleillée complètent le tableau. La partie hébergement surprend fort agréablement tant par la qualité du mobilier que par la décoration. Un lieu parfait pour toutes sortes d'escapades au cœur de la Corse !

LE MONTE CINTO ★★

Durée : environ 7h A/R. Difficulté : bons marcheurs.

Le Monte Cinto est le plus haut sommet de la Corse, culminant à 2 706 mètres d'altitude. Il existe plusieurs parcours de randonnée pour rejoindre le sommet, notamment la voie classique par le versant ouest, depuis la station d'Asco. Départ du sentier sur le parking de la station du Haut-Asco, à travers une forêt de pins lariccio. Suivre cette piste aisée avec le ruisseau sur votre gauche jusqu'au petit pont de Tighjettu, à 1 488 m d'altitude. Cette montée ardue direction sud-est vous amène jusqu'au lac d'Argentu, situé sous le sommet du Monte Cinto.

LE PONT GENOIS ★★

Accessible par la D441.

Comment imaginer l'Ile de Beauté sans ses célèbres ponts gênois ? Celui-ci date du 15e siècle durant l'occupation génoise. Il est accessible par la D441, petite route sinueuse d'environ un kilomètre de long, qui se termine en cul-de-sac au pont et dont l'embranchement se situe sur la D147 à la sortie du village en direction d'Asco-Stagnu (distant de 14 km). Il se trouvait sur l'antique chemin qui reliait la vallée au Niolo. Sous le pont, l'Asco a creusé une immense piscine naturelle très fréquentée par les locaux et touristes en période estivale.

LES GORGES DE L'ASCO

Accessible toute l'année.

Partant du petit village d'Asco, chef lieu du miel corse surmonté par d'épaisses forêts de pins noirs, un chemin sauvage empli d'âme et de senteurs corses marque le début d'une randonnée pittoresque. Tandis que vous profiterez du charme bucolique des lieux, murets, ruisseau, calvaire et grands rochers vous mèneront avec panache aux gorges de l'Asco. Surplombant majestueusement la rivière, un large pont génois se laisse alors admirer en toute quiétude, indiquant le chemin de piscines naturelles auxquelles nul randonneur ne pourra résister !

LE CHALET €€

Haut-Asco

✆ 04 95 47 81 08

www.hotel-lechalet-asco.com

Ouvert du 1er mai au 15 octobre et du 15 janvier au mars. Chambre à partir de 90 €. Gîte à partir de 16 €.

Difficile de faire plus panoramique que ce beau Chalet au cœur des plus hautes montagnes corses ! Depuis 1964 c'est une étape incontournable des sportifs et amoureux de la nature pour un séjour dans un décor fabuleux. Vingt chambres avec tout le confort, et le restaurant sur place pour se régaler d'une cuisine corse en circuit court, bien installé sur la grande terrasse ensoleillée dans une ambiance sportive et conviviale. Gîte de montagne pour les randonneurs et possibilité de bivouac. Un lieu magique pour se ressourcer et prendre son temps !

CASTIFAO

A Castifao, des maisons presque neuves, qui en côtoient d'autres quasiment en ruine et abandonnées, semblent un symbole de la vitalité du bâtiment corse jusque dans les lieux les plus reculés. A gauche, les vestiges de la tour Paganosa et quelques maisons abandonnées sont tout ce qui reste d'un vieux hameau aujourd'hui déserté. Au-dessus, en continuant vers Castifao, les belles ruines du couvent de Caccia, à côté du cimetière. L'édifice, dont le lierre a disjoint les pierres, ne semble pas cependant d'une exceptionnelle solidité. Méfiance donc. Deux ponts génois sur la riviere Tartagine, l'un à Pontare sur la RT 30, l'autre à Piana sur la D547.

Vue sur le village d'Asco.

MOLTIFAO ★

Moltifao est localisée à flanc d'un massif montagneux dont le plus haut sommet est le Monte Padro faisant face aux aiguilles de Popolasca. On y trouve une belle église romane, l'Annunziata, remarquable pour sa pierre, sa vieille abside bien conservée et son fin clocher, dans un village perché. Une rivière pour se baigner en été ou pratiquer du canoë-kayak au printemps et même une via ferrata à la Manicella. Deux ponts permettent de franchir l'Asco pour rejoindre le village : le pont de Caccia au lieu-dit Pontare sur la route d'accès principal (un des rares ponts génois de Corse à quatre arches), la D47 et le Ponte Vechju sur la route D647.

LE VILLAGE DES TORTUES

Tizzarella

✆ 04 95 47 85 03

www.villagedestortues.wordpress.com

Ouvert d'avril à novembre, tous les jours. En été, visites guidées uniquement. Adulte : 6 €. Enfant : 3 €.

Géré par le Parc naturel régional de Corse, ce centre a pour but de sauvegarder la tortue d'Hermann, espèce locale, mais aussi de sensibiliser et d'informer le public. Apparue il y a un million d'années, il s'agit de la toute dernière tortue terrestre française. On ne la trouve désormais plus que dans le massif des Maures (dans le Var), et dans les marais de Corse. Ce village s'attache donc à sa préservation. Un sentier d'interprétation et 4 enclos permettent de découvrir son mode de vie... Quant à prendre une tortue dans les mains c'est tout un protocole.

ECO PARC DE LA VALLÉE D'ASCO

✆ 06 84 62 43 40

http://ecoparc-vallee-asco.fr/

Ouvert tous les jours sauf le lundi matin. Visites à 10h, 11h, 15h30, 16h30, 17h30, 18h30 en haute saison. Adulte 7 €.

Comment avoir le privilège de découvrir les animaux de Corse dans leur milieu naturel ? C'est le concept original et unique qu'a imaginé Gérard pour partager sa passion de la faune et de la flore en créant l'Eco Parc de la Vallée de l'Asco. Sur deux hectares de forêt sur laquelle il est intervenu le moins possible, dans un biotope préservé, cet ancien formateur au Centre Permanent d'Initiative pour l'Environnement (CPIE) vous initiera à la vie secrète des habitants de la forêt et de nos jardins pendant que pourrez les admirer au plus près et poser toutes les questions qui vous passent par la tête. Le secret ? Gérard reproduit les animaux en résine et ses spécimens sont si proches de la réalité que les véritables modèles passants par là s'y laissent prendre eux-mêmes ! Ainsi vous découvrirez la faune et la flore comme vous ne l'avez jamais vu, au cœur de son milieu naturel : Sitelle de Corse, Tortue d'Herman, Renard, Faucon chasseur de Palombe, Belette, Bécasse... Tout près de la mare naturelle vous verrez le Crapaud, la Cistude, la Grenouille... vous chercherez dans les arbres ou bien cachés, proche du sol le merle dans son nid, le faon, le pic épeiche, le loir, le lézard de Sicile et la salamandre... A la fois enchanteresse et didactique la visite se poursuit entre connaissance de la faune et de la flore. Savez-vous par exemple de quoi est capable le geai en plus de son cri particulier ? Venez trouver à l'ombre de la forêt la lumière de connaissances essentielles. Au (bio) top !

PETRA E LEGNU €

Lieu dit Cabanella

✆ 07 86 89 57 03

Ouvert d'avril à octobre. Tous les jours sauf le lundi en non-stop juin-juillet-août. Carte : 14 € environ.

Érigé sur un vaste domaine sécurisé à l'entrée de la Vallée de l'Asco, cet espace empreint de sérénité et à l'esprit «food-truck» propose des mets simples à partir de produits frais. Face à un comptoir juché parmi le potager et les poules en liberté, vous vous laisserez tenter par les généreuses pizzas cuites au feu de bois, les croustillantes bruschetta, les wraps-salades frais ainsi que les savoureux desserts maison. Puis confortablement installé au bord de la piscine, il ne vous restera plus qu'à savourer les délices de ce lieu au charme insulaire !

IN PIAZZA €

Place du village

✆ 07 61 57 69 61

Ouvert à l'année. Tous les jours de 8h à 13h et de 17h à 1h en saison. Hors saison restauration du jeudi au dimanche.

Un vent de renouveau souffle sur le petit village de Moltifao, qui galvanise les autochtones et les voyageurs de toutes générations ! Jean-Baptiste, Maddelyne et Matt apportent ici leur fougue en dressant la terrasse d'In Piazza parmi celles de la grand place. Globe-trotters dans l'âme, la sémillante équipe renoue avec ses racines insulaires pour proposer des mets savoureux d'inspiration locale, et relevés par leurs expériences gastronomiques internationales. Chez eux, tous les mets sont exclusivement élaborés in situ, et servis avec convivialité et panache !

INTERVIEW

ECOPARC DE LA VALLÉE DE L'ASCO

Comment permettre l'observation des animaux dans leur milieu naturel ?

C'est pour répondre à cette question que Gérard qui depuis plus de vingt ans anime des sorties nature pour enfants et adultes décide un jour de créer ce qui est à présent l'Eco Parc de la Vallée de l'Asco. Son idée est donc de faire découvrir les animaux sauvages dans leurs milieux et postures naturels pour permettre l'observation, le rapprochement, la découverte. Mettant l'art et sa propre créativité au service de la nature, Gérard décide alors de créer les répliques des animaux sauvages à l'identique. Aidé des conseils de son père, ancien étudiant des beaux-arts, Gérard façonne en résines alginate et pâte polymère dans son atelier de Moltifao, des pièces uniques semblables en tous points à leurs modèles. Dans la bâtisse en bois qui précède le Parc, Fatima, son épouse, vous accueille et vous y découvrirez les photos de fabrication et quelques belles aquarelles.

Et donc sur place ?

Lors d'une visite de 45 min environ dans un environnement préservé entre forêt, clairière et même un point d'eau, Gérard vous fait découvrir les animaux dans leur biotope naturel et vous initie à la vie secrète des habitants de la forêt et de nos jardins entre expérience, données scientifiques et anecdotes. Petits et grands découvrent alors un monde pourtant tout proche et souvent inconnu, car inaccessible de si près. Les questions fusent, la magie opère, née de l'émotion de la découverte et de la connaissance transmise par la passion.

Combien d'animaux à découvrir ?

Actuellement une quarantaine, mais la collection s'agrandit au cœur d'un parc unique jusqu'ici, et qui fera sans doute des émules au fil du temps car le succès est au rendez-vous de la balade pédagogique et enchanteresse.

ECO PARC DE LA VALLÉE D'ASCO

✆ 06 84 62 43 40
http://ecoparc-vallee-asco.fr/

VENACO ★★

Ce village donne à voir de vastes paysages forestiers et pastoraux sur la vallée du Tavignano et du Vecchio. Il a gardé son caractère traditionnel avec ses hautes maisons et ses montées en escaliers. Le village s'anime l'été, avec l'arrivée des touristes. Son église paroissiale Saint-Michel, de style baroque, offre un beau panorama. Au hameau de Lugo, on peut visiter l'église d'art populaire, qui renferme un chemin de croix en bois sculpté. Le village est un point de départ de randonnées sur les divers sentiers qui traversent la région, et permettent de découvrir la forêt de Cervello, la vallée du Vecchio, le lac du Monte Rotondo ou encore la grotte du Dragon.

LE VECCHIO

Pont du Vecchio

Marche d'approche : 10 min. Durée 3 h. Marche retour : 20 min. Niveau facile. Parcours adapté aux enfants dès 6 ans.

Très fréquentées, les piscines naturelles de Corse font partie de la renommée de l'Île de Beauté. Non loin de Venaco, la partie basse du Vecchio offre une magnifique randonnée aquatique et familiale, particulièrement adaptée aux enfants. Eaux transparentes, cadre idyllique, l'Île se pare de ses plus beaux atours pour vous proposer un véritable moment de détente ! La nage en rivière est l'attrait principal de ce parcours, avec une descente ponctuée de sauts et de passages d'obstacles, idéal pour découvrir les richesses naturelles du Vénacais de manière ludique.

HÔTEL E CASELLE RESTAURANT ET SPA*** €€

Agnio di pino ✆ 04 95 47 39 00
hotelecaselle.com

Ouvert de mars à novembre. Accueil jusqu'à 21h. 24 chambres. Basse saison : chambre simple à partir de 85 €.

Délicieux havre de paix, hymne à la nature, à l'art et au terroir qui l'a vu naître en 1966, E Caselle se cache au cœur d'une végétation joyeuse, au bord de la rivière U Vecchju entre maquis et pinède odorants. La pierre brute et les œuvres d'artistes contemporains se mêlent pour des espaces cosy au charme unique entre tradition et modernité. Entre mer et montagne, c'est un lieu de séjour idéal pour découvrir une Corse authentique dont le sens de l'accueil a fait la réputation.

POGGIO-DI-VENACO ★

Le village de Poggio di Venaco a été édifié sur une arête rocheuse, dans le prolongement du village de Riventosa qui lui est tout proche. C'est un vieux village dont le bâti est regroupé autour d'une vieille tour et de la chapelle San-Roccu. Il est visible depuis la RN 193. Il offre un remarquable spectacle quand il émerge d'une brume couvrant la vallée. A voir : l'église paroissiale San-Quilicu, remarquable par sa position, son clocher à bulbe et sa blancheur récente. C'est un formidable belvédère équipé d'une table d'orientation, avec vue d'un côté sur la vallée du Tavignano jusqu'à la mer et de l'autre sur le massif montagneux du Monte Cardo (2 453 m).

Le pont de Gustave Eiffel sur le Vecchio.

L'église Saint Michel de Venaco.
© XAVIER BONNIN

VIVARIO ★★

Dominant la vallée du Vecchio, Vivario est un village de caractère à hautes maisons anciennes. On peut y visiter son église paroissiale Saint-Pierre-aux-liens, ainsi que les chapelles dans les différents hameaux qui composent la commune. Entouré de cirques et de hauts sommets, le village est également une station de ski de fond en hiver. Dans la vallée du Vecchio, de nombreuses randonnées permettent d'admirer des paysages magnifiques, comme la cascade des Anglais et les grottes. La forêt de Vizzavona est réputée pour ses superbes pins lariccio centenaires et sa flore riche. La commune est traversée par la ligne Bastia-Ajaccio des Chemins de fer de Corse.

LA FORET DE VIZZAVONA ★★★

Forêt territoriale de 1 634 hectares.

Cette forêt est à la fois traversée par la RT20 qui relie Ajaccio à Bastia et, en son point médian, par le sentier GR20. C'est l'une des plus belles forêts de l'île avec ses 1 634 hectares. Lors de votre promenade, vous constaterez des ruisseaux qui abreuvent le sous-bois où vous pourrez reconnaître des pins laricio, des hêtres et le feuillage vernissé du houx. Plus loin, la gorge se resserre. C'est le moment de s'offrir un spectacle dont on ne se lasse pas : voir les chutes de l'Agnone et trouver une « piscine naturelle » où il fait bon se baigner.

U CAMPANILE** €

Place de l'Église

✆ 04 95 47 22 00

www.hotel-restaurant-ucampanile.com

Ouvert à l'année sauf du 15 décembre au 15 janvier. Chambres double à partir de 70 €.

Une pimpante petite auberge de charme au cœur du village, bien tenue par la famille Marietti. L'étape est bien pratique, chaleureuse et authentique au milieu de la Corse, avec ses chambres spacieuses et toutes climatisées, son petit jardin fleuri, une terrasse ombragée pour y manger à la fraîche une bonne cuisine locale et maison comme les tripettes fort réputées des amateurs. Pour le côté pratique un petit parking et un accueil toujours agréable. Tarifs attractifs sans augmentation même en haute saison et plein de balades dans les montagnes tout autour.

LA HALTE DU PRINCE €

Col de Vizzavona

✆ 04 95 46 31 02

www.lahalteduprince.com

Fermé de novembre à avril. Accueil jusqu'à 22h. Chambre double de 72 € à 92 €. Bungalow à partir de 68 €. Bivouac 8 €.

Au milieu du fameux GR 20, une petite structure incontournable sur ce mythique sentier, qui propose au randonneur ou voyageur un hébergement tout neuf avec ses 3 chalets en bois qui servent de gîte d'étape. D'autres options s'offrent aux randonneurs : une aire de bivouac avec un bloc sanitaire, un refuge ou une chambre d'hôtes de 2 à 4 places, idéale pour les voyageurs en goguette. Plusieurs options selon la place qu'il reste et le budget alloué. Et pour la demi-pension, direction la table d'A Montagnera, juste à côté qui ne souffre d'aucun reproche.

LA CASCADE DES ANGLAIS

Col de Vizzavona

Durée : 40 minutes AR. Difficutée : facile.

C'est l'une des balades les plus connues et fréquentées en haute saison. Une vingtaine de minutes suffisent pour y accéder depuis la RT20 qui relie Bastia à Ajaccio en passant par Corte. Garez-vous au parking au col de Vizzavona (Foce di Vizzavona) juste avant d'entamer la descente vers Ajaccio. Le sentier part du côté droit de la route nationale en venant de Corte. Enfoncez-vous dans la forêt de hêtres, le sentier redescendant sur la gauche. Vous traverserez un passage rocailleux avant de déboucher sur la cascade et ses belles vasques qui invitent à la baignade.

LA CASCADE DU MELI

Durée : 2h AR. Difficulté : facile. Balisage Orange.

Depuis le hameau de Canaglia, vous emprunterez une piste marquée par un balisage orange, qui vous guidera tout au long d'une marche bucolique avant de devenir un sentier. Lorsque celui-ci se sépare en deux voies opposées, vous emprunterez celle de droite en direction de Tolla, qui vous amènera en quelques minutes au magnifique Manganello, affluent du Vecchio. Bordant le ruisseau, la totalité du parcours suit le cours de son eau claire. Malgré leur fraîcheur, les nageurs les moins téméraires ne résisteront pas longtemps à l'attrait de ses somptueuses vasques !

© ALTIPIANI

Randonnée en Centre Corse

CENTRE CORSE

LA PUNTA DELL'ORIENTE

Col de Vizzavona

Durée : 3h environ.

C'est l'un des plus hauts sommets de la Corse, offrant une vue à couper le souffle. Une belle excursion à faire à partir du col de Vizzavona. Au col, suivre le panneau en bois indiquant la direction des Bergeries de Pozzi, situées à peu près à mi-chemin de ce parcours. Depuis les bergeries, il faut se diriger vers la Punta Grado en prenant vers l'est par le Rocher de la Madonuccia. Suivre ensuite la ligne de crête jusqu'au pied du sommet. Attention, les derniers mètres, dans une roche friable, sont très difficiles à parcourir.

MURACCIOLE

Minuscule village forestier au-dessus de Vivario, Muracciole compte quelques habitations groupées autour d'une maison forte, non loin de la forêt de Sorba. Outre son église paroissiale de l'Assomption, on peut visiter l'ancienne chapelle Santa-Maria d'arca très bien conservée, et voir ses fresques encore en bon état. Le village est aussi un point de départ pour des promenades vers la forêt. Le petit village se distingue par son château Renaissance, l'un des rares châteaux de Corse encore en état. Cette maison d'Américain fut commanditée par un enfant du village et entrepreneur, Ange Muracciole, à son retour du canal de Panama.

NOCETA ★

D'un point de vue purement géographique, Noceta est l'épicentre de la Corse. Le village est notamment connu pour son pont sur le Vecchio dit «pont Eiffel», qui offre une vue vertigineuse sur le cours d'eau. Il est même possible de s'y baigner. Noceta est construit sur un promontoire dominant les rives du Vecchio, et offre de belles possibilités de promenades dans la forêt de Padula, parmi ses grands pins lariccio. Au village, outre les ruines d'un château des seigneurs de Lupo, connus pour leurs incessantes intrigues politiques, on peut aussi voir son église romane Saint-Paul, au clocher à flèche d'architecture peu commune en Corse.

VEZZANI

Bourg de montagne à 800 m d´altitude, Vezzani domine la vallée du Tagnone au cœur d´une forêt aux essences diverses où prédominent les pins laricio. Son église de L'Annunziata de style baroque et une imposante fontaine « Les Trois Grâces » donnent leurs noms aux deux places principales. Connu depuis l'Antiquité, ce fut longtemps un bourg prospère grâce au tourisme, à sa mine de cuivre de Tana et à la forêt grâce à l'exportation des semences de pins laricio sur le continent et en Europe pour le reboisement. La Festa di u legnu è di a furesta (« Fête du bois et de la forêt ») est organisée chaque année au début du mois d'août.

EST CORSE

La côte orientale avec Aleria comme capitale de la Corse antique est une bonne représentation du contraste qui existe dans le paysage corse. L'étendue immense clairsemée de lagunes, d'étangs et d'immenses plages est surplombée par une forêt intense et caractéristique de l'île profonde. La Castagniccia avec ses villages typiques préserve jalousement son identité. Le long du littoral, en poursuivant la route qui longe le bord de mer, les étangs de Diana et d'Urbino dévoilent leur productivité ostréicole, active depuis l'Antiquité. C'est aussi le paradis des oiseaux migrateurs qui offrent un spectacle écologique rare. Si vous aimez les paysages surprenants, loin des centres touristiques agités, les villages nichés dans la verdure ou isolés sur un promontoire, avec leurs maisons en pierres, leurs vieilles fontaines et le café, il faut prendre votre véhicule et faire un circuit qui vous laissera de grands souvenirs.

VENZOLASCA
SORBO-OCAGNANO
LORETO-DI-CASINCA
CASTELLARE-DI-CASINCA
PENTA-DI-CASINCA
SILVARECCIO
Ponte Leccia
Prunelli
Folelli
TAGLIO-ISOLACCIO
Isolaccio
LA PORTA
CROCE
PERO-CASEVECCHIE
TALASANI
POGGIO-MEZZANA
SANTA-LUCIA-DI-MORIANI
VELONE-ORNETO
CAMPANA
VERDÈSE
SAN-GIOVANNI-DI-MORIANI
RAPAGGIO
PIEDICROCE
SANTA-REPARATA-DI-PIOBETTA
SAN-NICOLAO
SANTA-MARIA-POGGIO
Moriani
CERVIONE
VALLE-DI-CAMPOLORO
PIAZZALI
SAN-GIULIANO
PIETRA-DI-VERDE
SANT'ANDRÉA-DI-COTONE
PIANELLO
MOÏTA
ZUANI
CAMPI
CANALE-DI-VERDE
LINGUIZZETTA
ZALANA
TOX
AMPRIANI
Mer Tyrrhénienne
PANCHERACCIA
LA MARINE DE BRAVONE
Parc naturel régional de Corse
ALÉRIA
LUGO-DI-NAZZA
POGGIO-DI-NAZZA
PRUNELLI-DI-FIUMORBO
ISOLACCIO DI FIUMORBO
GHISONACCIA
PIETRAPOLA-LES-BAINS
Migliacciaro
SERRA-DI-FIUMORBO
SAN-GAVINO-DI-FIUMORBO
VENTISERI
CHISA
Travo
SOLARO
360
T20
D306
D506
D239
D639
D9
D39
D41
D17
D339
D40
D116
T10
T50
D43
D343
D344
D244
D45
Est Corse
5 KM

PAGES

LA CORSE ORIENTALE

LA COSTA VERDE

LA CASTAGNICCIA

LA CASINCA

ALÉRIA ★★

Ses nombreux villages mêlent paysages naturels et intérêt culturel. Faire de préférence un tour complet des villages, pour découvrir à la fois l'identité des villages du Fium'Orbu et leur personnalité singulière. Magnifiques paysages avec un surplomb continuel sur la côte orientale. Aleria, cousine de Marseille, fut fondée au VIe siècle avant J.-C., également par les Phocéens, ces hardis navigateurs grecs qui avaient le sens du commerce. Elle fut appelée Aleria par la colonie romaine. Ce n'est qu'à l'époque contemporaine que des fouilles ont été organisées de manière systématique pour mettre au jour les vestiges romains. La plage est située à 3 km.

DISTILLERIE L.N. MATTEI

D343 ✆ 04 95 56 60 30
www.distilleriemattei.com
Adulte : 6 €. Visite guidée (du lundi au vendredi à 11h et à 16h de juin à septembre).

Une marque très dynamique et résolument actuelle que la Distillerie L.N. Mattei qui pourtant vient de fêter ses 150 printemps. Ici se trouve la distillerie à quelques encablures d'Aléria où se visite deux fois par jour le lieu de naissance de ses breuvages identitaires et délectables : outre le fameux Cap Corse décliné en rouge, en blanc, en grande réserve, la distillerie propose une gamme de produits tel le Gin l'immortel ou le Distilled Dry Gin récompensé en 2022, des liqueurs et eaux de vie, des whiskys corses et enfin des sirops insulaires.

L'ÉTANG DE DIANA ★★

Accès depuis la RT10 en direction du domaine de Terranzana sur une piste en terre.
Accessible toute l'année.

Très connu depuis l'Antiquité pour sa production d'huîtres, l'étang de Diana est aujourd'hui encore le haut lieu de l'aquaculture en Corse. Les Romains étaient très friands de coquillages et les huîtres de Corse étaient réputées. On garde encore les traces de leur élevage ostréicole avec l'îlot des pêcheurs : il s'est formé d'une accumulation de coquilles d'huîtres amassées là ! D'une superficie de 570 ha, il est le troisième plus grand étang de Corse, on y élève des huîtres, bien sûr, mais aussi des moules et des palourdes. En vente ou dégustation sur place.

LE SITE ANTIQUE ★★

✆ 04 95 46 10 92
Ouvert du lundi au jeudi et le samedi de 9h à 16h30. Visite du musée 4 € ; réduit et famille 3 €. Ouvert toute l'année.

La ville Antique d'Aléria constitue avec Mariana les deux plus grandes agglomérations romaines en Corse. Les ruines de la ville antique sont décrites pour la première fois par Prospère Mérimée (1803-1870) lors de son voyage en Corse en 1939. Le site archéologique d'Aléria se compose d'une nécropole et d'un rempart préromain, il intègre aussi les vestiges de l'ancienne cité romaine partiellement mise au jour. Il s'agit du premier ensemble urbain antique découvert en Corse, avec forum, portiques, temples, maisons et boutiques, balneum et mosaïques, voirie...

LE MUSÉE DÉPARTEMENTAL D'ARCHÉOLOGIE ★★

Fort de Matra ✆ 04 95 57 00 92
Ouvert de mai à septembre de 9h à 12h et de 13h à 18h. Du 1er octobre au 15 mai de 8h à 12h et de 13h à 17h. Adulte : 4€

Le musée expose tous les vestiges découverts sur le site et plus particulièrement les objets des périodes grecques, étrusques, carthaginoises et romaines. Céramiques, armes, bijoux et objets utilitaires retracent la vie, les activités économiques et les préoccupations funéraires des habitants d'Aléria durant l'Antiquité.

▶ **L'histoire du fort de Matra.** Le musée est installé dans le fort Matra construit par les Génois entre le XIVe et le XVIe siècle pour y abriter un petit détachement de cavalerie ayant pour mission de surveiller la plaine et le passage vers Corte, à 40 km de là. En 1730, les Corses en révolte, attaquent et pillent le fort. Puis six ans plus tard, le lieu servit à accueillir le premier (et unique !) roi de Corse, Théodore de Neuhoff, qui a débarqué sur la plage d´Aleria.

Au XVIIIe siècle, il sera loué par la ville à la puissante famille des Matra, avant d'être contrôlé par l´armée et les douanes. Prosper Mérimée y vient en visite en 1839, ainsi que de nombreux voyageurs durant tout le XIXe siècle.

Classé monument historique en 1962, il devient un dépôt archéologique en 1963. Depuis 1969, il porte le nom de l'historien corse Jérôme Carcopino qui avait supervisé la reprise des fouilles sur le site d´Aleria.

▶ **Le musée.** Au premier étage, plusieurs salles d´exposition relatent quinze siècles de l´histoire d´Aleria et de la Corse, depuis la protohistoire jusqu´à la fin de l´Empire romain. Cette séquence chronologique évolue en fonction des fouilles archéologiques.

LA TOUR DE DIANA ★★

Se rendre sur le site de Mare è Stagnu, à l'embouchure au sud de l'étang.
Randonnée de 3 heures. Difficulté : facile.

© SERGIY PALAMARCHUK - SHUTTERSTOCK.COM

Pour accéder à la tour qui se situe à l'embouchure de l'étang de Diana, suivre la Marina d'Aléria indiquée lorsque vous êtes sur la route principale d'Aléria. Prendre à gauche en direction de la boutique de la Réserve du Président. D'un côté, les vignes à perte de vue, de l'autre, la mer. Vous pouvez vous garer sur le parking de la Paill'hot et longer la mer à pied, ou en voiture vous pouvez poursuivre une petite dizaine de minutes sur la piste en terre. Au-delà de la tour, l'embouchure de l'étang ne vous permet plus d'avancer.

OFFICE DU TOURISME INTERCOMMUNAL DE L'ORIENTE

80, avenue Saint-Alexandre-Sauli
✆ 04 95 57 01 51
www.oriente-corsica.com
Haute saison : du lundi au samedi de 9h à 19h ; le dimanche de 10h à 13h.

Située au cœur de la côte orientale, l'Oriente est composée de 22 villages typiques où la richesse de son patrimoine culturel, naturel et religieux, oscillant entre mer et montagne, vous laisse envisager des vacances aux multiples facettes. Rendez-vous à l'office du tourisme, où le personnel attentionné saura vous orienter vers les meilleurs itinéraires pour découvrir ce territoire viticole incontournable et profiter des trésors que cache la région.

ATRACHJATA*** €€

100, avenue Saint-Alexandre-Sauli
✆ 04 95 57 03 93
https://hotel-aleria.com/
Fermé du 23 novembre au 2 janvier. Chambre double à partir de 95€ ; chambre luxe 107 € ; wifi, parking ouvert inclus.

Situé en plein cœur de la Costa Serena sur la côte orientale, cet hôtel est situé à équidistance entre Bastia, Corte et Porto-Vecchio. D'un côté, le fleuve Tavignano, de l'autre, l'étang de Diana et les longues plages sauvages. Les chambres confortables et entièrement équipées vous offrent un point d'ancrage sympathique sur la côte est de l'île où l'hôtel, couplé à son restaurant, vous permettent de visiter aisément la région sereinement. Au restaurant, vous pourrez déguster une cuisine de terroir avec une sélection de produits locaux et frais.

AUBERGE DU CORSIGLIESE RESTAURANT LE BANANA'S €€

Casaperta RT50 - **PANCHERACCIA**
✆ 04 95 57 04 87
www.hotel-aleria.fr
Ouvert de mars à octobre. Chambre double à partir de 68 €.

A quelques minutes d'Aléria en direction de Corte, Jean-Antoine et Fabio vous accueillent à l'Auberge de Corsigliese plus connue sous le nom du restaurant le Banana's dans un lieu d'une belle dynamique branchée et colorée, inspirée de leurs voyages. Un grand parking pour se garer facilement, des chambres agréables et tranquilles et l'espace bar restaurant autour de la piscine richement décorée pour une ambiance vacances avec la gentillesse des hôtes en prime pour passer un bon séjour !

L'EMPEREUR*** €€

320, avenue saint Alexandre-Sauli
✆ 04 95 57 02 13
www.hotel-empereur.fr
Ouvert toute l'année. Accueil jusqu'à 22h. 32 chambres. Chambre double de 57 € à 100 € ; chambre triple de 73 € à 120 €.

Situé en plein cœur d'Aléria, l'hôtel offre tout le confort avec son charmant petit jardin, sa piscine et ses chambres lumineuses climatisées et insonorisées. C'est l'endroit idéal pour se reposer à l'ombre des grands arbres, après une journée à la plage de Mare E Stagnu ou d'excursions dans les environs. Bon restaurant au service complet et soigné dans une salle joliment décorée. On apprécie tout particulièrement les chambres face au jardin, avec leurs terrasses privatives. Accueil irréprochable et un excellent rapport qualité-prix, même en haute saison.

EST CORSE

MARINA D'ALERIA**** €€

Plage de Padulone
✆ 04 95 57 01 42
www.marina-aleria.com
Basse saison : réception ouverte tous les jours de 9h à 19h. Haute saison : de 8h30 à 20h. Réservation impérative.

Situé à mi-chemin entre Bastia et Porto-Vecchio, au bord de la mer Tyrrhénienne, le camping Marina d'Aleria se trouve à quelques pas seulement d'une plage de sable fin. Idéal pour les campeurs qui souhaitent se baigner à toute heure. Sur place vous profiterez d'une petite alimentation-boutique, un bar, un restaurant, une piscine chauffée avec un spa, un espace jeux d'enfants (jusqu'à 11 ans) avec une pataugeoire ludique, des soirées musicales... Le tout étalé sur dix hectares partiellement boisés de pins, eucalyptus, mimosas, oliviers de bohême.

CÔTÉ PLAGE RIVA BELLA €€

Riva bella
✆ 04 86 15 48 84
Ouvert du 1er avril au 14 novembre tous les jours du petit-déjeuner, service midi et soir. Hors saison le week-end.

Dominant mer et plages à perte de vue, ce restaurant propose une cuisine généreuse adaptée aux saisons tout au long de l'année. Avec le délicieux clapotis des vagues en ambiance (quand il y en a) vous profiterez des terrasses couvertes côté mer ou côté étang : Saint-Pierre ou côtes de veau, moules ou pizzas et beaux desserts, certains clients du camping voisin en font souvent leur cantine tant l'accueil chaleureux et l'ambiance détendue sont appréciables en plus d'un bon rapport qualité prix. Soirées musicales trois fois par semaine en saison recommandées !

RIVA BELLA NATURE & THALASSO SPA RESORT**** €€

Route de Riva-Bella ✆ 04 95 38 81 10
www.rivabella-spa.com
Emplacement + véhicule + 2 personnes à partir de 20 €. Lodge, bungalow et mini villa de 1 à 6 pers : de 45 à 269 €.

Paradis sauvage à perte de vue, entre mer et vastes étendues d'eau où se reflètent les hautes montagnes de l'île... Bienvenue chez Riva Bella. Dans le calme et la convivialité, découvrez votre maison près du sable, à deux pas d'une eau turquoise. Outre son parcours de santé de 3 km et sa piste cyclable, qui permettent de découvrir son parc animalier de lamas, Riva Bella, propose à la carte des formules de bien-être. Au restaurant, on se délectera d'une cuisine de la mer et du terroir.

RIVA BELLA NATURE & THALASSO SPA RESORT

Route de Riva-Bella ✆ 04 95 38 81 10
www.rivabella-spa.com
Ouvert toute l'année. Hammam à l'orientale, gommages, massages classiques, spécifiques ou hydro, soins esthétiques, etc.

Seule thalasso de Haute-Corse, le domaine de 70 ha, les pieds dans l'eau, va vous requinquer ! Ici, la mer a des vertus thérapeutiques et sur 500 m² on vous propose des soins d'hydrothérapie marine, un hammam traditionnel oriental, un bio sauna et des enveloppements d'algues. Au programme également : parcours marin tonic, aquagym, stretching, VTT, randonnées découverte de la faune et de la flore du domaine. Et des soins esthétiques en prime ! Hébergement et restauration sur place.

FERME AUBERGE L'ECURIE €€

Padulone ✆ 04 95 57 94 26
www.domainedepadulone.com
Bienvenue à la Ferme. Ouvert de mi-mars à mi-décembre midi et soir sauf dimanche soir et lundi.

Une belle création de la famille Vincentelli du domaine de Padulone, exploitants agricoles de génération en génération. L'aménagement de l'ancienne écurie familiale est une vraie réussite. Au programme des réjouissances, le veau, l'agneau, le cochon et le bœuf du domaine, la pêche locale de Daniel Defusco et même un vivier à langoustes et homards. Avec sa grande terrasse ombragée et la belle salle très originale des anciens box, et un seul mot d'ordre : se poser, admirer, respirer et déguster tranquillement une belle cuisine authentique de terroir !

L'ORTU DI ROTANI €€

80, Chemin de Rotani
✆ 06 15 97 06 79
Ouvert de mars à mi-novembre tous les jours sauf dimanche soir et lundi. Hors saison fermé dimanche, lundi, mardi.

Juste un jardin au départ, L'Ortu di Rotani s'est tout naturellement transformé en petit restaurant sous l'impulsion d'Adrien, que l'on retrouve aux fourneaux accompagné de Sylvia et de Thomas pour vous accueillir. Cette adresse authentique née en 2021 connaît déjà un succès mérité grâce à la qualité des produits du terroir. Le chef concocte des recettes corses inspirées de sa grand-mère mais revisitées à sa sauce. Le résultat est savoureux, les présentations originales et généreuses de l'entrée au dessert. Une belle découverte à suivre !

U SPURTINU €€

425, Avenue Saint Alexandre Sauli
✆ 04 95 36 27 83
www.uspurtinu.fr
Ouvert toute l'année. Carte : 55 € environ. Formule du midi : 25 € (entrée plat dessert). Vin au verre. Terrasse.

A l'origine petite épicerie de producteurs corses et bar à vin, U Spurtinu est désormais un petit bijou dont s'orne à présent la belle gastronomie insulaire. Olivia et son frère Alexandre ont repris le restaurant familial en terminant leurs études avec déjà un talent certain, mais c'est toute la belle équipe du Spurtinu qui affirme le style ! Les produits insulaires trouvent ici leurs champions et les saveurs se révèlent poésie de l'entrée au dessert. La riche carte des vins promet belles découvertes et grandes émotions. A découvrir absolument !

LES COQUILLAGES DE DIANA €€€

✆ 04 95 57 04 55
Ouvert le vendredi et le samedi midi et soir, et le dimanche midi. Plats à partir de 26 €. Réservation recommandée.

Sous un escalier de grès, un ponton se divise en deux allées suspendues au-dessus de l'étang de Diana, et s'échoue sur la terrasse flottante d'un restaurant sur pilotis. Déco moderne en bois et touches de végétal, rambarde blanche donnant sur la mer et pointes de lumières pour une ambiance tamisée au crépuscule. Avec le sourire, on vous contera les délices d'un large choix de poissons frais, espadon goûteux, huîtres succulentes, et d'un excellent risotto aux fruits de mer. Un classique enchanteur de la Costa Serena, au charme éthéré du bout du monde.

LA BOUTIQUE ALERIA RÉSERVE DU PRÉSIDENT

Route de la Mer ✆ 04 95 57 02 48
www.cavedaleria.fr
Basse saison : du lundi au vendredi de 8h30 à 12h et de 14h à 17h. Haute saison : du lundi au samedi de 8h30 à 19h.

Regroupement des coopératives d'Aléria et de Casinca, cette cave représente 70 vignerons implantés sur 1 500 ha. Depuis 1958, elle symbolise le renouveau vinicole de ces micro-régions de la côte orientale. Ici, talent et technologie s'harmonisent pour produire toujours et encore le meilleur. C'est le plus gros producteur de vin de Corse, avec une gamme de vins de cépages insulaires, mais également des cépages traditionnels comme le merlot, le cabernet ou le chardonnay.

CLOS CANERECCIA

Rottani
✆ 04 95 34 17 85
www.closcanereccia.com/
Ouvert du lundi au vendredi de 10h à 18h ; ouvert le samedi de 11h à 15h. Fermé le dimanche.

L'histoire du domaine débute dans en 1970, dès lors que Pierre et Christian, vignerons et passionnés par le vin, cultivent leurs hectares de vignes à Aléria. 40 ans plus tard, c'est Titi, le fils de Christian, qui prend les commandes et affirme sa volonté d'imaginer et élaborer son propre vin. Les parcelles initiales de Merlot sont alors remplacées par du Niellucciu, du Sciaccarellu ou encore du Carcajolu Neru. Toute la vendange est traitée par gravitation dans les cuves inox. Au sous-sol, le chai abrite les fûts de chênes, où le rouge est en cours d'élevage.

SARL DOMAINE ORSUCCI

Ldt Croce
✆ 04 95 55 73 63
https://www.domaine-orsucci.fr/
Ouvert toute l'année de 8h30 à 11h30 et de 14h à 17h.

Exploité par François Orsucci depuis 1990 et repris par son fils Philippe en 2019, le Clos d'Orléa est un joli domaine viticole de 36 hectares qui bénéficie d'un terroir d'exception, située non loin du fort d'Aléria. Un rare exemple de vignoble dont le terrain est constitué de formations messiniennes uniques, implantées sur un plateau argilo-calcaire mêlé de miocènes sableux de 3 à 5 millions d'années. On y trouvera des cépages traditionnels AOC vin de Corse : Nielluccíu, Grenache, Syrah, Vermentinu, ainsi que deux cuvées : Domaine Orsucci et l'Orlea.

AIRSCAPADES

Route de la mer
✆ 06 75 43 87 15
www.airscapades.fr
Ouvert toute l'année. Sur réservation. Baptème de 20 minutes de vol effectif : 80 €.

Depuis 2006, Airscapades, l'école de paramoteur de la Corse, dispense des cours théoriques et pratiques nécessaires à l'obtention du brevet de pilote paramoteur, en stage intensif ou long terme. Airscapades vous propose également des baptêmes de l'air en biplace : confortablement installé dans la sellette, vous décollerez sur une trentaine de mètres, puis vous survolerez durant une dizaine de minutes le bord de mer, dans un panorama empreint d'une imprenable béatitude ; vous vous poserez alors en douceur avec un sourire enchanté. Un magnifique souvenir !

CLUB NAUTIQUE D'ALERIA

Route de la Mer
✆ 06 38 02 45 30
www.cnaleria.blogspot.fr
Ouvert tous les jours et les jours fériés de 9h à 18h. Stand up paddle : 20€ / 2 heures.

Au cœur de la basse vallée du Tavignano, le club nautique d'Aleria vous accueille toute l'année pour vous proposer diverses activités nautiques, encadrées ou en location seule : canoë-kayak, aviron et stand up paddle, à apprécier de trois manières différentes : en mer, en rivière avec descente de la vallée du Tavignano, ou en eau calme. Toutes les activités sont enseignées par des brevetés d'Etat, afin de vous assurer un apprentissage ludique et sécurisé. Possibilité de louer le matériel à l'heure, à la demi-journée ou à la journée.

RIVA BELLA NATURE & THALASSO SPA RESORT

Route de Riva-Bella
✆ 04 95 38 81 10
www.rivabella-spa.com
Accessible depuis le centre de thalasso Riva Bella.

Cette plage de sable fin est nichée au sud de la marina de Bravone au niveau du centre de thalasso de Riva Bella. Séparée en deux zones, la plage naturiste est étroite et bordée par les installations du centre de thalasso attenant. L'accès varie en fonction de la saison de l'année. Pour pouvoir y accéder librement en haute saison par exemple et en toute sérénité, il vous faudra laisser une pièce d'identité au centre de thalasso qui gère la plage.

U BALADINU

Pont d'Arena
✆ 06 29 44 21 31
Ouvert tous les jours et les jours fériés, sauf le lundi, de 9h à 18h.

Une petite structure champêtre entre mer et montagne, et créée sur les terrains familiaux par Marie-Line Luciani, monitrice BE 1er degré. On apprécie le cadre reposant de ce centre équestre qui propose un enseignement de qualité, de nombreuses formules d'initiation, mais également diverses balades et randonnées pour découvrir les plus beaux paysages de la Corse. Coup de cœur pour la balade journée de Tallone-plaine vers Zalana jusqu'au jardin du Papy Renucci, pour un Spuntinu inoubliable ! Une bonne idée pour découvrir cette région de la Corse à cheval.

AMPRIANI ★

Petit village, situé sur une ligne de crête, qui domine les deux vallées et offre une vue dégagée sur la mer. Les maisons ont été réaménagées pour la plupart sur les ruines de « maisons - tours », dont on distingue encore les murs d'angle caractéristiques. Sur les hauteurs du village se profile le couvent Saint-François, classé aux Monuments historiques, avec son clocher plusieurs fois centenaire, un clocher-type de la Castagniccia. Au village, en contrebas, avec son ancienne traverse conservée à l'authentique, il offre au regard des passants ses gîtes communaux érigés en pierres apparentes, autour de son clocher, fidèle réplique de celui du couvent.

CAMPI ★

Petit village ancien, datant de l'occupation génoise. Construit en hauteur sur une crête, il est dominé par une haute maison tour, la maison Tozza. La plupart des maisons sont construites en schiste, avec des toits de lauzes. A voir : la chapelle dédiée à San-Cervone, ancien évêque du Piémont. Construite au XVIe, elle domine le village avec son escalier monumental et son beau clocheton à arcades. Campi est aussi un lieu de passage connu depuis les Romains entre la vallée d'Alesani et la plaine de Pianiccia par le col de Muteri et les grottes de Novale. Depuis l'Alesani, c'est une balade magnifique sur les traces des pasteurs qui transhumaient vers la plaine.

LA PLAGE €€

Ld Chiosura

✆ 04 95 55 71 59

Ouvert tous les jours de 9h à 23h, d'avril à mi-octobre. Plats de 15 € à 21 € et pizzas de 9€ à 14 €.

Succédant au Rose-Marie, la Plage s'étend dans son plus simple appareil au milieu du maquis corse. Une traversée bucolique au-dessus du Chiosura vous mène à la paillote, prévoyant un moment gastronomique hors du temps : sur une plage sauvage, bercés par le murmure des vagues, vous savourerez des plats exquis et de délicieux poissons frais, l'eau à la bouche et l'écume aux pieds, dans une ambiance tamisée. Puis on vous offrira la traditionnelle liqueur de myrte avant que vous ne repreniez la route du Chiosura, les papilles et le cœur enivrés. A vivre !

LINGUIZZETTA ★

Charmant village adossé au mont Sant'Appianu, en plein cœur de la Plaine Orientale. Ses maisons en pierre aux porches anciens lui confèrent un caractère authentique. On peut y visiter son église paroissiale Saints- Pierre et Paul, construite au XVIe siècle. De style baroque, elle possède un beau clocher isolé et quelques tableaux. A voir aussi, les rares vestiges de l'ancienne église romane Saint-Paul, ainsi que l'église Santa-Maria-Nativitá, au hameau de Monte. La marine de Bravone, façade littorale de Linguizzetta, est gardée par une tour génoise en ruine. Plus loin : les ruines des églises antiques au lieu-dit Santa-Maria de Bravone.

LE MARCHÉ DE BRAVONE

Bravone

✆ 06 82 34 86 53

Chaque jeudi de 8h à 13h, de mi juin à septembre.

Profitez d'instants conviviaux avec les producteurs et artisans de l'Oriente et savourez des produits identitaires et bio issus de leurs productions locales. Idéalement implanté au cœur de Bravone, le petit marché est l'endroit incontournable pour une pause gourmande réussie. 115 exposants en moyenne, plus de 2 000 visiteurs chaque jeudi, un vaste parking (ne vous obstinez pas à vous garer en bordure de la RT10 !), des sanitaires, de nombreuses animations : ce marché est un véritable succès tout l'été et est devenu un incontournable.

CHEZ MARIE EN CORSE €

Bravone

✆ 04 95 38 81 85

www.chezmarieencorse.fr

Ouvert de mai à fin septembre. Accueil jusqu'à 5 chambres. Basse saison : chambre double de 69 € à 109 €.

Chez Marie en Corse vous accueille pour une nuit, un verre ou un bon repas. Cet hôtel de charme dispose de cinq chambres tout confort et climatisées, avec salles de bain privatives. Très connu des habitants, cet établissement est aussi le lieu de rendez-vous des agriculteurs régionaux qui se réunissent chaque matin au café attenant pour échanger avec le chef Sergio et élaborer avec lui les plats du jour, que vous pourrez déguster par la suite. Selon les saisons le service se fait dans le salon près de la cheminée ou dans le jardin secret.

L'ORTU D'ARTE

Lieu-dit Rapajo

✆ 06 23 60 57 87

Exposition permanente. Festival du 22 au 24 août, de 20h à 22h.

Niché dans les terres de la côte orientale, le jardin de la sculptrice insulaire Véronique Gabrielli s'est mu au cours des années en un vaste bestiaire culturel, jonché de sculptures monumentales. Véritable paysage fantastique convoquant Burton et Monet, ce parc d'exposition est ouvert toute l'année. Durant l'été, il devient un espace scénique mêlant théâtre et musique. Présents pour l'occasion, l'acteur Aurélien Gabrielli, fils de Véronique, et ses anciens comparses du CNSDP y mettent en scène une pièce du répertoire pour le plus grand plaisir des festivaliers.

MOÏTA ★

Ce village, situé à l'orée de la Castagniccia, est réputé pour sa lutherie, sa sculpture, son huile d'olive et sa châtaigneraie. On peut y visiter l'église baroque San Simone, son clocher à quatre étages et s'attarder sur les nombreuses peintures qu'elle renferme. Unique par sa taille et sa sonorité, le violoncelle de Moïta fait l'objet d'un concert à la mi-juillet où convivialité et originalité sont de mise. Événement à ne pas manquer. Si vous êtes à la recherche de tradition et d'authenticité, vous pourrez avoir la chance au hasard d'une balade, ou en poussant la porte de l'église, d'entendre les membres d'une confrérie entonner des hymnes.

CAPRA PARC

Favale
✆ 06 12 72 35 67
www.capra-parc.com
Sur rendez-vous, sous réserve des conditions météo. Arrivée 8h30 pour la traite ou 10h pour le parcours.

Cette exploitation agricole a pour activité principale l'élevage de chèvres corses et la transformation fromagère. Ils font aussi partager leur vision de l'élevage pastoral tel qu'il devrait être plus souvent pratiqué. Ils vous permettent de découvrir ce mode d'élevage en venant rencontrer les bergers et leurs chèvres. Visitez la bergerie ou essayez la traite manuelle. Ils organisent des programmes à la journée et vous proposent de partir en randonnées avec les chèvres à la découverte du maquis. Dégustation et vente de fromages frais bio.

PIETRA-DI-VERDE ★

Village de moyenne montagne, Pietra-di-Verde offre une vue magnifique sur le plan d'eau du barrage de l'Alesani, sur la mer et tout au loin sur l'île de Monte-Cristo. La commune est composée des hameaux de Muntichchiu, Mucchiu et Paesolu, de belles et hautes maisons restaurées, perchées et construites dans la roche. On peut visiter l'église baroque Saint-Elie du XVIIIe siècle construite en plein cœur du village. Elle est la seule église paroissiale en Corse dédiée à ce saint, un prophète hébreu. Ce très bel édifice compte trois nefs, quatre chapelles et un clocher de cinq étages. Le village abrite une chapelle romane San-Pancraziu datant du Xe siècle.

ZALANA ★

Ses 6 hameaux s'échelonnent entre 600 et 700 mètres et sont nichés dans une forêt de châtaigniers, dont certains ont plusieurs siècles. Ne pas manquer le pont génois de l'Alizu, qui enjambe la rivière de Bravona, sur le chemin entre Zalana et Matra (1h30 aller-retour). A visiter, l'église baroque de l'Annonciation, au cœur du hameau de Belfasca. Cette église romane du XVIIIe siècle se déploie sur une place ombragée. Son clocher a été démoli en 1927 et ses cloches reposaient sur des rails. Elle serait construite sur une ancienne chapelle romane. Grâce à l'intervention de divers intervenants, cet édifice a subi d'importantes rénovations.

TOX ★

Village médiéval, dont le nom signifierait «tocsin» où l'on peut encore voir certaines maisons-tours dans un cadre préservé. Classée aux Monuments historiques, l'église Saint-Jean-Baptiste fut construite au XVIe siècle, et est un mélange de renouveau baroque sur des bases romanes. Quant à l'oratoire, il est l'œuvre d'artistes locaux car ses peintures furent réalisées par le peintre Polleri, et que l'autel est le fruit du travail d'Ignace Raffali. Originaire de Piedicroce, il réalisa plusieurs meubles et autels pour d'autres églises de Castagniccia. Enfin, on peut se rendre à la chapelle Madonna-de-Grazie, lieu de pèlerinage offrant un très large panorama.

ZUANI ★★

Le village aux sept fontaines est très accueillant, entre les vestiges d'un château fort et les anciennes tours pisanes. On peut y visiter l'église paroissiale de l'Annonciation ou Sainte-Marie, remaniée à l'époque baroque sur des bases romanes. Elle comprend plusieurs œuvres classées Monuments historiques : sa magnifique porte sculptée et deux tableaux. Plus loin se trouve l'ancien couvent Saint-François de Zuani du XVIIe siècle. Vous ne pourrez l'admirer que de l'extérieur car devenu propriété privée, il ne se visite plus.

EST CORSE

GHISONACCIA ★

Ghisonaccia est un lieu touristique stratégique de par sa localisation puisque situé à exacte distance de Bastia et de Bonifacio. Autrefois simple lieu de transhumance pour les bergers de Ghisoni, le village est devenu au cours des années 60, avec l'essor de l'agriculture, une petite ville prospère. Ne pas manquer la forêt et la plage de Pinia, plage de sable bordée de pins (la dernière grande forêt de pins maritimes du littoral de Corse). Elle offre la possibilité d'organiser des pique-niques à l'ombre des pinèdes. La plage de Vignale est surveillée en été avec accès handicapés et un tiralot est à disposition. Mise à l'eau pour les petites embarcations.

LE PISTACHIER-LENTISQUE MILLÉNAIRE

Ouvert toute l'année. Accès libre toute l'anné.

Le lentisque est plutôt un arbuste du maquis corse, mais celui de Ghisonaccia, avec ses 3 mètres de circonférence, pourrait être millénaire. Pour y accéder, vous devez emprunter un joli itinéraire, une petite balade pédestre qui vous fera traverser des orangeraies, noisetiers, oliveraies, champs d'immortelles. Prenez la petite route à gauche de l'église Saint-Michel, marchez environ 4 kilomètres ; à la grosse borne, tournez à droite, le pistachier est à 300 mètres.

L'EGLISE SAINT-MICHEL

Accessible toute l'année.

Si l'aspect extérieur est un peu banal, l'intérieur est à découvrir absolument. Il s'agit en effet d'une des plus belles réalisations picturales de l'île, avec ses peintures à fresques néo-byzantines, exécutées selon l'art et l'esprit des icônes. Ces œuvres remarquables ont été réalisées par un artiste grec Nikos Giannakakis, peintre officiel du patriarche de Constantinople et résidant en Crète. Vous serez séduit par la richesse des coloris et la perfection dans le graphisme de cette fresque représentant les principales scènes de l'évangile.

OFFICE DE TOURISME DU FIUMORBU

2084, route de Ghisoni

✆ 04 95 56 12 38

https://www.corseorientale.com/

Ouvert le lundi et le mardi de 9h à 12h30 et de 14h à 17h30. Du mercredi au vendredi de 9h à 12h30 et de 14h à 18h30.

L'office de tourisme Fiumorbu-Castellu vous aide à préparer vos vacances en Corse dans une micro région, la côte orientale de l'île de beauté. L'équipe vous orientera sur toutes les activités et incontournables de la région : visite guidée en mini-bus (jusqu'à 8 personnes maxi), visite de site historique tel que les ruines de la Cursà, visite commentée du musée de Prunelli (Mnemosina) ou encore visite de l'église et du village de Prunelli. Vous ne serez pas en reste !

ÉTANG D'URBINO ★★

Urbino

Accès libre. Zone protégée.

Second plus grand étang de Corse avec 790 hectares, c'est un milieu fragile donc protégé, mais il est possible d'en faire le tour en traversant la forêt de Pinia, composée de pins maritimes et de genévriers, puis les marais, les collines et la plage. Ce site protégé abrite plus d'une centaine d'espèces d'oiseaux : goélands, vanneaux huppés, hérons, cormorans, martins-pêcheurs, mouettes... Privilégiez vos sorties le matin ou en fin de journée, lorsque la lumière est la plus belle et les oiseaux moins farouches. Soyez silencieux et respectez bien leur tranquillité.

MARINA D'ERBA ROSSA**** €€

Route de la Mer

✆ 04 95 56 25 14

www.marina-erbarossa.com

Ouvert du 9 avril au 29 octobre. Réservation recommandée. Accueil jusqu'à 19h (hors saison 18h). 60 emplacements.

Sur la côte orientale directement sur une plage de sable fin, profitez du farniente en bord de mer, soirées animées, sport plaisir et cuisine du terroir. Ce village de vacances dispose de tout le nécessaire, et même d'un grand parc animalier. Grands choix d'hébergements en camping, mobil-homes ou bungalows. Un centre Spa tout beau tout neuf avec sauna, bain bouillonnant, espace beauté, massage et soins esthétiques. Depuis 2020, profitez d'un nouvel espace aquatique chauffé avec toboggans, pataugeoire pour enfants et une seconde piscine.

EST CORSE

PERLA DI MARE €€

Route de la Mer ✆ 04 95 56 53 10
www.perla-di-mare.fr
Fermé de novembre à mi-avril. Studio 2/3 personnes de 364 € par semaine en basse saison jusqu'à 1218 € en haute saison.

Sur la route qui mène à la forêt de Pinia, ce village de vacances les pieds dans l'eau a ajouté à sa gamme de services, déjà très complète, un Spa et espace détente, un terrain multisports et un espace cross fit. L'offre d'hébergement propose diverses formules, du studio au T4, sans oublier le mobil-home avec terrasse aménagée. Chacun y trouvera une activité, les plus petits seront pris en charge au mini club ou dans l'espace de jeux aquatiques qui leur est dédié. Les autres se prélasseront au bord de la piscine, ou profiteront des animations proposées la journée.

LA CASA ROSALINDA €€€

Plage de Ghisonaccia
✆ 06 86 81 52 12
www.casamarina2a.com
Ouvert d'avril à octobre. 4 chambres. De 120 € à 250 €. Petit déjeuner inclus (sur place ou à la paillote).

Le bruit de la mer viendra vous bercer dans cette charmante demeure où l'on accède à la plage au bout de la pelouse. Chaque chambre offre son espace extérieur privé et célèbre par le nom, l'ambiance et la décoration une femme engagée et pas des moindres : Mademoiselle Coco, Mademoiselle Simone, Mademoiselle Rosa et Mademoiselle Joséphine. Des espaces cosy décorés avec goût, tout en douceur et quiétude pour profiter de la tranquillité du lieu et à quelques minutes à pied, le Ghiso Beach de Marion pour des instants gourmands d'une cuisine de qualité.

U CASONE** €

Chemin de Caprone
✆ 04 95 56 20 71
www.ucasone.net
Ouvert de mai à octobre. 4 appartements, 3 mini villas, 4 chalets et 5 luxury lodges. 2 piscines.

Un ancien domaine viticole créé par le papa Roger Simoni, désormais dirigé par Pascale, sa fille qui a transformé le lieu en un espace de vie original, atypique et convivial. On y choisira à loisir l'une des nombreuses formules d'hébergements : camping, chalet, mini villa, éco-lodge, luxury lodges, grandes tentes équipées ou mobil-home... Vous profiterez d'un parc bien arboré à quelques encablures de la plage pour des balades agréables. De grands espaces pour chacun et des bons échanges en perspective pour savourer le séjour en toute sérénité.

A CASA DI MARIA CICILIA*** €€

60, route de Ghisoni
✆ 04 95 56 00 41
www.casamariacicilia.com
Ouvert toute l'année. Piscine extérieure. Accueil jusqu'à 20h. 18 chambres.

© CASA DI MARIA CICILIA

Le bâtiment sur trois niveaux offre tout le confort digne de ses trois étoiles, et les tarifs sont des plus très attractifs. Beau mobilier, belle déco, service attentif... Que du bonheur ! Une étape pratique sur cette belle cité du Levant. Sur l'axe routier qui relie Bastia à Bonifacio, c'est l'endroit idéal pour rayonner entre mer et montagne, sillonner les petites routes et prendre les conseils avisés de Simon qui visite toute la Corse à moto ! Piscine extérieure.

LES 2 MÂTS €€

Plage de Vignale
✆ 04 95 35 65 09
www.whatiseat.com
Fermé en janvier. Haute saison : ouvert tous les jours et les jours fériés le midi et le soir. Service non-stop en été.

Un fort beau restaurant pour profiter aussi de l'air marin, posé sur la plage sur deux étages avec ses larges terrasses qui embrassent l'horizon : Les 2 Mâts. Une équipe dynamique et avenante pour vous proposer une belle carte et des suggestions à l'ardoise selon les arrivages. Ici le poisson est à l'honneur mais tous les budgets et toutes les faims trouveront de quoi se faire plaisir. Le chef vous régale d'assiettes généreuses, fraîches juste confectionnées et joliment décorées. Hors saison les week-ends sont souvent animés de musique live ! Tout sympa !

BARNY'S

50 Rue Saint-Miche
✆ 04 95 39 15 45
Ouvert du mardi au vendredi de 11h30 à 13h30 et de 18h à 21h30 ; le week-end de 18h à 21h30. Sièges en terrasse.

C'est dans un écrin arboré et urbain que brille cette petite «guinguette» de la côte orientale, à l'heure du soleil levant et des guirlandes lumineuses. Installées en plein air, des tables en bois accueillent d'appétissants mets asiatiques à base de produits frais : les sushis sont délicieux, tendres et copieux, et les makis à la mangue et noisettes torréfiées ravissent nos papilles ! Assurément international, le Barny's propose également des burgers qui rivalisent de saveur avec les gyozas. Et ses incontournables cocktails maison sont déjà une légende !

FERME D'URBINO €€

Etang d'Urbino
✆ 04 95 57 30 89
Fermé de novembre au 15 avril. Ouvert tous les jours et les jours fériés le midi et le soir. Réservation recommandée.

Une adresse historique présente sur l'étang (sur l'eau, donc) depuis 30 ans, créée par la famille Bronzini de Caraffa. Repris par le fils Vincent en 2014, le restaurant a été entièrement reconstruit pour apporter plus de charme et de confort. On y vient pour savourer coquillages et poissons issus de la pêche Corse et pour refiler discrètement les miettes de pain tombées de la table aux poissons qui nagent sous nos pieds ! Vous profiterez d'une carte et menus à prix doux dans un environnement protégé par la conservation du littoral.

LA GAZELLE €€

Avenue du 9 septembre
✆ 04 95 39 16 38
Ouvert à l'année. En saison tous les jours sauf dimanche midi. Hors saison le midi et les vendredis et samedis soir.

Au bord de la route principale en plein cœur de Ghisonaccia La Gazelle se distingue d'abord par sa large et belle terrasse où domine le bois. Créé par Frédéric en 2014 c'est le fief des pâtes fraîches maison et ses déclinaisons : raviolis au brocciu, tagliatelles à la burrata, pâtes à la carbonara, risotto aux Saint-Jacques, spaghettis aux fruits de mer, quelques viandes, les pizzas, les desserts maison et la glace artisanale. Les produits sont frais, les assiettes généreuses et les habitués nombreux pour profiter d'un professionnalisme talentueux et généreux.

GHISO BEACH €€

Route de la mer
✆ 04 95 34 13 21
Ouvert de mi-mai à fin septembre. Midi et soir tous les jours. Carte 22 € environ.

Certes, la paillote est jolie devant la mer et sa brise rafraîchissante, la décoration branchée et soignée où l'on sent l'attention féminine du détail, mais c'est le sens de l'accueil de toute l'équipe qui fait cette différence que l'on retrouve aussi dans les assiettes. Marion et Frédéric ont créé le Ghiso Beach en 2021 et le succès n'est pas dû au hasard. Le midi pour les salades, bagels, wraps, burgers, et le soir le brasero pour les viandes après les tapas et les cocktails de Mathis, toute une cuisine soignée et vraie générosité dans la pure tradition corse !

LE NEMO €€

Camping Marina d'Erba Rossa
✆ 04 95 56 13 52
Ouvert 7 jours / 7 de 12h à 14h30, puis à partir de 19h30. Pizza au feu de bois. Terrasses semi-ombragées.

Le restaurant Le Nemo se trouve dans l'enceinte du camping Marina d'Erba Rossa et vaut que vous alliez le chercher sur la route de la mer. On s'y attable pour les pizzas onctueuses accompagnées d'une délicieuse sangria, la boisson phare de la carte ! Le tout servi par une équipe dynamique et serviable, dans un cadre où les tables sont assez espacées pour vous permettre de vous restaurer en toute tranquillité. De plus, le décor luxueux et l'ambiance très agréable vous assureront un vrai moment de convivialité. Une étape incontournable lors de votre séjour !

RESTAURANT D'URBINO €€

Lieu-dit Etang d'Urbino,
✆ 04 95 57 30 89
Ouvert le mercredi de 18h à 22h30 ; du jeudi au dimanche de 11h50 à 14h30 et de 18h à 22h30. Carte : 35 € environ.

A l'extrémité d'un chemin de terre donnant sur un étang entouré par les montagnes de l'île, un ancien corps de ferme, réhabilité et sur pilotis, flotte au bout d'un ponton jonché de quelques tables en rondin de bois. A l'heure du crépuscule, on peut y savourer une Pietra en admirant le coucher du soleil parmi les mouettes et les martins pêcheurs, avant de s'attabler pour la soirée. Dans ce cadre idyllique, la saveur des huîtres médaillées « Nustrale di Diana » et des moules locales, perles et fleurons de la Costa Serena, se drapera d'une aura unique.

A SUARA €€

Route de la Mer
✆ 04 95 73 29 93
Ouvert du mardi au dimanche de 12h à 14h30 et de 19h à 22h30. Plats de 16 € à 26,50 €. Végétariens bienvenus.

Un chêne sur lit de cailloux blancs surmonte un écrin vitré au charme simple, donnant sur une terrasse illuminée. L'esprit solaire et serein d'A Suara souffle sur la route de la mer. Monique, la « Mama », et son fils Thierry, vous reçoivent à leurs tables comme un membre de la famille. Tout est fait maison, des plats jusqu'à la déco réalisée par Thierry, dont l'entrain sublime la maestria culinaire. Les lasagnes au brocciu et herbes du maquis sont un délice de raffinement, et le gâteau à la châtaigne, à l'image d'A Suara : un parangon de générosité !

CAVE SAINT ANTOINE

Saint-Antoine
✆ 04 95 56 61 00
www.cavesaintantoine.com
Ouvert du lundi au jeudi de 8h à 12h et de 14h à 18h ; le vendredi de 8h à 12h et de 14h à 17h.

La Cave Saint-Antoine représente plus de 400 ha de vignobles situés en plaine orientale, près de Ghisonaccia. Pour produire des vins de qualité, le vignoble a été restructuré depuis dix ans avec des cépages traditionnels : niellucciu, vermentinu et sciaccarellu, principalement pour les AOC. Coup de cœur pour le Sant'Antone rouge 2014 et la cuvée Corsica Mora 2014 vieillie en fût de chêne. Récompenses : IGP Gaspa Mora rouge 2015 : médaille de bronze au Concours Agricole et Saint-Antoine rosé : médaille de bronze au Concours Agricole 2015.

U CASONE €€

Chemin de Caprone
✆ 04 95 56 20 71
www.ucasone.net
Ouvert midi et soir tous les jours en saison. Hors saison uniquement le soir. Carte 24 € environ.

Doume reprend en 2022 le restaurant du camping U Casone pour un accueil convivial et un savoir-faire professionnel de toute la famille. On y mange au bord d'une des piscines sous les parasols ou sous la tonnelle en pleine saison dans une ambiance de chant corse pour une vraie immersion. Il propose des assiettes tapas de l'apéro à l'entrée et un cuisine traditionnelle roborative ainsi que des pizzas qui plaisent à toute la famille. Menu corse pour la découverte de la gastronomie locale et ambiance fort sympathique de toute l'équipe. Très bon rapport qualité/prix.

IMPORT THÉ

525, Avenue du 9 Septembre
✆ 04 95 48 06 18
Ouvert du mardi au samedi de 10h à 12h et de 15h30 à 19h. Fermé le dimanche et le lundi.

Une atmosphère zen infuse une petite salle tamisée, aux exhalaisons fruitées de moka et aux discrets effluves de Lapsang Souchong. Juchés sur des promontoires en cagette vernie, on y trouve une multitude de thés supérieurs et grands crus. A leur côté, des bocaux en verre proposent au chaland différentes sortes de café en grains que l'on peut moudre et goûter sur place, des biscuits du monde confectionnés in situ, des chocolats, ainsi que des accessoires raffinés. Créée en 2021 par un passionné, cette épicerie fine ouverte sur le monde mérite le détour !

La ferme d'Urbino.

LE MARCHÉ DE GHISONACCIA

www.corsica-costaserena.com

Ouvert le mercredi de 8h à 13h.

Sur la place de la mairie, tous les mercredis matin de mi-mai à octobre, on retrouve une douzaine de producteurs de la région, tous engagés au respect d'une charte de bonnes pratiques, garantissant ainsi au consommateur la qualité fermière des productions, des produits locaux, de saison et des spécialités de pays, un contact direct avec le producteur, une transparence sur les pratiques agricoles. Vous pourrez alors y trouver des produits bio de l'agriculture, de la charcuterie, de la biscuiterie artisanale, des huiles essentielles et de la verrerie d'art.

OLIU OTTAVI

rue des Platanes

✆ 06 76 33 86 86

Produits corses haut de gamme. En vente à la fromagerie. Ouverture à l'année, du mardi au vendredi de 9h à 12h30.

La Corse coule dans ses veines et l'excellence est sa pierre de touche. Maîtrisant l'art de sublimer le vinaigre, Françoise Ottavi transforme chaque fruit en joyau culinaire. Son *Oliu Ottavi*, la gourde d'or jaune multi-primée, fait son entrée au Collège Culinaire de France tandis qu'elle distille le cédrat et la figue bio. Insatiable, cet esprit inspiré continue d'innover avec ses « curiosités culinaires » : une alchimie de fruits, de légumes et d'épices cuits en chaudrons de cuivre ; une prestigieuse « extraction » de l'âme corse par un imaginaire en émulation !

EST CORSE

LES VIGNERONS D'AGHIONE

Lieu dit Aristone

✆ 06 07 05 60 62

www.vignerons-d-aghione.com

Ouvert du lundi au vendredi de 9h à 12h et de 13h à 17h.

La coopérative d'Aghione, créée en 1975, regroupe 31 exploitations viticoles. Les cultures s'étendent sur 850 hectares de vignes plantées directement autour de la cave, en conversion biologique pour une grande partie, et certifiées à haute valeur environnementale. La vigne se nourrit d'un terroir argilo-calcaire, par des terres argilo-limoneuses, des sables rouges et des galets roulés. Lors de la 13e édition du Mondial du Rosé, les vins des Vignerons d'Aghione, seuls vins corses récompensés, ont récolté 3 médailles d'argent !

L'AÉRODROME DE GHISONACCIA-ALZITONE

D344

✆ 04 95 56 17 50

www.aerodromedeghisonaccia.com

Ouvert toute l'année. CB non acceptée.

On pense que l'histoire de cet aérodrome commence lors de la Deuxième Guerre Mondiale, lorsque la Corse est renommée par les Américains « USS Corsica ». En réalité l'aérodrome débute son existence avec l'aviation du Font Populaire. C'est un aérodrome civil, à usage restreint aux appareils basés en Corse ainsi qu'aux appareils d'état. Il est également destiné à la formation aéronautique, aux sports aériens et au tourisme et à certains services à courte distance.

CENTRE RÉGIONAL DE VOL À VOILE

Aérodrome

✆ 06 60 32 47 56

Ouvert toute l'année 7 jours/ 7, selon météo et sur rdv. ULM 109 € / heure. Avion et planeurs. Aire de camping dédiée.

Jouxtant la cristalline plage de Pigna, le Centre de Ghisonaccia s'érige comme l'une des seules écoles ULM de Corse. Dirigée par Alain Quilici et co-encadrée par Nicolas Duriani, elle permet de découvrir le vol à voile, mais aussi de passer le Brevet de Pilote ULM pendant l'été ou sur l'année. Récemment, une aire de camping tout confort et gratuite, avec aire de repas et abris barbecue, a été aménagée à l'attention des pilotes estivaux. Pour un baptême de l'air aux petits oignons !

FUN ORIZONTE

Route de la Mer

✆ 06 13 04 30 95

www.fun-orizonte.com

Haute saison : ouvert tous les jours et les jours fériés de 9h à 19h. Rando quad 70 € 1h, rando jet 90 €/ 40 minutes.

Sur la plage de Vignale, Philippe Martinez propose aux vacanciers en mal d'occupation ses activités nautiques et terrestres : jet-ski pour des randonnées ou de la location encadrée par un moniteur, ski nautique, ski-bus, bateau à pédales, catamaran, et même des Quads en formule randonnée accompagnée d'un guide moniteur pour une balade de deux heures par des chemins et sentiers agricoles ouverts en exclusivité pour Fun Orizonte. Découverte de l'Étang d'Urbino (ostréiculture) et les marais de Piana. Établissement professionnel agréé à la DDJS.

RANCH ÉVASION

Capella
✆ 06 26 98 57 62
leranchevasion.business.site
Ouvert toute l'année. Balade à cheval sur la plage (2h - dès 12 ans), balade au clair de lune, stage enfant/ baby-poney.

Installée depuis 20 ans, l'association est idéalement située dans la plaine orientale entre mer et montagne. Dirigée par Jocelyne Jamis, accompagnatrice de Tourisme Equestre depuis 1993, cette structure est agréée par la Fédération Française d'Équitation. L'association possède deux club house, l'un se trouve sur la commune de Prunelli di Fium'orbu pour l'hiver, l'autre sur la commune de Ghisonaccia durant la saison estivale, ce dernier vous permet de profiter des beaux jours pour vous balader sur la plage à cheval et respirer le bon air de la région.

A SARRADÀ

Route de la mer
✆ 06 59 43 32 00
www.asarrada.com
Ouvert toute l'année. Haute saison : tous les jours et les jours fériés. Sur réservation.

Enfant du pays, Stéphane Colombani propose des programmes de randonnées d'exception pour tout niveau. Au départ de Ghisonaccia et Solenzara, vous découvrirez les massifs du Renosu, du Fiumorbu et de Bavella. Partez en groupe durant une journée avec votre spuntinu (casse-croûte corse), partie intégrante de la culture montagnarde. En hiver, vous chausserez vos raquettes et voyagerez sur les pentes enneigées des montagnes corses accompagnés d'une équipe dynamique d'accompagnateurs en montagne. Une très belle manière de visiter la région !

ISOLACCIO-DI-FIUMORBO ★

A l'entrée du village, un monument rappelle le martyr de la population d'Isolaccio par l'armée française commandée par le général Morand. À voir, la chapelle Santa-Lucia qui se trouve dans le cimetière. De style pisan très classique, elle offre la particularité d'avoir deux arcs à l'intérieur, une pour les femmes, une pour les hommes. Au départ du village, face au cimetière prendre une piste qui monte à Bosgiu (carrossable sur quelques kilomètres) puis poursuivre à pied jusqu'à la rivière d'où on atteint la crête de Prati offrant de magnifiques panoramas marins et montagneux. Un sentier pédestre mène à Pietrapola les Bains, un village thermal, en 2h.

JOSEPH-ANDRE HIGOA

Pietrapola les bains
✆ 07 77 99 76 99
https://johigoa.regiondo.fr/categories
Ouvert à l'année sur réservation. Séjours guidés ou en liberté.

Joseph-André Higoa a plusieurs casquettes : il est accompagnateur en montagne, guide conférencier, et il organise également des séjours clés en main en Corse en collaboration avec AEM Voyages pour vous permettre de vivre intensément une semaine de découverte sans le souci et le temps de l'organisation. Deux séjours organisés : Solenzara of Corse et le Plongeon corse, séjours d'une semaine chacun pour se laisser conduire et ne profiter que de la découverte que vous soyez un particulier avec famille et amis, une entreprise pour vos séminaires ou en séjour privatif.

PRUNELLI-DI-FIUMORBO ★

Le village de Prunelli-di-Fiumorbo, situé sur un promontoire, vous révèle une incomparable vue panoramique sur le Fium'orbu, surtout au nord-est sur la plaine d'Aléria, ses étangs et la mer. A découvrir : le musée de la Poste et de la Communication de ses débuts à nos jours et le musée de Mnemosina, qui relate l'histoire de la micro-région du Fium'orbu. A ne pas manquer : les ruines de la maison du bandit Micaelli et du village de San-Giovanni. A partir d'Abbazia prendre la direction de U Poghju di Nazza par la D 244, puis après le lieu-dit Mandriolu, prendre le chemin forestier n° 7 sur la gauche. La chapelle se trouve à 200 m.

MUSEE MNEMOSINA ★

✆ 04 95 56 73 67
Sur rendez-vous. Adulte : 2 €. Enfant : 1 €. CB et chèques non acceptés.

Le musée Mnemosina est un petit établissement ethnographique privé créé par le docteur Timo Pieri et ses sœurs Daria et Niny. Il accueille les visiteurs le samedi matin et sur demande pour leur présenter les événements historiques et culturels qui ont marqué le Fium'Orbu à travers le temps. Neuf salles exposent objets et documents autour de différents thèmes, tels que l'archéologie, les arts et traditions populaires, la résistance. Deux salles sont consacrées à la messagerie, aux écrits et à l'évolution de la communication de l'Antiquité à nos jours.

PIZZA LÉON €

241, route turicchia

✆ 07 56 43 34 81

Ouvert du vendredi au mardi de 18h30 à 22h. Fermé le mercredi et le jeudi. Pizzas de 8,50 € à 12 €.

Un jardin sauvage dans le Fiumorbu, où une chaleureuse tonnelle a été aménagée à la bonne franquette. Cerné d'un sémillant bric-à-brac, un véritable four à bois dans lequel de savoureuses pizzas à pâte fine finissent de dorer en exhalant leur parfum inimitable. Ici tout est authentique et généreux, de la déco aux pizzas en passant par les hôtes : Léon, mamie Chou et leur chien Abricot. La ferveur amicale qui émane de ce patio ardent nous fait souvent rechigner à quitter le foyer avant la fermeture ; ou un dernier pousse-café maison. La convivialité a du goût !

U CAMPU SERENU €€

Quercetta

✆ 04 95 56 12 10

Ouvert toute l'année, toute la semaine et le week-end, service 24h / 24. Réservation recommandée.

U Campu Serenu est un havre de paix au milieu d'un écrin de verdure. Le restaurant se trouve au bout d'une petite route de campagne, à l'ombre des eucalyptus. Dans une ambiance calme et chaleureuse, Philippe le propriétaire et cuisinier vous accueillera dans un cadre agréable et harmonieusement agencé, où il vous délectera avec sa cuisine aussi traditionnelle qu'inventive. Que vous choisissiez la terrasse fermée ou la pergola, vous y goûterez des produits frais issus de l'agriculture locale. Fort de son succès, il est recommandé de réserver.

SAN-GAVINO-DI-FIUMORBO

San-Gavino-di-Fiumorbo est un village superbe au milieu de ses châtaigniers et de ses pins lariccio. Un endroit attachant et si profondément enfoui dans le Fium'orbu qu'on a peine à comprendre comment ce village si loin de tout, peut garder une si grande animation, un tel dynamisme et une place visiblement prépondérante dans la région : on y trouve un magasin d'alimentation. Voir la cascade vertigineuse (100 m) de Abughja, quitter San-Gavino par la D245, vers Isolacciu-di-Fium'orbu. Le sentier qui mène à la cascade se trouve au milieu du pont, sur la gauche, est bien balisé. Comptez une demi-heure de marche avec de bonnes chaussures.

SERRA-DI-FIUMORBO

La commune porte les marques de civilisations antérieures à l'Antiquité comme la nécropole d'Aglia. Des fouilles récentes ont mis à jour un port à l'étang de Palo cité par Ptolémée. On peut visiter la tour de Casabianca, bel édifice carré de style romain, construite au XIVe siècle pour servir de poste de défense. Une 2e tour plus à l'est existait jadis sous le nom de Casone, il n'en reste que quelques pierres bien conservées sur une maison située à l'emplacement de l'ancienne tour. L'église paroissiale possède un très beau clocher de pierres apparentes et, un peu plus loin, les ruines de la chapelle Santa-Maria sont un bel exemple d'art roman primitif.

EST CORSE

© XAVIER BONNIN

Village en crête et montagnes enneigées.

VENTISERI ★

Surplombant la plaine orientale, le village offre une belle vue panoramique sur tout le littoral. La discrète vallée du Travo vous fera basculer sans transition dans un univers intimiste et sauvage, loin des foules de la côte. En partie en corniche, la route longe le Travo jusqu'au village de Chisà situé à environ 15 kilomètres. Vous pourrez vous baigner dans de jolies vasques tout au long du parcours. Un circuit panoramique au départ de Travo empruntant la départementale 45 vous fera découvrir quelques-uns des plus beaux panoramas de la commune en passant par les villages de Ventiseri, Pediquarciu, Covasina, Vix, Mignataja et l'étang de Palo.

LE CANYON DE TRAVO ★★

Bura

Dénivelé 84 m. Approche 2 minutes. Descente 2h. Retour 15 minutes.

Parcours aquatique assez long entrecoupé de marche en rivière et nage en eaux profondes. Très belles cascades et toboggans avec quelques sauts intéressants. Ruisseau redouté par les kayakistes en période de fonte des neiges. Rando aquatique très intéressante et esthétique. Il n'y a pas de temps morts et les marmites sont fantastiques. Attention, la descente est tout juste tolérée. Utilisez les accès aménagés par la commune et respectez les zones de parking (très limitées). A pratiquer de préférence avec un encadrement compte tenu de sa technicité.

A MUVRELLA RANDONNÉES

53, lotissement Tamaris

✆ 06 74 66 00 48

www.amuvrella.com

Haute saison : ouvert tous les jours. Programme des randonnées sur le site internet. Entrée : 35 €.

A Muvrella vous propose des randonnées à la journée, en petits groupes, avec pique-nique corse, au départ de Ghisonaccia et Solenzara, sur les massifs du Renosu, du Bavella et des Pozzi. Ouvert toute l'année, Christophe Melchers, accompagnateur en montagne diplômé d'État, vous propose également l'hiver des randonnées en raquettes à neige. Découvrez les merveilles de la montagne corse, guidé par un accompagnateur en montagne diplômé d'État, spécialiste de la randonnée en Corse qui connait parfaitement son territoire et sait en partager toute la beauté !

BOCCA BÈ €

104, U Taddu di I Muli

✆ 04 95 56 36 61

Fermé de septembre à octobre. Accueil jusqu'à 20h. Pour 18 personnes (5 chambres).

A 15 km de la mer et 400 m de la rivière U Travu, un bon petit gite d'étape communal avec son restaurant, ses plats à emporter, ses panier repas. Aux fourneaux, Martine cuisine avec des produits locaux principalement issus de son potager et met en avant la charcuterie de Xavier Donati. Pour le confort : un salon avec télévision, des salles de bains privées dans chaque chambre et les draps et linge de toilette fournis. Repas en salle ou sur la terrasse avec vue sur les montagnes, propreté irréprochable pour s'y sentir comme chez soi.

CHISA ★

Village caché au fond de la haute vallée du Travu à 420 m d'altitude, point de départ de randonnées pédestres et aquatiques. Une Via ferrata superbement équipée et une vue vertigineuse sur toute la vallée et la rivière. Son église paroissiale était à l'origine la chapelle San-Ghjacumu. Elle fut restaurée dans les années 80 puis entièrement décorée de fresques par le célèbre peintre Stéphane Chisà. Dans un style très coloré, il a représenté sur chaque mur les évangiles, ainsi que le paradis et l'enfer. Un chemin de randonnée permet de découvrir la grotte de Chisa, habitée à l'époque préhistorique. Peu de place de parking pour l'accès au Travu.

ALPA CORSE

✆ 06 17 10 61 15

www.alpacorse.com

Sur réservation. Canyon : 45 €-50 € / Randonnée aquatique : 45 €-50 € / Via ferrata : 60 € (avec encadrement).

Une bonne initiative de trois guides diplômés d'État, Guillaume Ferreri, Yohann Perissat et Renée Eymerie qui proposent d'unir leur force et leurs compétences pour vous faire découvrir, progresser, évoluer ou tout simplement passer un bon moment. Vous y découvrirez les secrets des activités montagne de l'île de Beauté : canyoning, via ferrata, escalade, randonnée aquatique et alpinisme en toute liberté et sécurité. Suivez le guide, ayez confiance et surpassez-vous sportivement. Un moment d'intensité rare, que l'on recommande fortement.

LA VIA FERRATA DE CHISA

Village ✆ 04 95 57 84 24

Ouvert toute l'année. Haute saison : tous les jours et jours fériés. Entrée : 20 €. Tarif Groupe : 18 € / Jeune : 15 €.

Munissez-vous de votre meilleure paire de baskets et partez à l'aventure sur la via Ferrata de Chisà. Parois granitiques équipées d'échelons et de rampe. Accessible dès l'âge de 12 ans, la via ferrata de Chisa nécessite néanmoins une bonne condition physique. Dénivelé 306 m, départ 380 m et sommet à 689 m. 3 ponts népalais, 2 ponts de singe, 4 tyroliennes (+/- 70 m), 1 toile d'araignée (progression face au vide), 3 passerelles. Approche : 25 min par un sentier ; Via ferrata : 3h30 à 4h Retour : 25 min par un sentier. Parking très limité au gîte d'étape.

U SALTU €

Le village

✆ 04 26 78 15 24

http://usaltu.free.fr/

Fermé du 1er au 15 avril et en octobre. 16 couchages en chambres de 2 à 4 personnes à 22,50 €, la nuitée.

Un beau gîte d'étape, créé par la mairie en 2006, qui offre une vue imprenable sur la Côte des Nacres. Côté hébergement, les chambres sont dignes d'un hôtel deux étoiles, et la vue panoramique à 500 m d'altitude satisfera les voyageurs les plus blasés. Côté gastronomie, on salivera sur les recettes de l'hôte des lieux qui mitonne chaque jour de bons petits plats qui sentent bon le terroir, et même les pizzas et grillades au feu de bois. À déguster sur la terrasse à l'ombre des platanes en surveillant du coin de l'œil l'étang de Palu, juste en dessous.

SOLARO ★

Le village doit son nom à sa situation exceptionnelle, sur une arête, qui l'expose au soleil levant. Solaro offre également une très belle vue, de la plaine jusqu'à l'archipel toscan. La partie maritime englobe les plages surveillées de la Marine, Chiola et la belle Scaffa Rossa. Son église San-Giovanni, dont le nom évoque le baptême de Jésus, possède une grosse tour carrée en pierres, et l'on peut également visiter les chapelles des différents hameaux aux alentours. Au départ du village, on accède à de nombreux sentiers de randonnées pédestres, équestres et cyclables. Aussi, vous y trouverez un bon gîte d'étape communal sur place.

GHISONI ★★

Datant du XVIe siècle, le village est construit au pied des Christie Eleison et Kyrie Eleison, ces deux sommets remarquables dont les noms rappellent l'épisode des Giovannali condamnés et sacrifiés par l'Eglise parce qu'à l'époque jugés hérétiques et licencieux. Ghisoni est le point de départ idéal pour les randonnées et les balades. Les forêts de Marmanu par la D69 et de Sorba offrent des sentiers accessibles à tous. A voir au village : une statue en bronze représentant Neptune, l'église romane Santa-Maria, et l'église paroissiale. Dans la chapelle Santa-Croce, le sculpteur Ignace Raffali de Piedicroce a réalisé une très belle descente de croix.

Solaro.

FERME-AUBERGE DE L'INZECCA €€

A 40 km au sud-est de Corté et à 15 km au nord-ouest de Ghisonaccia (route de Ghisoni).

✆ 04 95 56 62 62

Ouvert toute l'année. Tous les jours et jours fériés le midi et le soir. Fermé le lundi midi. Réservation recommandée.

A proximité du défilé de l'Inzecca, une maison qui mise sur la qualité, la simplicité de sa table et la gentillesse de l'accueil d'Antoine Ottavi. Les beignets de poireaux et les cannelloni au brocciu sont un délice ainsi que la charcuterie maison. Le veau aux olives ne se raconte pas et le dessert avec un surprenant flan à la châtaigne. On passe un moment délicieux dans un cadre agréable. Pour les chaudes journées d'été, on choisira la terrasse VIP en hauteur, à l'abri du soleil.

LES DÉFILÉS DE L'INZECCA ET DES STRETTE ★★★

Accessible toute l'année.

Les eaux vives du fleuve Fium'Orbu, dévalant les pentes du massif du Monte Renoso pour rejoindre la Plaine orientale et la Méditerranée, ont creusé deux magnifiques et très impressionnantes gorges, au nombre des plus spectaculaires de la Corse : d'une part le défilé de l'Inzecca, d'autre part le défilé des Strette (*strette* signifie étroit). Déployés sur 13 km, ces canyons offrent des paysages extraordinaires. On peut en profiter en parcourant l'étroite, sinueuse et spectaculaire D344 au départ de Ghisoni. Ce site naturel ne manquera pas de vous impressionner ! Un itinéraire assurément vertigineux et tout à la fois somptueux ! Sachez toutefois que l'Inzecca est un joyau de nature très touristique. En été, vous devrez faire face à une circulation ralentie et trouver une place pour stationner : même juste pour quelques minutes pour faire une photo peut s'avérer difficile... Mais en dehors des heures de pointe, vous y trouverez de nombreux sites de baignade idylliques, en profitant d'une des belles piscines naturelles que forme le fleuve Fium'Orbu, en amont du lac. À partir de Pinzalone, ce sont 4 km de beauté pure, avec la présence d'un lac formé par la rivière juste après le tunnel. Puis vous poursuivez votre découverte en continuité avec le défilé des Strette, plus civilisé, plus abordable, plus verdoyant et bien agréable, aussi resserré à défaut d'être aussi vertigineux que l'Inzecca. Ne pas manquer d'admirer le pont génois *u ponte a Mela*.

A VECCHIA MINA €

D344 Lieu-dit Mignone

✆ 04 95 57 63 42

Ouvert de mai à fin septembre. Haute saison : tous les jours midi et soir. Mai, juin et septembre midi uniquement.

© A VECCHIA MINA

Une adresse excellente en bord de rivière ! Stéphane Ottavi (éleveur porcin), le fils d'Antoine qui tient sa ferme-auberge à 6 kilomètres, propose une table sincère tout en saveurs : charcuterie maison, miggliacci au fromage, saucisse de veau maison (excellentissime), veau aux olives, grillades au feu de bois et les desserts changeant au fil des saisons comme les tartes gourmandes ! Accueil attentionné et ambiance champêtre sous les Pins laricio et maritimes. Une table où il fait bon se poser et d'où l'on a bien du mal à repartir au cœur d'une nature revigorante.

A STAZZONA €€

✆ 04 95 56 00 11

De juin à septembre. Ouvert tous les jours de 12h à 15h et de 18h30 à 24h.

On fait escale à Ghisoni pour déguster de fabuleuses pizzas, les viandes, les salades et les desserts réalisés par l'équipe familiale de cette adresse chaleureuse. La brochette de veau - ou d'agneau - accompagnée de son fameux gratin de pomme de terre fait maison fait l'unanimité. Le Corsican Burger de Catherine aussi. Sinon ? Beignets de courgettes et beignets de fromage, sans parler des desserts maison et des glaces artisanales. Sachez que cette maison, active en été, reprend du service durant la saison de ski, lorsque ski il y a.

PARC AVENTURE INDIAN FOREST

D 344 Défilé de l'Inzecca

✆ 06 73 13 70 78

www.indian-forest-corse.fr

Ouvert tous les jours et les jours fériés de 9h30 à 19h. Fermé le lundi en juin. Parcours Enfant, Adultes, et Ados.

Dans un cadre d'exception en milieu montagnard, venez découvrir de nouvelles sensations pour petits et grands. Au programme : tyrolienne de 250 mètres et plus, ateliers en surplomb du torrent, baignade en rivière, itinéraires ludiques en montagne... Des parcours adaptés aussi bien pour les adultes que pour les enfants. Des sensations nature assurées. Le plus : Parcours Kids destinés aux enfants de 5 à 9 ans. Tout l'équipement nécessaire est mis à votre disposition.

EST CORSE

LA RANDONNÉE AU MONTE RENOSO ET AU LAC DE BASTANI

Durée : 5h30 A/R. Difficulté : moyen.

A Ghisoni, suivez la D69 vers le sud puis prenez l'embranchement de la D169 en direction des bergeries de Capannelle (1 640 m) et continuez jusqu'au terminus de la route. Remontez la piste de ski de Pietra Niella jusqu'au sommet puis empruntez le sentier bien balisé de cairns qui débute sur le tracé du GR20. Le lac de Bastani vous attend au bout de 1 heure d'ascension toujours dans la direction sud-ouest. Vous le surplomberez en le contournant par l'ouest par la Punta Bacinello.

POGGIO-DI-NAZZA ★

Ce village présente une grande variété de végétation grâce à son bel ensoleillement : la vigne sur le piémont, la châtaigneraie et les chênes, puis les forêts de pins. Habitée dès la Préhistoire, puis à l'époque romaine, la région de Nazza possède de nombreuses traces de cette dernière période dont « u lagu santu », probablement un lieu de culte aux dieux romains. A l'entrée du village, les ruines d'une fortification construite au XIe siècle « u casteddu » sont toujours visibles. A Poggio, de nombreux gîtes peuvent vous accueillir, et vous en profiterez pour découvrir l'immense piscine naturelle, le « trou du diable » ou « pignola ».

LUGO-DI-NAZZA ★

De vieilles maisons, une harmonie et un village à voir absolument. Ses trois églises méritent aussi le détour, en premier l'église paroissiale San-Quilico de style baroque et son clocher de cinq étages. L'église Saint-Cyr date de 1598 et possède des « Arca » qui sont des constructions de voûtes en sous-sol afin d'ensevelir les défunts. A voir également : le château « Palazzo » et la « maison Casabianca » avec ses sorties de cheminée latérales. Au lieu-dit Nazza, on peut apercevoir les vestiges de la chapelle romane San-Quilico. Un peu plus au nord, on rejoint Pinzalone par une route encaissée, cernée de roches gris rose, annonçant le défilé de l'Inzecca.

LE TROU DU DIABLE ★

Accessible toute l'année.

2 km après Ghisonaccia, vous arrivez au rond-point de Migliacciaru. Prendre à droite en direction de Prunelli di Fiumorbu, puis suivre la direction Poggio di Nazza. Trois virages après le pont de Coti, se trouve un petit pont de pierre situé dans un petit virage à droite après une montée. Garer son véhicule à cet endroit, prendre le petit sentier situé à gauche de ce pont dans le virage. Dix minutes de marche suffisent pour atteindre le «trou du Diable». En cas de fortes pluies, la marmite supérieure peut devenir un piège mortel ! Soyez prudent.

Pont gènois sur l'Inzecca.

CERVIONE ★★

Ce village est situé à quelque 350 m ou 400 m d'altitude, mais la commune s'étend jusqu'aux plages de sable fin de Prunete, 5 km plus loin. Bourg en balcon surplombant la plaine orientale, le village se situe à la lisière de la Castagniccia, avec l'Alesani. En excursion pédestre, balade pour le panorama jusqu'à la pointe de Nevera qui culmine à un peu plus de 800 m. Juste à côté de Cervione, une chapelle mérite la visite, même celle des mécréants : Santa-Cristina, à Valle-di-Campoloro, une petite chapelle romane qui possède de très remarquables fresques, notamment sur le plafond voûté de ses deux absides en cul-de-four.

LA CATHÉDRALE SAINT ERASME ✝ ★★

Accessible toute l'année.

Cette cathédrale d'architecture baroque date de la première moitié du XVIIIe siècle. La date de 1714, gravée sur le mur nord, est celle du début des travaux. La décoration intérieure est un pur exemple de ce qu'a été l'art baroque en Corse : marbre, bois sculptés, fresques peintes, et surtout l'orgue du XVIIIe siècle. La cathédrale est aujourd'hui d'un jaune ocre magnifique qui lui redonne une place centrale dans ce village perché sur la montagne.

LE MUSÉE ETHNOGRAPHIQUE DE L'ADECEC ★

Place Jean-Simonetti
✆ 04 95 38 12 83
www.adecec.net

Ouvert toute l'année. Haute saison : du lundi au samedi de 9h à 12h et de 14h à 18h. Adulte 5€ / enfant 12 à 16 ans, 3€.

Quatorze salles d'exposition permanente ont été aménagées dans l'ancien séminaire des évêques d'Aleria à Cervioni. Le musée est destiné essentiellement à l'ethnographie. Quelques thèmes : cuirs et peaux ; le feu ; l'éclairage ; la pharmacie ; les vêtements ; filage et tissage ; les araires ; la cordonnerie ; la vie pastorale ; les scies ; les jouets ; la fabrication des cierges ; le fil de fer ; les poteries à l'amiante ; les criblages ; la fabrication du vin et de l'eau-de-vie...

ORIZONTE*** €€

Paesolu di Prunete
✆ 04 95 38 09 00
www.hotelorizonte.com

Ouvert de fin avril à mi octobre. Basse saison : chambre double dès 100 €. Haute saison : chambre X4 jusqu'à 400 €.

Sur la commune du beau village de Cervione, proche de la station balnéaire de Moriani-Plage et au pied de la Castagniccia, l'hôtel est implanté au sein d'une propriété verdoyante. Entièrement rénové, il est au bord d'une plage de sable aménagée. Idéal de par sa situation pour découvrir l'ensemble de l'île de beauté, l'hôtel propose une bonne restauration autour de la piscine ou à la paillote avec de joyeuses soirées musicales. La terrasse ouverte est accessible dès le petit déjeuner ! Offre motard : le parking surveillé 24h/24.

CAMPOLORO**** €€€

Lieu-dit Prunete
✆ 04 95 38 00 20
www.lecampoloro.com

Ouvert du 25 mai au 18 septembre. Réservation recommandée. 110 emplacements (et 120 bungalows, chalets et mobil homes).

Ce charmant camping 4 étoiles est situé en bord de plage avec des emplacements qui profitent de la présence d'une forêt de chênes lièges et de leur ombre bienveillante. Vous pouvez y planter votre tente, y louer un bungalow, un chalet ou un cottage. Du point de vidange pour camping-car à la salle de fitness en passant par la traditionnelle piscine, la laverie, la bibliothèque et le restaurant : tout est à disposition pour que vous n'ayez presque pas besoin de sortir du camping. Vous trouvez également des supermarchés et supérettes bio à quelques pas.

LA MAISON ROSE €

Ramacani
✆ 04 95 31 39 03

Haute saison : tous les jours et les jours fériés le midi et le soir. Fermé du mercredi au jeudi midi en hiver.

Une petite adresse en dehors du village que le touriste curieux aura la bonne idée de chercher. On arrivera chez Antoine, qui cumule les casquettes de restaurateur et de constructeur avec bonheur. Une bonne ambiance dès l'arrivée, une grande terrasse qui plonge vers Prunette et la mer, une salle climatisée pour profiter toute l'année des pizzas au feu de bois, de ses menus corses et de quelques soirées à thème musical ou gastronomique. C'est le lieu de rencontre du plus jeune au plus âgé, dans un joyeux mélange. Une étape très agréable.

ORIZONTE €

Paesolu di Prunete
✆ 04 95 38 09 00
www.hotelorizonte.com
Ouvert tous les jours de mi-mai à mi-septembre. Carte 30 €. Soirées musicales en saison. Réservation recommandée.

Sur la grande plage de Prunette, les pieds dans l'eau, c'est la paillote sympa de l'hôtel juste au-dessus. On s'y régalera de toutes les grillades à base de viande ou poisson et de ses pizzas au feu de bois. Desserts maison identitaires dont le fameux Paris-Brest à tester ! L'établissement dispose de 3 espaces, une salle intérieure, une salle dédiée aux groupes et une terrasse au bord de la piscine, pour se prélasser durant les beaux jours. Soirée musicale et bar à cocktails pour une ambiance lounge pour une vraie détente estivale.

AUX TROIS FOURCHETTES €

Place de l'Église
✆ 04 95 38 14 86
www.aux3fourchettes.com
Ouvert à l'année tous les jours et les jours fériés. Réservation recommandée. Menu unique à 17 €. Carte : 20 € environ.

Une bonne maison corse, ancienne crypte de la cathédrale au cœur du village, qui propose à tout petits prix, les spécialités que l'on aime. On trouve ici, les grands classiques de la cuisine de l'intérieur préparés à base des produits bio : de la soupe corse au sorbet clémentine fait maison. Simple et authentique. On s'attache vite à cette famille qui nous accueille comme chez elle et nous donne de super idées découvertes de la région. Un restaurant familial chaleureux qui vous fera découvrir de merveilleux produits corses !

LE CAMPO MARE €€

Lieu-dit Prunete
✆ 04 95 38 00 20
Fermé de septembre à mai. Ouvert tous les jours et les jours fériés le midi et le soir. Réservation recommandée.

Le restaurant du camping 4 étoiles le Campoloro, les pieds dans l'eau. Une pagode de charme sur la plage, devenue très vite un incontournable en Costa Verde. Fort de sa carte «identitaire» autour des meilleurs produits du terroir, Baptiste conquiert tous les gourmets de passage ! Au gril, au four, ou aux herbes du maquis, les nombreuses suggestions du jour sont proposées à l'ardoise, dans une ambiance lounge et un décor des plus raffinés. Mention spéciale pour les desserts maison qui jonglent savoureusement entre châtaigne et noisette croquantes.

LE MOULIN DE PRUNETE

Acqua Vida Prunete
✆ 04 95 38 01 84
Haute saison : ouvert du lundi au samedi de 9h à 12h et de 15h à 19h.

Après quelques années d'exploitation, Joseph Rioli est passé de la presse traditionnelle à la chaîne continue en 1995. Une modernisation qui lui permet de presser jusqu'à 400 tonnes d'olives chaque année. Il exploite un domaine de 6 ha où sont cultivées des variétés comme la ghjermana, la Sabine ou la picholine. Deux huiles AOP en découlent : le moulin de Prunete (olives cueillies sur l'arbre, assemblage de ghjermana, sabine et picholine) et l'huile d'olive du couvent de Cervione (olives cueillies sur filet après leur chute naturelle, prédominance de ghjermana).

CIME'ALE

Casa Comunale
✆ 06 76 03 53 19
http://cimeale.free.fr/
Ouvert toute l'année. Sur réservation. CB non acceptée.

Pour un baptême en biplace, contacter le club pour un rendez-vous avec un bi-placeur confirmé. Le lieu de rendez-vous est en général fixé à l'attéro de Cervione, vers les 9h du matin, pour monter à la Scubiccia avec une navette. Le vol se fait entre 10h et 15h, en fonction de la météo. Se munir de bonnes chaussures montantes, d'un pantalon et d'une veste, même l'été. Et en route pour la belle aventure avec des vues magnifiques à vous couper le souffle ! Vous survolerez le village de Cervione, en face de la mer, pour atterrir en dessous du village.

L'ÉCOLE DES ÂNES

Route d'Anghione
✆ 06 17 94 95 60
www.ecoledesanes.com
Ouvert toute l'année. Sur réservation. À partir de 20 € (30 minutes). Tarifs complets en ligne. CB non acceptée.

Bienvenue à la Ferme aux Ânes, créée par Joël Poli, éleveur équin, maréchal-ferrant, accompagnateur de Tourisme équestre et technicien dentaire équin. Ici, face à la mer, vous pourrez découvrir l'élevage d'ânes, mais aussi passer un moment en leur compagnie avec les différents forfaits de balades qui vous sont proposés. Petits et grands apprécieront. Quelques tables permettent de s'installer face à la mer. Un bac à sable et un panier de basket sont à disposition. Possibilité de dégustation gratuite des produits de la ferme et même de faire provision.

SAN-GIULIANO

Plus importante commune de la Costa Verde, San-Giuliano s'étale des bords de la mer Tyrrhénienne, qui offre des kilomètres de plages de sable, aux contreforts du Mont Castello d'Osari, sur lesquels se dressent les hameaux de Favalello et de Carreggia. N'hésitez pas à emprunter les ruelles de ce village plein de charme, et vous aurez la surprise de découvrir quelques éléments typiques du patrimoine rural corse : les fontaines, l'église paroissiale Saint-Julien, les chapelles Saint-Joseph et Saint-Antoine, les hautes maisons traditionnelles en pierres et en lauzes.

La Tour Caselle à San Giuliano.

CHEZ THERESA €€

Plage de Pisonaccio
© 04 95 38 02 61
Fermé de fin septembre à mai. Ouvert tous les jours et les jours fériés le midi et le soir. Réservation recommandée.

Voici une paillote comme on en trouve peu, où manger des fruits de mer la bavette autour du cou et les pieds dans l'eau n'est pas devenu un luxe inaccessible. Dans ce restaurant, les assiettes sont généreuses et les plats parfaitement bien exécutés : pêche du jour, moules de l'étang de Diana, fritto-misto, tout est fait minute et accompagné de pâtes fraîches maison ! Les prix sont raisonnables pour cette maison familiale posée sur la plage de San-Giuliano. Thérésa, son fils, et toute l'équipe est aux petits soins. Une valeur sûre.

L'ATELIER DE LA NOISETTE

lieu-dit Fiorentina
© 04 95 38 02 41
www.atelierdelanoisette.com
Ouvert du lundi au samedi de 9h à 12h et de 14h30 à 19h. Click & Collect le mercredi et vendredi matin de 8h30 à 12h00

Laurine Serra, après 3 ans passés dans le laboratoire de son oncle, a repris l'affaire pour en faire un lieu de référence de la noisette de Cervione. Ici, on transforme la noisette pour en faire des mets sucrés (pâte à tartiner, petits délices au miel et aux noisettes, crème de noisettes, etc.) et salés (farine de noisette, huile de noisette, Salinu etc.). La star de la boutique se revend partout sur l'île, il s'agit du Salinu. Ce condiment est un beau mélange de sel (10%) et de noisette (90%) et se parsème sur les salades ou les soupes. Un must-have.

VALLE-DI-CAMPOLORO

Dans ce village se trouve la très originale chapelle de Santa-Cristina classée aux Monuments historiques. Ses absides jumelles et sa nef datant du IXe sont remarquables. Elles sont ornées d'une représentation du Christ en majesté. La chapelle romane, construite au IXe, a été remaniée au XVIIe. Elle doit sa célébrité à Prosper Mérimée, alors inspecteur des Monuments historiques, qui en fit une description saisissante en 1839. Il parle ainsi d'une « forme rare, ou peut-être unique. ». La chapelle de Valle-di-Campoloro possède deux absides parce qu'elle était dédiée à deux saints, Christine et Hippolyte, dont les légendes se retrouvent sur les fresques.

LA CHAPELLE SANTA-CRISTINA ★

Accessible toute l'année.

La construction de la chapelle date du IXe siècle, démolie en partie vers le XIIe et enfin restaurée au début du XVe siècle. Prosper Mérimée, avec son livre *Voyage en Corse*, l'a fait connaître à la France entière et bien au-delà de ses frontières. C'est ainsi qu'en 1890, la chapelle a été classée monument historique. Cette chapelle est une des plus belles de Corse et la plus intéressante pour deux raisons : son architecture originale et la conservation de ses fresques.

EST CORSE

LA ROULOTTE

RT10, lieu-dit Padulone
✆ 04 95 38 83 35
Ouvert du 1er mai au 30 octobre, du lundi au samedi de 9h à 19h, avec une interruption le midi hors saison.

Le troisième magasin Bio de la désormais célèbre enseigne, précurseur de la distribution bio en Corse est sur la côte orientale à Valle-di-campoloro. Comme dans les deux autres magasins, vous trouverez à des prix justes un panel de 10 000 références pour consommer en responsable écologique. Une large gamme de produits bio, des fruits et légumes, des aliments frais ou congelés, des produits de beauté et de soins et aussi un grand rayon de compléments alimentaires, d'huiles essentielles, infusion. Un accueil sympathique et éclairé pour vous conseiller au mieux.

SAN-NICOLAO ★★

Moriani est la marine de San-Nicolao qui offre l'une des plus grandes plages de sable fin de Corse. Sept kilomètres plus haut, en prenant la route de la montagne, on arrive au village de San-Nicolao, bâti en terrasses et composé de plusieurs hameaux. C'est un bon point de départ pour se lancer sur un des nombreux sentiers de randonnée de la Costa Verde.A voir, l'église baroque construite au début du XVIIIe siècle, classée aux Monuments historiques. Elle servait autrefois de poste de guet. Sur la route de la Corniche, entre les villages de San-Nicolao et Santa-Maria-Poggio, se trouve la cascade de l'Ucelluline. C'est un site extraordinaire, à voir de jour.

LA CASCADE DE L'UCELLULINE ★

D34
Accessible toute l'année.

© BENSLIMAN HASSAN - SHUTTERSTOCK.COM

Entre le village de Poghju et le hameau de Fano du village de San-Nicolao, sur la route de la corniche, deux tunnels creusés dans la roche annoncent la cascade de l'Ucelluline. Offrant des vasques naturelles d'eau pure et vivifiante, le site attire non seulement les adeptes de la baignade, mais également les amoureux de canyoning et d'escalade. N'hésitez pas à venir de nuit pour découvrir le spectacle de la cascade illuminée, absolument saisissant !

L'ÉGLISE SAN-NICOLAO ★

Accessible toute l'année.

Cette église est un des grands édifices baroques de Corse. Elle fut construite au milieu du XVIIIe siècle à l'écart du village et terminée vers 1740. Son autel majeur est dominé par le retable de saint Nicolas daté du XVIe siècle. La façade principale de l'église, orientée vers l'est contrairement à l'habitude, présente deux statues en ronde-bosse de saint Nicolas et de saint Pierre qui sont parmi les rares sculptures monumentales du XVIIIe siècle qui subsistent en Corse. La porte datée de 1776 est un bel ouvrage de menuiserie traditionnelle en bois sculpté.

OFFICE DE TOURISME DE LA COSTA VERDE

430, Route de Moriani
✆ 04 95 38 41 73
www.castagniccia-maremonti.com
Horaires d'ouverture, de novembre à mars : ouvert du lundi au vendredi de 9h à 12h et de 14h à 17h.

Destination famille par excellence, la Costa Verde vous offre ses plages de sable fin, agréables en toutes saisons. Si vous n'êtes pas branché mer, la montagne toute proche vous propose plus de 300 km de chemins de randonnées pédestres et VTT. Rendez-vous à l'office de tourisme de la Costa Verde pour en savoir plus sur la région, sur ses activités et les incontournables. L'équipe saura vous conseiller et vous proposer les meilleures offres adaptées à vos envies de vacances.

EST CORSE

HÔTEL SAN LUCIANU*** €€

Moriani plage
✆ 04 95 58 72 10
www.hotelsanlucianu.com
Ouvert de mai à septembre. Chambre à partir de 99 €.

Entièrement rénové, l'hôtel San Lucianu vous accueille dans sa décoration majestueuse au cœur d'un parc de 3 ha avec accès direct à la plage. L'hôtel dispose de 100 chambres lumineuses, spacieuses (25m^2 minimum), de belle décoration et dotées d'un balcon. Sur place, vous apprécierez le restaurant gourmet et sa terrasse, le bar, la piscine aux dimensions généreuses, les 3 terrains de tennis. De nombreuses activités vous sont proposées lors de votre séjour : pilates, paddle, gym, yoga, animations enfants, kayak, randonnées, canyoning, visites culturelles.

A POTA MARINA €

plage centrale de Moriani
✆ 09 52 72 25 48
Fermé d'octobre à avril. Haute saison : ouvert tous les jours et les jours fériés de 9h à minuit. Carte de 25 € à 30 €.

Sous des mûriers-platanes plantés par son père en 1987, le jeune Raphaël vous invite à prendre place sur l'une des 150 places en terrasse face à la mer, les pieds dans l'eau. Cette affaire familiale a bonne réputation. L'accueil y est chaleureux, les plats sont bons et les assiettes très, très généreuses. Salades, pizzas, pâte, viandes, poissons : la carte est vaste et les prix étonnamment bas pour un emplacement pareil, ouvert qui plus est du matin au soir. En cas de mauvais temps, plan B idéal : une grande terrasse couverte aux vastes baies vitrées.

VELO EN CASINCA, CASTAGNICCIA ET COSTA VERDE

Moriani-Plage
✆ 04 95 38 41 73
www.vttincostaverde.com
trekincostaverde.comApplication mobile à retrouver sur le site www.castagniccia-maremonte.com.

Le site de Castagniccia Mare e Monti représente 177 kilomètres de sentiers et pistes entretenus et balisés, dédiés aux VTT et cyclotourisme répartis équitablement sur 3 micro-régions emblématiques de la Corse : la Casinca, la Castagniccia et la Costa Verde. Ils permettent de profiter de ces loisirs à travers des forêts, rivières et sources naturelles. Les boucles et circuits sont balisés et répertoriés selon les niveaux avec itinéraires précis et recommandations.

L'ABRI DES FLOTS €

Moriani plage
✆ 04 95 38 40 76
www.abridesflots.com
Ouvert début avril à fin septembre. Ouvert tous les jours et les jours fériés le midi et le soir.

Emmanuelle et Jean-Marc Manenti dirigent cette affaire de famille qui a bâti sa bonne réputation sur ses produits de qualité, élaborés dans la plus grande simplicité et proposés à des prix défiants toute concurrence. On peut y manger sous la tonnelle ou à l'ombre des mûriers platanes, migliacci de fromage, brochettes de veau corse, pizzas au feu de bois, poisson au grill, et coupes de glaces maison aux parfums identitaires. Un menu corse, des suggestions du jour une carte généreuse, agrémenté de chants et guitares chaque mardi. Service express et attentionné.

© L'ABRIS DES FLOTS

© L'ABRIS DES FLOTS

EST CORSE

PERO-CASEVECCHIE ★

Petit village montagnard, il abrite un ancien couvent franciscain du XVIIe sur ses hauteurs. Le hameau Peru est le plus important et il possède de belles maisons anciennes. A Casevechje, on peut voir les vestiges de la chapelle Santa-Maria-Assunta, datant du Xe siècle. Ses pierres servirent à la construction de la chapelle de l'Assunta. Au hameau, on peut voir une plaque sur la maison natale d'Angelo Mariani : l'inventeur de la première boisson à base de feuilles de coca. C'est en 1863 que ce pharmacien produit sa 1e préparation avec cette plante alors peu connue. A partir de 1875, le vin à la coca rencontre un large succès et est commercialisé.

LES LUNDIS DU TERROIR

✆ 04 95 36 91 02

Tous les lundis en juillet et août. 17h : foire artisanale, 19h30 : concert gratuit à l'église.

Programme réjouissant tous les lundis des mois de juillet et août dans le village de Pero Casevecchie, au cœur de la Costa Verde. Découvrez artisans (coutelier, vannier, potier...) et producteurs (fromager, vigneron, charcutier, producteur de cosmétiques...) à l'occasion d'un marché hebdomadaire. Le marché est suivi d'un concert gratuit de chants polyphoniques corses dans l'église du village. Et pour finir la soirée, un repas complet corse est proposé sur réservation dans le village voisin de Talasani. Plongez le temps d'une journée dans le rythme de vie corse.

POGGIO-MEZZANA

La commune se compose de 5 hameaux épars et d'une bande littorale dominée par une chaîne de belles collines. Ces hameaux, perchés sur un promontoire et entourés d'une châtaigneraie exceptionnelle, dévoilent des rues pavées étroites, des escaliers et des passages voûtés qui leur confèrent un charme authentique. Ils présentent un exemple typique de l'architecture locale, avec de hautes maisons aux murs de pierre et aux toits en lauzes. De plus, ils offrent en prime un superbe panorama sur la mer Tyrrhénienne et l'archipel Toscan. Son église Saint-Jean-Baptiste se situe au carrefour des routes menant aux autres villages de la Tavagna, et offre aussi une belle vue sur la Costa Verde.

LES ARBOUSIERS €€

✆ 04 95 34 14 73

https://maquis-plage-corse.com/

Ouvert d'avril à fin octobre, tous les jours de 19h à 22h30. Plats à partir de 17 €. Soirées musicales. Terrasse.

Des teintes fauves émanant de lanternes nimbent un jardin arboré. Circonvenant les lueurs bleutées d'une grande piscine, des palmiers caressent une terrasse ouverte sur le ciel, tandis que des arbousiers à l'écorce brunâtre se teintent d'incarnat à leur cime. Dans ce cadre enchanteur, on dégustera l'accord parfait d'une cuisine traditionnelle originale empreinte de musique feutrée, et la fraîcheur d'excellents produits composés à la manière d'Arcimboldo. Poulpe grillé émérite ou omelette norvégienne flambée « maison », une élégie pittoresque et gastronomique !

SANTA-LUCIA-DI-MORIANI

La commune s'étale sur une sorte d'amphithéâtre naturel descendant vers la mer, entre la rivière du Petrignani au sud et le ruisseau de l'Avidanella au nord. Elle offre une multitude de paysages, du piémont jusqu'à sa façade maritime de près de deux kilomètres. Les petits hameaux très pittoresques de Venzolasca, Coccola, Bonaldo et Piazze essentiellement composés de maisons traditionnelles où les façades en pierres se marient parfaitement avec les toits en lauzes constituent le cœur historique de la commune. A découvrir : l'église paroissiale de Santa-Lucia, la chapelle de la Vierge et le Petrignani et ses moulins à eau.

SANTA-RÉPARATA-DI-MORIANI ★

Après avoir quitté la plaine de Moriani, en franchissant le col de Tribbiolu, on peut découvrir une luxuriante vallée suspendue qui offre un dépaysement complet. Outre les deux hameaux Forci et Penti, on y découvre des sentiers hantés par la mémoire des bandits légendaires et qu'empruntent aujourd'hui les sangliers. On peut y visiter la grotte où a séjourné le bandit Natale et goûter l'eau de la source ferrugineuse et gazeuse de l'Acqua Acitosa. Enfin, après 1h de marche, à 1 060 m d'altitude, le plateau de l'Osari et le site préhistorique du mont Castellu, vous accueillent avec enchantement. Ici, la dualité mer-montagne trouve son épanouissement.

PARC GALÉA ★

✆ 07 78 13 56 70

www.parcgalea.com

Ouvert en juillet/août : tous les jours de 10h à 18h. 10h-18h et 14h-18h le reste de l'année. Tarif adulte : 9 €.

C'est le plus vaste site culturel de Corse. Le Parc Galea s'étend sur 9 ha avec musées multimédias, pavillons d'exposition, de projections et jardins paysagers, dont l'un abrite l'une des plus grandes collections de cactus en Europe. Galea met en valeur toutes les richesses d'une Corse ouverte sur le monde. Expérience à faire : un grand sentier « pieds nus » à travers plusieurs hectares de chênes lièges centenaires pour une immersion sensitive dans la nature. Prévoir entre 1 et 3 heures pour visiter le parc, avec possibilité de pique-niquer sur place.

TAGLIO-ISOLACCIO ★

Le village a donné naissance à l'expression « Versu Taglincu » à cause de l'harmonie du son des cloches et aussi à celle de la voix des chanteurs du village, très réputés. Par ailleurs, c'est à Taglio-Isolaccio qu'est né le paghjellaiu (chanteur) Ghjuliu Bernardini, père des chanteurs du groupe I Muvrini. La commune s'étend jusqu'à la mer avec sa longue plage de sable fin au soleil levant. Vous pourrez apprécier également l'église San-Michele, célèbre pour son clocher, ou encore l'église San-Mamiliano, qui abrite un tableau classé, car très rare, représentant la Vierge allaitant.

A FILETTA

RT 10

✆ 04 95 36 99 09

www.fromagerie-a-filetta.com

Livraison possible.

Depuis une trentaine d'années, la fromagerie A Filetta fabrique dans la tradition des fromages de brebis et de chèvre. Le lait est collecté tous les matins chez une vingtaine de producteurs de la plaine orientale et de la Castagniccia, pour y être transformé en différents fromages à pâte molle, aux herbes du maquis et en brocciu. *A filetta* signifie la fougère en langue corse, une pointe de fougère fraîche est déposée sur chaque fromages, c'est le signe de la marque. C'est la famille Mattei qui est aux commandes de cette maison de qualité.

EST CORSE

© PARC GALÉA

Cactus et plantes aromatiques, parc Galéa.

PIEDICROCE ★★

Situé au pied du mont San-Petrone, le village de Piedicroce-d'Orezza, chef-lieu du canton d'Orezza, fut l'un des plus importants de la Castagniccia. Son église baroque Saint-Pierre-et-Saint-Paul rivalise avec sa voisine de La Porta. Piedicroce sert aussi de point de départ à diverses randonnées pédestres, qui vous mèneront dans des villages dont le caractère est hérité d'une forte tradition agricole, pastorale et artisanale. A la sortie du village vers Cervione, les amateurs de fraîcheur trouveront une piscine naturelle à Piedipartino ainsi qu'une magnifique cascade où ils pourront se baigner, « La Struccia », au cœur de la forêt du village de Carcheto-Brustico.

L'ÉGLISE SAINT-PIERRE-ET-PAUL ✞ ★★

Accessible toute l'année.

L'église, classée monument historique, est de style baroque et recèle de nombreux trésors : des peintures murales, un tableau classé, peint par Constantini au XVIIIe siècle, un autel en stuc et le plus ancien des orgues de Corse. Construit en 1619, il fut en premier lieu à la cathédrale Sainte-Marie de Bastia, puis fut transféré à Piedicroce. C'est ainsi le seul instrument conservant encore actuellement des éléments du XVIIe siècle : façade, buffet, sommier...

LE COUVENT SAINT-FRANÇOIS

Accessible toute l'année.

Appelé le couvent d'Orezza, il a été fondé en 1485 par les franciscains. Désaffecté pendant la Révolution, il reprend de l'importance au XVIIIe siècle, notamment dans la lutte de la Corse contre Gênes. Plusieurs assemblées consultatives (Consultes) se tinrent dans ce couvent. En mars et avril 1731, le chanoine Orticoni et des théologiens s'y réunirent pour débattre sur la légitimité de la révolte contre Gênes. Le 20 avril 1731, ils décrétèrent à l'unanimité que la Cause des Corses était « sainte et juste ». Le 30 janvier 1735, l'assemblée d'Orezza (Sebastiano Costa, Luigi Giafferi et Giacinto Paoli) proclama l'indépendance de la Corse. Elle plaça le peuple corse sous la protection de la Vierge, et le « *Dio Salvi Regina* » fut adopté comme hymne national. Le pape Benoît XIV envoya le franciscain Saint-Léonard de Porto Maurizio pour prêcher une mission contre la vendetta qui ensanglantait la Corse. En 1751, une nouvelle constitution y fut votée. Jean-Pierre Gaffori est nommé Général de la Nation et il se voit confier le pouvoir exécutif. En 1790, Pasquale Paoli et Napoléon Bonaparte s'y rencontrèrent. Le couvent abrita la gendarmerie jusqu'en 1934 (effondrement de la toiture). Pendant la Seconde Guerre mondiale, les Italiens y installèrent un dépôt de vivres et de munitions, puis il fut bombardé et quasiment détruit par les Allemands en 1943. Laissé à l'abandon, il est aujourd'hui en piteux état, mais un programme de restauration est en projet.

EST CORSE

Piedicroce, village de Castagniccia.

SOCIÉTÉ D'EXPLOITATION DES EAUX MINÉRALES D'OREZZA

Acqua Acitosa - **RAPAGGIO**
✆ 04 95 39 10 00
www.orezza.com
Ouvert toute l'année. Sur rendez-vous. Gratuit. Visite guidée (pour groupe de 10 personnes sur réservation). Boutique.

Une eau minérale renforcée au gaz naturel de la source est exploitée depuis 1856, la source ayant été déclarée d'intérêt public en 1866. Naturellement gazeuse, cette eau est captée dans une des plus belles régions de Corse, la Castagniccia en Haute-Corse, dans le petit village de Rapaggio. L'usine produit plus de 10 millions de bouteilles par an. Une forte teneur en fer et en gaz carbonique naturel combat à la fois les anémies et facilite la digestion.

SYNDICAT D'INITIATIVE DE LA CASTAGNICCIA

✆ 04 95 33 38 21
www.castagniccia.fr
Basse saison : ouvert du lundi au samedi de 9h à 16h. Haute saison : tous les jours et les jours fériés de 9h à 18h.

Austère et magnifique, la Castagniccia promet de bien belles découvertes. Au cœur du village, dans une petite ruelle, le point accueil de la Castagniccia vous permettra de récolter toutes les dernières informations pour organiser votre séjour : brochures, cartes, météo, bibliothèque, exposition thématique, accès Internet et wifi zone. Cet office du tourisme fait la promotion des activités locales et son équipe vous donnera des conseils avisés sur les incontournables de la région.

LE REFUGE OREZZA** €

Le village
✆ 04 95 35 82 65
www.hotel-restaurant-corse.fr
Ouvert d'avril à octobre. 19 chambres. Basse saison : chambre simple à partir de 60 € ; chambre triple à partir de 93 €.

La maison de la famille Raffalli est justement réputée. L'établissement est bien entretenu, doté d'une cuisine paysanne de très haute valeur où l'on retrouve charcuterie, civet de sanglier, cannelloni, vuglidicce et moelleux à la farine de châtaigne par exemple et un accueil d'une gentillesse perpétuelle. On s'attable par hasard pour se désaltérer et l'on reste quinze jours. Les vins corses sont presque donnés, les chambres ont un bon confort dans une parfaite tranquillité, au cœur du village. Nombreuses randonnées aux alentours, avec accompagnateur diplômé.

LE REFUGE OREZZA €€

Le village
✆ 04 95 35 82 65
www.hotel-restaurant-corse.fr
Ouvert d'avril à octobre. Ouvert tous les jours et les jours fériés le midi et le soir. Menus de 20 € à 30 €.

Le Refuge d'Orezza est le rendez-vous des gourmands de la région qui s'attablent ici pour déguster une bonne cuisine maison issue des produits de ce terroir-ci. Au cœur de la Castagniccia, l'accueil y est authentique et l'ambiance naturelle des petits villages. Charcuterie, civet de sanglier, cannelloni, vuglidicce et moelleux à la farine de châtaigne et des prix défiants toute concurrence des mets aux vins ! Idéal pour un vrai moment de détente en famille ou en amoureux pour toucher du doigt l'âme corse au milieu du chant des oiseaux ici omniprésents !

LE MONT SAN-PEDRONE

Altitude : 1 767 m. Dénivelé : 900 m de Campodonico, 800 m du col de Prato. Durée : 6 heures A/R.

Départ du hameau de Campodonico au-dessus de Piedicroce, autre départ possible du col de Prato. Altitude : 1 767 m. Dénivelé : 900 m de Campodonico, 800 m du col de Prato. Durée : 6 heures A/R. Itinéraire : chemin fléché jusqu'au refuge « Caselle de Favalta » (1 404 m), sur le plateau prendre tout de suite à droite, passer devant une source (attention aucune indication, pas de visibilité sur le San-Pedrone), on passe devant des ruines où l'on retrouve un chemin qui conduit à une clairière. A ce point, un panneau indique qu'il reste 1 heure jusqu'au San-Pedrone.

VERDESE ★

Dominé par le très haut clocher de son église paroissiale baroque, dont on dit que les habitants l'ont élevé en l'espace de 140 jours, le village est niché au pied du Monte San-Petrone. Le bâti du village est ancien, constitué de vieilles maisons de pierres sèches centenaires aux toits de lauzes, avec des ruelles dallées de pierres grises. Sous la mairie, dont les locaux sont abrités dans un ancien presbytère restauré, les vieilles écuries transformées en salle polyvalente montrent de remarquables voûtes en pierre. Quatre fontaines ornent le village, la plus belle possédant une pierre ronde à tourner afin d'en activer le mécanisme.

EST CORSE

PIAZZALI ★★

Ne pas manquer l'ancien couvent franciscain d'Alesani et son église baroque du XVIIe siècle, classés aux Monuments historiques. Il est considéré comme le 1e de l'ordre fondé à l'intérieur des terres. La secte des Giovannali y aurait trouvé refuge avant son extermination. Le 15 avril 1736 commence une extraordinaire aventure qui passionnera l'Europe. En étant élu roi de Corse, le baron Théodore de Neuhoff donne naissance à la constitution dite « d'Alesani ». La tête de Maure qui figurait sur ses armoiries sera reprise par Pasquale Paoli comme symbole de la Corse indépendante. En été, le couvent est ouvert les mardis, vendredi et samedis de 14h30 à 18h00.

L'ÉGLISE SAINT-JEAN-BAPTISTE ✝ ★★

Accessible toute l'année.

C'est l'un des chefs-d'œuvre de l'art baroque en Corse, l'église Saint Jean-Baptiste a achevé sa construction en 1648 et est classée monument historique depuis 1975. Le clocher élancé de son église, avec son somptueux campanile de 45 mètres de haut couronné d'un petit dôme hexagonal a été bien restauré et est visible de tous lieux à la ronde. L'intérieur de l'église mérite également la visite, avec un décor très riche et un beau mobilier (orgue datant de 1780).

LA PORTA ★★

Ce village de charme est en fait le centre névralgique de la vallée d'Ampugnani (une des trois vallées qui constituent la région de Castagniccia), à la fois au cœur de la forêt et suffisamment dégagé pour fournir un poste d'observation vers les villages des environs. On ne peut manquer l'atypique campanile sur cinq étages (45 mètres de haut), séparé de l'église Saint-Jean-Baptiste. Les deux monuments sont datés du XVIIIème siècle. Rendez-vous sur la place du village où se trouve un Monument aux morts, et en levant les yeux vous apercevrez la chapelle Saint Sébastien, qui a été reconstruite en 1890.

L'APPOLLU 🛏 €€

Sotto Alla Chiesa

© 04 20 13 03 03

www.lappollu.com

Ouvert de début février à fin décembre.

2 chambres (et 5 appartements). Basse saison : chambre double à partir de 100 €.

Un établissement récent et bienvenu dans cette belle Castagniccia qui en manque cruellement ! Cette grande bâtisse, l'ancienne gendarmerie du village, a été entièrement réaménagée pour offrir aux voyageurs un beau lieu de séjour. Belle situation juste à l'entrée du village, belle piscine avec des transats aux beaux jours, des chambres et appartements haut de gamme tout confort et décorés avec goût. Vous pourrez également profiter du restaurant, où les assiettes soigneusement élaborées sont composées de produits locaux et de qualité.

© DESTINATION COSTA VERDE

Vue sur le village de La Porta.

CROCE ★

Beau point de vue sur la mer et sur le creux de la Castagniccia et ses petits villages plantés au milieu des touffes d'arbres. Beaucoup de charme, un calme souverain, mais une animation certaine en été : les habitants sont dans la rue, les enfants jouent, le village est loin d'être désert. En allant vers Piedicroce, on voit se découper la masse puissante du San-Petrone (1 767 m). Presque à la jonction de cette route avec la D 71 qui rejoint Piedicroce, une petite piste à gauche descend vers la chapelle Saint-Christophe. C'est surtout le site, paisible et gracieux au pied du San-Petrone, qui retient l'attention et les pique-niqueurs.

PENTA-DI-CASINCA ★★

A Folelli, sa façade maritime, on trouvait un port, remontant à l'Antiquité. Il cessa son activité au XIXe. Le vieux village est très beau : ses ruelles étroites donnent à voir des maisons hautes aux portes sculptées, reliées entre elles par de hauts escaliers et des voûtes de pierre. C'est dans ce décor que dura l'une des plus longues vendettas de l'histoire corse, entre 1789 et 1821. Son église paroissiale possède un campanile carré, et ses portes sculptées méritent que l'on s'y attarde. On peut enfin accéder à la tour génoise de San-Pellegrino, à Folelli. Un village classé qui accueille les Bastiais en promenade, et curieusement, peu de touristes.

SORBO-OCAGNANO ★

La commune offre une vue splendide sur la Casinca, la Marana et jusqu'au Cap Corse et les îles toscanes. Chaque hameau possède son église. Au hameau de Sorbo, on peut visiter l'église San-Petru datant du XVe siècle. Au hameau d'Ocagnano, l'église l'A-Nunziata, construite aux environs de 1680, possède un beau clocher. A environ 1 km du hameau, on découvre la chapelle de San-Damianu qui devait être l'église du village de Campu détruit au XIIe ou XIIIe siècle et dont il ne reste plus aujourd'hui que quelques ruines. La commune est en pleine expansion avec le hameau de Querciolo situé sur le littoral, qui regroupe la majeure partie de la population.

U CASONE €€

Le village
✆ 06 80 27 18 08
www.u-casone.com

Accueil jusqu'à 19h. 5 chambres (dont 1 suite et 1 chambre familiale). Haute saison : chambre double de 120 € à 150 €.

Une magnifique maison de maître bâtie en 1460 en plein cœur de ce beau village ! Entièrement réaménagée en 2013 par Jean-Marc Franceschi, on y appréciera le confort haut de gamme de ses chambres et suite et du reste de la bâtisse : salon d'hiver, salon voûté, cuisine à l'ancienne, etc. Petits déjeuners romantiques et gourmands dans le jardin et vue époustouflante sur la vallée en contrebas. Lieu parfait pour se prélasser au soleil sans aucun voisin aux alentours si ce n'est les montagnes de la Casinca. Accueil parfait des hôtes, vrais amoureux de leur île.

I FULETTI €€

5, allée des Mûriers-Platanes
✆ 04 95 34 06 67

Ouvert toute l'année. Tous les jours et les jours fériés le midi à partir de 12h. Réservation recommandée.

Alessandro Ciurlia-Capone est un Italien qui a grandi en Corse. Son idée : faire de la cuisine italienne, avec des produits corses. La cuisine est raffinée et travaillée, et si viandes et poissons y sont mis à l'honneur ce sont les pâtes faites maison qui retiennent l'attention. En dessert, les traditionnels fondant au chocolat, tiramisu ou crumble sont à tester mais les plus curieux auront raison de goûter selon la saison aux glaces dorénavant célèbres du chef : fleurs de sureau, lavande sauvage. Un bon rapport qualité-prix. Une adresse à tester d'urgence.

DOMAINE DE VALLE €€

Querciolo
✆ 04 95 38 93 03
www.domainedevalle.fr

Fermé de décembre à janvier. Accueil jusqu'à 19h. Chambre double à 80 € ; chambre triple à 100 €. Petit déjeuner inclus.

Le Domaine de Valle est une très ancienne propriété de la famille Tomasi de 30 hectares, datant du XVIIIe siècle et entourée de vergers de clémentiniers et d'oliviers. La maison est un ancien relais de diligence de plus de 250 ans et la partie de la demeure dans laquelle se trouvent aujourd'hui les chambres d'hôtes était l'ancienne écurie. Le Domaine de Valle vous propose quatre chambres confortables et climatisées avec petit déjeuner inclus. De nombreux restaurants sont à proximité. Une adresse bien pratique à 4 km de la plage de Pinarello.

VENZOLASCA ★

Le village, construit dans la montagne, s'étale sur une sorte d'amphithéâtre naturel descendant vers la mer. C'est un village traditionnel, dont les belles maisons témoignent encore de son histoire. L'originalité de Venzolasca repose sur sa rue principale et ses anciennes ruelles en pierre de Brando. Sur la façade maritime du village, on trouve le site de Mucchiatana, acquis par le conservatoire du littoral en 1982. C'est un site magnifique, peuplé d'eucalyptus et de genévriers, et entouré de dunes. L'eucalyptus, dont certains spécimens peuvent atteindre les 8 m de haut, est la principale richesse du site. L'espèce est d'ailleurs protégée.

LA MAISON DE LA VIGNE €€

Girata Santini
✆ 04 95 34 36 68
www.maisondelavigne.com
Ouvert toute l'année. 5 chambres (dont 1 suite familiale). Chambre simple 65 € ; chambre triple 110 €.

La maison de la Vigne se compose de trois petites maisons rassemblées sous une forêt de chênes lièges et d'arbousiers. Cette maison d'hôtes propose quatre chambres spacieuses parmi lesquelles un cabanon écologique. Elle a entièrement été refaite avec des matériaux éco responsables : liège de bois pour le plancher, les murs et le plafond permettant d'éviter l'utilisation d'une climatisation en été, utilisation raisonnée de l'électricité, récupération des eaux grises pour l'arrosage du jardin et bien sûr : toilettes sèches. Un beau pari des propriétaires !

U FRAGNU €€

Lieu-dit Campo
✆ 04 95 36 62 33
Fermé d´octobre à novembre. Haute saison : ouvert tous les jours et les jours fériés le soir.

Une de ces fermes-auberges authentiques et pittoresques de l'arrière-pays. On y vient pour découvrir la vraie cuisine corse, avec la garantie d'une matière première irréprochable. C'est très bon et copieux. Qui plus est, on est dans le cadre magnifique d'un ancien pressoir à olives, restauré de main de maître par François Garelli. Comme quoi, on peut bien manger dans un superbe cadre, à deux pas de Bastia. Un très bon rapport prix prestations. C'est notre coup de cœur pour la micro région. Possibilité de couchage en cas d'abus de digestif maison.

VESCOVATO ★

Le lieu est habité depuis l'Antiquité romaine, mais le village tel que nous le voyons aujourd'hui fut fondé au XVe par les évêques de Mariana, d'où son nom (vesco signifie évêque). Vescovato fut la résidence d'été des évêques ainsi qu'un siège épiscopal jusqu'en 1570. Aussi, le village peut s'enorgueillir d'avoir vu naître plusieurs chroniqueurs : Filippini, Ceccaldi et Monteggiani. Est né aussi ici, Matteo Buttafuoco, qui correspondit avec J.-J. Rousseau et évoqua avec lui l'idée d'une constitution corse avant la lettre. Sur la place du village, on avait au Moyen Âge pour coutume de danser la mauresque, pour commémorer la victoire d'Ugo Colonna sur les Maures.

CASTELLARE-DI-CASINCA ★

Les maisons se retiennent les unes aux autres pour ne pas tomber dans le précipice. Le village lui-même, posé comme si de rien n'était sur cette arête rocheuse qui s'avance au dessus du vide, est un modèle de calme et de sérénité. Son église paroissiale Saint-Pancrace contient les reliques du saint. Patron des bandits, il fut martyrisé en l'an 304 de notre ère à Rome, sous Dioclétien. Ses reliques furent amenées d'Italie au XVIIIe siècle. D'origine médiévale, classée aux Monuments historiques, l'église possède une large nef caractéristique de l'art roman. Dans les environs du village, on peut visiter les ruines de l'ancienne église Sainte-Marguerite.

LORETO-DI-CASINCA ★★

La place principale est très agréable, l'on y vient discuter et jouer. De style baroque, l'église paroissiale abrite le tableau représentant Notre-Dame-de-Loreto, que la légende attribue à saint Luc. Juste après le cimetière, une petite route descend sur le village d'Olmo, qui surplombe la vallée du Golo, au nord. Plus petit, mais beaucoup de charme également. On notera les très beaux panoramas sur la Castagniccia, avant d'arriver au col Sant'Agostinu d'où la vue est à 360 degrés. On pousse jusqu'à la chapelle, et on contemple la vue, notamment jusqu'à Silvareccio. Curiosité : le monolithe « A Tozza » un rocher de 15 mètres de haut à coté du campanile !

U RATAGHJU €€

Pielaterra
✆ 04 95 36 30 66
Ouvert toute l'année. Haute saison : tous les jours et les jours fériés le midi et le soir. Réservation impérative.

Une adresse qu'on aimerait garder pour soi tant les places sont chères ! Catherine, Vincent et leur fils Pierre ont transformé leur maison familiale en une auberge accueillante, sur le site d'un ancien séchoir à châtaigne, dont on voit encore la suie incrustée dans les plafonds ! La salle et son immense cheminée offrent un cadre typiquement corse pour déguster une cuisine fort copieuse. Tout est composé de produits locaux de qualité (jambon et charcuterie AOP). Une grande salle est installée juste à côté, pour organiser banquets et mariages. A découvrir !

ORGANISER SON SÉJOUR

Arriver sur une île c'est un peu débarquer dans un autre pays et mieux vaut prévoir suffisamment en amont pour optimiser son séjour et ne prendre des vacances que le positif. Côté transport pour vous rendre en Corse, plus vous réserverez à l'avance plus vous aurez de chance d'obtenir des tarifs avantageux et plus vous aurez de choix sur les hébergements. Même s'il est possible d'imaginer un séjour de dernière minute, en pleine saison ce pourrait être un défi à relever plutôt qu'une pure partie de plaisir. Côté organisation, de nombreux spécialistes sont présents pour vous proposer un programme de rêve. Du séjour cocooning pour un repos réparateur au parcours plus sportif à pied, à cheval, en vélo, en moto, en voilier, en combi... tout est possible. Que vous choisissiez de faire le tour de l'île en quelques jours ou que vous vous laissiez la joie de la découverte et pourquoi pas une belle part à l'improvisation...

S'Y RENDRE

Pour se rendre en Corse, comme pour se rendre dans toute île, il existe deux solutions : le bateau et l'avion. En avion, la compagnie corse Air Corsica ainsi que la compagnie Air France effectuent toute l'année des rotations entre la Corse et le continent entre les aéroports d'Ajaccio, Bastia, Figari et Calvi et Marseille, Nice, Paris et Lyon... En saison se rajoutent au moins deux autres compagnies : Volotéa et Easy Jet. Selon la saison, les délais de réservation et les promotions, on peut obtenir des tarifs très intéressants. Mieux vaut donc s'y prendre à l'avance et consulter les comparateurs de vols sur Internet.

En bateau, trois compagnies desservent les ports de Corse à partir de Marseille, Toulon ou Nice : Corsica Linéa qui remplace depuis quelques années l'historique SNCM, La Méridionale et la Corsica Ferries. Vous pouvez débarquer à Ajaccio, Bastia, Ile Rousse, Porto Vecchio et Propriano.

LA MÉRIDIONALE

Immeuble Calypso 48 quai du Lazaret
CS62345 - **MARSEILLE** (2e) ✆ 09 70 83 20 20
www.lameridionale.fr

Ouvert du lundi au vendredi de 8h15 à 18h et le samedi de 8h15 à 15h30.

La Méridionale est la compagnie historique pour les traversées entre Marseille et la Corse. À bord, l'accueil est chaleureux, les services proposés de grande qualité. Cabine confortable, savoureux repas d'inspiration corse concocté par le chef et sa brigade et moment de convivialité à l'un de ses bars. On y voyage sous le signe de la sérénité dans une ambiance détendue. Les traversées s'effectuent de nuit à bord de navires à taille humaine et 93 % des clients se déclarent satisfaits de leurs traversées à bord (enquête auprès de 2 661 clients en juillet-août 2020).

CORSICA FERRIES

✆ 08 25 09 50 95
www.corsicaferries.com

Horaires et tarifs des traversées sur le site internet.

Corsica Ferries est le principal transporteur maritime qui assure près de 71% du trafic vers la Corse, couvrant les 4 ports principaux de l'île : Bastia, l'Ile Rousse, Ajaccio et Porto Vecchio. La compagnie propose un large choix d'horaires pour les traversées entre la Corse et le continent, allant jusqu'à trente traversées quotidiennes pendant la période estivale. A bord, plusieurs formules sont proposées et des espaces de détente et de restauration sont mis à disposition des voyageurs. La compagnie propose des promotions ponctuelles durant l'année.

AIR CORSICA

Aéroport Napoléon Bonaparte
AJACCIO
✆ 08 25 35 35 35
www.aircorsica.com

Ouvert tous les jours et les jours fériés de 8h à 20h.

Créée le 6 janvier 1989 par l'Assemblée de Corse, la compagnie Air Corsica est le premier opérateur aérien de Corse et assure plus de 800 vols par semaine en période de pointe. La compagnie relie quotidiennement les quatre aéroports de Corse, soit Ajaccio, Bastia, Calvi et Figari à Marseille, Nice, Paris-Orly et Charles de Gaulle ainsi que Lyon. Air Corsica dispose également d'un réseau de lignes saisonnières entre Clermont-Ferrand, Bruxelles Sud Charleroi (Belgique), Marseille, Nantes, Nice, Toulouse, Toulon, Dôle et Bordeaux.

CORSICA LINEA

Quai l'herminier
AJACCIO
✆ 04 95 29 66 99
www.corsicalinea.com

Ouvert du lundi au vendredi de 9h à 12h et de 14h à 18h ; le samedi de 9h à 12h.

En toute saison, la compagnie corse, qui dispose de 8 bateaux, 6 cargos mixtes et 2 ferries, assure un départ un jour sur deux depuis le Continent. La traversée en bateau depuis le continent se fait depuis Marseille à bord du *Pascal Paoli*, le plus grand bateau de la flotte. Avec le Wifi à bord, un restaurant, un bar, des sandwichs, mais également une boutique et un solarium, le *Pascal Paoli* est l'un des navires les mieux équipés de la Corsica Linea. La traversée se fait le plus souvent de nuit ce qui permet d'arriver au petit matin et de bien débuter la journée !

SÉJOURS ET CIRCUITS

Vous trouverez ici, une petite sélection, liste non exhaustive des tours-opérateur spécialisés sur la destination ou qui proposent des voyages thématiques en Corse. Ils produisent eux-mêmes leurs itinéraires et circuits, sont en général de bon conseil, car ils connaissent la région et font intervenir des relais locaux. À noter : tarifs souvent plus élevés que ceux des généralistes car souvent plus présents dans le détail de votre organisation. Dans cette rubrique, nous évoquons également les réceptifs qui nous paraissent les plus professionnels pour organiser votre voyage. C'est un fait que ces agences ont souvent pignon sur rue, connaissent bien les différents circuits, sont réactives et disponibles, et peuvent (bien) vous aider en cas de pépin. Il est important de se renseigner de manière très précise sur ce qui est inclus ou non dans les tarifs proposés pour des vacances à votre mesure, à vos envies.

CORSE ACTIVE

683, avenue de Borgo - **BORGO** ✆ 04 95 44 49 67
www.corse-active.com
Ouvert du lundi au vendredi de 9h à 12h et de 14h à 18h. Samedis dimanches et fériés sur rendez-vous.

Corse Active propose depuis plus de 17 ans des séjours clés en main pour découvrir la Corse du côté « actif ». A pied (le GR20, bien sûr !), en vélo (150 vélos disponibles), en voiture ou à moto (parc de 35 motos) et désormais des combis aménagés Volskwagen California ainsi que des véhicules 9 places pour le confort séjour et route. Coralie et Séverine vous concocteront le séjour selon vos envies et votre budget. Vous trouverez tous les niveaux de confort (du bungalow au palace), seul, à deux, en groupe, le meilleur des séjours à la carte en Corse et ailleurs !

CYCLING CORSICA

✆ 06 30 74 30 17
www.cycling-corsica.fr

Une agence du grand Ajaccio spécialisée dans l'organisation de voyages à vélo en Corse, animée par une équipe de professionnels qui ont participé à la naissance de la GT20. La structure propose un large choix de circuits notamment « Le grand tour de Corse » en 8 ou 7 étapes ou encore « Boucle sud de la Corse en vélo électrique » et des séjours sur mesure. Séjours clés en main pour individuels et groupes de 8 à 40 personnes au maximum en formule avec assistance ou en autonomie avec location de vélo, transport aérien ou maritime si nécessaire.

MISS CARRINGTON TRAVEL AGENCY

13, Boulevard Madame Mère
AJACCIO
✆ 04 95 28 47 93
www.misscarrington.com

Une agence spécialisée dans les séjours en Corse et en Sardaigne. Deux professionnelles et passionnées de découvertes et de voyages, Christelle et Sabrina vous ouvrent leur agence pour vous concocter du sur-mesure de haute volée. Séjours à la carte, découverte du patrimoine local ou instants bien-être et massages, sans oublier la gastronomie endémique gourmande ou encore le séjour de yoga et de nature. Des adresses secrètes, cosy et exclusives dénichées pour votre plus grand plaisir !

QUOTATRIP

www.quotatrip.com
Voyages sur mesure.

QuotaTrip est une nouvelle plateforme de réservation de voyage en ligne qui met en relation des voyageurs à la recherche d'expériences authentiques et uniques et des agences de voyages locales sélectionnées pour leurs compétences et leur sérieux. Le réseau de QuotaTrip couvre près de 200 destinations dans le monde entier. Le but de ce rapprochement est simple : proposer un séjour entièrement personnalisé aux utilisateurs. QuotaTrip promet ainsi l'assurance d'un voyage serein, sur mesure, sans intermédiaires et sans frais supplémentaires.

SE LOGER

L'offre est large, de l'hôtel cinq étoiles les pieds dans l'eau à la petite chambre d'hôtes chez l'habitant. L'éventail est grand et les tarifs en moyenne plus chers que sur le continent mais équivalent aux autres régions à forte demande touristique. Passer par un spécialiste de l'hébergement peut vous épargner des surprises sans vous coûter plus cher et vous garantir la conformité des prestations et de vos attentes. Un spécialiste vous fera des propositions en fonction de votre véritable projet et vous aidera à définir ce projet car, par sa connaissance du terrain il vous fera des propositions auxquelles vous n'aviez pas pensé. On ne sait jamais tout ce qui existe sur un territoire et les possibilités sont en Corse presque sans limite. Que vous préfériez la montagne ou la mer, que vous aimiez être complètement indépendant ou que vous appréciez les conseils des locaux, laissez-vous guider pour choisir l'hébergement qu'il vous faut.

CLEVACANCES CORSE €€

✆ 06 64 98 19 15
www.clevacances-corsica.com/contact
Ouvert toute l'année.

Premier label de qualité généraliste pour la location saisonnière en France, Clévacances propose sur son site en **réservation en ligne** une multitude d'hébergements touristiques (meublés de tourisme, chambres d'hôte et insolites...) dont la qualité des services a été vérifiée. Adaptés à tous les budgets et situés sur l'entièreté du territoire, les hébergements sont confortables et fonctionnels. Proche de la mer ou au cœur de nos montagnes, vous pourrez y poser vos valises pour un séjour inoubliable en toute tranquillité et garanti sans mauvaise surprise.

GÎTES DE FRANCE CORSE €€

77, cours Napoléon - **AJACCIO**
✆ 04 95 10 54 30
www.gites-corsica.com
Ouvert toute l'année de 9h à 12h et de 14h à 18h du lundi au vendredi et par téléphone 7j/7 de 9h à 19h.

Gîtes de France Corse propose plus de 1 350 hébergements sur l'île. La plus connue est la chambre d'hôtes, proposée à la nuitée avec petit déjeuner. C'est une chambre chez l'habitant, avec un accueil personnalisé de qualité. Le gîte est, quant à lui, un appartement ou une maison louable au week-end, à la semaine ou plus et situé à la mer, à la campagne, à la montagne ou dans des villages. Gîtes de France, présent depuis 70 ans, garantit des locations de vacances répondant aux normes de qualité de la marque et contrôlées. Sans mauvaises surprises donc !

VISIT CORSICA

17, boulevard du Roi-Jérôme
AJACCIO
✆ 04 95 51 00 00
www.visit-corsica.com
Toutes les informations sur le site internet.

Découvrez le portail officiel du tourisme corse ! Un site idéal pour préparer vos vacances en Corse avec le guide sur la Corse à retrouver en ligne : conseils pratiques, hébergement, transport, cartes interactives, loisirs... Partez à la découverte d'un territoire original et authentique : la Corse dans toute sa splendeur. Dans un cadre naturel et magnifiquement préservé, le littoral alterne criques et longues plages de sable doré, alors que les villages, idéalement situés à mi-montagne, offrent un visage intime de la Corse.

SE DÉPLACER

Pour se déplacer en Corse de nombreuses possibilités mais sachez qu'il ne faudra pas vous fiez au temps de parcours habituels des distances. Bien que depuis une vingtaine d'années les routes corses ont bien évolué, elles restent pour la plupart des routes de montagnes et les opportunités de dépassement se font parfois longtemps attendre. Patience et sagesse sont mères de sécurité. Les voitures se louent aux professionnels ou désormais entre particuliers. Les bus desservent villes et villages pour des tarifs intéressants et vous trouverez les horaires aux gares routières. Le train corse relie les villes d'Ajaccio, Corte, Bastia et Calvi et permet de découvrir de magnifiques paysages sans se fatiguer : amoureux de la contemplation, prenez le train ! Le vélo et la moto est aussi une façon magique de parcourir l'île à condition d'être prudent, des animaux traversent parfois la route, ici un peu plus qu'ailleurs !

CORSE ACTIVE

683, avenue de Borgo - **BORGO**
✆ 04 95 44 49 67
www.corse-active.com
Haute saison : ouvert tous les jours et jours fériés de 9h à 18h. 50 motos. A partir de 80 € / jour (tarif dégressif).

Corse Active propose des séjours clés en main pour découvrir la Corse de façon plus ou moins sportive, à pied sur le GR20, en vélo ou à moto. En option, tous les niveaux de difficulté et tous les niveaux de confort, du bungalow au palace. Corse Active propose également à la location 50 motos Harley-Davidson, BMW, Suzuki, Honda, Yamaha, Triumph, Indian et scooters (du 125 cc au gros cube). Depuis 2017, location de Volkswagen California et véhicules 9 places pour découvrir la Corse autrement. Une équipe de passionnés au service de votre séjour idéal !

BSP AUTO

✆ 01 86 26 90 80
www.bsp-auto.com
Site comparatif accessible 24h/24.

Il s'agit là d'un prestataire qui vous assure les meilleurs tarifs de location aux conditions les plus avantageuses auprès des grands loueurs de véhicules dans les gares, aéroports et les centres-villes du monde entier. Le kilométrage illimité et les assurances sont souvent compris dans le prix. Avec BSP Auto, vous pouvez réserver dès maintenant et payer seulement cinq jours avant la prise de votre véhicule. Autre bonus du courtier BSP : pas de frais de dossier ni d'annulation (jusqu'à la veille). La moins chère des options zéro franchise.

INSULABIKE

Route de Bonifacio - **PORTO-VECCHIO**
✆ 07 78 70 09 67
www.insulabike.com
Haute saison : tous les jours de 9h30 à 12h30 et de 15h30 à 19h. Fermé le dimanche. Location à partir de 25 €/jour.

Eve Prat est passionnée de vélo et propose aux amateurs de la petite reine l'un des plus grands choix de Corse dans son grand magasin : Giant, Rocky Mountain, Yéti... En formule mécanique ou électrique pour la route ou le tout terrain adulte et enfant, le choix est grand. En prime, une belle sélection d'accessoires, des conseils techniques par des professionnels reconnus et même la formule location à court, moyen et long terme. Retrouvez également toutes les locations et ventes sur le site internet de la boutique, en attendant votre prochain déplacement.

MONDOVÉLO

Rue Pierre-Andreani - **PORTO-VECCHIO**
✆ 04 95 10 26 50
www.mondovelo.fr
Ouvert du mardi au samedi de 9h à 12h et de 15h à 19h. Fermé le lundi hors saison.

Joseph et son père Paul accueillent les amateurs de la petite reine dans leur univers dédié au vélo et à l'équipement des cyclistes. On se réjouit de trouver des produits multi-marques ainsi qu'une gamme complète de vélos, du loisir à la compétition, du plus simple au plus sophistiqué. Marques : Lapierre, Scott et Bergamont. Location à la journée et semaine de VTC, vélos électriques et gamme Course pour les initiés. Qu'importe ce que vous cherchez, Joseph et Paul seront toujours de très bon conseil pour vous satisfaire. Également réparation et location de vélos.

S'INFORMER

Un voyage est toujours une merveilleuse occasion de découvertes. La Corse est à la fois une terre décalée géographiquement que l'insularité a forgée au fil des siècles ainsi qu'une terre où l'accueil est de tradition. C'est donc l'occasion de découvrir une terre, un peuple, de s'ouvrir et du même coup de s'enrichir de l'autre, des autres. Les médias sont ici comme ailleurs nombreux et multiples. Voici ici quelques-uns parmi les principaux mais la liste est fort loin d'être exhaustive. Écouter les radios et la télévision locale vous permettra d'entendre la langue corse pendant quelques émissions et de vous tenir au courant des évènements et manifestions sportives, musicales, caritatives ou culturelles... fort nombreuses en saison mais aussi toute l'année. Les magazines, qu'ils soient de papier ou numériques, vous offriront des articles plus approfondis pour comprendre la complexité d'une île vivante et vivifiante.

MA CORSICA

Route de la Marine
PORTO
✆ 09 80 91 25 57
www.macorsica.com

Monsieur Lamarre a créé la Centrale de réservation pour la Corse depuis 2019, Ma Corsica vous permet d'effectuer vos recherches sur la destination Corse. Vous y trouverez une large sélection d'hébergeurs (hôtel, camping, chalets, appartement, résidences chambre d'hôtes...), restaurants sur toute la région, loisirs en montagne, à la mer, bien être, croisières et balades en mer, plongées, activités pédestres, les moyens de transport et diverses infos pour votre séjour. Possibilités de réserver directement sur le site de Ma Corsica.

DESTINATION FRANCE

3, rue Chateaubriand
CHAMALIÈRES

La France fait rêver les voyageurs du monde entier. Découvrez Destination France, le magazine de voyage 100 % France…

Il y a Paris, bien sûr, la Provence et la Côte d'Azur, la côte basque, les châteaux de la Loire, les massifs montagneux en été comme en hiver, mais aussi des destinations moins connues, et pourtant tout aussi magiques... Notre patrimoine, nos paysages, notre gastronomie, nos vins, notre art de vivre, attirent toujours autant de visiteurs étrangers. Quant à nos régions, elles constituent la principale destination touristique de nos compatriotes. En ce sens, *Destination France* s'adresse aussi bien aux lecteurs français qu'aux touristes étrangers.

CARNETS DE VOYAGE

36, Boulevard de la Bastille
PARIS (12e)
www.us.phoenix-publications.com

Trimestriel consacré à des destinations de voyage avec des focus dédiés à la découverte des régions, *Carnets de Voyage*, le magazine des voyages réussis. Tous les 3 mois, la revue vous invite à découvrir à travers ses reportages le meilleur des destinations. Grande ou petite escapade à la découverte d'une ville, d'une région, en France, en Europe ou dans le monde à travers des reportages photo uniques complétés de conseils pratiques et de bonnes adresses pour nous faciliter le voyage avec enfin, un agenda des rendez-vous à ne pas manquer.

CORSE-MATIN

2, rue Sergent-Casalonga
AJACCIO
✆ 04 95 51 74 00
www.corsematin.com

Ouvert toute l'année, du lundi au samedi de 10h à 20h.

Corse-Matin est un journal quotidien régional français, édité par la S.A Corse-Presse, dont le siège est à Ajaccio. C'est l'unique quotidien insulaire vendu en moyenne chaque jour à 30 350 exemplaires. En avril 2018, Thomas Brunelli, jusqu'alors journaliste de Radio Corse Frequenza Mora, est nommé directeur de publication et des rédactions. Jean-Christophe Serfati, PDG de La Provence, est devenu PDG de Corse-Presse. Il représente un grand intérêt pour grand nombre d'insulaires attachés à la presse papier pour l'aspect éditorial autant que pratique.

ECHAPPEES BELLES

8, rue Buffon - **CLERMONT-FERRAND**
✆ 04 73 14 03 00 - www.turbulencespresse.fr
Trimestriel inspiré de l'émission éponyme diffusée sur France 5.

Le nouveau magazine *Échappées Belles*, inspiré de l'émission éponyme, met en lumière la rencontre et la découverte de l'autre par le voyage. Curiosité, tolérance, partage et respect des autres cultures sont les valeurs clés de ce trimestriel. Avec la participation des animateurs Sophie Jovillard, Ismaël Khelifa et Jérôme Pitorin, *Échappées Belles* fait découvrir de superbes destinations en France et dans le monde, via de nombreuses rubriques dédiées au patrimoine, à l'artisanat, à la gastronomie et à la nature. À retrouver en kiosque et sur www.turbulencespresse.fr

CQ CAMPÀ QUI

Boulevard Louis Campi
AJACCIO
✆ 04 95 21 05 19
Gratuit, en libre service.

Campà Qui est une publication semestrielle que vous trouverez sur l'île en deux versions : le grand Bastia et le grand Ajaccio. Ce magazine gratuit est une fenêtre ouverte à la découverte de ces deux grandes agglomérations. Portraits d'artisans, sélection de bons restaurants, idées shopping, interview d'acteurs du territoire, portfolios. Le papier mat joue la carte chic et sobriété, les images sont belles, la mise en page bien travaillée, l'information de qualité, *Campà Qui* est un objet à collectionner. En libre service dans les lieux de vie et magasins.

ESCAPADE MAGAZINE

7, RUE LEONARD DE VINCI - **ANTONY**
✆ 01 60 11 10 94 - https://escapade-mag.fr/
Ouvert toute l'année. Contact téléphonique du lundi au vendredi, de 9h à 18h.

Envie de voyager ? Peut-être même autrement ? En Corse, en France et à travers le monde, embarquez sur *Escapade Magazine*, un magazine qui fait voyager hors des sentiers battus. On vous y fera découvrir un plein de bonnes adresses, hôtels, restaurants, spas... mais aussi beaucoup de bons conseils pour votre prochain city trip, retraite *healthy*, tourisme durable. Vous y trouverez également des interviews de grands chefs ou de personnalités, ainsi que des idées shopping et de livres pour vos vacances. Un magazine complet et éclectique tout autour du voyage.

CORSE NET INFOS

1, rue Chanoine-Bonerandi
BASTIA
✆ 06 80 94 94 96
www.corsenetinfos.corsica
En libre accès sur Internet et application mobile, contact par téléphone et par mail.

Corse Net Infos est le premier média pur player de Corse en libre accès, totalement gratuit. Grâce à son site Internet et ses applications mobiles (en téléchargement gratuit), toute l'information de la région y est traitée. Actualité politique, faits divers, culture, sport, dossiers complets, chaque sous-région de la Corse est abordée de manière spécifique et complète. Une fois par an, le site fait appel aux dons des lecteurs qui lui permettent de proposer toujours plus de contenus de qualité. Une bonne façon de se renseigner sur l'actualité de l'île.

FRANCE 3 CORSE VIASTELLA

8, Rue André Touranjon
AJACCIO
✆ 04 95 23 93 00
Ouvert toute l'année, du lundi au dimanche de 11h à 18h30. Accueil téléphonique du lundi au vendredi de 9h à 18h.

France 3 Corse ViaStella est une des 24 antennes métropolitaines de proximité de France Télévisions. Créée en 1954, le premier journal télévisé régional reprend l'essentiel des émissions nationales de France 3, auxquelles viennent s'ajouter des productions locales (édition régionale du 12/13 et du 19/20, magazines, séries et quelques événements locaux). Un bulletin d'information en langue corse est également diffusé à l'antenne. Elle peut être reçue en France métropolitaine via Canalsat, ainsi que sur les principaux réseaux ADSL français.

le son FeelGood
house - electro.
FG.
DJ radio
écoutez 20 radios electro
sur le player FG. ››››››
fm/dab+
l'appli FG.
radioFG.com

FRANCE BLEU RCFM (RADIO CORSE FREQUENZA MORA)

9, avenue de l'Impératrice-Eugènie - **AJACCIO**
✆ 04 95 51 61 61
www.bleurcfm.fr
Ajaccio 100.5, 103.9, 97 – Bastia 101.7 et 88.2 – Corte 102.5 Porto-Vecchio 105.4 et 101.8 – Bonifacio 98.2 – Calvi 99.2

Plus connue sous le sigle de RCFM (Radio Corse Frequenza Mora), cette radio est une radio locale de Radio France. Parmi les décrochages figurent les éditions d'informations locales et nationales en français et en corse sous le nom de *U nutiziale*, les prévisions météorologiques (*U tempu*), les informations pratiques (*Les agendas*), *Le forum*, l'émission la plus écoutée en Corse, l'émission sur la langue corse *Dite a vostra*, et autres émissions tantôt en langue française tantôt en corse.

RMC INFO (103.1)

PARIS (15e)
www.rmcinfo.fr

Talk-shows et interactivité permanente, *RMC Info* fait reposer une bonne partie de sa grille sur ces deux piliers. Outre l'actualité, la station propose une grille de programme variée allant de la vie pratique (maison, auto, internet...) au monde du poker en passant par les rendez-vous bien connus comme la matinale de Jean-Jacques Bourdin, qui passe chaque jour une personnalité politique sous le feu de questions. *RMC Info*, c'est aussi la radio n° 1 sur le sport avec des dizaines d'heures d'antenne chaque semaine, avec créneaux animés par d'anciens sportifs.

ISULA MUNTAGNA

8a, boulevard Fred-Scamaroni - **AJACCIO**
✆ 06 08 23 79 18
www.isulamuntagna.corsica
Magazine trimestriel. Contact téléphonique du lundi au vendredi de 9h à 18h. Tarif : 9,50 €.

Isula Muntagna est un magazine trimestriel de 120 pages, réalisé et entièrement imprimé en Corse : un produit 100% made in Corsica. A l'origine du projet, Philippe Pierangeli, photographe insulaire. Au fil des pages, on y découvre la nature corse au travers des yeux de professionnels (enseignants chercheurs, scientifiques) proches de la nature. Portraits d'acteurs du changement en Corse, idées de balades et randonnées, dossiers spéciaux, découverte de métiers. Un condensé d'images et de beaux textes pour qui voudra découvrir la Corse sous un angle nouveau.

SUD RADIO

104, avenue du Président-Kennedy - **PARIS** (16e) ✆ 08 26 30 03 00
www.sudradio.fr
Fréquence FM Gers : 102.

Née dans les années 1960 en Andorre, la station Sud Radio n'a cessé de se développer. Allongeant ses ondes tout d'abord dans le Sud-Ouest, elle a conquis l'Ile-de-France, et donc Cergy-Pontoise et ses environs, en 2011. La radio propose un programme de débats et de libre expression. L'animation est assurée par des personnalités reconnues. Enfin, même si elle émet dorénavant exclusivement de Paris, elle conserve une journaliste correspondante à Toulouse et reste fidèle à l'Ovalie en faisant une large part aux retransmissions de matches de rugby.

RADIO FG

51, rue de Rivoli **PARIS** (1er)
✆ 01 40 13 88 00
www.radiofg.com
Bordeaux et Arcachon : DAB+

Radio FG est la radio musicale de référence électro. Elle propose un programme axé sur la deep et la house-music. Acteur unique du paysage radiophonique français, Radio FG est la radio « Feel Good ». FG diffuse son programme dans 28 villes françaises. Radio FG est à l'origine du mouvement French Touch. C'est le découvreur et l'incubateur des nouveaux talents, pionnier dans la diffusion et le rayonnement de l'électro en France et dans le monde depuis 1992. Ecoutez FG en FM, DAB+, sur radioFG.com, Applis, Boxes, Satellite et 4G.

VISIT-CORSICA.COM

17, Bd du Roi Jérôme, 20000 Ajaccio - **AJACCIO**
✆ 04 95 51 77 77
www.visit-corsica.com
Ouvert toute l'année. Contact téléphonique du lundi au vendredi de 8h à 12h et de 14h à 18h, et via formulaire sur site.

Le site de référence pour les touristes qui souhaitent découvrir la Corse : celui de l'agence de tourisme de la collectivité territoriale de Corse. Listing d'établissements d'hébergement pour trouver ce qui correspond à votre recherche selon la catégorie, votre envie selon la micro-région de l'île qui attire votre attention ou d'autres suggestions. Présentation de nouveaux lieux, idées week-end, événements référencés, offres et bons plans, le site a été créé pour vous permettre de suivre en direct les évolutions de l'offre touristique en Corse.

INDEX

D

E

F

G

H

I

J

K

L

EDITION

Directeurs de collection et auteurs : Dominique AUZIAS et Jean-Paul LABOURDETTE
Responsable d'édition : Lionelle GALLAND
Auteurs : Justine Julie LEFEVRE, Lionelle GALLAND, Paul ORTOLI, Eugénie MALINJOD, Christina MALINJOD,Gabrielle AWAD, Martin FOUQUET, Cléo Garcin, Lionelle GALLAND, Claire DELBOS, Xavier BONNIN, Jean-Paul LABOURDETTE, Dominique AUZIAS et alter
Directeur Editorial : Stéphan SZEREMETA
Rédaction France : Briséis CREAC'H-MENUT, Audrey VEDOVOTTO, Marie VIGNERON, Nicolas WODARCZAK, Mélanie PEILLET
Rédaction Monde : Laure CHATAIGNON, Morgane VESLIN, Pierre-Yves SOUCHET, Natalia COLLIER

FABRICATION

Maquette et Montage : Romain AUDREN, Julie BORDES, Delphine PAGANO
Iconographie et Cartographie : Anne DIOT, Julien DOUCET

WEB ET NUMERIQUE

Directeur Web : Louis GENEAU DE LAMARLIERE
Technical Project Manager : Hervé MARION
Développeurs : Guillaume BARBET, Adeline CAUX
Intégrateur Web : Mickael LATTES, Antoine DION
Webdesigner : Caroline LAFFAITEUR
Community Traffic Manager : Alice BARBIER, Noémie LE SAUX

DIRECTION COMMERCIALE

Directeur commercial : Guillaume VORBURGER
Coordinatrice des Régies commerciales : Manon GUERIN
Account Manager Marketplace : Leila ROUGEOT
Responsable Régies locales : Michel GRANSEIGNE
Responsables Développement régie inter : Jean-Marc FARAGUET et Guillaume LABOUREUR et Camille ESMIEU
Assistante commerciale Régie internationale : Leila ANTRI-BOUZAR
Chefs de Publicité Régie nationale : Caroline AUBRY, François BRIANCON-MARJOLLET, Perrine DE CARNE MARCEIN et Jonathan TOUTOUX

DIFFUSION ET PROMOTION

Directrice des Ventes : Bénédicte MOULET assistée d'Aissatou DIOP
Responsable des ventes : Jean-Pierre GHEZ assisté de Nelly BRION
Relations Presse-Partenariats : Jean-Mary MARCHAL

ADMINISTRATION

Président : Jean-Paul LABOURDETTE
Directrice des Ressources Humaines : Dina BOURDEAU assistée de Sandra DOS REIS et Eva BAELEN
Directrice Administrative et Financière : Valérie DECOTTIGNIES
Comptabilité : Guillaume PETIT, Aminata BAGAYOKO, Jeannine DEMIRDJIAN, Adama DIABY
Recouvrement : Fabien BONNAN assisté de Sandra BRIJLALL
Responsable informatique : Elie NZUZI-LEBA

PETIT FUTÉ CORSE

LES NOUVELLES EDITIONS DE L'UNIVERSITE
18, rue des Volontaires - 75015 Paris.
✆ 01 53 69 70 00 - Fax 01 42 73 15 24
Internet : www.petitfute.com
SAS au capital de 1 000 000 € - RC PARIS B 309 769 966
Couverture : Corte surplombée par sa citadelle © essevu - Shutterstock.com
Impression : CORLET IMPRIMEUR - 14110 Condé-en-Normandie
Achevé d'imprimer : mars 2023
Dépôt légal : 22/04/2023
ISBN : 9782305091310

Pour nous contacter par email, indiquez le nom de famille en minuscule suivi de @petitfute.com
Pour le courrier des lecteurs : info@petitfute.com

IMPRIMÉ EN FRANCE